독일외교문서
한 국 편

1874~1910

9

이 저서는 2017년 대한민국 교육부와 한국학중앙연구원(한국학진흥사업단)의 한국학 분야 토대연구지원사업의 지원을 받아 수행된 연구임 (AKS-2017-KFR-1230002)

This work was supported by Korean Studies Foundation Research through the Ministry of Education of the Republic of Korea and Korean Studies Promotion Service of the Academy of Korean Studies (AKS-2017-KFR-1230002)

┃ 독일학총서 Bibliothek der Germanistik ┃

독일외교문서
한 국 편

1874~1910

9

고려대학교 독일어권문화연구소 편

보고사
BOGOSA

개항기 한국 관련
독일외교문서 번역총서 발간에 부쳐

1. 본 총서에 대하여

본 총서는 고려대학교 독일어권문화연구소가 한국학중앙연구원에서 시행하는 토대사업(2017년)의 지원을 받아 3년에 걸쳐 출간하는 작업의 두 번째 결과물이다. 해당 프로젝트 〈개항기 한국 관련 독일외교문서 탈초·번역·DB 구축〉은 1866년을 전후한 한−독 간 교섭 초기부터 1910년까지의 한국 관련 독일 측 외교문서 9,902면을 탈초, 번역, 한국사 감교 후 출판하고, 동시에 체계적인 목록화, DB 구축을 통해 온라인 서비스 토대를 마련함으로써 관련 연구자 및 관심 있는 일반인에게 제공하기 위한 것이다. 본 프로젝트의 의의는 개항기 한국에서의 독일의 역할과 객관적인 역사의 복원, 한국사 연구토대의 심화·확대, 그리고 소외분야 연구 접근성 및 개방성 확대라는 측면에서 찾을 수 있다.

이번 우리 연구소가 국역하여 공개하는 독일외교문서 자료는 한국근대사 연구는 물론이고 외교사, 한독 교섭사를 한 단계 끌어올릴 수 있는 중요한 일차 사료들이다. 그러나 이 시기의 해당 문서는 모두 전문가가 아닌 경우 접근하기 힘든 옛 독일어 필기체로 작성되어 있어 미발굴 문서는 차치하고 국내에 기수집된 자료들조차 일반인은 물론이고 국내 전문연구자의 접근성이 극히 제한되어 있는 상황이다. 이런 상황에서 우리의 프로젝트가 성공적으로 마무리된다면 절대적으로 부족한 독일어권 연구 사료를 구축하여, 균형 잡힌 개항기 연구 토대를 마련하고, 연구 접근성과 개방성, 자료 이용의 효율성을 제고함과 동시에 한국사, 독일학, 번역학, 언어학 전문가들의 학제 간 협동 연구를 촉진하는 중요한 계기가 될 것이다.

2. 정치적 상황

오늘날 우리는 전 지구적 세계화가 가속화되고 있는 상황 속에 살고 있다. '물결'만으로는 세계화의 속도를 따라잡을 수 없게 되었다. 초연결 사회의 출현으로 공간과 시간,

그리고 이념이 지배하던 지역, 국가 간 간극은 점차 줄어들고 있다. 그렇다고 국가의 개념이 사라지는 것은 아니다. 오히려 국가는 국민을 안전하게 보호하고 대외적으로 이익을 대변해야 하는 역할을 이런 혼란스러운 상황 속에서 더욱 성실히 이행해야 하는 사명을 갖는다.

한국을 둘러싼 동아시아 국제정세는 빠르게 변화하고 있다. 지난 2년 사이에 남북한 정상은 두 번의 만남을 가졌고, 영원히 만나지 않을 것 같았던 북한과 미국의 정상 역시 싱가포르에 이어 하노이에서 역사적 회담을 진행하였다. 한반도를 둘러싼 오랜 적대적 긴장 관계가 완화되고 화해와 평화의 분위기가 조성된 것이다.

하지만 한반도에 완전한 평화가 정착되었다고 단언하기란 쉽지 않다. 휴전선을 둘러싼 남북한의 군사적 대치 상황은 여전히 변한 것이 없다. 동아시아에서의 주변 강대국의 패권 경쟁 또한 현재 진행형이다. 즉 한반도 평화 정착을 위해서는 한국, 북한, 미국을 비롯해서 중국, 러시아, 일본 등 동아시아 정세에 관여하는 국가들의 다양하고 때로는 상충하는 이해관계들을 외교적으로 세밀하게 조정할 필요가 있다.

한국은 다양한 국가의 복잡한 이해관계를 어떻게 조정할 것인가? 우리 프로젝트 팀은 세계화의 기원이라 할 수 있는 19세기 말에서 20세기 초 한반도의 시공간에 주목하였다. 이 시기는 통상 개항기, 개화기, 구한말, 근대 초기로 불린다. 증기기관과 증기선 도입, 철도 부설, 그 밖의 교통 운송 수단의 발달로 인해서 전 세계가 예전에 상상할 수 없을 정도로 가까워지기 시작하던 때였다. 서구 문물의 도입을 통해서 한국에서는 서구식 근대적 발전이 모색되고 있었다.

또 한편으로는 일본뿐만 아니라 청국, 그리고 서구 열강의 제국주의적 침탈이 진행되었던 시기였다. 한국 문제에 관여한 국가들은 동아시아에서 자국의 이익을 유지, 확대하려는 목적에서 끊임없이 경쟁 혹은 협력하였다. 한국 역시 세계화에 따른 근대적 변화에 공감하면서도 외세의 침략을 막고 독립을 유지하려는 데에 전력을 기울였다. 오늘날 세계화와 한국 관련 국제 정세를 이해하기 위해서는 무엇보다 그 역사적 근원인 19세기 후반에서 20세기 초반의 상황을 알아야 한다. 이에 본 연구소에서는 개항기 독일외교문서에 주목하였다.

3. 한국과 독일의 관계와 그 중요성

오늘날 한국인에게 독일은 친숙한 국가이다. 1960~70년대 약 18,000여 명의 한국인은 낯선 땅 독일에서 광부와 간호사로 삶을 보냈다. 한국인들이 과거사 반성에 미흡한 일본을 비판할 때마다 내세우는 반면교사의 대상은 독일이다. 한때는 분단의 아픔을 공유하기도 했으며, 통일을 준비하는 한국에 타산지석의 대상이 되는 국가가 바로 독일이다. 독일은 2017년 기준으로 중국과 미국에 이어 한국의 세 번째로 큰 교역 국가이기도 하다.

한국인에게 독일은 이웃과도 같은 국가이지만, 정작 한국인들은 독일 쪽에서는 한국을 어떻게 인식하고 정책을 추진하는지 잘 알지 못한다. 그 이유는 독일이 한반도 국제정세에 결정적인 역할을 끼쳐온 국가가 아니기 때문이다. 오늘날 한국인에게는 미국, 중국, 일본, 러시아가 현실적으로 중요하기에, 정서상으로는 가까운 독일을 간과하는 것이 아닐까 하는 생각이 든다.

그렇다면 우리는 독일을 몰라도 될까? 그렇지 않다. 독일은 EU를 좌우하는 핵심 국가이자, 세계의 정치, 경제, 사회, 문화를 주도하는 선진국이자 강대국이다. 독일은 유럽뿐만 아니라 동아시아를 비롯한 전 세계의 동향을 종합적으로 고려하는 가운데 한국을 인식하고 정책을 시행한다. 독일의 대한정책(對韓政策)은 전 지구적 세계화 속에서 한국의 위상을 보여주는 시금석과 같다.

세계화의 기원인 근대 초기도 지금과 상황이 유사하였다. 미국, 영국에 이어서 한국과 조약을 체결한 서구 열강은 독일이었다. 청일전쟁 직후에는 삼국간섭을 통해서 동아시아 진출을 본격화하기도 했다. 하지만 당시 동아시아에서는 영국, 러시아, 일본, 청국, 그리고 미국의 존재감이 컸다. 19세기 말에서 20세기 초 한반도를 둘러싼 국제정세에서 독일이 차지하는 위상은 상대적으로 높지 않았다.

하지만 당시 독일은 동아시아 정세의 주요 당사국인 영국, 러시아, 일본, 청국, 미국 등의 인식과 정책 관련 정보를 집중적으로 수집하고 종합적으로 분석하였다. 세계 각국의 동향을 종합적으로 판단한 과정에서 독일은 한국을 평가하고 이를 정책으로 구현하고자 했다.

그렇기 때문에 개항기 한국 관련 독일외교문서는 의미가 남다르다. 독일외교문서에는 독일의 한국 인식 및 정책뿐만 아니라, 한국 문제에 관여한 주요 국가들의 인식과 대응들이 담겨 있는 보고서들로 가득하다. 독일은 자국 내 동향뿐만 아니라 세계 각국의 동향을 고려하는 과정에서 한국을 인식, 평가하고 정책화하였다. 그렇기에 독일외교문서는 유럽 중심에 위치한 독일의 독특한 위상과 전 지구적 세계화 속에서 세계 각국이 한국을 이해한 방식의 역사적 기원을 입체적으로 추적하기에 더할 나위 없이 좋은 자료인 것이다.

4. 이번 번역총서 작업과정에 대해

1973년 4월 4일, 독일과의 본격적인 교류를 위하여 〈독일문화연구소〉라는 이름으로 탄생을 알리며 활동을 시작한 본 연구소는 2003년 5월 15일 자로 〈독일어권문화연구소〉

로 명칭을 바꾸고 보다 폭넓은 학술 및 연구를 지향하여 연구원들의 많은 활동을 통해, 특히 독일어권 번역학 연구와 실제 번역작업에 심혈을 기울여 왔다. 이번에 본 연구소에서 세상에 내놓는 4권의 책은 모두(冒頭)에서 밝힌 대로 2017년 9월부터 시작한, 3년에 걸친 한국학중앙연구원 프로젝트의 1년 차 연구의 결과물이다. 여기까지 오기까지 작업의 역사는 상당히 길고 또한 거기에 참여했던 인원도 적지 않다. 이 작업은 독일어권연구소장을 맡았던 한봉흠 교수로부터 시작된다. 한봉흠 교수는 연구소소장으로서 개항기때 독일 외교관이 조선에서 본국으로 보낸 보고 자료들을 직접 독일에서 복사하여 가져옴으로써 자료 축적의 기본을 구축하였다. 그 뒤 김승옥 교수가 연구소 소장으로 재직하면서 그 자료의 일부를 번역하여 소개한 바 있다(고려대 독일문화연구소 편, 『(朝鮮駐在) 獨逸外交文書 資料集』, 우삼, 1993). 당시는 여건이 만만치 않아 선별적으로 번역을 했고 한국사 쪽의 감교를 받지도 못하는 상태였다. 그러나 당시로써 옛 독일어 필기체로 작성된 보고문을 정자의 독일어로 탈초하고 이를 우리말로 옮기는 것은 생면부지의 거친 황야를 걷는 것과 같은 것이었다.

우리 연구팀은 저간의 사정을 감안하여 이번 프로젝트를 위해 보다 철저하게 다양한 팀을 구성하고 연구 진행에 차질이 없도록 하였다. 연구팀은 탈초, 번역, 한국사 감교팀으로 나뉘어 먼저 원문의 자료를 시대별로 정리하고 원문 중 옛 독일어 필기체인 쿠렌트체와 쥐털린체로 작성된 문서들을 독일어 정자로 탈초하고 이를 타이핑하여 입력한 뒤 번역팀이 우리말로 옮기고 이후 번역된 원고를 감교팀에서 역사적으로 고증하여 맞는 용어를 선택하고 필요에 따라 각주를 다는 등 다양한 협력을 수행하였다. 이번에 출간된 4권의 책은 데이터베이스화하여 많은 연구자들이 널리 이용할 수 있을 것이다. 총서는 전체 15권으로 구성될 예정이다.

2018년 9월부터 2019년 8월까지 작업한 2차분 6권을 드디어 출간하게 된 것을 연구책임자로서 기쁘게 생각한다. 무엇보다 긴밀하게 조직화된 팀워크를 보여준 팀원들(번역자, 탈초자, 번역탈초 감수 책임자, 한국사 내용 감수 책임자, 데이터베이스팀 책임자)과 연구보조원 한 분 한 분에게 감사드린다. 그리고 프로젝트의 준비단계에서 활발한 역할을 한 김용현 교수와 실무를 맡아 프로젝트가 순항하도록 치밀하게 꾸려온 이정린 박사와 한승훈 박사에게 감사의 뜻을 전한다. 본 연구에 참여한 모든 연구원의 해당 작업과 명단은 각 책의 말미에 작성하여 실어놓았다.

2020년 봄날에
고려대학교 독일어권문화연구소장
김재혁

일러두기

1. 『독일외교문서 한국편 1874~1910』은 독일연방 외무부 정치문서보관소(Archives des Auswärtigen Amts)에서 소장하고 있는 근대 시기 한국 관련 독일외교문서를 번역한 것이다. 구체적으로는 1874년부터 1910년에 이르는 시기 독일 외무부에서 생산한 한국 관련 사료군에 해당하는 I. B. 16 (Korea)과 I. B. 22 Korea 1에 포함된 문서철을 대상으로 한다. ※ Peking II 127, 128에 수록된 한국 관련 기사(시기 : 1866~1881)는 별도 권호를 지정해서 출판할 예정임을 알려둔다.

2. 당시 독일외무부는 문서의 외무부 도착일, 즉 수신일을 기준으로 문서를 편집하였다. 이에 본 문서집에서는 독일외무부가 문서철 편집과정에서 취했던 수신일 기준 방식을 따랐다.

3. 본 문서집은 한국어 번역본과 독일어 원문 탈초본으로 구성되어 있다.

   1) 한국어 번역본에는 독일어 원문의 쪽수를 기입함으로써, 교차 검토를 용의하게 했다.
   2) 독일어 이외의 언어로 작성된 문서는 한국어로 번역하지 않되, 전문을 탈초해서 문서집에 수록하였다. 해당 문서가 주 보고서인 경우는 한국어 번역본과 독일어 원문 탈초본에 함께 수록하였으며, 첨부문서에 해당할 경우에는 한국어 번역본에 수록하지 않고, 독일어 탈초본에 수록하였다. ※ 주 보고서에 첨부문서로 표기되지 않은 상태에서 추가된 문서(언론보도, 각 국 공문서 등)들은 [첨부문서]로 표기하였다.

4. 당대 독일에서는 쿠렌트체(Kurrentschrift)로 불리는 옛 독일어 필기체와 프로이센의 쥐털린체(Sütterlinschrift)가 부가된 형태의 외교문서를 작성하였다. 이에 본 연구팀은 쿠렌트체와 쥐털린체로 되어 있는 독일외교문서 전문을 현대 독일어로 탈초함으로써 문자 해독 및 번역을 용이하게 했다.

   1) 독일어 탈초본은 작성 당시의 원문을 그대로 현대 독일어로 옮기는 것을 원칙으로 했다. 그 때문에 독일어 탈초본에는 문서 작성 당시의 철자법과 개인의 문서 작성상의 특성이 드러나 있다. 최종적으로 해독하지 못한 단어나 철자는 [*sic*]로 표기했다.

2) 문서 본문 내용에 대한 다양한 종류의 제3자의 메모는 각주에 [Randbemerkung]을 설정하여 최대한 수록하고 있다.

3) 원문서 일부에 있는 제3자의 취소 표시(취소선)는 취소선 맨 뒤에 별도의 각주를 만들어 제3자의 취소 영역을 표시했다. 편집자의 추가 각주 부분은 모두 대괄호를 통해 원주와 구분하고 있다.

4) 독일어 탈초본에서는 연구자들의 편의를 돕기 위해서 각 문건 상단에 원문출처, 문서수발신 정보, 문서의 수신 과정에서 추가된 문구 등을 알아볼 수 있도록 표를 작성하였다.

예)　　　　　　Die Rückkehr Li hung chang's nach Tientsin. ── ❶

PAAA_RZ201-018901_162 ── ❷			
Empfänger	Bismarck ── ❸	Absender	Brandt ── ❹
A. 6624. pr. 30 Oktober 1882. ── ❺		Peking, den 7. September 1882. ── ❻	
Memo	Orig. 1. 11. nach Hamburg ── ❼		

① 문서 제목 : 원문서에 제목(문서 앞 또는 뒤에 Inhalt 또는 제목만 표기됨)이 있는 경우 제목을 따르되, 제목이 없는 경우는 "[　]"로 표기해 원문서에 제목이 없음을 나타냄.

② 원문출처 : 베를린 문서고에서 부여한 해당 문서 번호에 대한 출처 표기. 문서번호–권수_페이지 수로 구성

③ 문서 수신자

④ 문서 발신자

⑤ 문서 번호, 수신일

⑥ 문서 발신지, 발신일

⑦ 문서 수신·전달 과정에서 추가적으로 작성된 문구

이 같은 표가 작성되지 않은 문서는 베를린 자체 생성 문서이거나 정식 문서 형태를 갖추지 않은 문서들이다.

5. 본 연구팀은 독일외교문서의 독일어 전문을 한국어로 번역·감교하였다. 이를 통해 독일어 본래의 특성과 당대 역사적 맥락을 함께 담고자 했다. 독일외교문서 원문의 번역 과정에서 뜻이 분명하지 않은 경우에는 [번역 주석]을 부기하였으며, [감교 주석]을 통해서 당대사적 맥락을 보완하였다. 아울러 독일외교문서 원문에 수록된 주석의 경우는 [원문 주석]으로 별도로 표기하였다.

6. 한국어 번역본에서는 중국, 일본, 한국의 지명, 인명은 모두 원음으로 표기하되, 관직과 관청명의 경우는 한국 학계에서 일반적으로 통용되는 한문의 한국어 발음을 적용하였다. 각 국가의 군함 이름 등 기타 사항은 외교문서에 수록된 단어를 그대로 병기하였다. 독일외교관이 현지어 발음을 독일어로 변환되는 과정에서 실체가 불분명해진 고유명사의 경우, 독일외교문서 원문에 수록된 단어 그대로 표기하였다.

7. 한국어 번역본에서는 연구자들의 편의를 돕기 위해서 각 문건 상단에 문서제목, 문서 수발신 정보(날짜, 번호), 문서의 수신 과정에서 추가된 문구 등을 알아볼 수 있도록 표를 작성하였다.

예)

01
조선의 현황 관련 ─❶

발신(생산)일	1889. 1. 5 ─❷	수신(접수)일	1889. 3. 3 ─❸
발신(생산)자	브란트 ─❹	수신(접수)자	비스마르크 ─❺
발신지 정보	베이징 주재 독일 공사관 ─❻	수신지 정보	베를린 정부 ─❼
	No. 17 ─❽		A. 3294 ─❾
메모	3월 7일 런던 221, 페테르부르크 89 전달 ─❿		

① 문서 제목, 번호 : 독일어로 서술된 제목을 따르되, 별도 제목이 없을 경우는 문서 내용을 확인 후 "[ ]"로 구별하여 문서 제목을 부여하였음. 제목 위의 번호는 본 자료집에서 부여하였음.
② 문서 발신일 : 문서 작성자가 문서를 발송한 날짜
③ 문서 수신일 : 문서 수신자가 문서를 받은 날짜
④ 문서 발신자 : 문서 작성자 이름
⑤ 문서 수신자 : 문서 수신자 이름
⑥ 문서 발신 담당 기관
⑦ 문서 수신 담당 기관
⑧ 문서 발신 번호 : 문서 작성 기관에서 부여한 고유 번호
⑨ 문서 수신 번호 : 독일외무부에서 문서 수신 순서에 따라 부여한 번호
⑩ 메모 : 독일외교문서의 수신·전달 과정에서 추가적으로 작성된 문구

8. 문서의 수발신 관련 정보를 특정하기 어려운 문서(예를 들어 신문 스크랩)의 경우는 독일외무부에서 편집한 날짜, 문서 수신 번호, 그리고 문서 내용을 토대로 문서 제목

을 표기하였다.

9. 각 권의 원문 출처는 다음과 같다.

자료집 권 (발간 연도)	독일외무부 정치문서고 문서 분류 방식			
	문서분류 기호	일련번호	자료명	대상시기
1 (2019)	I. B. 16 (Korea)	R18900	Akten betr. die Verhältnisse Koreas (1878년 이전) 조선 상황	1874.1~1878.12
	I. B. 22 Korea 1	R18901	Allgemiene Angelegenheiten 1 일반상황 보고서 1	1879.1~1882.6
	I. B. 22 Korea 1	R18902	Allgemiene Angelegenheiten 2 일반상황 보고서 2	1882.7~1882.11
2 (2019)	I. B. 22 Korea 1	R18903	Allgemiene Angelegenheiten 3 일반상황 보고서 3	1882.11~1885.1.19
	I. B. 22 Korea 1	R18904	Allgemiene Angelegenheiten 4 일반상황 보고서 4	1885.1.20~1885.4.23
	I. B. 22 Korea 1	R18905	Allgemiene Angelegenheiten 5 일반상황 보고서 5	1885.4.24~1885.7.23
3 (2019)	I. B. 22 Korea 1	R18906	Allgemiene Angelegenheiten 6 일반상황 보고서 6	1885.7.24~1885.12.15
	I. B. 22 Korea 1	R18907	Allgemiene Angelegenheiten 7 일반상황 보고서 7	1885.12.16~1886.12.31
	I. B. 22 Korea 1	R18908	Allgemiene Angelegenheiten 8 일반상황 보고서 8	1887.1.1~1887.11.14
4 (2019)	I. B. 22 Korea 1	R18909	Allgemiene Angelegenheiten 9 일반상황 보고서 9	1887.11.15~1888.10.3
	I. B. 22 Korea 1	R18910	Allgemiene Angelegenheiten 10 일반상황 보고서 10	1888.10.4~1889.2.28
	I. B. 22 Korea 1	R18911	Allgemiene Angelegenheiten 11 일반상황 보고서 11	1889.3.1~1890.12.13
	I. B. 22 Korea 1	R18912	Allgemiene Angelegenheiten 12 일반상황 보고서 12	1890.12.14~1893.1.11

5 (2020)	I. B. 22 Korea 1	R18913	Allgemiene Angelegenheiten 13 일반상황 보고서 13	1893.1.12~1893.12.31
	I. B. 22 Korea 1	R18914	Allgemiene Angelegenheiten 14 일반상황 보고서 14	1894.1.1~1894.7.14
	I. B. 22 Korea 1	R18915	Allgemiene Angelegenheiten 15 일반상황 보고서 15	1894.7.15~1894.8.12
	I. B. 22 Korea 1	R18916	Allgemiene Angelegenheiten 16 일반상황 보고서 16	1894.8.13~1894.8.25
6 (2020)	I. B. 22 Korea 1	R18917	Allgemiene Angelegenheiten 17 일반상황 보고서 17	1894.8.26~1894.12.31
	I. B. 22 Korea 1	R18918	Allgemiene Angelegenheiten 18 일반상황 보고서 18	1895.1.19~1895.10.18
	I. B. 22 Korea 1	R18919	Allgemiene Angelegenheiten 19 일반상황 보고서 19	1895.10.19~1895.12.31
	I. B. 22 Korea 1	R18920	Allgemiene Angelegenheiten 20 일반상황 보고서 20	1896.1.1~1896.2.29
7 (2020)	I. B. 22 Korea 1	R18921	Allgemiene Angelegenheiten 21 일반상황 보고서 21	1896.3.1~1896.5.6
	I. B. 22 Korea 1	R18922	Allgemiene Angelegenheiten 22 일반상황 보고서 22	1896.5.7~1896.8.10
	I. B. 22 Korea 1	R18923	Allgemiene Angelegenheiten 23 일반상황 보고서 23	1896.8.11~1896.12.31
	I. B. 22 Korea 1	R18924	Allgemiene Angelegenheiten 24 일반상황 보고서 24	1897.1.1~1897.10.31
8 (2020)	I. B. 22 Korea 1	R18925	Allgemiene Angelegenheiten 25 일반상황 보고서 25	1897.11.1~1898.3.15
	I. B. 22 Korea 1	R18926	Allgemiene Angelegenheiten 26 일반상황 보고서 26	1898.3.16~1898.9.30
	I. B. 22 Korea 1	R18927	Allgemiene Angelegenheiten 27 일반상황 보고서 27	1898.10.1~1899.12.31

			Allgemiene Angelegenheiten 28	
9 (2020)	I. B. 22 Korea 1	R18928	일반상황 보고서 28	1900.1.1~1900.6.1
	I. B. 22 Korea 1	R18929	Allgemiene Angelegenheiten 29	1900.6.2~1900.10.31
			일반상황 보고서 29	
	I. B. 22 Korea 1	R18930	Allgemiene Angelegenheiten 30	1900.11.1~1901.2.28
			일반상황 보고서 30	
10 (2020)	I. B. 22 Korea 1	R18931	Allgemiene Angelegenheiten 31	1901.3.1~1901.7.15
			일반상황 보고서 31	
	I. B. 22 Korea 1	R18932	Allgemiene Angelegenheiten 32	1901.7.16~1902.3.31
			일반상황 보고서 32	
	I. B. 22 Korea 1	R18933	Allgemiene Angelegenheiten 33	1902.4.1~1902.10.31
			일반상황 보고서 33	

10. 본 문서집은 조선과 대한제국을 아우르는 국가 명의 경우는 한국으로 통칭하되, 대한제국 이전 시기를 다루는 문서의 경우는 조선, 대한제국 선포 이후를 다루는 문서의 경우는 대한제국으로 표기하였다.

11. 사료군 해제

I. B. 16 (Korea)와 I. B. 22 Korea 1은 개항기 전시기라 할 수 있는 1874년부터 1910년까지 한국 관련 독일외교문서를 연, 월, 일에 중심으로 분류하여 정리한 사료군이다. 개항기 한국과 독일의 거의 전 분야에 걸친 다양한 관계를 확인할 수 있는 기초적인 사료라 할 수 있다. 한국과 독일의 관계 전반을 확인할 수 있는 편년체식 사료군은 독일이 동아시아정책에 기반을 둔 한국정책을 수립하는 데 기본이 되었다.

● I. B. 16 (Korea) : 1859년 오일렌부르크의 동아시아 원정 이후 베이징과 도쿄에 주재한 독일 공사들이 조선과 독일의 수교 이전인 1874~1878년간 조선 관련하여 보고한 문서들이 수록되어 있다. 이 시기는 조선이 최초 외세를 향해서 문호를 개방하고 후속 조치가 모색되었던 시기였다. 특히 쇄국정책을 주도하였던 흥선대원군이 하야하고 고종이 친정을 단행함으로써, 국내외에서는 조선의 대외정책 기조가 변화할 것이라는 전망이 나오던 시절이었다. 이러한 역사적 배경 속에서 I. B. 16 (Korea)에는 1876년 이전 세계문제로 촉발되었던 조선과 일본의 갈등과 강화도조약 체결,

그리고 조선의 대서구 문호개방에 관련해서 청국, 일본을 비롯해서 조선의 문호개방에 관여한 국가에 주재한 외교관의 보고서 및 언론기사를 비롯한 참고문서들이 수록되어 있다.

- I. B. 22 Korea 1 : 독일 외무부는 조선과 조약 체결을 본격화하기 시작한 1879년부터 별도로 "Korea"로 분류해서 한국 관련 문서를 보관하기 시작하였다. 영국외무부가 한국 관련 문서를 "China"와 "Japan"의 하위 목록에 분류한 것과 비교해보면, 독일외무부는 일찍부터 한국에 대한 중요성을 인식하고 대응했던 것으로 볼 수도 있다.

그 중에서 I. B. 22 Korea 1은 1879년부터 1910년까지 한국에 주재한 독일외교관을 비롯해서 한국 관련 각종 문서들이 연, 월, 일의 순서로 편집되어 있다. 개항기 전시기 독일의 대한정책 및 한국과 독일관계를 조망하는 본 연구의 취지에 부합한 사료군이라 할 수 있다. 그러기에 I. B. 22 Korea 1에는 한국의 국내외 정세 관련해서 한국에 주재한 독일외교관을 비롯해서 청국, 일본, 영국, 러시아 등 한국 문제에 관여한 국가에 관한 보고서 및 언론 기사를 비롯한 참고문서들이 수록되어 있다.

차례

외무부 정치 문서고 조선 관계 문서
1900.1.1~1900.6.1

외무부 정치 문서고 조선 관계 문서
1900.6.2~1900.10.31

외무부 정치 문서고 조선 관계 문서

1900.11.1~1900.2.28

외무부
A편

외무부 정치 문서고
조선 관계 문서

1900년 1월 1일부터
1900년 6월 1일까지

28권

29권

한국 No. 1

1900년	목록	수신정보
1899년 12월 5일 도쿄 보고 99 A. 149: 묄렌도르프의 한국 근무 시작에 관한 "Japan Daily Mail"의 보도		486 1월 12일
11월 23일 도쿄 전보 No. 2 한국에서 러시아가 취한 군사 조치에 대해 아오키가 우려함.		986 1월 24일
11월 28일 도쿄주재 독일제국 공사의 개인 서한 일본에서의 한국 문제로 인한 전쟁을 고려하지 않고 있음. 로젠이 마산포에서의 일본의 토지 매입을 저지하지 못한 이유로 공사직에서 해임됨.		30 1월 1일
1899년 12월 26일 도쿄 보고 99 A. 159 헤로드 미국 공사 서기관이 적은 급여로 인해 한국정부의 고문직을 거절한 이후 프랑스인이 임명됨. 한국에서 일본인들에 대한 반감이 있는 것으로 보임.		1095 1월 26일
메모 한국 문제로 러시아를 공격하려는 일본의 계획이 담긴 문서들이 '일본 2'에 존재함.		1791 2월 10일
1899년 11월 28일 도쿄 보고 A. 147 아오키 자작과 러시아 1등 서기관에게 묄렌도르프의 한국 근무 가능성에 대해 알림.		22 1월 1일
1899년 11월 19일 베이징 보고 A. 180 묄렌도르프 세관장이 한국 근무를 하지 않을 것이라고 자신의 상부 관청에 명확히 알림.		94 1월 3일
1899년 12월 4일 서울 보고 No. 87 한국 정부의 고문인 르젠드르와 그레이트하우스의 사망. 르젠드르 자리에 샌즈 미국 공사관 서기관이 들어서고, 그레이트하우스 자리는 크리마지 프랑스 법원장에게 제의됨. 묄렌도르프의 후보 지원은 태국 측에서 거부됨.		1361 2월 1일
1899년 12월 10일 도쿄 보고 A. 153 마산포의 가장 좋은 토지는 일본인들이 소유하고 있지만, 러시아가 계속적 토지를 매입함. 마산포에서 러시아의 전함들의 월동이 불가능함.		489 1월 12일
1월 15일 페테르부르크 보고 No. 23 한국주재 러시아 대리공사가 마산포의 러시아 조계지로의 이주를 요구함.		721 1월 18일

12월 18일 도쿄 보고 A. 156 한국의 경제 구역에서 일본인들의 행태에 대한 "Novoye Vremya"의 보도	916 1월 22일
1월 9일 도쿄 보고 A. 2 서울주재 일본 공사가 언급한 바에 따르면, 일본이 한국 문제에 어떠한 개입도 하지 않고, 오직 통상의 이익만을 장려하고 있는데, 그 이유는 한국에서 정치적인 세력을 갖고자 할 경우에 다른 강대국들과 분쟁이 발생할 수 있기 때문임.	2029 2월 16일
1월 25일 도쿄 해군 보고 일본과 러시아의 긴장 관계. 한국(마산포)에서 러시아 군항이 설치되고 압록강에서 러시아 군대가 집결하여 일본이 이를 두려워함.	ad 2385 2월 8일
1월 23일 함부르기셔 코레스폰덴트 한국이 오랫동안 희망했던 5천만 차관을 러시아로부터 받게 됨.	980 1월 24일
1월 23일 도쿄 보고 A. 10 러시아의 마산포 만에 대한 측량과 해안 토지의 매입 의도	2378 2월 24일
2월 8일 리스본발 보고 No. 30 리스본주재 러시아 대리공사가 한국이 러시아화되는 것 외에는 다른 해결책이 없다고 언급함.	1860 2월 12일
3월 7일 페테르부르크 보고 No. 128 "Petersburg Herold" 기사: 한국의 일본인과 러시아인 – 해당 기사에 따르면, 결국 러시아가 한국에서 질서를 바로잡아야 한다고 함.	2977 3월 9일
3월 31일 도쿄 전보 No. 17 한국에서 러시아의 요구들로 인해 일본에서 심각한 분위기가 조성됨. 일본은 자신들의 중요한 이익을 보호하면서, 파블로프가 서울에 나타난 것에 대한 설명을 요구해야 함.	3995 3월 31일
3월 28일 도쿄 전보 No. 16 마산포 만에 대한 러시아의 요구로 인해 일본 측이 격앙함. 러시아 군함의 체류는 일본에 대한 압력 수단으로 여겨짐.	3839 3월 28일
4월 2일 도쿄 전보 No. 18 무라비예프에 따르면, 마산포 문제를 해결하는 일이 파블로프 러시아 해군 대표자에게 넘겨지게 됨.	4141 4월 2일

2월 20일 도쿄 보고 A. 24 한국의 서울-부산 간 철도 건설 지원에 대한 오이시 일본 의원의 신청	3637 3월 23일
3월 30일 런던 보고 No. 225 마산포에서 러시아의 토지 매입과 러시아 군함의 움직임으로 인해 일본이 격앙함.	4038 4월 1일
3월 7일 런던 보고 No. 132 러시아 해군 장교의 말에 따르면, 동아시아에서 러시아 군대가 집결하는 것만으로 일본이 한국을 포기하도록 할 수 있다고 함.	2986 3월 9일
10월 31일 서울 보고 No. 10 한국의 3백만 달러의 차관이 일본에게 상환된 상태. 서울-제물포 간 철도는 오직 일본이 담당하며, 한국의 참여는 허가되지 않음.	4770 4월 16일
3월 22일 도쿄 보고 A. 41 서울주재 러시아 대표의 언급에 따르면, 마산포 토지의 구입 자금은 영국이 일본에 제공한 것이라고 함.	4945 4월 20일
1899년 12월 28일 도쿄 보고 A. 160 러시아에 대항해 일본이 무장한다는 소문에 대한 일본 외무대신의 성명과 일본 왕에 대한 모욕적인 언급. 일본 병기창의 활동이 증가함.	1096 1월 26일
1월 22일 도쿄 보고 A. 9 포트 아서와 블라디보스토크의 중간 항구로서 마산포의 중요성. 러시아 측의 한국 관련 로젠-니시 협약의 중요성.	2377 1월 24일
3월 27일 상트페테르부르크 신문 일본에 의한 한국 산업협회의 설립. 프릿처드 모건에 한국 북부(운산)의 채광권을 부여함. 모건은 한국이 허가를 해주지 않자 독단적으로 채굴 작업을 계획함.	3816 3월 27일
3월 17일 도쿄 보고 A. 35 러일전쟁이 불가피성에 대한 로마노프 러시아 선장의 발언; 러시아는 한국의 한 항구를 포트 아서와 블라디보스토크 사이의 기지로 두어야 한다고 함. - 러시아와 한국은 마산포 문제에 대해 전혀 언급하지 않음.	4940 4월 20일
3월 21일 도쿄 보고 A. 39 위험한 러일관계와 러시아가 한국을 차지할 경우 발생할 수 있는 대참사에 대한 "Japan Times"의 보도	4943 4월 20일

3월 26일 페테르부르크 보고 No. 178 한국의 농업 진흥을 위해 "한국 산업회사" 설립. 프릿처드 모건에 의한 은산 작업장의 위법적 철거	3868 3월 29일
3월 2일 워싱턴 보고 A. 56 마산포를 둘러싼 러일 분쟁으로 인한 카시니의 두려움. 이 분쟁에서 러시아가 불리함. 미국에서 러시아 정부의 대규모 주문이 이루어짐.	3314 3월 16일
3월 28일 / 4월 8일 "Novoye Vremya" 보도 전신과 전화를 한국에 설치하자는 일본의 제안을 한국 정부 측이 거부함. 제물포에 러시아 전투함대가 들어옴.	4563 4월 11일
3월 26일 서울 보고 No. 22 서울-부산 간 철도에 대한 사전 작업 착수	5925 5월 11일
4월 27일 페테르부르크 보고 No. 257 한국에 대한 러시아의 적극적 행동에 관한 "Rossija" 기사	5354 4월 29일
4월 10일 도쿄 해군 보고 No. B 48 (사본) 러시아가 한국에서 토지 요구를 주장한 것에 대한 일본 신문의 위협적인 논조 및 일본 함대의 준비 태세	ad. 5907 5월 11일
4월 8일 도쿄 보고 No. A. 43 한국에서의 러일 관계, 동아시아에서 러시아가 이룬 성과, 특히 마산포 항구에 대한 러시아의 노력에 일본이 시기적인 태도를 취함; 일본과 러시아의 전쟁 준비 태세	5909 5월 11일
4월 10일 도쿄 보고 A. 44 러시아 해군을 위한 마산포 지역 양도 문제로 한국과 함께 러일 협상이 이루어짐.	5910 5월 11일
3월 26일 서울 보고 No. 21 힐데브란트 제독의 지휘 아래 러시아 함대의 제물포 체류	5945 5월 11일
3월 30일 서울 보고 No. 25 런던주재 한국 총영사로 프릿처드 모건 임명	6260 5월 29일
5월 19일 페테르부르크 보고 No. 306 한국에서의 러일 간 불화를 관한 영국 신문들의 소문에 대해 "Birschewyja Wjedomosti" 신문이 대응	6357 5월 22일

5월 29일 런던 보고 No. 412 러시아의 한국 해군기지 획득에 관한 "St. James Gazette" 기사	6713 5월 31일
5월 18일 런던 보고 No. 387 마산포 해군기지 특허권이 러시아에 부여됨. 한국이 마산포에서 다른 어떤 국가에도 양허권을 부여하지 않을 예정. 이러한 러시아의 성과에 대한 영국 신문들의 불만.	AS 845 5월 20일
5월 22일 런던 보고 No. 359 마산포에 대한 한국의 특허권을 러시아에 부여한 것이 영국의 권리를 침해한 것이 아니라는 브로드릭스의 설명. 이와 관련해 영국 신문이 영국 정부를 공격함. 도쿄, 베이징, 페테르부르크에 대한 5월 25일 훈령: 마산포 문제로 인한 영국의 영향력 쇠퇴에 관한 보고 요청	6461 5월 25일
5월 27일 페테르부르크 암호전보 No. 123 영국 대사는 러시아의 마산포 점유를 영국에 대한 사소한 사안으로 간주했으며, 일본 공사는 일본이 이에 대해 안심했다고 표명함.	AS 869 5월 27일
5월 28일 도쿄 암호전보 No. 26 일본에서 러시아에 대한 불신이 증가하고, 영국에 대한 우호 요구가 커짐.	AS 873 5월 28일
5월 23일 페테르부르크 보고 No. 310 러시아의 마산포 획득으로 인해 동아시아에서 러시아와 영국이 대립함; "Times"와 "Novoye Vremya" 기사	6453 5월 25일
러시아의 마산포 획득을 다룬 "크로이츠 신문" 기사에 대한 메모 (원본 : 모로코 secr.)	ad. 6479 5월 25일
4월 (?)일 서울 보고 No. 30 러시아의 마산포 토지 획득과 거제도와 남포만에 대한 러시아의 계획	6560 5월 27일
5월 27일 페테르부르크 보고 No. 319 러시아의 마산포 획득과 한국 문제에 관한 "Birschewyja Wjedomosti" 보도	6657 5월 30일
4월 5일 도쿄 보고 No. A. 42 현재 한국에서의 외국의 이해관계와 특허권에 관한 내용 정리	5908 5월 11일
3월 30일 서울 보고 No. 24 마산포에 러시아 영사관 설치. 목표와 마산포에서의 러시아의 추가적인 토지 획득	6259 5월 19일

5월 23일 "Temps" 기사가 러시아의 마산포 토지 획득을 호평했으며, 이로 인해 영국의 위상이 떨어지고 영국에 대한 일본의 지지가 줄어들 것이라고 함.	6433 5월 24일
5월 26일 페테르부르크 신문 러시아의 마산포 획득에 대한 영국 언론의 분노	6626 5월 29일
마산포 문제로 인한 러일 간의 분쟁 도래를 다룬 "Sunday" 특별 기사에 대한 메모	ad. 6714 5월 31일
4월 30일 도쿄 보고 No. A. 50 한국에서 러일 간의 사소한 불화가 있지만, 이로 인해 심각한 분쟁은 발생하지 않음.	6720 5월 31일
1월 24일 페테르부르크 보고 No. A. 13 러시아의 한국 정책에 관한 일본 의회의 대정부 질의	2380 2월 24일
5월 25일 런던 보고 No. 405 러시아가 한국의 영토를 획득하지 않겠다는 약속을 어겼다는 사실에 대한 의회의 논쟁과 언론 기사	6555 5월 27일
5월 18일 런던 해군 보고 No. 288 마산포 항구 문제로 인한 러시아와 한국 간의 조약을 다룬 "St. James Gazette" 기사. 런던 569 5월 21일 훈령: 사설 송부 요청	6285 5월 20일
12월 30일 서울 보고 No. 41 한국 정부가 중국에 영사관을 설치하려는 계획을 취소함; 베이징 공사에 심상훈이 임명됨.	2481 2월 26일
2월 21일 도쿄 보고 A. 25 "Independent" 신문이 러일 간의 긴장 관계, 일본으로의 식료품 수입, 청국에서의 러시아군 이동에 대한 일본 첩보원의 감시를 보도함.	3638 3월 23일
2월 27일 Tschirschky 공사의 기록 러시아가 시베리아 철도가 완성되고 함대가 증강될 때까지 일본과의 분쟁을 피하고자 함. 이로써 한국 문제가 현재로서 큰 관심 사안은 아님.	2567 2월 28일
4월 23일 서울 보고 No. 37 일본 황태자 결혼식 참석을 위해 한국 공사가 파견, 일본 황제와 황태자에게 대한 황금자훈장(금척대훈장) 수여, 한국의 신설된 훈장들에 대한 설명.	6729 5월 31일

01

묄렌도르프

발신(생산)일	1899. 11. 28	수신(접수)일	1900. 1. 1
발신(생산)자	라이덴	수신(접수)자	호엔로에-실링스퓌르스트
발신지 정보	도쿄 주재 독일 공사관	수신지 정보	베를린 정부
	A. 147		A. 22
메모	cfr. A. 486		

A. 22   1900년 1월 1일 오전 수신

도쿄, 1899년 11월 28일

A. 147

독일제국 수상 호엔로에-실링스퓌르스트 각하 귀하

본인은 독일제국의 신민인 묄렌도르프[1]에 관한 금년 9월 30일 각하의 훈령(Nr. 22)[2]을 받게 되어 영광으로 생각합니다. 본인은 외무대신과 러시아 대표부에 독일제국의 정부가 묄렌도르프의 임명에 아무런 관심이 없다는 것을 구두로 전달했습니다. 아오키[3]는 이 사안에 대해 분명 아는 바가 없는 것 같았으며, 러시아 공사관의 1등 서기관은 당시 이 문제에 대해 주목을 했으나, 협상의 최근 진행상황에 대해 직접적으로 아는 바가 없었습니다.

라이덴[4]

내용: 묄렌도르프

---

1 [감교 주석] 묄렌도르프(P. G. Möllendorff)
2 [원문 주석] A. 11038 삼가 첨부함.
3 [감교 주석] 아오키 슈조(青木周藏)
4 [감교 주석] 라이덴(G. Leyden)

묄렌도르프

발신(생산)일	1899. 11. 28	수신(접수)일	1900. 1. 1
발신(생산)자	라이덴	수신(접수)자	호엔로에-실링스퓌르스트
발신지 정보	도쿄 주재 독일 공사관	수신지 정보	베를린 정부
			A. 30
메모	I. 1월 3일 런던 13, 파리 3, 페터르부르크 6 전달 II. 1월 4일 도쿄주재 공사에게 보낸 개인 서한		

사본

A. 30　1900년 1월 1일 오전 수신

도쿄, 1899년 11월 28일

존경하는 백작님께!

　　아모이(Amoy) 지역을 점유하여 취득하려는 계획이 아직 진행되고 있는가를 살펴보다가 이 서한을 보내드리는 것이 늦어지고 말았습니다. 이 문제에 대해 더 이상의 추가적인 근거는 나타나지 않았지만, 가능한 청국의 종주권을 존중하는 것이 일본의 정책에서 절대적인 원칙이 된 것 같습니다. 아오키가 본인과 사토우[1]에게 주의를 준 것은 아모이의 소요 사태에 대해 일본에게 최소한 일부라도 배상을 해야 한다는 필요성을 청국에게 우회적으로 확인시키기 위한 것으로 보입니다. 이것은 현재 어느 정도까지 이루어졌으며, 아오키는 타페[2] 백작을 모범으로 삼아 "계속 신속하게 밀고 나가고 있습니다". 존경하는 백작님, 백작님께서 본인에게 베이징에서의 짧은 휴가를 허락해 주셨는데 본인은 애석하게도 휴가를 떠날 수 없었습니다. 왜냐하면, 이곳 (일본) 황제가 새로운 조약들의 체결을 축하하기 위해 연회를 열었는데, 본인이 불참하면 결례가 될 것이기 때문이었습니다. 관광 목적 외에도 청국에 대한 일본의 입장이 분명 어떠한지 대해 본인은 관심을 가졌을 것입니다. 이곳에서 본인이 받은 인상은 "황인종의 동맹"에 반대한다는 것입니다. 말하자면, 청국은 매우 갑작스럽게 자신들의 활동을 강화하고 있으며, 일본 측은

1　[감교 주석] 사토우(E. M. Satow)
2　[감교 주석] 타페(Taafe)

– 특히 군대를 통해 – 가능한 모든 영향력을 동원하여 청국의 내부 상황에 지역적으로 영향을 미치려 한다는 것은 부인할 수 없는 사실입니다. 각하께서는 Chang Chi-Tung이 얼마만큼 이러한 움직임에 주요 원인을 제공하는지 다른 곳으로부터 더 나은 정보를 받았을 것입니다. 여하튼 그는 사실상 이토 후작이 쥐고 있는 일본의 놀음에 유일한 패를 걸고 있지는 않으며, 아오키[3]는 단지 평범한 외무대신으로 여겨지고 있습니다. 이러한 점에서 특이할 만한 사실은 고노에[4] 왕자(귀족원의 대표인 그는 최근 베를린에도 머무르며, 리히트호펜[5] 남작의 영접에 감사의 뜻을 표함)가 Chang Chi-Tung 집에 있었으며, 청국에서의 그의 여행을 중단했다는 것입니다. 고노에 왕자는 이곳에서 강한 지지를 받고 있고, 비록 아직 젊은 나이임에도 불구하고 일류 정치인으로 부상하고 있다고 합니다. 그러나 그의 전체 여정이 이미 정해져 있었고 원래 계획에 중국이 포함되어 있지 않았기 때문에, 이러한 추가적인 계획은 아마도 지난 여름에 발생한 정치적 사건의 결과일 것입니다.

분명 한국은 일본의 주요 관심 사안으로 다시 떠올랐습니다. 이것이 어떠한 결과를 낳을지는 한국에서 일본의 정책을 가장 열렬히 옹호하는 사람 중의 한 명인 아오키 백작조차 분명히 알고 있지는 않은 것 같습니다. 현재 러시아가 (일본의) 멈추기를 명백히 바라고 있으며, 그러면 일본의 후퇴는 불가피할 것입니다. 왜냐하면, 아무도 전쟁을 고려하고 있지 않기 때문입니다. 아마도 이것이 일본인들이 자신들에게 더 이상 해가 안 된다고 생각하는 로젠[6]을 해임하고 이즈볼스키[7]를 임명하는 이유일 것입니다. 본인이 이곳에서 명백히 들은 바에 의하면, 상트페터르부르크에서는 청일 동맹의 존립을 믿고 있으며, 이에 대해 아무것도 알아채지 못했다며 로젠을 비난하고 있습니다. 그에게도 매우 예상치 못한 그의 전근을 이렇게 설명하는 것은 본인도 별로 개연성이 적다고 생각합니다. 왜냐하면, 본인이 이곳의 러시아인들과의 교제를 통해 한국이 이곳 공사관에서 매우 민감한 문제라는 사실을 알게 되었기 때문입니다. 확실치 않은 소문이지만, 러시아 해군 내에서 로젠에게 강한 적이 생겼다고 합니다. 해군은 마산포가 우수한 항구의 특징을 있다는 것을 알게 되었는데, 일본인들이 비밀리에 마산포에서 토지를 구입하는 것을 막지 못했다고 로젠을 비난하다고 합니다. 그러나 파블로프[8]가 휴가를 갔을 때 마산포에

---

3 [감교 주석] 아오키 슈조(青木周藏)
4 [감교 주석] 고노에(Konoye)
5 [감교 주석] 리히트호펜(Richthofen)
6 [감교 주석] 로젠(R. R. Rosen)
7 [감교 주석] 이즈볼스키(A. P. Izwolskii)
8 [감교 주석] 파블로프(A. Pavlow)

서 대금 지불 없이 토지를 예약했다는 "이야기"가 있으며, 만약 이후에 일본인들이(아마 정부의 허수아비들조차) 그 먹이(일부 토지)를 물고 괜찮은 땅을 소유하게 되었어도 로젠의 잘못은 아닙니다. 지난해 니시-로젠 협정이 체결되었을 때, 러시아는 일본이 영국과 만주에서 자신들의 행동에 저항하지 않을 것이라고 안심할 수 없었습니다. 상황이 달라진 후, 러시아는 물론 일본도 이 협정을 물고 늘어졌습니다. 현재 이들은 서로 대립하고 있으나, 양국 모두 공공연한 분쟁을 피하고 있는데, 다만 러시아가 경주(싸움)에서 안쪽(우위)을 주장하고 있습니다.

라이덴

원본 : 일본 9

03

묄렌도르프에게 한국의 고문직 제안

발신(생산)일	1899. 11. 19	수신(접수)일	1900. 1. 3
발신(생산)자	케텔러	수신(접수)자	호엔로에-실링스퓌르스트
발신지 정보	베이징 주재 독일 공사관	수신지 정보	베를린 정부
	A. 180		A. 94
메모	1월 9일 페테르부르크 25, 도쿄 A. 1 전달		

A. 94 1900년 1월 3일 수신

베이징, 1899년 11월 19일

A. 180

독일제국 수상 호엔로에-실링스퓌르스트 각하 귀하

금년 9월 30일 훈령 A. 106[1]과 금년 9월 9일 본인의 보고 A. 144[2]에서 언급된 묄렌도르프[3] 세관장은, 하트[4]가 본인에게 이야기한 것처럼, 자신에게 제안된 한국 정부의 고문직을 결국 포기하고, 청국의 해양세관 업무를 계속 담당하길 원한다고 그의 상관에게 서면으로 보고했습니다.

본인은 관계자들 사이에서 고문직의 제안이 한국 측에서 나온 것이 아니고, 아마도 묄렌도르프의 상상력에서 나온 것이었다는 의견이 지배적이었기 때문에, 묄렌도르프의 후보 지원에 대한 우리의 입장을 해명할 필요가 없게 되었습니다. 세관장이 당시 한국의 공직을 맡기 위해 휴가원이나 사직서를 이곳 감찰위원회에 내지 않고, 오히려, 위에서 언급한 것처럼, 이른바 제안된 공직에 대한 거절 결정을 해당 위원회에 최근에서야 보고했다는 것이 사실일 것 같습니다. 세관 총감독관은 서신의 내용을 제대로 살펴보지 않은 채, 서신의 수취만을 확인시켜 주었습니다.

케텔러[5]

내용: 묄렌도르프에게 한국의 고문직 제안

---

1 [원문 주석] A. 11038 및 12440
2 [원문 주석] 삼가 첨부함.
3 [감교 주석] 묄렌도르프(P. G. Möllendorff)
4 [감교 주석] 하트(R. Hart)
5 [감교 주석] 케텔러(Ketteler)

묄렌도르프에 대한 일본의 언론

발신(생산)일	1899. 12. 5	수신(접수)일	1900. 1. 12
발신(생산)자	라이덴	수신(접수)자	호엔로에-실링스퓌르스트
발신지 정보	도쿄 주재 독일 공사관	수신지 정보	베를린 정부
	A. 149		A. 486

A. 486 1900년 1월 12일 오전 수신, 첨부문서 1부

도쿄, 1899년 12월 5일

A. 149

독일제국 수상 호엔로에-실링스퓌르스트 각하 귀하

묄렌도르프[1]가 한국정부의 고문으로 임명된다는 소식이 일본 언론에서 최근에서야 보도되었습니다. 그의 임명 가능성은 지난 달 28일 보고 A. 147[2]에서 언급된 바 있습니다.

이 내용들은 요코하마에서 발행되는 "Japan Daily Mail"의 단면으로 첨부된 기사에 요약되어 있으며, 여기서 주목할 만한 점은 묄렌도르프가 이전에 한국에서 한 활동들에 대한 내용의 대부분이 영국 신문에 의해 전해졌으며, 일본인들은 그의 활동에 대해 더 이상 기억하고 있지 않아 보입니다.

라이덴

내용: 묄렌도르프에 대한 일본의 언론

A. 149의 첨부문서
첨부문서의 내용(원문)은 독일어본 446쪽에 수록.

---

1 [감교 주석] 묄렌도르프(P. G. Möllendorff)
2 [원문 주석] A. 22 삼가 첨부함.

한국에서의 러시아와 일본

발신(생산)일	1899. 12. 10	수신(접수)일	1900. 1. 12
발신(생산)자	라이덴	수신(접수)자	호엔로에-실링스퓌르스트
발신지 정보	도쿄 주재 독일 공사관	수신지 정보	베를린 정부
	A. 153		A. 489

A. 489 1900년 1월 12일 오전 수신

도쿄, 1899년 12월 10일

A. 153

독일제국 수상 호엔로에-쉴링스퓌어스트 각하께

이곳의 소식에 따르면, 한국의 항구도시 마산포에서 일본 측과 러시아 측의 토지 매입이 계속 이루어지고 있는 것 같습니다. 특히 러시아 측에 의해서 또는 최소한 러시아의 비용으로 최근 새로운 매입이 있었지만, 입지가 더 좋은 도시 지역들은 주로 일본인의 수중에 들어갔다고 합니다.

4척 내지 5척의 러시아 전함이 겨울 동안 마산포에서 정박해 머물 것이라고 최근 이곳에서 떠도는 소문은 아직 확인된 바 없습니다. 항구의 상황은 현재 분명하게 알 수 있는 것처럼, 비록 계획이 있다 하더라도 해협에서 오랫동안 머물 수 없는 상태입니다.

라이덴

내용: 한국에서의 러시아와 일본

한국 마산포 항구에서 러시아의 조차지 권리

발신(생산)일	1900. 1. 15	수신(접수)일	1900. 1. 15
발신(생산)자	라돌린	수신(접수)자	호엔로에-실링스퓌르스트
발신지 정보	페테르부르크 주재 독일 대사관	수신지 정보	베를린 정부
	No. 23		A. 721

A. 721   1900년 1월 15일 수신

상트페테르부르크, 1900년 1월 15일

No. 23

독일제국 수상 호엔로에-실링스퓌르스트 각하 귀하

1월 12일/12월 31일 "Novoye Vremya"[1]는 다음과 같은 기사를 내보냈습니다:

"1899년 9월 24일 포트 아서[2]의 전보 통지 54호에서 우리는 한국주재 대리공사의 다음과 같은 공고를 보았다:

이와 함께 일반적으로 알려진 사실은 러시아 정부가 마산포 항구에서 조차지 권리를 확보했으며, 지원자에게 35개의 해안 구역으로 나누어진 토지를 매입하도록 요구하고 있다는 것이다. 토지 매도는 양력 11월 1일(음력 10월 20일)로 정해졌다."

"Novoye Vremya"는 다음과 같이 덧붙여 말했다. "그러한 흥미로운 소식들이 우리의 식민지 신문에서뿐만 아니라 수도의 신문에서도 보도되면 좋을 것이다. 아울러 어떤 러시아인이 앞서 언급한 공고에 응했는지 알게 되는 것도 흥미로울 것이다."

라돌린[3]

내용: 한국 마산포 항구에서 러시아의 조차지 권리

---

1   [감교 주석] 노보예 브레먀(Novoye Vremya)

2   [감교 주석] 뤼순(旅順; Port Arthur)항

3   [감교 주석] 라돌린(H. F. von Radolin)

한국에서의 러시아와 일본

발신(생산)일	1899. 12. 18	수신(접수)일	1900. 1. 22
발신(생산)자	라이덴	수신(접수)자	호엔로에–실링스퓌르스트
발신지 정보	페테르부르크 주재 독일 대사관	수신지 정보	베를린 정부
	No. 156		A. 916

A. 916 1900년 1월 22일 오전 수신, 첨부문서 1부

도쿄, 1899년 12월 18일

A. 156

독일제국 수상 호엔로에–실링스퓌르스트 각하 귀하

각하께 상트페테르부르크의 "Novoye Vremya"[1]에 실린 기사 사본을 삼가 송부해 드립니다. 이 기사에서 한국에서의 일본의 행동이 상세하지만 약간 과장되게 묘사되어 있습니다. 기사에서 열거된 철도 및 광산 사업의 대부분은 계속적인 추진을 위해 더 많은 자본이 필요할 것으로 보이며, 특히 광산 사업에서 자본이 매우 부족한 상황입니다.

라이덴

내용: 한국에서의 러시아와 일본

A. 156.

첨부문서의 내용(원문)은 독일어본 449~450쪽에 수록.

---

1 [감교 주석] 노보예 브례먀(Novoye Vremya)

08

[독일 언론에 보도된 한국 관련 기사]

발신(생산)일		수신(접수)일	1900. 1. 24
발신(생산)자		수신(접수)자	
발신지 정보		수신지 정보	베를린 외무부
			A. 980

A. 980   1900년 1월 24일 오후 수신

1900년 1월 23일 함부르기셔 코레스폰덴트[1]

한국에서 러시아와 일본

한국이 오랫동안 원하던 5천만 마르크의 차관을 러시아로부터 얻게 된다는 보도는 조금 놀라운 소식이다. 이 소식은 매우 믿을만한 소식통을 통해 우리에게 전해졌지만, 여러 이유로 인해 이를 확인해 볼 필요가 있다.

알려진 바와 같이, 한국이 5천만 마르크의 차관을 일본에서 확보하려 했지만 성공하지 못했다. 최근에서야 1억 엔(1엔은 4마르크 30페니히와 같음)의 차관을 런던에서 86 pZt[2]의 시세로 맡겨두었던 일본의 금융은 비교적 좋은 상태에 있지만, 최근 금 부족으로 곤란해졌습니다. 그러나 필요한 경우, 일본 정부는 러시아처럼 한국에 5천만 마르크를 제공해 줄 수 있을 것입니다.

러시아가 차관을 제공함으로써 현재 일본에 비해 열세인 한국에서의 영향력을 크게 되살릴 수 있을 것이며, 아마 관세 및 조세 운영에 대한 모든 관할권을 얻을 것으로 보입니다. 물론 이것은 일본에게 매우 불쾌한 일이 될 것입니다. 한국에서 확고한 위치를 확보하려는 러시아의 시도에 일본이 열의 있게 대응한 것으로 보아 추측할 수 있는 바는 이미 한국이 지난 번 차관으로 부채가 충분히 있지만, 일본이 한국에서의 위치를 보다 확고히 하기 위해 5천만 마르크를 재차 한국에 제공할 것입니다.

---

1   [감교 주석] 함부르기셔 코레스폰덴트(Hamburgischer Korrespondent)
2   [감교 주석] Polish Zloty

러시아가 차관을 통해 한국에서의 우위를 확보하는 것이 분명해진다면, 이로 인해 러시아와 일본 간에 힘들게 지속되는 분쟁이 예전보다 더 날카롭고 험악해질 것이며, 낙관주의자들이 예상한 러시아-중국-일본의 동맹은 또다시 어렵게 될 것입니다.

[러시아의 군비 증강에 대한 일본의 우려]

발신(생산)일	1900. 1. 23	수신(접수)일	1900. 1. 24
발신(생산)자	라이덴	수신(접수)자	
발신지 정보	도쿄 주재 독일 공사관	수신지 정보	베를린 외무부
	No. 2		A. 986
메모	1월 25일 런던 109, 1월 24일 러시아 94 전달		

A. 986 1900년 1월 24일 오전 수신

전보

도쿄, 1900년 1월 23일 오후 7시 50분
도착: 1월 24일 오전 6시 15분

독일제국 공사가 외무부에 발송

암호 해독

No. 2

아오키[1]는 러시아 측이 계속 이곳을 불안하게 하고 있다고 말했다. 러시아 군대는 꾸준히 보강되고 있으며, 위생상의 이유를 구실로 압록강에 군영을 설치하고 있다고 한다. 학술 파견단이 소위 일본 해협을 연구한다고 상트페테르부르크에서 이곳으로 통보를 했다. 프랑스는 매우 조용한 태도를 취하고 있지만, 트란스발 전쟁이 종료되기를 원하는데, 그렇지 않으면 상황이 곤란해질 수 있다.

라이덴

---

1 [감교 주석] 아오키 슈조(青木周藏)

베를린, 1900년 1월 25일 A. 986

주재 외교관 귀중 개인정보 목적
런던 No. 109
도쿄주재 독일제국 공사에게 전보를 보냄
연도번호 No. 743

베를린, 1900년 1월 26일 A. 980

주재 외교관 귀중 본인은 소위 한국의 차관에 관한 이번 달 23
서울 No. 1 일 "함부르기셔 코레스폰덴트"의 발췌 기사
를 동봉하여 삼가 송부해 드립니다.
연도번호 No. 768

10

원문 p.454

한국

발신(생산)일	1899. 12. 26	수신(접수)일	1900. 1. 26
발신(생산)자	라이덴	수신(접수)자	호엔로에-실링스퓌르스트
발신지 정보	도쿄 주재 독일 공사관	수신지 정보	베를린 정부
	A. 195		A. 1095
메모	1월 29일 런던 122, 페테르부르크 76 전달		

A. 1095　1900년 1월 26일 오후 수신

도쿄, 1899년 12월 26일

A. 195

독일제국 수상 호엔로에-실링스퓌르스트 각하 귀하

이곳 미국 공사관의 일등서기관인 헤로드[1]가 본인에게 전한 바에 따르면, 그가 최근의 한국 여행에서 한국 정부와 고문직 수락 문제로 대한 교섭을 가졌다고 합니다. 며칠 전까지도 계속되었던 서신 연락이 두절되었는데, 그 이유는 한국 측에서 월 500엔만을 (급여로) 제안했지만, 헤로드는 비록 지금의 미국 관직이 미래를 보장하지 않더라도 자신의 도쿄 체류를 1000엔 이하 조건의 한국 체류와 바꾸고 싶지 않다고 합니다.

헤로드는 한국의 상황을 처량하면서 우습게 그리고 있으며, 여러 노력에도 불구하고 일본인들이 얻은 성과는 단지 미약하고 생각합니다. 비교적 규모가 큰 모든 사업에서, 가령 표준 궤도로 세워져야 할 서울-부산 철도 등은 자본과 투자금이 부족하며, 일본의 탐욕으로 인해 유럽이나 미국 자본과의 의미있는 협력이 어려운 상태입니다. 그는 일본인들이 기피되는 상황이어서 일본인들은 일정한 조차지를 미국인들과 함께 관리해야 할 것이라고 말했습니다.

앞서 언급한 고문직은 이제 프랑스인에게 돌아간 것으로 보입니다. 이 프랑스인은 적은 급여에도 만족하고 있으며, 헤로드의 정보에 따르면 아마도 러시아 문제를 담당할 것 같습니다.

라이덴

내용: 한국

1　[감교 주석] 헤로드(Herod)

부산에서 발생한 러시아 선원들과 일본 선원들 간의 난투 사건

발신(생산)일	1899. 12. 28	수신(접수)일	1900. 1. 26
발신(생산)자	라이덴	수신(접수)자	호엔로에-실링스퓌르스트
발신지 정보	도쿄 주재 독일 공사관	수신지 정보	베를린 정부
	A. 195		A. 1096
메모	1월 29일 1월 30일 페테르부르크 83, 러시아 94 전달		

A. 1096   1900년 1월 26일 오후 수신

도쿄, 1899년 12월 28일

A. 160

대외비

독일제국 수상 호엔로에-실링스퓌르스트 각하 귀하

본인은 외무대신이 얼마 전부터 평소와는 달리 소극적인 태도를 보인다고 생각했는데, 특히 그에게 러시아-일본 관계에 대해 이야기할 때 그렇습니다.

본인이 최근 저녁에 아오키[1]를 직접 집으로 방문했을 때, 그는 심중을 조금 더 털어놓았습니다. 그는 러시아의 해군 무관 Chaghin이 일본의 해군 대신에 의해 수차례 형편없는 대우를 받고 매우 기분이 상했으며, 이로 인해 얼마 전 상트페테르부르크에서 반일 정서가 뚜렷하게 생겼다고 합니다.

그 외에 부산에서 발생한 러시아 선원들과 일본 선원들 간의 난투 사건이 러시아 황제의 귀에까지 들어갔는데, 러시아 황제는 개인적으로 이 문제에 대해 불쾌감을 표했다고 합니다. 아오키의 정보에 따르면, 이 난투극은 러시아 선원 19명이 화주 18병을 마신 후 거리에서 처음에 서로 주먹다짐을 하며 시작되었습니다. 이후 이들은 여자들을 희롱하고 일하던 일본인을 돌로 치자 일본인 지역에서 사람들이 몰려왔으며, 이때 러시아 수병들이 행패를 당했다는 것입니다. 양측에서 부상자들이 생겼으나 크게 다친 사람

---

1   [감교 주석] 아오키 슈조(靑木周藏)

은 없었다고 합니다.

일본 영사가 위와 같이 보고를 하자, 아오키는 이 문제에 대해 대수롭지 않게 생각했는데, 러시아가 일본 당국이 제대로 처벌을 하지 않았다고 비난하자 이를 듣고 난감해했다고 합니다. 아오키는 이에 대해 그가 알고 있는 상황을 설명하며 무라비예프[2]에게 이 사건에 대한 솔직한 유감의 뜻을 표하게 했으며, 이와 같은 일이 때때로 반복되어도 (양국의) 신뢰 관계가 영향을 받지 않을 것이라고 주지시켰습니다.

육지로 오는 선원들을 가능한 한 잘 감시한다고 하지만, 그러나 사건의 책임자들을 찾아내는 것은 양측에서 모두 어려울 것이라고 합니다.

외무대신이 자신의 설명이 상트페테르부르크를 충분히 안심시켰다고 확신에 차게 언급하자, 본인은 일본의 군비 문제로 (러시아가) 이에 대해 재차 문의하지 않았는지 질문을 했습니다.

아오키는 이를 가볍게 받아들이며 말하기를, 가령 요코하마의 해군 병기창에서 사람들이 시간을 초과해 일하고 있다고 하지만, 이것은 결코 그렇게 볼 수 있는 게 아니며, 저녁에 2시간 더 일하는 것은 현장 담당관의 재량에 속해 있는 것으로, 이러한 초과 노동은 조용한 시기에 빈번하게 발생한다고 합니다. 그리고 일본의 국회는 현재 더 이상 비밀리에 군비를 갖출 수는 없다는 입장인데, 러시아가 일본과 같은 상황은 아니라는 것이 여기서 잘 알려진 사실입니다. 외무대신은 한국에서의 이해 관계와 분쟁에 대해 더 이상 언급하지 않았습니다. 그는 단지 다음과 같이 말했습니다: "한국 왕은 매우 우둔한 자로, 그와 시작할 수 있는 일은 도대체 아무것도 없다."

라이덴

내용: 부산에서 발생한 러시아 선원들과 일본 선원들 간의 난투 사건

---

2   [감교 주석] 무라비예프(M. Mouravieff)

베를린, 1900년 1월 30일   A. 1096

주재 외교관 귀중   본인은 러일 관계에 관한 이번 달 28일 도쿄
상트페테르부르크 No. 83   주재 독일제국 공사관의 보고를 동봉하여 각
                                        하께 삼가 송부해 드립니다.
연도번호 No. 885

한국 왕의 새로운 고문 임명

발신(생산)일	1899. 12. 4	수신(접수)일	1900. 2. 1
발신(생산)자	라인스도르프	수신(접수)자	호엔로에-실링스퓌르스트
발신지 정보	서울 주재 독일 총영사관	수신지 정보	베를린 정부
	No. 87		A. 1361
메모	A. 8906 참조 연도번호 No. 793		

A. 1361　1900년 2월 1일 오후 수신

서울, 1899년 12월 4일

No. 87

독일제국 수상 호엔로에-실링스퓌르스트 각하 귀하

　　금년 9월 2일에 한국의 궁내부 고문인 미국인 르젠드르[1]가 사망하였고, 10월 21일에는 외무부와 법부의 고문인 미국인 그레이트하우스[2]가 사망했습니다. 르젠드르의 자리에는 현재까지 미국공사관 서기관으로 일했던 25세 정도의 청년인 샌즈[3]가 향후 2년간 월 급여 300달러의 조건으로 채용되었습니다. 법부 자리에는 플랑시[4]가 한국 왕에게 사이공의 공소법원장으로 일한 적이 있고 지금은 파리에 있는 크리마지[5]를 소개했는데, 프랑스 대표의 중재로 2년간 월 급여 500달러 조건의 고문직이 그에게 제안되었다. 현재 확답을 기다리고 있는 상태입니다.

　　한국 왕은 자신의 전 고문이었던 독일인 묄렌도르프[6]가 다시 한국에 돌아오기를 계속 바라고 있는데, 1895년에 살해된 왕비의 조카인 민영익[7]으로 하여금 9월 3일 묄렌도르프

1　[감교 주석] 르젠드르(C. W. Legendre)
2　[감교 주석] 그레이트하우스(C. R. Greathouse)
3　[감교 주석] 샌즈(W. F. Sands)
4　[감교 주석] 플랑시(V. C. Plancy)
5　[감교 주석] 크리마지(L. Cremazy)
6　[감교 주석] 묄렌도르프(P. G. Möllendorff)
7　[감교 주석] 민영익(閔泳翊)

에게 전보로 연락해 르젠드르의 자리를 제안하도록 했습니다. 그러나 묄렌도르프가 아직 그의 최종결정을 내리기도 전에 한국 측의 요청이 철회되었습니다. 이것은 10월 초 휴가 후 서울로 돌아온 미국 변리공사 알렌[8] 박사가 다음과 같이 언급했기 때문입니다. 자신이 한국에서 미국을 대표하고 있는 동안 지금까지 미국인이 담당했던 두 고문 자리에 다른 국가 사람이 임명된다면 불쾌한 일이라[감교 주석] 그레이트하우스는 것이었습니다. 이로서 결국에 샌즈가 임명되었습니다.

본인은 금년 9월 30일 훈령 No. A. 5[9]의 지시에 따라 일본 대표와 마찬가지로 러시아 대표[10]에 대해 구두로 언급한 바 있습니다. 러시아 대표는 묄렌도르프의 임명이 성사된다면 이것은 순전히 묄렌도르프 개인의 문제라고 생각한다고 말하며 본인에게 언급하기를, 자신은 한국 왕이 묄렌도르프를 다시 기용할 생각을 하고 있다고 러시아 정부에 보고했지만, 러시아 측에서 묄렌도르프가 한국에서 다시 일하는 것에 대해 전혀 반대하지 않는다는 답변을 받았고 합니다.

묄렌도르프는 과거 한국에서 머무는 동안 러시아에 대해 강한 호감을 갖고 있었습니다. 따라서 묄렌도르프를 다시 이곳으로 데려오려는 이번 시도에 러시아가 전혀 영향을 주지 않았다고 볼 수 없습니다. 일본 신문들은 이 요청을 묄렌도르프에게 한 인물이 Woyack 러시아 전권무관이라는 것을 알고 싶어합니다.

라인스도르프[11]

내용: 한국 왕의 새로운 고문 임명

---

8 [감교 주석] 알렌(H. N. Allen)
9 [원문 주석] A. 11038 삼가 첨부함.
10 [감교 주석] 파블로프(A. Pavlow)
11 [감교 주석] 라인스도르프(Reinsdorf)

[한국의 철도 부설권 획득을 둘러싼 일본 내 논의]

발신(생산)일	1900. 1. 24	수신(접수)일	1900. 2. 24
발신(생산)자	라이덴	수신(접수)자	호엔로에-실링스퓌르스트
발신지 정보	도쿄 주재 독일 공사관	수신지 정보	베를린 정부
	A. 13		A. 2380

사본

A. 2380 1900년 2월 24일 오전 수신

도쿄, 1900년 1월 24일

A. 13

독일제국 수상 호엔로에-실링스퓌르스트 각하 귀하

일본 의회에서 대외 정책에 대한 정부 질의가 거의 이루어지고 있지 않으며, 질의에 대한 정부의 답변은 더욱 없는 상황입니다.

진보당의 당원인 오이시[1]는 일련의 질문을 작성했는데, 이에 대한 답변은 현재로서는 받아내기 어려워 보입니다. 왜냐하면, 질문들의 거의 대부분이 중국과 한국에서의 정부 정책만을 다루고 있기 때문입니다.

오이시가 알고자 바라는 바는, 우선 정부가 중국에서 다른 열강들의 선례에 따라 철도 특허권을 얻었는지, 둘째 광산에 대한 권리가 보장되었는지, 셋째 중국에 일본 지사의 설치와 이용을 위한 충분한 준비를 마련했는지, 넷째 충칭[2]에 독점적 거주지를 고려하고 있는지의 여부입니다.

한국에 대해서는 정부가 서울-부산 철도 점유를 보장할 필요성을 제대로 인지하고 있는지, 그리고 만일 특허 상실로 인해 한국의 독립이 위협을 받고, 모든 나라들과의 경제적, 정치적 관계가 문제시될지, 더 나아가 정부가 서울과 원산 간의 철도의 중요성을 파악했는지 그리고 이 철도가 미국, 러시아, 독일의 특허권 보유자들이 요구하자 결국은

---

1 [감교 주석] 오이시 마사미(大石正巳)
2 [감교 주석] 충칭(重慶)

한국 회사로 정해졌을 때, 정부는 어떤 조치를 취했는지 알고자 했습니다. 끝으로 프랑스가 지난 6월에 자신의 권리를 포기하려 했을 때, 정부는 서울–의주 노선을 요구한 적이 있는지 알고자 했습니다.

오이시는 자신의 질의에 대한 근거를 언급하며, 그가 당 문제를 떠나 일관적인 대외정책을 지지하지만, 아오키[3]의 직무 수행에 문제가 있다고 지적했습니다. 오이시는 만약 3명 또는 5명의 대신들이 동시에 관여한다면 외교적 사안을 이끄는 것은 불가능하다는 아오키 자작의 주장을 그대로 언급했습니다. 아오키의 말에 오이시가 답변한 내용이 있는데 영문으로 번역하면 다음과 같습니다:

"But does it not occur to him (Aoki) that so many "curtain ministers" want to interfere with the affairs properly falling within his official competence because he himself is incapable of managing them."

외무대신이 본인에게 말하기를, 자신은 아마도 정부 질의에 답하지는 않겠지만, 이전과 같이 서면으로 비밀리에 자신의 견해를 당 지도부에 전달할 것이라고 했습니다.

라이덴
원문 : 일본 13

---

3   [감교 주석] 아오키 슈조(青木周藏)

군사 정치적 사안

발신(생산)일	1900. 1. 24	수신(접수)일	1900. 2. 24
발신(생산)자	퀼러	수신(접수)자	해군청 차관
발신지 정보	도쿄 주재 독일 공사관	수신지 정보	베를린 해군청
	B. No. 13		A. 2380
메모	2월 27일, 런던 233, 페테르부르크 163, 베이징 A. 15 전달		

사본

A. 2385　1900년 2월 8일 수신

도쿄, 1900년 1월 25일

B. No. 13

베를린 제국 해군청 차관께,

며칠 전부터 이곳의 신문은 일본과 러시아 간의 긴장 관계가 심각해지고 있다는 보도를 재차 내고 있습니다. 본인이 이 첫 보고에서 "재차"라는 말을 쓰는 것은 지난해 11월과 동일한 상황을 두고 한 말이며, 본인이 여행 중에 목격한 바와 같이, 싱가포르, 홍콩, 상하이의 상인들이 이에 대해 매우 염려스럽게 이야기하고 있습니다.

현재의 논란거리는 당시와 마찬가지로 (러일 긴장 관계가) 한국 반도에 미치는 영향입니다.

한국이 러시아의 지배하로 넘어가는 상황이 일본에 가져다주는 정치적이자 상업적인 손실은 일본이 제대로 싸워보지도 않고 채 받아들 수 있는 것이 아니었습니다. 아울러 이것은 일본이 계속적으로 느낄 만한 위협이라고 볼 수 있는데, (러시아와 같이) 육지와 바다에서 철저히 군비를 갖춘 세력이 매우 가까이서 자리를 잡고, 제대로 무장한 관문을 설치하게 되면 특히 그러합니다. 그리고 한국의 동남부에 러시아 군항이 설치되는 것이 바로 이런 경우라고 볼 수 있습니다.

다른 한편으로 러시아는 자신들에게 중요한 지역에 그러한 군항이 없으면, 가장 만족할 만한 상황은 아니라고 생각합니다. 블라디보스토크와 포트 아서[1]를 연결하는 것이 아직 불확실하고, 이들 중 한 항구의 병력이 상황에 따라 차단될 수 있는 상태입니다.

유리한 지점에 군항 한 곳을 얻기 위한 준비 조치를 얼마 전 한국주재 러시아 변리공사가 취한 바 있습니다. 그는 일본으로 가는 길에 한국의 마산포 항구에서 – (영국 해군 지도상의 더글러스만² 부근) 토지를 매입하고, 항구 근처의 광범위한 토지 구입권을 확보하고자 했습니다. 일본인들은 이러한 계획된 토지 매입을 알아차리고, 문제시 되는 모든 토지를 매입함으로써 이를 좌절시켰습니다. – 물론 이에 대한 결과로 러시아 측이 불쾌감을 나타냈습니다. 이러한 불편한 분위기는 일본과 러시아 선원들 간의 난투극과 같은 사소한 사건으로 인해 악화되었습니다.

최근 러시아는 압록강 부근에 상당한 규모의 군대를 집결시켰는데, 그곳 진영의 보건 상황이 더 양호하다는 게 그 이유였습니다.

이로 인해 다시금 일본에서 불안감이 커졌습니다; 그렇다고 아직은 공공연하게 대응 조치를 취하지는 않았습니다. 또한 특별히 무장 준비를 하는 것이 눈에 띄지는 않지만, 군수공장에서 사람들이 밤낮으로 일을 하고 있다는 보고가 있습니다.

일본 함대가 한국과 일본 사이의 바다와 서쪽 내륙 해안에서 3월 말과 4월 초에 실시하는 군사 훈련이 이와 연관이 있는지 여부는 본인이 당장 판단을 내리기가 어렵습니다.

이러한 군사 훈련에 참가할 수 있다면, 이것은 본인에게 분명 매우 가치 있는 일이 될 것입니다. 그러나 다른 해군 무관들이 이곳의 해군 당국에서 경험한 바에 따르면, 본인의 요청이 받아들여질지는 매우 의문입니다. 어떤 경우든지 이러한 요구가 관철되려면 이에 대한 지원이 크게 필요합니다.

본인은 순양함 전투함대 사령관에게 이 보고의 사본을 전달했습니다.

귈러³

내용: 군사 정치적 사안

---

1 [감교 주석] 뤼순(旅順; Port Arthur)항
2 [감교 주석] 더글러스만(Douglas Inlet). 거제도와 가덕도 사이에 해당하는 북위 34°59'53", 동경 128°48'7" 에 위치한 만.
3 [감교 주석] 귈러(Gühler)

15

원문 p.464

[한국 문제 관련 러일 전쟁 임박에 관한 보고서]

발신(생산)일		수신(접수)일	1900. 2. 10
발신(생산)자		수신(접수)자	
발신지 정보		수신지 정보	베를린 외무부
			A. 1791

A. 1791 1900년 2월 10일 수신

메모

한국 문제로 일본과 러시아 간에 임박해 있는 분쟁에 관한 문서들이 일본 2에 있다.

[러일 관계 악화와 러시아의 한국 영향력 증대에 관한 건]

발신(생산)일	1900. 2. 8	수신(접수)일	1900. 2. 12
발신(생산)자	타텐바흐	수신(접수)자	호엔로에-실링스퓌르스트
발신지 정보	리스본 주재 독일 대사관	수신지 정보	베를린 정부
	No.30		A. 1860
메모	I. 2월 16일, 런던 215, 페테르부르크 134 전달 II. 2월 16일, 도쿄 A. 24 전달		

사본

A. 1860 1900년 2월 12일 오후 수신

리스본, 1900년 2월 8일

No. 30

독일제국 수상 호엔로에-실링스퓌르스트 각하 귀하

본인이 이달 6일에 보고드렸던 영국인 동료의 발언에 대해 다음과 같이 추가적으로 보고드립니다: 휴 맥도넬[1]은 영국정부가 옛날의 그릇된 편견에 집착한 토착민으로 된 인도 부대는 백인과의 전투에 투입되어서는 안 된다는 과거의 잘못된 편견에 바탕을 관점을 버리길 바라며, 인도 군대는 열광적으로 전투에 나가, 칼로 무장하고 포복하면서 적의 참호에 침투할 것이라고 말했습니다. 인도의 부대가 투갈라[2]의 보어인들을 제압하기 위해 나탈[3]로 보내질 것이라고 하며, 레드버스 불러[4] 장군의 군대는 다른 목적으로 투입될 것이라고 합니다.

러시아 대리공사가 다음 날 본인에게 자발적으로 전달해 준 사실에 주목하자면, 영국이 인도의 부대를 투갈라에 배치하려 하지만, 이 조치를 과감히 수행하기 전에 러시아 측으로부터 확실한 보장을 기대하고 있다고 합니다.

---

1   [감교 주석] 맥도넬(H.Macdonell)
2   [감교 주석] 투갈라(Tugala)
3   [감교 주석] 나탈(Natha)
4   [감교 주석] 불러(R. Buller)

이때 보트키나[5]가 언급하기를, 얼마 전 러시아 정부가 델라와바이[6]에 관해 무엇인가를 계획하고 있다고 생각했는데, 그러나 지금은 완전히 조용해졌다는 것입니다.

보트키나는 그 다음 일본에 대한 러시아의 적대적 관계에 대해 이야기를 꺼내면서, 러시아에게는 한국을 러시아화하는 것 외에는 다른 해결책이 없다고 언급했습니다. 현재 신임공사인 이즈볼스키[7]에게 많은 기대를 걸고 있는데, 그는 현재 상트페테르부르크에 있으며, 그곳에서 특별한 대우를 받고 있다고 전했습니다.

페르시아의 차관에 대해 이즈볼스키는 매우 열광적으로 말했습니다. 그가 즉시 상트페테르부르크로 서한을 보내 그 일에 관여하려고 했지만, 그가 받은 답장은 이것이 보통의 거래 방법으로는 이루어질 수 없으며, 채권을 얻으려면 재무부에 문의해야 한다는 것이었습니다.

타텐바흐[8]

추신

리스본, 1900년 2월 9일

보트키나가 조금 전 본인을 방문하여 말하기를, 상트페테르부르크의 사람들이 영국 대사가 러시아 황제 전하께 위험스런 영향을 주는 것을 염려하고 있다고 합니다. 영국 대사는 황제 전하께서 인도에서의 러시아의 태도에 대해 약속하도록 노력을 기울이고 있는데, 이는 콘스탄티노플에 진군하지 않도록 알렉산더 2세 황제에게 약속을 받아낸 것과 유사하다고 보트키나가 전했습니다.

보트키나가 진술한 내용들이 앞의 보고서에 언급되어 있습니다.

타텐바흐
원본 : 아프리카 B No. 2

---

5 [감교 주석] 보트키나(Botkina)
6 [감교 주석] 델라와바이(Delagwabai)
7 [감교 주석] 이즈볼스키(A. P. Izwolskii)
8 [감교 주석] 타텐바흐(Tattenbach)

서울주재 일본 공사

발신(생산)일	1900. 1. 9	수신(접수)일	1900. 2. 16
발신(생산)자	라이덴	수신(접수)자	호엔로에–실링스퓌르스트
발신지 정보	도쿄 주재 독일 공사관	수신지 정보	베를린 정부
	A. 2		A. 2029
메모	2월 22일 런던 240, 페테르부르크 151, 워싱턴 A. 39, 베이징 A. 14 A. 2372 참조		

A. 2029   1900년 2월 16일 오후 수신

도쿄, 1900년 1월 9일

A. 2

독일제국 수상 호엔로에–실링스퓌르스트 각하 귀하

본인의 러시아 동료가 농담조로 일본의 메테르니히[1]라고 부르는 한국주재 일본 공사[2]가 한국의 상황에 대한 구두 보고를 위해 도쿄로 소환되어 잠시 머문 뒤 한국으로 다시 복귀했습니다.

하야시는 이곳의 한 기자에게 다음과 같이 매우 신뢰할 만한 언급을 했습니다. 한국에 대한 일본의 정책이 변했다고 말한다면, 이것은 잘못된 판단이라는 것입니다. 일본의 정책은 오히려 명확하게 제시되어 있어, 한편으로 이웃 나라의 내정에 모든 정치적 개입을 삼가고, 다른 한편으로는 가능한 한 교역으로 인한 이익을 확대하려고 합니다. 정치적인 힘을 얻으려고 노력하는 것은 다른 국가들과의 분쟁을 낳을 수 있지만, 이에 반해 산업적인 이익을 장려하면 다른 국가들의 민감한 사안들을 우려할 필요가 없다는 것입니다.

또한 경쟁국들의 발전을 질투하여 쫓아갈 필요도 없다고 말합니다. 군사적 목적으로 토지를 획득하려고 할 때, 일본은 자신들을 보호하고자 자유롭게 저항할 수도 있습니다. 일본은 독점하려고 애쓸 필요가 없으며, 만약 일본이 자신의 지리적 위치를 이용하면,

---

1   [감교 주석] 메테르니히(P. Metternich)
2   [감교 주석] 하야시 곤스케(林權助)

한국에서의 무역에서 큰 이익을 얻을 수 있어 다른 국가들이 이를 인정하도록 만들 수 있다고 합니다.

일본군의 주둔이 오늘날 이미 (한국) 반도의 질서를 보장하는 수단으로 여겨지고 있으며, 그 예로 서울에서 부산까지의 전신이 일본 헌병대의 감독하에 안전하게 운영되고 있다는 것입니다.

하야시는 일부 신문이 유포한 소문들에 대해 답하기를, (일본) 정부는 앞으로 한국이 아닌 청국의 남부에 주목할 것이라고 합니다. 책임 있는 일본인이라면 잠시라도 한국에서의 권리와 이익을 포기하지 않을 것이라고 했습니다.

하야시의 이러한 발언과 이곳의 몇몇 신문들의 선동이 일치하고 있으니, 결국 국회에 법안이 제출될 수 있으며, 이를 통해 일본이 주도적으로 사업을 획득할 수 있도록 서울–부산간 철도 건설에 대해 국가가 충분히 보장해 줄 것이라고 합니다.

라이덴

내용: 서울주재 일본 공사

베를린, 1900년 2월 22일   A. 2096

주재 외교관 귀중   본인은 한국에서의 일본 정책에 대한 서울주
1. 런던 No. 240   재 일본 대표의 발언과 관련한 지난달 28일
2. 상트페테르부르크 No. 151   도쿄주재 독일제국 공사관의 보고를 동봉하
3. 워싱턴 No. A. 39   여 각하께 삼가 송부해 드립니다.
4. 베이징 No. A. 14

연도번호 No. 1604

[한국을 둘러싼 러일 갈등 고조]

발신(생산)일	1900. 1. 22	수신(접수)일	1900. 2. 24
발신(생산)자	라이덴	수신(접수)자	호엔로에-실링스퓌르스트
발신지 정보	도쿄 주재 독일 공사관	수신지 정보	베를린 정부
	A. 9		A. 2377
메모	고급 대외비! Ⅰ. 2월 27일 런던 258, 페테르부르크 172 전달 Ⅱ. 원본 2월 27일 해군부 수신; 3월 16일 A. 3322 답신		

사본

A. 2377   1900년 2월 24일 오전 수신

도쿄, 1900년 1월 22일

A. 9

독일제국 수상 호엔로에-실링스퓌르스트 각하 귀하

며칠 전 우연히도 외무부 응접실에서 저희만 있었을 때, 러시아 동료인 로젠[1]이 본인에게 직접 말하기를, 러일 관계가 작년 11월에 갑자기 크게 변했으며, 자신이 양 측에 모두 대처해야 했기 때문에 매우 어려운 입장에 놓여 있었다고 합니다.

이때 본인은 로젠이 상트페테르부르크로부터 강한 압박을 견뎌냈다는 것을 분명히 알 수 있었으며, 현재 러시아 정부는 반일 감정이 극도로 높아진 상태라고 합니다. 이곳의 러시아 대표직을 수행하는 데에는 많은 어려움이 있기 때문에, 그는 자신이 뮌헨으로 발령 조치된다는 소식을 받고, 전보를 통해 황제 폐하께 진심으로 감사를 표했습니다. 그는 자신이 불필요한 전쟁을 방지하는데 조력했다고 생각하지만, 이러한 일에 대해 누구도 감사를 치사 받지도 않았으며, 그렇다고 고마움을 요구하지도 않았다고 합니다.

그의 후임에 대해 로젠은 대략 다음과 같이 언급했습니다:

---

1   [감교 주석] 로젠(R. R. Rosen)

"Iswolsky est un gar garçon intelligent et agréable. Il est surtout un esprit très-bien balancé qui ne s`emballera pas facilement. Mais il tronvera du fil à retordre ici, je vous le prédis, et je ne l`envie nullement d`autant plus que j`apprends qu`il ne désire pas venir au Japon."[2]

당시 로젠이 전쟁이 촉발된다고 했을 때, 어떤 인물들을 넌지시 언급하고 있었는지는 알 수 없습니다. 그러나 그는 몹시 흥분한 상태로 응접실을 배회하면서 말했는데, 그것은 마치 자신에 대한 비난을 변호하는 것처럼 보였습니다. 돈바소프[3]제독은 자신의 보고서에서 포트 아서[4]와 블라디보스토크 사이의 중간 항구로서 마산포를 매우 중요하게 여겼다고 합니다. 또한 파블로프[5]는 일본의 교묘한 행동으로 인해 자신의 마산포 토지 매입이 성사되지 못한 것에 대해 매우 불쾌감을 느꼈습니다.

아오키[6]가 당시 본인에게 러시아 해군 장교들의 맹목적 애국주의에 대해 언급했던 말들도 이와 관련이 있는 것으로 보입니다. 이러한 불화를 전제로 생각하면, 지난 늦여름에 중일 동맹이 체결되었다는 소문들은 신빙성 있게 들리며, 러시아에 대해 공격적으로 대응한 점을 볼 때 더 신빙성이 있어 보입니다.

도대체 체결된 지 2년밖에 안 된 로젠-니시 협정이 어떻게 되었는지 쉽게 자문할 수 있습니다. 이 협정은 만주에서 러시아의 진군을 방어하기 위해 임시방편으로 취한 조치였다는 것이 점차 분명해지고 있습니다. 오늘날 한국의 상황처럼, 정치적인 시도와 상업적인 시도를 서로 구분하는 것은 어려운 상태이며, 일본은 이때 상황이 잠잠해진 틈을 이용하여, 서울에서 잃었던 영향력을 다시 회복하고자 했습니다.

러시아 정부는 분명 이에 대해 대응해야 한다고 판단하고 있기 때문에, 러시아가 멀지 않아 현재의 일본과 같이 한국에서 상당한 영향력을 갖게 되더라도 본인은 크게 의아해하지 않을 것입니다.

라이덴

원본 : 러시아 94

---

2 [감교 주석] 번역문은 다음과 같음. "이즈볼스키는 매우 총명하고 호감이 가는 사람입니다. 그는 특히 매우 사려가 깊으므로 쉽사리 흥분하지 않습니다. 그러나 제가 당신에게 미리 말하건대 그는 여기서 애를 먹을 것이며 그리고 저는 그가 일본에 오기를 바라지 않는다는 것을 알기 때문에 조금도 그를 부러워하지 않습니다."

3 [감교 주석] 돈바소프(Donbassof)

4 [감교 주석] 뤼순(旅順; Port Arthur)항

5 [감교 주석] 파블로프(A. Pavlow)

6 [감교 주석] 아오키 슈조(靑木周藏)

마산포 해협

발신(생산)일	1900. 1. 22	수신(접수)일	1900. 2. 24
발신(생산)자	라이덴	수신(접수)자	호엔로에–실링스퓌르스트
발신지 정보	도쿄 주재 독일 공사관	수신지 정보	베를린 정부
	A. 10		A. 2378
메모	2월 28일 해군부 원본 수신, 3월 24일 A3698 송부		

A. 2378　1900년 2월 24일 오전 수신

도쿄, 1900년 1월 23일

A. 10

독일제국 수상 호엔로에–실링스퓌르스트 각하 귀하

러시아가 최근 마산포 해협에 큰 관심을 두기 시작했는데, 이것은 러시아 함대가 그동안 거의 알려지지 않았던 부산과 포트 해밀턴[1]의 해안선 지역을 중일 전쟁 후 측량한 것을 보면 알 수 있습니다.

영국 해군부 지도에는 아마 이 지역이 "카제도 베이[2]"로, 입구는 "더글러스만[3]"으로 표시되어 있으며, 영국의 분함대가 이곳에서 여러 해 동안 사격 연습을 실행한 바 있습니다.

나가사키 주재 독일제국 영사가 본인에게 전한 바에 의하면, 러시아의 동아시아 분함대 함장들이, 가령 순양함 "Vladimir Monomach"의 사령관인 옴크톰스키[4] 제후는 마산포 해안의 토지 매입에 큰 관심을 보였습니다. 아울러 러시아 함대에 보급품을 공급하는 나가사키 소재 러시아 회사 긴스부르크[5]와 지난 여름 부산에 지사를 설치하고 마산포에도 지사 설치를 계획하고 있는 "중국–러시아 철도 증기선 회사"[6]도 마산포의 토지 매입

1　[감교 주석] 거문도(Port Hamilton)
2　[감교 주석] 카제도 베이(Cargedo–Bay)
3　[감교 주석] 더글러스만(Douglas Inlet). 거제도와 가덕도 사이에 해당하는 북위 34°59'53", 동경 128°48'7"에 위치한 만.
4　[감교 주석] 옴크톰스키(Omktomsky)
5　[감교 주석] 긴스부르크(M. Ginsburg & Co.)

에 관심을 표했습니다.

라이덴

내용: 마산포 해협

---

6 [감교 주석] 독일어 원문에는 "Chinese Russian Railway and Steamship Co."로 소개됨, 이 회사는 러청은행이 동청철도 부설권을 획득하면서 설립한 동청철도회사로 추정됨.

베를린, 1900년 2월 28일   A. 2378

연도번호 No. 1791   마산포 해협과 관련 지난 달 23일 도쿄주재
                          독일제국 공사의 보고서를 동봉하여 해군부
                          장관 및 해군 참모본부 장군님께 삼가 송부해
                          드립니다.

20

（右上） 원문 p.474

[심상훈의 주청 공사 임명]

발신(생산)일	1899. 12. 30	수신(접수)일	1900. 2. 26
발신(생산)자	라인스도르프	수신(접수)자	호엔로에–실링스퓌르스트
발신지 정보	서울 주재 독일 총영사관	수신지 정보	베를린 정부
	No. 91		A. 2481

사본

A. 2481 1900년 2월 26일 오후 수신

서울, 1899년 12월 30일

No. 91

독일제국 수상 호엔로에–실링스퓌르스트 각하 귀하

한국 정부는 현재 중국에 영사관을 설치할 것을 고려하고 있지 않습니다. 베이징주재 공사로는 심상훈[1] 전 의정부 참정이 임명되었습니다. 그는 중국 공사에게 가능하면 중국의 설날 이전에 베이징으로 떠날 것이라고 언급했습니다.

라인스도르프

원본 : 한국 7

---

1 [감교 주석] 심상훈(沈相薰)

21

[러시아의 대일 온전정책의 의도]

발신(생산)일	1900. 2. 27	수신(접수)일	1900. 2. 28
발신(생산)자	취르쉬키	수신(접수)자	
발신지 정보		수신지 정보	베를린 외무부
			A. 2567

발췌

A. 2567   1900년 2월 28일 오후 수신

베를린, 1900년 2월 27일

러시아 정책에서 가장 어려운 사안은 일본 문제를 다루는 것입니다. 러시아는 일본과의 충돌 시점을 시베리아 철도가 완성되고 러시아 함대가 일본 함대에 최소한 대적할 수 있을 때까지 최대한 연기시키고 있으며, 페테르부르크(러시아 정부)에서는 일본과의 충돌을 피할 수 없는 상황으로 여기고 있습니다. 이로 인해 당시 한국에서 군대가 철수하고, - 가령, 마산포 문제와 같이 - 모든 마찰을 가능한 덮어두고자 했습니다. 러시아는 일본이 러시아에 대항해 (러시아) 제국의 영광에 해를 줄 수 있는 그 어떠한 상황도 용납하지 않으려고 합니다. 그동안 러시아는 새로 진수된 모든 배를 동아시아로 급파하고 있습니다. 본인이 들은 바에 의하면, 동해의 러시아 함대가 이제는 더 이상 중요하지 않게 되었다고 합니다.

취르쉬키[1]

원본 : 러시아 99

---

1   [감교 주석] 취르쉬키(Tschirschky)

한국에서의 일본인과 러시아인 간의 대립적 상황에 대한 "Novoye Vremya" 서울 통신

발신(생산)일	1900. 3. 7	수신(접수)일	1900. 3. 9
발신(생산)자	라돌린	수신(접수)자	호엔로에-실링스퓌르스트
발신지 정보	페테르부르크 주재 독일 대사관	수신지 정보	베를린 정부
	No. 128		A. 2977

A. 2977 1900년 3월 9일 오전 수신, 첨부문서 1부

상트페테르부르크, 1900년 3월 7일

No. 128

독일제국 수상 호엔로에-실링스퓌르스트 각하 귀하

오늘자 "St. Petersburg Herold"의 "국내 뉴스"란에 보도된 기사를 삼가 첨부해 드립니다. "한국에서의 일본인과 러시아인"이란 기사는 지난해 12월 5일/17일 "Novoye Vremya"[1]의 서울 통신에서 보도된 바와 다르지 않으며, 이 신문의 어제 일자로 인쇄되었습니다.

해당 통신의 결론 부분만이 삭제되었고, 그 내용은 다음과 같습니다.

"국제 고문들이 월 급여 500루블로 여러 특허권 획득을 용이하게 해 줄 수 있으나, 실제적인 이익을 가져다 줄 수는 없는 것을 한국인들이 여러 해 경험해 보았지만, 이런 방식으로는 한국의 상황이 절대로 개선될 수 없다는 점을 제대로 파악하지 못하고 있다.

비록 이 외국 고문들이 한국의 이익을 위해 활동할 의지가 있다고 간주하더라도, 실재적으로 이것은 그리 중요하지 않다. 왜냐하면, 한국이 근본적으로 개조되어야 하기 때문이다. 두 명 또는 세 명의 고문들이 대체 무엇을 할 수 있을 것이며, 이들이 언제 자문할 수 있겠는가?

이러한 한국의 슬픈 운명은 이웃 나라의 이익보다 우리의 이익에 가장 큰 영향을

---

1 [감교 주석] 노보예 브례먀(Novoye Vremya)

주고 있다.

우리가 원하든 원하지 않든 결국 우리는 한국에서 질서를 새롭게 세워야 할 것이다.“

라돌린

내용: 한국에서의 일본인과 러시아인 간의 대립적 상황에 대한 "Novoye Vremya"
서울 통신

No. 128의 첨부문서

Herold, 1900년 3월 7일/2월 29일. No. 54

한국의 일본인과 러시아인

일본인들이 한국에서 자신들의 세력을 가능한 한 최대로 강화시키는 데 경주하고
있다는 것은 이미 다 아는 사실이다. 그들은 자신들이 적으로 여기는 러시아인들의 손발
을 묶기 위해 그와 같이 해야 한다고 믿고 있다. 이러한 관점에서 일본은 최근 한국
정부로부터 다-세-레타(별칭: 울릉도)의 거주권과 상업적 관리권에 대한 명시적인 허
가를 얻으려고 시도했다. 이것은 바로 일본이 간교하게 꾸민 계획이다. 일본인들이 러시
아인들에 의해 그들이 이 섬에 체류하는 것이 금지되고 있다고 항의하고, 외국인들이
이 섬 안에서나 항구들에 거주할 수 있어야 한다고 주장한다. 그러나 실제로는 러시아인
들은 일본인들에게 다-세-레타 섬에서 계약에 따라 러시아에 소유된 숲들을 망치지
못하도록 금지했을 뿐이며, 이 섬에 있는 외국인들이란 오직 선교사들로 이들은 단지
종교적 선교에만 관심이 있지 교역이나 그 유사한 일도 하고 있지 않다. 일본도 승려들만
이 섬으로 보낸다고 한다면, 이에 대해 결코 방해받을 염려는 없을 것이다. 하지만 누구
도 한국 정부에 어떤 특별한 에너지 자원을 보장해 줄 수는 없다. 왜냐하면, 러시아인들
이 최소한 산림 문제에 있어서 자신들에게 정당하게 부여된 보호 임무조차 제대로 이행
하지 않았기 때문이다. 러시아인들이 항의하더라도 일본인들은 계속 산림을 채벌할 수
있다.

현재 상황에서 러시아인 스스로가 전혀 책임이 없는 것이 아니다. 러시아인들은 일본인들을 지원하고, 한국을 평화적 방법으로 정복하려는 그들의 생각을 지지했다. 이러한 실수로 인한 대가가 이제 심각하게 나타나고 있다. 일본인들은 한반도에서 이미 지위를 확보하여, 한국이 자신들의 포대에 떨어져야 할 잘 익은 사과가 아니라는 점을 확실히 파악할 정도로 상당한 노력을 기울였다.

한국에서 조기에 새 항구들이 개항되었으며, 당시 사람들이 염려했던 바가 이제 그대로 드러나고 있다. 일본인들이 수없이 밀려 들어왔으며, 이제 한국의 항구들이 일본의 도시로 변해버렸다. 현재 한국에는 6만 명의 일본인들이 거주하고 있으며, 새로운 항구들에 일본인들이 계속 정착하게 되면 10만 명에 달하게 될 것이다.

일본인들이 단지 상업이나 어업에만 종사한다면, 그렇게 나쁘지는 않을 것이다. 그러나 그들은 분명 문화나 정치 활동도 하고 있다. 일본인들의 영향 아래 한국 정부는 "일본의 언어와 문명을 가르치는" 일본 학교를 설립하고 있다. 일본 학교 하나가 남부의 세 행정구역을 위해 전주에 설립되고, 북부의 행정구역을 위해 평양과 의주에 각각 설립될 것이다. 교사들은 일본인들로 구성될 것이다. 한국의 외무대신이 지방의 모든 행정관들에 지시를 내렸는데, 일본 교사들의 학교 설립에 어떤 식으로든 지원을 제공하라는 것이었다. 현재 일본인들은 채금과 채광에 관련된 5개의 특허권을 한국 정부에 요청하고 있다. 일본식 문화가 한국 땅에 점점 더 깊게 뿌리를 내리고 있다. 그리고 모든 일이 일정한 체계에 의해 일어나고 있다. 일본 이주민들이 보통 평범하게 한국에 오는 것이 아니라, 군인들을 대동하고 있다. 이후 일본 경찰과 일본 헌병이 조직되고, 일본의 전신, 전화, 우체국, 은행, 학교가 등장할 것이다.

한국 정부가 일본인이 한국을 문명화시키고 그 밖의 이익들을 가져다 주기 때문에, 일본인들이 한국에 밀고 들어오는 것을 그냥 참아내고 있다고 한다면. 이것은 단지 임시변통적인 언사에 불과하다. 일본의 군대나 헌병, 경찰은 문화를 고양시키는 데 아무런 기여도 하지 못한다. 문제는 한국 정부의 힘이 쇠약해, 이미 이루어진 일본인들의 침투에 대해 제대로 대응할 수 없다는 것이다. 한국 정부는 내적으로 충분히 견고하지 못하고, 외교적 방법으로 자신들의 의지를 관철시키기 위한 충분한 규모의 군대를 갖추고 있지 못하다. 정부의 무력함은 외국인 "고문들"이 정부 부처에 임용되는 것을 보면 확연히 알 수 있다. 이러한 상황에서 미국인 한 명이 궁내부 고문으로, 프랑스인 한 명이 법부 고문으로 채용되었다. 또한 추가적으로 미국인 한 명과 영국인 한 명이 고문으로 채용될 예정이다.

러시아와 일본

발신(생산)일	1900. 3. 7	수신(접수)일	1900. 3. 9
발신(생산)자	메테르니히	수신(접수)자	호엔로에-실링스퓌르스트
발신지 정보	런던 주재 독일 대사관	수신지 정보	베를린 정부
	No. 132		A. 2986
메모	원본 3월 14일 제국 해군청 전달 4월 5일 A. 4250, A. 2689, A. 4250, A. 2272, A. 2109		

A. 2986 1900년 3월 9일 오전 수신, 첨부문서 1부

런던, 1900년 3월 7일

No. 132

독일제국 수상 호엔로에-실링스퓌르스트 각하 귀하

발췌해서 동봉해 드린 오데사[1] "Standard"[2]의 어제 일자 통신에 따르면, 극동에서 돌아온 러시아 해군장교들 사이에서 다음과 같은 의견이 지배적입니다. 포트 아서[3], 다렌[4], 블라디보스토크에서 러시아 군대가 집결해 일본이 즉각 한국에서의 계획들을 포기할 것이며, 이로 인해 러시아 보호령이 점차 주장될 것이라고 합니다.

메테르니히[5]

내용: 러시아와 일본

첨부문서의 내용(원문)은 독일어본 480쪽에 수록.

---

1 [감교 주석] 오데사(Odessa)
2 [감교 주석] 스탠다드(Standard)
3 [감교 주석] 뤼순(旅順; Port Arthur)
4 [감교 주석] 다롄(大連)
5 [감교 주석] 메테르니히(P. Metternich)

베를린, 1900년 3월 14일   A. 2986 II

주재 외교관 귀중   본인은 러시아와 한국에 관한 이번 달 7일 런
1. 베이징 No. 24   던주재 독일제국 대사관의 보고를 동봉하여
2. 도쿄 No. A. 8   각하께 삼가 송부해 드립니다.

연도번호 No. 2251

베를린, 1900년 3월 14일   A. 2986 II

연도번호 No. 2252   러시아와 한국에 관한 이번 달 7일 런던주재
                                        독일제국 대사관의 보고를 첨부하여, 최고 명
                                        령에 따라 제국 해군청 장관께 삼가 송부해
                                        드립니다.

[러일 갈등 관련 러시아의 대미정책 추이 보고]

발신(생산)일	1900. 3. 2	수신(접수)일	1900. 3. 16
발신(생산)자	홀레벤	수신(접수)자	호엔로에–실링스퓌르스트
발신지 정보	워싱턴 주재 독일 대사관	수신지 정보	베를린 정부
	A. 56		A. 3314
메모	3월 19일 런던 321, 페테르부르크 219, 베이징 A. 27, 도쿄 A. 10 전달		

사본

A. 3314　1900년 3월 16일 오전 수신

워싱턴, 1900년 3월 2일

A. 56

독일제국 수상 호엔로에–실링스퓌르스트 각하 귀하

　　러시아 대사관과 가까운 매우 정통한 소식통으로부터 본인이 알게 된 바에 의하면, 대사관 사람들이 작년 11월에 잠시 동안 러일 관계로 인해 매우 걱정스런 상황에 있었고, 마산포 해협에서의 토지 획득으로 인해 러일 분쟁이 발생할 것으로 생각했다고 합니다. 본인이 듣기로, 러시아 대사는 그러한 분쟁을 원하지 않았는데, 그 이유는 러시아가 충분히 군비 상태가 아니어서, 영국의 개입 없이 일본만 공격하더라도 러시아에 엄청난 희생이 따를 것으로 보았기 때문입니다. 이것은 바노프스키[1] 러시아 육군 중령이 얼마 전 슈테른부르크[2]에게 했던 말과 모순되어 보이지만, 결국 이 러시아 장교가 러시아의 취약한 상황에 대해 숨기려 그렇게 설명했다 해도 그리 놀라운 일은 아닙니다. 여하튼 본인은 이곳 러시아 대사가 러시아의 군비 문제에 대해 상당히 제대로 판단했다고 믿는 바입니다. 당시 동아시아의 철도와 전쟁 물자에 사용될 러시아의 대량 주문들이 모두 그의 권한 내에 있었기 때문입니다. 카시니[3]는 특유한 조용한 방식으로 이 분야에서 미국과 러시아의 이익을 매우 가깝게 일치시키는 법을 알고 있었습니다. 메릴랜드의 "스패로우

1　[감교 주석] 바노프스키(Vannowsky)
2　[감교 주석] 슈테른부르크(Sternburg)
3　[감교 주석] 카시니(A. P. Cassini)

포인트[4]" 철강 공장과 시카고의 "일로노이즈 스틸[5]" 그리고 필라델피아의 크램프[6] 조선소는 현재 대부분 러시아로부터 주문을 받은 상태입니다. 미국 기업들이 러시아 정부의 위탁으로 다렌[7]만의 철도 자재들을 위한 대규모 공장들을 설립할 것이라고 합니다.

모든 일이 주지한 바와 같이 아주 조용하게 진행되고 있습니다. 다만 카시니가 미국인들에게 보통 때 대하는 것과는 달리 사회적으로 별로 높지 않은 웨스팅하우스[8] 부부에게 (언급한 남자는 그의 이름을 따서 명명한 공기제동기의 발명자이며 러시아로 큰 주문을 받고 있음) 호의를 보였고, 이와 유사한 그의 여러 사소한 태도들을 살펴봄으로써 그의 활동에 대해 추론해 볼 있습니다. 그는 러시아가 "문호개방정책"의 문제에서 궁지에 몰리게 되지 않을까 하고 두려운 생각이 들자, 그는 거의 울먹이다시피 인터뷰에서 러시아가 미국에서 엄청난 물자를 구입한 사실을 언급했습니다.

본인은 이러한 러시아의 주문에 대해 제국 영사관이나 해군 무관을 통해서 더욱 상세한 내용을 알아내려고 합니다. 왜냐하면, 이로 인해 독일 산업에 대한 경쟁이 심해지는 것은 차치하더라도, 카시니가 자신의 성격과 의향대로 러시아 정부에 영향을 행사해서 러시아와 미국 간의 점점 커져가고 있는 경계 관계를 동아시아에서 정치적으로 이용할 것이기 때문입니다. 이것은 영국이나 독일에 대항하는 것일 수도 있습니다.

홀레벤[9]

원본 : 미국 24

---

4   [감교 주석] 스패로우 포인트(Sparrows Point)
5   [감교 주석] 일로노이즈 스틸(Illinois Steel Co.)
6   [감교 주석] 크램프(Cramp)
7   [감교 주석] 다롄(大連)
8   [감교 주석] 웨스팅하우스(Westinghouse)
9   [감교 주석] 홀레벤(T. Holleben)

베를린, 1900년 3월 19일

A. 14627 II

수신
독일제국 중앙우편국

3월 20일 자
중앙우편국의 답신 첨부

암호관리국 4월 6일

연도번호 No. 2404

지난해 12월 14일 - A. 14627/ J. No. 10436 보고에 서명한 암호관리국은 작년 11월 17일 저녁 "도쿄 독일공사관"에 보냈으나 수신자에게 도착하지 않은 암호 전보에 대한 경비 상환 문제로 제국 중앙우편국의 중재를 요구한 바 있습니다. 지금까지 아무런 회답이 오지 않았기 때문에 암호관리국은 이 문제를 재차 언급하고, 제국 중앙우편국이 해당 문제에 대한 조치를 통보해 줄 것을 정중히 요청드리고자 합니다.

암호관리국

뷔티히[10]

---

10 [감교 주석] 뷔티히(G. Wittich)

25

[도쿄 주재 독일공사관 수신 전보의 경비 상환 건]

발신(생산)일	1900. 3. 20	수신(접수)일	1900. 3. 21
발신(생산)자	발너	수신(접수)자	
발신지 정보	제국 중앙우편국	수신지 정보	베를린 외무부 암호관리국
	No. 2404		A. 14627/99
메모	제국 중앙우편국 E. No. 2435 본 서한의 답신에서 상기 표시된 문서번호를 표기할 것을 요청 19일 서한에 대한 답신. A. 14627		

A. 14627/99 3월 21일 수신, A. 14627/99

베를린, 1900년 3월 20일

No. 2404

수신

외무부 암호관리국, W.

지난해 11월 17일에 "도쿄 주재 독일공사관"에 보낸 전보의 경비상환에 대한 신청은 외국에서 조사가 계속 이루어지도록 관할 기관에 전달되었습니다. 현재까지 답신이 없는 상태입니다. 답신이 오면 즉시 외무부에 통보될 것입니다.

발너[1]

---

1 [감교 주석] 발너(Wallner)

26

[서울–부산 철도 착공 관련 일본 의회 논의 내용 보고]

발신(생산)일	1900. 2. 20	수신(접수)일	1900. 3. 23
발신(생산)자	라이덴	수신(접수)자	호엔로에–실링스퓌르스트
발신지 정보	도쿄 주재 독일 공사관	수신지 정보	베를린 정부
	A. 24		A. 3637
메모	발췌 문서 3월 28일 런던 353, 파리 184, 페테르부르크 252, 베이징 A. 30		

사본

A. 3637   1900년 3월 23일 오후 수신

도쿄, 1900년 2월 20일

A. 24

독일제국 수상 호엔로에–실링스퓌르스트 각하 귀하

오이시[1] 진보당[2] 의원이 중국과 한국에서의 정책에 관해 정부 질의를 한 바 있는데, 현재 이에 대한 서면 답변이 온 상태입니다.

여기서 가장 중요한 사항은 아마도 푸젠[3] 지방의 철도 건설을 정부가 확보했는지에 대한 사전질의 권한이며, 사전질의를 통해 일본은 해당 지역에서 필요로 하는 영향력을 추가적으로 증명하고자 합니다.

오이시는 정부 답변에 만족하지 않았으며, 담당 대신이 철도 건설의 특권을 미리 확보하지 않았다고 그의 태만을 비난했습니다. 아울러 그는 일본 정부의 지도부가 중국에서의 일본의 국익을 제대로 지키지 못해, 다른 국가들이 크게 우위에 서게 되었다고 불만을 표시했습니다.

아울러 오이시는 한국이 철도 건설을 몇 개의 운영권으로 진행하기로 결정했다는 정부 답변상의 주장을 비웃었습니다. 정부의 이러한 회피적인 답변에 대해 오이시는 다

---

1   [감교 주석] 오이시 마사미(大石正巳)
2   [감교 주석] 오이시는 1896년 진보당(進步黨) 성립에 참여하였으나, 1900년 당시에는 진보당 출신이 만든 입헌본당(憲政本黨) 소속이었음.
3   [감교 주석] 푸젠(福建)

음과 같이 확고하게 밀어 부쳐야 한다고 생각했습니다. 그것은 바로 서울–부산 간 선로 건설을 즉각 착공시키기 위해 정부의 지원이 제대로 이루어져야 한다는 것입니다.

일본에서는 외교 문제들이 거의 관심을 받지 못하고 있으며, 다음 회기가 끝나기 전에 진보당 측이 외무 대신을 사임시키려는 노력을 더 이상 하지 않을 것입니다.

라이덴
원본 : 중국 20 No. 1

일본의 전쟁 준비에 대한 추측

발신(생산)일	1900. 2. 21	수신(접수)일	1900. 3. 23
발신(생산)자	라이덴	수신(접수)자	호엔로에-실링스퓌르스트
발신지 정보	도쿄 주재 독일 공사관	수신지 정보	베를린 정부
	A. 25		A. 3637
메모	3월 25일 원본 3월 30일 서한, 해군부 전달 4월 18일 답신, A. 4863 참조		

A. 3638　1900년 3월 23일 오후 수신, 첨부문서 1부

도쿄, 1900년 2월 21일

A. 25

독일제국 수상 호엔로에-실링스퓌르스트 각하 귀하

대부분 한국의 미국선교사들에 의해 정보를 제공받아 발행되는 "The Independent" 신문은 금년 1월 25일 자[1]에 이른바 최고조로 긴장된 러시아와 일본 관계에 대해 설명해주는 기사를 실었습니다. 본인은 이 기사를 첨부 문서로 각하께 삼가 보내드리고자 합니다.

이 기사에서 명확하게 진술된 내용들을 확인해 주는 정보들을 어떤 측에서도 아직 받지 못했습니다. 가령, 본인이 들은 바로는 영국 정부가 정규적인 항해로 영국에 도착한 "일본운선회사"[2]의 남아프리카행 증기선을 전세 내려고 했다고 합니다. 그러나 이 일본 회사는 계약에 따른 운항을 중단해서는 안 된다고 판단했습니다. 이로 인해 소위 일본의 모든 선박을 통제하고 있는 선박을 일본 정부가 이 문제에 개입하게 되었습니다.

한국으로부터의 식료품 수입은 예상된 규모만큼 이루어지지 않았지만, 그렇다고 걱정할 만한 상황은 아닙니다. 왜냐하면, 일본은 이미 이 정도의 공급 물자에 의존하고

1　[감교 주석] The Independent는 1899년 12월 4일 폐간되었음. 즉 "The Japan Daily Mail"에서 인용하였다는 The Independent의 1900년 1월 25일 기사에 대해서는 검토가 요구됨.

2　일본운선회사(日本郵船會社)

있으며, 무엇보다 대량의 쌀을 남부에서 확보하고 있기 때문입니다. 본인이 듣기로 일본 정부가 중국 주둔 러시아군의 모든 움직임을 감시하는데 매우 심혈을 기울이고 있으며, 시베리아 철도 지선을 따라 첩보망을 확대하고 있다고 합니다. 특히 이곳의 러시아 공관의 육해군 무관들이 주요 감시 대상이 되고 있기 때문에, (독일제국의) 육해군 장교들이 이들과 통신 연락을 할 경우, 극도로 신중을 기하도록 지시를 받았습니다.

라이덴

내용: 일본의 전쟁 준비에 대한 추측

A. 25의 첨부문서
첨부문서의 내용(원문)은 독일어본 489~490쪽에 수록.

28

[1900년 1월 23일 도쿄 주재 독일공사관 보고서 해군사령부에 전달]

발신(생산)일	1900. 3. 20	수신(접수)일	1900. 3. 24
발신(생산)자		수신(접수)자	
발신지 정보		수신지 정보	베를린 외무부
			A. 3698
메모	2월 28일 서한 A. 2378에 대한 답신		

A. 3698   1900년 3월 24일 오후 수신, 첨부문서 1부

베를린, 1900년 3월 20일

A. 2068

외무부 장관님께

마산포 해협에 관한 1900년 1월 23일 도쿄주재 독일제국 공사[1]의 보고를 첨부하여 해군 사령부에 정보 보고로서 송부해 드립니다.

대표하여

---

1 [감교 주석] 라이덴(G. Leyden)

80 독일외교문서 한국편(1874~1910) 제9권

[러시아 언론의 한국 관련 보도]

발신(생산)일		수신(접수)일	1900. 3. 27
발신(생산)자		수신(접수)자	
발신지 정보		수신지 정보	베를린 외무부
			A. 3826

A. 3826 1900년 3월 27일 오후 수신

St. Petersburger Zeitung.

1900년 3월 27일

- (동아시아에서) "Now. Wr."[1] 신문이 다음과 같은 뉴스를 제공함

"지금까지 한국의 일본인들은 외국인들에게 개방된 항구도시에만 정착했다. 그러나 이제 서울-부산의 철도회사 설립자들이 "Kankoku Kangyo Kaisha"[2]를 새롭게 설립했다. 이 회사의 임무는 "한국의 농산업 발전을 장려"하는데 있으며, 다시 말해 한국을 일본인들을 통해 식민지화하는 것이다. 첫 일본인 거류지는 이미 정해진 상태이다. 바라건대 일본의 식민 이주자들이 한국의 마을로 밀려들어오지 못하도록 막아야 하는데, 한국이 일본 식민지가 되는 것을 원치 않는 (외국) 정부들이 이를 이행해야 한다.

이미 공표된 인구통계 자료에 따르면, 일본은 1898년 12월 31일 현재 북쪽의 섬들과 포모사[3]를 제외하고 인구가 4천 5백만이고, 도쿄의 인구는 142만 5천명에 달한다.

일본 신문의 보도에 의하면, 만주 지역의 도적들이 한국 북부의 갑산을 덮쳐 약탈하고, 12명의 남녀를 납치하여 한국의 행정담당관에게 거액의 금을 몸값으로 요구했다고 합니다. 이에 행정담당관이 질이 낮은 금을 보냈으나, 도적들은 이를 돌려보내고 더 좋은

---

1   [감교 주석] 노보예 브레먀(Novoye Vremya)
2   [감교 주석] 한국권업주식회사(韓國勸業株式會社)로 추정할 수 있음.
3   [감교 주석] 대만(Formosa)

금을 보내도록 요구했다. 현재 행정담당관은 관리들을 금 세광소와 원산으로 보내 필요한 양의 금을 확보하도록 했다.

1898년 9월, 영국 신디케이트[4]의 모건[5]은 한국정부로부터 260평방마일 규모의 한국 북부 채광 특허권을 획득했다. 무엇보다 영국인들은 은산[6]의 광산 지역을 채굴하길 원했는데, 이 지역은 모건이 특허권을 획득하기 전에 러시아 기업이 확보하려 했던 곳이었다. 한국의 관할 부처는 러시아 대리공사의 항의로 인해 모건의 은산 채굴권을 취소했다. 그러나 모건은 50명의 일본인들을 은산으로 보내 독단적으로 채굴 작업에 착수했다. "도쿄 아사히" 신문[7]은 한국 정부가 군부대를 은산으로 파견해, 영국과 일본의 사업을 중단시키길 원한다고 보도했다. 일본에 보고된 바에 의하면, 서울주재 영국 총영사[8]가 소환될 것이라고 한다.

---

4 [감교 주석] 모군상회(募軍商會; Morgan Company)

5 [감교 주석] 모건(W. P. Morgan)

6 [감교 주석] 은산(殷山)

7 [감교 주석] 도쿄 아사히신문(東京朝日新聞)

8 [감교 주석] 조던(J. N. Jordan). 당시 조던은 대리 공사직을 수행하였음.

[러시아의 마산포 조차 관련 전쟁 분위기 고조]

발신(생산)일	1900. 3. 28	수신(접수)일	1900. 3. 28
발신(생산)자	라이덴	수신(접수)자	
발신지 정보	도쿄 주재 독일 공사관	수신지 정보	베를린 외무부
	No. 16		A. 3839
메모	I. 4월 2일 런던 269, 페테르부르크 373 전달 II. 4월 2일 해군부 전달		

A. 3839 1900년 3월 28일 오후 수신

전보

도쿄, 1900년 3월 28일 오후 1시 50분

도착: 오후 12시 35분

독일제국 공사가 외무부에 송부

암호 해독

No. 16

마산포 인근 남부의 해협과 관련된 문제로 인해 러시아가 한국에 새롭게 제기한 요구들이 이곳에서 활발히 논의되고 있으며, 언론은 거의 전쟁 발발의 분위기를 전하고 있습니다. 힐데브란트[1] 제독이 서울에 체류하는 것은 한국이 저항할 수 없는 매우 부담스러운 상황으로 여겨지며, 일본이 반대해 조치를 취할지도 모릅니다.

라이덴

---

1 [감교 주석] 힐데브란트(Hildebrandt)

일본인들의 한국 진출에 대한 "Novoye Vremya" 보도

발신(생산)일	1900. 3. 26	수신(접수)일	1900. 3. 29
발신(생산)자	라돌린	수신(접수)자	호엔로에-실링스퓌르스트
발신지 정보	페테르부르크 주재 독일 대사관	수신지 정보	베를린 정부
	No. 178		A. 3868

A. 3868　1900년 3월 29일 오전 수신

상트페테르부르크, 1900년 3월 26일

No. 178

독일제국 수상 호엔로에-실링스퓌르스트 각하 귀하

　"Novoye Vremya"[1]가 "동양의 소식"이라는 제목하에 다음과 같이 보도했습니다.

　"지금까지 한국의 일본인들은 외국인들에게 개방된 항구도시에만 정착했다. 그러나 이제 서울-부산의 철도회사 설립자들이 "한국 산업 회사"[2]를 새롭게 설립했다. 이 회사의 임무는 "한국의 농산업 발전을 장려"하는데 있으며, 다시 말해 한국을 일본인들을 통해 식민지화하는 것이다. 첫 일본인 거류지는 이미 정해진 상태이다.

　바라건대 일본의 식민 이주자들이 한국의 마을로 밀려 들어오지 못하도록 외국 정부들이 이에 저항해야 하고, 외국 정부들은 한국이 일본의 속국이 되는 것을 원치 않고 있다.

　최근 공표된 인구통계 결과에 따르면, 일본의 인구는 북쪽의 섬들과 포모사[3]를 제외하고 1898년 12월 31일 현재 4천 5백만에 달했으며, 도쿄에만 142만 5천여 명이 거주하고 있는 것으로 나타났다.

　1898년 9월, 영국 신디케이트[4]의 모건[5]은 한국 정부로부터 260평방마일 규모의 한국

1　[감교 주석] 노보예 브레먀(Novoye Vremya)
2　[감교 주석] 한국권업회사(韓國勸業會社)로 추정할 수 있음.
3　[감교 주석] 대만(Formosa)
4　[감교 주석] 모군상회(募軍商會; Morgan Company)
5　[감교 주석] 모건(W. P. Morgan)

북부 채광 특허권을 획득했다. 무엇보다 영국인들은 은산[6]의 광산 지역을 채굴하길 원했는데, 이 지역은 이미 모건이 특허권을 획득하기 전에 러시아 기업이 확보하려고 요청했던 곳이다.

러시아 대리공사의 항의로 한국의 관할 부처가 모건의 은산 채굴권을 박탈했다. 그러나 모건은 이를 무시하고 50명의 일본인들을 은산으로 보내 독단적으로 채굴 작업에 착수했다.

현재 "도쿄 아사히" 신문[7] 보도에 따르면, 한국 정부가 군부대를 임산으로 파견해, 영국과 일본의 사업을 중단시키길 예정이라고 한다.

이후 일본에서 퍼진 소문에 의하면, 서울주재 영국 총영사가 소환될 것이라고 한다."

라돌린

내용: 일본인들의 한국 진출에 대한 "Novoye Vremya" 보도

---

6 [감교 주석] 은산(殷山)
7 [감교 주석] 도쿄아사히 신문(東京朝日新聞)

[러시아의 한국 진출에 대한 일본의 우려]

발신(생산)일	1900. 3. 31	수신(접수)일	1900. 3. 31
발신(생산)자	라이덴	수신(접수)자	
발신지 정보	도쿄 주재 독일 공사관	수신지 정보	베를린 외무부
	No. 17		A. 3995
메모	I. 4월 2일 런던 371, 페테르부르크 266 전달 II. 4월 2일 해군부 전달		

A. 3995 1900년 3월 31일 오후 수신

전보

도쿄, 1900년 3월 31일 오전 11시 55분

도착: 오전 11시 34분

독일제국 공사가 외무부에 송부

암호 해독

No. 17

한국에서 러시아의 새로운 요구사항들로 인해 이곳 정치가에 심각한 분위기가 조성되었습니다. 아오키[1]가 본인에게 말하기를, 상황이 아직 분명치 않아 이에 대해 명확히 언급할 수는 없지만, 일본이 아주 중요한 이익을 보호해야 한다고 합니다. 러시아에 대한 공식적인 관계가 아직 심각해지지는 않았지만, 파블로프[2]가 왜 서울에 체류하고 있는지 밝혀내야 합니다.

라이덴

---

1 [감교 주석] 아오키 슈조(青木周藏)
2 [감교 주석] 파블로프(A. Pavlow)

한국에서의 러시아와 일본

발신(생산)일	1900. 3. 30	수신(접수)일	1900. 4. 1
발신(생산)자	메테르니히	수신(접수)자	호엔로에-실링스퓌르스트
발신지 정보	런던 주재 독일 대사관	수신지 정보	베를린 정부
	No. 225		A. 4038
메모	저희는 이미 러시아의 행동으로 인해 발생된 긴장 상황에 대해 도쿄발 전보 보고를 받은 바 있습니다.		

A. 4038   1900년 4월 1일 오전 수신, 첨부문서 1부

런던, 1900년 3월 30일

No. 225

독일제국 수상 호엔로에-실링스퓌르스트 각하 귀하

어제 날짜 고베의 "Daily Mail" 보도를 첨부하여 각하께 삼가 송부해 드립니다. 이 보도에 따르면, 러시아가 한국 정부에 마산포의 토지 특허권을 요구했으며, 이러한 러시아의 행위와 최근 러시아 함대의 이동이 일본을 분명 자극했다고 합니다.

메테르니히

내용: 한국에서의 러시아와 일본

첨부문서의 내용(원문)은 독일어본 499쪽에 수록.

베를린, 1900년 4월 2일   A. 3839 I

주재 외교관 귀중   암호우편
1. 상트페테르부르크 No. 269   기밀 정보
2. 런던 No. 373

                                         도쿄주재 독일제국 공사가 지난 달 28일 다음
                                         과 같은 전보를 보냄:
연도번호 No. 2806   "변동 없이 동의"

베를린, 1900년 4월 2일   A. 3839 II

제출 문서의 최근 사본   한국에 대한 러시아의 새로운 요구사항들에
                                         관한 지난달 28일 도쿄주재 제국 공사의 전보
4월 3일 Nm. Kzldr.   사본을 동봉하여 높으신 명에 따라 제국 해군
첨부문서 1부 (A. 3839 cop.)   청 장관님께서 친히 기밀 정보로 살펴시도록
특수 목적   삼가 송부해 드립니다.

연도번호 No. 2807

베를린, 1900년 4월 2일 A. 3995 I

주재 외교관 귀중   우편 암호
1. 런던 대사관 No. 371
2. 상트페테르부르크 No. 266   1: 기밀 정보
                                    2: 개인 정보

연도번호 No. 2798

                                    1, 2: 지난 달 31일 도쿄주재 독일제국 공사
                                    의 전보: "변동 없이 제출 문서에서"

베를린, 1900년 4월 2일 A. 3995 II

연도번호 No. 2799   한국에 대한 러시아의 새로운 요구사항들에
                                    관한 지난달 31일 도쿄주재 제국 공사의 전보
                                    사본을 동봉하여 높으신 명에 따라 제국 해군
                                    청 장관님께 기밀 정보로서 삼가 송부해 드립
                                    니다.

[러시아의 마산포 조차 시도 관련 보고]

발신(생산)일	1900. 4. 2	수신(접수)일	1900. 4. 2
발신(생산)자	라이덴	수신(접수)자	
발신지 정보	도쿄 주재 독일 공사관	수신지 정보	베를린 외무부
	No. 18		A. 4141
메모	4월 6일 런던 409, 페테르부르크 289 전달 매우 간단합니다! 그러면 파블로프가 모욕을 당하거나 지지를 받을 수도 있습니다. 전투함대장에게 결정적인 역할이 있습니다.		

A. 4141 1900년 4월 2일 오후 수신

전보

도쿄, 1900년 4월 2일 오전 3시 15분

도착: 오후 8시 7분

독일제국 공사가 외무부에 송부

암호 해독

No. 18

기밀비

러시아가 서울에서 자신들의 요구사항들을 변경했지만, 여전히 우려할 점들이 남아 있습니다.

무라비예프[1]가 상트페테르부르크 주재 일본 대리공사에게 주지시켜 준 바에 따르며, 마산포 문제 해결이 파블로프[2]에게 위임되었다고 합니다. 이곳에서는 이를 불쾌하게 여기고 있으며, 그 이유는 파블로프가 러시아 해군의 극단적인 요구사항들을 대변하는 인물이기 때문입니다.

라이덴

---

1 [감교 주석] 무라비예프(M. Mouravieff)
2 [감교 주석] 파블로프(A. Pavlow)

35

[런던 주재 독일 대사의 보고서 전달]

발신(생산)일	1900. 4. 2	수신(접수)일	1900. 4. 5
발신(생산)자	팀	수신(접수)자	
발신지 정보	베를린 해군청	수신지 정보	베를린 외무부
	A. 2686		A. 4250
메모	A. 2986 첨부문서 1부 동봉 1900년 3월 14일 서한 -A. 2986-에 대해		

A. 4250 1900년 4월 5일, 첨부문서 2부

베를린, 1900년 4월 2일

A. 2686

외무부 장관님께,

1900년 3월 7일 런던주재 독일제국 대사관의 보고를 동봉하여 첨부문서와 함께 삼가 돌려 보내드립니다.

팀[1]

---

1 [감교 주석] 팀(Timm)

베를린, 1900년 4월 6일   A. 4141

주재 외교관 귀중   한국에 대한 러시아의 새로운 요구사항들과
1. 런던 No. 409   관련하여, 이번 달 2일 도쿄주재 독일제국 공
2. 상트페테르부르크 No. 289   사의 전보 사본을 동봉하여 삼가 송부해 드립
                                         니다.

연도번호 No. 2940

36

[러시아의 마산포 조차 시도 관련 보고]

발신(생산)일		수신(접수)일	1900. 4. 2
발신(생산)자	라이덴	수신(접수)자	
발신지 정보	도쿄 주재 독일 공사관	수신지 정보	베를린 외무부
			A. 4141
메모	4월 6일 런던 409, 페테르부르크 289 전달		

사본

A. 4141, 1900년 4월 2일 오후 수신

도쿄

수신

베를린 외무부

기밀비

러시아가 서울에서 자신들의 요구사항들을 변경했지만, 여전히 우려할 점들이 남아 있습니다.

상트페테르부르크 주재 일본 대리공사에게 무라비예프[1]가 주지시켜 준 바에 따르면, 마산포 문제 해결이 파블로프에게 위임되었다고 합니다. 이곳에서는 이를 불쾌하게 여기고 있으며, 그 이유는 파블로프[2]가 러시아 해군의 극단적인 요구사항들을 대변하는 인물이기 때문입니다.

라이덴

---

1 [감교 주석] 무라비예프(M. Mouravieff)
2 [감교 주석] 파블로프(A. Pavlow)

37

[한국 관련 열강 동향 보고]

발신(생산)일	1900. 3. 24	수신(접수)일	1900. 4. 11
발신(생산)자		수신(접수)자	
발신지 정보	블라디보스토크	수신지 정보	베를린 외무부
			A. 4563
메모	4월 6일 런던 409, 페테르부르크 289 전달		

A. 4563 1900년 4월 11일 오후 수신

블라디보스토크 3월 24일

"Novoye Vremya"[1] v. 26. 1900년 3월 26일(4월 8일)

이 기사는 포로 교환 문제를 결정할 시기가 아직 되지 않았다는 윈덤[2]의 설명에 이어 그 원인은 짐작할 수 있다고 적고 있다. 보어인들에게 군인은 누구든지 중요하지만 영국 인에게 일부 군인은 문제가 되지 않기 때문인 것이다. 또한 이 기사는 영국 스스로 인정 하다시피 보어인들은 포로를 존중하고 인간적으로 대하는 반면 영국 측에서는 전쟁 포 로를 학대하고 있다고 비난하면서 그 점에서 소위 "문화의 담지자"에게 수반될 명예를 언급하고 있다.[3]

전신 통신, 블라디보스토크, 3월 24일

서울 3월 13일(26일)자 보고: 일본 정부는 마산포, 군산, 평양 항구에 우체국을 설치 하기로 결정했다. 한국 정부는 한국이 세계우편협회에 소속되어 있다고 주장하며 이 계 획을 거부했다. 일본 공사[4]는 한국의 외부대신[5]에 연락을 취해, 한국의 해안에 무선 전선

---

1 [감교 주석] 노보예 브레먀(Novoye Vremya)
2 [감교 주석] 윈덤(Windham)
3 [원문 주석] "이 기사는 … 언급하고 있다.": 제 3자에 의해 삭제 표시.
4 [감교 주석] 하야시 곤스케(林權助)
5 [감교 주석] 박제순(朴齊純)

94 독일외교문서 한국편(1874~1910) 제9권

을 설치할 때 외부 관리들이 일본인들을 돕도록 지시해 달라고 요청했다. 한국 정부는 자신들이 직접 전신을 설치할 것이라고 주장하며 이 제안 또한 거부했다. 마산포에 러시아 영사관이 설립되었으며, 서울에서 소코프[6] 영사가 마산포로 올 예정이다.

서울 3월 18일 보고: 전투함대와 함께 힐데브란트[7] 제독이 제물포에 도착했다. 러시아 학교의 한국인 학생들이 이 전투함대를 견학했다. 해군들의 친절과 배려가 한국 학생들과 그들의 선생님들의 마음을 사로잡았다. 아울러 제독은 참모진과 사령관, 군악대를 대동하고 서울로 갔다. 공사관에서 제독에게 경의를 표하기 위하여 만찬이 열렸다.

은산의 광산 문제로 발생한 영국의 합자회사 모건[8]과의 분쟁이 해결되었다. 영국인들은 특허권을 획득했다.

---

6 [감교 주석] 소코프(Sokow)
7 [감교 주석] 힐데브란트(Hildebrandt)
8 [감교 주석] 모군상회(募軍商會; Morgan Company)

38

일본에 차관 일부를 상환함

발신(생산)일	1900. 1. 31	수신(접수)일	1900. 4. 16
발신(생산)자	라인스도르프	수신(접수)자	호엔로에-실링스퓌르스트
발신지 정보	서울 주재 독일 총영사관	수신지 정보	베를린 정부
	No. 10		A. 4770
메모	4월 17일 런던 456, 페테르부르크 330, 베이징 A. 41 전달 연도번호 No. 80		

A. 4770   1900년 4월 16일 오전 수신

서울, 1900년 1월 31일

No. 10

독일제국 수상 호엔로에-실링스퓌르스트 각하 귀하

1895년 한국 정부가 일본으로부터 6%로 빌린 3백만 달러의 차관 중 백만 달러가 지난해 12월 계약 만기가 되었습니다. 한국 정부는 지난달 말에 해상 관세수입에서 75만 달러를 지불했고, 나머지 25만 달러는 올해 7월에 지급하기로 했습니다. 지난해 1월 25일(Nr.[1]) 보고한 바와 같이, 당시 남아 있는 백만 달러로 한국 정부가 서울-제물포 철도 노선에 재정적으로 참여할 계획이었습니다. 그러나 이 계획은 실행되지 못했고, 그 이유는 한국 정부가 철도 관리를 위한 필요 지분을 소유할 수 없었기 때문입니다. 이로써 오직 일본 자본만이 철도에 참여한 상태입니다. 일본 정부는 전쟁 보상금에서 빌려준 액수가 180만 엔에 달합니다. 그리고 주식 형태의 민간자본이 75만 엔인데, 이곳 일본 대표에 의하면 이 액수의 반 만이 현재 지급된 상태라고 합니다. 작년 후반기 6개월의 기간에 대해 3%의 배당금이 지불될 것입니다.

라인스도르프

내용: 일본에 차관 일부를 상환함

---

1   [원문 주석] A. 2865 89 삼가 첨부함.

베를린, 1900년 4월 17일   A. 4170

주재 외교관 귀중
1. 런던 No. 456.
2. 상트페테르부르크 No. 330.
3. 베이징 No. A. 41.
4. 도쿄 No. A. 14.

연도번호 No. 3260

차관 일부를 일본에 상환한 것과 관련하여, 이번 달 31일 서울주재 독일제국 공사의 보고 사본을 동봉하여 삼가 송부해 드립니다.

39

[도쿄 주재 독일 대사의 보고서 전달]

발신(생산)일	1900. 4. 14	수신(접수)일	1900. 4. 18
발신(생산)자	팀	수신(접수)자	
발신지 정보	베를린 해군청	수신지 정보	베를린 외무부
	A. 3155		A. 4863
메모	1900년 3월 21일 -A. 3683- 서한에 대해		

A. 4863 1900년 4월 18일 오후 수신

베를린, 1900년 4월 14일

A. 3155

외무부 장관님께

1900년 2월 21일 도쿄주재 제국공사의 보고를 동봉하여 첨부문서와 함께 삼가 돌려 보내드립니다.

팀

[러시아의 군비 증강과 러일 관계에 관한 건]

발신(생산)일	1900. 3. 17	수신(접수)일	1900. 4. 20
발신(생산)자	라이덴	수신(접수)자	호엔로에–실링스퓌르스트
발신지 정보	도쿄 주재 독일 공사관	수신지 정보	베를린 정부
	A. 35		A. 4940
메모	4월 26일 런던 490, 페테르부르크 348, 베이징 A. 48 전달		

사본

A. 4940   1900년 4월 20일 오후 수신

도쿄, 1900년 3월 17일

A. 35

독일제국 수상 호엔로에–실링스퓌르스트 각하 귀하

이곳의 "Nippon" 신문에 의하면, 로마노프[1] 러시아 프리깃함 함장이 한 미국인에게 대략 다음과 같이 언급했다고 합니다:

"일본과 러시아의 군부는 조만간 양국 간에 전쟁이 발발할 것이라는 데에 의견을 같이하고 있습니다. 러시아나 일본의 공격 시기가 언제일지는 모르겠습니다. 일본은 오래전부터 전쟁에 대비했으며, 특히 이를 위해 해군을 증감시켜 왔습니다.

러시아는 동아시아에서 육해군을 소집하려고 전력을 다했습니다. 그러나 결국은 블라디보스토크와 포트 아서[2] 사이에 군사거점이 필요한 상태여서, 이를 위해 분명 한국의 항구 하나를 점유할 것입니다.

러시아 군부는 전쟁 발발시 독일의 지원을 기대하고 있으며, 이 전쟁으로 인해 유럽에서도 대립 상황이 발생해, 러시아와 영국 간에 분쟁이 시작될 것으로 가정하고 있습니다. 러시아는 아프가니스탄을 지나 인도로 진격할 것이며, 카스피해 전 지역의 군대가

---

1 [감교 주석] 로마노프(Romanoff)
2 [감교 주석] 뤼순(旅順; Port Arthur)항

우선 헤라트[3]를 점령할 것이다."

이러한 호전적 애국주의 발언들은 일본군 장교들에게도 마찬가지로 존재합니다. 이곳의 증권거래소는 최근 일본 순양함과 러시아 순향함의 적대적 충돌에 관한 소문으로 불안정한 상황이 되었으며, 경찰이 러시아 스파이로 추정되는 인물들을 주의 깊게 감시하고 있습니다.

다른 한편 두 나라의 정부는 국가적 흥분상태로 인해 야기되는 우발적 사태들을 없애거나 초기에 방지하기 위해 노력하고 있습니다. 최근 부산에서 일본 선원들과 러시아 선원들 간에 난투극이 재발했을 때, 일본 정부는 경찰 담당자를 처벌하고 음식점 주인에게 주의를 줌으로써 더 이상 문제가 발생하지 않도록 했습니다. 러시아 또한 일본을 불필요하게 자극하려는 의도가 없는 상태입니다. 본인이 그 밖의 믿을만한 소식통으로부터 들은 바에 따르면, 러시아 군함들이 한국 해협을 수없이 항해하며 불안을 조성하다가 이제는 그 빈도가 줄었다고 합니다. 아울러 또 다른 "골치거리"였던 마산포 문제도 최근에는 가능한 한 거의 거론되지 않고 있습니다.

라이덴
원본 : 러시아 94

---

3 [감교 주석] 헤라트(Herat)

[한국 관련 러일 전쟁 분위기 고조에 관한 건]

발신(생산)일	1900. 3. 21	수신(접수)일	1900. 4. 20
발신(생산)자	라이덴	수신(접수)자	호엔로에−실링스퓌르스트
발신지 정보	도쿄 주재 독일 공사관	수신지 정보	베를린 정부
	A. 39		A. 4943
메모	4월 26일 런던 490, 페테르부르크 348, 베이징 A. 48 전달		

사본

A. 4943 1900년 4월 20일 오후 수신

도쿄, 1900년 3월 21일

A. 39

독일제국 수상 호엔로에−실링스퓌르스트 각하 귀하

이토 후작과 정치적 성향이 유사한 영자지인 "Japan Times"가 오늘 심각하고 염려스러운 어조로 러일 관계에 대해 보도했습니다.

주요 기사에서 러시아가 동아시아 군사력을 증강하는 데 매우 적극적으로 행동하고 있다는 것을 강조하고 있으며, 이러한 분위기가 양국 정부가 서로 자제하고 있음에도 불구하고 위협감이 고조될 수 있는 상황이라고 합니다.

아울러 "Japan Times"는 정부 성향의 신문인 "Kokumin"[1]의 기사를 그대로 인용하고 있는데, 이 기사에서 러일 관계가 자세히 다루어지고 있으며, 러시아 황제가 공언한 평화애호가 (러시아) 정부의 최근의 행동에서 나타나 있다고 합니다.

"Kokumin"의 상세한 보도에서 새로운 점은 한국이 다른 강대국의 군사적 또는 정치적 통치에 예속되는 상황을 일본이 허용치 않을 것이라고 강하게 선언했다는 것입니다. "Should RussiA. seize any part of the Korean territory for military purposes, such action on her part will be clearly an infraction of the existing agreement with this country and it can never be said that causes of misunderstanding have been

---

1 [감교 주석] 국민(國民)

removed." (마지막 말은 러시아 황제가 무라비예프[2]에게 보낸 칙령의 원문을 넌지시 풍자한 것입니다.) 고쿠민은 해당 기사에서 "If things keep on as they are now doing, we fear that despite the best intentions on the part of the two governments and A. large section of the two nations A. fatal catastrophe may overtake them"라고 이어 보도하며, 러시아 정부가 군비의 목적이 무엇인지 적극 해명해 주길 바란다고 기사를 끝맺음했습니다.

본인이 "Kokumin"의 해당 주요 기사를 야마가타[3]나 아오키[4]에게 주지시키거나 최소한 "Japan Times"의 세부 보도를 이토 후작이 주의깊게 살펴보도록 하지는 않았습니다. 그러나 현 상황에서 주목해야 할 사항은 "Kokumin"의 그러한 강한 어조가 "Times"를 통해 일본에 거주하는 유럽인 독자들에게 즉시 전달될 것이라는 점입니다. 이로써 일본 내각에서 장관직이 아닌 인물들이 이러한 경고성 주장을 외면하지 않을 것이라고 표명되는 바입니다.

본인이 한 러시아 장교가 언급한 바를 보고드리자면, 이 장교는 러일전쟁이 불가피한 상황이 되었다고 선언했습니다. 러시아 장교의 이러한 진술을 "Kokumin"에서 보도하며 추가적인 설명을 덧붙였는데, 러시아가 군사력을 증강시키고 있기 때문에, 더 늦기 전에 러시아 황제와 각료들의 평화애호에 기만당해서는 안 된다고 언급하고 있습니다. 아마도 이러한 점에서 볼 때, 일본 신문이 보도하고자 했던 설명들이 이해될 수 있습니다.

그러나 본인은 이러한 최후의 방식조차 러시아의 자부심을 꺾고자 할 때 매우 적절한 선택은 아니었다고 판단합니다.

라이덴

원본 : 러시아 94

---

2 [감교 주석] 무라비예프(M. Mouravieff)

3 [감교 주석] 야마가타 아리토모(山縣有朋)

4 [감교 주석] 아오키 슈조(靑木周藏)

서울 주재 러시아 공사

발신(생산)일	1900. 3. 22	수신(접수)일	1900. 4. 20
발신(생산)자	라이덴	수신(접수)자	호엔로에-실링스퓌르스트
발신지 정보	도쿄 주재 독일 공사관	수신지 정보	베를린 정부
	A. 41		A. 4945
메모	4월 21일 런던 474, 페테르부르크 340, 베이징 A. 45 전달		

A. 4945 1900년 4월 20일 오후 수신

도쿄, 1900년 3월 22일

A. 41

독일제국 수상 호엔로에-실링스퓌르스트 각하 귀하

파블로프 서울주재 러시아 대표는 최근 귀국 후 영국 동료인 조던[1]에게 분명히 언급하기를, 자신은 일본인들의 마산포 토지 매입에 대한 비용이 영국 정부에 의해 제공되었다는 것을 알고 있었다고 합니다. 파블로프는 영국 전투함대에서 비용 지급이 이루어졌을 때 영국 공사관이 발행한 수표를 본 사람을 개인적으로 알고 있다고 덧붙여 말했습니다.

사토우[2]는 이 서한이 발송되기 직전 외무부 접견실에서 본인에게 이에 대해 설명해 주었습니다. 그의 말에 따르면, 조던은 파블로프[3]가 그런 터무니 없는 것을 정말 믿고 있는지 아니면 이러한 정보들을 유포하는 일이 흔히 있는 "기만 행위"는 아닌지 지금도 확신하지 못한다고 합니다.

라이덴

내용: 서울 주재 러시아 공사

---

1 [감교 주석] 조던(J. N. Jordan)
2 [감교 주석] 사토우(E. M. Satow)
3 [감교 주석] 파블로프(A. Pavlow)

베를린, 1900년 4월 21일   A. 4945

주재 외교관 귀중   마산포에 대한 분쟁과 관련하여 지난 달 22일
1. 런던 No. 474.   도쿄주재 독일제국 공사의 보고 사본을 동봉
2. 상트페테르부르크 No. 340.   하여 삼가 송부해 드립니다.
3. 베이징 No. A. 45.

연도번호 No. 3390

43

"로시야" 신문이 한국에 대한 러시아의 강경한 행동을 보도함

발신(생산)일	1900. 4. 27	수신(접수)일	1900. 4. 29
발신(생산)자	라돌린	수신(접수)자	호엔로에-실링스퓌르스트
발신지 정보	페테르부르크 주재 독일 대사관	수신지 정보	베를린 정부
	No. 247		A. 5354
메모	5월 1일 도쿄 A. 19 전달		

A. 5354   1900년 4월 29일 오전 수신

상트페테르부르크, 1900년 4월 27일

No. 257

독일제국 수상 호엔로에-실링스퓌르스트 각하 귀하

"Rossija" 신문은 한국에 대한 러시아의 강경 대응을 호소하고 있습니다.

한국에서 러시아의 영향력이 보잘 것 없다고 언급하여, 그 이유는 목적을 달성하는데 러시아가 매우 소극적인 수단을 사용하고 있다는 것입니다. 한국은 무력한 국가 조직이어서 보호와 지원이 필요하지만, 우유부단함으로 누구를 믿어야 할지도 모르고 있다고 말합니다.

바로 지금이 행동하기에 가장 적절한 시기이며, 조금도 동요하지 않고 확고한 조치를 확신있게 취해야 한다고 합니다. 소극적이고 결단력 없는 정책은 한국인의 눈에는 바로 약함을 의미한다는 것입니다. 러시아는 자국의 교관들을 소환함으로써 이미 부주의하게 심각한 실수를 저질렀는데, 장기적으로 국가의 명성을 훼손시키지 않으려면 계속적으로 굴복하는 모습을 보여서는 안됩다고 신문은 전합니다. 바로 지금 이 순간이 행동을 취하기에 더욱 적절한 시기라고 보는데, 그 이유는 일본이 이를 방해하며 개입하지 못할 것이며, 일본의 "동맹국"인 영국이 남아프리카에서 당면한 난국을 해결하지 못해 자신들도 자금이 필요한 상태여서 (일본에) 금전적 지원을 제공할 수 없을 것이라고 합니다.

"(러시아는) 독일과 다음과 같은 조건에서 조약을 체결할 수도 있다. 독일이 임차하길 원하는 중국의 일부 영토에서 활동을 전개할 때, 러시아가 이에 간섭하지 않겠다고 약속하는 것이다."

영국은 결국 남아프리카 공화국들과의 전쟁을 중단하기보다 오히려 이루어진 성과에 대해 만족할 것입니다.

그러나 이 전쟁이 일단 끝나게 되면, 상황이 크게 달라질 것이라고 합니다. 따라서 아시아, 특히 동아시아에서 러시아 정책의 슬로건은 다음과 같아야 합니다: "지금이 아니면 절대 기회가 없다."

라돌린

내용: "로시야" 신문이 한국에 대한 러시아의 강경한 행동을 보도함

베를린, 1900년 5월 1일   A. 5354

주재 외교관 귀중   한국에 대한 러시아의 정책을 다룬 "Rossija"
도쿄 No. 19   기사와 관련한 지난달 27일 상트페테르부르
                                        크 주재 독일제국 대사의 보고 사본을 동봉하
연도번호 No. 3701   여 삼가 송부해 드립니다.

군사—정치적 사안

발신(생산)일	1900. 4. 10	수신(접수)일	1900. 5. 11
발신(생산)자	퀼러	수신(접수)자	호엔로에—실링스퓌르스트
발신지 정보	도쿄 주재 독일 공사관	수신지 정보	베를린 해군청
	B. No. 48		A. 5907

사본

A. 5907 1900년 5월 11일 수신

도쿄, 1900년 4월 10일

B. No. 48

베를린의 독일제국 해군청 장관님께,

이달 초순 일본 신문들이 재차 일본과 러시아 간의 전쟁 발발이 긴박해 있다고 보도했습니다. 당시 한국주재 러시아 대표부가 지난 연말에 철회한 한반도에서의 토지 요구를 재개하기도 했습니다. 관련 보도 기사들은 일본이 한국의 항구나 섬을 러시아에 양도하는 데 반대하고, 대응책을 취할 것이라고 분명히 보여주기 위해 작성되었습니다. 그러나 이 기사들은 (일본) 정부로부터 나오거나 영향을 받은 것이 아니며, 오히려 신문들이 신랄한 비판을 자제하도록 정부가 노력했다고 합니다.

일본은 대응책 강구를 위한 뚜렷한 조치들을 마련하지 않았습니다. 사실 이러한 조치들이 필요하지 않는데, 그 이유는 일본 함대 전체가 3월 27일 자로 총동원된 상태였으며, 이는 1개월 간의 군사 훈련을 위한 것으로 이미 오래전에 통보된 계획입니다.

지금까지 알려진 러시아의 요구들은 다음과 같다고 합니다. 우선 마산포 항구의 토지 구입을 위해 러시아 측에서 취한 조치들을 승인하고, 그동안 일본인들이 시행한 (동일한 또는 근처에 위치한) 토지 매입은 무효화한다고 한국 정부가 결정해 주기를 원했습니다. (금년 1월 25일 보고 — B No. 13 참조) 이러한 요구가 거부되는 경우를 대비해 러시아는 다른 세 가지 다른 요구사항들을 예비적으로 세워두었습니다. 마산포 해협 입구에 놓인 다른 토지의 양도나 부산으로 가는 지역에 위치한 가덕도의 양도, 또는 마산포 해협

입구의 거제도 북서쪽에 위치한 큰 항구의 양도가 이에 해당한다. 이러한 러시아 요구사항들을 지원하고자 러시아 군함 세 척-"Kossia", "Navarin", "Kurik"-이 부산 앞바다에 나타났고, 추가로 세 척이 올 것이라고 합니다. 그 외에 러시아 전투함대 전체가 현재 근해에 정박해 있다고 합니다.

일본 정부가 한국 정부에 대해 외교적 관점에서 압력을 행사했으며, 이러한 압력 행사는 한국은 물론 러시아에 대해 일본 함대가 준비 태세를 취하면서 구체화되었습니다. 이로써 (일본 정부는) 한편으로 확고한 위치를 차지하였고, 다른 한편으로 자신들의 요구들이 관철되도록 했다. 러시아는 기존의 요구들을 고수하지 못한 채, 토지 일부분에 만족해야만 했는데, 해당 토지는 마산포의 외국인 전용 지역 내에서 러시아에 할당된 곳이었습니다. 그러나 동시에 러시아는 미해결 상태였던 오래된 쟁점 하나를 자신들에게 유리하게 해결할 수 있었습니다. 결국 러시아는 자신들이 거절당한 지역들을 한국이 다른 강대국에게 양도하지 않겠다는 약속을 받아냈으며, 이것은 전체 협정에서 가장 중요한 사항으로 여겨집니다. 앞서 언급한 분쟁 문제는 목포 해협의 작은 섬을 외국인 거주를 위한 10리(대략 4km) 구역에 포함하는지에 관한 것이었습니다. 러시아는 이 섬의 토지를 사들였지만, 한국은 이를 인정하지 않았습니다. 왜냐하면, 거주 목적을 위한 10리 구역은 내륙 지역으로만 제한[1]되어 있기 때문이었습니다. 현재는 한국 정부가 이 섬 또한 표시된 구역에 포함된다고 인정하고 있습니다. 구역 범위가 이에 따라 항구의 바다에까지 확대되었습니다. 러시아의 요구에 대한 이러한 언급들이 사실에 부합하거나 더 이상 언급할 게 없다고 주장하는 것은 분명 있을 수 없는 일입니다. 추가적인 요구사항들이 여전히 존재할 가능성이 있으며, 이에 대해서는 추후에야 알게 될 것입니다. 이 지역들을 모든 강대국들에게 숨기려는 의도에 대해 일본이 어떤 입장을 취할 건지는 아직 알려지지 않은 상태입니다. 우선 앞서 보고드린 사항들은 소위 누설된 유일한 내용입니다.

분명 현재로서는 두 나라 간의 한국 문제가 적어도 표면적으로는 중단된 상태입니다. 러시아가 각각의 한국의 승인(이것이 사실이라고 가정하면)에 대해 얼마나 신속하고 폭넓게 결론을 낼지는 명확히 알 수 없습니다. 아마도 토지 구역들을 "관심 지역"으로 간주하고, 토지 매각시 공적으로 이를 표시하면, 이에 상응하게 처리를 하도록 결론을 낼 수도 있습니다. - 어쨌든 한국의 해안 지역에는 항상 철저한 군사적 이해관계가 존재할 것으로 보입니다.

---

1   [감교 주석] 한행이정(開行里程)

다른 모든 곳과 마찬가지로 긴박해진 분쟁 상황이 발생하는 요즘 극단적 애국주의가 만연해 있습니다. 한국에 대한 일본의 당연한 요구에 대해 활발한 논쟁이 있었으며, 러시아와 일본 간의 이해 대립에 관해 논의가 이루어졌습니다. 이 두 나라 모두 지속적인 발전을 위해서 또는 침해나 위협을 받지 않기 위해서 한국 반도를 절대로 필요로 한다고 합니다. 결국에는 무력을 통한 즉각적으로 해결을 해야 한다는 무책임한 사람들의 말조차도 대중의 관심을 불러일으키게 되었습니다. 프리깃함 함장인 한 러시아 장교가 실제 러시아의 분위기를 제대로 보여주는 매우 비중있는 주장을 한 바 있으며, 그는 이에 대해 한 미국인 통신원에게 언급했다고 합니다. 그러나 그의 진술은 명확하지 않았으며, 단지 전쟁을 갈망하는 흥분한 젊은 장교들의 대화를 그럴듯하게 말한 것뿐이며, 일반적인 정치 상황에 대해서도 이와 마찬가지입니다. 앞서 언급한 러시아인은 로마노프[2]라는 이름의 소위이며, 예전에 순양함 "Rossia"에 승선한 적이 있습니다. 그는 당시 미국을 통해 귀국하던 여정이었습니다.

함대의 대기 태세 외에 러시아가 임박해 있는 전쟁을 위해 특별히 군비를 한 것으로 보이는 유일한 행위는 무기 공장과 군수 공장을 이례적으로 수 개월 동안 확장한 것입니다. 특히 군수 공장이 활발히 가동되었으며, 매일 끊임없이 4시간 이상 초과 작업이 이루어졌습니다. 그 이유는 아마도 책정된 돈을 예산연도가 끝날 때까지 전부 소진해야 하기 때문이라고 합니다.

앞서 언급한 한국의 항구들과 관련한 이해 관계나 전쟁 발발시에 군사작전 기지로써 갖추고 있는 중요성을 파악하려면, 이 항구들을 직접 살펴보는 것이 적합하다고 생각합니다. 마산포는 −폐하의 함선 중 한 척이 이미 이곳이나 인근 항구에 정박해서 이에 대해 보고한 적이 있었는지 모르겠지만− 가장 안전하고 규모가 큰 최고의 항구 중 하나로 여겨집니다.

순양함 분함대의 함장께 이 보고의 사본을 송부해 드립니다.

퀼러[3]

내용: 군사−정치적 사안

---

2 [감교 주석] 로마노프(Romanoff)
3 [감교 주석] 퀼러(Gühler)

45

한국에서의 외국들의 이해관계

발신(생산)일	1900. 4. 5	수신(접수)일	1900. 5. 11
발신(생산)자	라이덴	수신(접수)자	호엔로에–실링스퓌르스트
발신지 정보	도쿄 주재 독일 공사관	수신지 정보	베를린 정부
	A. 42		A. 5908

A. 5908   1900년 5월 11일 오전 수신, 첨부문서 1부

도쿄, 1900년 4월 5일

A. 42

독일제국 수상 호엔로에–실링스퓌르스트 각하 귀하

이곳의 한 신문이 현재 한국에 있는 외국들의 이해관계를 모두 정리하여 보도한 기사를 발췌동봉하여 각하께 삼가 보내드립니다.

이 기사에서 정리한 리스트에 따르면, 대부분의 특허권을 일본인들이 소유하고 있으며, 가령 서울과 부산간 철도 노선이 그러한데, 이 사업이 완료되면 일본의 영향력을 위한 중요한 수단이 될 것으로 보입니다.

그러나 이미 여러 차례 강조해 드린 바와 같이, 이웃 국가(한국)에서의 일본의 활동 범위에는 재정적인 한계가 있으며, 외국 자본과 합작하려고 빈번히 시도하고 있지만 특허자들이 이러한 협력 사업에 높은 요구사항들을 제시하기 때문에 제대로 성사되지 못하고 있습니다. 러시아 회사도 현재까지 비교적 별다른 성과가 없고, 일본이 신속하게 움직이기 때문에 한국인들은 러시아를 다른 외국들보다 호의적으로 보고 있지 않습니다. 따라서 특허권에 관해 만족해하는 이러한 리스트는 실제로는 주로 일정한 수의 거주지로 제한이 되며, 일본은 이를 통해 영향력을 확대하고 가까운 시기에 이 지역을 지배하길 바라고 있습니다.

조용하지만 매우 분명하게 러시아의 영향력이 북에서 내려오고 있으며, 지금은 독자적인 활동을 위한 경제력을 충분히 강화할 때까지 외국에서의 사업 추진을 자제하고 있습니다. 러시아가 한국과 서부 시베리아에 미국 자본을 끌어들인 가능성은 여전히 존

재하고, 동아시아에서의 미국이 이익이 급속도로 추진되고 있지만, 이 지역에서 러시아의 사업 활동을 이용하려는 자본가들은 날이 갈수록 줄어들고 있습니다.

라이덴

내용: 한국에서의 외국들의 이해관계

A. 42의 첨부문서

첨부문서의 내용(원문)은 독일어본 524~525쪽에 수록.

46

한국에서의 러시아와 일본

발신(생산)일	1900. 4. 8	수신(접수)일	1900. 5. 11
발신(생산)자	라이덴	수신(접수)자	호엔로에-실링스퓌르스트
발신지 정보	도쿄 주재 독일 공사관	수신지 정보	베를린 정부
	A. 43		A. 5909
메모	5월 15일 런던 540, 페테르부르크 391, 베이징 A. 56, 해군부 전달		

A. 5909, 1900년 5월 11일 오전 수신

도쿄, 1900년 4월 8일

A. 43

독일제국 수상 호엔로에-실링스퓌르스트 각하 귀하

한국에서의 영향력을 얻기 위한 러시아와 일본의 세력 싸움이 지난 여름부터 불안정하게 이루어지고 있으며, 기본적으로 동아시아에서는 러시아가 우세한 것으로 보여집니다. 시베리아 철도 사업은 지금의 사업 확장과 앞으로의 중요성에 비교해 볼 때, 원래는 소극적으로 착수되었습니다. 마찬가지로 러시아가 2년 전 자신들의 성과에 대해 열광한 바 있는데, 당시 러시아는 만주에 손을 뻗치고, 청국의 북부지방에 압도적인 위치를 차지하여, 현재는 언제라도 청국의 수도가 위협받는 상황이 되었습니다. 다른 상황에서 이와 비슷한 결과를 달성하려면 수년간의 지속적인 노력이 필요했을 것이며, 아마도 돈과 인명 피해가 크게 초래되었을 것입니다. 어쨌든 이러한 성과는 러시아 국가지도부가 청국의 급격한 변화를 노련하게 간파하고, 필요에 따라 자신들의 건설 공사를 시행했기 때문입니다.

러시아는 1898년 초반에 자신들의 운좋은 성과에 대해 불안감을 느끼는 것처럼 보였으며, 분명 일본이 중국에 있는 러시아 세력을 방해할 것이라는 염려를 했다. 이로써 한국을 두 나라 사이의 중립국으로 세우는 니시-로젠 협약이 체결되었습니다. 당시 러시아가 조금 더 과감하게 행동했다면, 일본의 반대를 뿌리치고 한국을 보호할 수도 있었을 것입니다. 일본의 화포는 대단치 않았고, 지금의 군함은 유럽의 조선소에서 건조 중이었으며, 신식 보병 무기를 도입하려는 결정은 아직 내려지지 않은 상태였습니다.

그 당시 러시아-한국 협정의 서명자들은 양국 간의 화해를 위한 좋은 친구들과 같았습니다. 로젠[1]은 도쿄에서 서기관 시절을 편안하게 보냈으며, 이러한 경험에서 일본에 대해 최대한 우호적인 판단을 하고 있었습니다. 그리고 일본이 모든 국가 조직 개편을 새롭게 개편하기 위한 초기의 추진 과정들을 직접 목격했습니다. 현 베이징주재 일본공사인 니시[2]는 상트페테르부르크에서 교육을 받은 인물인데, 그가 비밀리에 러시아 정교회로 개종했다는 소문이 정말 근거가 있는지는 본인도 잘 알지 못합니다.

분별력이 있는 일본인이라면 이미 수차례 청국과의 전쟁을 유감으로 생각했을 것입니다. 그러나 압록강에서 거둔 승리의 영광은 외교적 성과가 취약했던 일본 역사에서 그 중요성이 상당히 큽니다. 하지만 일본 국민의 성향이 전쟁 이후 바람직하지 않은 방향으로 변해갔으며, 강대국 3국의 간섭으로 인해 수많은 환상이 깨졌습니다. 일본이 획득한 강대국의 지위는 자랑스러운 깃발처럼 보이지만, 너무 짧은 깃대로 바람에 쉽게 흔들리는 상태이며, 몸에 제대로 맞지 않는 너무 큰 상의와 같습니다.

일본은 불만을 토로하며 1989년 자오저우만[3], 포트 아서[4], 만주 지역이 외세의 손에 넘겨지는 것을 목격하고, 결국은 웨이하이웨이[5]를 차지하기 위해 스스로 손을 뻗쳤습니다. 일본은 이러한 불만족스러운 상황에서 청국의 북부에서 가능한 한 많은 강대국들이 출현하는 것이 거의 최상의 상황이라고 간주했습니다.

본인이 당시 이곳의 직책을 맡게 되었을 때 거의 모든 유럽에서 일본의 태도에 대해 주시했고, 일본에게 전쟁 의도가 있다고 생각했습니다. 하지만 본인이 이곳에서 직접 목격한 상황은 오히려 혼란과 피할 수 없는 운명에 대한 체념이었습니다.

그 이후로 외국의 전투 함대가 동아시아 해협에서 늘어났으며, 중국내 외국의 영향력이 더욱 명확해졌습니다. 다른 한편 일본의 무장이 이루어졌고, 이곳의 정치는 중국에서 일본의 지지 세력을 깨우는데 철저한 노력을 기울였습니다. 마침내 "문호 개방"이 번영을 가져온다는 믿음으로 미국 및 다양한 유럽의 강대국들과 공동의 이익을 찾을 것이라 판단했습니다.

오직 러시아만이 다른 나라들을 크게 앞지르며 군사적으로 막강한 지위를 확보했기 때문에, 시베리아 철도가 천천히 진행되면서 발생하는 혜택들을 특별히 기대할 필요는

---

1   [감교 주석] 로젠(R. R. Rosen)
2   [감교 주석] 니시 도쿠지로(西德二郎)
3   [감교 주석] 자오저우만(膠州灣)
4   [감교 주석] 뤼순(旅順; Port Arthur)항
5   [감교 주석] 웨이하이웨이(威海衛)

없었습니다. 무엇보다 러시아의 육군과 함대는 이곳에서 자신들의 세력 확보를 위해서 블라디보스토크와 포트 아서 사이에 거점 기지가 필요하다는 것을 확신하게 되었고, 이 기지를 오직 한국의 남부에서 찾을 수 있었다, 특히 새로 개항한 마산포와 그 인근 지역이 최적의 항구 조건을 갖추고 있었는데, 이 지역은 영국 전투함대가 이미 오래 전부터 포격 연습을 한 곳입니다.

지도를 보면 보통 사람이면 누구나 이 지역이 한 편으로 러시아에게 얼마나 유리한 조건을 갖고 있는지 그리고 이 지역이 외국이 손에 넘어갈 때 일본에게 얼마나 위협이 되는지 명확히 알 수 있습니다. 러시아 전투함대가 육지의 방어 시설과 한국 남부에서 확보한 항구를 보호한다는 명목하에 출현하게 된다면, 그 즉시 일본의 군사 행동의 자유와 세력상의 우위가 훼손될 것으로 보입니다.

이러한 중요한 대상을 시야에 두고 양국은 한국의 껍데기 정부에 더 큰 영향력을 확보하고자 노력을 기울였는데, 이로써 니시-로젠 협정은 점차적으로 거의 잊혀져 갔습니다. 지난 수 개월간의 협상에서 공격적인 러시아 정책의 특징이 나타났지만, 정책의 목표들은 일본의 경계로 인해 지금까지 달성되지 못했습니다. 아울러 일본은 전제하고 있는 바는 서울에서의 러시아의 요구사항들이 탄광이든지 상업적 목적이든지 상관없이 궁극적으로 군사적인 목적을 추구하고 있다는 것이며, 이를 저지하는 것은 일본 정부에게 자기 보존의 명령과 같습니다.

본인이 이곳 군사 전문가들로부터 이 두 나라의 전쟁 준비에 대한 다양한 견해를 듣고 있습니다. 일반적으로 해상에서는 일본이 우세하다고 인정되나, 러시아의 해군력을 마비시키기에는 충분하지 않다고 합니다. 그렇지 않더라도 군 장교들은 일본군이 해협 너머로 상륙하는 것은 불가능하거나 최소한 엄청난 위험을 감수해야 한다고 판단합니다. 게다가 일본군은 현재까지 유럽식으로 훈련된 적들을 대적해 본 적은 상태입니다. 이에 따라 러시아는 북쪽에서 크게 방해받지 않고 한국으로 진격하는데 더 좋은 기회를 갖고 있으며, 이때 함대를 통해 더 견고한 방어 태세를 취할 것입니다. 물론 여기서 고려하지 않은 점은 청국의 북부에서 음모를 꾸미며, 러시아군이 군사적으로 혼란을 겪을 수도 있다는 것입니다. 영국이 일본을 위해 적극적으로 개입할 여지는 없어 보입니다. 왜냐하면, 한편으로 트란스발 전쟁이 계속 지속되기 때문이고, 다른 한편으로 러시아 스스로가 영국의 정치적 상황을 무분별하게 이용하지 않았기 때문입니다.

따라서 현재 추측할 수 있는 바는 군사적 관계에서 세력 균형이 러시아에 유리하게 옮겨질 수도 있지만, 이 적대적인 두 나라는 조금 더 상황을 지켜보며 서로 대치할 것입니다. 일본은 지금까지 극도로 군대 파견을 감행할 필요가 없었으며, 현재 한국에서의 위치를 필요에 따라 유지해 왔습니다. 이러한 상황이 일본에게 계속 지속될 수 있을지 본인은 매우 의문으로 생각합니다.

라이덴

내용: 한국에서의 러시아와 일본

마산포 문제

발신(생산)일	1900. 4. 10	수신(접수)일	1900. 5. 11
발신(생산)자	라이덴	수신(접수)자	호엔로에-실링스퓌르스트
발신지 정보	도쿄 주재 독일 공사관	수신지 정보	베를린 정부
	A. 44		A. 5910
메모	5월 15일 런던 541, 페테르부르크 392, 베이징 A. 57, 해군부 전달 A. 9159 참조		

A. 5910   1900년 5월 11일 오전 수신, 첨부문서 1부

도쿄, 1900년 4월 10일

A. 44

독일제국 수상 호엔로에-실링스퓌르스트 각하 귀하

러시아 해군의 목적을 위해 마산포와 마산포 인근의 지역을 양도하는 것과 관련하여 한국과 실시한 러일 협상의 진행 상황에 대해 현재까지 정확한 내용을 파악할 수 없었습니다.

본래의 의미로 보자면 러일 협상은 다음과 같은 점으로 전혀 진행되지 않았습니다. 러시아가 분명 서울에서 자신들의 요구사항을 제시하고, 동시에 로젠을 통해 화해적인 언사를 전했습니다. 이에 대해 상트페테르부르크 대리공사를 통해 해명을 듣고자 했던 아오끼 자작이 무라비예프[1]로부터 "접수 거부(fin de non recevoir)"라는 답변을 받았습니다.

본인과 저의 동료들 그리고 영국인 동료조차 외무대신이 이 문제에 대해 거의 논하지 않는다고 생각했습니다. 아오키[2]가 본인에게 처음부터 주저없이 표명하기를, 한국이 러시아에게 해협의 한 지역을 양도하는 것을 일본이 용인하지 않을 것이라고 말했습니다. 아오키는 상황 변화에 따라 태도를 바꾸는 듯 보였으며, 가령 러시아의 요구가 받아들여지게 되는 경우, 일본이 보상을 요구할 것이라고 합니다. 마침내 본인이 며칠 전 그를

---

1 [감교 주석] 무라비예프(M. Mouravieff)
2 [감교 주석] 아오키 슈조(靑木周藏)

만나 마지막으로 관련 상황에 대해 조심스럽게 알아보자 했을 때, 그는 다음과 같이 대답했습니다. 러시아가 원래의 요구사항들을 포기한 것처럼 보이지만, 무엇보다 한국이 거제도를 다른 어떤 강대국에게도 양도하지 않도록 보장하라고 요구했다는 것입니다. 본인이 그러한 해결책이면 일본이 사실상 동의할 것이라고 언급하자, 외무대신은 걱정스러운 표정을 하며 파블로브의 외교단이 최대한 철저한 감시를 요구했다고 말했습니다.

분명한 사실은 마산포 문제가 러시아 측에서 재차 제기되었을 때, 이곳 정부 인사들의 분위기가 매우 심각해졌다는 것이며, 국방대신 또한 사적인 대화에서 자신의 걱정을 감추지 못했습니다.

일본 언론은 원래 정부 기관들과 마찬가지로 부분적으로 국수주의적이면서 부분적으로는 일정한 논조를 보여주곤 했지만, 그 이후로는 전체적으로 침묵하도록 지시를 받고 이 문제를 거의 전혀 다루고 있지 않습니다.

전반적으로 본인이 이전에 보고드린 의견을 확인한 바에 따르면, 주로 러시아 해군이 마산포 문제를 무력적으로 해결하려고 재차 부추기고 있고, 정부는 그러나 자신들의 요구를 완고하게 주장할 의향은 없는 상태입니다. 이 때문에 일본 언론이 갑자기 조용해진 이유는 성과에 대해 과시적으로 다루지 않도록 지시를 받았기 때문입니다.

사실상 성과라고 말할 수 있는 것이라면, 한국이 군사적 조치가 시행될 수 있는 지역을 양도하는데 일본이 현재 반대 입장을 취했다는 점에서 볼 수 있습니다. 러시아는 계속 상황을 부추기지 않는 것이 적절하다고 판단했습니다. 추측컨대 러시아는 마산포 특허권에 속한 지역 내의 토지를 확보했을 것이며, 이로써 상당한 진전을 이루었다고 보여집니다. 이번 달 말에 있을 특허권 내의 토지 경매에서 러시아는 자신들의 토지 소유를 추가적으로 확대할 수 있습니다. 러시아 해군은 이러한 결과에 만족하지 못할 수도 있지만, 그렇다고 러시아의 위상이 이 때문에 전혀 손상되지 않을 것이며, 적절한 시기에 새로운 요구들을 제기할 수 있을 것입니다. 본인은 이미 러시아 군사 시설의 중요성에 대해 보고드린 바가 있습니다.

끝으로 이곳 언론이 보도한 뉴스들을 정리하여 각하께서 친히 살피시도록 송부해 드립니다.

라이덴

내용: 마산포 문제

A. 44의 첨부문서

한국에서의 러시아의 요구사항들

한국에서의 러시아의 새로운 활동들에 대한 초기의 징후들이 다음과 같은 소문들에서 나타났습니다. 그것은 한국이 멀지 않아 3십만엔 또는 3백만 엔의 차관을 러시아와 체결하고, 한국의 왕궁에 러시아인 자문관을 임명할 것이라는 내용이었습니다. 그러나 이러한 소문들이 3월 중순에 나타났는데 이내 재차 부인되었습니다.

그런데 알렉세이에프[3] Hiautung 반도 신임 총독과 힐데브란트[4] 러시아 제독이 3월 19일 한국 왕을 알현했다는 보도가 나왔습니다. 이때 러시아 제독이 한국 왕에게 마산포 인근 지역의 토지 양도를 직접 요구했다고 합니다.

"Rossia", "Rurik", "Navarin"로 구성된 제독의 전투함대는 부산으로 갔습니다. 제독은 부산에서 한국 관료들을 초대해 함선을 둘러보게 했고 배 위에서 이들을 접대했는데, 이는 "지지 신보"[5]의 전보가 3월 23일 서울에서 보고한 바와 같습니다.

3월 30일 서울에서 전보 연락이 왔는데, 파블로프가 한국 정부로 하여금 아직 마무리 되지 않은 사안을 최종적으로 해결하라고 요청했다고 합니다. 이 사안이란 바로 러시아 가 마산포 외국인 거류지에서 임차한 토지에 관한 것입니다.

러시아의 요구사항에 대한 소문들에 부분적으로 모순이 있으며, 이에 대해 결론적으로 다음과 같이 간단히 정리해 보았습니다.

러시아는 원칙적으로 (한국이) 일본과 체결된 토지 계약들을 취소하도록 요구했으며, 특히 이 계약들이 마산포 외국인 거류지에서 러시아가 구입한 토지와 이해관계가 충돌 할 경우 그러합니다. 경우에 따라 마산포 항구 입구에 위치하고 바다까지 이르는 남포 지역을 양도하거나, 만약 이것이 가능하지 않다면, 부산항 입구의 맞은편에 좋은 항구가 위치한 더글러스 해협[6] 입구의 작은 가덕도(일본어: 카테크토)를 양도하거나 마산포 항구 입구 맞은편의 거제도(일본어: 코사이토) 만을 양도하는 것입니다.

일본 신문들이 한국에서 보도한 바에 따르면, 한국 정부가 일본의 지원을 받은 채 이러한 모든 러시아의 요구들을 강하게 거부했다고 합니다. 4월 1일 보도에 의하면, 파블

---

3 [감교 주석] 알렉세이에프(Alexeieff)
4 [감교 주석] 힐데브란트(Hildebrandt)
5 [감교 주석] 지지신보(時事新報)
6 [감교 주석] 더글러스 해협(Douglas-Channel)

로프[7]가 하야시[8] 일본 공사에게 러시아는 일본의 이익과 충돌되는 어떠한 일도 계획하고 있지 않다고 표명한 바 있다고 합니다. 그리고 그는 자신의 요구사항을 철회하고, 오직 4킬로미터 구역 내로 러시아에게 토지 임대를 하도록 요구한 후 승인을 받았다고 합니다. 1882년 영국과 한국 간의 조약에 따라 영국인들에게 토지 임대에 대한 권리가 주어졌으며, 최혜국 조약에 의해 러시아인들에게도 같은 권리가 주어진 상태입니다.

나중에 드러난 사실은 러시아가 자신들의 추가적인 요구사항들을 철회했는데, 이에 대한 조건은 러시아가 원래 요구한 지역들을 한국 정부가 다른 어떤 국가에도 양도하지 않는다는 것입니다.

4월 7일에 보도된 뉴스에 따르면, 한국이 러시아에 목표 인근의 고하도 지역에 대한 소유 문서를 건네주었다고 합니다.

이 지역은 러시아가 1898년 목포항이 개항했을 때 매입한 바 있습니다. 한국 정부는 당시 소유 증서 발급을 거부했는데, 그 이유는 앞서 언급한 4킬로미터(10리) 반경이 오직 내륙에 해당되기 때문이라는 것이었습니다.[9] 이에 반해 러시아는 이 지역의 섬들이 외국인에게도 임대되어야 한다고 주장했습니다.

해당 지역의 규모에 대해서는 정확히 보고된 내용이 없는 상태입니다. 전보에서는 300평 (약 1,200평방미터)이라고 했지만, 이후 추정된 바로는 3,000평 이상은 될 것이라고 합니다.

---

7 [감교 주석] 파블로프(A. Pavlow)
8 [감교 주석] 하야시 곤스케(林權助)
9 [감교 주석] 한행이정(閑行里程)

[서울-부산 간 철도 착공에 관한 건]

발신(생산)일	1900. 3. 26	수신(접수)일	1900. 5. 11
발신(생산)자	라인스도르프	수신(접수)자	호엔로에-실링스퓌르스트
발신지 정보	서울 주재 독일 총영사관	수신지 정보	베를린 정부
	No. 22		A. 5925
메모	연도번호 No. 169		

A. 5925 1900년 5월 11일 오전 수신

서울, 1900년 3월 26일

No. 22

독일제국 수상 호엔로에-실링스퓌르스트 각하 귀하

각하께 다음과 같이 삼가 보고드리게 되어 영광입니다. 일본 대표가 통보한 바에 의하면, 서울-부산 간 철도를 위한 사전 작업이 이제 착수될 것이라고 합니다. 며칠 전 30여 명의 일본 기술자들이 이곳이 도착했으며, 이들은 서울부터 측량작업을 시작할 예정입니다. 동시에, 같은 수의 기술자들이 부산에서 측량작업을 시작할 것입니다. 그제 일본 공사[1]가 일본 철도 합자회사의 대표들을 한국 왕에게 소개했습니다.

라인스도르프

---

1 [감교 주석] 하야시 곤스케(林權助)

서울−부산 간 철도의 사전 작업[1]

발신(생산)일	1900. 3. 26	수신(접수)일	1900. 5. 11
발신(생산)자	라인스도르프	수신(접수)자	호엔로에−실링스퓌르스트
발신지 정보	서울 주재 독일 총영사관	수신지 정보	베를린 정부
	No. 21		A. 5945
메모	연도번호 No. 168		

A. 5945　1900년 5월 11일 오후 수신

서울, 1900년 3월 26일

No. 21

독일제국 수상 호엔로에−실링스퓌르스트 각하 귀하

각하께 다음과 같이 삼가 보고드리게 되어 영광입니다. 이달 16일 힐데브란트[2] 러시아 제독이 포트 아서의 "Navarin", "Rossia", "Rurik" 함선들을 대동하고 제물포에 도착했습니다. 힐데브란트 제독은 이달 19일 서울에서 한국 왕을 알현하고, 다음 날 제물포로 돌아갔습니다. 들리는 바로는 이 러시아 함선들이 며칠 더 제물포에 정박할 예정이라고 합니다.

라인스도르프

내용: 서울−부산 간 철도의 사전 작업

1　[감교 주석] 독일어 원문에 "Vorarbeiten an der Söul−Fusan−Bahn(서울−부산 간 철도의 사전 작업)"으로 서술됨. No. 22 문서 제목을 잘못 기술한 것으로 보임. 본 문서의 제목으로는 "러시아 함대의 제물포 도착"이 적절함.

2　[감교 주석] 힐데브란트(Hildebrandt)

베를린, 1900년 5월 15일   A. 5909

주재 외교관 귀중

1. 런던 No. 540.

2. 상트페테르부르크 No. 391.

3. 베이징 No. A. 56.

연도번호 No. 4141

각하께 러시아와 일본의 대립 관계에 관한 지난달 8일 도쿄주재 독일제국 공사의 보고 사본을 동봉하여 삼가 송부해 드립니다.

ad 1-3: 정보 참고 목적

각하께 러시아와 일본의 대립 관계에 관한 지난달 8일 도쿄주재 독일제국 공사의 보고 사본을 동봉하여 삼가 송부해 드립니다.

기밀 정보 검토 목적

베를린, 1900년 5월 15일   A. 5910

주재 외교관 귀중

1. 런던 No. 541
2. 상트페테르부르크 No. 392
3. 베이징 No. A. 57
4. 제국 해군청 장관

각하께 러시아와 일본의 대립 관계에 관한 지
난달 16일 도쿄주재 독일제국 공사의 보고 사
본을 동봉하여 삼가 송부해 드립니다.

ad 1-3: 정보 참고 목적

연도번호 No. 4142

각하께 러시아와 일본의 대립 관계에 관한 지
난달 16일 도쿄주재 독일제국 공사의 보고 사
본을 동봉하여 삼가 송부해 드립니다.

정보 검토 목적

베를린, 1900년 5월 18일   A. 5908

연도번호 No. 4246

한국에서의 외국의 이해관계에 관한 지난달
5일 도쿄주재 독일제국 공사의 보고를 동봉
하여, 높으신 명령에 따라 제국 해군청 장관
님께 참고 정보로서 삼가 송부해 드립니다.

50

마산포의 러시아 영사관. 러시아의 목포와 마산포 토지 매입

발신(생산)일	1900. 3. 30	수신(접수)일	1900. 5. 19
발신(생산)자	라인스도르프	수신(접수)자	호엔로에-실링스퓌르스트
발신지 정보	서울 주재 독일 총영사관	수신지 정보	베를린 정부
	No. 24		A. 6259
메모	연도번호 No. 204		

A. 6259 1900년 5월 19일 오후 수신

서울, 1900년 3월 30일

No. 24

독일제국 수상 호엔로에-실링스퓌르스트 각하 귀하

각하께 다음과 같이 보고드리게 되어 영광입니다. 목표, 마산포, 부산 지역을 위한 러시아 영사관 한 곳이 설치되고, 지금까지 서울주재 부영사로 일했던 소코프[1]가 마산포에 자리잡게 될 이 새로운 영사관의 담당자로 임명되었습니다. 러시아 공사관은 "차이니스 이스턴 철도회사"를 위해 목포의 일반 외국인 거류지 밖에 토지를 매입하기 위해 계속 노력하고 있으며, 이 철도회사의 증기선들이 해당 항구들을 운항할 예정이라고 합니다. 아울러 들리는 바에 의하면, 현재 이나사-나가사키[2]에 위치한 해군 병원이 마산포로 옮겨진다고 합니다.

라인스도르프

내용: 마산포의 러시아 영사관. 러시아의 목포와 마산포 토지 매입

---

1 [감교 주석] 소코프(S. Sokoff)
2 [감교 주석] 이나사-나가사키(稻佐-長崎)

런던 주재 한국 총영사 임명

발신(생산)일	1900. 3. 30	수신(접수)일	1900. 5. 19
발신(생산)자	라인스도르프	수신(접수)자	호엔로에-실링스퓌르스트
발신지 정보	서울 주재 독일 총영사관	수신지 정보	베를린 정부
	No. 24		A. 6260
메모	참조 A. 7031 연도번호 No. 203		

A. 6260 1900년 5월 19일 오후 수신

서울, 1900년 3월 30일

No. 25

독일제국 수상 호엔로에-실링스퓌르스트 각하 귀하

각하께 다음과 같이 삼가 보고드리게 되어 영광입니다. 이번 달 14일 은산[1] 지역의 광산 사업 허가권을 얻은 영국 합자회사[2]의 대표인 모건[3] 영국 의원이 한국 왕으로부터 런던주재 한국 총영사로 임명되었습니다.

라인스도르프

내용: 런던 주재 한국 총영사 임명

---

1 [감교 주석] 은산(殷山)
2 [감교 주석] 모군상회(募軍商會; Morgan Company)
3 [감교 주석] 모건(W. P. Morgan)

동아시아에서의 러시아

발신(생산)일	1900. 5. 18	수신(접수)일	1900. 5. 20
발신(생산)자	메테르니히	수신(접수)자	호엔로에–실링스퓌르스트
발신지 정보	런던 주재 독일 대사관	수신지 정보	베를린 정부
	No. 387		A. 6284
메모	5월 15일 도쿄 14, 베이징 36, 페테르부르크 84 전달		

A. 6284 1900년 5월 20일 오전 수신, 첨부문서 1부

런던, 1900년 5월 18일

No. 387

독일제국 수상 호엔로에–실링스퓌르스트 각하 귀하

베이징주재 "Times" 통신원의 보도에 따르면, 한국 정부가 러시아에게 마산포 항구에 철도 석탄 저장소와 해양 병원을 설치하도록 허가했으며, 앞으로 마산포 항구에서 러시아 함대가 겨울을 보낼 것이라고 합니다. 그 외에 한국이 다른 강대국에게 마산포와 거제도의 토지 매입을 허가하지 않겠다고 약속했다고 합니다.

이 조약이 얼마나 놀라운 소식이었는지는 오늘자 도쿄의 "Times" 통신을 통해 분명히 알 수 있으며, 이 신문의 통신이 협정에 대해 어떤 것도 예상하지 못하고 있지만, 협정의 중요성을 평가하는 데 있어 흥미로운 기사입니다.

"Times"는 오늘자 사설에서 이 사건의 중요성을 과소평가하지 않은 채, 일단 신중하고 조심스럽게 언급하고 있습니다. "Times"에 따르면, 러시아의 행동이 영국의 이해와 일치하지 않는다고 말하기에는 성급한 면이 있지만, 일본의 이익이 이 때문에 치명적으로 위협을 받을 것이라 합니다. 러시아에서는 영국이 아프리카 전쟁으로 인해 쇠약해졌으며, 일본이 의지할 곳이 자기 자신밖에 없을 것이라는 의견이 있을 수도 있습니다. 하지만 일본은 강한 국가이며, 러시아의 중국해 지배가 자신들에게 무엇을 의미한지 매우 명확히 알고 있습니다.

동시에 중국에서 반동적이며 기독교에 적대적인 운동이 크게 활발해지고 있다는 소식이 "Times"에 의해 보도되었으며, 이는 베이징의 쿠데타로 인해 일본의 영향력이 러시

아에 의해 밀려났다는 것과 직접적인 관련이 있다고 합니다. "Morning Post"가 중국에 관한 사설 시리즈를 게재하기 시작했는데, 그 첫 번째 사설이 오늘 발행되었습니다. 이 사설은 최근 러시아가 취한 조치들에 대해 제대로 알지 못한 채, 러시아의 동아시아 정책을 아프리카 전쟁과 연관시켜 다루었으며, 동아시아에서 러시아와 영국의 이해가 서로 대립하고 있지만, 영국과 일본의 협력은 중국에서 더 우호적인 관계를 만드는데 모든 면에서 유리하고 적절하게 보인다고 주장했습니다.

러시아의 조치에 대해 매우 불쾌한 입장을 보인 것은 "Globe"였는데, 이 신문은 오늘 자 사설에서 러시아의 조치가 수치스럽고, 파렴치하고, 예의도 잊은 배신이자, 영국과 일본에게 직접적인 도전이라고 묘사했습니다. 해당 신문은 그러나 영국 정부의 빈약한 동아시아 정책을 가장 혹독하게 비난했습니다.

오늘자 "Times"의 관련 통신과 사설 그리고 "모닝 포스트"의 오늘자 사설을 글로브 신문에 삼가 첨부해 드립니다.

메테르니히

내용: 동아시아에서의 러시아

첨부문서의 내용(원문)은 독일어본 540~551쪽에 수록.

53
러시아가 한국의 한 항구를 획득함

발신(생산)일	1900. 5. 18	수신(접수)일	1900. 5. 20
발신(생산)자	코에르거	수신(접수)자	호엔로에−실링스퓌르스트
발신지 정보	런던 주재 독일 대사관	수신지 정보	베를린 해군청
			A. 6285
메모	원본. 오늘 5월 21일 S, M.에 송부 원본 첨부서류 동봉 − 이후 A. 6285와 함께 오늘 밤 S. M.에 전달 예정 "A. russian Advance"라는 제목의 첫 번째 사설이 동아시아 보고를 위해 유용 베를린, 1900년 5월 21일, 런던 대사관 수신 No. 569. pp. 이번 달 18일 보고 J. Nr 1665 보고와 관련하여 본인은 "A. russian Advance"라는 제목의 "St James Gazette" 기사의 추가적인 견본을 제출해 주시길 삼가 요청드립 니다. 연도번호 No. 4335		

사본

A. 6285 1900년 5월 20일 수신

런던, 1900년 5월 18일

베를린의 독일제국 해군청 장관님께,

각하께 러시아와 한국의 협약에 관한 "St. James Gazette" 기사의 발췌 부분을 동봉하여 송부해 드립니다. 이 협약을 통해 러시아가 마산포 항구를 소유하게 되었습니다.

이 기사 및 이번 달 3일 본인의 보고와 관련하여, "Asahi" 일본 선박이 7월 말 전에 일본으로 항해하는 것이 어려울 수 있음을 보고드립니다.

코에르거[1]

내용: 러시아가 한국의 한 항구를 획득함

---

1 [감교 주석] 코에르거(Coerger)

러시아의 대일본 관계에 대한 "Birshewyja Wjedomosti"의 보도

발신(생산)일	1900. 5. 19	수신(접수)일	1900. 5. 22
발신(생산)자	라돌린	수신(접수)자	호엔로에-실링스퓌르스트
발신지 정보	페테르부르크 주재 독일 대사관	수신지 정보	베를린 정부
	No. 306		A. 6357

A. 6357 1900년 5월 22일 오전 수신

상트페테르부르크, 1900년 5월 19일

No. 306

독일제국 수상 호엔로에-실링스퓌르스트 각하 귀하

한국을 두고 러시아와 일본 간에 불화가 있다는 소문이 영국 신문들로부터 퍼졌는데, "Birschewyja Wjedomosti"[1] 신문이 이에 대해 강하게 대응하도록 요청을 받은 것 같습니다.

이 신문이 확인한 사실들은 우선 다음과 같습니다. 청일 전쟁 이후 한국의 독립이 말하자면 러시아의 동아시아 정책의 구호가 되었습니다. 그리고 한국의 독립은 태평양에서 이해관계가 있는 강대국들로부터 존중받아야 하며, 한국의 독립을 침해하는 행위는 러시아의 정치·전략적 이익에 대한 직접적인 공격으로 간주됩니다. 일본의 정치 지도자들은 이러한 기본적인 견해를 자신들의 견해로 받아들였고, 동시에 양국 간의 불화적 관계의 요인들을 모두 제거하고자 노력하고 있습니다. 양국 중 한 나라는 전체 아시아 대륙에 문명을 전파하고자 하는 역사적 과업을 갖고 있으며, 다른 나라는 이미 단기간에 동아시아 발전의 가장 중요한 원동력 중 하나가 되었습니다.

"이러한 상황에서 최소한 가정할 수 있는 바는 영국의 외교가 한국을 러시아와 일본 간의 불화의 원인으로 만들면서, 이러한 방식으로 일본이 아시아에서 영국의 이익을 추구하도록 하는 데 성공할 수 있다는 것입니다."

한국은 알려진 바와 같이 러시아의 지원으로 1898년 독립 국가로서 인정을 받았습니

---

1 [감교 주석] 비르제비야 베도모스찌(Birschewyja Wjedomosti)

다. 그 당시 한국 문제에 대한 러시아와 일본 간의 우호적인 의견 교환이 시작되었고, 이로 인해 다음과 같은 결과가 나타났습니다. 영국의 반대에도 불구하고 한국의 완전한 독립을 보장하는 조약[2]이 체결되었는데, 이 조약은 말하자면 1896년의 러일 외교각서[3]가 계속 확장된 것이라고 볼 수 있습니다. 이 조약이 체결된 후 대략 1년 반이 지나고 한국의 독립을 침해하는 분명한 행위들이 발생하자, 러일 간에 한국에 대한 새로운 평화 협정이 체결되었습니다. 당시 러시아가 구체적으로 표명한 바는 러시아 교관들을 한국에서 소환한 것이 러시아의 이익을 보호하고자 하는 권리를 한국에서 완전히 포기한 것은 아니라는 것입니다. 이러한 러시아의 이익 보호는 오직 일본과의 합의를 통해 조약의 규정들에 따라 자유롭게 이행될 수 있으며, 그러나 이와 관련한 문제들을 어떻게 조정할지는 논하지 않겠다고 합니다. 이에 따라 영국의 외교가 최근 한국 문제에서 있어서 일본에게 도움을 주었다는 소문은 날조된 이야기들에 불과하며, 영국-미국-일본 동맹 계획이 성사되지 못한 이후로 이러한 이야기들이 자주 떠돌아 다닌다고 합니다.

오직 만주에서 철도를 건설하고 유럽 쪽의 러시아 지역을 블라디보스토크, 포트 아서[4], 베이징, 태평양과 연결함으로써 일본의 이익을 확보할 수 있습니다. 일본과 미국은 러시아를 제대로 평가하고 있으며, 러시아가 동아시아에서 자신들의 문명적 과업을 실현하기 위해 점유 행위나 외국의 불행을 필요치 않는다는 것을 알고 있습니다.

라돌린

내용: 러시아의 대일본 관계에 대한 "Birshewyja Wjedomosti"의 보도

2　[감교 주석] 로젠 니시 협정
3　[감교 주석] 로바노프 야마가타 의정서
4　[감교 주석] 뤼순(旅順; Port Arthur)항

55

[프랑스 언론에 보도된 한국 관련 기사]

발신(생산)일		수신(접수)일	1900. 5. 24
발신(생산)자		수신(접수)자	
발신지 정보		수신지 정보	베를린 외무부
			A. 6433

A. 6433 1900년 5월 24일 오후 수신

Le Temps.

23. 5. 00.

BULLETIN DE L'ETRANGER

LA RUSSIE ET LA CORÉE

La Russie a toujours l'air de *se recueillir*, comme au lendemain de la guerre de Crimée. Elle ne mène pas grand bruit autour de ses projets ou de ses entreprises. Sa diplomatie est volontiers discrète. Le comte Mouraviev est de trop bonne compagnie et de trop bon lieu pour pratiquer avec une ostentation vulgaire la réclame à jet continu dont certains hommes d'Etat ont fait l'alpha et l'oméga de leur système.

Nicolas II a lancé une bombe dans la chrétienté, mais c'était, hâtons-nous de le dire, une bombe toute pacifique et dont les éclats, loin de blesser ou de tuer, n'auraient pu que panser les plaies et cicatriser les blessures de la politique internationale. On sait que la Conférence de la Haye, - si elle n'a pas immédiatement donné au monde la paix perpétuelle, si elle a même paru légèrement compromise dans sa dignité par le trop brusque contraste entre ses excellentes déclarations de principes, ses ingénieux arrangements d'arbitrage, ses vœux platoniques contre le recours à la force brutale et l'explosion de la guerre de l'Afrique australe avec les passions qu'elle a soulevées et le sang qu'elle a versé à flots - n'en a pas moins réalisé un progrès moral sérieux.

En face de la guerre, levant sa tête hideuse sitôt après les plus unanimes et les plus édifiantes manifestations collectives en faveur de la paix, le cabinet de Saint-Pétersbourg a pris le parti d'une neutralité absolue ; il l'a rigoureusement observée et, si l'on a pu lui reprocher ou du moins regretter de certains côtés l'excès d'un scrupule de non-intervention qu'a laissé se produire et se dérouler et qui laissera s'accomplir jusqu'au bout le scandale de la destruction de deux petites individualités nationales, on doit reconnaître avec gratitude qu'il a résolument écarté toute occasion ou tout prétexte de conflit.

C'est précisément cette attitude correcte jusqu'à l'impeccabilité, réservée et retenue jusqu'à l'impassibilité qui inquiète et alarme certains champions des intérêts britanniques. Ils soupçonnent derrière ce mur de glace, des combinaisons à longue portée, voire des coups d'audace. Ces soupçons sont une manière d'aveu.

Il est sûr que nul ne peut imposer à une puissance comme la Russie l'obligation morale d'une neutralité aussi exacte, sans par là même lui reconnaître le droit de chercher des compensations et de préparer le rétablissement de l'équilibre. L'ancienne diplomatie formulait sans vergogne ce principe de dédommagement. Il est à croire que le cabinet de Saint-Pétersbourg, en toute bonhomie, sans mégalomanie − un colosse n'a pas facilement le délire des grandeurs − a arrêté dans sa pensée les objets de son désir et les moyens de les obtenir et qu'il a même pris les devants pour s'en garnir les mains à titre de provision.

S'il faut ajouter foi à des rumeurs persistantes, la position de l'Afghanistan et de son émir Abdurrhaman, entre la Russie et la Grande-Bretagne serait de jour en jour plus malaisée. La Russie, maîtresse de Merv et qui a poussé son chemin de fer central-asiatique jusqu'aux derniers confins de cette oasis, n'a qu'à étendre la main pour occuper Hérat. Elle tient, de plus, à exercer de très près une salutaire pression sur la Perse, ou elle a su adroitement conquérir l'influence financière.

On affirme que le terminus du réseau des voies ferrées du Transcaspien, à Kouchk, aurait vu se former et grossir, tantôt par des envois de troupes du gouvernement de l'Asie centrale, tantôt par l'expédition rapide de contingents prélevés sur l'armée du Caucase et transportés par la Caspienne, un corps en état de faire face à toutes les éventualités.

Cependant la diplomatie moscovite ne désertait pas le champ de ses triomphes ordinaires, l'Extrême-Orient. En Chine, la situation est compliquée et embrouillée par une série de causes au premier rang desquelles il faut placer le tempérament, l'énergie, les capacités, le défaut de scrupules de l'impératrice douairière.

Si, à Pékin, la Russie n'a pas à enregistrer de solennels succès, dans le Nord, à Port-Arthur, à Ta-lien-Ouan, dans la Mandchourie, elle est maîtresse, elle achève ce chemin de fer qui sera un merveilleux transmetteur, un câble de communication rapide entre les extrémités opposées du monde, mais qui met aussi une chaîne d'acier autour du grand corps géant et mou du Céleste-Empire.

C'est en Corée que semblent s'être concentrés les efforts de la diplomatie active. M. Pavlov, qui y représente le tsar, a joué, comme chargé d'affaires, un rôle orageux à Pékin au temps récent où la marche triomphale des prétentions russes faillit provoquer un conflit avec l'Angleterre, déçue et irritée. On l'a transféré sur une scène moins vaste. Il a vu du premier coup d'œil que la péninsule coréenne était le point stratégique de l'Océan pacifique septentrional ; que la puissance qui y serait maîtresse – Russie, Grande-Bretagne ou Japon – le serait également de la mer, et que la Russie enfin ne pouvait se passer pour sa flotte dans ces parages d'un point d'appui.

Avec ardeur il s'est mis à l'œuvre. Par une faute de conduite qui vint tout compromettre à la dernière heure, il perdit il y a quelques mois le fruit d'une négociation adroitement menée pour l'acquisition de terrains propres à donner au tsar un établissement solide dans le pays. Sans se décourager il a repris son œuvre, lutté contre l'obstination coréenne, contre l'influence chinoise, contre la diplomatie britannique, surtout contre la Japon, proche voisin du *Royaume Ermite*.

Finalement M. Pavlov a réussi un fort beau coup. Il a acquis un terrain sur le port de Masampho, pour en faire avec l'autorisation du gouvernement coréen un dépôt de charbon et un hôpital naval – lisez : un fort joli port, une échelle propice pour la Russie.

Tous les droits, toutes les convenances ont été ménagées. M. Brodrick, sous-secrétaire d'Etat au Foreign Office, a dû proclamer, hier, à la Chambre des communes que ce contrat ne donnait prise à aucune critique, que tout était régulier ; il n'a pas ajoute – et pour cause – que l'établissement de la Russie en face même et à proximité du Japon fût de nature à réjouir cette nation et à la rapprocher d'une puissance qui, comme l'Angleterre, n'a décidément plus en Extrême-Orient le prestige de la force et du succès. Ce n'est pas tout.

M. Pavlov avait été invité par le gouvernement coréen à renouveler un engagement de ne jamais chercher à acquérir de terrain dans l'île de Koji, la presqu'île qui lui fait face et l'archipel des îles avoisinantes. C'était la pure et simple reproduction d'une promesse déjà donnée.

M. Pavlov s'y prêta de la meilleure grâce du monde. Il demanda seulement que la Corée voulût bien s'engager à ne céder dans ces régions pas un pouce de terrain à quelque puissance étrangère que ce pût être. C'était un coup droit au Japon. La Russie délimitait une espèce de sphère d'influence. Par-dessus tout elle se mettait subtilement dans la position privilégiée d'un ayant-droit. C'est vis-à-vis d'elle que la Corée s'est engagée. C'est elle qui a le droit de veiller à l'exécution de cet engagement. Ainsi, en ratifiant simplement son exclusion du droit d'occupation territoriale, elle s'est acquis un droit de contrôle, une sorte de part de propriété morale dans ses régions.

베를린, 1900년 5월 24일   A. 6433I

주재 외교관 귀중   암호전보
런던 Nr. 171

연도번호 No. 4395   비공식적 신문인 "Temps"은 사설에서 외교 사
                                        안만을 다루는 신문으로 지난 수요판에서 러시
                                        아의 마산포 획득을 우호적으로 평가했습니다.
                                        그리고 이로 인해 그동안 약화된 영국의 명성이
                                        더욱 쇠퇴하게 되어, 결과적으로 영국에 대한 일
                                        본의 동정심이 줄어들 것이라고 전했습니다.
                                          이 사설은 러시아와 프랑스의 이해관계를 떼
                                        어 놓으려는 영국의 희망을 좌절시키기에 유용
                                        하며, 저희에게도 유익하게 작용할 수 있습니다.
                                        아마도 독일제국 대사관이 "땅"의 외교적이고
                                        비공식적인 특성을 지적하며, 눈에 띄지 않고 비
                                        밀리에 영국 신문에서 이 보도를 하도록 유도할
                                        수 있을 것입니다. "Temps"(수요판 No. 14228)
                                        은 그곳에서 쉽게 구할 수 있을 것입니다.

베를린, 1900년 5월 24일   A. 6433I / 6434

하츠펠트   본인은 이달 23일 "Gaulois" 기사를 동봉하여 정
런던 No. 576   보 보고로서 삼가 송부해 드립니다. "Temps"은
                                        한국에서의 러시아의 성과에 대해 논평을 했는
A. 6890 참조   데, 이는 "배상"에 대한 권한을 강조하며 러시아
                                        와 프랑스의 이해 협력을 고려한 것입니다.
연도번호 No. 4396   "Gaulois"는 프랑스가 영국과 스페인과의 협
                                        정을 통해 모로코에서의 향후 계획을 세워두었
                                        다고 주장합니다.

56

원문 p.560

동아시아에서의 러시아와 영국의 대립 상황.
"Novoye Vremya"의 사설

발신(생산)일	1900. 5. 23	수신(접수)일	1900. 5. 25
발신(생산)자	라돌린	수신(접수)자	호엔로에–실링스퓌르스트
발신지 정보	페테르부르크 주재 독일 대사관	수신지 정보	베를린 정부
	No. 310		A. 6453
메모	5월 26일 런던 582 전달		

A. 6453   1900년 5월 25일 오전 수신

상트페테르부르크, 1900년 5월 23일

No. 310

독일제국 수상 호엔로에–실링스퓌르스트 각하 귀하

"Times"가 한국에서의 러시아의 성과들에 대해 상세히 보도한 바 있는데, 이로 인해 "Novoye Vremya"[1]는 일본과 러시아의 대립을 부추기려는 이 런던 신문에 대해서 매우 주목할 만한 사설로 강한 반대 입장을 취했습니다.

"Times"의 보도에 의하면, 러시아가 마산포를 획득함으로써 동아시아 문제가 새롭게 매우 심각한 국면으로 접어들었다고 합니다. 마산포는 한국에서 최적의 항구이기 때문에, 이 항구가 러시아의 손에 들어갔다는 것은 일본에게 계속적인 위협을 의미합니다. 또한 청국의 해상에서 러시아가 주도권을 갖게 되면, 일본의 발전이 저지되고, 통상 관계의 기반이 파괴되며, 청국과의 문화적 친교를 바라는 일본 국민의 희망이 사라질 것이라고 합니다.

보도에 따르면, 영국이 이렇게 공포감을 조성하려는 상황에서 분명히 알아야 할 점은 러시아가 절대로 어디에서든 다른 강대국들의 평화적 발전에 위협을 가하거나 방해를 하지 않는다는 것입니다. 일본이 평화적인 경쟁에서 안녕과 번영을 위해 노력하고자 한다면, 안심하고 러시아에 손을 내밀고, 일본의 평화적인 노력을 위해 서양의 이웃 강대국

---

1   [감교 주석] 노보예 브레먀(Novoye Vremya)

136 독일외교문서 한국편(1874~1910) 제9권

인 러시아가 지속적으로 도울 것이라고 확신해야 한다고 합니다.

"우리(러시아)는 오직 일본이 러시아와 심각한 분쟁에 빠지지 않도록 조언해 줄 수 있을 뿐이다. 남아프리카에서 발생하고 있는 상황이 해상 강국이 내륙에서 전쟁을 벌이기가 얼마나 어려운지 보여주는 매우 확실한 증거이다. 또한 러시아는 트란스발²이 아니고 보어인은 아무리 좋은 특성을 가졌어도 러시아인이 아니다." "Times"가 기사의 끝부분에서 외무부에 조언을 했는데, 그것은 바로 (영국) 외무부가 중국에서 영국의 이익을 페르시아에서처럼 확고하게 강조하고 진지한 태도를 보일 때, 러시아도 마산포에 대한 권리 확보가 전혀 가벼운 사안이 아니라는 것을 확인시켜 줄 수 있다는 것입니다.

"러시아가 어떤 새로운 것을 획득한 게 아니다. 마산포 만의 해안 지역은 이미 러시아가 매입한 상태였는데, 일본이 적법하지 않은 방법으로 이를 매입한 것이다. 러시아는 러시아의 권리를 주장했을 뿐이다. 이 문제에서 영국을 기만하려고 하는 것은 러시아로서는 생각할 수 없는 일이다. 아시아의 3분의 2를 지배하고 있는 강대국을 어떻게 가볍게 대할 수 있겠는가. 영국은 단지 자신들의 역사적 과업을 달성하면서, 자신들에게 필요한 방식으로 전진하고 있다. 이를 누군가 진지하게 또는 농담으로 가볍게 받아들일지는 우리에게 중요치 않다.

"Times"는 1886년 러시아와의 협정³을 근거로 제시하면서, 협정에 따라 러시아가 (영국의) 포트 해밀턴⁴ 점유를 무효화시키기 위해 어떠한 상황에서도 한국의 영토를 점유하지 않겠다는 것을 영국에게 약속한 바 있다고 보도했다. 하지만 당시 러시아는 포트 아서⁵를 점유한 적이 없고, 영국도 웨이하이웨이⁶를 차지하고 있지 않았다.

지난 14년간 해양에서 많은 변화가 일어났고, 극동에서의 정치적 상황이 근본적으로 변화하여, 거문도에 대한 당시의 논의도 완전히 힘을 잃게 되었다."

라돌린

내용: 동아시아에서의 러시아와 영국의 대립 상황 "Novoye Vremya"의 사설

---

2   [감교 주석] 트란스발(Transvaal)
3   [감교 주석] 리홍장-라디젠스키 협정
4   [감교 주석] 거문도(Port Hamilton)
5   [감교 주석] 뤼순(旅順; Port Arthur)항
6   [감교 주석] 웨이하이웨이(威海衛)

57

한국에서의 러시아

발신(생산)일	1900. 5. 22	수신(접수)일	1900. 5. 25
발신(생산)자	하츠펠트	수신(접수)자	호엔로에-실링스퓌르스트
발신지 정보	런던 주재 독일 대사관	수신지 정보	베를린 정부
	No. 395		A. 6461
메모	5월 25일 도쿄 14, 베이징 36, 페테르부르크 89 암호전보		

A. 6461 1900년 5월 25일 수신, 첨부문서 1부

런던, 1900년 5월 22일

No. 395

독일제국 수상 호엔로에-실링스퓌르스트 각하 귀하

여러 차례 이루어진 질의에 대해 어제 의회의 외무부 부위원장이 러시아의 마산포 특허권에 관한 설명을 명료하게 안심이 되도록 해주었습니다. 러시아 정부는 독점권을 부여받지 못했다고 합니다. 승인된 특허권은 기존의 국제조약들의 틀 안에서 유효하며, 영국의 권리를 절대 침해하지 않는다고 합니다.

이와 관련한 "Times"의 의회 보고를 발췌하여 삼가 첨부해 드립니다.

일부 언론은 외교 사안을 처리하는 이러한 방식에 만족하지 않고 있습니다. "Daily Mail"에 따르면, 지금까지 러시아와의 경험을 비추어 볼 때 미래에 대한 전망은 어두울 뿐이고, 영국은 프랑스가 러시아를 지원할 수 있는 가능성을 고려하여 자신들의 정책을 철저히 준비해야 때가 되었다고 합니다. "Globe"는 첨부해 드린 매우 신랄한 논조의 사설과 같이, 어리석고 비애국적인 정부의 무관심을 비난하고 있고, 외무부의 지휘 관리를 보다 의욕적인 사람들에게 넘길 때가 아닌지 묻고 있습니다.

하츠펠트

내용: 한국에서의 러시아

No. 395의 첨부문서
첨부문서의 내용(원문)은 독일어본 563~564쪽에 수록.

베를린, 1900년 5월 25일   A. S. 845 A. 6461

1) 도쿄 공사 No. 14   암호전보

보어인들이 점차적으로 전쟁에서 승리하고 러시
아가 마산포를 확보하면서, 이에 대한 결과로 영
국의 영향력이 감소하고 러시아의 영향력이 커
지고 있는 상황이 일본에서 분명하게 인지되고
있습니까? 영국 언론은 (영국이) 동아시아에서
러시아에 계속 굴복하는 상황이 영국에 대한 지
지를 약화시키고 있다고 솔즈베리를 신랄하게
비난하고 있습니다.

# #

2) 베이징 공사 No. 36   암호전보

러시아의 마산포 획득에 대한 영국의 무관심으로
인해 동아시아에서 영국의 영향력이 계속 약해지
고 있는 상황이 현저하게 나타나면서, 이러한 러
시아의 성과에 격앙된 영국 언론이 상황을 어떻
게 예상하고 있는지 보고해 주시길 바랍니다.

# #

페테르부르크 대사 No. 84   러시아가 한국의 항구인 마산포를 획득한 것에
참조 A. 8869   대해 영국 대표와 일본 대표가 어떻게 표명하고
                                있는지 파악하는 것이 중요합니다.
                                영국 신문들은 이러한 러시아의 성과로 인해 영
                                국 정부에 대해 격앙된 상태이며, 일본에서 영
                                국의 영향력이 쇠퇴할 것이라고 예상하고 있습
                                니다.

58

[러시아의 마산포 조차 관련 언론 기사 소개]

발신(생산)일		수신(접수)일	1900. 5. 25
발신(생산)자		수신(접수)자	
발신지 정보		수신지 정보	베를린 외무부
			A. 6479

A. 6479 1900년 5월 25일 수신

메모

러시아의 마산포항 획득에 관한 5월 23일 "Kreuz"[1] 신문 기사는 모로코 4에 있음.

---

1 [감교 주석] 크로이츠(Kreuz)

베를린, 1900년 5월 26일   A. 6453

주재 외교관 귀중   동아시아에서 러시아와 영국 간의 대립 상황
런던 No. 582   을 다룬 "Novoye Vremya" 기사와 관련한 이
                                    번 달 13일 상트페테르부르크 주재 독일제국
연도번호 No. 4464   대사관의 보고 사본을 동봉하여 정보 보고로
                                    서 삼가 보내드립니다.

한국에서의 러시아

발신(생산)일	1900. 5. 25	수신(접수)일	1900. 5. 27
발신(생산)자	하츠펠트	수신(접수)자	호엔로에–실링스퓌르스트
발신지 정보	런던 주재 독일 대사관	수신지 정보	베를린 정부
	No. 405		A. 6555
메모	5월 30일 페테르부르크 422 전달		

A. 6555 1900년 5월 27일 오전 수신, 첨부문서 1부

런던, 1900년 5월 25일

No. 405

독일제국 수상 호엔로에–실링스퓌르스트 각하 귀하

어제 하원 회의에서 애쉬미드 바틀렛[1]이 다음과 같은 질의를 했습니다. 그것은 한국 영토를 점유하지 않겠다는 이전의 러시아 정부의 의무를 영국 정부가 면제해 주었는지 여부입니다. 브로드릭[2]은 이 문제시되는 의무 사안이 러시아에서 다른 강대국으로 넘어갔다고 답변했습니다. 다른 국가들이 이러한 의무를 영국에 대한 의무사항으로 여겼는지 추가적인 질의가 있었는데, 하원 의장은 이를 고지되지 않은 질의로 간주하고 중단시켰습니다.

"Times"는 그러나 첨부해 드린 사설과 같이 오늘 이 사안에 대해 논평했습니다. 사설에서 상세히 설명된 바에 의하면, 당시 한국 영토를 점거하지 않겠다고 러시아가 청국에 약속한 바 있는데, 영국 정부가 당시 이를 믿고 거문도에서 철수했다고 합니다. 러시아가 이러한 약속을 지키지 않아도 된다는 것은 영국으로서는 있어서는 안 되는 일이었습니다. 그러나 명백히 드러난 사실은 러시아가 자신들의 약속을 어겼다는 것이며, 따라서 영국은 이러한 상황을 인지하고 나름의 재량권을 행사할 권리와 의무가 있다고 합니다.

"Glove"는 오늘자 사설을 통해 영국 정부의 태평한 대응을 가장 신랄하게 비난했습

---

1 [감교 주석] 애쉬미드–바틀렛(E. Ashmead–Bartlett)
2 [감교 주석] 브로드릭(Brodrick)

니다. 신문은 영국이 현재 남아프리카에서처럼 앞으로 아시아에서도 태만하게 망친 손실을 회복하려면 엄청난 희생을 치러야 할 것이라고 말했습니다. 또한 영국, 일본, 미국 그리고 독일이 단결하여 동아시아에서의 러시아 정책에 대항해야 하지만, 독일이 산동 지역을 점유한 것에 만족하며 어리석은 환상에 사로잡혀 있고, 이 점유지가 얼마나 쉽게 내륙과의 관세장벽으로 차단되어 무용지물이 될 수 있는지는 모르고 있다고 말했습니다.

　"Glove" 기사, 의회 보고서, "Times" 사설 그리고 러시아의 마산포 획득의 배경을 흥미롭게 일부 보도한 바 있는 서울발 "Times" 통신의 오늘자 기사를 삼가 첨부해 드립니다.

하츠펠트

내용: 한국에서의 러시아

No. 405의 첨부문서
첨부문서의 내용(원문)은 독일어본 569~577쪽에 수록.

60

[러시아의 마산포 조차 관련 후속 조치]

발신(생산)일	1900. 5. 27	수신(접수)일	1900. 5. 27
발신(생산)자	라돌린	수신(접수)자	
발신지 정보	페테르부르크 주재 독일 대사관	수신지 정보	베를린 외무부
	No. 123		A. S. 869
메모	I. 5월 29일 당시 보고 전달 II. 6월 1일 제국 해군청 서한 전달 III. 보고서 내 6월 1일 런던 603 전달		

A. S. 869   1900년 5월 27일 오후 수신

전보

페테르부르크, 1900년 5월 27일 오후 12시 32분
도착: 오후 1시 30분

암호 해독

No. 123

이달 25일 전보 Nr. 84에 대한 답신[1]

영국 대사[2]는 무라비예프[3]의 평화적인 보증에 완전히 안심을 한 채, 마산포 내륙 10리 구역에 있는 러시아 거류지를 석탄 저장을 위한 민간의 사소한 토지 취득으로 간주하고, 유사시 다른 나라에게도 양도될 수 있는 것으로 보고 있습니다. 스콧은 지나친 오해로

---

1 [원문 주석] A. S 845 및 A. 6461 삼가 첨부됨.
2 [감교 주석] 스콧(C. Scott)
3 [감교 주석] 무라비예프(M. Mouravieff)

144 독일외교문서 한국편(1874~1910) 제9권

인해 발생되었던 돌발 사건이 해결되었다고 생각합니다. 그의 의견에 따르면, 혼란을 피하고자 하는 영국 정부가 러시아와 한국 간의 협정으로 인해 매우 안도한 상황이며, 협정에 따라 거제도가 다른 외국에게 양도되지 못한다고 합니다.

그는 정부의 입장과는 달리 신문의 논쟁의 원인을 대부분 베이징에 있는 "Times"의 극단적 애국주의 통신원에게 돌리고 있습니다. 이 통신원은 이러한 러시아의 (마산포) 획득을 교묘히 위장된 제 2의 포트 아서[4]라고 직감하고, 신랄한 비방을 하며 러시아 언론도 이와 같은 항변을 하도록 부추기고 있습니다.

일본 공사가 본인에게 확인해 준 바와 같이, 그 또한 이 사안이 만족스럽게 마무리된 것으로 보고 있으며, 러시아와 한국의 거제도 협약으로 인해 일본의 불안이 진정되었다고 생각합니다. 일본은 마산포 내륙의 10리 구역 내에 있는 러시아의 상업 거류지를 이유로 어떠한 민감한 태도도 보이려 하지 않았습니다. 앞서 언급된 협정으로 인해 10리 조항이 거제도 쪽의 바다로 확대될 가능성이 배제된 것으로 보인다고 합니다.

라돌린

---

4 [감교 주석] 뤼순(旅順; Port Arthur)항

러시아의 마산포 토지 획득

발신(생산)일	1900. 4. [o. a.]	수신(접수)일	1900. 5. 27
발신(생산)자	라인스도르프	수신(접수)자	호엔로에–실링스퓌르스트
발신지 정보	서울 주재 독일 총영사관	수신지 정보	베를린 정부
	No. 30		A. 6260
메모	Ⅰ. 5월 30일 런던 596, 파리 291, 페테르부르크 423 전달 Ⅱ. 5월 30일 제국 해군청 전달 연도번호 No. 273		

A. 6560, 1900년 5월 27일 오전 수신

서울, 1900년 4월 [o. a.]일

No. 30

독일제국 수상 호엔로에–실링스퓌르스트 각하 귀하

이곳의 러시아 대리공사가 최근 매우 만족해하며 본인에게 언급하기를, 러시아가 목포항 고하도[1]에 매입한 토지 소유증서의 발급을 지금까지 근거도 없이 거부해왔던 목포의 행정관을 해임시키고, 아울러 마산포에 대한 러시아의 독점적 토지 특허권 획득을 청국의 여러 지역에서 적용되는 방식에 따라 원칙적으로나마 최소한 관철시키는데 성공했다고 합니다. 해당 토지의 규모와 위치를 고려하면서 현재 소코프[2] 러시아 영사와 한국의 외부에서 파견된 두 명의 관리가 한국 정부의 중재를 통해 토지 매입에 대한 상세한 내용을 합의할 것입니다. 본인이 박 외무대신으로부터 들은 바에 의하면, 이러한 합의 내용은 오직 러시아 정부의 대규모 토지 매입에 관한 것이며, 해당 토지는 일반 외국인 거류지 밖에 위치하지만, 계약상 모든 외국인에게 토지 매입이 허용된 10리(대략 3.5 영국식 마일) 구역 내에서 정해진다고 합니다.[3] 박[4] 외무대신은 이 토지 내 지역의 관리

---

1 [감교 주석] 고하도(高下島)

2 [감교 주석] 소코프(S. Sokoff)

3 [감교 주석] 한행이정(閒行里程)

4 [감교 주석] 박제순(朴齊純)

에 관한 특별한 사항들은 아직 합의되지 않았지만, 러시아가 이에 대해 완전히 재량권을 가질 것이라고 언급했습니다.

이곳의 일본공사[5]는 이러한 (러시아의) 토지 매입이 합법적 경계를 넘어선 것이 아님을 인정하고 있지만, 마산포에서의 러시아의 계속적인 야욕에 대해 (일본이) 염려하는 것이 전혀 근거가 없는 것은 아니라고 표명했습니다. 이로 인해 지난달 말에 일본 언론이 격앙되기도 했습니다. 파블로프[6]는 한 달 전에 이미 마산포 앞의 거제도에 대한 양도를 요청했다고 합니다. 그는 이러한 요청이 거부되자, 마산포 남쪽으로 10-15 영국식 마일 (10리 이상에 해당) 떨어져 있고 거제도 맞은 편에 위치한 작은 남포만의 넓은 토지를 요구했고, 동시에 거제도가 다른 열강에게 양도되지 않도록 약속해주기를 원했습니다. 하야시가 영국 대리공사[7]에게 신뢰있는 소식통을 통해 알려준 바에 따르면, 이러한 약속이 실제로 이루어졌다고 합니다. 그러나 외부대신은 거제도나 남포만과 관련해서 러시아와 협정을 맺었거나 이에 대해 논의한 사실을 본인과 조던 모두에게 부인했습니다. 따라서 일본이 이번에는 너무 지나치게 의심을 한 것으로 보입니다. 하야시조차도 상황이 보다 진정되었다고 언급했습니다.

이 충성어린 보고의 사본을 베이징과 도쿄의 독일제국 공사관에 송부해 드립니다.

바이페르트[8]

내용: 러시아의 마산포 토지 획득

---

5   [감교 주석] 하야시 곤스케(林權助)
6   [감교 주석] 파블로프(A. Pavlow)
7   [감교 주석] 조던(J. N. Jordan)
8   [감교 주석] 바이페르트(Weipert)

62

[일본 내 우호적인 영일 동맹 여론]

발신(생산)일	1900. 5. 28	수신(접수)일	1900. 5. 28
발신(생산)자	베델	수신(접수)자	
발신지 정보	도쿄 주재 독일 공사관	수신지 정보	베를린 외무부
	No. 2		A. S. 873

A. S. 873, 1900년 5월 28일 오후 수신

전보

도쿄, 1900년 5월 28일 오전 11시 50분

도착: 오전 11시 8분

암호 해독

No. 2

전보 No. 14에 대한 답신[1]

지난 몇 달간 한국에서의 러시아 정책으로 인해 이곳에서 러시아에 대한 불신이 심해지고, 영국과의 우호를 바라는 요구가 커졌습니다.

보어 전쟁이나 마산포 문제에서의 열세와 관련하여 영국에게 제기된 비난들이 지금까지 사라지지 않고 있습니다.

베델[2]

---

1 [원문 주석] AS 869에 AS 845 및 A. 6461 첨부.

2 [감교 주석] 베델(Wedel)

베를린, 1900년 5월 29일   A.S. 869

고급 비밀

홀슈타인[3] 귀하에게

연도번호 No. 4528

영국 언론이 러시아가 한국의 항구인 마산포를 확보한 이유로 영국 정부에 대해 계속적으로 불만을 보인 이후, 본인은 상트페테르부르크에 있는 폐하의 대사에게 영국과 일본 대표들이 최근 러시아의 성과에 대해 어떻게 표명하고 있는지 보고하도록 요청한 바 있습니다.

황제 폐하께 본인은 이곳에 도착한 라돌린 후작의 전보 답신을 삼가 제출하고자 합니다. 답신에 따르면, 영국이나 일본 대표들 모두 이 사안을 심각하게 고려하길 원치 않는다고 합니다.

---

3   [감교 주석] 홀슈타인(F. Holstein)

63

[러시아의 마산포 조차에 대한 영국 언론의 부정적 인식]

발신(생산)일		수신(접수)일	1900. 5. 29
발신(생산)자	뷜로	수신(접수)자	
발신지 정보		수신지 정보	황제폐하와 제후
메모	연도번호 No. 4528		

A. S. 869

베를린, 1900년 5월 29일

고급 기밀

황제 폐하와 제후 귀하

영국 언론이 러시아가 한국의 항구인 마산포를 확보한 이유로 영국 정부에 대해 계속 적으로 불만을 보인 이후, 본인은 상트페테르부르크에 있는 폐하의 대사에게 영국과 일 본 대표들이 최근 러시아의 성과에 대해 어떻게 표명하고 있는지 보고하도록 요청한 바 있습니다.

황제 폐하께 본인은 이곳에 도착한 라돌린 후작의 전보 답신을 삼가 제출하고자 합니 다. 답신에 따르면, 영국이나 일본 대표들 모두 이 사안을 심각하게 고려하길 원치 않는 다고 합니다.

"영국 대사[1]는 무라비예프[2]가 평화적인 보증에 완전히 안심을 한 채, 마산포 내륙 10리 구역에 있는 러시아 거류지를 석탄 저장을 위한 민간의 사소한 토지 취득으로 간주 하고, 유사시 다른 나라에게도 양도될 수 있는 것으로 보고 있습니다. 스콧은 지나친 오해로 인해 발생되었던 돌발 사건이 해결되었다고 생각합니다. 그의 의견에 따르면, 혼란을 피하고자 하는 영국 정부가 러시아와 한국 간의 협정으로 인해 매우 안도한 상황 이며, 협정에 따라 거제도가 다른 외국에게 양도되지 못한다고 합니다.

---

1 [감교 주석] 스콧(C. Scott)
2 [감교 주석] 무라비예프(M. Mouravieff)

그는 정부의 입장과는 달리 신문의 논쟁의 원인을 대부분 베이징에 있는 "Times"의 극단적 애국주의 통신원에게 돌리고 있습니다. 이 통신원은 이러한 러시아의 (마산포) 획득을 교묘히 위장된 제 2의 포트 아서라고 직감하고, 신랄한 비방을 하며 러시아 언론도 이와 같은 항변을 하도록 부추기고 있습니다.

일본 공사가 본인에게 확인해 준 바와 같이, 그 또한 이 사안이 만족스럽게 마무리된 것으로 보고 있으며, 러시아와 한국의 거제도 협약으로 인해 일본의 불안이 진정되었다고 생각합니다. 일본은 마산포 내륙의 10리 구역 내에 있는 러시아의 상업 거류지를 이유로 어떠한 민감한 태도도 보이려 하지 않았습니다. 앞서 언급된 협정으로 인해 10리 조항이 거제도 쪽의 바다로 확대될 가능성이 배제된 것으로 보인다고 합니다."

빌로[3]

---

3   [감교 주석] 빌로(Bülow)

[러시아 언론에 보도된 한국 관련 기사]

발신(생산)일		수신(접수)일	1900. 5. 29
발신(생산)자		수신(접수)자	
발신지 정보		수신지 정보	베를린 외무부
			A. 6626

A. 6626　1900년 5월 29일 오후 수신

St. Petersburger Zeitung

1900년 5월 26일

　　마산포 만에서의 우리(러시아)의 획득에 대해 영국 언론이 크게 분노하고 있다. 영국 언론은 "러시아에 대한 중대한 조치"를 요구하고 있으며, 우리는 영국 신문들의 거침없는 논조를 거듭 반박해야 하는 상황에 처할 것이다. 바로 여기에 "Birsch. Wed."[1]의 논설 기사가 있는데, 이 기사는 특히 동아시아에서의 영국의 역할이 청일전쟁 이후 크게 변했다는 것을 지적하고 있다.

　　"청국은 전 세계와 더 이상 고립되지 않게 되었다. 러시아는 요동반도에서 확고한 위치를 잡았고, 만주는 러시아의 철도망으로 덮혔으며, 대규모 시베리아 철도가 거의 완공되어 가고 있고, 이를 통해 러시아는 청국, 일본, 한국과 직접적인 이웃국가로 연결된다. 이러한 모든 상황에서 영국이 어떻게 한국의 내정에 간섭할 수 있겠는가? 더욱이 한국의 독립이 공식적으로 인정되고, 한국의 남해안의 함대기지가 러시아의 긴급 상황에 대처하며 1885년 포트해밀턴[2] 사건처럼 영국의 새로운 합병에 대해 한국을 보호하고 있는 지금 상황에서 특히 그러하지 않겠는가? 영국에서는 이 문제를 이제는 시대에 맞지 않은 관점으로 바라보고 있는데, 이에 대해서는 이미 수년전 현 인도의 부왕인 커즌[3]이

1　[감교 주석] 비르제비야 베도모스찌(Birschewyja Wjedomosti)

2　[감교 주석] 거문도(Port Hamilton)

3　[감교 주석] 커즌(G. Curzon)

매우 명확하게 표명한 바 있다. "포트 라자레프[4]나 부산에 상주중인 러시아 전투함대로 인해 – 커즌이 청일전쟁 직전 기술한 바와 같이 – 러시아가 태평양의 가장 강력한 해양 국이 될 것이다. 그러면 태평양의 (세력) 균형이 무너지게 되는데, 영국은 일반적인 정치적 목적과 중요한 통상 이해를 고려하여 이를 그냥 좌시할 수 없다." "영국은 이를 그냥 좌시할 수 없다"라는 성명은 이제 그 의미를 잃게 되었는데, 즉 남아프리카에서의 영국의 위상이 큰 타격을 입었고, 이보다 더 심각한 건 러시아와 일본이 태평양에서 중요한 위치를 차지하게 된 것이다.

동아시아 민족의 운명은 이제 이 두 나라에 달려있다. 마산포가 러시아의 함대기지로 바뀐다는 소식은, 만약 이게 사실이라면, 영국의 관심사가 아닌 일본의 관심사로 볼 수 있다. 그러나 우리가 최근 상세하게 논한 것처럼, 한국을 외국의 야욕에서 보호하기 위한 조치들은 일련의 전체적인 조약에 근거해 일본과 러시아의 합의에 따라 마련될 것이다. 우리는 러시아의 마산포 획득에 대해 일본이 어떠한 항의도 했다고 소식을 들어본 적이 없다. 아마도 이 우호적인 두 나라의 이해 관계에 동일하게 부합하도록 관련 협상이 이루어졌거나, 이루어질 개연성이 매우 크다."

---

4   [감교 주석] 영흥만(Port Lazareff)

베를린, 1900년 5월 26일   A. 6555

주재 외교관 귀중   한국에서의 러시아의 행동에 대한 영국의
상트페테르부르크 No. 422   [sic.]과 관련하여, 이번 달 25일 런던주재 독
                                         일제국 대사의 보고 사본을 동봉하여 정보 보
연도번호 No. 4587   고로서 삼가 송부해 드립니다.

베를린, 1900년 5월 30일   A. 6560 I

주재 외교관 귀중   러시아의 마산포 토지 획득과 관련하여, 지난
1. 런던 No. 596   달 [o. A.] 자 서울주재 독일제국 영사관의 보
2. 파리 No. 291   고 사본을 동봉하여 기밀 정보 보고로서 삼가
3. 상트페테르부르크 No. 423   송부해 드립니다.

연도번호 No. 423

베를린, 1900년 3월 30일   A. 6550 II

연도번호 No. 4590   러시아의 마산포 토지 획득과 관련한, 금년 4
                                         월자 서울주재 독일제국 영사관의 보고 사본
                                         을 동봉하여 해군부 장관님의 높으신 명에 따
                                         라 정보 보고로서 삼가 송부해 드립니다.

한국 문제에 대한 "Birschewyja Wjedomosti" 보도

발신(생산)일	1900. 5. 27	수신(접수)일	1900. 5. 30
발신(생산)자	라돌린	수신(접수)자	호엔로에–실링스퓌르스트
발신지 정보	페테르부르크 주재 독일 대사관	수신지 정보	베를린 정부
	No. 319		A. 6657
메모	6월 1일 런던 606 전달		

A. 6657   1900년 5월 30일 오전 수신

상트페테르부르크, 1900년 5월 27일

No. 319

독일제국 수상 호엔로에–실링스퓌르스트 각하 귀하

며칠 전 "Novoye Vremya"[1]에서 했던 것과 같이 단호한 방식으로 "Birschewyja Wjedomosti"[2]가 영국 언론에 반대 입장을 취하고 있습니다. 영국 언론은 러시아의 마산포 획득을 계기로 러시아에 대해 엄정한 조치를 취하도록 조언한 바 있으며, 그 내용은 다음과 같습니다.

"영국이 태평양의 세력균형이 무너지는 것을 좌시할 수 없다는 성명은 지금으로서는 그 의미를 잃었다. 이는 남아프리카에서 영국의 위상이 타격을 입은 결과이기보다, 러시아와 일본이 태평양에서 확보한 중요한 위치 때문이다. 동아시아 민족의 운명은 이 두 열강에 달려있다. 마산포가 러시아 해군기지로 탈바꿈되었다는 소식이 정확한 사실이라면, 이는 영국이 아닌 일본의 주요 관심사로 볼 수 있다. 그러나 여기서 유념해야 할 점은 일련의 전체적인 조약들을 근거로 외세의 야욕에서 한국을 보호하려는 모든 조치들이 러시아와 일본 간의 합의에 따라 이루어진다는 것이다. 따라서 현재까지 러시아의 마산포 획득에 대해 일본이 항의한 바가 없다는 것을 고려해 보면, 서로 우호적인 이 두 나라의 이해관계에 동일하게 부합하도록 관련 협상들이 이루어졌을 개연성이 매우

---

1   [감교 주석] 노보예 브레먀(Novoye Vremya)

2   [감교 주석] 비르제비야 베도모스찌(Birschewyja Wjedomosti)

크다."

라돌린

내용: 한국 문제에 대한 "Birschewyja Wjedomosti" 보도

베를린, 1900년 5월 31일

주재 외교관 귀중
런던 대사 No. 597

연도번호 No. 4604

러시아의 마산포 만 획득에 대한 영국 언론의 격앙과 관련한 이달 26일 "St. Petersburger Zeitung"의 발췌 기사를 동봉하여 정보 보고로서 송부해 드립니다.

66

한국에서의 러시아

발신(생산)일	1900. 5. 29	수신(접수)일	1900. 5. 31
발신(생산)자	하츠펠트	수신(접수)자	호엔로에-실링스퓌르스트
발신지 정보	런던 주재 독일 대사관	수신지 정보	베를린 정부
	No. 412		A. 6713
메모	5월 30일 페테르부르크 422 전달		

A. 6713   1900년 5월 31일 오전 수신, 첨부문서 1부

런던, 1900년 5월 29일

No. 412

독일제국 수상 호엔로에-실링스퓌르스트 각하 귀하

각하께 이달 18일 "St. James Gazette"의 "러시아의 전진"[1]이란 제목의 기사 견본을 추가로 동봉하여 삼가 송부해 드립니다.

하츠펠트

내용: 한국에서의 러시아

No. 412의 첨부문서
첨부문서의 내용(원문)은 독일어본 592~594쪽에 수록.

---

1   [감교 주석] "A. Russian Advance"

[러일 전쟁 임박 관련 런던 발 영토 획득 보고]

발신(생산)일		수신(접수)일	1900. 5. 31
발신(생산)자		수신(접수)자	
발신지 정보		수신지 정보	베를린 외무부
			A. 6714

A. 6714   1900년 5월 31일 오전 수신

메모

　5월 29일 런던 보고 No. 414에 동봉되어 제출된 5월 29일 "Sunday Special"의 기사는 러시아의 마산포 점유로 인해 러일 간에 분쟁이 임박했음을 보도하고 있으며, 해당 기사는 '러시아 94'에 있음.

[일본 내 우호적인 영일 동맹 여론]

발신(생산)일	1900. 4. 30	수신(접수)일	1900. 5. 31
발신(생산)자	라이덴	수신(접수)자	호엔로에-실링스퓌르스트
발신지 정보	도쿄 주재 독일 공사관	수신지 정보	베를린 정부
	No. 50		A. 6720
메모	6월 5일 런던 622, 페테르부르크 436, Ban L 192, 빈 310, 워싱턴 189, 드레스덴 174, 뮌헨 202, 다름슈타드 35, 슈투트가르트 162, 칼스루에 166, 바이마르 138, 올덴부르크 72, 함부르크 78, Ban. G 107 전달		

A. 6720, 1900년 5월 31일 오전 수신

도쿄, 1900년 4월 30일

A. 50.

독일제국 수상 호엔로에-실링스퓌르스트 각하 귀하

"Novoye Vremya"[1]는 얼마 전 자부심으로 매우 가득 찬 사설을 내놓았는데, 러시아가 동아시아에서 자신들이 이익을 더 강하게 주장할수록 이웃국가들로부터 더 완전하게 인정을 받게 될 것이라는 내용이었습니다. 그 이유로 동양인들이 결국은 세력 확장에만 쉽게 반응하기 때문이라고 언급했습니다.

"Japan Times"는 적절하면서도 가혹한 이러한 표명에 매우 흥분에 찬 비판을 했으며, 러시아 언론이 심각히 실망스런 상황을 겪지 않으려면 일본을 위와 같은 분류에서 제외 시키라고 요청했습니다. 또한 일본이 제 3국(영국)의 영향력에서 벗어나길 원한다는 "Novoye Vremya"의 추가적인 경고성 발언에 대해 "저팬 타임지"는 즉각 반박을 했으며, 마찬가지로 러시아가 강제적 수단들을 적절히 사용함으로써 일본이 지난 몇 달간 한국 의 여러 지역에서 물러나야 했다는 주장도 반박했습니다.

상대국가의 이러한 모든 확신에도 불구하고 변하지 않는 분명한 사실은, 현재 러시아 가 일본의 전쟁 준비 상태를 완전히 알고 있다는 것입니다.

---

1 [감교 주석] 노보예 브레먀(Novoye Vremya)

얼마 전 불안한 상황을 조성했던 신문들은 러일 관계에 대한 비평을 자제하도록 지시를 받았으며, 이 신문들은 그 이후로 러시아가 일본의 총검 앞에서 굴복했다고 잘못 이해하고 있습니다. 이 때문에 "Novoye Vremya"의 무례한 언급이 더욱 늘어날 수도 있습니다.

마산포 문제를 야기했던 무성한 소문들 중 하나는 한국이 러시아 측과 11개 조항의 비밀 협약을 강제로 맺었다는 것입니다. 한국의 한 신문이 이 협약을 국가기록원에서 발견한 것으로 보이며, 예를 들어 해당 신문의 인용에 따르면, 한국의 왕이 러시아 공주와 결혼하고, 러시아 정교가 (한국의) 국교로 승격이 되며, 러시아가 광산과 산림에 대한 관리를 넘겨받는다고 합니다.

이러한 보도의 여러 잘못된 내용을 한국 신문이 직접 부인하긴 했지만, 본인은 아오키[2]가 며칠 전 비밀리에 언급한 다음과 같은 내용에 주목하고 있습니다. 그는 서울에서 특히 러시아와 미국 기업인들의 요구에 반대 입장을 취해야만 했는데, 그들의 계획은 바로 한국의 모든 광산에 대한 독점권을 확보하는 것이었다고 합니다.

라이덴

내용: 한국

---

2 [감교 주석] 아오키 슈조(青木周藏)

한국 공사의 일본 파견

발신(생산)일	1900. 4. 23	수신(접수)일	1900. 5. 31
발신(생산)자	라인스도르프	수신(접수)자	호엔로에–실링스퓌르스트
발신지 정보	서울 주재 독일 총영사관	수신지 정보	베를린 정부
	Nr. 37		A. 6729
메모	연도번호 No. 350		

A. 6729　1900년 5월 31일 오후 수신

서울, 1900년 4월 23일

Nr. 37

독일제국 수상 호엔로에–실링스퓌르스트 각하 귀하

　다음 달 예정인 일본 황태자 결혼식 참석을 위해 현재 일본의 한국 공사직을 맡고 있는 이하영[1]이 오늘 일본으로 떠났습니다. 그는 최근까지 한국에서 국가고문으로 일한 바 있습니다. 이하영은 일본 황제에게 (한국) 왕의 축하 서한을 전달할 예정입니다. 아울러 그는 이달 20일 왕령에 의해 신설된 훈장들 중 최고의 훈장인 황금자훈장[2]을 일본 황제와 황태자에게 전달하는 임무를 맡았습니다.

　이 훈장은 오직 하나의 등급만이 있으며, 일본의 국화훈장과 유사하게 아주 특별한 예외를 제외하고는 한국의 왕족과 외국의 군주들에게만 수여됩니다. 훈장의 이러한 독특한 명칭은 한국을 건국한 이단[3]이 꿈에서 황금자[4]를 보고, 이를 자신이 왕위에 오르는 징조로 해석했던 전통을 따른 것입니다.

　그 외 신설된 훈장들은 다음과 같습니다.

　1. 이화대훈장 – 마찬가지로 한 개의 등급만이 있고, 일본의 Paullonnia 훈장에 상응

1　[감교 주석] 이하영(李夏榮)

2　[감교 주석] 금척대훈장(金尺大綬章)

3　[감교 주석] 이단(李旦); 이성계(李成桂)의 즉위 이후 이름.

4　[감교 주석] 금척(金尺)

하는 훈장으로 특별 공로에 대해 수여

2. 태극장 - 문관과 무관을 위한 8개 등급의 훈장

3. 자웅장 - 오직 군사상의 공로에 따라 수여되는 8개 등급의 훈장

마지막 두 훈장의 명칭을 보면 "떠오르는 태양"과 "황금 매"라는 일본 훈장을 본 떠 만든 것임을 쉽게 알 수 있습니다.

언급된 훈령에 대한 상세한 보고는 삼가 유보하고자 합니다.

이 보고의 사본을 베이징과 도쿄 주재 독일제국 공사관에 송부해 드립니다.

바이페르트

내용: 한국 공사의 일본 파견

베를린, 1900년 6월 1일　　　　　　　　　　　　　　　A. S. 869 II

수신

제국 해군청 장관

연도번호 No. 4643

한국의 마산포 항구를 러시아가 확보한 사실로 인해 영국 언론이 자신들의 정부에 불만을 표한 이후, 본인은 상트페테르부르크 주재 독일제국 대사에게 영국과 일본의 현지 대표자들이 이러한 러시아의 성과에 대해 어떻게 표명하고 있는지 보고하도록 요청했습니다.

존귀하신 명령에 따라 라돌린의 전보 답신을 삼가 전해올립니다. 답신에 따르면 그의 영국 동료는 물론이고 일본 동료도 그 사안을 진지하게 고려하지 않고 있습니다.

베를린, 1900년 6월 1일　　　　　　　　　　　　　　　A. 6657

주재 외교관 귀중
런던 No. 606

연도번호 No. 4651

한국 문제에 대한 "Birschewyja Wjedomosti" 기사와 관련한 지난달 27일 상트페테르부르크 주재 독일제국 대사의 보고 사본을 동봉하여 정보 보고로서 삼가 송부해 드립니다.

외무부
A편

외무부 정치 문서고
조선 관계 문서

1900년 6월 2일부터
1900년 10월 31일까지

29권
30권 계속

한국 No. 1

1900년	목록	수신정보
6월 7일, "Times" 한국에서의 러일 간의 경쟁.		7093 6월 7일
6월 1일, 페테르부르크 보고, No. 328 한국 문제에 대한 "Nowoje Wremja"와 "BirschewyjaWjedomosti" 기사.		6936 6월 4일
상동, 5월 30일, No. 325 러시아의 마산포 획득에 대한 영국 언론의 질투를 다룬 "Birschewyja Wjedomosti"		6840 6월 2일
상동, 6월 2일, No. 333 마산포 획득을 통한 러시아 외교의 이례적인 승리를 다룬 "Rossija" 기사.		6941 6월 4일
상동, 6월 4일, No. 336 마산포 항구에 관한 러시아와 한국 간의 조약.		7006 6월 6일
4월 15일, 서울 보고, No. 31 러시아의 마산포 획득 및 거제도가 어떤 나라에도 양도되지 않는다는 한국 －러시아 조약.		7030 6월 6일
4월 20일, 서울 보고, No. 34 한국에서의 러시아의 추가적 계획들.		7032 6월 6일
상동, 4월 20일 No. 35 일본은 러시아에 뒤처지지 않기 위해 한국에서 특허권을 획득하려고 노력 함.		7033 6월 6일
6월 7일, 페테르부르크 보고, No. 347 러시아와 한국 간의 두 협약 : 1) 마산포에서 러시아에 토지 양도 관련, 2) 거제도)와 인근 섬들이 러시아 및 다른 나라에 양도되지 않는다는 것, 이는 일본이 특히 요구한 사항임. 마산포에 전쟁 시설이 세워지지는 않으 며, 러시아가 병원을 설립할 예정임.		7187 6월 9일
5월 2일, 서울 보고, No. 40 (사본, 원본은 II에 있음) 서울－원산 철도사업에 대한 볼터, 마이어와 러시아 대표의 협상, 러시아는 완전 거부 입장을 보임.		8197 6월 29일

러시아가 일본군의 한국 점령에 절대 동의하지 않을 것이라는 "Indépendance Belge" 보도에 대한 메모. 원본 : 청국 24	ad 9251 7월 15일
7월 13일, 서울 암호전보, No. 2 (Durchl.) 한국 국경 너머로 의화단 운동이 확대될 위험이 있음. 원본 : 청국 24	9370 7월 17일
상동, 7월 23일, No. 3 (Durchl.) 제물포와 포트 아서 간 러시아 증기선 연결 준비. 원본 : 청국 20 No. 1	9789 7월 25일
5월 31일, 도쿄 보고, No. A. 64 한국 왕비 살해에 가담한 일부 한국인들이 잔인하게 고문당했으며, 이 중 안경수가 일본의 보호를 받았는데, 한국 황제가 일본 공사의 요구대로 보호에 동의한 이후 자신의 고향으로 돌아감; 이 때문에 일본에서 격앙된 분위기가 발생; 한국 법무장관과 경찰국장의 문책.	8684 7월 6일
5월 25일, 서울 보고, No. 46 왕비 살해 혐의가 있는 한국인들에 대한 추적으로 인해 일본이 음모를 꾸밈; 일본이 현 한국 왕의 아들 이화군(Wi Hwa)을 왕위에 세우려고 꾀한다고 함.	8905 7월 9일
상동, 5월 19일, No. 45 프랑스인 크리마지를 한국 법부의 고문으로 임명함; 프랑스와 러시아 관료들을 한국 군부가 고용함.	8906 7월 9일
6월 14일, 도쿄 보고, No. A68 망명자 안경수 문제로 일본과 한국 간의 분쟁 발생; 언론이 아오키를 신랄하게 비난.	9011 7월 11일
6월 2일, 서울 보고, No. 50 안경수와 권형진, 이 두 명의 한국인 반역자에 대한 처형으로 인한 일본과 한국 간의 갈등.	9415 7월 18일
6월 20일, 도쿄 보고, No. A71. 두 명의 한국인 반역자 처형으로 발생된 일본과 한국 간의 문제 해결.	10409 8월 4일
6월 16일, 서울 보고, No. 56 상동.	10547 8월 6일

상동, 6월 18일, No. 58 한국 경부 설립.	10548 8월 6일
8월 8일, 도쿄 전보, No. 55 한국에 대한 러일 간 이익 분할 문제로 러시아가 의견 제시; 영국이 Blue Books에서 영일 협상이 공개되어 일본이 영국에 반감을 표함.	10657 8월 8일
9월 6일, 상하이발 뭄 영사의 전보 뉴좡 주재 영사의 보고에 따르면, 러시아가 일본에 한국의 분할을 제안했다고 함.	12471 9월 6일
5월 9일, 서울 보고, No. 41 러시아의 마산포 획득과 이로 인한 러시아와 일본 간의 협상.	7939 6월 25일
6월 5일, 서울 보고, No. 52 거제도 관련 러시아–한국 협약에 대한 일본과 영국의 입장.	9743 7월 24일
8월 14일, 상트페테르부르크 보고, No. 519 한국이 일본군 파병을 요청했다는 도쿄 발 보도에 대한 "Rossija" 기사. 러시아는 일본이 한국이나 청국의 영토에서 확고한 지위를 차지하는 것을 허용할 수 없다고 함.	11299 8월 17일
6월 30일, 서울 보고, No. 65 (한국) 왕의 특사들의 압정으로 인해 전라도 남부에서 폭동이 발생, 이 때문에 미국 대표가 한국 정부에 대응 조치를 제안함.	11459 8월 20일
상동, 7월 14일, No. 71 청국의 의화단에 의해 야기된 반기독교 운동이 국경에서 발생하여 포트아서 지역으로 확대; 한국군 동원; 안정 회복을 위해 일본군 또는 러시아군 투입 가능; 한국군 병력 현황 리스트.	11712 8월 24일
7월 20일, 서울 보고, No. 74 국경 지역의 반외세운동으로 인해 일본 공사가 한국 정부에 대응 조치를 제안함; 안정 회복을 위해 일본군 파견 가능, 이에 대한 러시아의 입장.	11713 24/8
상동, 7월 14일 자, No. 70 샌즈 한국 정부 미국인 고문의 반일적 제안으로 일본의 한국에 불만을 표함; 러시아 공사와 미국 변리공사 측이 샌즈의 행동을 비난함.	12312 3/9
8월 16일, 도쿄 보고, No. A. 93 대한국 일본 정책에 대한 일본 언론의 보도	12763 12/9

7월 28일, 서울 보고, No. 80 금전 착취로 폭동을 야기시킨 지방 파견 관리들의 소환; 국가평의회 인사 변동 및 일부 지방행정관 교체; 한국 국내에서 반정부 소요.	12782 12/9
8월 16일, 도쿄 보고, No. A. 91 러시아-일본 관계 개선; 러시아와 일본이 한국 보호를 위한 분할에 합의할 가능성.	12761 12/9
8월 6일, 서울 보고, No. 86 한국의 지배자를 계속 "황제"로 칭해야 하는지에 대한 문의; 9월 21일 자 서울 발 훈령 A4; 지시.	12793 12/9
상동, 7월 25일, No. 79 마산포에 대한 러시아와 한국 간의 매매계약서 전문.	12781 9월 12일
9월 16일, 도쿄 전보, No. 82 한국 문제로 러일 간에 이견이 있는 상황에서 독일이 취한 행동에 대해 아오키 자작이 감사를 표함.	13061 9월 17일
9월 16일, 일본 통고 이노우에 공사가 아오키에게 보낸 전보의 전문, 이 전보는 한국 문제에 대 한 독일의 입장과 관련하여 리히트호펜 외무부차관이 표명한 내용임.	13101 9월 17일
훈령, 9월 19일, 레이덴 (도쿄주재 공사) 수신 한국 문제에 대한 독일의 입장 관련 보고, 9월 21일, 수신, NO. 27	13142 9월 18일
9월 21일, 외무장관의 전보, No. 109 뮌스터의 파리에서 보고한 바에 의하면, 비테 장관이 러시아가 일본과 청국 과 동맹하도록 노력하고 있으며, 한국을 일본에 양도하고자 함.	13341 9월 21일
9월 22일, 도쿄 전보, No. 84 러시아 공사는 한국에 대한 일본의 계획이 세계 평화를 깨뜨릴 수 있다고 염려하면서, 푸키엔 지방을 넘겨주어 일본의 주의를 돌리길 원함; 한국 문 제와 이 사안에 대해 독일의 입장을 알고자 함.	13396 9월 22일
트렌틀러 공사관 참사관의 기록 한국과 러시아에 대한 일본과 아오키의 정책; 러일 간의 합의 가능성; 이로 인해 발생되는 위험들과 이를 해결하기 위한 제안들에 대한 조언.	13717 9월 28일

9월 28일, 페테르부르크 보고, No. 626 한국과 청국 문제에서 러시아와 일본을 자극하려는 런던 언론에 대해 러시아 신문이 논박.	13861 10월 1일
8월 11일, 도쿄 보고, No. A. 92 일본의 한국 점유의 필요성에 대한 아오키와 일본 언론의 표명.	12762 9월 12일
볼프의 뉴욕 전보 이토가 러시아와 일본 모두 한국에 대한 통치권을 원치 않는다고 언급함.	14381 10월 11일
8월 16일, 도쿄 보고, A. 94 아오키가 청국에서 유럽 군대의 철수 문제를 언급함. 일본은 독일이 러일 관계에서 중재자 역할을 하고 양국이 충돌 시 독일이 중립을 취하길 원함.	12764 9월 12일
10월 29일, "비너 폴리티쉐 코레스폰덴츠" 한국 정부가 벨기에 모델에 따라 한국의 중립국 지위를 위해 일본의 지지를 요청했다고 함.	15425 10월 29일
9월 10일, 서울 보고, No. 106 서울–부산 간 철도 노선도와 공사 및 비용에 대한 설명.	15352 10월 28일
상동, 8월 22일, No. 96 반외세적 분위기 없이 한국의 성진에서 지역 반란 발생.	14296 10월 9일
상동, 8월 22일, No. 95 "친왕봉호망단자" 수여로 의화군과 영의 지위가 승격됨.	14295 10월 9일
상동, 5월 9일, No. 103 일본 정부가 한국에 주의를 주며, 일본이 러시아의 만주 점령을 허용하지 않을 것이라고 언급함.	14358 10월 10일
6월 1일, 런던발 보고, No. 424 러시아의 마산포 획득에 관한 "Temps"의 기사를 영국 언론이 인용.	6890 6월 3일
레이든 공사의 개인 서한, 뮌헨 9월 2일 아오키 자작의 위임으로 이노우에 공사가 레이든 공사에게 외교적 조치를 취하면서, 일본이 한국을 독자적인 세력권으로 포함시키는 것에 대해 독일이 허용할 것인지 그리고 이로 인해 분쟁이 발생하는 경우, 독일이 호의적으로 중립을 행사할 것인지 알고자 함.	12527 9월 2일

7월 25일, 서울 보고, No. 78 이하영 공사를 도쿄에서 소환함.	12780 9월 12일
10월 18일, 함부르크발 마이어 회사의 서한 한국 주재 독일 광산 노동자들을 무장시키기 위해 모제르 권총 25정을 보내는 것에 대해 반대 의견이 있는지 문의.	14875 10월 20일
서울 보고, 9월 7일, No. 105 한국 정부가 일본 정부에 한국의 중립과 독립 보장 문제를 제기.	15402 10월 29일
상동, 6월 26일, No. 62 한국 왕의 요청, 열강들은 한국이 의화단 운동으로 피해를 보지 않도록 조치를 취하고자 함.	10405 8월 4일
9월 9일, 노르더나이 국무장관의 전보, No. 74 1895년과 같은 개입을 일본이 두려워한다는 것을 고려해 볼 때, 독일이 한국 문제에 대해 어떤 측에게도 찬반 입장을 취하려는 관심이나 의무도 없다는 점을 표명하도록 권함. 해당 전보가 도쿄로 송부, 9월 14일, No. 60/	12652 9월 10일
9월 8일, 레이덴 공사의 개인 서한. 아오키 공작이 이노우에 백작에서 전보를 보냄, 전보에서 한국 문제를 별도로 분리해 오직 러일 간의 당면 문제로 정함.	ad 12652
8월 30일, 서울 보고, No. 98 성진의 안정 회복.	13956 10월 3일
9월 5일, 도쿄 보고, A. 98 조병식 사절단 도착, 이들의 목적은 열강들이 한국을 보호령으로 삼으려는 상황에서 일본이 어떤 입장인지 살펴보는 것임.	13963 10월 3일
8월 14일, 서울 보고, No. 90 일본 해군 제독의 제물포 방문.	14292 10월 9일
상동, 9월 1일, No. 101 러시아와 청국 간의 싸움이 한국의 안정에 부정적인 영향을 줌.	14357 10월 10일

상동, 8월 18일, No. 91 일본 주재 한국 공사로 조병식이 새로 임명됨. 한국은 러일 협정을 통한 자신들의 독립 보장 도는 이에 대한 새로운 인정을 원함. 한국이 일본에 더욱 의존하게 됨: 직산의 금광 특허권을 일본인에게 내어주고 일본인 교사 한 명을 한국에 초빙함.	14293 10월 9일
9월 3일, 서울 보고, No. 102 한국 분할에 대한 제안은 일본의 계략이며 이는 서울주재 일본 무관의 소행이라고 함. 그는 이를 러시아 무관에게 제안한 바 있음.	14953 10월 21일
상동, 9월 5일, No. 103 서울주재 일본 공사가 일본이 러시아의 만주 점령을 허용하지 않을 것이라고 표명함. 이로 인해 한국이 일본의 영향력을 확신하게 되어 일본 측으로 기울게 되었다고 함.	14358 10월 10일

마산포 획득에 대한 영국 언론의 상황 파악을 보도한 "Birschewyja Wjedomosti"

발신(생산)일	1900. 5. 30	수신(접수)일	1900. 6. 2
발신(생산)자	라돌린	수신(접수)자	호엔로에-실링스퓌르스트
발신지 정보	페테르부르크 주재 독일 대사관	수신지 정보	베를린 정부
	No. 325		A. 6840
메모	6월 7일 런던 630, 도쿄 A. 22, 베이징 A. 59 전달		

A. 6840   1900년 6월 2일 오전 수신

상트페테르부르크, 1900년 5월 30일

No. 325

독일제국 수상 호엔로에-실링스퓌르스트 각하 귀하

"Birschewyja Wjedomosti"[1]은 영국 언론이 다음과 같이 인정한 것에 대해 만족스럽게 기록하고 있습니다. 그것은 영국이 남아프리카 전쟁으로 인해 동아시아에서 많은 이익을 얻지 못했고, 다른 열강들이 영국의 어려움을 이용하는 상황에서 여전히 기대보다 열악하다는 것입니다. 영국 언론을 명예롭게 하는 이러한 "매우 특징적인 인정"에 러시아가 특별한 관심을 가졌으며, 그 이유는 영국인들이 러시아의 마산포 석탄 기지 획득을 자신들의 가장 큰 손실이라고 간주하기 때문입니다.

신문의 보도에 의하면, "이것은 동아시아에서 러시아가 발전하는 기본 조건이며, 모든 세대가 가졌던 꿈이었다. 영국의 여론 기관들은 (러시아가) 태평양에서 부동항을 소유하는 것을 대영제국의 막대한 손실로 여기는 것 같다. 그리고 런던에서는 이를 공개적으로 신랄하게 언급하고 있으며, 남아프리카에서의 영국의 승리가 어떤 결과를 가져다 주는지에 대해 아직 알 수 없다고 말한다. 가까운 시일 내에 어떤 상황이 전개될지 예상할 수 있을까?

지구상의 국가들은 오랫동안 거의 남아프리카의 상황에만 관심을 가졌다. 이제는 극

---

1   [감교 주석] 비르제비야 베도모스찌(Birschewyja Wjedomosti)

동 아시아로 일반적인 관심을 돌려야 할 때가 다가오고 있다.

라돌린[2]

내용: 마산포 획득에 대한 영국 언론의 상황 파악을 보도한 "Birschewyja Wjedomosti"

---

2   [감교 주석] 라돌린(H. F. von Radolin)

[러시아의 마산포 조차 관련 "Temps" 기사 인용]

발신(생산)일	1900. 6. 1	수신(접수)일	1900. 6. 3
발신(생산)자	하츠펠트	수신(접수)자	호엔로에−실링스퓌르스트
발신지 정보	런던 주재 독일 대사관	수신지 정보	베를린 정부
	No. 424		A. 6890

A. 6890 1900년 6월 3일 오전 수신

런던, 1900년 6월 1일

No. 424

독일제국 수상 호엔로에−실링스퓌르스트 각하 귀하

지시에 따라 본인은 러시아의 마산포 획득에 대한 "Temps[1]의 기사를 이곳의 언론계에서 가능한 한 신중히 인용했습니다.

하츠펠트[2]

원본 : 영국 78

---

1 [감교 주석] 땅(Temps)
2 [감교 주석] 하츠펠트(Hatzfeldt)

한국 문제에 대한 러시아 언론의 보도

발신(생산)일	1900. 6. 1	수신(접수)일	1900. 6. 4
발신(생산)자	취르쉬키	수신(접수)자	호엔로에–실링스퓌르스트
발신지 정보	페테르부르크 주재 독일 대사관	수신지 정보	베를린 정부
	No. 328		A. 6936
메모	6월 7일 런던 630, 도쿄 A. 22, 베이징 A. 59 전달		

A. 6936 1900년 6월 4일 오전 수신, 첨부문서 1부

상트페테르부르크, 1900년 6월 1일

No. 328

독일제국 수상 호엔로에–실링스퓌르스트 각하 귀하

러시아의 마산포 획득에 대해 영국 언론이 격하게 반응하자 "Novoye Vremya"[1]의 두 번째 기사가 이에 대한 반론을 제기했습니다. 해당 기사에서 설명된 바에 의하면, 러시아가 당시 한국의 영토를 차지하지 않겠다는 약속은 청국 정부에 한 것이지 영국에게 한 약속은 아니라는 것입니다. 그런데 청국이 한국의 독립을 인정하여, 이로 인해 러시아가 약속도 그 효력이 모두 사라졌다는 것입니다. 영국 또한 이제는 자유롭게 군사 행동을 할 수 있게 되었지만, 이는 러시아에게 있어서 염려될 바는 아니라고 합니다. 왜냐하면, 태평양에서 러시아의 이익이 커지면서 러시아의 군사적 방어수단도 더욱 막강해졌기 때문입니다.

이 문제에 대해 "Birschewyja Wjedomosti"[2]도 표명을 하며, 러시아의 마산포 획득에 대한 영국 언론의 장황한 보도를 중요하게 다루었는데, 그 이유는 관련 보도가 영국과 일본 간의 실제적인 관계에 대해 어느 정도 명확하게 보여주고 있기 때문입니다. 보도에 따르면, 일본은 아마도 영국의 외교에 대해 매우 불신하고 있고, "동아시아에서 러시아의 이익이 자연스럽게 커지는 있는 상황을 저지하려는 것은 완전히 무익한 처사"라고 판단

---

1 [감교 주석] 노보예 브레먀(Novoye Vremya)
2 [감교 주석] 비르제비야 베도모스찌(Birschewyja Wjedomosti)

하고 있습니다.

이러한 사실이 실제적으로 믿을만한 가치가 있다는 것은 이제서야 분명히 드러났으며, 두 번째 "병자(아픈 사람)"인 청국에 대해 태평양에서 경쟁하고 있는 열강들이 주목해야 한다고 말합니다.

각하께 본인은 "St. Petersburger Herold"의 발췌 번역본에서 앞서 언급된 두 기사를 첨부하여 삼가 송부해 드립니다.

취르쉬키[3]

내용: 한국 문제에 대한 러시아 언론의 보도

No.328의 첨부문서

"St. Petersburger Herold" 1900년 5월 19일/ 6월 1일

No. 139

주요 기사에서 "Novoye Vremya[4]"는 "Times"에서 한국 문제에 대한 간결하고 합법적인 논평을 발췌해 언급했습니다. "Times"는 주지한 바와 같이 러시아가 마산포에서 석탄 기지를 확보한 것에 대해 여전히 동요하고 있으며, 러시아가 1886년에 약속한 사항을 어겼다고 주장하고 있습니다. 당시 러시아가 원산을 공격한다는 구실로 영국이 한국의 해밀턴 항구[5]를 점유했을 때, 당시 한국에 대한 통치권을 가졌던 청국이 이러한 강탈 행위에 항의했으며, 러시아 측이 한국의 어떤 영토도 점유하지 않을 것이라고 청국에 약속한 바 있다고 덧붙여 언급했습니다. 영국은 그 당시 청국의 위협적인 항의에 굴복했는데, 청국의 뒤에 러시아 세력의 지원이 있었기 때문입니다. 그 과정에서 청국이 한국의 독립을 인정했습니다.

"이로써 우리가 (한국의) 영토를 점유하지 않겠다고 청국에 약속한 사항은 모두 유효

---

3 [감교 주석] 취르쉬키(Tschirschky)
4 [감교 주석] 노보예 브레먀(Novoye Vremya)
5 [감교 주석] 거문도(Port Hamilton)

하지 않게 되었는데, 이 영토에 대한 권리가 더 이상 청국에게 없기 때문이다. 이것은 매우 자명한 사실로, 이와 상반된 주장은 바로 "어리석음의 극치"이며 이는 "Times"가 우리에게 주장했던 바이다. 한국의 영토 획득에 관한 문제가 현재 대두되자, 우리는 우리 (러시아) 정부에 직접 문의해 보았다. 이러한 상황은 물론 영국인들에게 특별히 달갑지는 않을 것이며, 이들이 "Times"의 입을 통해 표명하고자 하는 바는 우리가 소위 우리의 "약속"을 파기했을 때, 영국이 이 사실을 확인하고 이로써 군사행동의 자유재량을 확실시 하고자 하는 것이다. 이러한 상황이 우리를 두렵게 만들지는 않는다. 극동에서의 우리의 이익은 1886년 이후로 현저히 증가했으며, 우리의 이익을 견고하게 방어하는 일이 당시 필요하다고 판단했다면, 우리는 지금이라도 이를 분명히 실행할 것이다. 영국군이 남아프리카에서 전투없이 거둔 승리로 영국인들의 자부심이 크게 고양되고 있다. 영국인들은 그 어떤 누구도 그들에게 대적할 수 있는 힘이 없다고 판단하는 것 같다. "Times"는 영국 함대가 남아프리카의 전쟁으로 인해 군사력이 전혀 손실되지 않았다는 것을 언급하고자 했다. 영국 신문의 이러한 말들은 우리에게 물론 결코 새로운 것은 아니다. 그것들은 어느 순간 사라졌다가 지금처럼 다시 나타나기도 한다. 이것은 바로 영국이 전혀 변할 수 없다는 것을 보여주는 증거이기도 하다. 한 속담처럼, "곱사등이는 오직 무덤(죽음)만이 고칠 수 있다." 안타깝게도 보어인과의 전쟁은 영국에게 무덤은 아니었다. 이 때문에 유럽은 과거의 정치 상황이 재현되는 것을 냉정하게 파악해야 한다. 이러한 상황은 중립적 입장으로 그 기반이 흔들릴 수도 있었지만 그러지 않았다."

그러나 우리가 영국에게 조언하고자 하는 바는 러시아의 인내가 무한하다고 여겨서는 안 된다는 것입니다. "Birschewyja Wjedomosti"는 마산포 문제로 인해 영국 언론이 무기력하게 분노하고 있다는 점에서 매우 만족스런 결론을 도출할 수 있다고 생각합니다.

영국에서 발생한 전체적인 혼란은 우리에게 본질적인 관심사로서 영국과 일본 간의 실제적이고 사실적인 관계에 대해 명확히 보여주고 있다. 이러한 사태를 판단한 후 우리가 말할 수 있는 바는 극동에서 러시아의 이익이 자연스럽게 커지는 것을 견제하는 일이 얼마나 완전히 무의미한지 떠오르는 태양의 나라(한국)에서 이미 인지했으며, 동시에 일본이 영국 외교의 모든 제안사항들을 엄청난 불신으로 받아들이고 있다는 것이다. 이러한 사실은 그 자체로 중요하지만, 이에 대한 실제적인 가치가 현재 분명히 나타나야만 한다. 이제는 하늘의 제국인 이 새로운 "병자"가 태평양에서 경쟁하는 열강들로부터 각별한 주목을 받아야만 할 때이다."

04

러시아의 마산포 획득에 관한 "Rossija" 기사

발신(생산)일	1900. 6. 2	수신(접수)일	1900. 6. 4
발신(생산)자	취르쉬키	수신(접수)자	호엔로에–실링스퓌르스트
발신지 정보	페테르부르크 주재 독일 대사관	수신지 정보	베를린 정부
	No. 333		A. 6941
메모	런던 631 전달		

A. 6941   1900년 6월 4일 오전 수신, 첨부문서 1부

상트페테르부르크, 1900년 6월 2일

No. 333

독일제국 수상 호엔로에–실링스퓌르스트 각하 귀하

한국 문제에 대한 "Times"와 "Novoye Vremya[1]" 간의 논쟁을 언급하지 않은 채, "Rossija"[2]는 매우 단호하게 러시아의 마산포 획득을 옹호하고 있습니다.

이 신문은 마산포 획득을 "동양에서 러시아 외교의 가장 빛나는 승리 중 하나"라고 묘사하고 있습니다.

(신문에 따르면) 한국 정부는 자신들의 단순한 우매함으로 일본과 러시아 중 어디에 의지해야 할지 전혀 모르면서 우유부단하고 연약한 태도를 보였는데, 마침내 이러한 시간은 끝났습니다. 한국은 이제 일본이 영국의 지원이 없이는 무용지물이며, 막강하고 위협적인 국가로서의 영국이 명성이 남아프리카 전쟁으로 인해 취약해졌음을 확신하고 있습니다.

러시아의 군함이 마산포 항구에 나타나게 되면, 한국이 더 이상 망설이지 않을 것이며, 한국 정부는 "최종적으로" 자신들이 누구를 따라야 할지 알게 될 것이라고 합니다. 러시아는 한국을 단순히 지배하는 것이 아니라, "단독으로" 지배할 것입니다.

앞서 언급된 요약 기사는 오늘 "St. Petersburger Herold"에서 발췌 번역되어 다시

---

1   [감교 주석] 노보예 브례먀(Novoye Vremya)

2   [감교 주석] 로시야(Rossija)

게재되었습니다. 본인은 이 기사를 첨부하여 각하께서 친히 살펴보시도록 삼가 송부해 드립니다.

취르쉬키

내용: 러시아의 마산포 획득에 관한 "로시야" 기사

No. 333의 첨부문서

St. Petersburger Herold
1900년 5월 20일/6월 2일, No.140

언제나 공격적인 성향인 "Rossija는 러시아의 마산포 획득에 대해 저희 외교계에서는 분명 "시기적으로 적절치 않은" 정도의 내용까지 다루고 있습니다.

"한국은 단기적 시각으로 마침내 확신하고 있는 바는 영국이 없는 일본은 무용지물이며 위협적인 강대국으로서의 영국의 명성이 현재의 전쟁으로 인해 심하게 떨어졌다는 것이다. 마산포의 해협에 우리의 장갑함이 등장하게 되면, 한국의 우유부단한 태도는 마침내 끝날 것이다. 한국 왕은 분명 자신이 누구의 지시를 따라야 할지 알게 될 것이다. 조약에 따라 세력 균형을 위해 러시아 전투함대 외에는 어떠한 외국의 함대도 허용되지 않기 때문에 러시아의 성과는 더 크다고 볼 수 있다. 러시아는 한국을 단지 지배하는 것이 아니라, 단독으로 지배하게 될 것이다. 이 문제로 일본과 충돌하는 것은 우리에게 지금으로서는 심각한 문제가 아니다. 우리는 이전에는 일본이 좋든 싫든 여러 부분들에서 일본의 문제들을 묵인하곤 했다. 그 이유는 우리의 선박들이 일본의 항구 외에는 겨울에 정박할 곳이 없었으며, 일본의 부두에서 배를 수리하고, 심지어는 일본의 석탄을 제공받아야 했기 때문이다. 이제는 상황이 달라졌다. 우리는 블라디보스토크, 포트 아서[3], 마산포에서 충분한 부두를 확보하게 될 것이다. 이 지역의 만들과 다롄[4]만에는 전쟁

---

3 [감교 주석] 뤼순(旅順; Port Arthur)항
4 [감교 주석] 다롄(大連)

을 위한 충분한 석탄이 저장되어 있다. 포트 아서와 마산포는 급탄소로서의 역할 외에도 러시아 함대를 위한 부동의 항구이자 군 전체를 위한 보급지로서 중요하다. 왜냐하면, 이 항구들을 통해 만주에서 곡식과 가축이, 한국에서는 가축과 쌀이 공급되기 때문이다. 한국에서의 공급은 마산포가 이미 준비된 미곡 하치장으로서의 역할을 하기 때문에 더욱 수월해졌으며, 이러한 미곡 하치장은 매우 적은 비용으로 군사적 목적을 위해 설치될 수 있다. 포트 아서를 획득함으로써 러시아는 소위 동양에서 활발하게 정책을 펴기 위한 첫걸음을 내딛었지만, 이제는 마산포를 확보함으로써 그 기반을 단단히 하고 완전히 자유롭게 행동할 수 있게 되었다. 우리가 바라는 바는 우리가 이러한 상황을 제대로 이용하고, 억압받는 한국 민족의 삶에 문화와 인도주의의 새로운 시류를 전달해 주는 것이다."

베를린, 1900년 6월 5일

A. 6720

주재 외교관 귀중

1. 런던 Nro. 622

2. 상트페테르부르크 Nro. 436

3. 로마(대사관) Nro. 192

4. 빈 Nro. 310

5. 워싱턴 Nro. A89

6. 드레스덴 Nro. 174

7. 뮌헨 Nro. 202

8. 슈투트가르트 Nro. 162

9. 칼스루에 Nro. 166

10. 다름슈타트 Nro. 35

11. 바이마르 Nro. 138

12. 올덴부르크 Nro. 72

13. 함부르크 Nro. 78

14. 로마(공사관) Nro. 107

연도번호 No. 4757

본인은 러일 관계에 관한 금년 4월 30일 도쿄 주재 독일제국 공사관의 보고 사본을 삼가 송부해 드립니다.

ad 1-5, 14: 정보 보고

ad 6-13: 기밀 보고에 권한 위임과 함께 1885년 3월 4일 자 훈령을 참조함.

05

마산포 조약에 대한 "Novoye Vremya"의 보도

발신(생산)일	1900. 6. 4	수신(접수)일	1900. 6. 6
발신(생산)자	취르쉬키	수신(접수)자	호엔로에–실링스퓌르스트
발신지 정보	페테르부르크 주재 독일 대사관	수신지 정보	베를린 정부
	No. 336		A. 7006

A. 7006 1900년 6월 6일 오전 수신

상트페테르부르크, 1900년 6월 4일

No. 336

독일제국 수상 호엔로에–실링스퓌르스트 각하 귀하

"Novoye Vremya"[1]는 거의 정부 출처로 보이는 다음과 같은 메모를 보도하고 있습니다:

"믿을 만한 소식통을 통해 우리가 알아낸 바에 의하면, 3월에 러시아와 한국 사이에 합의가 이루어졌고, 이를 통해 한국 정부가 러시아에 마산포 항구에서 일정한 토지를 양도했으며, 이는 러시아 선박들이 평화적 목적으로 필요한 급탄소 설치를 지원하기 위한 것이라고 한다.

극동 아시아 국가들에서 일반 특허권을 통해 획득한 토지들의 정확한 위치와 경계는 해당 지역에서 러시아 영사와 이에 임명된 한국 관리에 의해 공동으로 결정될 것이다.

한국 정부는 거제도[2]와 그 외 주변의 작은 섬들 그리고 맞은 편의 내륙 해안에서부터 마산포의 개방된 항구 경계까지의 지역을 어떤 외국인들에게도 특허권을 부여하지 않을 것이라고 확정했다."

취르쉬키

내용: 마산포 조약에 대한 "Novoye Vremya"의 보도

---

1 [감교 주석] 노보예 브레먀(Novoye Vremya)
2 [감교 주석] 거제도(Kargodo)

06

마산포에 관한 러시아의 협정

발신(생산)일	1900. 4. 15	수신(접수)일	1900. 6. 6
발신(생산)자	바이페르트	수신(접수)자	호엔로에-실링스퓌르스트
발신지 정보	서울 주재 독일 총영사관	수신지 정보	베를린 정부
	No. 31		A. 8030
메모	6월 9일 런던 637, 페테르부르크 450 전달 연도번호 No. 301		

A. 8030   1900년 6월 6일 오전 수신

서울, 1900년 4월 15일

No. 31

독일제국 수상 호엔로에-실링스퓌르스트 각하 귀하

본인이 어제 이곳 러시아 대리공사에게 마산포 문제로 대화를 이끌었을 때, 그는 다음과 같은 사항을 비밀리에 알려주겠다고 말했습니다. 그가 실제로 마산포 거류지로 러시아 정부를 위해 확보될 토지에 대해 현재 진행 중인 협정과 관련하여 한국 정부의 동의를 얻었으며, 이에 따라 거제도가 다른 어떤 열강에게도 양도되지 않을 것이라고 합니다. 파블로프[1]는 이러한 합의사항을 당분간 공개하지 않을 것이라고 한국 정부와 의견 일치를 보았으며, 박 외무대신은 본인과 이곳의 다른 대표자들에게 이와 같이 동의한 바를 부인할 것이라고 분명히 언급했습니다.

이러한 언급에 따라 협정의 실제성은 거의 의심할 여지가 없어 보입니다. 미국 대표자이자 (한국) 정부의 고문인 샌즈[2]는 그러한 동의가 있었다고 생각하며, 일본 공사가 최근 본인에게 언급한 바에 의하면, 박 대신 스스로가 본인에게 이러한 성과에 언급했다고 합니다. 당시 하야시[3]는 자신의 정보를 바탕으로 러시아가 그 섬을 점유하지 않을 것이라고 명확히 강조했습니다.

---

1   [감교 주석] 파블로프(A. Pavlow)
2   [감교 주석] 샌즈(W. F. Sands)
3   [감교 주석] 하야시 곤스케(林權助)

거제도 전체나 일부 또는 남포만 획득하고자 하는 러시아의 시도가 이러한 협정보다 먼저 이루어졌는지 이에 대해 파블로프가 논박하고 있으며, 이 사안은 당분간 명확히 밝혀지지는 않을 것입니다. 일본 공사가 이와 관련하여 본인에게 말한 바에 따르면, 일본이 러시아가 거제도를 획득하게 되면 어떤 태도를 취할 것인지 이곳의 외무대신이 그에게 물었다고 합니다. 그리고 이 물음에 대해 그는 일본 정부가 상황 변화를 지켜보며 이에 상응하는 조치들을 마련할 것이라고 대답했다고 합니다. 러시아가 시도하는 계획들에 대해 하야시가 공식적으로 언급한 다른 반대 의견들에 대해서는 아직 알려진 바가 없습니다. 그는 현 상황에 대해서는 어떤 불만도 표명하지 않았습니다.

파블로프[4]는 최대 1킬로미터 연장되는 마산포 토지가 해군 석탄기지를 설치하고 지금까지 나가사키에 있었던 해군 병원을 유치시키는 데 사용될 것이라고 숨김없이 이야기했습니다.

본인이 오늘 들은 바로는 이 토지의 경계 설정이 현지에서 이미 이루어졌다고 하는데, 결과적으로 자세한 내용은 아직 알려진 바가 없습니다.

이 충성어린 보고의 사본을 베이징과 도쿄의 독일제국 공사관에 송부해 드립니다.

바이페르트[5]

내용: 마산포에 관한 러시아의 협정

---

4   [감교 주석] 파블로프(A. Pavlow)
5   [감교 주석] 바이페르트(H. Weipert)

07

한국에서의 러시아의 계획들

발신(생산)일	1900. 4. 20	수신(접수)일	1900. 6. 6
발신(생산)자	바이페르트	수신(접수)자	호엔로에-실링스퓌르스트
발신지 정보	서울 주재 독일 총영사관	수신지 정보	베를린 정부
	No. 34		A. 7032
메모	6월 9일 런던 637, 페테르부르크 450 전달 연도번호 No. 338		

A. 7032 1900년 6월 6일 오후 수신

서울, 1900년 4월 20일

No. 34

독일제국 수상 호엔로에-실링스퓌르스트 각하 귀하

이곳의 러시아 대표는 최근 자신의 활동을 마산포 사안에 집중했습니다. 이번 달 10일 러시아 신부들을 소개하기 위한 알현 등 기타 여러 러시아의 요구들에 대한 소문들은 근거가 없는 것으로 보입니다. 나가사키의 러시아 회사 소유주인 긴스부르크[1]를 왕실 재산의 관리 고문으로 임명하려는 시도가 있었는데, 한국 정부로부터 아무런 답변이 오지 않아 파블로프[2]가 이미 지난 달 중순 이를 중지시켰습니다. 원래 계획은 긴스부르크가 왕실 전체의 광산, 산림 등의 경영을 담당하고 왕실 재정이 부족한 경우 자신의 자본으로 직접 운영한다는 것이었습니다.

더 큰 규모의 차관에 대해서는 돈이 그냥 낭비된다는 이유로 파블로프가 여전히 완강하게 반대하고 있는데, 이에 대해서는 당시 논의되지 않았습니다. 파블로프의 설명에 따르면, 러시아가 원하는 바가 단지 한국의 평화 유지라고 한다면, 지금으로서는 그 동안 달성한 성과로 비추어볼 때 실제 사실과 매우 다르지 않다고 생각합니다. 제물포에는 현재 러시아의 포함인 "Gremiastchy"호 만이 정박해 있습니다; 힐데브란트[3] 제독은

---

1 [감교 주석] 긴스부르크(Ginsburg)
2 [감교 주석] 파블로프(A. Pavlow)
3 [감교 주석] 힐데브란트(Hildebrandt)

"Rossia" 및 "Rurik" 함선을 대동하고 제물포를 떠나 포트 아서[4]로 떠났습니다. 그런데 이 두 함선은 가까운 시일 내에 이곳으로 다시 돌아올 것이라고 합니다.

이 충성어린 보고의 사본을 베이징 및 도쿄주재 독일제국 공사관에 송부해 드립니다.

바이페르트

내용: 한국에서의 러시아의 계획들

---

4 [감교 주석] 뤼순(旅順; Port Arthur)항

08
한국에서의 일본의 계획들

발신(생산)일	1900. 4. 20	수신(접수)일	1900. 6. 6
발신(생산)자	바이페르트	수신(접수)자	호엔로에–실링스퓌르스트
발신지 정보	서울 주재 독일 총영사관	수신지 정보	베를린 정부
	No. 35		A. 7033

A. 7033 1900년 6월 6일 오전 수신

서울, 1900년 4월 20일

No. 35

독일제국 수상 호엔로에–실링스퓌르스트 각하 귀하

　일본이 최근 러시아의 마산포 획득에 대해 배상을 요구해도 놀라울 일은 아닐 것이며, 그러나 지금까지 이에 대한 징후는 없는 상태입니다. 하야시[1]가 주장한 것처럼 러시아의 성과가 원래의 주장보다는 훨씬 못 미쳤지만, 일본은 다소 그늘에 가려져 있는 상황임에 틀림없으며, 최근의 일본의 발전 상황은 그렇게 눈에 띄게 좋지 않았습니다.

　일본은 금년 초에 고래잡이 특허를 가와키타[2]라는 이름의 일본인에게 얻어 주었는데, 이는 1889년 11월 12일 자 한국–일본 간의 어업협정에 따라 남부지방 두 곳의 해안가로부터 설정된 3해리 구역이며, 이 일본인은 자본금 10만 엔으로 일을 하면서 매년 800엔의 세금을 내야 합니다. 아울러 일본 공사는 최근 서울–부산 철도 합자회사 대표인 오미와 쵸베[3]를 이 철도 노선의 감독관으로 채용되도록 신설된 한국 궁내부의 철도원[4]에 이를 관철시켰습니다. 이는 어쨌든 일본의 사업 진행이 용이하도록 하는 데 적합한 조치입니다. 이에 반해 한국 전체 해안에 무선 전신국을 설치하기 위한 허가를 얻고자 했던 지난달 초 일본의 무리한 요구는 거절당했는데, 한국이 직접 이를 설치할 수 있을 것이라는 이유 때문이었습니다. 하야시[5]는 본인에게 말한 바와 같이 단지 이러한 대답을 일본

1　[감교 주석] 하야시 곤스케(林權助)
2　[감교 주석] 가와키타 간시치(河北勘七)
3　[감교 주석] 오미와 쵸베(大三輪長兵衛)
4　[감교 주석] 철도원(鐵道院)

정부에 보고해야만 했습니다. 우편 분야에서 한국 정부가 올해 2월 말에 일본 정부에 과감히 요구를 한 사항은 한국에 있는 지금의 일본 우체국들이 점차 폐지되어야 하며, 여하튼 더이상 늘어나서는 안 된다는 것입니다. 하야시는 기존의 협정 내용과 한국의 부족한 우편시설을 지적하며 이러한 요구를 거절했습니다. 지난해 12월 10일 보고 No. 88의 내용인 광산 특허권과 관련해서는, 현재로서 이러한 권리가 더 이상 원래의 합자회사가 아닌, 이시이[6]라는 기업인을 위해 공식적으로 요청되었습니다. 이 기업인은 그 사이 직산의 광산을 해당 소유자로부터 매입하여, 실제로 소규모로 채광을 하고 있습니다. 그러나 한국 정부는 지난달 31일 자로 갱신된 청원에 따라 특허권 부여를 거부했습니다.

이 충성어린 보고의 사본을 베이징 및 도쿄 주재 독일제국 공사관에 삼가 송부해 드립니다.

바이페르트

내용: 한국에서의 일본의 계획들

---

5 [감교 주석] 하야시 곤스케(林權助)
6 [감교 주석] 이시이 하마지로(石井八萬次郎)

베를린, 1900년 6월 7일   A. 6840

주재 외교관 귀중   "Birschewyja Wjedomosti" 기사와 관련한 지난
1. 런던 Nro. 630.   달 30일 자 상트페테르부르크 주재 독일제국
2. 도쿄 No. A22.   대사의 보고서 사본을 첨부하여 삼가 송부해
3. 베이징 No. A59.   드립니다.

연도번호 No. 4821   ad 1-3: 정보 보고 목적

베를린, 1900년 6월 7일   A. 6941

주재 외교관 귀중   첨부된 신문 기사 외에, 마산포에 관한 "Rossija"
런던 대사관 No. 631   기사에 대해 지난달 2일 자 상트페테르부르크
                                        주재 독일제국 대리공사가 작성한 보고서의 사
연도번호 No. 4821   본을 첨부하여 정보 보고로서 삼가 송부해 드립
                                        니다.

[영국 언론에 보도된 극동에서의 러일 대립 보도]

발신(생산)일		수신(접수)일	1900. 6. 7
발신(생산)자		수신(접수)자	
발신지 정보		수신지 정보	베를린 외무부
			A. 7093

A. 7093   1900년 6월 7일 수신

The Times.

7. 6. 00.

RUSSO-JAPANESE RIVALRY IN THE FAR EAST.
(FROM OUR OWN CORESPONDENT.)
PEKING, APRIL 25.

In the course of the past few weeks opportunity has been given me to hear the views, expressed with considerable freedom, of many of those statesmen and others who, by reason of the high office they hold, have especial right to speak with authority upon the position in the Far East, upon the position, particularly, that is being developed between Japan and Russia.

At present, while Japan has just witnessed a complete mobilization of her fleet, the most complete ever witnessed in any country, and while Russia is pressing forward with a feverish activity her Manchurian railway and the fortification of Port Arthur, it may not be uninstructive if I sit down and record one or two of the typical expressions of opinion given to me in response to my inquiries.

There seems to me to be a general consensus of opinion out here that war in the Far East is inevitable, that it cannot be long delayed, and that it is kept in check now by two deterrents. Her state of unpreparedness dictates to Russia the necessity of caution, while Japan equally must be slow to act as long as the forces of Britain are locked up in South Africa. It is not that any responsible Japanese statesman expects or hopes for an alliance with England or for any promise of assistance, but it would be obviously to increase her difficulties were Japan to act while her chief, if not her only, friend among the great nations is engaged in a formidable struggle in South Africa. Japan knows that, if the time should ever come for her to act, she must act alone. To take her place among the Great Powers she must be prepared to fight single handed. All that she would reasonably expect from England would be an attitude of favourable neutrality. The unpreparedness of Russia for war at the present time is known to every Japanese. It is known, too, that the longer that war can be postponed the greater will it be to the advantage of Russia. Now, and for one year more, the strength of Japan in relation to that of Russia places Japan in the position of advantage. Afterwards the relative strength of Russia compared with that of Japan will every month become greater.

Discussing this question with me the other day, a foreigner whose intimate knowledge of the far East has gained for him a European reputation said to me: —.

What, you ask, are the possibilities of war? Japan at present is making no preparations for war, but Japan is not unprepared for war. The Ministry are opposed to war, especially Yamagata, the Prime Minister; so too is Ito, the great Conservative restraining force among the great men of Japan. Yet war may at any time be forced upon the Government by the development of events which it is powerless to control.

The enmity against Russia is deep and abiding and dates back to long prior to the war. It is against Russia that Japan has always been brushing. Russian action in 1875 in the Sakhalin-Kurile exchange, Russian action in the Leao-tong peninsula, Russian action in Tsushima and in Korea have always been bent to thwart Japan. But the people are now unwilling to brook an opposition which I before they were powerless to resist. Their measure of instant retaliation taken during the recent dispute regarding the Sakhalin fisheries shows the temper of the people. It is an illustration, only one of many, of the vigilance with which Japan watches all movements of Russia in the Far East and the energy with which she now sets herself to check them. Russia, faced boldly, gave way at once, as she has always given way when believing that resistance would be premature. But Russian activity in Korea is coming to a danger point. Her interests in Korea are unimportant, but she is continually putting forward preposterous demands and then upon pressure retiring from them, thus humouring the Japanese into a mistaken belief as to her pliability, her reasonableness, and it may be her weakness.

Russian demonstration in Masampho with all its ships may be directed against Korea, which has no ships, no men, and no guns. Yet the menace is felt in Japan, which can be so easily inflamed, especially when it concerns Korea, the inevitable heritage of the Japanese people. Port Arthur within a very few months will be connected by railway with Vladivostok. An immense accession of strength will thereby be gained by Russia. What Japanese can view this operation with equanimity, involving as it may well do, and as it certainly will do, in the opinion of many of the military critics, the ultimate possession of Korea? Port Arthur held in overmastering force by Russia at the south of the Korean base, Vladivostok an impregnable stronghold at the north of the Korean base, and the base defined by a Russian military railway, is a position that cannot be contemplated without the gravest misgiving, especially when so clearly Russia has given intimation of her ultimate intentions by her pretensions at Masampho Harbour and the island of Cargodo, positions midway between her two great strongholds.

Imperial ukases now describe the Leao-tong peninsula as "Russia's Chinese province of Kwang-tung. "Possession of the peninsula with railway communication with Peking involves a military ascendancy at Russia in Peking and China, every aim and object of which ascendancy will be to strengthen Russia and thwart the efforts of legitimate Japanese commercial expansion.

It is not conceivable that Japan can view this ascendancy with complacency. It is still less conceivable when it is observed that the peninsula now lies at the mercy of Japan, and that a Russo-Japanese war, the issue of which can never for one moment be doubtful, must give to Japan Korea, the Leao-tong peninsula, the military ascendancy in Peking, and the possibility of the reformation of China. The prize is the greatest that has ever been within the grasp of a nation.

So much, then, for the view of one who would speak more from the Japanese standpoint.

In contradistinction to his statement I recall a conversation with a Russian who has watched from near by the movements of Japan for many years past. He spoke with an affected contempt for the Japanese. He said: —

Ships are being built more quickly than crews can be trained to man them, and the difficulty will increase the more quickly the ships now building are delivered over by their builders-that is to say, that while Russia is weakest the difficulties of Japan in this respect are greatest. Japanese naval officers are insufficiently trained. Ships have been quadrupled in number in four years, and inexperienced men of an immense self-esteem are post-captains at 34. Similarly officers of the army are not of the same class as before, because the influence of the old military class, accustomed to lead, has disappeared. Japan is arming with great rapidity. Every ship that comes from Germany is laden with ammunition for Japan. But Japan will not act unless another Power assist her. She is timorous to act alone. Japanese statesmen do not wish war, but there is no reckoning with the people who have been given political rights without comprehending their responsibility. The case of the Sakhalin fisheries is a case in point. The Russian regulations were directed against all foreign fisheries without discrimination. That Japan was the only Power affected is an accident, but you surely will not deny that Russia has the right to restrict the number of Japanese stations in Russian territorial waters? But how does Japan act? Forced by her people and her Press, the Government retaliate upon Russia by imposing countervailing duties in express violation of the commercial treaty of 1895! Japan was clearly in the wrong, but the Governor-General of Eastern Siberia, who had issued the regulations which had given umbrage to the Japanese, at once suspended their operation. Russia is always conciliatory. Russia will never bring on hostilities. Japan's only hope is to act now, though no success that she may gain now would permanently affect the irresistible advance of Russia. By-and-by, when our Siberian railway is finished, she can do nothing. We can pour our men into Manchuria by thousand. Just now she has command of the sea out here. Within one year Vladivostok and Port Arthur will be joined by rail. This autumn you can go from Port Arthur to Harbin by rail, and Harbin is on the Sungari, a river navigable by steamers from the Amoor. Before the end of 1902—perhaps earlier—the railway will be completed right through from St. Petersburg to Port Arthur. Then we need fear nothing.

A Japanese statesman, one of the leaders of the younger generation in Japan, who has passed many years in European capitals, said to me, speaking with much earnestness: —

Korea must become Japanese. Japan must come into possession of Korea. Will she acquire it by peaceful means, or will war be first necessary? My own opinion is that, unless Japan be given a free hand in Korea, war with Russia is inevitable, but that it will not occur at least within the period of another year. So long as Japan holds the command of the sea the preparations now being made by Russia in Manchuria are indifferent to her. By the occupation of Port Arthur Russia has made herself more vulnerable than she was before. Russia recognizes her own weakness, and it is the obvious and correct thing for her to do to ship soldiers from Odessa by thousands into Manchuria, and to work day and night with countless Chinese in strengthening the defences of Port Arthur and in completing the communications by railway. The action of Russia in Persia and on the frontier of Afghanistan is a feint to draw away attention from the Far East while she is straining every nerve to strengthen her hold in Leao-tong. Even now Russia can only be dislodged from Manchuria as the result of a victorious war. England would not fight for Manchuria, nor would she fight to maintain the integrity of Korea, as once she declared through the lins of Mr. Curzon that she would do. England has been friendly to us, and we do not forget the action of Admiral Hope at Tsushima, nor her more recent policy in the questions of the retrocession of the Leao-tong Peninsula and the revision of the treaties.

There is time enough for us to act five or seven years hence. It is a powerful fleet that is needed. One talks much of the Siberian railway, but in my opinion it is not to be feared so long as we hold command of the sea; nor is the massing of Russians in Manchuria to be feared. What Japan expects is that England should preserve an attitude of favourable neutrality. For Russia has no coaling stations, and where can she got coal, unless from the English coaling stations? So long as Russia has no coaling stations she is not to be feared, however much she may increase the number of her troops at Port Arthur and Vladivostok. Russia cannot get her ships and coaling stations for some years. But all this is mere speculation. Only this condition must be remembered—Korea must become Japanese; Japan must have Korea.

To one final question the Japanese replied: — "France will do nothing. She can add but little to the strength of Russia in the Far East, while, if she were involved in war there, the possession of her Indo-China Colonies would be endangered."

An Englishman, the best part of whose life has been passed in Japan, and to whom I appealed for guidance, thus formulated his opinion: —

Japan will not be so misguided and shortsighted as to enter upon war with Russia. There is no likelihood of such a contingency arising so long as Marshal Yamagata is the Premier. He has been in Russia and knows the enormous strength of the Northern Colossus. The people are not in favour of war. The old warlike spirit of the Samurai, the two-sworded retainer class of the Daimios, is dying out, and instead of the military party there is growing up the mercantile community—once so despised, now so powerful—all of whose aims and aspirations are for peace. Japan cannot fight Russia. She might win one or two victories at the beginning, but the issue can never be doubtful. The desire of Japan to be on the mainland is a foolish one. Japan is poor, very poor. She is burdened to the utmost with taxation. Her finances could not stand the strain of war. No doubt after the Chinese war Japan suffered from megalomania, and then believed herself the match of any Power. But time has softened her. The Japanese feel bitterly their expulsion from the Leao-tong, and with a bitterness ??? greater since they have seen the peninsula in occupation of Russia. No doubt after the maneuvers, which are to take the form of a complete mobilization of the fleet on the coast from which one day the descent will be made upon the mainland, the Japanese will again suffer from megalomania. Any little incident may then imperil their international relations.

Succinctly expressed, these were the opinions that I gathered from various sources.

Whatever judgment may be deduced from them, one fact is conspicuous—the immense efforts which are being made by Russia to push on the Manchurian railway and fortify Port Arthur must engender the fear that the tranquility of the Far East may at any time be menaced. Coolies from North China are being transported by thousands into Manchuria. The Niu-chwang railway has contracted to carry 95,000 coolies to the Russian railway, and the men are being carried over the Chinese line at the rate of 4,000 a day. Some 20,000 men have been carried by steamer from Tien-tsin to Niu-chwang, while Chifu is sending every week thousands of Shan-tung men to work at Port Arthur and Ta-lien-wan. A recent visitor to Port Arthur describes the activity there as almost inconceivable. More than 90,000 coolies are at work on the fortifications. The hills all round the harbour are covered with coolies, "swarming like ants on a piece of meat." It is confidently believed that the line between Port Arthur and Vladivostok will be completed in October. Work is proceeding from every point— from Niu-chwang, from the Sungari, from the west and from Poltafka on the eastern frontier. In England you seem scarcely to realize the phenomenal progress that is being made.

Port Arthur will soon be a stronghold as powerful as Vladivostok. Huge stores of coal are held in reserve there. Silver is shipped there in quantities that affect the Eastern market. One mine alone in Australia has a standing order for 50,000oz. a week. Immense quantities of flour have been stored there, the great bulk, amounting to thousands of tons, of American flour landed at Chifu being shipped for Port Arthur. Meat is being brought from Australia in thousands of barrels, while only the other day tenders were invited in Tien-tsin for 2,500 tons of wheat for immediate delivery.

How much longer, then, can Japan afford to wait while preparations on such a scale continue?

Another year will bring about a great increase in the strength of Japan. The reorganization of her army, bringing its number up to 540,000 men, will then be complete. Her new Arisaka field gun and her new Arisaka rifle will then have been distributed. Her naval programme will also have been completed. Of her six new line-of-battle ships, all of which are improved Majestics, three are now in Japan, two will arrive before the end of the year, and the sixth will be delivered early next year. Of the six new first-class cruisers, two are already in Japan, three will arrive before the end of the year, and the sixth will arrive early next year. All the new second-class cruisers are already in Japan, while the number of destroyers is also quite satisfactory. There is still a need of more transports, but the tonnage available is increasing every month. It is obvious that the tonnage needed to land Japanese at the vulnerable points of Korea and the Leao-tong which are so near to Japan is small compared with what

Britain has required for the transport of her troops to South Africa. There has during the last year been an immense increase to the Japanese mercantile marine, one company alone, in receipt of a Government subsidy, having recently added to its fleet 12 new ocean-going steamers, each of 6,000 tons, all of which were built to Admiralty requirements.

To sum up, then. The only solution which assuredly will satisfy Japan will be the complete withdrawal of Russian political influence from Korea, leaving the latter under the solo care and guidance of Japan, in return for Japan's entire abstinence from interference with Russian activity in Northern China. The problem now is, Is Russia prepared to give Japan a free hand in Korea? Is Japan to be permitted to work her way in Korea while Russia is consolidating her position in the north of Korea, in the south of Korea, and along the base of Korea? Suppose Japan in occupation of Korea, can Russia ever hope to dislodge her, and if she fails to dislodge her will not her own position in the Far East be immeasurably weakened? Russia cannot permit Japan to occupy Korea and Japan cannot expose her country to the peril of seeing Korea in the hands of Russia. Yet the population of Japan is growing so quickly that there is an imperative need for territorial expansion. Forty-two millions of people, brave and warlike, cannot remain cooped up in islands for the most part mountainous, the territorial area of which is less than that of Sweden, while the population is nine times greater. And expansion cannot be looked for in Formosa. Formosa will be developed as we develop India. No Japanese contemplates the immigration of Japanese into Formosa to displace Chinese and aborigines. Korea, on the other hand, having a climate and soil like that of Japan and yet being thinly peopled, is the natural and inevitable country for Japanese expansion. Korea must become Japanese, Japan must have Korea. But to occupy Korea involves a war with Russia, for Korea cannot be held by the Power that is not in occupation of the Leao-tong peninsula. What, then, are the chances of war?

Against war there is, first, Russia's desire for peace, her desire to conciliate, to give way, to repudiate the action of her zealous envoys, all in the interests of her Port Arthur railway and the consolidation of her power in the Leao-tong. Secondly, the desire also of Japanese statesmen is for peace. Their policy is pacific. They still in some measure distrust the power of their own country. Japan they consider is still not ready. Thirdly, Japan will not have completed her military programme for one year more. Fourthly, Japan still requires more ships, though all the ships she ordered in her postbellum programme will be ready within one year, and she still requires more transports. And, finally, England, which in the event of war might exert a restraining influence in preventing the interposition of other Powers, is locked up in South Africa, from which, however, she will emerge with an immense increase of strength and consolidation of her Empire.

In favour of war there is, first, the spirit of the Japanese people, the resentment deep in the hearts of the Japanese, who contemplate the fruits of their victories enjoyed by Russia to the detriment of Japan; secondly, there is the consciousness of strength in Japan, the knowledge that this strength, in proportion to that of Russia, is greater now and for the next year than it can be at any time subsequently; thirdly, there is the knowledge that the strength of the navy, of the army, and of transports is greater than any similar forces Russia can put forth in the Far East; and, finally, there are the preparations of Russia and the phenomenal rapidity with which she is consolidating her strength. Japan, in view of these preparations, if she is to act at all, must act quickly. She cannot venture to delay more than another year. The reward she can hope for is possession of Korea, of the Leao-tong peninsula, and a political ascendency in Peking fraught with the greatest consequences to the prosperity of China.

베를린, 1900년 6월 9일   A. 7032

주재 외교관 귀중   러시아와 한국에 관한 4월 15일 자 및 20일
1. 런던 No. 637   서울주재 독일제국 영사의 보고 사본을 첨부
2. 상트페테르부르크 No. 450   하여 정보 보고로서 삼가 송부해 드립니다.

연도번호 No. 4893

마산포 문제

발신(생산)일	1900. 6. 7	수신(접수)일	1900. 6. 9
발신(생산)자	취르쉬키	수신(접수)자	호엔로에-실링스퓌르스트
발신지 정보	페테르부르크 주재 독일 대사관	수신지 정보	베를린 정부
	No. 347		A. 7187
메모	6월 22일 런던 679에 전달		

A. 7187 1900년 6월 9일 오후 수신

상트페테르부르크, 1900년 6월 7일

No. 347

독일제국 수상 호엔로에-실링스퓌르스트 각하 귀하

한국의 동남쪽 해안에 위치한 마산포 항구에서 러시아가 영토를 획득한 일이 핵심이 되었던 러시아와 일본의 정치적 관계의 국면은 이제 종결된 것으로 볼 수 있습니다. 사건의 진행을 보면 우발사건들이 나타났음에도 불구하고 앞서 말한 양 국가 간에는 앞으로 여러 해 동안은 심각한 마찰이 발생하지 않을 것입니다. 양국이 신중하게 정치를 하는 이유는 거듭하여 설명되었으며, 간단히 말해 러시아는 현재 아직 해양력에서 매우 취약하고, 일본은 위급시 영국이 원조를 제공해 줄 지 확신하지 못하고 있기 때문입니다.

러시아는 이제 한국 정부와 두 개의 협정을 체결했습니다. 한 협정에서 러시아에게 마산포 항구에 있는 토지 일부분이 양도되었고, 그것은 "Novoye Vremya"[1]의 의심할 여지없는 반관[2]적 메모가 최근 언급한 바와 같이 "극동아시아 국가들에 있는 일반특허권을 기반으로" 주어졌습니다. 다시 말해, 러시아는 다른 나라들이 한커우[3]나 다른 청국 지역들에서 오래전부터 소유하고 있는 것처럼 한국에서 거주지를 획득했습니다. 이로써 러시아 정부는 분명 새로운 이점을 얻게 되었지만, 다른 한편 일본의 압력에 다시 굴복해야

---

1 [감교 주석] 노보예 브례먀(Novoye Vremya)
2 [감교 주석] 반관(半官)
3 [감교 주석] 한커우(漢口)

했습니다. 러시아 정부는 한국과의 두 번째 협정에서 마산포 항구를 지배하는 거제도에 대한 소유를 영구 포기해야만 했는데, 이는 거제도와 다른 주변의 섬들이 어떤 외국의 열강에도 양도되지 않는다는 협정 내용 때문입니다. 러시아가 원래 그곳 해협에 있는 해군사령관의 독촉으로 이 섬도 소유하려고 노력했으나, 일본의 강경한 항의로 물러섰다는 것을 추측해 볼 수 있으며, 이것은 일본이 아닌 매우 정통한 소식통으로부터 본인에게 들어온 정보입니다.

본인은 전체 문제에 대해 오랫동안 한국에 살았던 이곳의 일본 공사와 자세히 상의할 기회를 가졌습니다. 그의 말에 따르면, 일본 정부는 마산포 문제의 결과에 대해 불만이 없다고 합니다. 거제도를 남의 손에 넘기지 않겠다는 한국 정부의 성명은 그 해협에 대한 일본의 입장을 위해 매우 중요한 순간이었다고 말했습니다. 왜냐하면, 철통같이 방비를 갖춘 가까운 일본의 섬인 쓰시마가 일본과 한국 사이의 해협을 조만간 지배할 수 있기 때문이라는 것입니다. 거제도를 러시아가 소유하게 되면 쓰시마에 대한 일본의 지배적인 위치가 위협받았을 것입니다. 하지만 이러한 불리한 상황이 러시아와 한국의 협정으로 제거되었다는 것입니다. 마산포 항구 내 러시아의 토지 획득은 개방된 항구 경계선으로부터 2.5 영국마일 구역 안에 해당하며, 여기서는 그와 같은 거주지가 일반적으로 양도될 수 있다는 것입니다. 특기할 만한 것은 고무라가 "이 외에도 그곳에서 토지를 얻고자 하는 다른 나라들을 위해 아직 더 많은 여유 장소가 있다"라고 덧붙여 언급한 점입니다. 그러나 러시아인들이 그곳에서 규모 토지를 소유하고자 했다면, 그들을 의심만 할 수는 없다고 합니다. 왜냐하면, 블라디보스토크과 포트 아서[4]의 중간지로서 석탄 저장소의 목적 외에 러시아인들은 해군병원 설립을 위한 장소가 필요하기 때문입니다. 즉 포트 아서의 기후는 빈번하게 부는 강한 북풍으로 인해 특히 환자에게 좋지 않아, 이러한 북풍으로 사망자 수가 끔찍하게 증가했다고 합니다. 이 때문에 러시아 정부는 함대를 위한 병원을 더 좋은 기후 조건에 설립하려고 고려했을 것입니다. 마산포는 이 점에 있어서 러시아가 원하는 조건을 제공한다는 것입니다. 러시아의 새로운 영역에 조성되는 전쟁 시설은 염려될 바 없다는 것입니다. 우선 거주지에 일반적으로 적용하는 규정이 이를 금지하고 있고, 다음으로는 (러시아가) 확보한 공간이 그러한 종류의 시설을 짓기에 그 자체로 너무 협소하다는 것입니다.

그러므로 러시아는 일본과의 관계를 위한 적절한 정책의 테두리 안에서 현재 그 어떤 불화도 일으키지 않고, 새로운 이점을 확보하는 것을 알게 되었으며, 이러한 이점은 비록

---

4 [감교 주석] 뤼순(旅順; Port Arthur)항

중요한 이점은 아닐지라도, 러시아가 극동에서 자신들의 입지를 다지는 데 유용한 이점입니다.

취르쉬키

　　내용: 마산포 문제

베를린, 1900년 6월 22일   A. 7187

주재 외교관 귀중   마산포 문제에 관한 지난달 7일 자 상트페테
1. 런던 No. 679   르부르크 주재 독일제국 대리공사의 보고 사
                                  본을 첨부하여 정보 보고로서 삼가 송부해 드
                                  립니다.
연도번호 No. 5326

11

마산포에서 러시아의 토지 획득

발신(생산)일	1900. 5. 9	수신(접수)일	1900. 6. 25
발신(생산)자	바이페르트	수신(접수)자	호엔로에–실링스퓌르스트
발신지 정보	서울 주재 독일 총영사관	수신지 정보	베를린 정부
	No. 41		A. 7939
메모	6월 30일 첨부문서와 함께 해군성에 전달 연도번호 No. 405		

A. 7939   1900년 6월 25일 오전 수신, 첨부문서 1부

서울, 1900년 5월 9일

No. 41

독일제국 수상 호엔로에–실링스퓌르스트 각하 귀하

이곳 일본 공사[1]가 본인에게 준 마산포만의 지도 스케치의 사본을 동봉하여 삼가 각하께 보내드리게 되어 영광입니다. 그 지도에는 이곳 러시아 대리공사의 보고에 따라 러시아가 새롭게 확보한 토지의 대략적인 위치가 붉은 선으로 표시되어 있습니다. 이 토지는 지금까지 단지 말뚝만 박아놓고 아직 완전히 측량되지 않았는데, 그 크기는 800,000 내지 900,000평방미터로 표기되어 있습니다. 파블로프[2]의 보고에 따르면, 매입 가격은 50,000엔(약 2.10마르크)이며 연간 세금은 1,500엔이라고 합니다.

소유권 관계의 최종적인 규정은 현재 그 영역 안에 일본인이 소유하는 여러 구획의 토지로 인해 아직 난관이 놓여있습니다. 한국의 지방 관청의 실수로 처음에는 전혀 표기되지 않았던 일부 토지에 대해 현재 타협 중이며, 그것은 아마 이 영역 밖에 있는 러시아 토지와 교환하게 될 것입니다. 러시아 매입지를 표시할 때 미리 계산했던 약 6,600평방미터의 토지에 대해서는 파블로프가 일본 공사에게 문의한 바는 일본인 소유자가 이것을 러시아 정부에 팔려고 하는지 또는 이에 대해 러시아의 행정과 관할권을 준수할지 여부였습니다. 하야시의 답신 서한에서 후자가 선택되었습니다. 독점적 "특허"로서 러시

---

1   [감교 주석] 하야시 곤스케(林權助)
2   [감교 주석] 파블로프(A. Pavlow)

아 토지 매입의 성격은 이로써 일본 측이 원칙적으로 인정한 것으로 간주할 수 있습니다. 하야시는 이 사안의 사소한 문제에 대해 어떠한 어려움도 만들고 싶지 않다고 본인에게 말했습니다. 그러나 그는 아마 이러한 방식으로 새로운 선례를 만드는 것을 꺼려하지 않는 것 같습니다. 한국 측은 이 문제에 대한 규정을 관련자들에게 맡겼습니다.

파블로프가 언급한 바에 따르면, 러시아 정부는 그 토지의 일부를 일반 거주지로 개방할 계획이며, 이 지역은 러시아 영사를 의장으로 하는 지역 의회가 관리하게 된다고 합니다. 따라서 새롭게 조성될 러시아 거주지를 고려해 보았을 때, 이 지역의 비약적인 발전이 곧 이루어질 것이라고 예상됩니다. 본인은 이 보고를 통해 일본이 지금까지 마산포의 부산영사관 지부를 얼마 전 독립적인 영사관으로 바꾸었다는 것을 삼가 말씀드리고자 합니다.

거제도에 대해 말씀드리자면, 이곳 외부대신[3]은 현재도 이 섬을 양도하지 않겠다는 약속을 하지 않은 상태입니다. 그러나 그는 한국이 그 섬을 다른 열강에게 양도할 경우, 러시아가 이에 대해 이의를 제기할 것이라고 나름의 이유를 추측하고 있다고 말했습니다.

이 충성어린 보고의 사본을 도쿄 및 북경주재 제국공사관에 송부해 드립니다.

바이페르트

내용: 마산포에서 러시아의 토지 획득, 첨부문서 1부

---

3 [감교 주석] 박제순(朴齊純)

No. 41의 첨부문서

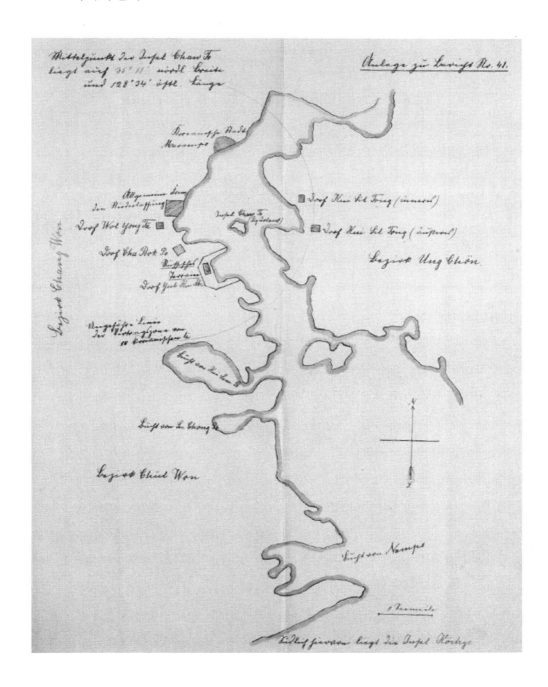

12

[도쿄 주재 독일 공사의 보고서 전달]

발신(생산)일	1900. 6. 22	수신(접수)일	1900. 6. 26
발신(생산)자	팀	수신(접수)자	
발신지 정보	베를린 해군청	수신지 정보	베를린 외무부
	A. 5026		A. 8012
메모	1900년 5월 18일 서한 - A. 5908 -에 대해		

A. 8012 1900년 6월 26일 오후 수신, 첨부문서 2부

베를린, 1900년 6월 22일

A. 5026

외무부 장관님께,

1900년 4월 5일 자 도쿄주재 독일제국 공사[1]의 보고서를 첨부문서와 함께 참고자료로서 동봉하여 삼가 돌려 보내드립니다.

대리

팀[2]

---

1 [감교 주석] 라이덴(G. Leyden)
2 [감교 주석] 팀(Timm)

13

[서울-원산 간 철도 부설 건]

발신(생산)일	1900. 5. 2	수신(접수)일	1900. 6. 29
발신(생산)자	바이페르트	수신(접수)자	호엔로에-실링스퓌르스트
발신지 정보	서울 주재 독일 총영사관	수신지 정보	베를린 정부
	No. 40		A. 8197
메모	사본 Ⅱ. 17196 6월 30일 페테르부르크 496 전달		

A. 8197   1900년 6월 29일 수신

서울, 1900년 5월 2일

No. 40

제국수상 각하께,

지난달 중순 마이어 회사[1] 책임자인 볼터[2]는 본인이 참석한 자리에서 러시아 대표[3]에게 서울-원산 철도사업에 대해 다시금 논의했습니다. 이 사업은 작년 4월 30일 자 No. 35와 7월 22일 자 No. 60의 영사관 보고 내용 중 일부였습니다. 볼터는 한국 정부에 철도특허를 얻으려는 자신의 요청을 러시아 측이 지원해 주기를 제안한 바 있다. 파블로프는 지난번 상트페테르부르크에 있었을 때 갑자기 떠나야 해서 이 문제를 해결할 수 없었는데, 이제 이 사안을 러시아 정부에 전보로 문의하여 명확히 해 주겠다고 말했다. 그러나 이에 대한 전제조건은 그 사업에 러시아가 관심을 가져야 할 이유를 제시하기 위해 특정한 근거들이 있어야 한다는 것이다. 가령, 일정한 기간이 지난 후 보상을 완전히 치른 조건에서 이 철도선을 러시아에게 넘겨준다는 약속이 그러합니다. 볼터는 마튜닌[4]과의 협상에서 이미 자신이 제시한 조건 하에서 이러한 의무 사항들에 동의했으며, 이 조건이란 독일의 물자가 사용되고, 철도선이 마이어 광산[5] 근처에 있는 금성[6]을 지난

---

1 [감교 주석] 마이어 회사(E. Meyer & Co.; 세창양행(世昌洋行))
2 [감교 주석] 볼터(Wolter)
3 [감교 주석] 파블로프(A. Pavlow)
4 [감교 주석] 마튜닌(N. Matyunin)

다는 것 그리고 회사는 서울과 원산에 지부를 둔다는 것입니다. 러시아 정부가 적절한 이자보증을 하는 경우, 러시아 자본과 함께 철도선을 건설하겠다는 볼프가 제안한 바 있는데, 파블로프가 이 제안을 전달해 주겠다고 약속했습니다.

며칠 전 상트페테르부르크에서 이루어진 결정은 철도선에 대한 독일 회사의 노력을 지원하지도 방해하지도 않겠다는 것이었습니다. 재무대신이 이 사업에 러시아 자본가들이 참여하는 것이 매우 실현 불가능하다고 보아, 러시아 정부 측에서 보증을 떠맡는 것은 어떤 경우에도 불가능하게 되었습니다.

이러한 러시아의 거절은 비록 한국에서의 모든 외국 사업들이 러시아에게 이익이 되더라고, 러시아가 현재 이에 대해 반감이 있다는 것을 보여주는 새로운 증거임에 틀림 없습니다. 파블로프는 본인과 다른 기회로 만났을 때 다음과 같이 말했습니다: "한국에서 일이 별로 일어나지 않을수록 우리에게는 더욱 좋습니다. 한국 문제는 우리가 향후 수십 년간 다루어야 할 문제이고, 당분간은 만주에서 해야 할 일로 충분합니다."

바이페르트

---

5 [감교 주석] 당현금광(堂峴金鑛)
6 [감교 주석] 독일어 원문에는 "Kim dong"으로 기술되어 있음. 당현금광이 위치한 곳이 금성(金城)이었음. 금성을 "Kim dong"으로 표기한 것으로 추정.

베를린, 1900년 6월 30일   A. 7939

수신
제국 해군청

연도번호 No. 5692

러시아의 마산포 획득에 관한 지난달 9일 자
서울주재 독일제국 영사 대리의 보고 사본과
함께 반환조건으로 첨부문서를 동봉하고, 아
울러 각하와 해군 참모본부에 통보해야 할 보
고서를 충성어린 요청으로 삼가 송부해 드립
니다.

베를린, 1900년 6월 30일   A. 8197

주재 외교관 귀중
상트페테르부르크 No. 496

연도번호 No. 5729

서울-원산 간 철도에 관한 지난달 2일 자 서
울주재 독일제국 영사 대리의 보고 사본을 첨
부하여 정보 보고로서 삼가 송부해 드립니다.

마산포에 관한 "Rossija" 기사

발신(생산)일	1900. 7. 2	수신(접수)일	1900. 7. 4
발신(생산)자	N. E. [sic.]	수신(접수)자	호엔로에-실링스퓌르스트
발신지 정보	런던 주재 독일 대사관	수신지 정보	베를린 정부
	No. 478		A. 8482
메모	A. 6941 첨부		

A. 8482 1900년 7월 4일 수신, 첨부문서 1부

런던, 1900년 7월 2일

No. 478

독일제국 수상 호엔로에-실링스퓌르스트 각하 귀하

마산포에 관한 "Rossija[1] 기사와 관련하여 금년 6월 2일 자 상트페테르부르크 주재 독일제국 대리공사[2]의 보고 사본[3]을 동봉하여 정보 보고로서 삼가 돌려 보내드립니다.

위임으로

N. E. [sic.]

내용: 마산포에 관한 "Rossija" 기사

---

1 [감교 주석] 로시야(Rossija)

2 [감교 주석] 취르쉬키(Tschirschky)

3 [원문 주석] 6941 삼가 첨부함.

15

한국에서의 잔인 행위

발신(생산)일	1900. 5. 31	수신(접수)일	1900. 7. 6
발신(생산)자	베델	수신(접수)자	호엔로에-실링스퓌르스트
발신지 정보	도쿄 주재 독일 공사관	수신지 정보	베를린 정부
	A. 64		A. 8684
메모	7월 11일 페터르부르크 520 전달		

A. 8684 1900년 7월 6일 오후 수신

도쿄, 1900년 5월 31일

A. 64.

독일제국 수상 호엔로에-실링스퓌르스트 각하 귀하

한국 왕비의 살해[1] 후 이 범행에 가담한 혐의가 있는 일부 한국인들이 일본으로 도피했습니다. 그들 중 하나이며 과거에 고위 관리였던 안경수[2]가 최근 한국으로 되돌아왔습니다. 그는 한국주재 하야시[3] 일본 공사가 한국 황제로부터 그에게 아무런 해도 가하지 않겠다는 약속을 받은 후, 이제 자신이 한국에서 안전하다고 생각했습니다.

그러나 언급된 범죄에 가담한 혐의가 있는 또 다른 도망자인 권형진[4]이 몇 주 전 한국으로 과감히 돌아왔는데, 이 자는 붙잡혀 고문을 받고 안경수에게 불리한 자백을 했습니다. 이후 안경수는 체포되어 잔인하게 고문을 당했고, 정식 판결 없이 권형진과 같이 교수형에 처하게 되었습니다. 항간의 주장에 따르면, 안경수는 일본인 의사들이 검시 결과 확인한 바와 같이 이미 사망한 상태였지만, 한국인들은 자신들이 행한 증오어린 만행을 스스로 지우고자 처형식을 거행했다고 합니다.

하야시가 자신이 보호했던 안경수의 운명을 알았을 때 즉시 황제께 알현을 요청했지만, 지금까지 알현을 허락받지 못했다고 합니다.

---

1 [감교 주석] 명성황후(明成皇后) 시해사건
2 [감교 주석] 안경수(安駉壽)
3 [감교 주석] 하야시 곤스케(林權助)
4 [감교 주석] 권형진(權瀅鎭)

한국 황제는 이에 대한 책임을 회피하고자 법무대신[5]을 파면하고 경무사[6]에게 10년의 유배형을 내렸습니다.

이 사건은 한국에서 세간의 관심을 크게 끌었습니다. 거의 모든 일본 신문아 한국인들의 만행과 일본 공사에게 대한 황제의 "용서할 수 없는 식언"에 대해 분노를 터트렸고, 일본 정부에게 이러한 배신에 대한 사죄를 받을 것을 강하게 요구하며, 이를 통해 한국의 내각 전체가 경질되어야 한다고 했습니다.

아오키는 개인적으로 알고 지냈던 안경수에 대해서는 관심을 보였지만, 권형진은 전혀 모른다고 말했습니다. 자작이 지식인이고 아주 대담한 남자라고 묘사한 안경수에 대해 관심을 보인 것은 완전히 사욕에서 비롯된 것은 아니지만, 일본에 많은 은혜의 빚을 지고 있는 안경수를 이용하고자 했던 희망이 있었던 것은 상당히 사실로 볼 수 있습니다.

아오키 자작의 말로는 파블로프[7]가 아마 그 사건에 관해 알았을 것이라고 하며, 바로 그가 갑작스럽게 포트 아서[8]로 떠난 것이 이를 시사한다고 합니다. 그러나 그는 한국 황제와 그 대신들만이 이 사건에 책임이 있다고 생각하는데, 왜냐하면 황제가 1895년 범행에 가담했던 이 한국인 도피자들에 대해 용서할 수 없는 증오심을 품고 있었기 때문입니다.

일본은 한국에서 혼란 상황이 발생하는 것을 피하고자 한다고 합니다. 일본 정부는 앞서 일어난 야만 행위와 일본 공사에 대한 식언에 대해 한국 정부에 항의하는 것으로 만족할 것이라고 합니다. 일본은 비록 법무대신의 파면과 경무사의 유배가 형식적인 처벌이라고 생각하지만 충분한 속죄로 간주할 것이라고 합니다. 아오키[9]는 끝으로 일본이 러시아와의 분쟁 위험으로 인해 달리 좋은 방도가 없을 것이라고 말했습니다.

베델[10]

내용: 한국에서의 잔인 행위

---

5   [감교 주석] 권재형(權在衡)
6   [감교 주석] 이유인(李裕寅)
7   [감교 주석] 파블로프(A. Pavlow)
8   [감교 주석] 뤼순(旅順: Port Arthur)항
9   [감교 주석] 아오키 슈조(青木周藏)
10 [감교 주석] 베델(Wedel)

16

일본으로부터 한국 망명자들의 귀국

발신(생산)일	1900. 5. 25	수신(접수)일	1900. 7. 9
발신(생산)자	바이페르트	수신(접수)자	호엔로에–실링스퓌르스트
발신지 정보	서울 주재 독일 총영사관	수신지 정보	베를린 정부
	No. 46		A. 8905
메모	A. 9415 참조 연도번호 No. 488		

A. 8905   1900년 7월 9일 오후 수신

서울, 1900년 5월 25일

No. 46

독일제국 수상 호엔로에–실링스퓌르스트 각하 귀하

　　작년 여름 왕의 폐위 음모에 가담한 죄로 일본으로 망명했던 안경수[1]라는 한국인이 올해 초, 일본공사[2]가 잠시 도쿄에 갔다가 다시 돌아온 지 얼마 되지 않았을 때, 한국 당국에서 조사를 받았습니다. 하야시는 그 당시 그를 위해 한국 정부에 힘을 써줬고, 특히 외국인들의 감정을 건드리기 쉽다는 이유로 고문을 하지 말도록 요청했습니다. 한편 그는 이전에 자신이나 일본 정부가 안경수에 대해 지원을 약속했다는 것을 부인했습니다.

　　조사가 아직 불분명한 이러한 상황에서 두 번째로 매우 비슷한 상황이 나타났습니다. 권형진[3]이라는 자가 왕비살해 당시 왕에게 경찰국장으로 강하게 요청받았는데, 이후 범행에 가담한 혐의로 일본으로 도피해야만 했습니다. 마찬가지로 그는 이달 중순 한국에 다시 나타나 자진해서 한국 정부에 갔습니다. 그 누구도 조국을 위해 죽으러 왔다고 한 그의 말을 진정으로 받아들이려 하지 않기 때문에, 사람들은 그가 누구의 힘에 의존하고 있을까 하고 자문하며, 일본의 원대한 계획에 의혹의 눈초리를 보내고 있습니다. 사람

1　[감교 주석] 안경수(安駉壽)
2　[감교 주석] 하야시 곤스케(林權助)
3　[감교 주석] 권형진(權瀅鎭)

들은 이것이 여전히 일본에 머물고 있는 다른 도피자들을 다시 돌아오게 하려는 의도라고 생각하고 있으며, 사실상 벌써 제 3의 인물, 즉 당시 위급한 시기에 군부대신이었던 조희연[4]이 역시 이곳으로 돌아올 것이라고 합니다. 그다음 목표는 이 사람들과 이곳의 일파들이 폭동이나 의화군[5]을 위한 운동을 벌이는 것인데, 이 왕자는 왕의 한 후궁의 아들로 오래전부터 친일 성향의 개화당이 합법적 왕세자 대신 왕위계승자로 원하는 인물입니다. 의화군은 1895년 왕비가 살해된 후 자신에게 지워진 혐의로 인해 유럽공사로 임명되는 형식으로 외국으로 보내졌으며, 이후 정부의 급료로써 1년간은 미국에서 그리고 지난 2년간은 도쿄에서 머물렀습니다.

하야시가 본인에게 표명하기를, 자신이나 일본 정부에 있어서 권형진의 귀국은 매우 편치 않은 일이나, 이를 방해하는 것은 불가능한 일이었다고 말하며, 여하튼 한국 정부에 힘을 써준다는 어떠한 약속도 그에게 하지 않았다고 합니다.

러시아 대표[6]는 이러한 상황 변화에 대해 특별히 어떠한 불안감도 보이지 않고 있습니다. 그가 여기에 일본 정부가 관여했다기보다는 오히려 일본 정객들의 음모라고 생각한다고 본인에게 말했습니다. 왜냐하면, 일본 정부가 이러한 음모 없이도 다른 열강과의 이해와 충돌하지 않으면서 가능한 모든 것을 달성할 수 있기 때문이라는 합니다.

일본 정치인들은 물론 이전에도 한국에서 빈번히 독자적으로 행동을 했으며, 한국 철도원에 고용된 일본인 오미와[7]를 항상 음모를 꾸밀 수 있는 협력자로 두고 있습니다. 오미와는 자신의 활동을 결코 철도문제에만 국한하지 않으며, 현재 한국의 궁중에서 막대한 영향력을 행사하고 있습니다.

샌즈[8] 미국 고문이 한국 왕에게서 들은 바가 실제로 맞는 경우 분명 주목할 만한 사실은 일본 공사가 며칠 전 한국 왕에게 앞서 언급한 위화군을 소환하라고 조언을 했는데, 그 이유로서 지금의 왕자의 생활이 그 지위에 걸맞지 않는다고 말했습니다.

이 충성어린 보고의 사본을 도쿄 및 베이징 주재 제국공사관에 송부해 드립니다.

바이페르트

내용: 일본으로부터 한국 망명자들의 귀국

---

4 [감교 주석] 조희연(趙羲淵)
5 [감교 주석] 의화군(義和君)
6 [감교 주석] 파블로프(A. Pavlow)
7 [감교 주석] 오미와 쵸베(大三輪長兵衛)
8 [감교 주석] 샌즈(W. F. Sands)

17

한국에서 고용된 프랑스인들

원문 p.651

발신(생산)일	1900. 5. 19	수신(접수)일	1900. 7. 9
발신(생산)자	바이페르트	수신(접수)자	호엔로에-실링스퓌르스트
발신지 정보	서울 주재 독일 총영사관	수신지 정보	베를린 정부
	No. 45		A. 8905
메모	7월 11일 런던 738, 파리 378, 페테르부르크 521 전달 A. 5520 de 01 참조 연도번호 No. 475		

A. 8906 1900년 7월 9일 오후 수신

서울, 1900년 5월 19일

No. 45

독일제국 수상 호엔로에-실링스퓌르스트 각하 귀하

한국의 법부와 최고재판소에서 일할 프랑스인 고문의 채용(참조: 지난해 12월 4일 자 No. 87)[1]이 그동안 이루어졌으며, 크리마지[2]가 며칠 전 자신의 업무를 시작했습니다. 그는 전에 안남[3]에서 적용되는 청국법의 편찬에 관여한 적이 있었다고 하며, 이러한 이유로 한국에서 고려 중인 한국 법전 편찬을 위해 매우 적격인 인물로 여겨지고 있습니다.

서울의 한국 병기창을 위해 포병 대위 한 명과 직공장 한 명이 채용되어 한국에서 일할 프랑스인들이 추가로 늘어날 것으로 보입니다. 그러나 한국 정부가 약 6개월 전에 제안한 사항에 대해 아직 파리에서는 최종적으로 결정된 바가 없습니다. 현재 병기창에는 렘니오프[4]라는 러시아 직공장이 근무하고 있고, 매월 250엔을 받고 있습니다.

두 번째 직공장과 월 400엔의 급료로 총관리를 담당할 포병장교는 러시아 측에서 정한다고 합니다. 그러나 러시아가 일본의 민감한 반응 때문에 한국의 모든 지역에서

---

1 [원문 주석] A. 1361 삼가 첨부함.
2 [감교 주석] 크리마지(L. Cremazy)
3 [감교 주석] 안남(安南; 베트남)
4 [감교 주석] 렘니오프(Remnioff)

물러나기 시작했을 때, 프랑스가 그 자리로 대신 들어오도록 했습니다. 베이징주재 프랑스 공사관 외에 이곳 공사관에서도 무관을 일하고 있는 비달[5] 소령은 현재 한국에서 잠시 체류하고 있습니다. 그가 지난해 서울에 있었을 때 병기창 설치를 위해 일했는데, 당시에는 우선 총기 수선과 화약 제조에 관한 일만을 담당했습니다. 이러한 프랑스와의 관계에도 불구하고, (한국은) 병기창을 위해 총신의 구멍을 뚫는 일부 기자재를 일본에 주문했다고 합니다.

이 충성어린 보고서의 사본을 도쿄와 베이징 주재 제국공사관에 송부해 드립니다.

바이페르트

내용: 한국에서 고용된 프랑스인들

---

5   [감교 주석] 비달(Vidal)

베를린, 1900년 7월 11일   A. 8684

주재 외교관 귀중   한국의 잔혹 행위에 관한 금년 5월 31일 자
상트페테르부르크 No. 520   도쿄주재 독일제국 대리공사의 보고 사본을
                                             동봉하여 정보 보고로서 삼가 송부해 드립
                                             니다.
연도번호 No. 6233

베를린, 1900년 7월 11일   A. 8906

주재 외교관 귀중   한국에 있는 프랑스 직원들에 관한 금년 5월
1. 런던 No. 738   19일 자 서울주재 독일제국 대리영사의 보
2. 파리 No. 378   고 사본을 동봉하여 정보 보고로서 삼가 송
3. 상트페테르부르크 No. 521   부해 드립니다.

연도번호 No. 6234

한국에서 발생한 우발사건

발신(생산)일	1900. 6. 14	수신(접수)일	1900. 7. 11
발신(생산)자	베델	수신(접수)자	호엔로에-실링스퓌르스트
발신지 정보	도쿄 주재 독일 공사관	수신지 정보	베를린 정부
	A. 68		A. 9011

A. 9011 1900년 7월 11일 오전 수신

도쿄, 1900년 6월 14일

A. 68

독일제국 수상 호엔로에-실링스퓌르스트 각하 귀하

한국의 망명객 안경수[1]를 위해 노력한 일이 실패로 돌아갔으며, 일본 정부는 한국 황제가 일본 공사[2]에 약속한 바를 지키지 않은 것에 대해 단지 형식적인 사과만을 했다며 분노했습니다. 이러한 상황으로 인해 일본 언론은 외무대신 아오키[3]를 신랄하게 공격했습니다.

자의식이 강하고 역사적으로 한국인을 경시해 온 일본인들은 특히 다음과 같은 사실로 모욕감을 받았는데, 그것은 바로 일본 공사가 한국 황제를 알현하고 했지만 냉정하게 거절당하고, 심지어는 한국 정부가 안경수 사건이 해결되지 않는 한 하야시의 알현에 응하지 않겠다고 과감히 표명했기 때문입니다. 그와 동시에 "해결"이라는 말은 1895년 사건[4]에 관여하고 지금은 대부분 일본에 체류 중인 나머지 한국 망명객들을 모두 처벌하겠다는 것을 의미했습니다.

이 사안을 원래 사소하게 여겼던 아오키는 여론을 고려하며 (한국 정부가) 일본공사의 알현을 계속 거부한다면 이에 따르는 결과가 있을 것이라고 경고를 했습니다. 아오키 외무대신은 한국인들을 "각성"시키는 데 이러한 경고면 충분하기를 바라고 있습니다.

---

1 [감교 주석] 안경수(安駉壽)
2 [감교 주석] 하야시 곤스케(林權助)
3 [감교 주석] 아오키 슈조(靑木周藏)
4 [감교 주석] 명성황후(明成皇后) 시해사건

서울에서는 이미 점차 굴복하는 분위기가 생겨난 것 같다고 합니다. 대신은 자신이 언제나 한국과의 분쟁을 피하기 위해 노력하고 있기 때문에, 공식적으로 최후통첩을 하거나, 과연 어떤 결과가 발생할지 명확하게 언급하고 싶지는 않다고 말했습니다.

이러한 우발사건은 현재까지 아직 해결되지 않은 상태이지만, 일본의 정치계가 청국에서 일어난 사건에 주목하고 있어 관심 밖으로 밀려나게 되었고, 이로써 일본 신문은 며칠 전부터 한국 문제를 더 이상 다루지 않고 있습니다.

베델

내용: 한국에서 발생한 우발사건

19

[한국 관련 러일 갈등에 관한 언론 보도]

발신(생산)일		수신(접수)일	1900. 7. 15
발신(생산)자		수신(접수)자	
발신지 정보		수신지 정보	베를린 외무부
			A. 9251

A. 9251   1900년 7월 15일 수신

메모

러시아가 일본군의 한국 점령에 동의하지 않을 것이라는 "Independence Belge[1]" 보도와 관련한 7월 14일 자 브뤼셀 발 No. 124는 청국 24에 있음.

---

1   [감교 주석] 앙데팡당스 벨쥐(Independence Belge)

20

[일본 5개 사단의 이동 및 의화단의 의주 국경 접근 첩보]

발신(생산)일	1900. 7. 14	수신(접수)일	1900. 7. 17
발신(생산)자	바이페르트	수신(접수)자	
발신지 정보	서울 주재 독일 총영사관	수신지 정보	베를린 외무부
	No. 2		A. 9370
메모	Ⅰ) 전보 전달, 7월 17일 Ⅱ) 전환 전달, 7월 18일 Ⅲ) 전보, 7월 20일, 도쿄 24		

A. 9370 1900년 7월 17일 오후 수신

전보

서울, 1900년 7월 14일 발송: 7월 14일 오전 5시 30분

도착: 7월 17일 오후 1시 20분

독일제국 대리영사가 외무부에 송부

암호해독

No. 2

파블로프[1]의 기밀정보에 따르면, 일본이 5개 사단의 군을 동원함.

의주 주재 사절단이 펑황[2]의 의화단 집단이 한국의 국경 쪽으로 이동할 우려가 있다는 전보를 보냄.

바이페르트

원본 : 청국 24

---

1 [감교 주석] 파블로프(A. Pavlow)

2 [감교 주석] 펑황(鳳凰)

21

두 명의 한국인 대역죄인의 처형. 일본과 한국 간의 분쟁

발신(생산)일	1900. 6. 2	수신(접수)일	1900. 7. 18
발신(생산)자	바이페르트	수신(접수)자	호엔로에-실링스퓌르스트
발신지 정보	서울 주재 독일 총영사관	수신지 정보	베를린 정부
	No. 50		A. 9415
메모	A. 10547 참조 연도번호 No. 563		

A. 9415 1900년 7월 18일 오전 수신

서울, 1900년 6월 2일

No. 50

독일제국 수상 호엔로에-실링스퓌르스트 각하 귀하

본인이 지난달 25일 각하께 삼가 보고드린 바 있는[1] 대역죄를 진 두 명의 한국 망명객 안경수[2]와 권형진[3]에 대한 소송절차는 이번 달 27일에서 28일이 되는 밤에 두 피고인이 처형되면서 예상 밖으로 신속하게 마무리되었습니다. 판결에 앞서서 다만 약식 절차만 있었으며, 한국 왕의 사전 재가(도주 위험이 있는 경우는 제외)도 없이 형 집행이 이루어 졌습니다. 지난달 28일에 발한 포고문에서 재판관들은 자신들의 위법적 처리방법을 솔 직히 인정하면서, 이러한 형 집행의 동기는 피고인들이 순순히 시인한 왕비살해[4] 가담의 범행이 너무나도 끔찍한 일이어서, 유교의 가르침에 따라 단 하루라도 이들과 같은 하늘 아래 살 수 없었다는 것이었습니다. 동시에 이 재판관들은 한국 왕에게 올리는 진정서에 서 자신들이 본분에 어긋난 행위를 한 것에 대한 처벌을 간청했습니다.

왕은 지난달 26일 두 대역죄인의 조속한 처벌을 촉구하는 모든 대신과 국가참의원들 의 진정서에 대해 법원의 결정을 참고하며 답변했습니다. 분명 재판관들에게 적의를 전

---

1 [원문 주석] A. 8905 삼가 첨부함.
2 [감교 주석] 안경수(安駉壽)
3 [감교 주석] 권형진(權瀅鎭)
4 [감교 주석] 명성황후(明成皇后) 시해사건

가시키기 위해 이러한 절차가 진행되었고, 성급한 판결 집행에 대해 지난달 31일 왕령이 공표되었다고 그 내용은 다음과 같습니다. 재판장 이유인[5]에게 10년 유형, 2명의 배석판사 이인영[6]과 장봉환[7]에게는 3년의 유형이 내려졌으며, 한편 판결을 내릴 때 분명 직접 관여하지 않았던 2명의 법관원에게는 1개월 감봉이 내려졌고, 법무대신 권재형[8]은 파면 되었습니다. 주목할 만한 사실은 재판장 이유인은 14일 전에 임명된 인물이고, 프랑스 공사관에서 통역관으로 근무하는 배심자 이인영과 장봉환은 안경수의 귀국 직후 임명되었다는 것입니다. 일본 공사는 이미 26일 본인에게 말하기를, 자신은 안경수가 고문을 당했다고 추측할 만한 근거를 가지고 있어, 이 때문에 한국 정부와 곤란한 일이 생길 것을 우려하고 있다고 했습니다. 동시에 그는 권형진이라는 인물과는 아무런 관계도 없다고 재차 말했습니다. 반면, 그는 안경수에 대해서는 보다 상세하게 언급했는데, 올해 2월 7일 제물포에 도착했을 때 안경수가 제물포의 일본인 거류지에 머물 계획이었다고 합니다. 하야시[9]는 이에 대해 호의적이지 않았고, 따라서 그는 2월 10일 한국 왕을 알현 하면서 제안을 했는데, 그것은 한국 왕이 고문 없이 정상적이고 합법적인 방법으로 안경수에 대한 재판을 진행하겠다고 보장해 준다면, 안경수를 설득해 서울에 오도록 하겠다는 것이었습니다. 한국 왕은 이를 약속해 주었고, 유죄 판결의 경우에 분명히 동의한 것은 아니지만, 한국 왕이 심지어 사면을 내릴 것이라는 인상까지 받았다고 합니다. 그리하여 그는 이미 일본으로 돌아가려고 했던 안경수를 서울로 오도록 유도했고, 그에게 어떤 공범자도 밀고하지 말라고 간곡히 권고했다고 합니다. 그다음 안경수를 위해 힘쓰기 위해 하야시는 이번 달 27일에 알현을 요구했는데, 이는 한국 왕이 몸이 편치 않다는 이유로 거듭 거절되었으며, 이로 인해 그러한 참사가 서둘러 발생하게 되었습니다.

처형 다음 날 하야시는 안경수의 시체를 3명의 일본 의사가 검사할 수 있도록 한국 외부에 허가를 요청했습니다. 처음에 이 요청이 거절되었는데, 그 이유는 한국 정부의 요청으로 한국 정부에서 근무를 하며 동시에 영국 공사관의 의사로 고용된 영국인 밸독[10] 박사가 시체들을 이미 검시했고 고문 흔적을 발견하지 않았다는 것이었습니다. 그러나 이후 거듭하여 강하게 요청하자 3명의 일본 의사들은 검시 허가를 받고, 안경수에게 고문 흔적이 있다는 것을 확인했습니다. 이에 대해 재차 한국 정부의 요청으로 지난달

---

5 [감교 주석] 이유인(李裕寅)
6 [감교 주석] 이인영(李寅榮)
7 [감교 주석] 장봉환(張鳳煥)
8 [감교 주석] 권재형(權在衡)
9 [감교 주석] 하야시 곤스케(林權助)
10 [감교 주석] 밸독(Baldock)

30일에 미국인 의사 샐록[11] 박사와 러시아 공사관 담당의인 포크로프스키[12] 박사가 검시를 했는데, 의심이 되는 고문 흔적들은 없었다고 합니다. 시체들은 지난달 28일부터 일본 경찰이 감시하다가 어제 비로소 다시 옮겨졌습니다. 일본 측과 러시아 측이 지난달 31일에 제안했던 공동 의료진의 검시는 이루어지지 못했고, 오히려 시신들이 이달 1일에 가족들에게 인도되었습니다.

이러한 모든 협상을 보면 일본 공사는 고문 문제에 매우 큰 비중을 두는 것 같았고, 그가 이달 1일 본인에게 말하기를, 만일 한국 정부가 안경수에 대한 소송 절차에 위법 행위가 있었고, 이로 인해 재판관들이 처벌되었다는 점, 즉 사실상 지난달 31일의 왕령의 성명을 시인해 준다면 자신은 그것으로 만족한다는 것입니다. 하야시는 이에 대한 협상이 아마도 시간이 조금 걸리겠지만, 이 문제가 조용히 해결될 것으로 보인다고 말했습니다.

러시아 공사[13]가 지난달 25일 "Zabiaka" 포함을 타고 소위 지방 장관의 연회에 참석하기 위해 포트 아서로 갔다가 30일 저녁에야 비로소 돌아왔는데, 하야시의 언급에 따르면, 러사아 공사 또한 한국 측이 거부하지 못할 성명에 대해 일본 정부가 만족할 것이고 생각했다는 것입니다. 또한 파블로프도 일본 공사가 현재 한국에서 교대되는 자신의 보호 부대의 두 개 중대를 핑계를 대며 새로 도착하는 부대와 함께 쉽게 붙들어 놓을 수도 있었지만, 지난달 31일에 승선시킨 것은 안심할 수 있는 상황으로 간주하고 있습니다.

일본의 의도가 정말 겉으로 보이는 만큼 적절한 것이라면, 하야시가 이러한 상황을 자신이나 일본 정부에게 아주 좋지 않은 것으로 말하는 것은 충분히 이해될 수 있습니다. 또한 한국 측이 사과 표명을 하더라도 일본이 지금까지 자신들의 사안을 다루면서 한국의 일본파들의 호감과 신뢰뿐만 아니라 한국에서의 일본의 명성이 손실되는 것을 거의 막아주지 못할 것입니다. 왜냐하면, 한국 사람들은 망명객들의 귀국이 일본 정부의 동의 없이 이루어졌다는 말에 거의 납득하지 못할 것이기 때문입니다. 또한 프랑스 대리공사가 본인에게 전한 바와 같이 안경수는 심문에서 자신은 일본 정부의 허가를 받고서야 도쿄를 떠나게 되었다고 진술했기 때문입니다.

파블로프의 추측에 따르면, 일본 정부는 이 문제에 있어서 특정한 목적을 추구하는 것이 아니라, 본국의 일부 당파들의 활동욕에 어느 정도 응했다가 이제는 한국 정부의 약속을 부당히 신뢰한 것에 대해 속았다고 여기고 있습니다. 파블로프는 자신이 지금

---

11 [감교 주석] 샐록(Shallock)
12 [감교 주석] 포크로프스키(Pokrowsky)
13 [감교 주석] 파블로프(A. Pavlow)

한국 정부가 이 상황을 어떻게 해서든지 악화시키려는 것을 막으려고 노력한다고 말했습니다. (한국 정부의) 이러한 위험 상황을 어제 국가참의원이 한국 왕에게 한 요청에서 엿볼 수 있다고 생각합니다. 이들은 현재 일본에 체류하고 있는 한국 왕의 조카이자 왕의 돌아가신 아버지 대원군의 손자인 이준용[14]을 불러들이길 원하며, 그를 법원이 발표한 두 처형자의 자백에 따라 왕비 살해를 목적으로 한 음모의 주동자로 묘사하고 있습니다. 한국 왕은 이러한 요청을 거절했는데, 아마도 피고인들이 자신들의 책임을 이준용에게 전가시키려 했을 것이라는 이유 때문이었습니다.

이 충성어린 보고의 사본을 도쿄와 베이징 주재 제국공사관에 송부해 드립니다.

바이페르트

내용: 두 명의 한국인 대역죄인의 처형. 일본과 한국 간의 분쟁

---

14 [감교 주석] 이준용(李埈鎔)

한국의 거제도에 관한 러시아의 협정

발신(생산)일	1900. 6. 5	수신(접수)일	1900. 7. 24
발신(생산)자	바이페르트	수신(접수)자	호엔로에-실링스퓌르스트
발신지 정보	서울 주재 독일 총영사관	수신지 정보	베를린 정부
	No. 52		A. 9743
메모	7월 26일 런던 778, 페테르부르크 554, 워싱턴 A. 115 전달 연도번호 No. 569		

A. 9743　1900년 7월 24일 오전 수신

서울, 1900년 6월 5일

No. 52

독일제국 수상 호엔로에-실링스퓌르스트 각하 귀하

　　지난달 말경 일본 신문들에 보도된 주장에 따르면, 일본과 영국은 거제도를 양도하지 않는다는 러시아-한국 간 협정으로 자신들의 이익이 영향을 받지 않을 것이라고 한국 정부로부터 확약을 받았다고 합니다. 이러한 주장으로 본인은 일본 공사가 이 문제에 대해 기회가 있을 때 언급하도록 했습니다. 하야시[1]는 한국 정부가 현재까지 이 협정의 공식적인 발표를 하지 않았다고 설명했습니다. 그러나 이곳의 외무대신 측에서 이에 대해 구두로 언급했을 때, 하야시는 일본이 그러한 협정으로 영향을 받을 수는 없을 것이라고 외부대신에게 말했습니다. 아울러 그는 무엇보다 다음과 같이 상황을 파악했습니다. 그것은 이미 자신의 전임자가 거제도에 일본의 어업기지를 설치하기 위한 허가를 요청한 바 있으며, 아직까지 이에 대해 답이 없기 때문에 이 요청을 재고할 수도 있다는 것입니다.

　　앞서 언급된 협정에 대한 영국 대리공사[2]의 항의 내용은 아직 알려진 바가 없습니다.

　　이 충성어린 보고의 사본을 베이징 및 도쿄 주재 독일제국 공사관에 삼가 송부해 드립니다.

바이페르트

　　내용: 한국의 거제도에 관한 러시아의 협정

1　[감교 주석] 하야시 곤스케(林權助)
2　[감교 주석] 거빈스(J. H. Gubbins)

23

[제물포–뤼순 간 주 3회 증기선 운항]

발신(생산)일	1900. 7. 23	수신(접수)일	1900. 7. 25
발신(생산)자	바이페르트	수신(접수)자	
발신지 정보	서울 주재 독일 총영사관	수신지 정보	베를린 외무부
	No. 3		A. 9789
메모	7월 26일 런던 778, 페테르부르크 554, 워싱턴 A. 115 전달 연도번호 No. 569.		

A. 9789   1900년 7월 25일 오전 수신

전보

서울, 1900년 7월 23일   9시 50분
도착: 7월 24일 오후 11시 43분

독일제국 대리영사가 외무부에 송부

암호해독

No. 3

제물포와 포트 아서[1] 간 주 3회 증기선 운항이 개시됨.

바이페르트
원본 : 청국 20 No. 1

---

1   [감교 주석] 뤼순(旅順; Port Arthur)항

베를린, 1900년 7월 26일   A. 9743

주재 외교관 귀중   거제도에 대한 러시아의 협정과 관련해 지난
1. 런던 No. 778.   달 5일 자 서울주재 독일제국 대리영사의 보
2. 상트페테르부르크 No. 534.   고 사본을 동봉하여 정보 보고로서 삼가 송부
3. 워싱턴 No. A. 115.   해 드립니다.

연도번호 No. 6840

청국의 상황에 비교한 한국 내 문제

발신(생산)일	1900. 6. 26	수신(접수)일	1900. 8. 4
발신(생산)자	바이페르트	수신(접수)자	호엔로에-실링스퓌르스트
발신지 정보	서울 주재 독일 총영사관	수신지 정보	베를린 정부
	No. 62		A. 10405
메모	5월 제국 해군청 전달 연도번호 No. 682		

A. 10405 1900년 8월 4일 오전 수신

서울, 1900년 6월 26일

No. 62

독일제국 수상 호엔로에-실링스퓌르스트 각하 귀하

　한국은 지금까지 아주 조용하며 정부와 국민들이, 특히 국민들의 분위기를 살펴보면 열강들에 대해 아주 호감 있는 태도를 보이고 있습니다.

　어제 한국 왕이 모든 외국 대표들을 -청국 공사는 현재 부산에 여행 중입니다- 초청한 알현 자리에서 청국에서 일어난 슬픈 사건[1]에 대해 깊은 유감의 뜻을 표하고, 한국이 그러한 사태에 빠지거나 청국과 비슷한 실수를 저지르지 않도록 한국 정부의 노력에 지원을 부탁했습니다. 일본 공사[2]가 모든 대표들을 대신하여 답변을 했는데, 열강들은 청국에 대해 만장일치로 행동을 했다고 강조하고, 한국 왕의 바람에 대해 외국 대표들이 분명 힘을 다해 부응할 준비가 되어 있다고 말했습니다. 무엇보다 이에 대한 전제는 한국 정부가 이곳 국민에 완전한 평화와 질서를 바로 세우기 위해 모든 조치를 취해 주어야 한다는 것이었습니다. 한국 왕은 일본 공사의 말에 완전히 동의한다고 표명했습니다. 청국에서 일어난 운동은 원래 사소한 것에서 시작해 상황이 커진 것 같다고 한국 왕이 말하자, 이때 러시아 대리공사[3]는 우선 청국 정부 내의 일부 불협화음으로 이러한

---

1 [감교 주석] 의화단 운동(義和團運動)
2 [감교 주석] 하야시 곤스케(林權助)
3 [감교 주석] 파블로프(A. Pavlow)

운동이 쉽게 발생하게 되었고, 이로 인해 현재의 무정부적 상태가 발생되었다고 말했습니다. 그리고 무엇보다 이와 같은 일이 한국에서 일어나서는 안 되며, 황실 내에 평화가 확실히 유지되고 한국의 질서를 위한 황제의 한결같은 의지가 보살펴져야 한다고 언급했습니다. 아울러 파블로프는 최근 안경수[4]와 권형진[5]에 대한 대역죄 소송절차 이후 드러난 박해 행위를 주시하고 있으며, 그로 인해 항상 새로운 음모가 나타나는 결과에 대해 그와 일본공사는 한국 왕에게 최근 재차 경고를 했는데, 특히 왕의 형제이자 현재 일본에 살고 있는 왕자 이준용[6]의 아버지인 이재면[7]에 대해서도 대역죄로 고소할 계획이라는 소문이 전해진 이후부터 그러했습니다.

미국 변리공사[8]가 한국 정부가 소유한 증기선 중 3척을 제물포와 즈푸 간의 정기 운행을 위해 사용하여, 현재로서는 드물게 그리고 늦게 서야 한국에 들어오는 소식들이 전달되는 것을 용이하게 하고, 경우에 따라 망명객들의 수송에 이용하자고 제안했는데, 한국 왕은 이에 찬성하며 제안을 받아들였습니다. 가까운 시일 내에 그와 같이 사용하려면, "Changriong"호(402톤, 속도 9.5마일)라는 증기선만이 가능한 상태입니다. 왜냐하면, 다른 두 척의 증기선인 "Chow Chow Foo"호(796톤, 속도 10마일)와 "Hyenik"호(444톤 속도 8마일)은 현재 용선계약이 된 상태이기 때문입니다.

충성어린 이 보고의 사본을 도쿄 및 베이징 주재 제국공사관에 송부드리며, 베이징에는 제국 순양함 전투함대 사령관을 통해 보내드립니다.

바이페르트

내용: 청국의 상황에 비교한 한국 내 문제

---

4 [감교 주석] 안경수(安駉壽)
5 [감교 주석] 권형진(權瀅鎭)
6 [감교 주석] 이준용(李埈鎔)
7 [감교 주석] 이재면(李載冕)
8 [감교 주석] 알렌(H. N. Allen)

25

[안경수 사건 관련 일본 공사의 고종 알현]

발신(생산)일	1900. 6. 20	수신(접수)일	1900. 8. 4
발신(생산)자	베델	수신(접수)자	호엔로에–실링스퓌르스트
발신지 정보	도쿄 주재 독일 공사관	수신지 정보	베를린 정부
	A. 71		A. 10409

A. 10409 1900년 8월 4일 오전 수신

도쿄, 1900년 6월 20일

A. 71

독일제국 수상 호엔로에–실링스퓌르스트 각하 귀하

한국 황제는 서울주재 일본공사의 알현을 받아들였습니다. 이곳 하야시[1]가 전한 바에 따르면, "개화세력"인 안[2]과 권[3]이 황제의 인지나 의도도 없이 처형당했다고 합니다. 이러한 판결의 성급한 집행에 대한 책임은 법무대신과 재판장에게 있다고 하며, 하야시가 아는 바로는 이 때문에 이들이 파직되었다고 합니다.

일본과 한국 간의 우발사건은 이로써 마무리된 것으로 보입니다. 그러나 격양된 분위기는 아직 남아 있는 상태이며, 그 이유는 한국에서의 일본의 위신이 '안' 사건으로 인해 크게 떨어졌기 때문입니다.

베델

---

1 [감교 주석] 하야시 곤스케(林權助)
2 [감교 주석] 안경수(安駉壽)
3 [감교 주석] 권형진(權瀅鎭)

26

일본과 한국 간의 갈등

발신(생산)일	1900. 6. 16	수신(접수)일	1900. 8. 6
발신(생산)자	바이페르트	수신(접수)자	호엔로에-실링스퓌르스트
발신지 정보	서울 주재 독일 총영사관	수신지 정보	베를린 정부
	No. 56		A. 10547
메모	연도번호 No. 624		

A. 10547 1900년 8월 6일 오전 수신

서울, 1900년 6월 16일

No. 56

독일제국 수상 호엔로에-실링스퓌르스트 각하 귀하

대역죄인 안경수[1]의 처형으로 야기된 일본과 한국의 우발사건은 비교적 오랜 협상이 있은 후 이제 마무리되었습니다. 중재 과정 중에 나타났던 어려움은 무엇보다도 일본공사[2]가 피고에게 가한 고문의 증거를 밝히는 것이 불가능하다는 사실을 너무 늦게 알게 되었다는 것입니다. 일본 의사들이나 한국 정부에 의해 조사 의뢰를 받은 외국 의사들 모두 시체를 적절한 시간에 보지 못해, 검시 결과가 의심 없이 받아들여지기 어려운 상태였습니다. 이 점에 있어서 모두가 의견 일치를 보고 있습니다. 그러나 일본 공사 하야시는 그동안 알려진 바와 같이, 자신에게 들어온 소식에 대해 처음에는 흥분한 나머지 처형 바로 다음 날에 이미 강경한 어조로 한국의 외부대신[3]에게 공식적인 각서를 내고, 그 자신이 고문 사실에 대한 명백한 증거가 있다고 말하며 해명을 요구했으며, 한국 왕이 약속을 어겼다고 노골적으로 비난하고 즉시 왕께 알현할 수 있도록 요청했습니다. 한국 정부는 증거 문제는 완전히 제외하고 사건을 이렇게 처리하는 절차적 위반을 악용하며, 이에 대해 도쿄주재 공사[4]가 해명하도록 했습니다. 하야시가 재차 알현을 요구했지만, 안경수의 처형으로 인해 제기된 문제가 해결될 때까지 받아들여지지 않을 것이

---

1 [감교 주석] 안경수(安駉壽)
2 [감교 주석] 하야시 곤스케(林權助)
3 [감교 주석] 박제순(朴齊純)
4 [감교 주석] 이하영(李夏榮)

라고 합니다. 하야시는 그사이 자신의 태도를 누그러트리고, 고문 문제에 대해 더 이상 비중을 두지 않겠다는 입장을 보였습니다. 그러나 이것만으로 상황을 해결하기에는 충분치 않았습니다. 이러한 곤경 속에서 구세주처럼 나타난 러시아 대표가 한 편으로 하야시에게 문제를 그렇게 다루는 것은 한국의 내정에 간섭하는 것과 같다는 것을 시사해 주었고, 다른 한편으로는 그가 한국 정부에게 이달 8일에 안정과 평화를 위해 그 사건을 가능한 한 빨리 마무리 짓는 것이 좋다고 간곡히 권고해 일본 공사의 감사를 받았다고 합니다. 그러자 이달 9일에 합의가 이루어져, 이미 언급된 일본의 각서는 양측에서 불문에 부쳐지고, 고문의 비난을 철회한 하야시가 안경수에 대한 소송절차에서 변칙행위가 있었고 이로 인해 재판관들이 처벌되었다고 한국 정부가 인정한 것에 대해 만족한다고 표명했습니다. 마지막으로 한국이 도쿄에서 취한 조치에 대해서는 한국 정부가 일본 측이 수용할만한 확인을 해 주었는데, 그 조치는 하야시를 위해 취해진 것으로, 그에 대한 알현 거절이 개인적인 반감으로 보이지 않도록 하기 위함이었습니다.

이달 14일 하야시는 부산주재 일본영사를 소개하기 위해 알현을 허락받게 되었습니다. 당시에 그는, 본인이 들은 바에 의하면, 안경수의 문제를 잠시 언급하며, 한국 왕이 외무대신을 통해 이 문제가 해결되었음을 들으셨을 것이라고 말했습니다.

이 문제에 있어서 일본의 나약하고 목표 없는 정치로 인해 한국의 조정에서는 왕비 살해에 관련한 모든 한국인들에 대한 복수를 노리는 반일적인 행위와 음모가 이루어지는 결과가 초래되었습니다. 대신들과 국무위원들은 죄인들의 처벌을 요구하는 충성의 진정서를 올리는데 전력을 다했습니다. 그러자 한국 왕은 이달 8일에 공표한 칙령에서 아직 일본에 살고 있는 망명객 중에 가장 죄가 무거운 5명의 인물들, 즉 조희연[5], 유길준[6], 이두황[7], 권동진[8]과 조희문[9]뿐만 아니라 -이미 보고된 첫 결정과는 달리- 왕자 이준용[10]의 체포도 지시했습니다. 이러한 조처를 수행하기 위해 일본 정부에 필요한 인도 조치를 요청할 것인지는 기다려 봐야 할 것입니다.

충성어린 이 보고의 사본을 베이징과 도쿄주재 제국공사관에 송부해 드립니다.

바이페르트

내용: 일본과 한국 간의 갈등

---

5 [감교 주석] 조희연(趙羲淵)
6 [감교 주석] 유길준(俞吉濬)
7 [감교 주석] 이두황(李斗璜)
8 [감교 주석] 권동진(權東鎭)
9 [감교 주석] 조희문(趙羲聞)
10 [감교 주석] 이준용(李埈鎔)

27

원문 p.670

한국 경부 창설

발신(생산)일	1900. 6. 18	수신(접수)일	1900. 8. 6
발신(생산)자	바이페르트	수신(접수)자	호엔로에−실링스퓌르스트
발신지 정보	서울 주재 독일 총영사관	수신지 정보	베를린 정부
	No. 58		A. 10548
메모	참조 A. 6341/02 연도번호 No. 629		

A. 10548 1900년 8월 6일 오전 수신

서울, 1900년 6월 18일

No. 58

독일제국 수상 호엔로에−실링스퓌르스트 각하 귀하

한국의 경찰행정 관할권은 현재까지 내부 산하 경무청[1]에 있었습니다. 그러나 이달 12일 공표된 한국 왕의 칙령으로 인해 다른 부처와 동등한 위치의 경부[2]가 신설되었습니다. 경찰부는 이달 13일 자 법령에 따라 2개의 국으로 조직되었는데, 한 부서는 좁은 의미로 치안 업무를 담당하고, 다른 부서는 일반 업무(통신 및 회계)를 담당한다고 합니다. 예산에 따라 예상되는 직책은 대신 1명, 부대신 1명, 국장 2명, 서기관 8명 그리고 그 외 필요한 하급관리들입니다.

이러한 조치는 계속적으로 경찰국의 업무가 가중되어 취해졌지만, 이를 행정기관의 독립적인 지위를 바라는 지금의 반동적인 경향과 결부시킨다면 결코 잘못된 판단은 아닐 것입니다.

조병식[3] 탁지부대신이 당분간 신설된 부처의 업무를 담당하게 되었습니다. 소문에 의하면, 지금까지 대법원장직을 맡았던 이유인[4]이 대역죄인인 안경수[5]와 권형진[6]에 대한

---

1 [감교 주석] 경무청(警務廳)
2 [감교 주석] 경부(警部)
3 [감교 주석] 조병식(趙秉式)
4 [감교 주석] 이유인(李裕寅)

판결로 10년 유형을 받았지만, 사면된 이후에 복직이 될 것이라고 합니다.

바이페르트

내용: 한국 경부 창설

---

5   [감교 주석] 안경수(安駉壽)
6   [감교 주석] 권형진(權瀅鎭)

28

[러시아, 일본에 한국 공동보호 제안]

발신(생산)일		수신(접수)일	1900. 8. 8
발신(생산)자	베델	수신(접수)자	
발신지 정보	도쿄 주재 독일 공사관	수신지 정보	베를린 외무부
	No. 55		A. 10657
메모	1. 수신: 빌헬름회에 각하, No. 140 암호전보 독일제국 대리공사가 오늘 도쿄에서 보고 2. 수신: 노르더나이, 차관, No.183 암호전보 독일제국 대리공사가 도쿄에서 보고 3. 수신: 하츠펠트, 런던 No.269 암호전보 도쿄주재 독일제국 대리공사의 전신		

A. 10657   1900년 8월 8일 수신

전보

도쿄, 1900년 8월 -일 -시 -분
도착: 8월 8일 10시 50분 오전

독일제국 대리공사 외무부에 송부

암호해독

No. 55

아오키[1]가 본인에게 비밀리에 전해준 바로는 이스볼프스키[2]와 파블로프[3] 모두 한국의 공동 또는 분할 보호, 즉 러시아가 북쪽을 일본이 남쪽을 차지한다는 일본과 러시아의 합의를 제안했습니다. 아오키는 일본 정부가 당분간은 한국에 군대를 파견할 계획이 없

---

1   [감교 주석] 아오키 슈조(靑木周藏)
2   [감교 주석] 이즈볼스키(A. P. Izwolskii)
3   [감교 주석] 파블로프(A. Pavlow)

지만, 소요 상태가 발생 시 러시아의 합의안을 받아들일 수도 있다고 대답했습니다.

이곳 정부 그룹에서 청서[4] 공개 문제로 영국에 대한 강한 반감이 존재하고 있습니다. 아오키의 설명에 의하면, 영국이 대략 4주 전에 일본에 전쟁비용 보장에 대해 제안했으며, 일본 정부는 이 제안에 감사했지만, 별도로 동의하지는 않았습니다. 일본정부가 영국에 연락을 취하며 이 사안에 대해 공개하지 않도록 요청을 했지만, 영국 정부는 이를 공개하여 일본의 입장을 곤란하게 했습니다.

베델

---

4 [감교 주석] 청서(Blue Books)

A. 10657

전보

베를린, 1900년 8월 8일 오후 3시 52분

도착 오후 5시 45분

데렌탈[5] 공사가 황제 폐하께 송부함

암호해독

No. 140

8월 23일 우체국으로부터
폐하의 대리공사가 오늘 도쿄에서 다음과 같이 보고 드립니다:

"이곳 정부그룹에서 청서 공개 문제로 영국에 대한 강한 반감이 존재하고 있습니다. 아오키의 설명에 의하면, 영국이 대략 4주 전에 일본에 전쟁비용 보장에 대해 제안했으며, 일본 정부는 이 제안에 감사했지만, 별도로 동의하지는 않았습니다. 일본 정부가 영국에 연락을 취하며 이 사안에 대해 공개하지 않도록 요청을 했지만, 영국 정부는 이를 공개하여 일본의 입장을 곤란하게 했습니다."

데렌탈

---

5 [감교 주석] 데렌탈(Derenthall)

[러시아, 일본에 한국 공동보호 제안]

발신(생산)일		수신(접수)일	1900. 8. 8
발신(생산)자	베델	수신(접수)자	뷜로
발신지 정보	도쿄 주재 독일 공사관	수신지 정보	베를린 외무부
	No. 183		A. 10657
메모	8월 31일		

A. 10657

전보

베를린, 1900년 8월 8일 오후 3시 51분

도착: 오후 5시 15분

데렌탈 독일제국 공사가 뷜로[1] 장관에게 송부함

암호해독

No. 183

독일제국 대리공사가 도쿄에서 다음과 같이 보고드립니다:

"이곳 정부그룹에서 청서[2] 공개 문제로 영국에 대한 강한 반감이 존재하고 있습니다. 아오키[3]의 설명에 의하면, 영국이 대략 4주 전에 일본에 전쟁비용 보장에 대해 제안했으며, 일본 정부는 이 제안에 감사했지만, 별도로 동의하지는 않았습니다. 일본 정부가 영국에 연락을 취하며 이 사안에 대해 공개하지 않도록 요청을 했지만, 영국 정부는 이를 공개하여 일본의 입장을 곤란하게 했습니다."

폐하께 전해드립니다.

데렌탈

---

1 [감교 주석] 뷜로 노르더나이(Bülow Norderney)
2 [감교 주석] 청서(Blue Books)
3 [감교 주석] 아오키 슈조(青木周藏)

베를린, 1900년 8월 10일　　　　　　　　　　　　　　　A. 10405

연도번호 No. 7473　　　　　　　　　청국과 비교한 한국의 상황에 관한 금년 6월
　　　　　　　　　　　　　　　　26일 자 서울주재 독일제국 대리영사 보고를
　　　　　　　　　　　　　　　　동봉하여 높으신 명에 따라 제국 해군청 차관
　　　　　　　　　　　　　　　　님께 삼가 송부해 드립니다.

한국에 대한 영국과 일본의 정책을 보도한 "Rossija"

발신(생산)일	1900. 8. 14	수신(접수)일	1900. 8. 17
발신(생산)자	라돌린	수신(접수)자	호엔로에-실링스퓌르스트
발신지 정보	페테르부르크 주재 독일 대사관	수신지 정보	베를린 정부
	No. 519		A. 11299
메모	8월 20일 런던 842, 뭄 A11 전달		

A. 11299 1900년 8월 17일 오전 수신

상트페테르부르크, 1900년 8월 14일

No. 519

독일제국 수상 호엔로에-실링스퓌르스트 각하 귀하

한국 정부가 일본에게 한국으로 보호군 파병을 요청했다는 도쿄 발 뉴스가 있었는데, 이는 "상하이에서 영국의 명예를 위해 발생된 사건의 반향"으로 "Rossija"지에 게재되었습니다. 어떤 우발사건에 대비해 이 보호군이 사용된다는 것인가? 한국은 왜 이러한 요청을 러시아가 아닌 일본에게 하는 것인가? 러시아는 한국에 가장 가까운 국가로서 일본만큼 강하고 한국에 우호적이지 않은가?

이러한 의문들은 러시아에게 있어서 청국에서 발생한 사건 못지않게 중요하기 때문에 당국의 믿을만한 설명이 절실히 필요할 것입니다.

"한국은 러시아의 이해관계, 다시 말해 러시아의 안전에 관한 관점에서 볼 때 완전히 독립되어 있어야 하거나 러시아의 영향력 아래에 있어야 하는 지역이다. 그러나 둘째로, 이것은 특히 중요한 것인데, 일본은 섬나라 국가로 머물러 있어야 하며, 대륙에서는 한 치라도 자기 영토를 소유해서는 안 된다. 만약 일본이 한국이든 청국의 북부이든 어디서든 간에 우리의 인접국가에서 확고한 기반을 굳힌다면, 동아시아에서 러시아 정책이 전반적으로 흔들리게 되는데, 러시아의 정책은 이미 우리에게 막대한 희생을 치르게 했다."

시모노세키 조약[1]은 러시아가 이 문제에 있어서 독일과 프랑스와의 단결[2]에 의지할

---

1 [감교 주석] 시모노세키 조약(1895)

수 있다는 것을 증명한다고 합니다. 그러나 이것이 그러한 상황이 아니라면, 동아시아에서의 러시아의 이익은 필요한 경우 자력으로라도 강경한 행동을 필요로 한다는 것입니다.

이 도쿄 발 뉴스는 아마도 영국이 상황을 엿보기 위해 시도한 것으로 판명이 날 것 같다고 합니다. 그러나 서울에서 아무런 반발도 일어나지 않는다면, 이미 충분히 혼란스러워진 동아시아의 상황은 더욱 복잡해질 것이라고 합니다.

라돌린

내용: 한국에 대한 영국과 일본의 정책을 보도한 "Rossija"

---

2 [감교 주석] 삼국간섭(1895)

베를린, 1900년 8월 20일   A. 11299

주재 외교관 귀중   한국 문제를 다룬 "Rossija 기사에 관한 이번
1. 런던 대사관 No. 842   달 14일 자 상트페테르부르크 주재 독일제국
2. 뭄[3] No. A11   대사의 보고를 첨부하여 정보 보고로서 삼가
                                       송부해 드립니다.

연도번호 No. 7935

---

3 [감교 주석] 뭄(Mumm)

31

한국인들의 분위기

발신(생산)일	1900. 6. 30	수신(접수)일	1900. 8. 20
발신(생산)자	바이페르트	수신(접수)자	호엔로에–실링스퓌르스트
발신지 정보	서울 주재 독일 총영사관	수신지 정보	베를린 정부
	No. 65		A. 11459
메모	연도번호 No. 702		

A. 11459 1900년 8월 20일 오전 수신

서울, 1900년 6월 30일

No. 65

독일제국 수상 호엔로에–실링스퓌르스트 각하 귀하

  미국의 변리공사[1]는 어제 이곳의 외부대신[2]에게 각서를 보냈는데, 각서에서 그는 지난달 25일의 알현에서 대표들이 지지 조언을 하겠다고 한 약속에 따라 한국 왕에게 다음과 같은 사실을 전달해 주길 요청했습니다. 그것은 바로 국내에 특히 전라도 남부에 있는 미국 선교사들이 그에게 보낸 소식에 의하면 왕의 특사들의 착취 행위로 말미암아 국민들 사이에 커다란 불만이 일어나 소요사태를 염려된다는 것입니다. 따라서 알렌은 나라 안에 평화를 유지하기 위해 이 관리들을 소환할 것을 제안했습니다.

  그러한 권고는 성공을 거둬야 할 것입니다. 왜냐하면, 이러한 특사 파견은 오직 무작위적인 추가 세금으로서 왕실의 재정을 채우기 위한 목적으로 발생하고, 이미 빈번하게 지방을 난국으로 이끌었기 때문입니다. 그러나 염려스러운 특징은 지금까지 알렌이 언급한 상황만큼은 아니며, 그것은 지난 며칠간 한국의 남부로부터 일본 공사에게 들어온 불분명한 소문에 기인했는데, 이 소문이란 그곳 주민들 사이에 기독교에 대한 혐오적 분위기가 있다는 것이었습니다.

  충성어린 이 보고의 사본을 도쿄 및 베이징주재 제국공사관에 송부해 드리며, 베이징

---

1 [감교 주석] 알렌(H. N. Allen)
2 [감교 주석] 박제순(朴齊純)

으로의 보고 사본은 제국순양함 전투함대의 사령관을 통해 보내드립니다.

바이페르트

내용: 한국인들의 분위기

32

청국의 폭동으로 인한 한국 국경의 위협. 한국 군대

발신(생산)일	1900. 7. 14	수신(접수)일	1900. 8. 24
발신(생산)자	바이페르트	수신(접수)자	호엔로에-실링스퓌르스트
발신지 정보	서울 주재 독일 총영사관	수신지 정보	베를린 정부
	No. 71		A. 11712
메모	A. 10162 참조 I) 8월 28일 런던 867, 페테르부르크 633 참모부 전달 II) 8월 28일 워싱턴 A. 137, 코펜하겐 69 전달 연도번호 No. 806		

A. 11712 1900년 8월 24일 오전 수신, 첨부문서 1부

서울, 1900년 7월 14일

No. 71

독일제국 수상 호엔로에-실링스퓌르스트 각하 귀하

이달 12일 한국 국경지역 의주로부터 얼마 전 두 명의 동료와 Tong Wong Chin[1] 출신 다수의 청국 기독교인들과 함께 그곳에 도피했던 덴마크의 한 선교사가 전보를 보냈는데, 국경선에서 약 100킬로미터 떨어진 앞서 언급한 지역에서 도피한 기독교인의 보고에 따르면, 권비[2]들이 그곳에서 상당한 수로 활동하고 추종자들을 구하고 있다는 것입니다. 아직은 인접 지역이 조용하지만 우선 포트 아서[3]를 향한 그 운동이 조만간 한국 국경으로 파급되지 않을까 염려하고 있다는 것입니다.

미국 변리공사[4]가 최근 미국 장로교 선교자들의 주 활동지역인 평양으로부터 이달 3일에 서한으로 보고를 받았는데, 그 내용은 기독교인 박해를 꾀하는 청국 폭도들이 곧 도착한다는 소문으로 주민들이 몹시 불안에 떨고 있다는 것과 그러한 소문의 파급을 공식적으로 금지하면서 주민들의 동요가 더욱 심해질 것이라고 합니다. 그러나 이달 14

---

1 [감교 주석] 문맥상 통위엔푸(通遠堡)로 추정됨.
2 [감교 주석] 권비(拳匪). 의화단의 또 다른 명칭.
3 [감교 주석] 뤼순(旅順; Port Arthur)항
4 [감교 주석] 알렌(H. N. Allen)

일의 전보 보고에 의하면, 평양의 분위기는 그사이 다시금 안정되었으나 조심하는 주민들 사이에서 이미 큰 긴장감이 감돌고 있습니다. 미국 측은 평양으로부터 북쪽으로 멀지 않은 곳에 위치해 있고 약 60명의 미국인이 체류하고 있는 운산 광산 때문에 이 상황 변화에 큰 관심을 갖고 있습니다. 원산으로부터 남서쪽으로 하루 거리에 있는 독일 광산 지구 당고개[5]는 당분간 위험하지 않을 것으로 보입니다.

한국 정부가 강력한 안전 조치를 취할 수 있을 것으로는 보이지 않습니다. 북쪽의 두 지방인 평안도와 함경도에 각 1,000명으로 구성된 4개 대대를 조직하라고 지시한 왕령은 이달 3일에 이미 공포되었으나 지금까지 실행되지 않았습니다. 이른바 필요한 자금(매년 12만 5천 엔)이 없다는 것인데, 믿을 만한 소식통에 의하면, 실제 원인은 이곳 진위대[6]의 간부로서 파견된 장교와 하사관들이 어떤 구실을 내세워서라도 자신들에게 위험한 장소에 가기를 피하기 때문이라는 것입니다. 한국 정부는 아마 만약의 경우가 생길 때에 일본이 이곳의 안정 유지를 담당해 줄 것이라고 기대하는 모양입니다. 러시아 측도 이를 예상하는 것 같은데, 더 정확히 말하자면, 이러한 상황을 두려워하는 것 같습니다. 파블로프[7]가 오늘 본인에게 말하기를, 일본이 이상하게도 자신들의 준비 상황을 비밀로 하고 있지만, 믿을만한 정보에 의하면 일본이 5개 사단을 동원하고 있다고 합니다.

한국의 러시아 무관이 현재 한국의 군대 편성표를 본인에게 전달해 주었는데, 각하께 첨부문서로 삼가 송부해 드립니다. 그러나 실제의 인원이, 특히 지방의 수치가 모두 일치하는지는 상당히 의문시되며, 군부대의 전투능력과 무장 상태가 몹시 취약하다고 합니다. 보병이 사용할 수 있는 것은 3,500에서 4,000정의 다양한 모델의 총기와 이곳 병기창에서 만들어질 수 있는 약 150만 발의 실탄입니다. 서울에 있는 프랑스 경기관총 8정에는 실탄이 있으나 크루프제 산악용 대포 8정과 구리로 만들어진 15정의 오래된 대포에는 탄약이 전혀 없다고 합니다. 한국 총세무사인 브라운[8]의 알선으로 몇 주일 전에 속사포 24정이 영국에 처음으로 주문되었다 합니다.

충성어린 이 보고의 사본을 도쿄주재 제국공사관과 제국순양함 전투함대 사령관께 송부해 드립니다.

바이페르트

---

5 [감교 주석] 당현금광(堂峴金鑛)
6 [감교 주석] 진위대(鎭衛隊)
7 [감교 주석] 파블로프(A. Pavlow)
8 [감교 주석] 브라운(J. M. Brown)

1900년 7월 15일 자 추신

오늘 들어온 소식에 의하면, 청국의 폭도들이 단둥[9](한국 국경부근, 의주에서 약 12km 지점)에 있는 천주교 선교회관을 파괴했습니다. 이 운동이 포트 아서로 파급되는 상황이나 기타 랴오둥[10] 반도에서 일어나는 사건들에 대해서는 이곳에서 아무런 소식이 없는 상태입니다. 그러나 러시아 무관은 다시 포트 아서의 수비를 강화하기 위해 러시아군이 다시 돌아올 가능성이 있다고 말했습니다.

내용: 청국의 폭동으로 인한 한국 국경의 위협. 한국 군대, 첨부문서 1부

No. 71의 첨부문서

한국군 현황

I. 서울

장교수 사병수

1. 2개 대대의 근위보병, 각 25명의 장교와 998명의 사병을 보유

　남자 ·· 50 ··· 1996

2. 3개 대대의 상비보병, 각 29명의 장교와 820명의 사병

　남자 ·· 87 ··· 2460

3. 1개 중대의 포병 ····································· 5 ··· 200

4. 1개 중대의 기병 ····································· 5 ··· 200

---

9 [감교 주석] 단둥(丹東)

10 [감교 주석] 랴오둥(遼東)

Ⅱ. 지방

주둔지	도		
1. 평양 ············· 평안도 ························· 12 ········· 492
2. 안주 ············· 평안도 ·························· 3 ········· 105
3. 북청 ············· 함경도 ·························· 6 ········· 410
4. 무산 ············· 함경도 ·························· 6 ········· 410
5. 강화 ············· 경기도 ·························· 5 ········· 300
6. 해주 ············· 황해도 ·························· 3 ········· 200
7. 황주 ············· 황해도 ·························· 3 ········· 100
8. 원주 ············· 강원도 ·························· 3 ········· 100
9. 춘천 ············· 강원도 ·························· 3 ········· 100
10. 공주 ············· 충청도 ·························· 3 ········· 100

               188   6763

지방

	장교수	사병수	
주둔지도	188	6763	
11. 광주 ············· 전라도 ·························· 3 ········· 1100
12. 전주 ············· 전라도 ·························· 5 ········· 1314
13. 안동 ············· 경상도 ·························· 3 ········· 1100
14. 대구 ············· 경상도 ·························· 6 ········· 1400
15. 고성 ············· 경상도 ·························· 5 ········· 1400
16. 진주 ············· 경상도 ························· 12 ········· 1430
총계	222	8507	

만일의 상황에 대비한 한국에서의 일본의 보호조치

발신(생산)일	1900. 7. 20	수신(접수)일	1900. 8. 24
발신(생산)자	바이페르트	수신(접수)자	호엔로에-실링스퓌르스트
발신지 정보	서울 주재 독일 총영사관	수신지 정보	베를린 정부
	No. 74		A. 11713
메모	8월 24일 런던 867, 페테르부르크 633, 참모부 전달 연도번호 No. 851		

A. 11713   1900년 8월 24일 오전 수신

서울, 1900년 7월 20일

No. 74

독일제국 수상 호엔로에-실링스퓌르스트 각하 귀하

한국 국경에 대한 최근의 소식에 따르면, 비록 청국 폭도[1]들 측에서 국경을 넘는 것이 지금까지는 없는 것 같지만, 목전에 닥친 그러한 위험으로 일본 공사가 며칠 전 국경지대에 충분한 안보 조치를 취해야 한다고 한국 정부에 제안했습니다. 일본 공사[2]가 전달한 바와 같이, 하야시는 소요사태가 발생하고 한국의 조치가 불충분하다고 판명되면, 일본은 일본 국민의 안전을 직접 돌볼 필요가 있다고 덧붙여 말했습니다.

하야시가 본인에게 말하기를, 러시아 측이 만약의 경우 일본의 그러한 개입에 여전히 의심하고 반대할 것으로 보이고, 그는 비록 공식적인 표명은 아니지만- 파블로프[3]에게 이에 대한 일본의 의도에 대해 충분히 안심시키려고 했다고 합니다.

러시아 대리공사는 자신이 알기로 러시아 정부가 혹시나 있을 일본의 보호조치에 대해 아무런 어려움도 만들지 않을 것이라고 말했습니다. 다만 러시아 정부는 1896년[4]과 1898년의 협정[5]에 따라 이와 관련해 이전에 통지한 사항들을 준수해야 한다고 합니다.

---

1   [감교 주석] 의화단
2   [감교 주석] 하야시 곤스케(林權助)
3   [감교 주석] 파블로프(A. Pavlow)
4   [감교 주석] 로바노프 야마가타 의정서

충성어린 이 보고의 사본을 도쿄와 베이징주재 제국공사관에 송부 드리며, 베이징에는 제국순양함 전투함대 사령관을 통해 보내 드립니다.

바이페르트

내용: 만일의 상황에 대비한 한국에서의 일본의 보호조치

5　[감교 주석] 로젠 니시 협정

베를린, 1900년 8월 28일   A. 11712. A. 11713

주재 외교관 귀중   청국의 폭도로 인한 한국의 위급 상황에 관한
1. 런던 No. 867   지난달 14일 자 및 20일 자 서울주재 독일제
2. 상트페테르부르크 No. 633   국 대리영사의 보고서 2부를 첨부하여 정보
                                         보고로서 삼가 송부해 드립니다.

3. 제국군 참모총장   각하께 (위와 동일한) 보고서 2부를 첨부하여
                                         참고 정보로서 삼가 송부해 드립니다.

연도번호 No. 8294

베를린, 1900년 8월 28일   A. 11712

주재 외교관 귀중   청국의 폭도로 인한 한국의 위급 상황에 관한
1. 워싱턴 No. A. 137   지난달 14일 자 서울주재 독일제국 대리영사
2. 코펜하겐 No. 69   의 보고를 첨부하여 정보 보고로서 삼가 송부
                                         해 드립니다.

연도번호 No. 8295

[서울 주재 독일 영사의 보고서 전달]

발신(생산)일	1900. 8. 26	수신(접수)일	1900. 8. 29
발신(생산)자	팀	수신(접수)자	외무부 차관
발신지 정보	베를린 해군청	수신지 정보	베를린 외무부
	A. 7745 I		A. 12045
메모	1900년 6월 30일 자 서한에 대한 답신 No. A. 7939 삼가 첨부함		

A. 12045 1900년 8월 29일 오후 수신, 첨부문서 1부

베를린, 1900년 8월 26일

A. 7745 I

외무부 차관님께,

1900년 5월 9일 자 서울주재 독일제국 대리영사의 보고의 첨부문서를 참고 후 동봉하여 삼가 돌려보내 드립니다.

해군참모부에 해당 보고서가 제출되었습니다.

팀

한국 정부에서 미국인 고문의 위치

발신(생산)일	1900. 7. 14	수신(접수)일	1900. 9. 3
발신(생산)자	바이페르트	수신(접수)자	호엔로에−실링스퓌르스트
발신지 정보	서울 주재 독일 총영사관	수신지 정보	베를린 정부
	No. 70		A. 12312
메모	연도번호 No. 804		

A. 12312 1900년 9월 3일 오전 수신

서울, 1900년 7월 14일

No. 70

독일제국 수상 호엔로에−실링스퓌르스트 각하 귀하

일본 신문들은 지난달 말경 한국 정부의 미국인 고문 샌즈[1]에 대해 신랄하게 공격했습니다. 신문들은 한국 관리들의 비밀누설로 얼마 전 알려지게 된 올해 5월 말 샌즈의 진정서를 근거로 삼고 있는데, 진정서에는 한국의 독립을 반대하는 러시아 및 일본의 의도를 조심하라고 한국에 직접 경고하는 내용이 있으며, 모든 영역에서의 행정 개선 권고는 제외하더라도, 정치적으로 한국에서 이해관계가 있는 열강들에게 특허권을 내주는 것을 가능한 한 피해야 한다고 지시하고 있는데, 이러한 권고는 분명 한국에서의 미국의 사업에 도움을 주기 위함입니다.

샌즈는 하야시[2]에게 한국 정부에 대해서 명확한 의견을 전했다고 하며, 일본이 샌즈에 대해 불만을 표하는 주된 원인은 국사범이었던 안(안경수)[3]과 권[4](권형진)의 처형으로 야기된 우발사건으로 한국이 일본에 대해 취했던 도전적인 태도가 대부분 샌즈의 조언이기 때문입니다. 특히 그는, 외부대신[5]이 파블로프[6]에게 전한 바와 같이, 알현 거부에

---

1 [감교 주석] 샌즈(W. F. Sands)
2 [감교 주석] 하야시 곤스케(林權助)
3 [감교 주석] 안경수(安駉壽)
4 [감교 주석] 권형진(權瀅鎭)
5 [감교 주석] 박제순(朴齊純)
6 [감교 주석] 파블로프(A. Pavlow)

대해 일본 정부에 설명하도록 조언했다고 합니다. 이로 인해 러시아 대리공사는 외무대신에게 아직 젊고 경험이 없는 사람의 제안을 항상 심사숙고하지 않고 따라서는 안 된다고 말했습니다. 미국 변리공사[7]도 본인에게 자신의 국민(샌즈)의 좋지 않은 태도에 대해 불만을 토로했으며, 그는 샌즈의 태도로 인한 모든 책임을 지는 것을 거부하고 있습니다. 이곳 조정에서의 샌즈의 위치가 이러한 사건의 여파로 흔들리는 것처럼 보이지만, 현재 그것이 어느 정도인지는 아직 알 수 없습니다.

충성어린 이 보고의 사본을 도쿄주재 제국공사관에 송부해 드립니다.

바이페르트

내용: 한국 정부에서 미국인 고문의 위치

---

7 [감교 주석] 알렌(H. N. Allen)

[러시아의 한반도 분할을 일본에 제안]

발신(생산)일	1900. 9. 6	수신(접수)일	1900. 9. 6
발신(생산)자	뭄	수신(접수)자	
발신지 정보	상하이 주재 독일 영사관	수신지 정보	베를린 외무부
	No. 42		A. 12471
메모	암호전보, 9월 6일 S. E. 301 런던 323, 페테르부르크 188 전달		

A. 12471 1900년 9월 6일 오후 수신

전보

상하이, 1900년 9월 6일 오후 6시 40분

도착: 오후 4시 43분

독일제국 공사가 외무부에 송부함

암호해독

No. 42

니웃추웅[1] 부영사가 이른바 정통한 소식통을 통해 보고한 바로는 러시아가 일본에게 한국의 분할을 제안했다고 합니다.

뭄

원본 : 청국 24

---

1 [감교 주석] 니웃추웅(Niutschuong)

[러일 갈등 관련 일본의 독일 견해 탐문]

발신(생산)일	1900. 9. 2	수신(접수)일	1900. 9. 7
발신(생산)자	레이덴	수신(접수)자	호엔로에-실링스퓌르스트
발신지 정보	뮌헨	수신지 정보	베를린 정부
			A. 12527

사본

A. 12527   1900년 9월 7일 오후 수신

뮌헨, 1900년 9월 2일

프린츠 레겐텐-슈트라세[1] 4번지

존경하는 백작님께,

본인은 각하께 보고 드리게 됨을 영광으로 생각합니다. 이노우에[2] 일본 공사는 이틀 전 전보를 통해 긴급한 문제로 본인과 논의하길 요청했습니다.

이에 따라 일요일인 오늘 약속을 정해, 이노우에가 방금 이곳에 찾아와 아오키[3]가 지신에게 내린 지시를 본인에게 전해주었습니다. 그 지시란 "본인을 방문하여 가능하다면 황제 폐하나 각하로부터 극히 긴밀히 다음 문제에 대한 의견을 얻어 내달라고 (동시에 그 밖의 누구도 그 문제에 대해 알지 못하도록 극히 신중하도록) 요청한 것이었습니다.

해당 문제로 넘어가면서 아오키는 다음과 같이 언급했습니다:

"the questions relating to Corea and China are entirely distinct. The former being one in which Japan and Russia alone are concerned. It is however possible that in consequence of the Chinese troublesome settlement regarding Corea may be effected and in anticipation of that contingency it is very desirable to learn whether Germany will not raise any objection to Japan's placing Corea under here sphere of influence

---

1   [감교 주석] 프린츠 레겐텐-슈트라세(Prinz Regenten-Straße)
2   [감교 주석] 이노우에 가쓰노스케(井上勝之助)
3   [감교 주석] 아오키 슈조(青木周藏)

and whether in the event of any other Power opposing to the measure, Germany will observe at least benevolent neutrality."

아울러 이노우에는 독일이 만일의 또는 스스로 열망하는 경우, "일본이 선의로 응답할 준비가 충분히 되어 있을 것이다(that Japan will be fully prepared to reciprocate in good will)"라는 말을 이해시키도록 지시를 받았다고 합니다.

아오키가 무슨 이유로 본인이 이 문제에 관여하도록 요구하는지 자문해 보면, 이에 대해 본인에게 가장 자연스럽게 떠오르는 이유는 본인을 통해 요청의 형식을 부드럽게 하고자 하는 것이 아닌지 생각됩니다. 또한 본인은 그가 베를린 공사를 별로 신뢰하지 않는다는 것을 거듭 알게 되었고, 끝으로 그가 자신이 취한 방법이 성공할지 스스로 깊은 의심이 들 경우, 이와 같은 우회의 방법을 택하는데, 이것이 바로 이 일본 외무대신이 갖고 있는 특성입니다.

본인에게 요청하는 이유가 바로 우회의 방법이라는 것을 이전의 그의 말에서 추측할 수 있습니다. 다른 한편 한국을 일본의 관심 사안으로 끌어들이는 것이 그의 정책이며, 더욱이 그는 만주에서의 러시아의 확고한 위치는 부정할 수 없는 사실이 되었고, 이후 청산을 할 때 적어도 이러한 보상을 끌어내지 못한다면 강한 공박을 각오해야 한다고 생각합니다. 각하께서 여러 가지 계기로 인하여 알고 계신 바와 같이 아오키는 그런 종류의 요청을 런던에도 하곤 했는데, 본인 생각으로는 이번에도 그렇게 될 것이 틀림없으며, 동시에 그는 그곳에 하야시[4]라는 믿을 만한 사람을 알고 있어서 기대되는 답변을 얻어 낸다는 데 별로 의심치 않을 것으로 생각합니다.

최근 동아시아에서 일어난 사건의 결과로 러시아와 일본이 서로를 평가하는 어느 정도 달라졌는지 판단하기가 어려운 상태입니다. 지금까지 이들 두 나라 중의 누구도가 그곳에서 가장 강한 세력인지 분명하게 알 수 없었습니다. 그러므로 본인은 한국에서 일본이 세력을 공고히 하는 것에 대해 러시아가 반대하는 상황이 변하지 않을까 생각합니다. 따라서 이런 종류의 일본의 요구사항들은 더이상 전쟁의 빌미를 만들지 않을 것이라고 생각됩니다. 이에 대해 러시아의 의견이 바뀌지 않는다면, 일본이 행한 군사력 시험 후 외교적 항의가 좀 더 강하게 대두될 것이며, 반면, 이노우에 본인에게 말한 것처럼, 청국에서의 전쟁 참여가 중단되지 않도록 야당 측에서 모든 수단을 통해 여론을 조성할 것입니다.

이 요청에 대해 본인은 야간열차로 베를린에 가서 각하께 직접 이에 대해 말씀드리고

---

4 [감교 주석] 하야시 다다스(林董)

자 순간 생각했습니다. 그러나 조금 더 고려해 본 후, 이노우에가 본인이 이러한 움직임에 지나치게 실제적인 의미를 두고 있다고 생각할 수 있어서, 베를린에 갈 필요는 없다고 판단했습니다.

따라서 본인은 일본 동료에게 일본 대신이 원하는 바에 응하겠다고 약속하는데 그쳤습니다. 본인은 순전히 개인적으로 별도의 책임을 지지 않고 그에게 말했는데, 지금 영토적인 요구를 들고 나온다면 이것은 적어도 시기상조이고, 열강들의 행동과 그들의 효과적인 협력이 사실 지금까지 청국이 정상적인 상태를 회복하도록 취해졌다는 것이며, 당시 일본군이 아주 명예로운 위피를 얻게 되어 개인적으로 기뻤다는 것입니다. 따라서 일본이 소위 이렇게 정해진 노선에서 벗어나 나쁜 인상을 주게 되면, 본인은 개인적으로도 유감스럽게 생각할 것이라고 말했습니다.

본인은 이노우에를 설득시켰다고 말씀드리기가 어렵습니다. 그렇지만 그는 이 대화를 통해 아무르에 대한 일본의 계획에 대해 부인했으며, 유럽 신문이 대만에서 12,000명이 파병되었다는 사실을 완전히 꾸며 냈다며 이에 대해 유감을 표시했습니다.

존경하는 백작님, 본인이 이 용지를 사용한 것에 대해 너그럽게 용서해 주시기 바랍니다. 오늘이 일요일이어서, 본인은 몬트[5]에서 아무도 만나지 못해, 서둘러 다른 용지를 구할 수 없었습니다.

백작 부인께 안부 인사를 드리며 삼가 글을 마치고자 합니다.

백작님의 충성스런 공복
라이덴[6]

---

5 [감교 주석] 몬트(Monts)
6 [감교 주석] 라이덴(G. Leyden)

38
[러일 갈등 관련 독일의 대일정책 건의]

발신(생산)일	1900. 9. 9	수신(접수)일	1900. 9. 9
발신(생산)자	뷜로	수신(접수)자	외무부 차관
발신지 정보	노르더나이	수신지 정보	베를린 외무부
			A. 12652
메모	1. 일본 공사관에 초안 2. 9월 24일 암호 전문 도쿄 68 3. 9월 21일 문서로		

A. 12652 1900년 9월 10일 오전 수신

전보

노르더나이[1], 1900년 9월 9일 오후 4시 5분
도착 오후 5시 17분

제국 외무부 장관이 외무부에 보냄

암호 해독

No. 74

차관님께,

이노우에[2]의 기밀 공개에 대한 라이덴[3]의 보고가 차관님께 어떤 인상을 주었는지요? 본인이 신문에서 본 바로는 일본인들이 1895년의 동아시아에서 삼국간섭 갱신에 대해

---

1 [감교 주석] 노르더나이(Norderney)
2 [감교 주석] 이노우에 가쓰노스케(井上 勝之助)
3 [감교 주석] 라이덴(G. Leyden)

두려워하는 것 같다는 것입니다. 일본이 정말로 그렇게 염려한다면, 이것은 일본으로 하여금 어떤 일이 있어도 러시아와 협상함과 동시에 베이징의 철병에도 동의할 생각을 하고 있는지 모릅니다.

지금 독일이 일본에 반대하는 조직을 구성한다던가. 그런 조직에 편승할 생각이 없다는 것을 일본에 분명히 밝힘으로써, 저희에게 극도로 좋지 않은 만일의 사태를 막는 것이 차관님께서는 적합하다고 생각하시는지요? 그렇다고 하신다면 일본 공사에게 가능한 한 시급히 다음과 같은 사항을 조용히 그리고 우호적으로 말해야 할 것입니다: 일본 신문은 독일이 1895년처럼 갑자기 반일적 자세를 취할 수 있을 것으로 염려하는 것 같은데 이런 추측은 완전히 근거 없고 사실무근이다. 독일은 한국 문제에 대해 그 누구의 편을 들거나 반대할 말한 이해관계나 의무도 없다. 독일의 태도는 이러한 방침을 지켜나갈 것이다. 독일은 다른 국가들이 한국 문제에 대해 어떤 입장을 취하는지 모른다. 독일은 이미 최근 도쿄주재 대리공사[4]에게 아오키의 관심을 워싱턴의 의사 타진에 유익하게 이용해 보라는 위임을 맡겼다. ─ 동시에 같은 의미로 베델에게 최근 그에게 내린 지령과 관련하여, 차관님께서 이노우에 백작에게 한 바와 같이 도쿄에서 표명하도록 하는 요청과 함께 전보를 보낼 수도 있을 것입니다.

빌로[5]

A. 12652 첨부

사본

오버-암머가우[6], 1900년 9월 8일

기밀

존경하는 백작님께,

지난 일요일 본인은 각하께 일본 공사가 본인에게 마무리한 위임에 대해 삼가 보고드린 바 있습니다.

---

4 [감교 주석] 베델(Wedel)
5 [감교 주석] 빌로(Bülow)
6 [감교 주석] 오버-암머가우(Ober-Ammergau)

본인이 그 당시 이노우에[7]에게 한 개인적인 언급들로 인해 이후 그가 전보를 보낸 것으로 보이며, 해당 전보를 동봉하여 각하께 삼가 전해 드립니다.

같은 날(6일) 본인에게 보낸 편지에서 이노우에는 다음과 같이 강조했는데, 이 전보의 내용에는 일본 정부의 새로운 보장, 즉 일본 정부는 청국 문제의 현 상황을 일본의 이익을 위해 이용할 의도가 없으며, 지금까지 열강들과의 협력적 관계에서 떨어져 나가려고 하지도 않는다는 것이 포함되어 있다는 것입니다. 그는 이것을 "그 문제에 대한 일본 정부의 성실하고 솔직한 의도(the sincere and frank intentions of my Government in the matter)"라고 표현하고, 독일은 지금까지 일본이 자문을 구한 유일한 국가라는 것을 저에게 알린다고 덧붙였습니다. 이 마지막의 말은 본인이 지난번 말씀드렸던 영국도 의견 요청을 받았다는 본인의 추측과 모순되고 있지만, 본인은 이러한 모순이 별로 중요하지 않다고 생각하는데, 그 이유는 일본이 아마 런던에서 그 문제와 관련한 의견을 벌써 예전에 혹은 이미 수년 전에 확인했을 것이기 때문입니다.

그러나 아오키[8]는 이달 6일 자 자신의 전보에서 한국 문제는 완전히 별개의 문제라는 입장을 두 번째로 밝혔으며, 비록 그가 이 점에 대해 확실히 말하더라도 그만큼 그는 이 입장이 일반적으로 인정될지 매우 의심하는 것 같습니다. 본인의 개인적인 판단으로는 일본은 지금 러시아가 만주의 문제는 오직 러시아와 청국의 문제라고 표명할 것에 대비해 이 입장을 취하려는 것으로 보입니다. 그러나 이과 함께 청국 문제는 별개의 문제로 다뤄져야 한다는 아오키의 주장은 근거가 없을 것입니다. 더욱이 그가 이를 실행하기 위해 나름의 최선의 의지가 있다고 가정하더라도 그것은 매우 힘든 일이라 생각되며 모든 역사적 사건들과도 모순되어 보입니다. 왜냐하면, 한국이 일본과 러시아 간의 분쟁 대상이 되기 전에 이미 청국과 일본 간의 불화의 원인이었기 때문입니다.

아마 아오키의 표현방법이 단지 잘못 선택된 것으로 보이지만, 그가 한국 문제를 제기될 때 어떤 연합이든 열강들의 연합에 대해 대립해야 할지 그 여부를 알고자 합니다. 이 외에도 그러한 문의로 인해 최근 북쪽의 인접국가에 대한 일본의 용기가 커진 것처럼 보이기도 합니다. 왜냐하면, 본인은 아오키가 11월에 있을 개각 시에 자신의 후임이 될 이토[9]가 사전 지식없이 이러한 조치를 맡았을 것이라고는 생각지 않기 때문입니다.

이노우에는 본인에게 빠른 답장을 부탁했는데, 본인은 이노우에에게 이 서한과 함께 그의 편지를 받았다고 통고했습니다.

7　[감교 주석] 이노우에 가쓰노스케(井上勝之助)
8　[감교 주석] 아오키 슈조(靑木周藏)
9　[감교 주석] 이토 히로부미(伊藤博文)

존경을 담아 이만 글을 마칩니다.

각하의 충성스런 공복
서명 라이덴

사본
일본 주재 제국 공사관

Telegram from Viscount Aoki to Mr. Inouyé.

Strictly confidential.

You are hereby instructed to inform Count von Leyden once more that in dealing with China, Japan has not the least intention of departing from the concert of the Powers, nor of taking any advantage of the present trouble in that Empire, and further that the Chinese question is entirely separate and in no way related to the Corean question in which Japan and Russia are alone concerned to the exclusion of any other power. You will endeavor to obtain an answer as soon as possible.

September 6. 1900.

39

[영국에 대한 일본의 불만 고조]

발신(생산)일	1900. 8. 16	수신(접수)일	1900. 9. 12
발신(생산)자	베델	수신(접수)자	호엔로에-실링스퓌르스트
발신지 정보	도쿄 주재 독일 공사관	수신지 정보	베를린 정부
	A. 91		A. 12761
메모	9월 22일 런던 947, 페테르부르크 694 전달 ad A. 12762 1쪽에 폐하의 전언		

A. 12761 1900년 9월 12일 오후 수신

도쿄, 1900년 8월 16일

A. 91

독일제국 수상 호엔로에-실링스퓌르스트 각하 귀하

영국의 청서[1]에서 공개된 내용으로 인해 일본의 자존심이 깊이 손상되었는데, 그 이유는 청서의 내용이 청국에서의 일본의 활동이 마치 영국에 의해 매수되었다는 인상을 불러일으켰기 때문입니다.

이곳의 독립적인 언론은 청서의 표현을 혹독하게 평하고 있지만, 정부의 언론은 이를 무마하려고 노력하면서, 그러한 공개는 국내 정치적 이유에서 발생했으므로 내부 사정으로 조용히 넘어가는 것이 최선이라고 말했습니다.

그럼에도 불구하고 일본 정부는 우호 관계에 있는 영국이 행한 배신 행위에 대해 매우 실망하고 있습니다. 외무대신[2]의 설명에 의하면, 영국은 7월 8일, 즉 다쿠[3]로 가는 일본 1개 사단의 파병 결정이 알려지고 며칠 후, 일본 정부에게 더 많은 군대를 청국으로 보내주길 요청하고, 동시에 전쟁 비용에 대한 보장을 제안했습니다. 따라서 영국의 제안은 일본의 태도와 계획에 전혀 영향을 끼치지 않았다고 합니다. 일본 정부는 그러한

---

1 [감교 주석] 청서(Blue Books)
2 [감교 주석] 아오키 슈조(靑木周藏)
3 [감교 주석] 다구(大沽)

제안에 대해 감사의 뜻을 말하고 일본은 차관이 필요한 경우 영국에게 요청하겠지만, 그러한 이와 같은 제안을 추가적으로 이용하지는 않을 것이라고 대답했다고 합니다.

영국에 대한 불만은 그 다음 양쯔 지역에서 나타난 영국의 태도로 의해 가중되었습니다. 언론은 이것을 만주에서의 러시아의 행동과 비교하고, 러시아의 해동은 설명될 수 있고 당연하다고 보지만, 양쯔 지역에서의 영국의 위협적인 태도는 아무런 동기도 찾아볼 수 없다고 했습니다. 아오키는 영국이 일본에게 직례[4] 지방으로 대규모 병력을 파병하도록 강하게 촉구하면서, 그렇지 않을 경우 발생되는 상황에 대해 일본이 책임을 져야 한다고 단호히 말했는데, 이제 영국이 직접 자국의 선박과 해군의 대부분을 전쟁 지역에서 철수시키면서, 정보에 따라 전혀 위험이 없다고 판단되는 양쯔로 보냈다고 합니다. 이른바 다구[5]로 파병이 정해진 인도군 중 대략 절반이 홍콩에 머물게 되어 치리 지방의 인도 병력은 단지 6천여 명의 전투병에 불과하다고 합니다. 영국이 일본인에게 불 속에서 밤을 주워오라고 부당하게 요구하는 것은 매우 어리석다는 것입니다. 그럼에도 불구하고 일본은 오직 신중하고 적절한 방법으로 불만을 전달해야 하는데, 그 이유는 영국과의 우호 관계가 일본에게 필요하고 절대 손상되어서는 안 되기 때문이라고 일본 대신이 비밀리에 덧붙여 말했습니다.

(일본이) 영국에 대해 불만을 갖고 거의 같은 시기에 러시아에 가까워지기 시작한 것 같습니다. 이스볼스키[6]가 최근 본인에게 말하기를, 일본 정부가 지금까지 능숙하고 정확하게 행동했다는 것을 인정한다고 합니다. 그는 일본 정부가 어떤 특별한 이해관계를 주목하는 것이 아니라, 열강들에게 겸손하면서 자신에게 걸맞은 방식으로 협력하기 위해 진지하게 계획하고 있다는 인상을 받았다고 합니다. 그는 상트페테르부르크로 보내는 자신의 보고서에도 이러한 느낌에 대해 언급했다고 합니다.

한편 아오키는 본인에게 새로운 러시아 공사의 평화적 성향에 대해 칭송했습니다. 이스볼스키가 분명 불화를 피하고 러시아와 일본 간의 우호 관계를 증진시키기 위해 노력하고 있다는 것입니다. 파블로프[7]가 서울주재 일본대표[8]에게 한 바와 같이, 그는 러시아와 일본이 한국의 보호를 위해 서로 분할 할 수 있다고 제기했으며, 만약의 경우 러시아가 한반도의 북부를 그리고 일본이 남부의 안전을 맡을 것이라고 했습니다.

---

4 [감교 주석] 직례(直隷)
5 [감교 주석] 다구(大沽)
6 [감교 주석] 이즈볼스키(A. P. Izwolskii)
7 [감교 주석] 파블로프(A. Pavlow)
8 [감교 주석] 하야시 곤스케(林權助)

러시아에 대한 분위기의 변화는 북쪽의 대국에 대한 공포심이 감소했기 때문이라고 생각됩니다. 사람들은 동아시아에서 러시아의 군사적 상황이 지금까지 생각해 온 것만큼 강하지 않다는 것을 알게 되었으며, 무엇보다도 러시아 스스로 일본과의 분쟁을 꺼리면서 이와 같은 분쟁을 조심스럽게 피하려고 노력하고 있다는 인상을 받았습니다.

베델
원본 : 청국 24

40

일본과 한국

발신(생산)일	1900. 8. 11	수신(접수)일	1900. 9. 12
발신(생산)자	베델	수신(접수)자	호엔로에-실링스퓌르스트
발신지 정보	도쿄 주재 독일 공사관	수신지 정보	베를린 정부
	A. 92		A. 12762
메모	9월 17일 페테르부르크 683 전달		

A. 12762　1900년 9월 12일 오후 수신

도쿄, 1900년 8월 11일

A. 92

독일제국 수상 호엔로에-실링스퓌르스트 각하 귀하

베이징에 갇혀있던 외교관들과 그 밖의 외국인들의 운명에 대해 사람들이 안심하게
되자 일본 언론은 다시 한국 문제에 눈길을 돌렸습니다. 그러나 본인이 지난달 25일
자로 삼가 올려드린 보고서 A. 85에서 언급한 바 있는 러시아에 대한 접근 가능성을
다룬 반관보[1] "Nichi Nichi Shimbun"[2]의 사설이 나온 이래 정부 기관들이 완전히 침묵을
지켰습니다. 그러나 한국의 미래에 대한 문제는 정부에 독립된 신문들에서 더욱 활발하
게 거론되고 있습니다. 이들 신문은 매우 분명히 이구동성으로 한국의 "독립" 문제는
일본에게 생존의 문제라고 강조하고 있습니다. 일본이 항상 느껴야 하는 위협감은 제외
하더라도, 만약 어느 한 강력한 국가가 한국을 합병하거나 그곳에서 압도적인 정치적
세력을 얻음으로써 일본에 바싹 다가올 경우, 한국이란 일본이 자신의 가장 오랜 교역
관계를 통해 밀접한 관계를 맺고 있는 나라, 즉 일본이 상품의 가장 중요한 판로이자
그의 이주민을 위한 가장 가깝고 기후상 가장 적합한 지역이며, 일본이 계속 증가하고
있는 국민을 먹여 살리는데 완전히 어려워지는 가까운 장래를 위해 가장 적절한 곡창지
로 봐야 한다는 것입니다. 일본은 한국을 합병할 관심이 없다고 합니다. 만약 그렇다면

1　[감교 주석] 반관보(半官報)
2　[감교 주석] 도쿄니치니치신문(東京日日新聞)

일본은 단지 저항하는 국민을 통치하고 다른 국가들의 질투와 증오를 받게 되는 의미없는 일을 맡게 된다는 것이며, 다른 한편 자주적인 한국은 일본과 강력한 이웃 국가들, 즉 청국과 러시아 사이에 완충국으로서 역할을 할 것이라고 합니다. 그러나 한국이 진실로 독립이 되기 위해서는 정치적 성년에 도달할 때까지 확고한 후견인 설정할 필요가 있다는 것입니다. 역사적 발전, 이해-인종-관습의 공동체로 볼 때 이러한 후견인의 위치는 의심할 여지없이 일본에게 해당된다는 것이며, 일본의 정치가들은 일본의 이러한 요구를 일반적으로 인정받기 위해 현재 목적에 유리한 동양의 상황을 이용해야 한다는 것입니다. 만약 일본이 오늘날 과감하게 청국을 토막 내는데 어떻게 해서라도 반대하는 그런 나라들 편에 선다면, 이들 열강으로부터 보답으로서 한국에서 자신들의 요구에 대한 도의적 지원을 받는 것이 어렵지 않다는 것입니다. 일본이 원하는 바를 반대하는 나라는 현재 러시아가 유일한 것으로 보입니다. 러시아에게 만주에서 자유로이 활동하도록 놔두면, 러시아는 이로써 만족하게 될 것이라고 기대하고 있습니다.

그러나 유감스럽게도 여러 증거에서 결론적으로 나타난 바와 같이, 러시아가 한국의 독립에 강하게 반대할 의도를 품고 있다면, 한국의 독립을 보호하기 위해 청국과 전쟁을 했던 일본이 한국의 독립이 새로이 위협을 받게 되는 경우, 주저없이 다시 무기를 잡을 것이라는 생각을 반드시 염두에 두어야 합니다.

본인이 아오키[3]와 최근 어느 아름다운 여름날 저녁에 그의 정원에서 몇 시간 동안 가볍게 이야기를 하며 시간을 보낸 일이 있었는데, 이러한 친밀한 상황에서 그는 보기 드문 솔직함으로 한국에 대한 일본의 입장을 털어 놨습니다. 그는 대략 다음과 같이 말했습니다 :

"우리는 한국을 가져야 합니다. 우리는 옛날부터 한국을 좋아하며 지금은 벌써 어느 정도 한국을 우리의 일부로 보고 있습니다. 그 밖의 다른 세계의 어디에든 우리의 이주민들이 간 곳에서 기후와 경제적인 악조건과 싸워야 했으며, 널리 알려진 인종적인 어려움은 물론입니다. 비록 우리가 Tokien을 가진다 하더라도 그것은 우리에게 별로 유익하지 않을 것입니다. 우리의 이주민들은 대만과 마찬가지로 그곳으로 별로 가질 않았습니다. 반면에 한국에서는 일본의 이주민들이 한국에서 자신들과 동질적인 사람들 속에 살며, 건강도 좋으며 편안함을 느끼며 번영을 누립니다. 이들의 성공은 일본과 일본의 한국 관계에 직접 도움이 됩니다. 러시아가 한국에서 일본에게 자리를 양보해 줄 수 있다면 물론 가장 최선일 것이나, 그렇지 않은 경우 일본은 결국은 러시아와 싸워야 할 것입니다.

---

3 [감교 주석] 아오키 슈조(靑木周藏)

당분간 일본은 니시-로젠 협정의 기반 위에 있지만, 양 대국이 갈망하는 한반도가 계속해서 독립 상태로 있을 수는 없으며, 러시아에게 넘어가느냐 또는 일본에게 넘어가느냐를 결정해야 하는 것은 자명한 일입니다."

일부 일본의 집단들에서는 사람들이 러시아가 현재 만주에서 매우 분주하다는 것을 고려하여, 러시아와 일본이 서로 이익을 분배할 순간이 왔다는 희망을 품고 있는 것 같습니다. 사람들은 만약 일본이 만주의 합병에 대해 이의를 제기하지 않는다고 약속했다면, 러시아가 아마도 일본인들이 한국에서 자유롭게 행동하는 것을 받아들일 것이고 생각합니다.

아오키 자작 또한 이곳에서 현재 지배적인 영국에 대한 불만으로 인해 영향을 받은 것인지 한국에 있는 파블로프[4]와 도쿄에 있는 이즈볼스키[5]에 의한 러시아의 접근 시도에 대해 사실상 내재되어 있는 것보다 더 큰 의미를 주고 있다는 인상을 받습니다.

러시아의 정책은 수십 년 동안 지속적으로 추구해온 목표를 마지막 순간에 어쩔 수 없이 포기할지도 모릅니다.

충성어린 이 보고의 사본을 서울주재 제국 영사께 송부해 드립니다.

베델

내용: 일본과 한국

4　[감교 주석] 파블로프(A. Pavlow)
5　[감교 주석] 이즈볼스키(A. P. Izwolskii)

일본과 한국

발신(생산)일	1900. 8. 16	수신(접수)일	1900. 9. 12
발신(생산)자	베델	수신(접수)자	호엔로에–실링스퓌르스트
발신지 정보	도쿄 주재 독일 공사관	수신지 정보	베를린 정부
	A. 93		A. 12763
메모	9월 15일 런던 921, 페테르부르크 678 상하이 영사관 A. 21 전달		

A. 12763 1900년 9월 12일 오후 수신, 첨부문서 1부

도쿄, 1900년 8월 16일

A. 93

독일제국 수상 호엔로에–실링스퓌르스트 각하 귀하

이달 11일 자 본인의 충성어린 No. A. 92에 연이어 각하께 [이달 14일 자 반관(半官) 신문 "Japan Times"의 사설]을 발췌해 동봉하여 삼가 송부드리게 되어 영광입니다. [*sic.*] 에서 볼 수 있는 바와 같이, 일본 정당들의 한국 문제에 대한 견해에서 새로운 분위기가 나타났는데, 진보당 기관지인 "요미우리신문"[1]은 한국의 중립화를 찬성하고, 자유당[2] 기 관지인 "진민"[3]은 자신의 입장을 분명히 드러내며 공개적으로 일본을 위해 한국을 요구 하고 있습니다.

"Japan Times"가 거리낌 없이 "지민"지의 견해에 대해 동의한다고 공표하는 것은 보 고서 No. A. 92에서 재차 아오키[4]가 언급한 바와 같이 더이상 낯선 일은 않은 것 같습니 다. 그러나 만약 사람들이 이토[5]가 오래 전부터 창립을 주시했고 이제 거의 실현된 것처 럼 보이는 대규모 정당이 지금까지 자유당 출신의 핵심 인사들에게 조직이 구성된다는

---

1 [감교 주석] 요미우리신문(讀賣新聞)
2 [감교 주석] 자유당(自由黨)
3 [감교 주석] 인민(人民)
4 [감교 주석] 아오키 슈조(靑木周藏)
5 [감교 주석] 이토 히로부미(伊藤博文)

것을 고려한다면, 그러한 장황한 말들은 특별한 의미를 얻게 됩니다. 그러므로 "진민"이 설명한 한국 문제에 대한 규정은 개각이 되는 경우에도 일본 정부의 대외 프로그램에서 수용될 것이라는 것이 분명해 보입니다.

베델

내용: 일본과 한국, 첨부문서 1부

A. 93의 첨부문서
첨부문서의 내용(원문)은 독일어본 703~704쪽에 수록.

[청국의 분할 관련 열강의 동아시아 정책 전망]

발신(생산)일	1900. 8. 16	수신(접수)일	1900. 9. 12
발신(생산)자	베델	수신(접수)자	호엔로에-실링스퓌르스트
발신지 정보	도쿄 주재 독일 공사관	수신지 정보	베를린 정부
	A. 94		A. 12764
메모	9월 17일 페테르부르크 683 전달		

사본

A. 12764, 1900년 9월 12일 오후 수신

도쿄, 1900년 8월 16일

A. 94

독일제국 수상 호엔로에-실링스퓌르스트 각하 귀하

일본의 진보 언론은 현 정부의 대외정치를 강하게 비판하길 좋아하는데, 청국에서의 폭도들 반란이 멈추게 되면 어떻게 될 것인가라는 질문을 던지고, 그렇게 되면 유럽의 출병국들은 각 국가가 기지를 가지고 있기 때문에 회복된 질서의 안전을 위하여 아마 당분간 청국에 머무를 것이며, 다른 한편 사람들은 미국인들과 일본인들이 즉시 자신들의 고국으로 돌아가기를 기대할 것이라고 말했습니다. 관련 사설은 야마가타[1] 내각의 정책이 그러한 방향으로 나아갈 것이라고 설명하고 있습니다.

아오키[2]는 본인에게 이 주제를 꺼내고서 대략 다음과 같이 표명했습니다:

"열강들은 모두 청국을 분할할 의도가 없고 현상을 회복하려 한다고 선언했다. 그러나 어떤 방식으로 이러한 일이 이뤄질 수 있을 것인가?

러시아는 예측하건대 만주에 진입한 대부분의 군대를 자신들의 철도를 보호하기 위해 그곳에 유지하려 할 것이며, 그것은 결코 의심될 수 없는 내용이다. 그러나 이로써 러시아는 사실상 만주의 주인이 될 것이다.

---

1   [감교 주석] 야마가타 아리토모(山縣有朋)
2   [감교 주석] 아오키 슈조(靑木周藏)

프랑스는 인도차이나에 있는 자국의 군대를 국경에 배치해 운남 지방을 관찰할 것이다.

영국은 이미 양쯔강 지역에서 자국의 의도를 분명히 보이며, 그곳의 이익을 확보하기 위해 병력을 해당 지역이나 그 부근 지역에 배치할 것이다.

독일은 아마 적어도 군대의 일부를 당분간 자오저우[3]만에 주둔시키고, 청국에서 새로운 질서가 유지되는지 지켜볼 것입니다.

그렇다면 일본의 군대는 어디에 머물러야 하는가? 일본은 유럽 군대들로 인해 미국과 함께 아시아 대륙을 떠나야 하는가?

그러한 요구는 국내에서 엄청나게 불만스런 상황이 야기될 것이므로 정부는 이를 제어하기 어려울 것이다. 그에 반해 열강들이 청국 제국의 불가침을 보장하고 실제적으로 이행한다면 일본군의 철수도 어려움 없이 진행될 것이다. 일본은 다른 관련 열강들보다 아무것도 앞서려고 하지 않으며, 그러나 뒤에서 머물려고도 하지 않는다."

대신은 본인에게 자신의 이러한 염려를 각하께 알려 주도록 요청하며 언급하기를, 비록 독일이 자우저우만 기지에 있어서 일본보다 앞섰다 할지라도 원정이 끝난 후에는 일본과 비슷한 상황에 놓이게 될 것이며, 이것은 그가 독일에 기대를 건 동기가 됐다고 했습니다. 그는 자신의 친독적인 성향으로 이를테면 의회의 의원들로부터 자주 공격을 받고 있는데, 그 이유는 동료 의원들이 랴오둥[4] 간섭을 잊지 못하고, 여러 면에서 동아시아의 3국 동맹(독일, 러시아, 프랑스)이 아직도 존속하고 있다고 생각한다는 것입니다. 그러나 자신의 이러한 성향을 감추지 않고 독일에 대한 경외감을 공개적으로 보여주고 있으며, 독일과 접촉하는 것이 일본의 제대로된 정책이라고 강조하고 있다고 합니다. 야마가타도 그와 같은 의견을 갖고 있다고 했습니다.

대신은 계속하여, 독일이 동아시아의 정책에 있어서 러시아와 행동을 같이 한다는 것을 잘 알고 있으나, 독일이 러시아가 원하는 바가 일정한 한계를 넘게 되면 이를 지원하지 않을 것이라고 확신한다고 말했습니다. 오히려 그는 독일이 이웃 러시아가 일본이 받아들일 수 없는 조치를 하는 것을 억제해 줄 것으로 기대한다고 말했습니다. 러시아와 일본 간의 중재자 역할이 그가 독일로부터 원하는 바이며, 이는 양 제국 간의 평화와 우호 관계를 확보하기 위함입니다.

그러나 우호 관계가 더 이상 가능하지 않고 불가피하게 충돌이 발생한다면, 그는 독

---

3 [감교 주석] 자오저우(膠州)
4 [감교 주석] 랴오둥(遼東)

일이 중립을 지켜주고 일본과의 호의를 버리지 않기를 기대한다고 말했습니다.

베델

원본 : 청국 24

43

도쿄로부터 한국 공사를 소환함

발신(생산)일	1900. 7. 25	수신(접수)일	1900. 9. 12
발신(생산)자	바이페르트	수신(접수)자	호엔로에-실링스퓌르스트
발신지 정보	서울 주재 독일 총영사관	수신지 정보	베를린 정부
	No. 78		A. 12780
메모	연도번호 No. 879		

A. 12780 1900년 9월 12일 오후 수신

서울, 1900년 7월 25일

No. 78

독일제국 수상 호엔로에-실링스퓌르스트 각하 귀하

도쿄주재 한국 공사 이하영[1]은 소환 명령을 받고 이미 서울로 오는 중이라고 합니다. 이 자는 처형당한 안경수[2]의 문제에 있어서 도쿄에서 거의 제 역할을 하지 못했고, 그가 지난달 말경 일본 정부로부터 이준용[3]의 인도를 허락받으려 시도한 일이 성과가 없자, 대표(도쿄주재 한국 공사)의 인물교체가 적절하다고 판단했습니다. 왜냐하면, 동아시아에서 변화된 상황에 직면하여, 일본 정부에 대한 한국 정부의 신뢰감이 결정적으로 큰 변화를 겪었다고 보기 때문입니다. 지난달 28일에만 해도 두 명의 대역죄인에 대한 위법적인 처형으로 인해 유배형이나 파면을 당한 관리들을 사면하는 황제의 칙령을 발하는 것을 주저하지 않았는데, 지금은 일본이 청국의 폭동에 대해 보여준 탁월한 역할에 감명을 받아 이 문제 전체를 가능한 한 잊으려고 하고 있습니다.

충성어린 이 보고서의 사본을 도쿄주재 제국공사관으로 송부해 드립니다.

바이페르트

내용: 도쿄로부터 한국 공사를 소환함

---

1 [감교 주석] 이하영(李夏榮)
2 [감교 주석] 안경수(安駉壽)
3 [감교 주석] 이준용(李埈鎔)

마산포에서 러시아의 토지 매입

발신(생산)일	1900. 7. 25	수신(접수)일	1900. 9. 12
발신(생산)자	바이페르트	수신(접수)자	호엔로에-실링스퓌르스트
발신지 정보	서울 주재 독일 총영사관	수신지 정보	베를린 정부
	No. 79		A. 12781
메모	9월 14일 런던 918, 페테르부르크 677, 베이징 A. 20, 제국 해군청 전달 연도번호 No. 889		

A. 12781, 1900년 9월 12일 오후, 첨부문서 1부

서울, 1900년 7월 25일

No. 79

마산포에서 러시아의 토지 구입에 관하여 각하께 소코프[1] 러시아 부영사와 정대유[2] 한국 외부국장[3] 사이에 지난달 4일 마산포에서 체결된 매매계약의 사본을 동봉하여 삼가 송부해 드립니다. 이것은 제국 영사관의 언어학자가 한국의 외무부에 비치된 한국어 원문을 영문으로 번역한 내용을 기반으로 작성되었습니다.

넓이가 988,320 평방미터에 달하는 이 토지는 계약서에 따라 분명 태평양의 러시아 전함용으로 쓰일 석탄 창고와 병원 설립을 위해 지정되어 있습니다. 매입가격은 39,023엔 24센이고 매년 세액은 1,959엔 64센입니다. 토지 및 소유권 증서의 양도는 이미 행해졌습니다. 그에 반해 이달 14일로 만기가 된 매입가격 중에서 개인소유의 토지에 해당하는 부분에 대한 12,365엔이 현재까지 지급된 상태입니다. 한국 정부의 어떤 현금지출도 이에 미치지 못하는 잔액인 26,658엔 24센에 관해 러시아 대리공사는 한국 정부가 우선 원산에 있는 한국세관의 두 번에 걸친 침해 건으로 인해 손해를 입은 러시아 신민과 타협하기를 요구하였고, 유치권을 주장함으로써 한국 정부를 놀라게 했습니다. 이 두 경우 중 첫 번째 경우는 벌써 약 3년이나 지난 일인데 당시 러시아의 기선 "Vladimir"호는 아직 개항하지 않았던 성진 항구의 승객과 화물을 내렸으며, 벌금으로 화물의 두

---

1   [감교 주석] 소코프(Sokoff)
2   [감교 주석] 정대유(丁大有)
3   [감교 주석] 통상국장(通商局長)

배에 달하는 4,000엔을 징수당했는데, 러시아 측에서 그와 같은 높은 액수에 이의를 제기하는 것입니다. 두 번째 경우는 한국 측에 따르면 약 1년 반 전에 일어난 일로서, 6개월 후에 가서야 비로소 한국 해안에서 영업허가를 받은 카이어링[4]의 고래잡이 기선 한 척이 고래잡이 사전작업을 위해 원산 근처에 있는 개방되지 않은 해안지역에 기항했습니다. 그 배는 세관 당국에 의해 원산으로 끌려오게 되었고, 약 1주간 묶여 있었습니다. 카이저링 백작은 이에 대해 자신의 행위가 계약 위반이라는 것에 이의를 제기하면서, 약 35,000엔의 손해배상을 요구하고 있다고 하며, 반면에 한국 측에서는 관세포탈 벌금으로 10만엔 이상을 청구하고 있습니다. 러시아 대리공사가 본인에게 전한 바에 의하면, 그는 정확한 액수의 요구사항은 아직까지 작성하지 않았으며, 이 문제에 대한 협상은 조금 더 오랜 시간을 끌 것이라고 합니다.

바이페르트

내용: 마산포에서 러시아의 토지 매입

No. 79의 첨부문서

번역

A. 12781

외부대신과 러시아 대리공사가 1900년 4월 12일(러시아 달력의 3월 30일)자로 소코프 러시아 부영사와 정대유 외부 통상국장이 마산포에서 서명한 의정서를 확인했습니다. 이 의정서에 의하면, 태평양의 러시아 전함에 필요한 석탄 창고와 병원 설립을 위해 러시아 정부에 매도될 대지가 토지매매에 대한 현행규정에 따라 마산포의 일반 외국인 거류지로부터 10리에 걸친 지역 내에 선정되어야 합니다. 의정서 확인 이후, 이 대지는 이제 돌섬의 서쪽으로 율구미[5]와 가포[6]라고 불리는 지역으로 선정, 확정되었다. 그 대지는 해안선의 길이가 2,641m이고 중간의 폭이 861m이며 육지 쪽의 길이는 735m이다.

---

4   [감교 주석] 카이어링(Kayserling)
5   [감교 주석] 율구미(栗九味)
6   [감교 주석] 가포(加浦)

면적은 총 988,320㎡에 달하는데, 그 중 888,608㎡은 국유지이고 55,770㎡는 한국인의 사유지이며, 35,442㎡는 황무지이고 8,500㎡는 일본인 소유지이다. 토지 위에 건물은 없으나, 러시아 부영사와 외부통상국장이 올해 4월 19일에 상세히 합의한 바에 따라 가족들이 이장해야 할 331개의 묘지가 있다.

정부가 매입한 사유지의 매입가격, 국유지의 매입가격, 그리고 묘지 이장을 위한 비용은 다음과 같이 산정되었다:

벼농지의 지불가격

a. 총 경작면적 32 평방미터(Maß)인 1등지에 대해서는 각 평방미터당 75엔

b. 총 경작면적 54 평방미터인 2등지에 대해서는 각 평방미터당 55엔

c. 총 경작면적 44 평방미터인 3등지에 대해서는 각 평방미터당 40엔

경작 가능한 총 면적 179 평방미터인 황무지의 지불가격은 각 평방미터당 20엔이다.

국유지의 지불가격은 100㎡당 3엔이다.

각 묘지의 이장가격은 5엔이다.

연 세금은 100㎡당 0.2엔이다.

러시아 정부는 따라서 한국 정부에 다음과 같은 액수를 지불해야 한다.

국유지에 대해 26,658.24엔

사유지에 대해 10,710.00엔

묘지 이장에 대해 1,665.00엔

총 지불액 39,023.24엔

이 39,023.24엔의 액수는 러시아 정부 측에서 한국 정부에 서울주재 러시아 대리공사를 통해 1900년 7월 14일에 금년 7개월분의 세금액 1,143.02엔과 함께 지불하기로 되어 있고, 1,959.64에 달하는 연 세금액은 매년 1월 14일에 지불되어야 한다.

이 계약이 서명되는 당일, 마산에 있는 무역감독관(감리)은 소유권 증서를 교부하여 그곳 러시아 부영사에게 넘겨주게 된다.

묘지 이전은 이 계약이 서명된 날로부터 두 달 안에 이루어져야 한다.

주인 없는 404개의 묘지들은 묘지 이장가격의 설정에 포함되지 않았다. 이 묘지들의 이전은 향후 부근에 집이나 도로가 놓이게 경우, 러시아 측이 담당하게 된다.

토지의 지형도가 계약서에 첨부되었으며, 러시아 부영사와 외무부 무역국장이 이에

서명하였다.

한국어 번역본이 러시아 원문에 첨부되었으며, 의혹이 있는 부분이 있을 시에는 후자의 것이 기준이 된다.

마산포, 1900년 6월 4일
(서명) 정대유
외무부 무역국장
(서명) 소꼬프
마산포 러시아 부영사

한국의 국내 상황

발신(생산)일	1900. 7. 28	수신(접수)일	1900. 9. 12
발신(생산)자	바이페르트	수신(접수)자	호엔로에–실링스퓌르스트
발신지 정보	서울 주재 독일 총영사관	수신지 정보	베를린 정부
	No. 80		A. 12782
메모	9월 14일 런던 918, 페테르부르크 677, 베이징 A. 20, 제국 해군청 전달 연도번호 No. 896		

A. 12782　1900년 9월 12일 오후 수신

서울, 1900년 7월 28일

No. 80

독일제국 수상 호엔로에–실링스퓌르스트 각하 귀하

본인이 각하께 지난달 30일 자(No. 65)로 삼가 보고드린 바 있는 지방의 세금 착취에 대해 미국대표 측이 올린 조언으로 인해, 이달 21일에 황제의 칙령이 나왔으며, 이 칙령은 모든 징세관들을 소환하고 법적으로 정해지지 않은 모든 세금의 징수를 금지했으며 더욱이 부당하게 착취한 세금액의 반환을 지시했습니다. 그러나 한국의 사정을 아는 사람들은 이러한 조치를 제대로 실행하는 것이 어렵다고 여깁니다.

이달 중순 경에 대신들과 국무위원들을 전면 교체하기로 계획했었지만, 그러한 조치가 국민을 진정시키기 보다 오히려 동요하게 한다고 판단하여 취소되었으며, 국무회의의 일부 별 비중이 없는 인물 교체에 국한되었습니다. 반면에 13개 지방 관리들 가운데 8명은 이달 24일에 경제 실정을 이유로 해고되었으며, 소위 가능한 사욕에 관심이 없는 관리들로 대치되었습니다.

현재로서는 국민들의 분위기가 그 어떤 위협적인 징후를 보인다고 말할 수 없습니다. 다만 소문으로 떠도는 말로는 현 정권에 반대하는 몇몇 개화당원이 1894년의 동학운동과 비슷한 운동을 일으킬 목적으로 선동자들을 지방으로 보냈다고 합니다. 그러나 외국의 열강이 그러한 운동을 지지하고 지원하는 것은 현 상황에서는 있을 수 없기 때문에, 이러한 노력이 성공할 것이라고는 아무도 생각하지 않습니다.

충성어린 이 보고서의 사본을 동경 주재 제국공사관으로 보냅니다.

바이페르트

내용: 한국의 국내 상황

[고종의 '황제' 호칭에 관한 건]

발신(생산)일	1900. 8. 6	수신(접수)일	1900. 9. 12
발신(생산)자	바이페르트	수신(접수)자	호엔로에–실링스퓌르스트
발신지 정보	서울 주재 독일 총영사관	수신지 정보	베를린 정부
	No. 86		A. 12793
메모	암호지령 9월 21일 서울 A4		

A. 12793 1900년 9월 12일 오후 수신

서울, 1900년 8월 6일

No. 86

독일제국 수상 호엔로에–실링스퓌르스트 각하 귀하

암호해독

지난달 15일 전보 훈령 No. 3을 받았으며, 이 훈령에서는 이곳의 군주가 "황제"라고 칭해져 있습니다. 이후 본인은 이러한 칭호로 통일해 보고드려야 한다고 생각했습니다. 하지만 한국 외무부에 보내는 각서의 독일어 원문에서나 다른 열강들과 연락을 취할 시에는 1898년 3월 7일 자 지시에 따라 "황제"와 "황제의"라는 표현을 이전과 같이 사용하지 않았습니다. 이러한 방식을 앞으로도 계속 유지해야 하는지 각하께 이에 대한 지시를 요청드리는 바입니다.

바이페르트

원본 : 청국 24

베를린, 1900년 9월 14일

A. 12652 Ⅱ

주재 외교관 귀중

도쿄 No. 60

참조 A. 13061

연도번호 No. 8913

암호전보

아오키에게 즉시 다음 사항을 구도로 비밀리에 전달해 주길 바랍니다.

저희가 1895년처럼 갑자기 일본에 반대하는 입장을 취할 수도 있다고 일본 여론이 염려하고 있는 것 같습니다. 이러한 걱정스런 상황은 전혀 근거가 없는 것입니다. 저희는 한국 문제에 찬반 입장을 취하는 것에 대해 어떠한 관심도 의무도 없습니다. 이러한 방침은 저희의 태도를 위한 기준이 될 것입니다. 저희는 다른 열강들이 한국 문제에 대해 어떠한 입장인지 알지 못합니다.

따라서 미국에 관한 전보 No. 75에 보고된 내용을 다시 참고하시길 바랍니다.

전신보고!

베를린, 1900년 9월 14일

A. 12781

주재 외교관 귀중

1. 런던 No. 918
2. 상트페테르부르크 No. 677
3. 베이징 No. A20
4. 차관 K. M. A.

연도번호 No. 8937

(암호전보)

러시아의 마산포 토지 획득과 관련한 금년 7월 25일 자 서울주재 대리영사 보고서를 첨부문서와 함께 참고 정보로서 삼가 송부해 드립니다.

베를린, 1900년 9월 15일   A. 12763

주재 외교관 귀중   일본과 한국과 관련한 지난달 16일 자 도쿄주
1. 런던 No. 921   재 독일제국 대리공사의 보고 사본을 동봉하
2. 상트페테르부르크 No. 678   여 정보 보고로서 삼가 송부해 드립니다.
3. 문(Munn) 공사 No. A21

연도번호 No. 8958

베를린, 1900년 9월 17일   A. 12762, A. 12764

주재 외교관 귀중   동아시아 정세에 대한 지난달 11일 자 및 16
상트페테르부르크 No. 683   일 자 도쿄주재 독일제국 대리공사의 보고 사
                                       본 2부를 동봉하여 정보 보고로서 삼가 송부
연도번호 No. 9032   해 드립니다.

[독일의 동아시아 정책에 대한 일본의 사의]

발신(생산)일	1900. 9. 16	수신(접수)일	1900. 9. 17
발신(생산)자	베델	수신(접수)자	
발신지 정보	도쿄 주재 독일 공사관	수신지 정보	베를린 외무부
	No. 82		A. 13061
메모	9월 22일 런던 947, 페테르부르크 694 전달 ad A. 12762 1쪽에 폐하의 전언		

A. 13061   1900년 9월 17일 오전 수신

전보

도쿄, 1900년 9월 16일 오후 11시 50분

도착: 9월 17일 오전 2시 40분

독일제국 대리공사가 외무부에 송부함.

암호해독

No. 82

전보 No. 60[1]에 대한 답신

위임받은 임무가 오늘 수행되었습니다. 아오키[2]는 본인에게 선언에 대한 일본 정부의 감사를 전해주길 부탁했습니다. 이 사안은 극비로 다루어질 것입니다. 워싱턴에서 그는 상황을 신중히 살펴볼 것이며, 지금까지는 어떠한 조치도 취하지 않았습니다. 아직까지 이만큼 멀리 가본 적이 없기 때문에 시간이 어느 정도 필요했다고 합니다.

본인은 받은 인상이 따르면, 한국에서의 사업은 일본의 멋진 꿈과 같은데, 그러나 이를 실현하기 위한 용기가 아직 충분히 않아 보입니다.

베델

---

1   [원문 주석] A. 12652 삼가 첨부함.
2   [감교 주석] 아오키 슈조(靑木周藏)

[독일의 동아시아 정책에 대한 일본의 사의]

발신(생산)일	1900. 9. 16	수신(접수)일	1900. 9. 17
발신(생산)자	이노우에	수신(접수)자	리히트호펜
발신지 정보	베를린 주재 일본 공사관	수신지 정보	베를린 외무부
			A. 13101

A. 13101 1900년 9월 17일 오후 수신

베를린, 1900년 9월 16일

My dear Baron Richthofen,

In reference to our confidential conversation of yesterday I herewith take the liberty to enclose for your perusal a copy of the telegram which I have just sent to Lieutenant Aoki on the matter and hope that I have understood your remarked correctly.

With my renewed assurance of my highest esteem,

I remain
Yours Sincerely
H. Inouye

49

[독일의 동아시아 정책에 대한 일본의 사의]

발신(생산)일	1900. 9. 19	수신(접수)일	1900. 9. 19
발신(생산)자		수신(접수)자	레이덴
발신지 정보	베를린 외무부	수신지 정보	뮌헨
			A. 13142
메모	프린츠 레겐텐슈트라세[1] 4 등기! 직접 전달! 연도번호 No. 9110		

A. 13142　1900년 9월 19일 오후 수신

베를린, 1900년 9월 19일

수신 라이덴[2] 뮌헨

존경하는 백작님께!

빌로[3]가 일본의 고민에 대한 백작님의 흥미 있는 두 편지에 대해 본인에게 알려주었습니다. 차관의 지시로 본인은 이노우에[4]에게 구두로 보장을 하며 안심시키고자 했습니다. 마찬가지로 도쿄에 있는 베델[5]도 자신의 입장을 표명했습니다. 그가 전한 바로는 아오키[6]가 매우 감사하며, 이제부터 워싱턴에서 신중히 조사해 볼 것이라 덧붙였다고 합니다. 그러나 빌로프 백작은 아오키의 답변에 대해 모른 채, 백작님께서 아오키와 이노우에에 대한 저희의 계획을 지원해 줄 수 있는지 문의했습니다.

본인은 백작님께 이러한 사안을 전달해 드리고자 하며, 그러나 이에 따라 백작님 측에서 추가적으로 하실 일은 당분간 없을 것이라고 판단하는 바입니다.

1　[감교 주석] 프린츠 레겐텐슈트라세(Prinz Regentenstr)
2　[감교 주석] 라이덴(G. Leyden)
3　[감교 주석] 빌로(Bülow)
4　[감교 주석] 이노우에 가쓰노스케(井上勝之助)
5　[감교 주석] 베델(Wedel)
6　[감교 주석] 아오키 슈조(靑木周藏)

베를린, 1900년 9월 21일   A. 12793

주재 외교관 귀중   지난달 6일 자 보고(No. 86)에 대한 답신
서울 A. No. 4.

연도번호 No. 9169   본인은 한국 군주가 새롭게 채택한 호칭 사용
                                     과 관련하여 올해 3월 7일 자 훈령에 따라 일
                                     반적으로 준수되고 있는 방식을 앞으로도 계
                                     속 준수해 주기를 삼가 부탁드립니다.
                                     만약 귀하의 러시아 동표와 일본 동료가 이에
                                     대해 합의를 하는 경우, 그들을 따르셔도 됩니
                                     다. 반대로 그들 사이에 의견 차이가 생긴다면,
                                     재차 보고해 주시기를 삼가 부탁드립니다.

                                                        리히트호펜[7]
                                                     원본 : 청국 24

---

7   [감교 주석] 리히트호펜(Richthofen)

베를린, 1900년 9월 21일

A. 12652II., A. 13061

수신
차관
뷜로
클라인 플로텍

No. 27
보안!

연도번호 No. 9201

지난달 6일 자 보고(No. 86)에 대한 답신

본인은 전보 No. 74를 통해 본인에게 부여된 임무의 종결을 보여주는 첨부문서 3부를 다음과 같이 동봉하여 삼가 송부해 드립니다: 1) 도쿄주재 독일제국 대리공사에게 전달된 이번 달 14일 자 전보 훈령, 2) 이노우에가 이번달 15일 저희의 회담 후 아오키 자작에게 보낸 전보, 3) 이번 달 16일 자 베델 백작의 전보 답신. 이번 달 8일 반송 요청한 레이덴 백작의 서한을 삼가 동봉해 드립니다.

베를린, 1900년 9월 21일

No. 27
첨부문서 3부

외무부 차관 각하
뷜로프 백작 국무장관

본인은 전보 No. 74를 통해 본인에게 부여된 임무의 종결을 보여주는 첨부문서 3부를 다음과 같이 동봉하여 삼가 송부해 드립니다. 1. 도쿄주재 독일제국 대리공사에게 전달된 이번 달 14일 자 전보 훈령, 2. 이노우에[8]가 이번 달 15일 저희의 회담 후 아오키 자작에게 보낸 전보, 3. 이번 달 16일 자 베델[9]의 전보 답신. 이번달 8일 반송 요청한 레이덴 백작의 서한을 삼가 동봉해 드립니다.

리히트호펜[10]

PN. 이노우에가 부재중이어서, 베델에게 전보를 보냈습니다. 다음날 이노우에가 찾아와 본인과 함께 회담을 가졌습니다.

---

8 [감교 주석] 이노우에 가쓰노스케(井上勝之助)
9 [감교 주석] 베델(Wedel)
10 [감교 주석] 리히트호펜(Richthofen)

베를린, 1900년 9월 14일   A. 12652 II

주재 외교관 귀중   암호전보

도쿄 No. 60   아오키에게 즉시 다음 사항을 구도로 비밀리에
                               전달해 주길 바랍니다.

연도번호 No. 8913   저희가 1895년처럼 갑자기 일본에 반대하는 입
                               장을 취할 수도 있다고 일본 여론이 염려하고
                               있는 것 같습니다. 이러한 걱정스런 상황은 전
                               혀 근거가 없는 것입니다. 저희는 한국 문제에
                               찬반 입장을 취하는 것에 대해 어떠한 관심도
                               의무도 없습니다. 이러한 방침은 저희의 태도를
                               위한 기준이 될 것입니다. 저희는 다른 열강들
                               이 한국 문제에 대해 어떠한 입장인지 알지 못
                               합니다.
                               저희가 미국 사안으로 전보 No. 75에 보고드린
                               조언을 재차 참고하시길 바랍니다. 전신보고!

                                                        리히트호펜

사본
A. 13101
첨부문서의 내용(원문)은 독일어본 724쪽에 수록.

50

[독일의 동아시아 정책에 대한 일본의 사의]

발신(생산)일	1900. 9. 17	수신(접수)일	1900. 9. 17
발신(생산)자	베델	수신(접수)자	
발신지 정보	도쿄 주재 독일 공사관	수신지 정보	베를린 외무부
			A. 13061

A. 13061 1900년 9월 17일 수신

도쿄, 1900년 9월 17일

전보

제국공사가 외무부에 송부

전보 No. 60에 대한 답신

위임받은 임무가 오늘 수행되었습니다. 아오키는 본인에게 선언에 대한 일본 정부의 감사를 전해주길 부탁했습니다. 이 사안은 극비로 다루어질 것입니다. 워싱턴에서 그는 상황을 신중히 살펴볼 것이며, 지금까지는 어떠한 조치도 취하지 않았습니다. 아직까지 이만큼 멀리 가본 적이 없기 때문에 시간이 어느 정도 필요했다고 합니다.

본인은 받은 인상이 따르면, 한국에서의 사업은 일본의 멋진 꿈과 같은데, 그러나 이를 실현하기 위한 용기가 아직 충분히 않아 보입니다.

베델[1]

---

1 [감교 주석] 베델(Wedel)

[비테의 청일 우호 노선과 및 한국에서 일본 영향권 인정 시도]

발신(생산)일	1900. 9. 21	수신(접수)일	1900. 9. 17
발신(생산)자	뷜로프	수신(접수)자	
발신지 정보	클라인프로텍(국무부)	수신지 정보	베를린 외무부
	No. 109		A. 13341

A. 13341 1900년 9월 21일 오후 수신

전보

클라인프로텍[1], 1900년 9월 21일 오후 3시 45분
도착: 오후 5시 13분

독일제국 외무부 장관에 송부

암호해독

No. 109
외무부 차관 귀하

뮌스터[2]가 본인에게 개인적으로 매우 비밀리에 다음과 같이 전했습니다:

"본인이 비테[3]를 제대로 파악했다면, 그는 청국과 일본과 관계하기를 가장 원하고 있으며, 현재는 아마 일본에게 한국을 내주려 하는 유일한 러시아인일 것입니다. 그런데 그는 이러한 목적으로 은밀하게 활동을 하고 있습니다. 이것은 저희에게 발생할 수 있는 가장 심각한 일이 될 수도 있습니다."

뷜로

원본 : 청국 24

---

1 [감교 주석] 클라인프로텍(Kleinflotthek)
2 [감교 주석] 뮌스터(Münster)
3 [감교 주석] 비테(S. Witte)

[이즈볼스키의 동아시아 정책 구상]

발신(생산)일		수신(접수)일	1900. 9. 22
발신(생산)자	베델	수신(접수)자	
발신지 정보	도쿄 주재 독일 공사관	수신지 정보	베를린 외무부
	No. 84		A. 13396
메모	9월 25일 페테르부르크 702 전달		

A. 13396 1900년 9월 22일 오후 수신

전보

도쿄, 1900년 9월   -시 -분
도착: 9월 22일 오후 5시 16분

독일제국 대리공사가 외무부에 송부

암호해독

No. 84

이스볼스키[1]는 본인에게 한국에 대한 일본의 계획을 염려스럽게 말했는데, 이미 이 계획에 대한 징조가 있는 상태이며, 그는 여기서 세계 평화에 대한 심각한 위험을 보게 되었다고 합니다. 이를 막기 위해 그는 일본에게 푸젠[2] 지방의 점유를 허용해 주의를 돌리는 것이 합당하다고 보고 있습니다. 이스볼스키는 본인에게 독일이 한국과 푸젠 지방에 대해 어떻게 생각하는지 물었습니다. 본인은 이 문제에 대한 독일제국 정부의 견해를 전달받지 못했다고 대답했습니다.

---

1 [감교 주석] 이즈볼스키(A. P. Izwolskii)
2 [감교 주석] 푸젠(福建)

이스볼스키는 세계 평화의 위험을 지적하면서도, 본인이 그가 언급한 바에서 추정한 바로는, 러시아의 무력 저항 가능성에 대해서는 거의 생각하고 있지 않아 보였습니다.

베델
원본 : 청국 24

[러일의 만한정책 관련 언론 보도]

발신(생산)일	1900. 9. 28	수신(접수)일	1900. 10. 1
발신(생산)자	라돌린	수신(접수)자	호엔로에-실링스퓌르스트
발신지 정보	페테르부르크 주재 독일 대사관	수신지 정보	베를린 정부
	No. 626		A. 13861

A. 13861 1900년 10월 1일 오전 수신

상트페테르부르크, 1900년 9월 28일

No. 626

독일제국 수상 호엔로에-실링스퓌르스트 각하 귀하

"Birschewyja Wjedomosti[1]"는 일본이 러시아에게 만주에 관한 모든 일에 있어서 지원을 제공하고, 그 대신 한국에 대한 특권을 요구했다는 영국 신문의 뉴스를 일부 인용 보도했습니다. "Birschewyja Wjedomosti"는 이러한 뉴스가 터무니없다는 것은 이것을 퍼뜨린 사람들이 가장 잘 알고 있을 것이라고 말하고, 러시아는 만주에서 아무런 지원도 필요하지 않다고 합니다. 반대로 한국에 관해서는 1898년의 러일조약에서 분명히 나타나 있으니, 러시아와 일본은 한국의 정치적 자립을 지켜주고, 한반도에서의 안정을 보살피며, 한국의 정치적 독립 외에도 국내 질서를 보호해 주기로 약속했다고 자세히 언급했습니다. 러시아와 일본 간의 새로운 협정의 대상국인 한국에 대해 오직 영국의 반관[2] 신문들만이 보도를 텐데, 이 신문들은 일본에 대해서는 영국의 이익을 위해 자국의 군대와 함대를 내줄 용의가 있는 것으로 항상 가정하고 있습니다. 본 신문은 이 뉴스에서 영국 외교가 도쿄 내각이 새롭게 적극적인 역할을 하는 것을 막아보려 한다고 생각하고 있습니다. 이미 청국의 위기 초기에 영국은 이와 같은 시도를 한 적이 있는데, 그것은 바로 일본을 움직여 단독으로 베이징에 진군하여 공사들을 해방시키고자 했을 때입니다.

라돌린

원본 : 청국 24

---

1 [감교 주석] 비르제비야 베도모스찌(Birschewyja Wjedomosti)
2 [감교 주석] 반관보(半官報)

송진에서의 소요사태

발신(생산)일	1900. 8. 30	수신(접수)일	1900. 10. 3
발신(생산)자	바이페르트	수신(접수)자	호엔로에–실링스퓌르스트
발신지 정보	서울 주재 독일 총영사관	수신지 정보	베를린 정부
	No. 98		A. 13956
메모	A. 15652 참조; A. 7700/03 참조 연도번호 No. 1042		

A. 13956   1900년 10월 3일 오전 수신

서울, 1900년 8월 30일

No. 98

독일제국 수상 호엔로에–실링스퓌르스트 각하 귀하

송진에 있는 일본영사 대리는 이달 19일 그곳의 폭도들을 피해 한국의 무역감독관과 함께 원산으로 도피했다가, 일본 공사의 지시에 따라 23일의 사태에 대해 보고하기 위해 다시 자신의 근무지로 돌아갔습니다. 한국 관리도 역시 다시 그곳으로 갔습니다. 일본 정부가 파견하여 25일에 원산에 도착한 순양함 "Suma"호는 이미 27일에 송진에서 원산으로 뉴스를 전했는데, 그곳은 다시 안정을 찾았고, 폭도들은 길주방향으로 물러났으며, 이미 보고된 것 이상의 손해는 발생하지 않았다는 것입니다. 특히 일본의 재산은 아무런 피해도 입지 않았습니다. 그러므로 "Suma"호는 그 지역을 다시 떠나 일본으로 돌아가던 중 현재 부산에 정박하고 있습니다.

충성어린 이 보고의 사본을 도쿄주재 제국공사관으로 송부해 드립니다.

바이페르트

내용: 송진에서의 소요사태

외교단 내 변동사항

발신(생산)일	1900. 9. 5	수신(접수)일	1900. 10. 3
발신(생산)자	베델	수신(접수)자	호엔로에-실링스퓌르스트
발신지 정보	도쿄 주재 독일 공사관	수신지 정보	베를린 외무부
	A. 98		A. 13963
메모	10월 6일 런던 972, 페테르부르크 714 전달		

A. 13963 1900년 10월 3일 오전 수신

도쿄, 1900년 9월 5일

A. 98

독일제국 수상 호엔로에-실링스퓌르스트 각하 귀하

(얼마 전 헤이그 주재 일본의 변리공사 직이 공사의 등급으로 승격된 후, 이제는 지금까지 이곳의 네덜란드 변리공사였던 잔크헤어 데 테스타[1]도 공사로 임명되었습니다.)

신임 조병식[2] 한국 공사는 상당히 많은 수행원과 함께 며칠 전 이곳에 도착했고, 오늘 황제 폐하로부터 취임 알현에서 영접을 받았습니다.

서울주재 제국영사[3]의 보고에 따르면, 조병식은 한국에 대한 열강들의 보호령을 끌어들이려는 임무를, 보다 정확히 말하자면 그러한 계획을 갖고 있으며, 그러나 그 전에 일본이 이에 대해 어떤 입장을 취하는지 알아내려고 합니다.

본인은 아오키[4]에게 조병식의 이러한 임무에 대해 의견을 물었는데, 그는 자신이 이 모든 것에 대해 아무것도 듣지 못했고, 다만 신임 공사는 일본인들에게 친밀한 인물은 아니라고 말했습니다.

베델

내용: 외교단 내 변동사항

---

1 [감교 주석] 잔크헤어 데 테스타(Jankheer de Testa)
2 [감교 주석] 조병식(趙秉式)
3 [감교 주석] 바이페르트(H. Weipert)
4 [감교 주석] 아오키 슈조(靑木周藏)

베를린, 1900년 10월 6일   A. 13963

주재 외교관 귀중   신임 한국 공사에 대한 지난달 5일 자 도쿄주
1. 런던 No. 972   재 독일제국 대리공사의 보고 사본을 동봉하
2. 상트페테르부르크 No. 714   여 정보 보고로서 삼가 송부해 드립니다.

연도번호 No. 9688

제물포의 일본 제독

발신(생산)일	1900. 8. 14	수신(접수)일	1900. 10. 9
발신(생산)자	바이페르트	수신(접수)자	호엔로에-실링스퓌르스트
발신지 정보	서울 주재 독일 총영사관	수신지 정보	베를린 정부
	No. 90		A. 14292
메모	연도번호 No. 984		

A. 14292 1900년 10월 9일 오전 수신

서울, 1900년 8월 14일

No. 90

독일제국 수상 호엔로에-실링스퓌르스트 각하 귀하

이달 7일 일본의 도고[1] 해군 중장은 순양함 "Tokiwa"와 "Takasaga"를 대동하고 즈푸에서 출발해 제물포에 도착했습니다. 그는 이달 10일에 사령관 두 명과 자신의 장교 9명 그리고 일본 공사와 일부 공사관 직원들과 함께 이곳에서 알현에 응접되었고, 부산을 경유해 일본의 구레[2] 군항으로 가기 어제 자신의 배로 다시 제물포를 떠났습니다. 그 제독은 본인에게 강력한 함대가 현재로서 다구[3]에 머물 필요가 없기 때문에, 그곳을 떠날 수 있었다고 말했습니다. 금년 3월에 있었던 힐데브란트[4] 러시아 제독의 방문뿐만 아니라, 그 후 최근에 이르기까지 제물포 항구에서 러시아 선박의 왕래가 활발히 있었기 때문에, 일본 측은 떠오르는 태양의 깃발을 한국인들에게 재차 보여주는 첫 기회를 매우 즐겼을 것이라고 생각됩니다.

충성어린 이 보고서의 사본을 도쿄와 베이징 주재 제국공사관에 송부드리며, 베이징에는 제국순양함 전투함대 사령관 편으로 보내고자 합니다.

바이페르트

내용: 제물포의 일본 제독

---

1 [감교 주석] 도고 헤이하치로(東鄉平八郎)
2 [감교 주석] 구레(吳)
3 [감교 주석] 다구(大沽)
4 [감교 주석] 힐데브란트(Hildebrandt)

57

신임 일본주재 한국공사의 임명

발신(생산)일	1900. 8. 18	수신(접수)일	1900. 10. 9
발신(생산)자	바이페르트	수신(접수)자	호엔로에–실링스퓌르스트
발신지 정보	서울 주재 독일 총영사관	수신지 정보	베를린 정부
	No. 91		A. 14293
메모	10월 15일 페테르부르크 732 전달 연도번호 No. 1005		

A. 14293 1900년 10월 9일 오전 수신

서울, 1900년 8월 18일

No. 91

독일제국 수상 호엔로에–실링스퓌르스트 각하 귀하

최근 소환된 이하영[1]을 대신하여 이달 11일, 지금까지 탁지부 대신이었던 조병식[2]이 일본 공사로 임명되었습니다. 그는 오늘 벌써 서기관 한 명, 두 명의 외교관 시보와 두 명의 관리를 대동하고 직무를 시작했습니다.

조병식은 올해 69세로 명석하고 거리낌이 없다고 평판이 나 있습니다. 그는 반동적인 친 러시아 세력의 주요인물 중의 한 사람으로서 조정이 러시아 공사관에 있는 동안 다양한 대신 직을 맡았으며, "독립협회"와 이후 마찰이 생겼을 때 탁월한 수완을 발휘했고, 1898년 러시아의 보호정치를 끌어들이려다가 실패하자 얼마 동안은 영향력이 없었습니다. 그러나 작년부터 다시 탁지부 대신으로 활동하고 있으며, 사람들의 말로는 한국 군주의 특별한 신망을 누리고 있다고 합니다. 바로 이러한 사정이 이번 파견 때에 결정적인 역할을 한 것 같습니다. 왜냐하면, 조병식이 일본에서는 특별히 환영받을 인물로 여겨지지 않기 때문입니다. 그는 함경도 지사로 콩 수출 금지령을 발했던 바로 그 인물이며, 이 때문에 청일전쟁이 발발하기 얼마 전 오이시[3] 일본 공사가 강하게 항의한 바 있습니

---

1 [감교 주석] 이하영(李夏榮)
2 [감교 주석] 조병식(趙秉式)
3 [감교 주석] 오이시 마사미(大石正巳)

다. 그는 또한 일본에 있는 한국인 망명객들을 한국으로 돌아오게 하여 처벌시키기 위해 가장 최근까지 노력한 인물입니다. 조병식의 임명은 이곳에서 어느 정도 세인의 주목을 끌고 있지만, 사람들은 그의 특별임무가 제시된 바와 같이, 도쿄의 한국 공사관 건축을 맡는다든가, 일본 황제와 황태자에게 한국 훈장을 수여하는 것을 실현시키는 일에 국한되어 있다고 믿지 않습니다. 한국 훈장 수여는 이미 일본 황태자의 결혼 시에 공고되었으나, 이곳에서 알 수 없는 이유로 지금까지 행해지지 않은 상황입니다.

이곳 미국대표[4]의 정보에 따르면, 조병식을 파견시킨 저의는 그가 자신의 사회적 신분과 인품을 기반으로 일본 정부뿐만 아니라 일본에 있는 다른 열강들로부터 한국 독립을 보장받거나 적어도 러시아와 일본 간의 협정으로 이러한 독립을 새롭게 인정받고자 하는데 있습니다.

열강들의 보호정치를 통해 한국을 안정되게 생존시키려 하는 것은 이미 오랫동안 품어온 한국의 이상입니다. 그러한 생각은 또한 미국인 고문 샌즈[5]가 빈번히 말한 의도에도 일치하며, 그는 최근 자신의 지위가 불안해진 상황을 다시 극복하는 데 성공한 것 같습니다. 그러나 알렌의 보고에 의하면, 현재 이 계획이 나타난 이유는 일본의 주도 때문이라고 합니다. 이러한 견해를 뒷받침해 주는 것이 야마자[6] 일본 공사관 서기관이 갑작스런 임무로 신임 한국 공사와 같은 시기에 잠시 도쿄에 가게 된 것에서 알 수 있으며, 이는 그가 이달 14일에 완전히 비밀리에 오랫동안 이루어진 알현을 마친 후 발생한 상황입니다.

이곳 러시아 대리공사가 본인에게 말하길, 그에게 조병식 사절에 대한 확실한 정보는 없으나, 일본과 한국 간에 소요사태가 발생하거나 한국의 영토 또는 독립이 위태로워질 경우 일본이 한국에 군대를 파병하여 보호를 보장하는 협정이 이루어질 수 있다고 보고 있습니다. 일본이 그 협정을 머잖아 사용할 생각이 있는지는 또 다른 문제이나 여하튼 분명히 추측할 수 있는 사실은 하야시[7]가 −아마도 최근의 도고[8] 해군 중장의 방문과 관련이 있다고 보이며− 만주에서의 작전을 통해 러시아를 속박하겠다고 표명하면서, 한국의 안녕이 현재로서는 일본과 밀접한 관계에 있다는 것을 설득시키려고 합니다.

일본 측으로 더 크게 기울고 있는 상황은 현재 한국에서 분명하게 나타나고 있습니

---

4   [감교 주석] 알렌(H. N. Allen)
5   [감교 주석] 샌즈(W. F. Sands)
6   [감교 주석] 야마자 엔지로(山座圓次郎)
7   [감교 주석] 하야시 곤스케(林權助)
8   [감교 주석] 도고 헤이하치로(東鄕平八郎)

다. 동아시아에서 러시아의 군사력이 충분치 않다고 한국 관리들이 실망하는 말을 종종 들을 수 있습니다. 하야시가 여러 달 전부터 최근까지 직산 금광을 얻기 위해 노력했지만 별 성과가 없는 상황이었는데, 이달 17일에 갑자기 이에 대한 특허권이 일본인에게 주어졌다는 사실은 이러한 징조로 간주될 수 있습니다. 또한 한국의 중학교에 또 한 명의 일본인 교사가 채용된다는 소문이 있으며, 정통한 소식통을 통해 본인이 확인한 바에 의하면, 한국의 조정은 약 10일 전에 이토[9]에게 여러 선물을 보냈다고 합니다.

그러나 양 국가 사이에서 이곳 군주가 의례 보이는 우유부단함을 고려해 볼 때, 만약 그가 정말로 지금 일본에 모종의 보호를 요청했다면, 그가 이러한 요청을 동시에 러시아에도 했다는 것을 배제할 수 없습니다.

충성어린 이 보고의 사본을 도쿄주재 제국공사관에 송부애 드립니다.

바이페르트

내용: 신임 일본주재 한국공사의 임명

---

9 [감교 주석] 이토 히로부미(伊藤博文)

한국 왕자들의 지위 승격

발신(생산)일	1900. 8. 22	수신(접수)일	1900. 10. 9
발신(생산)자	바이페르트	수신(접수)자	호엔로에–실링스퓌르스트
발신지 정보	서울 주재 독일 총영사관	수신지 정보	베를린 정부
	No. 95		A. 14295
메모	비교 A. 16177/01. 연도번호 No. 1017		

A. 14295　1900년 10월 9일 오전 수신

서울, 1900년 8월 22일

No. 95

독일제국 수상 호엔로에–실링스퓌르스트 각하 귀하

이달 9일 자 칙령에 따라, 의화군[1]과 그의 3살 된 이복동생이자 한국 군주의 셋째 아들인 영에게 (일본에서 황제의 아들에게 친왕[2]에 상응하는) 친왕의 칭호가 하사되었습니다. 의화군은 지난 7월 하순에 유학장소를 일본에서 미국으로 옮겼습니다. 이는 특히 "엄비"[3]이라는 현재 총애받는 후궁의 아들을 승격시키고자 한 것 같습니다. 왜냐하면, 이 야망이 있는 여인에게도 이달 초에 순빈[4], 즉 일등 서열[5]의 후궁이라는 칭호가 부여됨으로써 지위가 승격되었기 때문입니다. 아마도 이것은 정부인으로 승격하고자 하는 이 여자의 끊임없는 노력에 대해 일부 보상을 한 것으로 보이는데, 여하튼 왕세자는 이 여자가 낮은 계급의 출신이라는 사실 외에도 현재 이 여자의 이러한 노력들 대해 강하게 반대하고 있습니다.

충성어린 이 보고의 사본을 도쿄주재 제국공사관에 송부해 드립니다.

바이페르트

내용: 한국 왕자들의 지위 승격

1　[감교 주석] 의화군(義和君)
2　[감교 주석] 친왕(親王)
3　[감교 주석] 순헌황귀비(純獻皇貴妃) 엄씨(嚴氏)
4　[감교 주석] 순빈(淳嬪)
5　[감교 주석] 정1품

59

한국의 성진에서 발생한 폭동

발신(생산)일	1900. 8. 22	수신(접수)일	1900. 10. 9
발신(생산)자	바이페르트	수신(접수)자	호엔로에-실링스퓌르스트
발신지 정보	서울 주재 독일 총영사관	수신지 정보	베를린 정부
	No. 96		A. 14296
메모	비교 A. 7700/03 연도번호 No. 1021		

A. 14296 1900년 10월 9일 오전 수신

서울, 1900년 8월 22일

No. 96

독일제국 수상 호엔로에-실링스퓌르스트 각하 귀하

그제 원산에서 한국 정부와 일본 공사에게 들어온 보고에 의하면, 작년 새로 개항한 원산 북쪽의 항구도시 성진에서 이달 19일 폭동이 발생했습니다. 폭동은 그러나 지금까지 이 지방에만 한정되어 있고, 비록 그곳에 거주하고 있는 일본인들(유일한 외국인들임)이 피해를 당했다 할지라도 외국인에 대한 적대행위가 원인은 아닙니다. 과거 성진은 약 40km 북쪽에 있는 도시인 길주에 의해 관리되었던 것 같습니다. 그런데 성진 항구가 개항된 후 그곳은 특별 행정구역이 되었고, 이에 따라 관직에 굶주린 길주의 문사들이 발전 가능성이 있는 성진에서 자신들이 소외당했다고 생각했습니다. 반면, 수개월 전부터 이들이 주도한 선동으로 인해 그 지역들의 주민들 간의 적대행위가 커졌으며, 결국 길주에 있는 일부 주동자들이 체포되었습니다. 이로 인해 약 1천 명의 길주 출신의 불만 세력이 반란을 일으켰고, 이달 19일에 성진에 있는 무역감독관(감리) 건물 및 기타 여러 정부 건물과 개인 건물들을 파괴했습니다. 당시 한 일본인 경찰이 폭도들에 의해 공격을 받았는데, 부상을 당하지는 않았다고 합니다. 겨우 목숨을 건진 무역감독관과 경찰들, 일본 공사와 그곳에 거주했던 9명의 다른 일본인들은 우연히 그곳에서 정박해 있던 거선을 이용해 원산으로 도피했습니다.

한국 정부는 성진에서 약 120km 남쪽에 있는 북청 수비병 1개 부대를 보내 폭동을 진압하도록 했습니다. 일본이 전함을 파견해 성진 사태에 개입할 계획이 있는지는 현재까지 알려진 사실이 없습니다.

충성어린 이 보고의 사본을 도쿄주재 제국공사관에 송부해 드립니다.

바이페르트

내용: 한국의 성진에서 발생한 폭동

60

한국-국경에서의 상황

발신(생산)일	1900. 9. 1	수신(접수)일	1900. 10. 10
발신(생산)자	바이페르트	수신(접수)자	호엔로에-실링스퓌르스트
발신지 정보	서울 주재 독일 총영사관	수신지 정보	베를린 정부
	No. 96		A. 14357
메모	연도번호 No. 1046		

A. 14357 1900년 10월 10일 오후 수신

서울, 1900년 9월 1일

No. 101

독일제국 수상 호엔로에-실링스퓌르스트 각하 귀하

한국의 러시아 무관이 며칠 전 국경도시 의주(Wiju)에서 받은 보고에 의하면, 그곳 서쪽의 청국 국경지대이자 단둥[1]에서 대략 10km 떨어진 지점에 2,000명의 청국군이 있다고 합니다. 단둥에서는 400명의 청국군을 훈련시키고 있다고 하며, 또한 이달 20일에는 서남쪽에서 포화 소리를 들었다고 합니다. 그러나 국경 너머의 불안 사태는 지금까지 이곳에서는 발생하지 않았습니다. 이에 반해 한국의 동북쪽 끝 지역에서 온 한국의 보고에 따르면, 청국과의 인접 지역인 훈춘[2]에서 러시아와 청국 간에 전투가 발생한 이후, 청국인 약탈자들로 인해 한국 주민들이 보통 때보다도 더 많은 피해를 당하고 있습니다.

일본 언론에서는 최근 한국 국경의 상황들이 매우 선정적으로 보도되고 있으며, 이는 일본의 호전주의자들이 개입할 만한 원인을 제공해 있습니다.

충성어린 이 보고의 사본을 도쿄 및 베이징 주재 제국공사관에 송부해 드리며, 베이징에는 순함함 전투함대의 제국사령관 편으로 보내드립니다.

바이페르트

내용: 한국- 국경에서의 상황

---

1 [감교 주석] 단둥(丹東)
2 [감교 주석] 훈춘(琿春)

61

[한국을 우호국가로 두려는 일본의 시도]

발신(생산)일	1900. 9. 5	수신(접수)일	1900. 10. 10
발신(생산)자	바이페르트	수신(접수)자	호엔로에-실링스퓌르스트
발신지 정보	서울 주재 독일 총영사관	수신지 정보	베를린 정부
	No. 103		A. 14358
메모	10월 12일 페테르부르크 727 전달		

A. 14358   1900년 10월 10일 오후 수신

서울, 1900년 9월 5일

No. 103

독일제국 수상 호엔로에-실링스퓌르스트 각하 귀하

이곳의 미국 공사관에서 믿을 만한 한국의 소식통으로부터 알게 된 것이라고 주장하기를, 일본 공사[1]가 지난달 중순경 신임 주일공사[2]의 임명이 있기 얼마 전 알현 때에, 일본은 러시아 측에 의한 만주의 점유를 허용하지 않을 것이라고 한국 군주에게 명확하게 언급했다고 합니다. 일본 대표나 러시아 대표[3]의 알현 시에는 통역관 외에 제 3자가 참석하는 것이 통례이기 때문에, 그런 종류의 소식들은 확인하기가 어렵습니다. 그러나 이 소식이 맞다 가정하더라도, 이는 도쿄 내각의 진짜 계획이 무엇인지 어떠한 추론도 하지 못하게 하기보다, 오히려 한국에게 자국의 힘과 중요성을 납득시키고 이로써 한국을 자기편으로 끌어들이기 위해 일본이 현재 노력하고 있음을 보여주는 또 다른 증거입니다.

충성어린 이 보고의 사본을 도쿄와 상하이 주재 제국공사관에 송부해 드립니다.

바이페르트

원본 : 청국 24

---

1   [감교 주석] 하야시 곤스케(林權助)

2   [감교 주석] 조병식(趙秉式)

3   [감교 주석] 파블로프(A. Pavlow)

62

[이토 히로부미 인터뷰 보고]

발신(생산)일		수신(접수)일	1900. 10. 11
발신(생산)자		수신(접수)자	
발신지 정보		수신지 정보	베를린 외무부
			A. 14381
메모	볼프의 전신 사무소 뉴욕 통신에 대한 추신 이토와의 인터뷰		

A. 14381   1900년 10월 11일 오후 수신

이토[1]가 추가로 언급하기를, 일본의 대러시아 관계는 매우 우호적이고, 한국이나 만주 문제로 인해 아무런 갈등도 없으며, 그 이유는 양국 중 그 어떤 국가도 이 국가들에 대한 주권을 요구하고 있지 않기 때문이라고 합니다.

원본 : 청국 24

---

1   [감교 주석] 이토 히로부미(伊藤博文)

베를린, 1900년 10월 15일   A. 14293

주재 외교관 귀중
1. 상트페테르부르크 No. 732

연도번호 No. 9987

일본주재 신임 한국 공사 임명에 대한 금년
8월 18일 자 서울주재 독일제국 대리영사의
보고 사본을 동봉하여 정보 보고로서 삼가 송
부해 드립니다.

63

[한국의 독일 광산 내 독일 기술자의 무장 요청 건]

발신(생산)일	1900. 10. 18	수신(접수)일	1900. 10. 20
발신(생산)자	마이어	수신(접수)자	뷜로프
발신지 정보	함부르크 마이어 상사	수신지 정보	베를린 정부
			A. 14875

A. 14875   1900년 10월 20일 오후 수신

함부르크, 1900년 10월 18일

베를린의 독일제국 수상이신 뷜로프 각하께,

각하께 다음과 같이 삼가 보고를 올립니다. 한국 제물포에 있는 본인의 회사인 마이어 회사[1]는 서울주재 제국영사 바이페르트[2]의 권유와 한국에 있는 독일 광산의 기술책임자인 바우어[3]의 소망에 따라, 불안정한 지금의 상황을 고려하여 25정의 모제르 연발총과 충분한 탄약을 요청했는데, 이는 당고개에 있는 유럽인 직원들을 균등하게 무장시키기 위해서입니다.

앞서 제출해 드린 서한 보고에 따르면, 현재로서는 그곳에 있는 독일인들의 안전에 대해 전혀 염려할 바가 없으며, 유럽인들의 무장을 단지 예방책에 불과하다고 덧붙여 말씀드립니다.

이러한 무기 발송에 대해 혹시 반대 의견이 있는지 그리고 무기 매입을 위해 서한을 작성할 수 있는지 삼가 문의를 올리면서 이만 줄이고자 합니다.

각하의 충성스런
마이어[4]

---

1   [감교 주석] 마이어 회사(E. Meyer & Co.; 세창양행(世昌洋行))
2   [감교 주석] 바이페르트(H. Weipert)
3   [감교 주석] 바우어(L. Bauer)
4   [감교 주석] 마이어(H. C. E. Meyer)

소위 한국 분할에 대한 러시아의 제안

발신(생산)일	1900. 9. 3	수신(접수)일	1900. 10. 21
발신(생산)자	바이페르트	수신(접수)자	호엔로에-실링스퓌르스트
발신지 정보	서울 주재 독일 총영사관	수신지 정보	베를린 정부
	No. 102		A. 14953
메모	연도번호 No. 1088		

A. 14953 1900년 10월 21일 오후 수신

서울, 1900년 9월 3일

No. 102

독일제국 수상 호엔로에-실링스퓌르스트 각하 귀하

각하께 본인은 지난달 21일(보고서 No. 94[1])에 이곳 신문에서 거론된 소문에 대해 삼가 보고드린 바 있습니다. 소문에 따르면, 파블로프[2]가 일본 공사에게 한국의 분할을 제안했으며, 영국과 일본의 외교 조치로 인해 한국인 편집자가 박해받지 않게 되었습니다. 본인이 프랑스 대리공사로부터 현재 전해 들은 바에 의하면, 러시아 측은 이러한 언론 기사에 일본의 음모가 관련되어 있다고 생각합니다. 실제로는 스트렐비츠키[3] 대령에게 한국을 분할함으로써 한국 문제를 해결하는 것이 지금 이 기회가 적절하지 않은지 구두로 언급한 인물이 바로 일본 무관인 노즈[4] 대령이었다고 합니다. 노즈 대령의 이러한 언급이 파블로프에게 보고되었고, 이에 파블로프는 일본 공사에게 그러한 민감한 정치 문제에 무관이 직분에 맞지 않게 개입을 했다고 불만을 표했습니다. 바로 얼마 후 일본 신문들에서 한국 신문의 보도 기사가 나왔는데, 이 기사는 그러한 제안을 파블로프가 한 것으로 그 책임을 돌렸습니다.

이 충성어린 보고의 사본을 도쿄주재 제국공사관에 송부해 드립니다.

바이페르트

내용: 소위 한국 분할에 대한 러시아의 제안

---

1 [원문 주석] 10월 21일 현재 아직 들어오지 않음
2 [감교 주석] 파블로프(A. Pavlow)
3 [감교 주석] 스트렐비츠키(Strelbitzky)
4 [감교 주석] 노즈 요타로(野津要太郎)

베를린, 1900년 10월 24일   A. 14875

시 정부
함부르크

연도번호 No. 10417

제물포 소재 마이어 회사의 사장인 마이어는 한국에 있는 자신의 직원들을 위해 25정의 모제르 권총을 탄약과 함께 보내는 것에 대해 고려해 보았는지 문의해 왔습니다. 이는 서울 주재 독일제국 영사가 제안한 것입니다.

본인은 저희 측에서 영사의 제안에 반대할 이유가 전혀 없다는 것을 문의자에게 통보해 주시기를 삼가 요청드립니다.

서울–부산 간 철도

발신(생산)일	1900. 9. 10	수신(접수)일	1900. 10. 28
발신(생산)자	바이페르트	수신(접수)자	호엔로에–실링스퓌르스트
발신지 정보	서울 주재 독일 총영사관	수신지 정보	베를린 정부
	No. 106		A. 15352
메모	연도번호 No. 1116		

A. 15352　1900년 10월 28일 오후 수신, 첨부문서 1부

서울, 1900년 9월 10일

No. 106

독일제국 수상 호엔로에–실링스퓌르스트 각하 귀하

　각하께 한국의 서울–부산 철도 위원회가 본인에게 보내준 철도 계획노선의 지도를 동봉하여 삼가 보내드리게 되어 영광입니다. 이 철도 노선은 294 영국마일에 약 40개의 역을 지나가는데 지도 위에 작은 원으로 표시되어 있습니다. 이 노선은 서울에서 출발하여 지난달 초에 완성된 서울–제물포 노선의 다리를 이용하여 한강을 건너 남쪽으로 충청도를 통과합니다. 거기서 일본의 광산지대인 직산에 상당히 가깝게 접근하고 Ma Hoan Piöng 지역까지 이어집니다. 여기서부터는 개항된 항구도시 군산으로 가는 지선이 계획되어 있고, 반면에 본선은 동쪽으로 두 개의 산맥을 넘어 경상도로 들어가는데 거기서는 대도시인 대구를 지나 보통 낙동강을 따라 부산까지 이르게 됩니다.

　이 철도 노선의 건설 경비에 대해 본인이 들은 바로는, 이미 언급된 세부 측량 이후에도 예산이 2천 5백만 엔 그대로입니다. 그러나 사람들은 일본 정부 측의 이자 보장이 황제의 명령을 통해 이루어질 것이라고 예상하고 있지만, 이 경비를 한 번에 확보할 수 있을 것이라고는 기대하지 않습니다. 따라서 우선 5백만 엔의 자본으로 해당 회사를 설립하고 나중에 공사 진행에 따라 추가적으로 비슷한 비율로 책정해 나갈 계획입니다. 이때 외국 자본의 참여가 예상되며, 본인이 들은 바에 따르면, 이는 일본 공사가 현재 1898년 9월 8일 자 특허 계약의 제 15조를 변경하려고 노력하는 상황에서 알 수 있는데, 이 조항은 주식 소유를 일본인과 한국인에 한정한다고 규정하고 있습니다. 본 보고서의

서두에 언급된 위원회의 책임자로 있는 오에 타쿠[1]가 본인에게 말하기를, 독일, 미국, 영국, 벨기에 측으로부터 자본 참여 및 그와 관련한 물자 제공에 대한 수많은 제의가 도쿄에서 이루어진 상태입니다. 그러나 영국이 너무 느리게 공급을 하고, 벨기에의 공장들은 일본에서 별로 알려져 있지 않기 때문에, 그가 생각하기에 오직 독일과 미국의 제안 간에 경쟁이 있을 것이라고 합니다.

충성어린 이 보고의 사본을 도쿄주재 제국공사관으로 송부해 드립니다.

바이페르트

내용: 서울-부산 간 철도, 첨부문서 1부

---

1 [감교 주석] 오에타쿠(大江卓)

일본 그리고 한국의 중립화 제안

발신(생산)일	1900. 9. 7	수신(접수)일	1900. 10. 29
발신(생산)자	바이페르트	수신(접수)자	호엔로에-실링스퓌르스트
발신지 정보	서울 주재 독일 총영사관	수신지 정보	베를린 정부
	No. 105		A. 15402
메모	A. 15634 참조 11월 10일 런던 1064, 페테르부르크 775 전달 연도번호 No. 1102		

A. 15402 1900년 10월 29일 오전 수신

서울, 1900년 9월 7일

No. 105.

독일제국 수상 호엔로에-실링스퓌르스트 각하 귀하

이곳에서 들리는 말로는 도쿄주재 한국 공사[1]가 일본이 한국의 중립화와 열강 측에 의한 한국의 독립 보장을 권유해 주기를 바란다고 일본 정부에 요청했으나, 지금까지 아오키[2]로부터 회피성 답변만을 받았다고 합니다. 미국 변리공사[3]의 기밀정보가 이 문제에 있어서 현재까지 정확한 정보로 보이며, 이 정보에 따르면 일본이 그 계획의 실행에 대해 다음과 같은 조건을 제시했습니다. 그 조건이란 한국이 나라 안의 질서유지를 목적으로 5만의 군대를 새로 조직해 유지해야 한다는 것인데, 일본은 이에 대해 자금을 빌려주고 귀화할 일본인들을 통해 교관들과 장교들을 육성할 것이라고 표명했습니다.

이 정보가 정확하다고 하더라도, 일본이 진정으로 이러한 조건이 실현될 것이라고 예상한다는 것은 믿기 어려운 사실입니다. 그럼에도 불구하고 일본 측이 스스로 한국의 제안을 유도했다면, 일본이 노린 유일한 목적은 한국의 보호국으로서의 일본의 역할을 한국이 새롭게 분명한 방식으로 인정하게 하고, 이를 세계에 알리는 것이라고 추측됩니

---

1 [감교 주석] 조병식(趙秉式)
2 [감교 주석] 아오키 슈조(靑木周藏)
3 [감교 주석] 알렌(H. N. Allen)

다. 러시아 대리공사[4]가 한국이 보호와 지원을 요청할 것이라는 상황 변화를 예상하고 있으며, 원하는 경우 이러한 변화는 쉽게 발생할 것으로 보입니다. 다른 한편 그동안 양국의 관계가 가까워지게 되면 한국에서 추가적으로 특허권을 확보하는 것이 용이해질 것입니다.

일본 공사[5]는 자신이 도쿄에서의 협상에 대해 아는 바가 없지만, 일본 정부가 한국의 제안을 진지하게 여긴다고 생각지 않는다고 말했습니다. 과거 전임자들보다 분명 일본에 우호적인 태도를 갖고 있는 영국 대리공사[6] 또한 이 사안이 중요하게 보이는 것을 원치 않습니다.

현 상황을 일본이 어떻게 이용할 것인지 이에 대해 본인이 들은 바로는, 하야시가 이미 올해 초 허가받은 두 남부지방 해안의 고래잡이 특허권을 한국 전체 해안으로 확대하기 위해 노력하고 있다고 합니다.

충성어린 이 보고의 사본을 일본과 청국 주재 제국공사관으로 송부해 드립니다.

바이페르트

내용: 일본 그리고 한국의 중립화 제안

---

4 [감교 주석] 파블로프(A. Pavlow)
5 [감교 주석] 하야시 곤스케(林權助)
6 [감교 주석] 거빈스(J. H. Gubbins)

67

원문 p.750

[오스트리아 언론에 보도된 한국 관련 기사]

발신(생산)일		수신(접수)일	1900. 10. 29
발신(생산)자		수신(접수)자	
발신지 정보		수신지 정보	베를린 외무부
			A. 15425

A. 15425 1900년 10월 29일 오후 수신

비너 폴리티쉐 코레스폰덴츠[1]

1900년 10월 29일

한국

요코하마에서 저희에게 도착한 9월 23일 자 보고서에 따르면, 조병식[2] 도쿄주재 신임 한국 공사가 도쿄에 도착한 즉시 일본 정부에 한국 군주의 요청을 전달했으며, 일본은 벨기에를 본보기로 한국의 중립화를 지지할 수도 있다고 합니다. 이미 소문으로 알려진 이 사안에 대해 일본 언론이 즉시 밝힌 입장은 일본 정부가 이러한 요청에 부응할지 아직 고려하지 않았다는 것입니다. 그러나 일본 측이 이러한 간곡한 요청을 단호하게 거부했다는 사실이 곧 확인되었습니다.

---

1 [감교 주석] 비너 폴리티쉐 코레스폰덴츠(Wiener Politische Correspondenz)
2 [감교 주석] 조병식(趙秉式)

외무부
A편

외무부 정치 문서고
조선 관계 문서

1900년 11월 1일부터
1901년 2월 28일까지

제30권
참조: 제31권

외무부 정치문서고
R 18930
한국 No. 1

1900년	목록	수신정보
도쿄 9월 25일 보고서 A. 112 한국에 개입하기 위한 일본의 준비. 일본은 청국인들의 한국 국경 침범에 대처하고 의화단운동과 유사한 움직임이 한국 국내에 퍼지지 않도록 한국에 도움을 제공할 것이다.	15649 11월 2일
도쿄 (?)일 No. 111 이토는 다른 국가들, 특히 러시아와의 분규를 피하기 위해 일본의 한국 계획에 반대한다. 일본은 니시-로젠 협정을 고수할 것이라고 한다.	16384 11월 16일
도쿄 (?)일 전보문 No. 124 한국의 진남포 항구에 거주하는 일본인들이 소요사태 발생이 우려된다며 일본의 수비대 파병을 요청했다.	17045 11월 27일
서울 9월 15일 No. 108 청국 퉁화시에서의 한국 기독교인 피살 및 한국 국내에서의 한국 기독교인 박해.	15771 11월 4일
서울 9월 20일 No. 110 한국의 중립화 염원은 일본의 권유에서 비롯되었다. 일본은 한국이 먼저 일본에게만 중립 보장을 요청하기를 원했다. 그러나 한국이 실제로 그렇게 하지 않았기 때문에, 일본은 한국의 중립화를 거절했다.	15633 11월 2일
도쿄 9월 25일 보고서 A. 111 도쿄 주재 한국 공사는 열강이 보장한 한국의 중립을 위해 일본이 애써줄 것을 제안했다.	15648 11월 2일
도쿄 (?)일 전보문 No. 123 영국이 일본 정부에 한국에서 조처를 취할 것을 권유했다.	16828 11월 23일
런던 11월 24일 전보문 No. 787 영국은 일본이 한국에서 행동에 착수하도록 외교 조치를 취한 듯 보인다. 영국은 러시아에 강경한 태도를 취하라고 가토 대신을 독려하려 한다.	16916 11월 25일
서울 9월 17일 No. 109 한국 남부지방에서의 소요사태. 폭도들이 "빈민구제단"이라는 이름으로 규합했다.	15632 11월 2일
서울 9월 26일 No. 112 한국 상비군의 증설. 그 목적은 한국에 주둔하는 일본 수비대를 철수시키려는 데 있다고 추정된다.	15635 11월 2일

서울 10월 9일 No. 120 한국의 중립화 문제에 대한 미국의 태도 예측.	16970 11월 26일
서울 10월 13일 No. 123 한국 정부가 중립화를 원한다면 워싱턴에서 중립화에 대한 제안을 해야 한 다.	16971 11월 26일
서울 10월 18일 No. 126 청국군의 한국 영토 침입에 대한 우려.	17257 11월 30일
서울 10월 22일 No. 127 경부철도. 국가차원에서 이자보증의 허가.	18116 12월 15일
서울 11월 1일 No. 129 망명객 문제 및 한국의 중립화를 해결할 목적으로 일본에 갔던 조병식의 임무 종결. 이에 대한 러시아의 대응 조처.	18117 12월 15일
도쿄 12월 20일 No. 132 도쿄 주재 러시아 공사와 일본 외무대신의 한국에 대한 회담(?).	18960 12월 30일
서울 9월 21일 No. 111 조약에 의거해 한국에서 일본인에게 허용된 어업권의 확대.	15634 11월 2일
도쿄 10월 15일 보고서 A. 118 일본 제일은행에서 오백만 엔을 융자받고자 하는 한국 정부의 바람.	16410 11월 16일
서울 10월 14일 No. 124 한국에서 일본 어업권의 확대. 게다가 일본은 인삼(일종의 약제) 독점권도 확보했다.	16972 11월 26일
도쿄 10월 24일 보고서 A. 124 한국 공사 조병식의 귀국 여행. 대리공사 박용화	17245 10월 30일
도쿄 11월 16일 보고서 A. 139 도쿄 주재 러시아 공사는 일본에서 한국과 관련해 받은 인상에 대해 불만이 다. 그에 따르면 일본 국민은 한국을 점유하길 바라고 있으며, 일본과 전쟁 을 하는 경우 러시아 측에는 승산이 없다.	18690 12월 24일
서울 10월 2일 No. 115 콜브란 기사가 한국은행의 설립 및 서울의 수도 건설을 계획하고 있다.	16394 11월 16일
서울 11월 9일 No. 134 영국 여왕과 한국 왕의 훈장 교환.	18835 12월 25일

1901년	목록	수신정보
도쿄 1900년 12월 14일 보고서 A. 152 한국의 진남포에 거주하는 일본인들이 소요사태 발발을 우려한다.		1088 1월 21일
서울 1900년 12월 3일 No. 141 외국 대표들 측에서 사용하는 한국 황제의 칭호. "한국"의 새로운 국호!		1107 1월 21일
도쿄 1월 21일 전보문 No. 6 일본 의회에서 만주와 관련한 대정부질의.		1137 1월 22일
1월 22일 참모부 서한 Engalitscheff 왕자가 발더제 백작에게 보낸 소식에 의하면, 러시아는 한국에서 관심지역을 제한하기로 일본과 합의했다.		1158 1월 22일
도쿄 1월 22일 전보문 No. 7 한국과 관련해 두 번째 협정을 맺기 위한 러시아와 일본의 협상 결렬.		1188 1월 23일
서울 12월 4일 보고서 No. 143 한국에서 외국인에 적대적인 성명 발표.		1200 1월 23일
베이징 1월 22일 전보문 No. 51 Engalitscheff 왕자는 러시아와 일본이 한국과 관련해 협정을 체결했다고 발더제 백작에게 말했다. 그러나 이 말의 진위 여부를 확인할 수 없었다.		1228 1월 23일
런던 1월 30일 전보문 No. 101 일본 공사는 1895년 독일과 러시아 사이에서 독일이 러시아의 한국 정책을 지원한다는 내용의 조약이 체결되었는지 질문한다. 또한 러시아와 일본이 분쟁을 빚는 경우에 영국이 어떤 태도를 취할 것인지도 묻는다.		1637 1월 31일
도쿄 2월 8일 전보문 No. 10 만주 문제와 관련해 일본의 태도에 대한 일본 의회의 대정부질의.		2121 2월 9일
도쿄 2월 10일 전보문 No. 11 만주 문제에 대한 일본 정부의 답변.		2204 2월 10일
서울 1900년 11월 23일 보고서 No. 139 한국에서 기독교인과 외국인을 배척하는 징후들.		365 1월 7일
서울 1900년 12월 20일 보고서 No. 152진남포와 평양의 일본 거류지를 위한 보호 조처,		2025 2월 7일

도쿄 1월 15일 보고서 A. 7 러시아 공사가 한국 정부에 각서를 보냈다고 한다. 그 각서에 의하면, 러시아는 한국에서 러시아의 이해관계에 필요한 지원을 받지 못했다는 것이다. 한국 정부는 일본에 거주하는 한국 모반자들을 "불모지로" 추방할 것을 요구한다고 한다.	2614 2월 18일
도쿄 1월 18일 보고서 A. 9 아오키는 한국에 대한 전통적이고 타당한 요구를 유지하는 것이 일본 정책의 주요 목표임을 선언한다.	2930 2월 24일
상트페테르부르크 3월 3일 보고서 No. 154 러시아가 일본에서 한국의 중립화를 제안했다고 한다.	31권
서울 1월 9일 보고서 No. 9 대역죄인 두 명에게 위법적인 판결을 집행함으로써 유배형을 선고받았던 한국 재판관들의 재등용과 이에 대한 일본의 이의 제기. 예식원 부장에 민상호 임명. 일본에 호의를 보였다는 혐의로 궁내부대신 민종묵의 해임.	3008 2월 26일
런던 2월 1일 전보문 No. 108 한국을 중립화하자는 러시아의 제안을 일본 측에서 거절.	1804 2월 2일
도쿄 11월 19일 보고서 A. 142 성기운을 도쿄 주재 한국 공사에 임명.	18692 12월 24일
도쿄 10월 23일 보고서 A. 123 일본 천황이 독일 중립선언에 대해 무척 기뻐하다.	18686 12월 24일
도쿄 12월 26일 보고서 A. 156 신임 한국 공사의 취임 알현.	1295 1월 25일
런던 2월 16일 보고서 No. 44 일본 공사의 발언에 따르면, 일본은 한국과 청국 북부지방에서 영토를 확장하려는 러시아의 야욕에 대해 매우 강경한 조처를 취할 것이라고 한다. (원본 문서 청국 24 No. 6)	A. S. 278 2월 18일
서울 12월 19일 보고서 −151− 러시아 함대장 Krydloff 제독이 군함 4척을 거느리고 마산포 방문. 마산포에 건설될 러시아 해군병원. 원본을 독일제국 해군청에 반송 요청과 함께 발송.	4517 3월 25일 31권

도쿄 1월 12일 보고서 – A. 3 – 한국과 관련해 일본의 태도에 대한 고무라 공사의 의견. 한국 차관계획에 대한 이토의 관심을 일깨우려는 한국 주재 일본 공사 하야시의 노력. 한국으로 인한 러시아와 일본의 관계. 러시아 공사 이즈볼스키의 태도.	2609 2월 18일
서울 1900년 12월 9일 보고서 No. 149 한국이 일본 "제일은행"에서 차관5백만 엔을 도입하기로 했으며, 그 중 4백만 엔을 경부철도에 사용할 것이라고 한다. 세관수입이 그에 대한 담보로 제공된다. 러시아 공사는 세관장 브라운이 이 차관을 도입하기 위해 세관수입을 담보로 제공하지 못하도록 한국 왕을 설득하려 했다고 전해진다.	1564 1월 30일
캘커타 1월 4일 보고서 No. 10 한국 왕이 인도제국 기사단의 명예 대기사로 임명됨. 영국 측에서는 한국 군주를 "Emperor"라고 지칭함.	1479 1월 28일
런던 1월 30일 전보문 No. 1000 러시아가 일본 정부에 한국의 중립화를 제안했고, 일본 정부는 이 제안을 일언지하에 거절했다.	1624 1월 30일
윈저에서 황제 폐하를 수행하는 독일제국 공사 메테르니히 백작의 2월 3일 전보문 No. 29 에카르트슈타인은 일본이 한국을 중립화하자는 러시아의 제안을 거절했음을 런던과 베를린에 알렸다고 폐하께 보고했다. 또한 한국으로 인해 러시아와 일본이 분쟁을 빚을 경우 베를린에서는 호의적인 중립을 확약했다고 한다. 황제 폐하께서는 우리 독일이 한국에 대해 영국과 유사한 정책을 펼칠 것이라고 영국 왕에게 말씀하셨다.	1871 2월 4일
서울 1월 7일 보고서 No. 7 러시아 대리공사가 공사에 임명됨. 다수의 프랑스인이 한국에 채용됨.	2819 2월 22일
도쿄 9월 24일 보고서 A. 106 일본 군부에서 점차 대두되는 「한국을 점유하자」는 요구에 대한 러시아 공사 이즈볼스키의 염려. 러시아는 결코 한반도에서 일본인을 용납하지 않을 것이라고 한다. 러시아인들은 일본인에게 푸젠 점령을 허용할 생각이라고 한다.	15643 11월 2일
11월 9일 도쿄에 발송한 훈령. 독일은 일본이 한국에서 취하는 조처에 대해 우려하지 않음. 푸주 점령을 만류할 것. 일본 측에서 우리에게 불신감을 품는 일이 없도록 일체 자극을 피할 것.	11월 9일

한국의 소요사태

발신(생산)일	1900. 9. 17	수신(접수)일	1900. 11. 2
발신(생산)자	바이페르트	수신(접수)자	호엔로에-실링스퓌르스트
발신지 정보	서울 주재 독일 총영사관	수신지 정보	베를린 정부
	No. 109		A. 15632
메모	A. 17257 참조 연도번호 No. 1180		

A. 15632 1900년 11월 2일 오후 수신

서울, 1900년 9월 17일

No. 109

독일제국 수상 호엔로에-실링스퓌르스트 각하 귀하

원산 북쪽에 위치한 개항 도시 성진(지난달 30일의 No. 98[1] 참조)에서는 아직까지 새로운 소요사태가 발생하지 않았습니다. 그러나 길주에서는 폭도들이 공격을 거듭하고 있습니다. 그러므로 그 사이 성진에 도착한 한국군 25명으로는 폭도들의 공격을 저지하기에 충분하지 않다는 우려가 높습니다. 하야시[2]는 한국군을 최소한 두 배로 늘려줄 것을 한국 정부에 요청했습니다.

예로부터 특히 쉽게 동요했던 한국의 최남단 지방에서 얼마 전부터 심상치 않은 소식들이 들려오고 있습니다. 부산에 인접한 지역들에서 "빈민구제단[3]"이라고 자칭하는 무리들이 규합했습니다. 그 무리들은 약탈하고 강탈한 것들을 실제로 빈민구제의 목적을 좇아 대부분 굶주림에 시달리는 가난한 사람들에게 나눠줍니다. 그래서 그들은 하급계층의 국민들에게 큰 호감을 사고 있습니다. 이곳의 일본 신문들은 이런 움직임이 이미 남쪽의 세 지방, 경상도와 전라도와 충청도 전역에 확산되었다고 주장합니다. 그런데도 외국인과 기독교를 배척하는 경향은 아직까지 전혀 표출되지 않고 있습니다. 그에 비해

---

1 [원문 주석] A. 13956 삼가 동봉.
2 [감교 주석] 하야시 곤스케(林權助)
3 [감교 주석] 활빈당(活貧黨)

많은 폭도들이 화승총으로 무장한 점이 주목을 끕니다. 일본인들이 그 화승총을 은밀히 암거래했을 가능성이 매우 높습니다. 이런 연유에서 청일전쟁이 동학 농민 봉기를 조장했듯, 한국 국내에 분산되어 있는 일본 불수분자들 측에서 이번 봉기를 조장한다고 염려하는 소리들이 자주 들려옵니다. 다른 한편으로 일본 공사는 일본에 망명한 한국들이 이 일에 개입했을 것이라고 추정합니다.

그러나 이곳 한국 정부는 매우 낙관적입니다. 한국 정부는 최근 도착한 보고에 의하면 고성 진위대에서 파견한 군대가 이미 주동자 몇 명을 붙잡았다고 선언합니다. 그러니 이 혼란이 곧 진압될 것으로 예측한다는 것입니다.

본인은 이 보고서의 사본을 도쿄와 상하이 주재 독일제국 공사에게 보낼 것입니다.

바이페르트[4]

내용: 한국의 소요사태

4　[감교 주석] 바이페르트(H. Weipert)

도쿄 주재 한국 공사의 임무

발신(생산)일	1900. 9. 17	수신(접수)일	1900. 11. 2
발신(생산)자	바이페르트	수신(접수)자	호엔로에-실링스퓌르스트
발신지 정보	서울 주재 독일 총영사관	수신지 정보	베를린 정부
	No. 110		A. 15633
메모	11월 10일 런던 1064, 페테르부르크 775 전달 연도번호 No. 1186		

A. 15633 1900년 11월 2일 오후 수신

서울, 1900년 9월 20일

No. 110

독일제국 수상 호엔로에-실링스퓌르스트 각하 귀하

러시아 대리공사[1]의 말에 따르면, 한국의 중립화 제안은 일본의 권유에 의한 것이었다고 합니다. 도쿄 주재 한국 공사[2]가 도쿄의 러시아 공사에게 일본의 권유였다고 단언했다는 것입니다. 그러나 한국이 일본의 제안을 그대로 따르지 않았을 가능성이 많다고 합니다. 일본은 한국이 먼저 일본에게만 중립을 요청하기를 바랐다고 합니다. 그런데 한국은 일본의 착상을 활용해 처음부터 모든 조약국들에게 중립화를 제안했다는 것입니다.

파블로프는 그 동안 입수한 정보에 의하면, 일본은 한국이 먼저 정규군 5만 명을 보유해야 한다며 물론 그 제안을 거절했을 것이라고 판단합니다. 그러나 일본의 차관 승인 및 일본 장교들의 시민권 취득에 대한 그 밖의 추가 사항들은 조병식이 넌지시 떠보는 말일 것이라고 추측합니다.

한국 공사는 또다시 한국 정치 망명객들을 인계받으려 시도했지만 뜻을 이루지 못한 듯 보입니다. 한국 군주는 다른 무엇보다도 그 일에 계속 신경을 쓰고 있습니다.

본인은 이 보고서의 사본을 도쿄와 상하이 주재 독일제국 공사에게 보낼 것입니다.

바이페르트

내용: 도쿄 주재 한국 공사의 임무

---

1 [감교 주석] 파블로프(A. Pavlow)
2 [감교 주석] 조병식(趙秉式)

한국에서 일본 어업권의 확대

발신(생산)일	1900. 9. 21	수신(접수)일	1900. 11. 2
발신(생산)자	바이페르트	수신(접수)자	호엔로에–실링스퓌르스트
발신지 정보	서울 주재 독일 총영사관	수신지 정보	베를린 정부
	No. 111		A. 15634
메모	A. 16972 참조 연도번호 No. 1190		

A. 15634   1900년 11월 2일 오후 수신

서울, 1900년 9월 21일

No. 111

독일제국 수상 호엔로에–실링스퓌르스트 각하 귀하

본인은 이달 7일의 No. 105[1]의 말미에서 서울 주재 일본 공사의 외교 조처에 대해 언급한 바 있습니다. 본인이 일본 공사에게 들은 바에 의하면, 그 외교 조처의 목적은 금년 초에 요구한 고래잡이 허가 범위의 확대에 있지 않았습니다. 그보다는 1883년 7월 25일 체결한 조일통상장정 제41조에 따라 한국 남부지방과 동부지방의 전라도, 경상도, 강원도, 함경도 해안에서 일본인에게 허용된 어업권을 서부지방 경기도까지 확장하는 데 있었습니다. 하야시[2]는 어업권 확장이 그 전에 이미 구두로 사실상 수락되었다고 단언합니다. 다만 각서교환을 통해 서면으로 확정짓는 일만이 남아 있었다는 것입니다. 그에 대한 보상으로 일본 해안에서 한국인의 어업권은 요구되지 않았다고 합니다. 설령 한국이 일본 해안에서의 어업권을 요구했다 하더라도 현실적으로 별 의미가 없었을 것이라고 합니다. 일본의 어업영역이 확대되는 경우, 하야시의 말에 따르면 그 주요 이점은 선박들이 앞으로 제물포 항구에 드나들 수 있다는 것이라고 합니다. 실제로 일본인들은 현재 남쪽 항구를 기점으로 이미 경기도 해안까지 고기잡이를 하고 있습니다. 그러나 1889년 11월 12일의 어업협정에 의해 규정된 대로, 대부분 3해리 바깥 지역에 머물고

---

1   [원문 주석] A. 15402 삼가 동봉.
2   [감교 주석] 하야시 곤스케(林權助)

있습니다.

본인은 이 보고서의 사본을 도쿄 주재 독일제국 공사관에 보낼 것입니다.

바이페르트

내용: 한국에서 일본 어업권의 확대

[한국의 군제 개편에 관한 건]

발신(생산)일	1900. 9. 26	수신(접수)일	1900. 11. 2
발신(생산)자	바이페르트	수신(접수)자	호엔로에-실링스퓌르스트
발신지 정보	서울 주재 독일 총영사관	수신지 정보	베를린 정부
	No. 112		A. 15635
메모	연도번호 No. 1241		

A. 15635 1900년 11월 2일 오후 수신

서울, 1900년 9월 26일

No. 112

독일제국 수상 호엔로에-실링스퓌르스트 각하 귀하

이달 20일 신규 "연대"의 창설을 규정하는 한국 법령이 발표되었습니다. 신규 연대는 (장교를 포함해) 1000명으로 구성되어 있으며 평양을 주둔지로 합니다. 우리의 표현에 따르면, 연대라기보다는 대대라고 부르는 편이 더 정확할 것입니다. 이 연대를 위해 연간 125,254 엔의 예산이 책정되었습니다. 그와 동시에 지금까지 평양에 주둔했던 부대들은 서울로 이동했습니다. 약 500명으로 이루어진 그 부대들은 한국에서 매우 용맹하고 충성스럽다는 평판을 받고 있습니다. 들리는 소문에 의하면, 각기 1000명으로 이루어진 3개 시위대[1]와 200명으로 이루어진 1개 헌병대를 증설해 서울의 시위대를 더욱 강화할 계획이라고 합니다. 지금까지는 국경지역을 수호하기 위해 평양에 부대를 주둔시켜야 한다고 판단했습니다. 그런데 인접한 만주지역의 상황이 안정되었다는 소식이 최근 도착했기 때문에, 평양의 부대를 잠시 철수하기로 쉽게 결정이 났습니다. 청국 당국이 만주지역의 의화단에게 반대하는 성명을 발표하고 많은 의화단원들을 체포하기 시작했습니다. 그러자 의화단원들은 뿔뿔이 흩어졌다고 합니다.

본인이 러시아 대리공사[2]에게 들은 바에 의하면, 얼마 전 도쿄 주재 한국 공사[3]는

---

1 [감교 주석] 시위대(侍衛隊)
2 [감교 주석] 파블로프(A. Pavlow)
3 [감교 주석] 조병식(趙秉式)

순진하게도 한국에 주둔하는 일본 수비대를 철수시킬 것을 일본 정부에 제안했습니다. 그러나 예상대로, 한국 정부가 혼자 힘으로는 평화와 질서를 유지할 수 없다는 답변이 돌아왔습니다. 한국 정부는 군대 증설을 계획함으로써 이러한 반대에 대처할 목적인 것 같습니다. 그리고 일본이 한국 정부에 5만 명의 병력을 갖추어야 한다는 조건을 제시했다고 전해지는데, 아마 이 조건을 충족시키기 위한 첫발을 뗀 것 같습니다. 어쨌든 한국 군주의 주위에는 새로운 직책을 마련하고 싶어하는 측근들이 많이 있습니다. 측근들로서는 한국 군주에게 이러한 대책의 필요성을 어렵지 않게 설득할 수 있었을 것입니다. 한국 군주가 대내외적으로 분쟁에 휘말리지 않을까 항상 노심초사하기 때문입니다. 한국 군주는 일신상의 안전을 위한 것이라면 무엇이든 시도할 준비가 되어 있습니다.

본인은 이 보고서의 사본을 도쿄와 상하이 주재 독일제국 공사에게 보낼 것입니다.

바이페르트

한국 문제에 대한 이즈볼스키의 발언

발신(생산)일	1900. 9. 24	수신(접수)일	1900. 11. 2
발신(생산)자	베델	수신(접수)자	호엔로에–실링스퓌르스트
발신지 정보	도쿄 주재 독일 공사관	수신지 정보	베를린 정부
	A. 106		A. 15643
메모	Ⅰ) 암호전보 11월 9일 도쿄 84 Ⅱ) 암호전보 1901년 1월 31일 런던 78 Ⅲ) 암호전보 1901년 6월 25일 도쿄 32		

A. 15643 1900년 11월 2일 오후 수신

도쿄, 1900년 9월 24일

A. 106

독일제국 수상 호엔로에–실링스퓌르스트 각하 귀하

본인은 러시아 공사 이즈볼스키[1]를 방문했습니다. 그 자리에서 이즈볼스키는 "절박한 위험"에 주목해야 한다며 한국 문제로 화두를 돌렸습니다. 러시아 공사는 현재의 상황을 이용해 한국을 "기습공격"하자는 요구가 일본서, 특히 일본 군부에서 점차 대두되고 있다고 매우 불안한 표정으로 말했습니다. 러시아 공사가 입수한 소식에 의하면, 영향력이 큰 군부대신 가쓰라[2]도 그런 작전에 적극적으로 찬동하는 듯 보인다는 것입니다. 그런데 가쓰라는 야마가타[3] 원수와 아오키[4]가 너무 조심스럽고 신중해서 그런 모험적인 요구를 후원하지 않을 것으로 생각한다고 이즈볼스키는 말을 이었습니다. 그러나 야마가타 원수와 아오키가 본인들의 의사와는 상관없이 급증하는 여론의 흐름에 휩쓸릴 수 있다고 합니다. 한국을 확보하려는 일본의 대담한 시도는 세계 평화에 지대한 위험을 초래할 것이라고 러시아 공사는 말합니다.

---

1 [감교 주석] 이즈볼스키(A. P. Izwolskii)
2 [감교 주석] 가쓰라 다로(桂太郎)
3 [감교 주석] 야마가타 아리토모(山縣有朋)
4 [감교 주석] 아오키 슈조(青木周藏)

그러니 모든 열강들은 일본이 그런 위험한 작전에서 다른 곳으로 관심을 돌리도록 주의를 기울여야 한다는 것입니다. 러시아 공사의 생각으로는, 일본인들이 푸젠[5]을 점령하도록 내버려두어 그들의 성취욕을 충족시키는 편이 가장 좋은 방법이라고 합니다.

그러더니 이즈볼스키는 독일제국 정부가 이 문제에 대해 어떻게 생각하는지 본인의 의중의 떠보려 했습니다. 본인은 독일제국 정부가 이에 대해 어떤 견해인지 알지 못하기 때문에 유감스럽게도 알려줄 수 없다고 극히 정중하게 답변했습니다. 그러나 독일이 청국의 영토종주권과 개방정책을 지지한다고 선언했기 때문에, 일본의 푸주 점령을 달가워할지는 의문이라고 덧붙였습니다.

끝으로 이즈볼스키는 러시아가 결단코 한국에서 일본인들을 허용하지 않을 것이라고 단언했습니다. "설사 우리 군대의 절반을 시베리아로 이동하는 한이 있더라도, 우리는 한국에서 일본인들을 몰아낼 때까지 가만있지 않을 것입니다."

이 말에 따르면 이즈볼스키는 러시아와 일본이 곧 충돌하는 일은 없을 것이라고 믿는 것 같습니다. 그보다는 러시아가 차후 몇 년 동안 먼저 군비를 갖춘 다음 일본과의 전쟁을 감행할 가능성이 더 많다고 여기는 듯합니다.

이 기회를 빌려, 본인은 이즈볼스키가 항상 독일에게 매우 우호적인 태도를 보인다는 말을 언급하고 싶습니다. 아마 그런 태도는 실제보다 조금 과장되었을 수 있습니다. 그러나 본인은 이즈볼스키 부부가 독일에 어느 정도 호감을 가지고 있음을 부인할 수 없다고 믿습니다. 이즈볼스키는 동아시아 정책에서 독일과 러시아의 의견이 일치한다고 믿는 척 합니다.

베델[6]

내용: 한국 문제에 대한 이즈볼스키의 발언

---

5 [감교 주석] 푸젠(福建)
6 [감교 주석] 베델(Wedel)

한국 공사의 임무

발신(생산)일	1900. 9. 25	수신(접수)일	1900. 11. 2
발신(생산)자	베델	수신(접수)자	호엔로에-실링스퓌르스트
발신지 정보	도쿄 주재 독일 공사관	수신지 정보	베를린 외무부
	A. 111		A. 15648
메모	11월 10일 런던 1063, 페테르부르크 774 전달 A. 3429/01 참조		

A. 15648 1900년 11월 2일 오후 수신, 첨부문서 1

도쿄, 1900년 1900년 9월 25일

A. 111

독일제국 수상 호엔로에-실링스퓌르스트 각하 귀하

얼마 전 한국 공사 조병식[1]이 이곳 도쿄에 도착했습니다. 조병식은 열강들이 보장한 한반도의 독립을 위해 일본이 힘써 주기를 바란다는 한국 정부의 요청을 일본 정부에 전달했습니다. 조병식은 벨기에와 스위스의 경우와 유사하게 중립적인 위치가 한국에게 보장되길 원한다고 표명했다는 것입니다.

아오키[2]는 한국의 "가소롭게도 주제넘은 요청"에 대해 상당히 매정한 어조로 말했습니다. 그러나 그 자리에서는 자신의 감정을 드러내지 않으려 노력했다고 합니다. 한국 공사의 요청을 직설적으로 거절하는 것을 기피했다는 것입니다. 아오키는 벨기에와 스위스에 대한 질문을 던짐으로써 연로한 한국 외교관을 곤혹스럽게 궁지에 몰아넣었다고 합니다. 그 한국의 노신사가 두 나라의 이름은 들었지만 그 밖에는 전혀 아는 바가 없다는 사실이 드러났기 때문입니다.

아오키는 자신이 한국의 중립에 대한 요청을 이렇듯 냉담하게 받아들여졌으니, 조병식이 더는 그 이야기를 꺼내지 않을 것이라고 말합니다. 어쨌든 아오키는 그 논제에 대응하지 않을 생각이라고 합니다. 아오키가 무슨 말을 하던 조병식이 즉각 러시아 공사

---

1 [감교 주석] 조병식(趙秉式)
2 [감교 주석] 아오키 슈조(靑木周藏)

관에 보고할 것을 알고 있기 때문이라는 것입니다. 아오키는 한국의 요청을 절대 진지하게 받아들일 수 없다고 말합니다. 러시아 – 아마 파블로프[3] – 측에서 일본의 의중을 알아내려고 조병식을 사주했을 것이라고 합니다. 러시아에 우호적인 조병식을 선택한 것만 봐도 알 수 있다는 것입니다. 조병식은 한국 국내에서 일본을 가장 적대시하는 인물이라고 합니다.

그와 반대로 이즈볼스키는 서울 주재 일본 공사 하야시[4]가 한국 문제를 수면 위로 끌어낼 목적으로 조병식에게 임무를 맡겼다고 믿고 있습니다.

그러나 열강들이 보장한 독립을 추구하도록 이 시점에서 한국을 부추겨서 일본에게 무슨 이득을 있을지 납득하기 어렵습니다. 오로지 한국 문제를 수면 위로 끌어내는 것이 목표라면, 일본 외교정책은 얼마든지 더 좋은 방법을 활용할 수 있을 것입니다. 또한 이즈볼스키는 조병식이 일본 편이 아니라고 스스로 인정한 바 있습니다. 그 반면에 조병식이 러시아 공사관과 우호적인 관계에 있다는 아오키의 추측은 이즈볼스키 본인의 말을 통해 확인할 수 있습니다. 이즈볼스키는 조병식이 자신에게 조언을 구했다고 본인에게 말한 바 있습니다.

본인은 한국 공사의 임무와 관련해 이달 15일 자 "Japan Times"지 기사를 삼가 각하께 동봉하게 되어 영광입니다. 이 기사는 일본인들이 이웃 한국을 멸시하는 사고방식과 한국인들을 얕잡아보는 성향을 잘 보여줍니다.

베델

내용: 한국 공사의 임무

A. 111의 첨부문서
첨부문서의 내용(원문)은 독일어본 769~770쪽에 수록.

---

3 [감교 주석] 파블로프(A. Pavlow)
4 [감교 주석] 하야시 곤스케(林權助)

07

일본의 "한국 계획"

원문 p.771

발신(생산)일	1900. 9. 25	수신(접수)일	1900. 11. 2
발신(생산)자	베델	수신(접수)자	호엔로에-실링스퓌르스트
발신지 정보	도쿄 주재 독일 공사관	수신지 정보	베를린 정부
	A. 112		A. 15649
메모	11월 6일 런던 1035 전달		

A. 15649   1900년 11월 2일 오후 수신

도쿄, 1900년 9월 25일

A. 112

기밀

독일제국 수상 호엔로에-실링스퓌르스트 각하 귀하

최근 본인에게는 일본 정부의 혹시 모를 "한국 계획"에 대해 아오키[1]의 의중을 타진해볼 기회가 있었습니다.

일본 외무대신은 본인에게 상당히 솔직하고 친밀하게 자신의 의견을 말했습니다. 일본 외무대신의 말로 미루어 보아, 이 방면에서 일본 정부는 아직까지 확정된 계획에 따라 움직이는 것 같지는 않습니다. 그러나 적절한 시기에 행동에 착수할 수 있도록 준비하고 있습니다.

일본 외무대신은 어떻게 준비하는지에 대해서는 구체적으로 언급하지 않았습니다. 그러나 군대의 절반에 해당되는 예비군을 은밀히 소집하는 것도 그런 준비의 일환일 것입니다. 이에 대해 본인은 별도로 각하께 보고 드릴 예정입니다. 몇몇 신문이 내해[2]에 위치한 승선기지 우지나[3]에 빈 수송선들이 도착했다고 보도했는데, 아마 이것도 그런 준비대책에 속할 것입니다. 그 수송선들은 "청국에 주둔하는 부대의 탄약과 군량을 수송하기 위해 마련되었다고 합니다.

---

1 [감교 주석] 아오키 슈조(靑木周藏)
2 [감교 주석] 내해(內海)
3 [감교 주석] 우지나(宇品)

외무부 정치 문서고 조선 관계 문서(1900.11.1~1901.2.28) **339**

아오키는 한국 문제를 청국 문제와 분리시킬 생각이라고 본인에게 말했습니다. 최근 청국인들 측에서 한국 국경을 침범하는 사태가 있었고, 한국 영토에서도 의화단 운동 비슷한 움직임이 발생했다고 합니다. 앞으로 그러한 소요가 반복될 것이 예상된다고 아오키는 말합니다. 그래서 일본 정부는 행동에 착수하기로 결정하는 즉시, 한국인의 안전과 질서를 수호하기 위해 일본의 도움을 제공할 것이라고 합니다. 그러나 일본 정부는 절대 서두르거나 난폭하게 굴지는 않을 것이라고 합니다.

아오키는 이 문제에 대한 미국의 입장과 관련해서는 아직까지 아는 바가 없는 것 같습니다.

베델

내용: 일본의 "한국 계획"

한국과 청국의 국경 상황

발신(생산)일	1900. 9. 15	수신(접수)일	1900. 11. 4
발신(생산)자	바이페르트	수신(접수)자	호엔로에-실링스퓌르스트
발신지 정보	서울 주재 독일 총영사관	수신지 정보	베를린 정부
	No. 108		A. 15771
메모	연도번호 No. 1165		

A. 15771   1900년 11월 4일 수신

서울, 1900년 9월 15일

No. 108

독일제국 수상 호엔로에-실링스퓌르스트 각하 귀하

　최근 이곳 서울 정부는 청국과의 국경 중부지역 인근에 위치한 Cha Söng의 관청으로부터 기독교 살해 소식을 받았습니다. 그 소식에 의하면, 지난달 하반기에 국경으로부터 약 60km 떨어진 청국 도시 퉁화[1](대략 북위 41° 35′, 동경 126° 16′)에서 많은 청국 기독교인들과 함께 한국 기독교인 100여 명과 일본인 2명이 그곳 폭도들에 의해 살해되었습니다.

　그러나 이달 9일 의주와 묵던[2] 간 전신업무는 청국 측에 의해 재개되었습니다. 그것으로 보아 그 지역은 비교적 안정을 되찾은 듯 보입니다.

　한국의 국경지역 상황에 대해 말씀드리자면, 평양의 미국 선교사들이 한국 기독교인들에게 가해지는 폭행과 위협에 대해 하소연하는 보고서를 또 다시 이곳 주재 미국 변리공사[3]에게 보냈습니다. 미국 선교사들은 의주 인근 지역의 한국 기독교인들에게 그런 소식을 들었다고 합니다. 그 소식에 의하면, 의주에서 남쪽으로 약 30km 거리의 용천에서도 교회 일부가 파괴되었다는 것입니다. 이에 대처하는 한국 관리들의 태도는 매우 소극적이라고 합니다. 그러나 한국 기독교인들의 그런 보고는 종종 과장되기 때문에,

---

1 [감교 주석] 퉁화(通化)
2 [감교 주석] 선양(瀋陽)
3 [감교 주석] 알렌(H. N. Allen)

알렌 박사는 지금까지 외부대신[4]에게 진상 조사를 부탁하는 것에 그치고 있습니다.

본인은 이 보고서의 사본을 도쿄와 상하이 주재 독일제국 공사에게 보낼 것입니다.

바이페르트

내용: 한국과 청국의 국경 상황

---

4 [감교 주석] 박제순(朴齊純)

베를린, 1900년 11월 6일   A. 15649

주재 외교관 귀중   본인은 일본의 "한국 계획"에 대한 정보를 비
런던 No. 1035   밀리에 삼가 귀하께 알려드리고자, 금년 9월
                                 25일 자 도쿄 주재 독일제국 대리공사의 보고
연도번호 No. 10837   서 사본을 보내드립니다.

베를린, 1900년 11월 9일   A. 15643 I

도쿄 No. 84   본인은 독일이 일본의 한국 조처에 대해서는
대리공사 귀하   우려하지 않지만 푸주 조차는 결코 반기지 않
                                 음을 귀하께 은밀히 알려드립니다. 한국과 관
A. 16384 참조   련해 독일은 아무런 이해관계도 없고 또 책임
                                 질 일도 없습니다. 우리는 어떤 식으로든 러
                                 시아와 정치적 조약을 맺은 적이 없습니다.
암호전보   심리적으로 중요한 순간, 다시 말해 이토 백
자체 해독   작이나 가토가 이 주제를 화제에 올리며 규명
9월 24일 보고서 106에 대한 답신   하려고 애쓰는 순간, 귀하는 주저 없이 위의
                                 사실들을 단언하실 수 있습니다. 귀하 측에서
연도번호 No. 10983   이 주제를 화제에 올리는 경우에, 의심 많은
                                 일본인들은 우리가 자신들을 선동해 러시아
                                 에 반감을 품게 만들려 한다고 불신할 수 있
                                 을 것입니다.

    일본 측에서 푸주 점령 문제에 대해 언급하면, 귀하는 독일이 이미 선언한 대로 그곳
에서 어떤 목적도 추구하지 않는다고 말하십시오. 그러나 일본은 푸주 조처로 인해 제3
국의 이해관계를 침해할 것이기 때문에 위험한 상황에 처할 수 있다고 설명하십시오.
일본이 해묵은 적대관계를 해소하지 못한 채로 새로운 적대관계를 야기할 것이라고 말
하십시오. 간단히 말해서, 일본은 푸주에서 여러 국가에 대립하는 위험을 무릅쓰게 될

것이라고 설명하십시오. 그리고 일본 측이 한국에서도 그와 똑같은 염려스러운 일이 발생하지 않겠느냐고 질문하는 경우, 귀하는 도대체 누구를 염두에 두고 그런 말을 하느냐고 반문하십시오. 미국의 관심은 훨씬 남쪽에 있으며, 미국에게 한국은 전쟁을 치를 만한 가치가 없다고 전해집니다. 그리고 유럽의 현재 상황으로 보아, 프랑스가 전체 해군력에다가 육군까지 일부 동원해야 하는 극동지방에서의 일에 개입할 가능성은 전혀 없다고 합니다.

이미 말씀드린 바와 같이, 일본인들이 귀하의 의견을 불신하는 사태가 발생하지 않도록 항상 유의하십시오. 그러니 일본인들이 귀하에게 질문하는 경우에만 답변하십시오. 그것도 침착하고 단호하게 답변해야 할 것입니다.

이즈볼스키와 좋은 관계를 유지하도록 하십시오. 이즈볼스키가 화제에 올리는 주제들에 대해 응답은 하되, 그의 심중을 탐색하려 한다는 의심을 절대 일깨우지 않도록 조심하십시오. 그러면 아마 보고할 만한 가치가 있는 것을 이즈볼스키에게서 알아낼 확률이 높습니다.

베를린, 1900년 11월 10일

주재 외교관 귀중

1. 런던 No. 1064

2. 상트페테르부르크 No. 775

연도번호 No. 10992

본인은 이달 10일 자 본인의 훈령 - A. 15648
- 과 관련해

1. No. 1063 첨부

2. No. 774 첨부

귀하께 정보를 알려드리고자, 일본에 대한 금
년 9월 7일과 20일 자 서울 주재 독일제국 영
사의 보고서 2통의 사본을 보내드리게 되어
영광입니다.

베를린, 1900년 11월 10일

주재 외교관 귀중

1. 런던 No. 1063

2. 상트페테르부르크 No. 774

연도번호 No. 10991

본인은 한국 공사의 임무와 관련한 정보를 삼
가 귀하께 알려드리고자, 금년 9월 25일 자
도쿄 주재 독일제국 대리공사의 보고서 사본
을 보내드립니다.

[일본의 한국 관련 대러시아 정책에 관한 건]

발신(생산)일	1900. 11. 15	수신(접수)일	1900. 11. 16
발신(생산)자	베델	수신(접수)자	
발신지 정보	도쿄 주재 독일 공사관	수신지 정보	베를린 외무부
	No. 111		A. 16384

A. 16384 1900년 11월 16일 오전 수신

전보

도쿄, 1900년 11월 ...일 오후 3시 45분

11월 15일 오후 8시 7분 도착

독일제국 대리공사가 외무부에 송부

전문 해독

No. 111

본인은 가토[1]와 친분이 두터운 아오키[2]와 대화를 나누던 도중 각하의 전보문 No. 84 를 활용할 기회가 있었습니다. 아오키는 가토와 많은 일에 대해 논의하는 사이라고 본인 에게 말했습니다. 그런데 가토가 한국 문제에서 독일의 입장에 대해 상세히 알고 있다는 것이었습니다.

가토는 아오키에게 한국 계획을 찬성한다고 말했다고 합니다. 그러나 이토[3]가 총리대 신으로 있는 동안은 그러한 생각을 실현시킬 가망성이 없다고 했다는 것입니다. 이토는

---

1 [감교 주석] 가토 다카아키(加藤高明)

2 [감교 주석] 아오키 슈조(靑木周藏)

3 [감교 주석] 이토 히로부미(伊藤博文)

모든 계획에 단호히 반대한다고 합니다. 그리고 모든 열강들, 특히 러시아와의 분규를 신중하게 피하려 한다는 것입니다.

이러한 상황에서 이즈볼스키[4]는 일본 정부가 한국과 관련해 니시-로젠 협정을 고수할 의사가 있는지 단도직입적으로 물었다고 합니다. 그리고 가토는 양심의 거리낌 없이 고수할 의사가 있다고 대답할 수 있었다는 것입니다.

베델

---

4 [감교 주석] 이즈볼스키(A. P. Izwolskii)

[콜브란의 한국은행 설립 제안에 관한 건]

발신(생산)일	1900. 10. 2	수신(접수)일	1900. 11. 6
발신(생산)자	바이페르트	수신(접수)자	호엔로에-실링스퓌르스트
발신지 정보	서울 주재 독일 총영사관	수신지 정보	베를린 정부
	No. 115		A. 16394
메모	11월 23일 런던 1104 전달		

A. 16394 1900년 11월 16일 오전 수신

서울, 1900년 10월 2일

No. 115

독일제국 수상 호엔로에-실링스퓌르스트 각하 귀하

콜브란[1]은 한국이 비용을 부담하는 전력소[2]의 활동적인 운영자입니다. 그런데 최근 콜브란이 한국은행을 설립하자는 제안을 했습니다. 한국 정부가 해관세를 담보로 미국 신디케이트로부터 융자를 받아 이를 위한 자본을 조달하자는 것입니다. 그래서 한국 측에서 비용을 부담하는 은행을 콜브란이 운영한다는 것입니다. 이 기술자는 서울시를 위해 계획된 수도시설도 이와 유사한 조건으로 건설하겠다고 자청했습니다. 수도시설의 건설비용은 지형적인 어려움 탓에 150만 내지 200만 엔이 소요될 것으로 추정됩니다. 본인이 들은 바에 의하면, 이 두 계획과 관련해 막연한 약속은 있었지만 아직까지 계약은 체결되지 않았습니다. 이런 식으로 외국인의 책임 하에 운영되는 시설의 수익성 문제는 한국 전차의 사례를 통해 설명할 수 있습니다. 한국 전차는 미국의 비싼 운영비 때문에 적자를 면치 못하고 있습니다. 적자는 매달 400엔 내지 800엔에 이르고 있으며, 대주주인 한국 군주가 실질적으로 적자를 부담하고 있습니다.

바이페르트

원본문서 : 한국 4

---

1 [감교 주석] 콜브란(H. Collbran)
2 [감교 주석] 한성전기회사(漢城電氣會社)

11

원문 p.779

[러시아의 한국 차관에 관한 일본의 견해]

발신(생산)일	1900. 10. 15	수신(접수)일	1900. 11. 16
발신(생산)자	베델	수신(접수)자	호엔로에 실링스퓌르스트
발신지 정보	도쿄 주재 독일 공사관	수신지 정보	베를린 정부
	A. 118		A. 16410
메모	11월 23일 런던 1107 전달		

A. 16410 1900년 11월 16일 오전 수신

도쿄, 1900년 10월 15일

A. 118

독일제국 수상 호엔로에–실링스퓌르스트 각하 귀하

일본의 모든 신문들이 보도한 소식에 의하면, 이토는 자신이 새 내각 구성에 착수하기 전에 먼저 퇴임하는 내각에게 "모종의 사건"을 해결하길 요구했습니다. 따라서 현재 위기에 처한 일본 내각의 해산은 당분간 연기되었습니다. 본인은 이 소식의 의미에 대해 아오키 자작[1]에게 문의했습니다. 그러자 아오키는 한국 정부와 가까운 제일은행[2]을 통해 오백만 엔을 대출하는 문제에 대해 한국정부와 협상이 진행되었다고 본인에게 은밀히 알려주었습니다. 이 문제는 사실 시부자와[3]가 경영하는 은행의 사적인 문제로 여길 수 있다고 합니다. 그런데도 이토[4]가 이 문제를 불필요하게 과장했다는 것입니다. 총리대신 직무를 맡는 것이 다른 이유에서 아직은 이토에게 여의치 않기 때문이라고 합니다. 이 일에 대해 소상히 알고 있는 듯 보이는 "미야코신문"[5]이 다음과 같이 보도했습니다.

이토는 정치적 상황에 대해 설명할 것을 퇴임하는 내각에게 요구했다. 이것을 계기로, 일본 정부가 한국의 해양관세를 담보로 한국 정부에 오백만 엔을 빌려주기로 약속한

---

1 [감교 주석] 아오키 슈조(青木周藏)
2 [감교 주석] 제일은행(第一銀行)
3 [감교 주석] 시부자와 에이치(澁澤榮一)
4 [감교 주석] 이토 히로부미(伊藤博文)
5 [감교 주석] 미야코신문(都新聞)

사실이 드러났다. 이토는 이러한 약속이야말로 러시아의 기분을 상하게 할 수 있는 조처라고 주장했다. 그리고 자신은 이 약속을 지키거나 또는 깨트릴 생각이 없다며, 야마가타 내각에게 이 약속을 종식시킬 것을 요구했다. 아오키는 즉각 그 요구를 들어줄 수 있다고 크게 염려하는 이토 후작에게 선언했다. 그리고 서울 주재 일본 공사 하야시[6]에게 일본으로서는 그 약속을 철회할 수밖에 없음을 한국 정부에 설명하라고 전보로 지시했다.

본인은 서울 주재 독일제국 영사[7]가 금년 10월 1일 각하께 보낸 No. 55의 사본을 받아본 바 있습니다. 그 보고서에 따르면, 한국 정부 측에서 서울 주재 러시아 대리공사[8]의 독촉을 받고 이미 약속한 차관을 취소하려 시도했던 것이 분명합니다. 그러므로 "미야코신문"의 기사 내용은 그만큼 더욱 신빙성 있어 보입니다. 이로써 이토의 무리한 요구에 순순히 응하는 아오키의 태도를 쉽게 설명할 수 있을 것입니다.

지난 몇 년 동안 러시아 측과 일본 측에서 한국 정부에 보인 재정적 호의는 번번이 한반도에서의 정치적 활동을 고조시키는 데 일조했습니다. 이런 점에서 이번 돌발사건은 상당히 중요합니다.

이토의 태도로 미루어 보아, 그의 대외정책의 목적은 한국에서 일본의 영향력을 높이는 데 있지 않다고 추정할 수 있습니다. 야마가타[9] 내각이 러시아와의 충돌을 불사하려는 태도를 보였던 것에 비해, 이토는 그런 충돌을 신중히 피하려고 노력할 것으로 예상됩니다.

베델

원본문서 : 한국 4

---

6 [감교 주석] 하야시 곤스케(林權助)
7 [감교 주석] 바이페르트(H. Weipert)
8 [감교 주석] 파블로프(A. Pavlow)
9 [감교 주석] 야마가타 아리토모(山縣有朋)

12

[대한 정책 관련 일본 내 이견과 영국의 제안에 관한 건]

발신(생산)일		수신(접수)일	1900. 11. 23
발신(생산)자	베델	수신(접수)자	
발신지 정보	도쿄 주재 독일 공사관	수신지 정보	베를린 외무부
	No. 123		A. 16828
메모	Ⅰ. 암호전보 11월 24일 런던 518에 전달 Ⅱ. 암호전보 11월 25일 도쿄 93에 전달 베를린, 1900년 11월 24일 런던 No. 518 대사 기밀 연도번호 No. 11458		

A. 16828 1900년 11월 23일 오후 수신

전보문

도쿄, 1900년 11월 ...일   ...시 ...분
11월 23일 오후 3시 18분 도착

독일제국 대리공사가 외무부에 송부

전문 해독

No. 123[1]

본인이 정통한 소식통으로부터 들은 바에 의하면, 영국은 한국에서 조차를 취할 것을 일본 정부에 권유했습니다. 본인에게 이 소식을 제공한 자는, 영국의 권유가 어느 정도

---

1 [원문 주석] 위의 내용 및 신문에 보도된 이토의 발언으로 미루어, 지금 일본에서는 러시아 세력과 영국 세력이 날카롭게 충돌하고 있다고 추정됩니다. 이토의 발언을 보도한 신문기사를 오늘 귀하에게 발송했습니다. 영국이 일본에게 한국에서 조처를 취할 것을 권유했다고 위에서 언급했는데, 이 권유는 귀하의 최근 담화에 의해 유발되었을 수 있습니다. 보아하니 영국 세력이 힘을 확보한 것 같습니다. 이것은 동아시아 문제와 일본의 이해관계에 대해 런던에서 보이는 관심의 증대와 관련 있습니다. N. S.

영향을 미쳤다고 덧붙였습니다. 그런 생각을 지지하는 많은 사람들로 하여금 그런 방향으로 활동에 나서도록 자극을 주었다는 것입니다.

이것으로 보아 가토[2]와 이토[3] 사이의 대립이 확대되고 있다고 추론할 수 있습니다. 가토와 오쿠마[4]의 친근한 관계를 고려하면 이것은 놀라운 일이 아닙니다.

베델

---

2 [감교 주석] 가토 다카아키(加藤高明)
3 [감교 주석] 이토 히로부미(伊藤博文)
4 [감교 주석] 오쿠마 시게노부(大隈重信)

13

[일본의 러시아 밀착에 대한 영국의 견제에 관한 건]

발신(생산)일	1900. 11. 24	수신(접수)일	1900. 11. 25
발신(생산)자	하츠펠트	수신(접수)자	
발신지 정보	런던 주재 독일 대사관	수신지 정보	베를린 외무부
	No. 787		A. 16916
메모	암호전보 11월 25일 도쿄 93 전보문 No. 518과 관련하여[1]		

A. 16916 1900년 11월 25일 오전 수신

전보문

런던, 1900년 11월 24일 오후 6시 55분

오후 9시 10분 도착

독일제국 대사가 외무부에 송부

전문 해독

No. 787

　도쿄 주재 독일제국 대리공사[2]가 영국의 외교 조치에 대해 보고한 바 있습니다. 본인이 판단하기에는, 도쿄에서 실제로 그런 외교 조치가 수행되었다고 가정할 만한 이유가 충분합니다. 본인은 랜스다운[3]뿐만 아니라 다른 내각 구성원들에게도 일본과 러시아가 계속 가까이 접근하는 경우 위험하다고 암시했습니다. 어제 본인은 영국 장관 한 명을 다시 만났습니다. 그 장관은 자신과 동료 장관들이 한국 문제에서 러시아에 강경한 태도

1　[원문 주석] A. 16828 삼가 동봉.
2　[감교 주석] 베델(Wedel)
3　[감교 주석] 랜스다운(H. P. Lansdowne)

를 취하도록 가토를 부추겼다고 본인에게 극비리에 털어놓았습니다. 가토[4]는 영국에게 항상 호의적인 태도를 취하고 있습니다.

하츠펠트[5]

---

4 [감교 주석] 가토 다카아키(加藤高明)
5 [감교 주석] 하츠펠트(Hatzfeldt)

베를린, 1900년 11월 25일   A. 16828 Ⅱ, 16916

주재 외교관 귀중   기밀. 자체 해독.
도쿄 No. 93   런던에서는 가토가 개인적으로 한국 문제에
                                        서 러시아에 대한 강경 정책을 지지한다고 생
전보문 123에 대한 답신   각합니다.

연도번호 No. 11503

한국의 중립화 문제와 미국

발신(생산)일	1900. 10. 9	수신(접수)일	1900. 11. 26
발신(생산)자	바이페르트	수신(접수)자	호엔로에-실링스퓌르스트
발신지 정보	서울 주재 독일 총영사관	수신지 정보	베를린 정부
	No. 120		A. 16970
메모	11월 25일 런던 1123, 페테르부르크 878, 워싱턴 A. 187 전달 연도번호 No. 1343		

A. 16970 1900년 11월 26일 오전 수신

서울, 1900년 10월 9일

No. 120

독일제국 수상 호엔로에-실링스퓌르스트 각하 귀하

본인이 믿을 만한 소식통으로부터 들은 바에 의하면, 얼마 전 도쿄 주재 한국 공사[1]가 한국 정부에 전신 보고문을 보냈습니다. 그 보고문에서 한국 공사는 도쿄 주재 미국 공사[2]가 몇 주 후 워싱턴으로 휴가를 떠난다고 보고했습니다. 그리고 미국 공사가 워싱턴에 도착하면, 한국의 중립이 실현되도록 노력할 것을 약속했다고 전했습니다. 그런데 이곳 러시아 대리공사[3]가 도쿄 주재 러시아 공사[4]에게 들었다며 본인에게 전해준 바에 의하면, 벅 대령은 한국 공사에게 그런 약속을 한 적이 없다고 단호하게 부인했다는 것입니다. 그런데도 파블로프는 미국이 이 문제에 개입함으로써 동아시아 정세를 더욱 복잡하게 할지 모른다는 생각에 조금 불안해하는 눈치입니다. 본인이 파블로프에게 들은 바에 의하면, 어제 이곳 미국 대표[5]가 벅 대령이 선의에서 그런 비슷한 약속을 했을 가능성이 있다고 파블로프에게 설명했다고 합니다. 그러나 미국 대표는 워싱턴에서 그

---

1 [감교 주석] 조병식(趙秉式)
2 [감교 주석] 벅(A. E. Buck)
3 [감교 주석] 파블로프(A. Pavlow)
4 [감교 주석] 이즈볼스키(A. P. Izwolskii)
5 [감교 주석] 알렌(H. N. Allen)

일에 절대 관여하지 않을 것을 확신한다고 덧붙였다는 것입니다. 미국 대표는 예전에 그 계획이 대두되었을 때 왜 그 계획을 실행하기 어려운지 미국 정부에 이미 상세히 보고했다고 합니다. 통치권이 불안한 나라에서 어떤 방식으로 질서를 유지할 것인가 하는 문제가 무엇보다도 너무나 명백하기 때문이라는 것입니다.

본인은 이 보고서의 사본을 도쿄와 상하이 주재 독일제국 공사에게 보낼 것입니다.

바이페르트

내용: 한국의 중립화 문제와 미국

[한국의 중립화 문제 관련 미국 측 부인]

발신(생산)일	1900. 10. 13	수신(접수)일	1900. 11. 26
발신(생산)자	바이페르트	수신(접수)자	호엔로에-실링스퓌르스트
발신지 정보	서울 주재 독일 총영사관	수신지 정보	베를린 정부
	No. 123		A. 16970
메모	11월 28일 런던 1124, 페테르부르크 819, 워싱턴 A. 190 전달 연도번호 No. 1356		

A. 16971   1900년 11월 26일 오전 수신

서울, 1900년 10월 13일

No. 123

독일제국 수상 호엔로에-실링스퓌르스트 각하 귀하

이달 9일의 No. 120[1]과 관련해, 본인은 이곳 서울 주재 미국 공사가 그 사이 벅[2] 대령에게서 소식을 받았음을 삼가 각하께 보고 드립니다. 그 소식에 의하면, 벅 대령은 한국 정부가 워싱턴 주재 한국 공사[3]를 통해 중립화를 제안해야 한다고 도쿄 주재 한국 공사[4]에게 자신의 말을 정정했습니다.

바이페르트

---

1   [원문 주석] 오늘 우편 발송.
2   [감교 주석] 벅(A. E. Buck). 도쿄 주재 미국 공사
3   [감교 주석] 이범진(李範晋)
4   [감교 주석] 조병식(趙秉式)

한국에서 일본 어업권의 확장

발신(생산)일	1900. 10. 13	수신(접수)일	1900. 11. 26
발신(생산)자	바이페르트	수신(접수)자	호엔로에-실링스퓌르스트
발신지 정보	서울 주재 독일 총영사관	수신지 정보	베를린 정부
	No. 124		A. 16972
메모	연도번호 No. 1361		

A. 16972 1900년 11월 26일 오전 수신

서울, 1900년 10월 14일

No. 124

독일제국 수상 호엔로에-실링스퓌르스트 각하 귀하

일본의 어업권을 경기도 해안까지 확장하는 사안이(지난달 21일의 No. 111[1] 참조) 이달 3일 각서교환에 의해 종결되었습니다. 물론 하야시[2]가 기대했던 대로, 아무런 조건 없이 간단하게 성사되지는 않았습니다. 일본의 어업권 확장은 20년에 한정되며, 한국이 장차 이와 유사하게 일본 해안에서의 어업권을 확장하길 원하는 경우 – 물론 그럴 위험은 별로 없습니다 – 일본도 승인해야 합니다. 게다가 이 문제와 연계해서 한국은 홍삼이나 가공 인삼의 왕실 전매권에 대한 승인을 일본 측으로부터 받아냈습니다. 한국에서 생산되는 홍삼이나 가공 인삼은 청국에서 매우 높은 평가를 받는 약재입니다. 한국 왕실은 예로부터 홍삼이나 가공 인삼을 전매해왔으며, 지난해에는 백만 엔 이상의 총수익을 올렸습니다. 예전에는 홍삼 수출이 금지되거나 혹은 일본과 계약을 맺을 경우 특별한 허가가 필요하다고만 조약에 명시되어 있었습니다. 그래서 일본인들은 한국 국내에서 판매한다는 구실을 내세워 자신들은 자유로이 인삼을 매입할 수 있다고 지금까지 주장했습니다. 그리고 일본 상인들은 생산자에게서 구입한 물품을 비밀리에 가공해 외국으로 밀수출했습니다. 생산자들이 횡령죄로 고소당할 위험이 있기 때문에, 인삼 매입은

---

1 [원문 주석] A. 15634
2 [감교 주석] 하야시 곤스케(林權助)

대체로 거짓 판매자를 표면에 내세워 이뤄졌습니다. 지난 수년 동안 인삼 매입은 생산지 송도에서의 명백한 약탈행위와 한국 경찰에 대한 폭력행위로 이어졌습니다. 그런데도 일본 공사관 측에서는 이러한 행패를 제지하지 않았습니다. 이제 한국 주재 일본 영사는 일본 공사가 개인적인 인삼 거래를 금지하는 한국의 규정을 인정했다고 공고했습니다. 들리는 소문에 의하면, 한국 철도원의 일본인 고문 오미와 쵸베[3]가 이처럼 서로 양보하도록 양국의 합의를 이끌어냈다고 합니다. 오미와 쵸베는 올해 인삼 수입을 감독하는 임무를 맡았습니다. 이런 합의를 이끌어낸 목적은, 만일 경부철도회사에서 차관을 빌릴 경우 이런 식으로 더욱 강화된 독점수입을 담보로 사용하려는 데 있다고 합니다. 철도 부지를 제공할 책임이 한국 정부에 있다고 철도건설 허가조약에 명시되어 있는데, 한국 정부는 그 차관으로 이 조건을 이행할 자금을 마련할 수 있을 것이라고 합니다.

본인은 이 보고서의 사본을 도쿄 주재 독일제국 공사관에 보낼 것입니다.

바이페르트

내용: 한국에서 일본 어업권의 확장

---

3 [감교 주석] 오미와 쵸베(大三輪長兵衛)

17

[진남포 일본거류민의 군함 파견 요청]

발신(생산)일	1900. 11.	수신(접수)일	1900. 11. 27
발신(생산)자	베델	수신(접수)자	
발신지 정보	도쿄 주재 독일 공사관	수신지 정보	베를린 외무부
	No. 124		A. 16384
메모	11월 27일 런던 527 전달 연도번호 No. 11547		

A. 17045 1900년 11월 27일 오후 수신

전보문

도쿄, 1900년 11월 오후 3시 55분

11월 27일 오후 6시 8분 도착

독일제국 대리공사가 외무부에 송부

전문 해독

No. 124

베를린, 1900년 11월 27일

런던 No. 527 대사

한국의 항구도시 진남포에 거주하는 일본인들이 일본 정부에 수비대 파병을 요청했습니다. 이른바 보부상 운동이 재발할 우려가 있다는 것입니다.

"Japan Times"지는 일본 정부가 그 청원을 들어줄 수 없을 것이라고 짧게 보도했습니다. 그 반면에 제국주의적 집단의 기관지 "주오"[1]는 니시-로젠 협정에 위반되지 않는다며 그 청원을 고려해줄 것을 새로운 이토[2] 정당[3]에 권유하고 있습니다.

베델

---

1 [감교 주석] 주오(中央); 입헌정우회의 기관지가 되는 주오신문(中央新聞)으로 추정.

2 [감교 주석] 이토 히로부미(伊藤博文)

3 [감교 주석] 입헌정우회(立憲政友會)

베를린, 1900년 11월 28일   A. 16970

주재 외교관 귀중   본인은 한국의 중립화 문제 및 미국과 관련한
1. 런던 No. 1123   정보를 삼가 귀하께 알려드리고자, 지난달 9
2. 상트페테르부르크 No. 818   일 자 서울 주재 독일제국 영사의 보고서 사
3. 워싱턴 No. A. 189   본을 보내드립니다.

연도번호 No. 11588

베를린, 1900년 11월 28일   A. 16971

주재 외교관 귀중   본인은 한국의 중립화 문제 및 미국과 관련한
1. 런던 No. 1124   정보를 삼가 귀하께 알려드리고자, 지난달 13
2. 상트페테르부르크 No. 819   일 자 서울 주재 독일제국 영사의 보고서 사
3. 워싱턴 No. A. 190   본을 보내드립니다.

연도번호 No. 11589

한국 공사의 휴가

발신(생산)일	1900. 10. 24	수신(접수)일	1900. 11. 30
발신(생산)자	베델	수신(접수)자	뷜로
발신지 정보	도쿄 주재 독일 공사관	수신지 정보	베를린 정부
	A. 124		A. 17245

A. 17245 1900년 11월 30일 오후 수신

도쿄, 1900년 10월 24일

A. 124

독일제국 수상 뷜로 각하 귀하

한국 공사 조병식[1]은 일본의 기후가 자신에게 맞지 않는다는 이유를 들어 이달 17일 모든 수행원을 데리고 한국으로 "휴가"를 떠났습니다. 그의 수행원은 이례적으로 아주 많습니다.

조병식의 임무는 완전히 실패한 것으로 볼 수 있을 것입니다.

조병식이 자리를 비우는 동안, 일등서기관 박용화[2]가 조병식의 업무를 대행합니다. 박용화는 도쿄에서 이미 여러 차례 대리공사 직무를 수행했습니다.

베델

내용: 한국 공사의 휴가

---

1 [감교 주석] 조병식(趙秉式)

2 [감교 주석] 박용화(朴鏞和)

한국과 청국의 국경 상황

발신(생산)일	1900. 10. 18	수신(접수)일	1900. 11. 30
발신(생산)자	바이페르트	수신(접수)자	호엔로에–실링스퓌르스트
발신지 정보	서울 주재 독일 총영사관	수신지 정보	베를린 정부
	No. 126		A. 17257
메모	12월 9일 런던 1173, 페테르부르크 848 전달 연도번호 No. 1373		

A. 17257   1900년 11월 30일 오후 수신

서울, 1900년 10월 18일

No. 126

독일제국 수상 호엔로에–실링스퓌르스트 각하 귀하

한국 정부가 의주 관아로부터 받은 보고에 의하면, 이웃 청국 도시 단둥[1] 및 국경에서 약 140km 떨어진 선양[2]에 상당히 많은 청국 병력이 주둔하고 있다고 합니다. 최근의 랴오양[3]전투에서 패배한 청국 군대가 그곳으로 철수했다는 것입니다. 현재 국경지역은 평화롭다고 전해집니다. 그러나 머지않아 압록강이 얼어붙으면, 상당히 많은 청국 병력이 수월하게 국경을 넘어와 번거로운 일이 발생하지 않을까 우려된다고 합니다. 진남포와 평양의 일본 거류민들도 그런 비슷한 염려를 하는 듯 보입니다. 일본 거류민들은 대변인을 통해 서울 주재 일본 공사와 도쿄의 일본 정부에 진정서를 보냈습니다. 겨울이면 고립되는 그곳 지역으로 일본 수비대를 파견해줄 것을 요청하는 내용의 진정서입니다. 그러나 하야시[4]는 그런 조치를 취할만한 상황이 아니라고 본인에게 설명했습니다. 그러다가는 자칫 불필요한 불안과 분규만을 조장할 수 있다며, 그러한 조치를 단호히 만류하겠다는 것이었습니다. 하야시의 이런 견해는 최근 이와 유사한 기회가 있을 때마

---

1   [감교 주석] 단둥(丹東)
2   [감교 주석] 선양(瀋陽)
3   [감교 주석] 랴오양(遼陽)
4   [감교 주석] 하야시 곤스케(林權助)

다 일본이 신중하게 자제하는 정책을 펼치는 것과 일치합니다.

한국 정부는 그곳 국경지역에서 현재 훈련 중에 있다고 전해지는 수렵부대만으로 충분히 보호가 가능하다고 판단합니다.

이달 11일 미국 선교사 몇 명이 부산을 떠나 북쪽의 대구로 가는 도중 강도들의 습격을 받았습니다. 그 강도들은 본인이 지난달 17일의 No. 109[5]에서 말씀드린 "활빈당[6]"의 일파라고 합니다. 이 사건은 외국인 혐오와는 별 상관이 없습니다. 일본인이 운영하는 직산 광산 근처에서 일본인 두 명이 비슷하게 습격당한 일이나 금년 8월 미국인이 운영하는 평양 인근의 광산에서 영국인 한 명이 약탈당한 일도 마찬가지로 외국인 혐오와는 거의 무관합니다.

바이페르트

내용: 한국과 청국의 국경 상황

---

5 [원문 주석] A. 15632 삼가 동봉.
6 [감교 주석] 활빈당(活貧黨)

베를린, 1900년 12월 9일   A. 17257

주재 외교관 귀중
1. 런던 No. 1173
2. 상트페테르부르크 No. 848

연도번호 No. 11991

본인은 한국과 청국의 국경 상황에 대한 정보를 삼가 귀하께 알려드리고자, 금년 10월 18일 자 서울 주재 독일제국 영사의 보고서 사본을 보내드립니다.

경부철도

발신(생산)일	1900. 10. 22	수신(접수)일	1900. 12. 15
발신(생산)자	바이페르트	수신(접수)자	호엔로에-실링스퓌르스트
발신지 정보	서울 주재 독일 총영사관	수신지 정보	베를린 정부
	No. 127		A. 18116
메모	12월 22일 런던 1236, 페테르부르크 891에 전달 연도번호 No. 1404		

A. 18116   1900년 12월 15일 오전 수신, 첨부문서 1

서울, 1900년 10월 22일

No. 127

독일제국 수상 호엔로에-실링스퓌르스트 각하 귀하

본인은 경부철도주식회사[1]의 건설조합이 국가에서 이자를 보장해줄 것을 일본 정부에 신청했음을 삼가 각하께 보고 드리게 되어 영광입니다. 일본 정부는 이자 보장의 조건을 정확히 규정한다는 전제하에, 지난달 27일 자 훈령을 통해 이 신청을 수락했습니다. 그 훈령에는 일본 정부의 광범위한 감독권이 명시되어 있습니다. 그에 따라 최대 2천5백만 엔의 자본금에 대해 매년 6%의 이자가 보장됩니다 — 의회의 승인은 유보됩니다.[2] 그러나 이자 보장 기간은 15년으로 제한됩니다. 아마 이것은 15년이 경과한 후에는 한국 정부가 철도를 구입하는 권리를 보유한다고 경부철도합동조약에 규정되어 있기 때문일 것입니다. 이러한 상황에서 일본에게 돌아가는 이율이 미미한 탓에, 우선 계획된 분할 납입금 5백만 엔조차 조달할 가망성이 거의 없는 듯 보입니다.

본인이 들은 바에 따르면, 다른 한편으로 일본 공사[3]는 외국 주주를 허락해줄 것을 한국 정부에 제안했습니다. 그런데 이 제안은 난관에 부딪쳤습니다. 파블로프[4]의 말에

---

1   [감교 주석] 경부철도주식회사(京釜鐵道株式會社). 단 설립은 1901년 6월.
2   [원문 주석] 그러나 지난 회기에 이미 전권을 위임받았기 때문에 이것은 형식적인 문구일 뿐입니다.
3   [감교 주석] 하야시 곤스케(林權助)
4   [감교 주석] 파블로프(A. Pavlow)

의하면, 러시아의 충고가 그 제안의 수락 여부에 상당한 영향을 미친 듯 보입니다. 즉, 경부철도합동조약에 따라 한국 정부가 철도를 매입할 때까지는 철도 노선을 저당 잡힐 수 있는 권리가 경부철도주식회사에게 있습니다. 그런데 한국 정부는 일본 공사의 제안을 수락하는 대가로, 경부철도주식회사가 철도 노선을 저당 잡힐 수 있는 권리를 포기할 것을 요구하고 있습니다. 만일 그렇게 되면 앞으로 차관 조달에 필요한 담보를 충분히 제공할 가능성이 사라질 것입니다. 첨부문서의 제3조에 의하면, 경부철도주식회사의 창립은 일차 자본 납입금의 20% 모집 여부에 달려 있습니다. 그리고 경부철도주식회사를 창립한 후에는 경인철도합자회사[5]와의 합병을 계획하고 있다고 합니다. 그것은 주로 관리 비용을 절감할 수 있기 때문인 것 같습니다. 경인철도합자회사는 지난 반년 동안 약 3%의 순이익을 냈다고 주장합니다. 그러나 감가상각비나 투자비용 회수는 전혀 고려되지 않았습니다.

도쿄의 러시아 공사관에서 보낸 소식에 의하면, 야마가타[6] 내각은 이자 보증을 통해 은밀히 부산 철도의 자금난을 완화하려 했다고 합니다. 이와 관련된 협정을 처리하는 문제가 남아 있기 때문에, 이토[7]가 내각 인수를 주저한다는 것입니다. 이토는 일본 정부가 다만 간접적으로 자금 문제에 관여하더라도 러시아의 항의를 피할 수 없을 것으로 예상한다고 합니다. 하야시의 발언으로 미루어 이것이 사실임을 알 수 있습니다. 하야시의 발언에 따르면, 이토는 철도 기공을 아직은 시기상조로 여긴다고 합니다. 그래서 야마가타 내각이 사임을 앞두고 서둘러 이자보증을 허가한 사실을 못마땅해 한다는 것입니다.

바이페르트

내용: 경부철도, 첨부문서 1부

---

5 [감교 주석] 경인철도합자회사(京仁鐵道合資會社)
6 [감교 주석] 야마가타 아리토모(山縣有朋)
7 [감교 주석] 이토 히로부미(伊藤博文)

No. 127의 첨부문서

Kanjo-Shimbun, 1900년 10월 12일 자 기사 번역문

체신성와 대장성, 외무성의 대신들이 금년 9월 27일 경부철도 건설조합에 발송한 허가서 원문. 경부철도 건설조합은 시부자와 남작을 비롯한 7인으로 구성되어 있다.

금년 9월 경부철도주식회사에 대한 국가 차원의 지원을 요청한 것과 관련해 아래와 같이 규정한다.

제1조 회사의 목적은 서울—부산 간 철도건설을 위해 1898년 9월 8일 한국 정부로부터 취득한 허가를 토대로 이 철도를 건설하고 운영하는 것이다.

이 철도는 서울 내지는 서울 근교에서 경인철도와 연결되고 부산 해안까지 이어질 것이다. 해상교통과 육상교통을 연결하는 데 필요한 시설 및 여행객을 위한 숙소를 부산 해안에 마련해야 할 것이다. 숙소는 숙박시설과 식사를 제공해야 한다.

제2조 회사의 총 자본금은 2천5백만 엔으로 한다.

제3조 건설조합은 일차 자본 차입금의 주식액 중 최소 20%를 부담해야 한다.

제4조 회사 운영 개시 이전 기간에 대해 일본 정부는 회사를 설립한 날로부터 15년 동안 연이자 6%를 보장한다. 단, 불입된 주식액이 확정된 자본금을 초과해서는 안 된다. 철도 노선의 일부 구간만이라도 운영이 개시된 후에는, 회사의 순이익이 연 6%에 이르지 않는 경우 일본 정부는 이를 지원해준다.

불입된 주식액이 확정된 자본금을 넘지 않는 선에서, 이자 지원은 반드시 연 6%로 제한된다.

제5조 회사 설립 이전에 불입된 주식액에 대해서는 회사가 설립된 날부터, 회사 설립 이후에 불입된 금액에 대해서는 불입된 날부터 이자를 지원한다.

제6조 제4조에 따라 회사의 순이익을 산정할 시, 합법적인 예비비를 미리 공제한다. 회사 부채의 이자는 운영비에 포함되지 않는다.

제7조 회사가 자금을 융자받는 경우, 국가는 융자금이 불입된 다음 달부터 융자금의 이자액에 상응하는 금액을 지원한다. 그러나 회사의 실제 부채 액면가의 최대 연 6%까지만 지원을 보장한다.

철도건설이 종료될 때까지만 융자금의 이자 지원 혜택을 받을 수 있다. 연결결

산의 경우에는 여기에서 제외된다. 이자 지원의 기간은 회사 융자금의 지급이 시작된 날로부터 15년이다. 그러나 앞에서 언급한 연결결산의 경우에는, 이미 원래의 회사 부채를 위해 보장된 이자 지원의 기간을 포함하여 15년이다.

제8조 국가가 이자를 지원하는 회사 부채와 주식액의 총액이 2천5백만 엔을 넘어서는 안 된다.

제9조 불입된 주식액이 액면가를 넘어서지 않는 한, 주식액의 순이익이 연 6%를 초과하는 경우 그 초과액을 회사 부채의 이자 상환에 활용해야 한다. 이 경우 제7조에서 보장하는 국가지원은 이렇게 사용되는 이윤만큼 축소된다.

제10조 매년 회사는 불입된 주식액과 합의된 융자금의 결산표, 지불해야 하는 채무증서 금액과 그 최저액, 회사부채의 이율을 입증하고 이에 대한 정부의 허가를 받아야 한다.

제11조 제9조에 의거해 순이익을 회사부채의 이자로 활용하게 되면, 제8조에서 언급한 이자 지원이 필요하지 않을 수 있다. 그러고도 이윤이 남게 되면, 이미 국가로부터 받은 이자 지원금을 상환할 때까지 남은 초과 이윤의 절반을 정부에 납부해야 한다. 단 불입된 주식액의 액면가를 초과하지 않는 선에서 주식액의 2%를 미리 공제한다.

회사에 부채가 없는 경우, 순이익이 국가의 이자지원을 받는 주식자본의 연 8%를 초과하게 되면 위와 같은 방식으로 초과 이윤의 절반을 정부에 납부해야 한다.

제12조 회사는 결산, 회계규정, 경영방침에 대해 정부의 승인을 받아야 한다. 결산, 회계규정, 경영방침을 변경하는 경우에도 마찬가지다.

제13조 회사는 각 사업연도의 경영비용, 경영 수입과 지출의 예산안에 대해 사전에 정부의 승인을 받아야 한다. 이 예산안을 변경하는 경우에도 마찬가지다.

제14조 회사는 지난달의 건설비용 및 경영 수입과 지출에 대한 보고서를 매달 정부에 제출해야 한다. 그리고 해당 사업연도의 건설비용 및 경영 수입과 지출에 대한 결산표와 함께 전반적인 사업 상황에 대한 보고서도 매년 정부에 제출해야 한다.

제15조 회사의 중요한 임직원을 채용하는 경우 정부의 허가를 받아야 한다.

제16조 철도건설권이나 철도운영권을 정부의 허가 없이 제3자에게 양도해서는 안 된다. 철도의 운영관리를 제3자에게 위임해서도 안 되며, 철도나 철도 부속 물품을 매각하거나 빌려주거나 임대하거나 저당 잡혀서도 안 된다.

제17조 소요사태가 발생하는 경우, 회사는 보호를 필요로 하는 사람들과 피난민들을 전원 수송해야 한다. 또한 기근이 드는 경우, 이를 위한 식량과 식료품을 우선적으로 운송해야 한다.

이처럼 식량과 식료품을 운송하거나 이주민과 근로자를 수송하게 되면 특별할인요금을 적용해야 한다.

제18조 정부는 필요하다고 판단하는 경우, 일본의 국유철도와 사유철도에 적용하는 법규를 회사에 적용할 수 있다. 그러나 이런 경우 정부는 해당 규정을 사전에 회사에 통고해야 한다.

제19조 회사가 본 훈령의 규정들을 위반하는 경우, 국가의 이자 지원이 한시적으로 혹은 영구히 중단될 수 있다.

제20조 본 훈령의 이자 지원 규정들은 의회의 승인을 받아야 한다.

1900년 9월 27일

체신대신 요시카와 아키마사[8] 자작

대장대신 마츠가타 마사요시[9]

외무대신 아오키 슈조[10]

---

8 [감교 주석] 요시카와 아키마사(芳川顯正)

9 [감교 주석] 마쓰카타 마사요시(松方正義)

10 [감교 주석] 아오키 슈조(靑木周藏)

21

한국 공사 조병식의 임무 종결. 러시아의 대응 조처

발신(생산)일	1900. 11. 1	수신(접수)일	1900. 12. 15
발신(생산)자	바이페르트	수신(접수)자	호엔로에-실링스퓌르스트
발신지 정보	서울 주재 독일 총영사관	수신지 정보	베를린 정부
	No. 1279		A. 18117
메모	12월 22일 런던 1238, 페테르부르크 892에 전달. 연도번호 No. 1424		

A. 18117 1900년 12월 15일 오전 수신

서울, 1900년 11월 1일

No. 129

독일제국 수상 호엔로에-실링스퓌르스트 각하 귀하

금년 8월 새로 임명된 일본 주재 한국 공사 조병식[1]이 지난달 23일 도쿄에서 귀국했습니다. 조병식의 임무는 긍정적인 결실을 맺지 못했다고 전해집니다. 이곳 한국에서 조병식은 정치 망명객들의 송환과 한국의 중립화 계획을 후원하겠다는 말로 자신을 도쿄로 유인했다고 매우 실망한 표정으로 말했습니다. 그런데 막상 도쿄에 도착하자, 일본 측에서 별안간 일본의 보호를 요청하고 대규모 한국 군대를 창설하라는 허무맹랑한 조건을 제시했다는 것입니다. 그러나 한국은 일본이 러시아나 다른 열강들을 상대로 이용할 수 있는 그 어떤 제안에도 동의하지 않았다고 알려져 있습니다. 그러므로 야마가타 내각도 그런 외교 조처를 취하면서 기대했을 이점들을 얻지 못했을 것입니다. 현재 신임 일본 내각은 한국에서 활동에 나설 의향이 별로 없는 듯 보입니다. 적어도 파블로프[2]의 주장에 의하면, 일본 공사는 천만 엔의 일본 차관계획과 관련한 모든 협상을 중단하라는 지시를 받았다고 합니다. 직접 일본 공사에게 이 말을 들었다는 것입니다. 그런데 이곳의 일본 "제일은행"[3] 이 해관세을 담보로 약 백만 엔을 한국에 융자해줄 것이라는 소문이

---

1 [감교 주석] 조병식(趙秉式)
2 [감교 주석] 파블로프(A. Pavlow)
3 [감교 주석] 제일은행(第一銀行)

있습니다. 러시아 측에서도 이 정도의 소규모 개인적인 융자에 대해서는 반대하지 않을 것이며 곧 융자가 성사될 것이라고 합니다.

조병식 공사가 도쿄에서 귀국했다는 소식이 알려지자, 한국 주재 러시아 대리공사는 조병식의 임무와 그 목적에 대해 불만을 표출할 때가 왔다고 여기는 것 같습니다. 러시아 대리공사 본인의 말에 따르면, 그는 지난달 19일 한국 왕을 알현한 자리에서 한국이 그런 중대한 조치를 취하기 전에 먼저 러시아에 문의했더라면 좋았을 것이라는 의견을 표명했다고 합니다. 그랬더라면 러시아가 한국의 독립에 지대한 관심을 가지고 있기 때문에 틀림없이 최선의 조언을 했을 것이라고 합니다.

미국과 일본의 정보에 따르면, 한국 측에서는 파블로프가 너무 도에 지나치게 군다고 주장한다고 합니다. 파블로프가 특히 차관과 사업 계획, 허가, 무기 주문 등의 모든 중요한 문제에서 러시아의 조언을 구할 것을 직설적으로 요구했다는 것입니다. 그러나 파블로프가 한국 왕을 알현한 자리에서 말한 내용을 나중에 한국 측이 확인하려 하자, 파블로프는 자신의 말을 오해했다며 말을 바꿨다고 전해집니다.

일본 측에서는 그 외교 조처에 대해 처음에 매우 흥분했습니다. 그러나 하야시의 말로 미루어 보아, 나중에 상황이 완화되자 다시 조용해졌습니다.

바이페르트

내용: 한국 공사 조병식의 임무 종결. 러시아의 대응 조처

베를린, 1900년 12월 22일   A. 18116

주재 외교관 귀중   본인은 경부철도와 관련해 일본의 국가적인
1. 런던 No. 1236   보증에 대한 정보를 삼가 귀하께 알려드리고
2. 상트페테르부르크 No. 891   자, 금년 10월 22일 자 서울 주재 독일제국
                                        영사의 보고서 사본을 보내드립니다.

연도번호 No. 12626

베를린, 1900년 12월 22일   A. 18117

주재 외교관 귀중   본인은 도쿄 주재 한국 공사 조병식이 맡은
1. 런던 No. 1238   임무의 결과 및 그 임무가 서울 주재 러시아
2. 상트페테르부르크 No. 892   대표의 태도에 미친 영향에 대한 정보를 삼가
                                        귀하께 알려드리고자, 지난달 1일 자 서울 주
보안!   재 독일제국 영사의 보고서 사본을 보내드립
                                        니다.

연도번호 No. 12654

독일의 은밀한 중립선언

발신(생산)일	1900. 10. 23	수신(접수)일	1900. 12. 24
발신(생산)자	베델	수신(접수)자	뷜로
발신지 정보	도쿄 주재 독일 공사관	수신지 정보	베를린 정부
	A. 124		A. 18686

A. 18686 1900년 12월 24일 오전 수신

도쿄, 1900년 10월 23일

A. 123

기밀

독일제국 수상 뷜로 각하 귀하

아오키[1]의 사직서가 수리되고 가토[2]가 외무대신에 임명되었습니다. 그 후 본인은 퇴임하는 외무대신에게 최근 은밀히 표명된 독일의 중립선언을 후임 외무대신도 알고 있는지 문의했습니다.

아오키는 당시 일본 천황과 야마가타[3]에게만 그에 대해 보고했다고 답변했습니다. 그러나 이토[4]의 특별한 위치로 보아 알 수 있듯이, 그때 이미 후작은 두터운 신임을 받고 있었다고 합니다.

그 기회에 아오키는 일본 천황이 독일의 선언에 매우 기뻐했다고 은밀히 털어놓았습니다. 또한 천황은 아오키가 독일과 일본의 우호관계에 많은 기여를 했다고 흡족한 표정으로 극히 자애롭게 말했다고 합니다. 그에 이어 아오키는 일본이 청국을 장악할 때가 왔음을 천황에게 상세히 설명했다는 것입니다.

일본 천황은 아오키의 의견에 전적으로 찬동했으며, 한국에서 기획한 사업이 뜻밖의 내각 교체로 인해 문제된 것을 매우 유감스러워했다고 합니다. 내각이 위기에 직면하게 된 후로 아오키가 알현할 때마다 천황은 "그대는 자리를 보전해야 하오"라고 말했다는

---

1 [감교 주석] 아오키 슈조(青木周藏)
2 [감교 주석] 가토 다카아키(加藤高明)
3 [감교 주석] 야마가타 아리토모(山縣有朋)
4 [감교 주석] 이토 히로부미(伊藤博文)

것입니다. 그러나 아오키가 이토 내각에서는 조국을 위해 거의 도움이 될 수 없으며 아오키 자신의 미래가 걸려 있다는 것을 천황 스스로 확신하게 되었다고 합니다. 그 후 천황은 아오키의 사직서를 더없이 인자한 말로 받아들였다는 것입니다.

아오키는 가능하면 공직생활을 유럽에서 마치고 싶다고 본인에게 종종 말했습니다. 그런데 지금은 일본 군주로부터 다시 부름을 받을 때까지 이곳에서 기다리려 하는 것 같습니다.

베델

내용: 독일의 은밀한 중립선언

[한국을 둘러싼 러일 갈등]

발신(생산)일	1900. 11. 16	수신(접수)일	1900. 12. 24
발신(생산)자	베델	수신(접수)자	뷜로
발신지 정보	도쿄 주재 독일 공사관	수신지 정보	베를린 정부
	A. 139		A. 18690

A. 18690 1900년 12월 24일 오전 수신

도쿄, 1900년 11월 16일

A. 139

독일제국 수상 뷜로 각하 귀하

얼마 전부터 이즈볼스키[1]의 표정이 어두워졌습니다. 이즈볼스키 부부는 처음에 새로운 것의 매력에 빠졌습니다. 그러나 새로운 것에 익숙해지면서 이즈볼스키 부부는 일본에 머무는 것에 시큰둥해졌습니다. 이즈볼스키의 침울한 기분은 아마 여기에 상당 부분 이유가 있을 것입니다. 게다가 이곳에서 맡은 임무도 이즈볼스키에게 근심을 안겨주는 것 같습니다. 이즈볼스키 휘하의 한 서기관이 이즈볼스키가 로젠[2]보다 상황을 훨씬 더 진지하게 여긴다고 본인에게 솔직하게 말했습니다.

이즈볼스키는 일본 국민들 사이에서 한국을 점유하려는 욕구가 얼마나 강한지 확신하게 되었다고 합니다. 그리고 페테르부르크에서 이런 위험을 충분히 인지하지 못하는 사태를 우려한다고 합니다. 무엇보다도 로젠이 일본인들을 별로 위험하지 않게 묘사했기 때문이라는 것입니다. 게다가 로젠은 일본인들이 자극받는 일만 없으면 러시아와의 분쟁을 감행하지 않을 것이라고 누차 강조했다고 합니다. 현재로서는 위험이 발생할 징후가 보이지 않지만, 이토의 평화내각은 쉽사리 와해될 수 있다고 합니다.

당시 로젠이 일본인들을 별로 위험하지 않게 묘사했다면, 아주 틀린 말은 아니었습니다. 그때만 해도 일본인들은 러시아와의 전쟁을 치르지 않고 한국을 수중에 넣을 수

---

1 [감교 주석] 이즈볼스키(A. P. Izwolskii)
2 [감교 주석] 로젠(R. R. Rosen)

있다는 생각은 하지 못했습니다. 그리고 대담무쌍한 사람들조차 러시아와의 전쟁을 커다란 모험으로 여겼습니다. 그런데 그 후로 일본인들의 생각이 바뀌었습니다. 일본 군대가 청국에서 좋은 성과를 거둠으로써 일본은 자신감을 얻었습니다. 무엇보다도 일본인들은 러시아의 군사력이 여기 동아시아에서 지나치게 과대평가되었다는 것을 깨닫게 되었습니다. 일본의 군인 사회에서는 러시아가 일본과의 전쟁을 감행하지 않을 것이라는 확신이 팽배한 듯 보입니다. 이 점에서 자칫 잘못 판단하는 경우, 어쨌든 일본의 육군과 해군은 자신감에 차서 러시아와의 전쟁을 고대할 수도 있습니다.

베델

원본문서 : 러시아 94

24
신임 한국 공사의 임명

발신(생산)일	1900. 11. 19	수신(접수)일	1900. 12. 24
발신(생산)자	베델	수신(접수)자	뷜로
발신지 정보	도쿄 주재 독일 공사관	수신지 정보	베를린 정부
	A. 142		A. 18692
메모	(A. 1295 참조)		

A. 18692 1900년 12월 24일 오전 수신

도쿄, 1900년 11월 19일

A. 142

독일제국 수상 뷜로 각하 귀하

현임 한국 공사 조병식[1]이 소환된 대신, 성기운[2]이라는 사람이 도쿄 주재 한국 공사에 임명되었습니다. 이곳 일본의 신문들은 새로 임명된 한국 공사가 서울에서 궁내부의 비교적 높은 관직에 있었지만 정치적인 영향력은 없다고 주장합니다. 그러므로 성기운의 공사 임명에 별다른 의미를 부여할 수 없다는 것입니다.

베델

내용: 신임 한국 공사의 임명

---

1   [감교 주석] 조병식(趙秉式)
2   [감교 주석] 성기운(成岐運)

25

[고종 황제가 영국 빅토리아 여왕에게 훈장 수여]

발신(생산)일	1900. 11. 9	수신(접수)일	1900. 12. 28
발신(생산)자	바이페르트	수신(접수)자	호엔로에-실링스퓌르스트
발신지 정보	서울 주재 독일 총영사관	수신지 정보	베를린 정부
	No. 134		A. 18835

A. 18835 1900년 12월 28일 오전 수신

서울, 1900년 11월 9일

No. 134

독일제국 수상 호엔로에-실링스퓌르스트 각하 귀하

한국 주재 영국 대리공사[1]가 그레이트브리튼 아일랜드 연합왕국의 여왕폐하께서 한국의 황금훈장을 받기로 했다고 이달 6일 한국 왕에게 알렸습니다. 아울러 영국 대리공사는 여왕폐하께서 한국 왕을 인도제국 기사단의 대기사[2]에 임명하기를 원한다는 소식도 한국 왕에게 전했습니다. 본인은 이 소식을 삼가 각하께 보고 드리게 되어 영광입니다. 한국 왕은 대기사 작위를 흔쾌히 받겠다고 수락했습니다. 그리고 황금훈장은 거빈스를 통해 런던으로 전달되었습니다.

바이페르트

원본문서 : 영국 81 No. 1

---

1 [감교 주석] 거빈스(J. H. Gubbins)
2 [감교 주석] 기사단의 대기사(Knight Grand Commander)

26

[만주와 한국을 둘러싼 러일 교섭 추이 예상]

발신(생산)일	1900. 12. 30	수신(접수)일	1900. 12. 30
발신(생산)자	베델	수신(접수)자	
발신지 정보	도쿄 주재 독일 공사관	수신지 정보	베를린 외무부
	No. 132		A. 18960
메모	12월 30일 런던 590 전달		

A. 18960   1900년 12월 30일 오후 수신

전보문

도쿄, 1900년 12월 30일 오후 2시 25분

오후 2시 6분 도착

독일제국 대리공사가 외무부에 송부

전문 해독

No. 132

이즈볼스키[1]와 가토[2]가 최근 많은 회담을 한 사실이 이곳에서 주목을 끌고 있습니다. 본인은 러시아가 만주와 한국에 대한 합의를 이끌어낼 목적으로 러시아에 우호적이라고 알려진 이토[3]의 성향을 이용하려 한다고 추측합니다. 더 확실한 내용은 지금까지 알아낼 수 없었습니다.

베델

원본문서 : 러시아 94

---

1   [감교 주석] 이즈볼스키(A. P. Izwolskii)
2   [감교 주석] 가토 다카아키(加藤高明)
3   [감교 주석] 이토 히로부미(伊藤博文)

한국에서 기독교인과 외국인을 배척하는 징후들

발신(생산)일	1900. 11. 23	수신(접수)일	1901. 1. 7
발신(생산)자	바이페르트	수신(접수)자	호엔로에-실링스퓌르스트
발신지 정보	서울 주재 독일 총영사관	수신지 정보	베를린 정부
	No. 139		A. 365
메모	A. 1200/01 참조 연도번호 No. 1511		

A. 365   1901년 1월 7일 오후 수신

서울, 1900년 11월 23일

No. 139

독일제국 수상 호엔로에-실링스퓌르스트 각하 귀하

이달 19일 미국 변리공사[1]는 한국의 서북지방에 위치한 평안도와 황해도의 선교사들로부터 그곳 지역의 한국 관리들이 기독교에 적대적인 태도를 보인다고 하소연하는 보고서를 받았습니다. 미국 선교사들은 특히 몇 주 전 이른바 권위 있는 한국 당국이 지방의 관리들에게 보냈다고 하는 포고문들과 관련해 대규모 폭력행위가 발생하지 않을까 심각하게 우려하고 있습니다. 그 포고문들에는 금년 12월 10일에 한국 기독교인들뿐만 아니라 외국인들까지 살해하라는 명령도 포함되어 있었다고 합니다. 외부대신은 본인을 비롯한 외국 대표들과 알렌 박사의 문의에 대해, 한국 정부는 그런 내용의 서한들이 있다는 통지를 받았지만 대수롭게 여기지 않았다고 설명했습니다. 그래서 외국 대표들에게 그런 서한들에 대해 알림으로써 괜히 불안을 조성하려 하지 않았다는 것입니다. 외부대신 말로는, 그것은 개인적인 음모를 꾸밀 속셈으로 술수를 부리는 것이라고 합니다. 현재 한국 정부가 주동자를 색출하고자 애쓰는 중이라고 합니다. 그 포고문들은 한국 왕의 칙령을 사칭하고 있다고 전해집니다. 특히 현재 세도가인 관리 두 명, 즉 광산청과 철도원 책임자 이용익[2] 및 평리원 재판장 겸 법부대신 서리 김영준[3]의 이름으로 서명되

---

1   [감교 주석] 알렌(H. N. Allen)
2   [감교 주석] 이용익(李容翊)

어 있다는 것입니다. 실제로 러시아와 일본의 정보에 의하면, 이용익과 김영준의 정적들이 이 두 사람의 위신을 추락시켜 제거할 목적으로 위의 서한들을 작성한 듯 보입니다. 하야시[4]는 특이하게도 이른바 친미 계열의 관리들 중에서 위의 서한을 위조한 자들을 찾아야 한다고 주장합니다. 친미 계열의 관리들은 이용익과 김영준으로 인해 자신들의 계획이 저지당했다고 생각한다는 것입니다.

그러나 그런 식의 술책이 자칫 통제하기 어려운 결과를 초래할 수 있음은 명백합니다. 현재 두려움과 무관심이 외국인에 대한 한국 주민들의 증오심을 대체로 잠재우고 있습니다. 그렇다고 외국인에 대한 증오심을 완전히 무시할 수 있는 것은 아닙니다. 그리고 한국 국내에서 청국의 사건들에 대해 알려진 약간의 소식은 완전히 청국적인 성향을 띠고 있습니다. 이것은 거의 확실합니다.

알렌 박사가 받은 보고서는 서두에서 평안도와 황해도의 미국 선교사들 및 평양 북쪽에 위치한 미국 광산에 대해 언급합니다. 알렌 박사는 이 부분에 대해 가장 많은 관심을 보이고 있습니다. 그래서 외부대신[5]뿐만 아니라 한국 왕에게도 직접 긴급하게 이의를 제기하고 강경한 대책을 요구했습니다.

한국 왕은 혹여 위조된 칙령으로 인해 발생할지 모를 사태를 저지하기 위해 최선을 다하겠다고 알렌에게 말했습니다. 그리고 이와 관련해 전신으로 지방 관청들에게 엄중한 지시를 내렸습니다. 그러니 현재로서는 더 이상 염려할 이유가 없습니다. 또한 하야시가 평양 주재 일본 영사에게 받은 보고서 내용도 한시름 덜게 합니다. 이달 20일 알렌박사는 만일의 경우를 대비해 전신으로 본국 정부에 군함을 요청해야 한다고 판단했습니다. 그러나 이제 알렌은 위험이 제거되었다고 생각하고 있습니다.

본인은 이 보고서의 사본을 베이징과 도쿄 주재 독일제국 공사관에 보낼 것입니다.

바이페르트

내용: 한국에서 기독교인과 외국인을 배척하는 징후들

---

3 [감교 주석] 김영준(金永準)
4 [감교 주석] 하야시 곤스케(林權助)
5 [감교 주석] 박제순(朴齊純)

진남포 일본 거류민들의 청원

발신(생산)일	1900. 12. 30	수신(접수)일	1901. 1. 21
발신(생산)자	베델	수신(접수)자	뷜로
발신지 정보	도쿄 주재 독일 공사관	수신지 정보	베를린 정부
	No. 132		A. 18960
메모	1월 24일 런던 76 전달		

A. 1088 1901년 1월 21일 오전 수신

도쿄, 1900년 12월 14일

A. 152

독일제국 수상 뷜로 각하 귀하

본인이 이미 다른 경로로 삼가 각하께 보고 드린 바와 같이, 한국 북부의 유명한 항구도시 진남포에 거주하는 일본인들이 수비대를 파병해줄 것을 일본 정부에 요청했습니다. 이른바 보부상 운동의 재발이 우려된다는 것입니다. 그와 동시에 진남포의 일본 거류민들은 자신들의 청원을 뒷받침하기 위해 진남포 거류지의 유지 한 명을 도쿄로 파견했습니다.

일본 정부 측에서는 처음에 진남포 거류민들의 요청을 들어주는 쪽으로 기울어지는 듯 보였습니다. 그러나 이토는 자신의 기관지인 "Japan Times"지에 즉각 그에 반대하는 의사를 표명했습니다. 그리고 이제 진남포 일본인들의 요청을 거절하기로 최종 결정을 내렸다고 합니다.

베델

내용: 진남포 일본 거류민들의 청원

[각 국 공문서의 한국 '황제' 칭호 사용에 관한 건]

발신(생산)일	1900. 12. 3	수신(접수)일	1901. 1. 21
발신(생산)자	바이페르트	수신(접수)자	호엔로에-실링스퓌르스트
발신지 정보	서울 주재 독일 총영사관	수신지 정보	베를린 정부
	No. 141		A. 1107
메모	A. 12793/00		

A. 1107 1901년 1월 21일 오후 수신

서울, 1900년 12월 3일

No. 141

독일제국 수상 호엔로에-실링스퓌르스트 각하 귀하

해독

금년 9월 21일의 훈령 — A. 4 — 에 따라, 본인은 러시아 대표와 일본 대표가 한국 당국에 보낸 공식 서한에서 한국 군주의 새로운 칭호와 관련해 차이를 보이고 있음을 삼가 각하께 보고 드리게 되어 영광입니다. 러시아 대리공사[1]는 한국 군주를 황제의 러시아식 표현인 "Imperator"라고 지칭합니다. 그 반면에 일본 공사[2]는 청국 공사와 마찬가지로 각서에서 한국 군주를 한자로 "大(크다는 뜻) 皇帝"라고 표기합니다. 각서는 일본어로 작성되었고 청국어 번역문은 첨부되지 않았습니다. 게다가 한국 정부 및 다른 외국 대표들의 서한에 첨부되는 번역문에서도 "大(크다는 뜻) 皇帝" 칭호가 사용되고 있습니다. "황제"라는 표현은 일본어로 "Ko-Tei"인데, 이 표현은 일본이 열강들과 새로이 맺는 조약에서 일본 천황을 포함한 황제들뿐만 아니라 왕들을 지칭하는 경우에도 사용됩니다. 그에 비해 한국은 열강과 조약을 맺는 경우에 황제만을 "대황제"라고 표기하고 왕에 대해서는 "Tai Kun-Shi"라는 표현을 고수합니다. 그래서 한국은 일본이 한국 군주에 대한

---

1 [감교 주석] 파블로프(A. Pavlow)
2 [감교 주석] 하야시 곤스케(林權助)

칭호를 "Tai Kun-Shi"에서 "대황제"로 변경한 것을 이런 의미로 해석합니다. 더욱이 일본 공사는 영어로 대화를 나누는 자리에서는 "Emperor"라는 어휘를 사용합니다.

한국 관청에 보내는 공식 서한에서 영국 대표[3]와 미국 대표[4]는 "Emperor"라는 표현을, 프랑스 대리공사[5]는 "Empereur"라는 표현을 사용합니다.

한국의 새로운 국호 "대한"은 한자로만 사용되고 있습니다. 그러므로 일본 공사와 청국 공사의 서한 및 다른 외국 대표들의 서한에 첨부되는 번역문에서만 사용됩니다.

바이페르트

원본문서 : 청국 24

---

3 [감교 주석] 거빈스(J. H. Gubbins)
4 [감교 주석] 알렌(H. N. Allen)
5 [감교 주석] 플랑시(V. C. Plancy)

[만주 관련 일본 의회의 대정부 질의]

발신(생산)일	1901. 1. 21	수신(접수)일	1901. 1. 22
발신(생산)자	베델	수신(접수)자	
발신지 정보	도쿄 주재 독일 공사관	수신지 정보	베를린 외무부
	No. 6		A. 1137
메모	A. 2121 참조 연도번호 No. 715 I. 암호전보 1월 22일 런던 52에 전달 II. 암호전보 1월 23일 도쿄 5에 전달		

A. 1137   1901년 1월 22일 오전 수신

전보문

도쿄, 1901년 1월 21일 오후 1시 ...분
1월 22일 오전 8시 43분 도착

독일제국 대리공사가 외무부에 송부

전문 해독

No. 6

전보문 No. 4와 관련해[1]
(일본 야당이 만주 문제와 관련해 대정부질의를 준비하고 있습니다.)

베델

---

1   [원문 주석] A. 950 삼가 동봉.

[베이징 주둔 발더제 원수의 전보문 전달]

발신(생산)일	1901. 1. 22	수신(접수)일	1901. 1. 22
발신(생산)자	샨만	수신(접수)자	
발신지 정보	육군참모부	수신지 정보	베를린 외무부
	No. 74		A. 1137
메모	볼트케슈트라세 No. 8 A. 1137 II, 1188 II 참조 A. 1228 참조 1월 24일 A. 1188 삼가 동봉		

A. 1158   1901년 1월 22일 오후 수신, 첨부문서 1

베를린, N. W. 40, 1901년 1월 22일

No. 74

외무부 귀중

본인은 독일제국 원수 발더제[1]가 이달 20일 베이징에서 보낸 전보문 사본을 삼가 외무부에 전달하게 되어 영광입니다.

A. B.
육군참모부 소속
중위 샨만[2]

---

1 [감교 주석] 발더제(Waldersee)
2 [감교 주석] 샨만(Schanmann)

32

[한국 관련 러일 관계 조정]

발신(생산)일	1901. 1. 21	수신(접수)일	1901. 1. 22
발신(생산)자	발더제	수신(접수)자	황제
발신지 정보	베이징 주재 독일 공사관	수신지 정보	베를린 정부
	No. 110		A. 1137

사본

전보문

베이징에서 1901년 1월 20일 발송
베를린의 황제폐하께

No. 110

Engalitscheff 왕자는 러시아와 일본이 한국에서 관심지역을 제한하기로 합의했다고 본인에게 말했습니다. 그래서 [*sic.*] 이제 러시아와 일본은 최고로 원만한 관계를 유지하고 있다는 것이었습니다. 그와는 반대로 프랑스 공사는 러시아와 청국이 만주에 대한 조약을 맺었다는 소식에 일본이 몹시 불쾌해했다고 [*sic.*].

Chaffee 장군은 미국 정부가 완전 철수를 명령하지 않을 경우, 베이징에서 철수시킨 미군을 산하이관[1]에 주둔시킬 계획입니다.

Voyren 장군은 황제가 귀환한 후에도 베이징 주변을 [*sic.*] 점령하는 것이 바람직하다고 판단합니다.

그러나 이것들은 공식적인 (한 단어 훼손)이 아니라 다만 [*sic.*] 개인적인 의견에 불과합니다.

발더제[2]

---

1   [감교 주석] 산하이관(山海關)
2   [감교 주석] 발더제(A. Waldersee)

[한국 관련 러시아와 일본의 조약 체결 실패]

발신(생산)일	1901. 1. 22	수신(접수)일	1901. 1. 23
발신(생산)자	베델	수신(접수)자	
발신지 정보	도쿄 주재 독일 공사관	수신지 정보	베를린 외무부
	No. 7		A. 1188
메모	I) 암호전보 1월 23일 런던 53 II) 암호전보 1월 23일 도쿄 5 연도번호 No. 745		

A. 1188　1901년 1월 23일 오전 수신

전보문

도쿄, 1901년 1월 22일 … … 시 … 분

1월 23일 오전 12시 4분 도착

독일제국 대리공사가 외무부에 송부

전문 해독

No. 7

12월 30일의 전보문 No. 132[1]와 관련해

본인이 믿을 만한 소식통으로부터 알아낸 바에 의하면, 12월에 이즈볼스키[2]는 한국과 관련해 러시아와 일본의 두 번째 협정을 성사시키려 시도했습니다. 양국은 비교적 오래 협상을 벌였지만, 이 시도는 결국 좌절되었습니다.

베델

1　[원문 주석] A. 18960
2　[감교 주석] 이즈볼스키(A. P. Izwolskii)

베를린, 1901년 1월 23일

주재 외교관 귀중

도쿄 No. 5

전보문 No. 6과 7에 대한 답신

A. 5360 참조

연도번호 No. 777

Engalitscheff 왕자는 러시아와 일본이 한국에
서 관심지역을 제한하기로 합의했다고 최근
베이징에서 말했습니다. 그리고 이제 러시아
와 일본은 최고로 원만한 관계를 유지하고 있
다고 합니다.

귀하는 아오키에게 러시아 장교의 이 발언을
언급함으로써 아오키의 입을 열게 할 수 있을
것입니다. 그러면 아마 더욱 상세한 내용을
확인할 수 있을 것입니다.

한국에서 외국인에 대한 적대적인 성명

발신(생산)일	1900. 12. 4	수신(접수)일	1901. 1. 23
발신(생산)자	바이페르트	수신(접수)자	호엔로에-실링스퓌르스트
발신지 정보	서울 주재 독일 총영사관 No. 143	수신지 정보	베를린 정부 A. 1200
메모	연도번호 No. 1581		

A. 1200   1901년 1월 23일 오전 수신, 첨부문서 2부

서울, 1900년 12월 4일

No. 143

독일제국 수상 호엔로에-실링스퓌르스트 각하 귀하

지난달 23일의 No. 139[1]에서 본인은 외국인에 적대적인 훈령 내지는 회람에 대해 말씀드린 바 있습니다. 이제 그 글월의 영어 번역문을 삼가 각하께 동봉하게 되어 영광입니다. 그 글월을 미국 변리공사[2]가 진남포의 친절한 무역 감독관을 통해 전달받았는데, 일본 공사[3]가 입수한 견본을 통해 진짜임이 확인되었습니다.

그런 비슷한 글월들은 모두 관청 용지가 아닌 값싼 종이로 작성되었으며, 서울 10월 28일의 우편소인이 찍혀 있다고 합니다. 그리고 대부분 지방관청에 송달되었다는 것입니다.

그 글월들은 일본인을 비롯한 외국인 및 한국 기독교인에 반대하는 내용으로서, 한국 기독교인들을 죽일 것을 명시적으로 요구하고 있습니다.

본인이 동봉하는 글월에서는 거사 일시가 12월 6일인데 비해, 다른 글월에서는 10일로 되어 있습니다.

주동자들은 아직까지 밝혀지지 않았습니다. 그 글월들이 위조된 것이라는 한국 정부의 주장을 의심할만한 근거는 나타나지 않았습니다. 그 글월에 서명했다고 전해지는 사

---

1 [원문 주석] A. 365 삼가 동봉.
2 [감교 주석] 알렌(H. N. Allen)
3 [감교 주석] 하야시 곤스케(林權助)

람들 중 한 사람인 이용익[4]이 며칠 전 탁지부협판에 임명되었습니다. 지난달 21일 한국 왕은 이 사건과 관련해 칙령을 발표했습니다. 본인은 그 칙령의 번역문을 삼가 동봉하는 바입니다. 물론 그 칙령은 모호한 어투로 일반적인 불법행위와 대역죄에 대해서만 언급하고 있습니다. 그리고 그 칙령을 토대로 머지않아 일종의 국가치안법을 공표할 의도라고 합니다. 한국 정부는 그 회람이 야기할지 모를 결과를 미연에 방지할 목적으로 모든 해당 지방 관청에 적절한 지시를 내렸다고 확언합니다. 그러나 한국 기독교인들의 보고를 종합해보면, 한국 정부가 실제로 그런 지시를 내렸는지 의문입니다. 외국 대표들이 지금까지 개별적으로 경고한 모든 말들을 한 번 더 서면에 모아보면 좋을 것입니다. 어제 열린 외교대표단 회의에서 영국 대리공사가 이 문제를 화제에 올렸습니다. 그러나 일본 대표와 미국 대표가 진남포 내지는 평양과 해주에서 한국 정부의 엄중한 지시가 도착했다는 소식을 받았다고 말했습니다. 그리고 그 회람으로 인해 우려할 만한 사건이 발생했다는 보고는 아직까지 받지 못했다는 것이었습니다. 그래서 외국 대표들은 현재로서는 더 이상의 외교 조처를 취할 이유가 없다는 의견을 채택했습니다. 결코 우려할 만한 소식을 받지 못했다는 프랑스 대리공사[5]의 발언이 이런 방향으로의 의견을 더욱 굳혀주었습니다. 일본 대표 및 미국 대표와 더불어 프랑스 대리공사는 많은 프랑스 선교 기지를 통해 매우 정확한 정보망을 보유하고 있습니다.

파블로프[6]는 이번 회의에 참석하지 않았습니다. 그러나 파블로프가 이 일에 큰 의미를 부여하지 않는다고 알려져 있습니다.

본인은 이 보고서의 사본을 도쿄와 베이징 주재 독일제국 공사관에 보낼 것입니다.

바이페르트

내용: 한국에서 외국인에 대한 적대적인 성명, 첨부문서 2부

4　[감교 주석] 이용익(李容翊)

5　[감교 주석] 플랑시(V. C. Plancy)

6　[감교 주석] 파블로프(A. Pavlow)

No. 143의 첨부문서 2
1900년 11월 23일 자 한국관보의 번역문

왕의 칙령[7]
1900년 11월 21일

법을 지키는 것은 한 나라를 통치하기 위한 첫 번째 전제조건이다. 법을 지키지 않으면 그 누구도 나라를 보존하지 못했다. 그런데 최근 들어 무원칙과 혼란이 창궐하고, 1894년부터[8] 반란이 자주 발생했다. 군주에게는 이 반란들을 완전히 징벌할 힘이 없었다. 많은 반란 추종자들이 여전히 국내 도처에 숨어 있으며, 유리한 기회가 오기만을 교활하게 기다리고 있다. 그들을 아직까지 진압하지 못한 것은 법을 제대로 집행하지 못하기 때문이다. 실로, 주변의 지체 높은 사람들부터 먼저 법의 심판을 받아야 할 것이다. 이제부터 대신들은 사법권을 행사하는 데 두 배의 노력을 기울여야 할 것이다. 누구든지 법을 위반하는 경우에는, 개인적인 사정을 고려치 말고 사건의 진상에 따라 즉각 정당한 판결을 내리도록 하라.

현 시국에 맞는 법 개정이 요구된다면, 개정안을 준비하여 왕에게 제출하도록 하라.

이 칙령은 법부와 경부에 내리는 것이다.

---

7 [감교 주석] 고종실록 40권, 고종 37년 11월 21일 양력 1번째 기사.
8 [감교 주석] 실록에는 '갑오년(1894), 을미년(1895) 이후'로 서술됨.

35

[한국 관련 러시아와 일본의 합의 가능성]

발신(생산)일	1901. 1. 22	수신(접수)일	1901. 1. 23
발신(생산)자	뭄	수신(접수)자	
발신지 정보	베이징 주재 독일 공사관	수신지 정보	베를린 외무부
	No. 51		A. 1228

A. 1228 1901년 1월 23일 오후 수신

전보문

베이징, 1901년 1월 22일 … 6시 30분

1월 23일 오후 7시 36분 도착

독일제국 공사가 외무부에 송부

전문 해독

No. 51

발더제[1] 원수께서 러시아와 일본이 한국과 관련해 합의했다는 Engalitscheff 왕자의 말을 보고한 바 있습니다. 본인도 영국 공사[2]도 지금까지 그 말의 진위 여부를 확인하지 못했습니다. 기어스[3]는 그런 모든 소식을 반박하며, 기껏해야 부수적인 논점이 해결되었을 것이라고 단언합니다.

그런데도 만일 그 소문이 사실로 판명된다면, 본인은 러시아가 만주에서 지금까지 알려진 것보다 훨씬 더 큰 어려움에 직면했다는 증거일 것으로 판단합니다.

---

1 [감교 주석] 발더제(A. Waldersee)
2 [감교 주석] 맥도널드(C. M. MacDonald)
3 [감교 주석] 기어스(Giers)

당시 분쟁이 발생한 후로 일본이 한국에서 러시아의 만주 점령에 대한 보상을 받으려하는 것이 분명합니다. 그러나 이 지역에서 러시아와 일본의 지속적인 합의는 거의 불가능하다고 생각됩니다.

뭄[4]

---

4 [감교 주석] 뭄(Mumm)

36

인도 훈장 수여

발신(생산)일	1901. 1. 4	수신(접수)일	1901. 1. 28
발신(생산)자	발트하우젠	수신(접수)자	뷜로
발신지 정보	캘커타 주재 독일 영사관	수신지 정보	베를린 정부
	No. 10		A. 1479

A. 1479 1901년 1월 28일 오후 수신

캘커타, 1901년 1월 4일

No. 10

독일제국 수상 뷜로 각하 귀하

인도 정부는 한국 황제가 인도제국 기사단의 명예 대십자기사[1]에 임명되었다고 "Gazette of India"지에 공식 발표했습니다. 본인이 인도 외무부에서 알아낸 바에 의하면, 이것은 이희[2] 왕이 빅토리아 여왕 폐하께 수여한 훈장에 대한 답례입니다.

"Gazette of India"지에서 한국 왕은 "His Imperial Majesty the Emperor of Korea"로 호칭되고 있습니다. 1900년도 독일제국의 고타 연감 및 1900년 5월에 발행된 독일제국 영사관 공식 명부에서는 한국 "왕국"이라고 지칭합니다. 1900년도 "The Statesman's Yearbook"과 1901년도 "Whitaker's Almanak"는 한국 군주를 "Emperor"라고 부릅니다.

발트하우젠

내용: 인도 훈장 수여

---

1 [감교 주석] 명예 대십자기사(Honorary Knight Grand Commander)
2 [감교 주석] 이희(李熙); 고종의 휘.

베를린, 1901년 1월 24일 A. 1088

주재 외교관 귀중
런던 No. 76

연도번호 No. 815

본인은 일본 수비대를 파견해달라는 진남포 일본 거류민들의 청원이 거절되었다는 정보를 삼가 귀하께 알려드리고자, 도쿄 주재 독일제국 대리공사의 지난달 14일 자 보고서 사본을 보내드립니다.

37

신임 한국 공사의 도착

발신(생산)일	1900. 12. 26	수신(접수)일	1901. 1. 25
발신(생산)자	베델	수신(접수)자	뷜로
발신지 정보	도쿄 주재 독일 공사관	수신지 정보	베를린 정부
	A. 156		A. 1295
메모	금년 11월 19일 자 보고서 A. 142와 관련		

A. 1295 1901년 1월 25일 오전 수신

도쿄, 1900년 12월 26일

A. 156

독일제국 수상 뷜로 각하 귀하

새로 임명된 한국 공사 성기운이 며칠 전 이곳 도쿄에 도착했습니다. 성기운[1]은 이달 24일 일본 천황을 엄숙하게 알현한 자리에서 자신의 신임장과 전임자의 소환장을 제출했습니다.

베델

내용: 신임 한국 공사의 도착

---

1 [감교 주석] 성기운(成岐運)

[한국의 일본제일은행에 차관 요청 건]

발신(생산)일	1900. 12. 9	수신(접수)일	1901. 1.30
발신(생산)자	바이페르트	수신(접수)자	뷜로
발신지 정보	서울 주재 독일 총영사관	수신지 정보	베를린 정부
	No. 141		A. 1107
메모	2월 5일 런던 129에 전달		

A. 1564 1901년 1월 30일 오전 수신

서울, 1900년 12월 9일

No. 149

독일제국 수상 뷜로 각하 귀하

한국은 시부자와[1]가 운영하는 일본 "제일은행"[2]에서 차관을 빌리려는 계획을 세웠습니다. 그런데 이 계획이 얼마 전부터 답보상태에 있습니다. 지난달 시부자와는 서울에 머무는 동안, 무엇보다도 이 차관 계획을 진척시키려 했을 것이라고 추정됩니다.

들리는 소문에 의하면, 시부자와는 이곳 총세무사 브라운[3]과 그에 대한 협상을 벌였습니다. 그런데 브라운은 한국 정부와 전혀 접촉하지 않은 상태에서 그런 협상을 벌였다고 합니다. 그것은 브라운이 5백만 엔의 차관을 빌리는 전권을 작년 10월 23일 한국 왕에게서 부여받았기 때문이라는 것입니다. 그 전권을 토대로 브라운은 이미 1년 전 홍콩상하이은행[4]으로부터 5백만 엔을 빌리려 시도했지만 실패했다고 전해집니다.

파블로프[5]는 경부철도 건설에 필요한 자금도 그 차관을 통해 우선 충당하기로 했다는 정보를 입수했다고 주장합니다. 그럼으로써 영국이 한국에 관심을 갖도록 유도하는데도 도움이 되었다는 것입니다. 그에 따라 "제일은행"은 홍콩상하이은행과 공동으로 차관

---

1 [감교 주석] 시부자와 에이이치(澁澤榮一)
2 [감교 주석] 제일은행(第一銀行)
3 [감교 주석] 브라운(J. M. Brown)
4 [감교 주석] 홍콩상하이은행(The Hongkong and Shanghai Bank)
5 [감교 주석] 파블로프(A. Pavlow)

융자에 착수해서, 한국의 세관수입을 담보로 "제일은행"은 백만 엔을, 홍콩상하이은행은 4백만 엔을 내어줄 것이라고 합니다. 한국 정부는 백만 엔은 임의로 사용할 수 있지만, 나머지 4백만 엔은 경부철도 주식에 투자해야 한다고 전해집니다. 그 대가로 한국 정부는 일본 정부로부터 6%의 이자를 보장받게 될 것이라고 합니다. 일본 정부의 이자보장이 15년으로 제한되는 까닭에, 한국 정부는 6%의 이자율 외에 6%의 상환율도 예상해야 한다는 것입니다. 그러므로 한국 정부는 80만 엔에서 90만 엔의 세관수입으로 백만 엔의 12%와 4백만 엔의 6%, 즉 36만 엔에 이르는 액수를 매년 충당해야 할 것입니다.

자금 조달 계획과 연계해 영국 회사들이 경부철도를 위한 자재를 공급할 것으로 예상됩니다. 그래서 홍콩상하이은행이 차관을 수락했다고 전해집니다. 미국 변리공사[6]의 주장에 의하면, 게다가 브라운은 한국 정부를 위해 70만 엔 상당의 무기와 탄약, 병기창 기계를 주문하는 권한도 위임받았다고 합니다. 브라운은 그 차관으로 70만 엔을 충당해서 영국에 투자할 것으로 예상된다고 합니다. 미국 변리공사는 파블로프처럼 차관 계획에 반대하지 않을 이유가 충분히 있습니다.

모든 추정이 얼마만큼 실제 사실에 근거하는지 현재로서는 확인할 수 없습니다. 또한 특히 차관 계획과 관련해 임시 회담 이상의 진척이 있었는지도 알 수 없습니다. 브라운은 먼저 여러 반대파들에 맞서 한국 정부의 허가를 받아내야 합니다. 심지어 일본 공사[7]는 일본이나 홍콩상하이은행에서 그런 금액을 얻어내기는 거의 불가능하다고 본인에게 단언했습니다. 그러나 파블로프는 "제일은행" 배후에 일본 정부가 있을 것이라고 추측합니다. 그래서 차관 계획을 매우 구체적인 것으로 여기고서, 지난달 27일 한국 왕을 알현한 자리에서 한국 왕에게 간곡히 조언했다고 본인에게 말했습니다. 파블로프는 브라운이 한국 왕의 특별 허가 없이 세관수입을 마음대로 유용해 차관을 도입해서는 안 된다고 주장했다는 것입니다. 그러자 한국 왕은 일본 철도에 절대적으로 유리한 차관 도입을 총세무사에게 위임한 적도 없고 결코 그런 차관을 바라지도 않는다고 선언했다고 합니다. 그리고 몇 년 전부터 제출하지 않고 있는 세관수입 계산서 및 보고서를 제출하도록 총세무사를 독려할 것이라고 덧붙였다는 것입니다. 본인이 들은 바에 의하면, 그 후로 한국 정부 측은 이 방면으로 여러 조치를 취했습니다. 그러나 브라운은 1897년 한국 왕이 러시아 공사관에 체류하는 동안 그에게 한 약속을 상기시키며 모든 정보의 제출을 거절했다고 합니다. 즉, 한국 왕은 일본으로부터 1895년에 빌린 3백만

---

6 [감교 주석] 알렌(H. N. Allen)
7 [감교 주석] 하야시 곤스케(林權助)

엔의 차관을 상환할 때까지 브라운이 그 어떤 간섭도 받지 않고 세관수입을 전적으로 관리하도록 약속했다는 것입니다. 일본에게 빌린 차관 3백만 엔 중 현재 25만 엔이 남아있다고 합니다.

본인은 이 보고서의 사본을 도쿄와 베이징 주재 독일제국 공사관에 보낼 것입니다.

바이페르트

원본문서 : 한국 1

39

원문 p.828

[러시아의 한국 중립화론에 대한 일본의 거부]

발신(생산)일	1901. 1. 30	수신(접수)일	1901. 1. 30
발신(생산)자	하츠펠트	수신(접수)자	
발신지 정보	런던 주재 독일 대사관	수신지 정보	베를린 외무부
	No. 100		A. 1624
메모	1월 31일 도쿄 7 전달 A. 5360 참조, A. 1804 참조 전보문 No. 53과 관련해 연도번호 No. 1055		

A. 1624   1901년 1월 30일 오후 수신

전보문

런던, 1901년 1월 30일 오후 6시 40분

오후 8시 40분 도착

독일제국 대사가 외무부에 송부

전문 해독

No. 100

러시아가 일본 정부에 한국의 중립화를 제안했다는 소식이 도쿄에서 도착했다고 어제 영국 차관이 본인에게 말했습니다. 그러나 일본 정부는 그 제안을 일언지하에 거절했다고 합니다. 이곳 일본 공사는 이 소식이 사실임을 차관에게 인정했습니다.

하츠펠트

[독일의 한반도 관련 러시아와 협약 가능성 부인]

발신(생산)일	1901. 1. 30	수신(접수)일	1901. 1. 30
발신(생산)자	하츠펠트	수신(접수)자	
발신지 정보	런던 주재 독일 대사관	수신지 정보	베를린 외무부
	No. 101		A. 1624
메모	Ⅰ. 암호전보 1월 31일 런던 78 Ⅱ. 암호전보 2월 4일 독일제국 해군 6 전보문 101[1]에 대한 답신 연도번호 No. 1049		

A. 1637　1901년 1월 31일 오전 수신

전보문

런던, 1901년 1월 30일 오후 7시 25분

오후 9시 47분 도착

독일제국 대사가 외무부에 송부

전문 해독

1　[원문 주석] 본인은 며칠 전 이곳의 일본 대표와 대화를 나누었습니다. 대화 도중 일본 대표가 1895년 러시아와 독일 사이에서 한국과 관련한 비밀조약이 체결되었다는 말이 사실이냐고 본인에게 질문했습니다. 그 조약에 따르면, 러시아의 한국정책이 위급 사태에 직면하는 경우 독일이 러시아를 지원할 의무가 있다는 것입니다. 본인은 누가 그런 소문을 유포했는지는 몰라도 완전히 꾸며낸 말이라고 일본 대표에게 답변했습니다. 그리고 독일 정치는 한국 문제에 별로 관심이 없다고 덧붙였습니다. 본인이 알기로, 독일 측은 한국 문제에 어떤 식으로든 개입할 의도가 없다고 일본 대표에게 말했습니다. 그러자 그 일본인은 러시아와 일본이 분쟁을 빚는 경우 영국이 어떤 태도를 취할 것 같으냐고 본인의 의견을 물었습니다. 본인은 그동안 지켜본 바에 의하면 영국은 적어도 일본에 호의적인 중립을 지킬 것이라고 대답했습니다. 끝으로 그 일본인은 일본 정부로서는 한국 문제를 다시 수면 위로 끄집어 낼 의사가 전혀 없다고 말했습니다. 그보다는 현재 상태를 유지하는데 주력할 생각이라고 합니다. 그러나 만일 한국에서 기반을 굳히려 하는 나라가 있다면 일본은 좌시하지 않을 것이라고 덧붙였습니다.

No. 101

　귀하는 일본 대표[2]의 질문에 대해 보고한 결과, 독일과 러시아는 그 어떤 정치적 협정도 맺지 않았다는 답신을 받았다고 일본 대표에게 말씀하실 수 있습니다. 독일과 러시아는 동아시아, 특히 한국에 대한 협정을 맺은 적이 없습니다. 도쿄 주재 독일 대표[3]는 오래 전부터 이 점에 대해 잘 알고 있습니다. 한국이 독일의 관심권에서 멀리 있기 때문에 우리로서는 그런 문제를 제기할 이유가 없습니다.

하츠펠트

2　[감교 주석] 하야시 다다스(林董)
3　[감교 주석] 베델(Wedel)

[러시아의 한반도 중립화 제안과 일본의 거부]

발신(생산)일	1901. 2. 1	수신(접수)일	1901. 2. 2
발신(생산)자	하츠펠트	수신(접수)자	
발신지 정보	런던 주재 독일 대사관	수신지 정보	베를린 외무부
	No. 108		A. 1804
메모	A. 3413 참조 전보문 No. 78[1]과 No. 100[2]과 관련해서		

A. 1804　1901년 2월 2일 오후 수신

전보문

런던, 1901년 2월 1일

2월 2일 오후 2시 22분 발송

2월 2일 오후 4시 29분 도착

독일제국 대사가 외무부에 송부

전문 해독

No. 108

러시아가 한국의 중립화를 제안했고 일본 정부 측은 그 제안을 즉각 거절했다는 소식
은 사실입니다. 이곳 주재 일본 공사관의 일등서기관이 어제 본인에게 그 사실을 확인해
주었습니다. 일본 공사관의 일등서기관 말로는, 왜 하필 이런 시점에 러시아가 그런 제안
을 했는지 도쿄에서는 이해하지 못한다고 합니다. 본인은 내일 마침 일본 공사[3]와 만날
것으로 예상됩니다. 그러면 각하의 지시를 쫓아 전보문 No. 78을 활용해볼 생각입니다.

하츠펠트

1　[원문 주석] A. 1624 삼가 동봉.
2　[원문 주석] A. 1637/01, 15463/00.
3　[감교 주석] 하야시 다다스(林董)

[일본의 대한정책에 대한 독일 황제의 지지 표명]

발신(생산)일	1901. 2. 3	수신(접수)일	1901. 2. 4
발신(생산)자	메테르니히	수신(접수)자	
발신지 정보	원저	수신지 정보	베를린 외무부
	No. 29		A. 1871
메모	본인은 전보문 No. 25[1]를 황제 폐하께 읽어드렸습니다.		

A. 1871 1901년 2월 4일 오전 수신

전보문

원저, 1901년 2월 3일 오후 9시 10분

2월 4일 오후 12시 33분 도착

독일제국 공사가 외무부에 송부

전문 해독

No. 29

　본인은 어쨌든 신문 기사의 내용이 러시아 측에서 유래한다고 각하께 보고 드립니다. 에카르트슈타인[2]이 보고한 바와 같이, 런던의 러시아 정보원들이 우리를 상대로 음흉한 음모를 꾸몄기 때문입니다. 러시아 정보원들은 발더제[3]를 중상모략하려 했으며, 폐하의 영국 방문을 눈엣가시로 여기고 있다고 합니다.

　폐하께서는 일본이 베를린과 런던에서 취한 외교 조치에 대해 에카르트슈타인에게

1 　[원문 주석] A. 1663 삼가 동봉.

2 　[감교 주석] 에카르트슈타인(Eckardstein)

3 　[감교 주석] 발더제(A. Waldersee)

(?) 보고받았다고 본인에게 말씀하셨습니다. 그에 따르면 일본은 한국의 중립을 선언하자는 러시아의 제안을 거절했다고 합니다. 또한 영국 정부와, 그리고 본인이 제대로 이해했다면 우리 독일 정부도 한국과 관련해 일본과 러시아 사이에 불화가 발생할 경우 적어도 이 점에서는 일본 측에 호의를 약속했다는 것입니다.

황제 폐하께서는 우리가 일본의 신임을 얻는 것을 윤허하십니다. 그리고 일본에 대해 우리 독일이 영국과 유사한 정책을 펼칠 것이라고 영국 왕에게 말씀하셨습니다. (이 말씀이 한국에 국한된 것인지 아니면 전반적으로 모든 일에 해당되는 것인지 본인으로서는 확실히 말하기 어렵습니다. 또한 앞에서 일본에 대해 설명한 내용들 중에는 몇 가지 오류도 있을 수 있습니다. 본인이 이 사안에 대해 다만 잠시 폐하와 대화를 나누었기 때문입니다. 그러나 각하께서는 무엇이 문제인지 아실 것입니다. 그러므로 본인은 폐하께 어떻게 보고 드릴지 삼가 각하의 판단에 맡기겠습니다.)

메테르니히

베를린, 1901년 2월 4일   A. 1871, A. 1637 II

황제 폐하께   본인은 1) 일본이 한국과 관련해 우리의 의사
원저 No.6   를 타진했다는 내용의 런던 주재 대사의 전보
                            문과 2) 우리 측에서 그에 대해 보낸 답신을
연도번호 No. 1182   삼가 황제 폐하께 제출하는 바입니다.

                            1) [A. 1637에서]
                            2) [런던에 발송한 전보문 No. 78에서 － A.
                            1637에 대한 지시]

43
러시아 군함의 마산포 방문 임박

발신(생산)일	1900. 12. 19	수신(접수)일	1901. 2. 7
발신(생산)자	바이페르트	수신(접수)자	뷜로
발신지 정보	서울 주재 독일 총영사관	수신지 정보	베를린 정부
	No. 151		A. 2024
메모	연도번호 No. 1635		

A. 2024 1901년 2월 7일 오전 수신

서울, 1900년 12월 19일

No. 151

독일제국 수상 뷜로 각하 귀하

이곳 러시아 대리공사[1]의 전언에 의하면, 현재 러시아 제독 Skoydloff가 군함 네 척을 거느리고 나가사키를 향해 포트 아서[2]를 출발했습니다. Skoydloff 제독은 나가사키로 가는 길에 먼저 마산포에 기항할 것입니다. 마산포에서 2주 정도 머무르며 그곳에 건축 예정인 해군병원의 위치를 확정지을 계획입니다. 마산포 지역의 기후조건이 빼어난 탓에 러시아는 해군병원과 함께 요양원도 건축할 생각이라고 합니다. 마산포 요양원은 블라디보스토크의 수요를 충당할 것이라고 전해집니다.

본인은 이 보고서의 사본을 베이징과 도쿄 주재 독일제국 공사관에 보낼 것입니다.

바이페르트

내용: 러시아 군함의 마산포 방문 임박

---

1 [감교 주석] 파블로프(A. Pavlow)
2 [감교 주석] 뤼순(旅順; Port Arthur)항

진남포와 평양의 일본 거류민을 위한 보호 조처

발신(생산)일	1900. 12. 19	수신(접수)일	1901. 2. 7
발신(생산)자	바이페르트	수신(접수)자	뷜로
발신지 정보	서울 주재 독일 총영사관	수신지 정보	베를린 정부
	No. 152		A. 2025
메모	2월 12일 런던 159, 페테르부르크 132 전달 연도번호 No. 1637		

A. 2025   1901년 2월 7일 오전 수신

서울, 1900년 12월 20일

No. 152

독일제국 수상 뷜로 각하 귀하

금년 10월 초 진남포와 평양의 일본 거류민들은 군대의 보호를 요청하는 청원서를 작성했습니다. 그런데 최근에야 비로소 일본 거류민 대표를 통해 청원서가 일본 정부에 제출되었습니다. 임시 대리공사 야마자[1]의 말에 따르면, — 이달 17일 하야시[2]는 4주 휴가를 얻어 일본으로 떠났습니다 — 일본 측은 청원자들을 안심시키기 위해 최소한 일본 경찰 네 명을 겨울 동안 서울에서 진남포와 평양으로 파견하기로 했다고 합니다. 얼마 전 외국인에 적대적인 회람이 유포되었다는 소식도 이런 결정에 일부 영향을 미쳤습니다. 그러나 더 이상의 보호 조처를 취할 계획은 없다고 합니다.

바이페르트

내용: 진남포와 평양의 일본 거류민을 위한 보호 조처

---

1   [감교 주석] 야마자 엔지로(山座圓次郎)
2   [감교 주석] 하야시 곤스케(林權助)

[만주 관련 일본 의회의 대정부 질의]

발신(생산)일	1901. 2. 8	수신(접수)일	1901. 2. 9
발신(생산)자	베델	수신(접수)자	
발신지 정보	도쿄 주재 독일 공사관	수신지 정보	베를린 외무부
	No. 10		A. 2121
메모	전보문 No. 6과 관련해 연도번호 No. 1325[1]		

A. 2121 1901년 2월 9일 오전 수신

전보문

도쿄, 1901년 2월 8일 오후 8시 30분

오후 10시 51분 도착

독일제국 대리공사가 외무부에 송부

전문 해독

No. 10

오늘 일본 의회에서 야당은 계획대로 6개 항목에 걸쳐 대정부질의를 했습니다. 그 중 다섯 번째 항목이 중요합니다. 다섯 번째 항목은 청국에 주둔하는 일본군이 수적으로 우세한데도 왜 일본 정부는 적시에 만주 문제를 평화적으로 해결하려 시도하지 않았느냐고 묻습니다. 여섯 번째 항목은, 일본 정부가 만주 상황과 관련해 독일-영국 협정의 원칙을 적용할 시점이 왔다고 생각하지 않느냐는 것입니다. 오늘자 "Japan Times"는 이 대정부질의에 대해 솔직하게 답변할 것을 일본 정부에 권유하고 있습니다. 이로써 더욱 확고한 대외정책을 추구하는 방향으로 변화의 기틀이 마련될 것이라고 추정할 수 있습니다.

베델

---

1 [원문 주석] A. 1137

[일본 정부, 일본군 만주 주둔이 일시적임을 강조]

발신(생산)일	1901. 2. 10	수신(접수)일	1901. 2. 10
발신(생산)자	베델	수신(접수)자	
발신지 정보	도쿄 주재 독일 공사관	수신지 정보	베를린 외무부
	No. 11		A. 2204
메모	연도번호 No. 1371		

A. 2204 1901년 2월 10일 오후 수신

전보문

도쿄, 1901년 2월 10일 오후 2시 40분
오후 6시 10분 도착

독일제국 대리공사가 외무부에 송부

전문 해독

No. 11

도쿄 주재 대리공사가 전보 발송.

전보문 No. 10[1]과 관련해

일본 정부는 대정부질의의 다섯 번째와 여섯 번째 항목에 답변했습니다. 일본은 만주 점령이 일시적 조처일 뿐이라는 러시아의 9월 성명 및 열강들이 청국의 영토 불가침권 유지에 부여하는 의미를 믿는다고 합니다.

일본의 청국 정책에 대한 의회 연설에서 가토[2]는 열강들이 합의한 정책을 고수하겠다

---

1 [원문 주석] A. 2121

고 강조했습니다. 그리고 독일-영국협정의 제3조를 적용할 계기가 발생하지 않기를 희망한다고 말했습니다.

　　일본 정부는 만주협정의 비준에 대해 전혀 아는 바가 없다고 합니다)

베델

2　[감교 주석] 가토 다카아키(加藤高明)

베를린, 1901년 2월 12일

A. 2025

주재 외교관 귀중

1. 런던 No. 159
2. 상트페테르부르크 No. 132

연도번호 No. 1417

본인은 한국 진남포와 평양의 일본 거류지 보호 대책에 관한 정보를 삼가 귀하께 알려드리고자, 작년 12월 20일 자 서울 주재 독일제국 영사의 보고서 사본을 보내드립니다.

한국의 소식들

발신(생산)일	1901. 1. 15	수신(접수)일	1901. 2. 18
발신(생산)자	베델	수신(접수)자	뷜로
발신지 정보	도쿄 주재 독일 공사관	수신지 정보	베를린 정부
	A. 7		A. 2614
메모	2월 20일 런던 201, 페테르부르크 162, 베이징 A. 16 전달.		

A. 2614　1901년 2월 18일 오전 수신

도쿄, 1901년 1월 15일

A. 7

독일제국 수상 뷜로 각하 귀하

서울 주재 러시아 대표 파블로프[1]는 가만히 있는 성격이 아닙니다. 파블로프는 러시아에 우호적인 이토[2]의 정책에 힘입어 새로이 활동에 나설 용기를 얻은 듯 보입니다.

신문보도에 의하면, 파블로프는 연말을 맞이해 한국 정부에 각서를 건넸습니다. 그 각서에서 파블로프는 러시아가 한국에서 지금까지 러시아의 이해관계에 필요한 지원을 받지 못했다고 설명하려 했습니다. 러시아제국은 그런 지원을 받아 마땅하다는 것이었습니다. 본인으로서는 이 소식이 사실에 근거하는지 판단할 수 없습니다. 그러나 이곳 일본에서 한국에 대한 신문 보도들은 대체로 전혀 근거가 없지는 않습니다.

서울의 내각은 일본에 거주하는 한국 망명객들을 한국에 인계하거나 아니면 적어도 국외로 추방할 것을 일본 정부에 촉구했습니다. 또는 그것이 불가능하다면 "불모지"로 유배시킬 것을 요구했습니다.

아마 이러한 요청도 일본과 한국 사이의 긴장을 유발하기 좋아하는 파블로프의 제안에서 비롯되었을 수 있습니다.

일본 정부로서는 당연히 그 요청을 무시했습니다. "Japan Times"지는 상당히 긴 논설

1　[감교 주석] 파블로프(A. Pavlow)
2　[감교 주석] 이토 히로부미(伊藤博文)

에서 문명화한 국가인 일본은 이웃 한국의 요구를 들어줄 수 없다고 말했습니다.

한국 망명객들은 도쿄에서 대부분 은둔생활을 하고 있습니다. 그들은 해 뜨는 쾌적한 나라에 "불모지"가 없는 만큼 그런 지역으로 추방될 염려는 없습니다.

베델

내용: 한국의 소식들

[러시아의 한반도 진출 시도에 따른 일본의 강경 대응 가능성]

발신(생산)일	1901. 2. 16	수신(접수)일	1901. 2. 18
발신(생산)자	하츠펠트	수신(접수)자	뷜로
발신지 정보	런던 주재 독일 대사관	수신지 정보	베를린 정부
	No. 44		A. S. 278
메모	기밀		

A. S. 278 1901년 2월 18일 오후 수신

런던, 1901년 2월 16일

No. 44

독일제국 수상 뷜로 각하 귀하

며칠 전 본인은 이곳 일본 공사[1]와 상당히 오래 대화를 나누었습니다. 그 자리에서 본인은 일본 정부가 한국과 청국 북부에서 영토를 확장하려는 러시아의 야욕에 강경하게 대처할 것이 확실하다는 인상을 받았습니다. 일본 정부는 청국 특별조약과 관련한 지난번 제안의 연장선상에서 영국 측뿐만 아니라 어느 정도 독일제국 정부로부터도 지원을 받아 고무되었습니다.

하야시의 견해에 따르면, 러시아가 한국에 기반을 굳히려 시도하는 경우 일본 정부는 영국과 독일이 엄정한 중립을 지킬 것이라는 확신이 서면 즉각 최후의 수단을 취할 것이라고 합니다. 그러나 러시아가 만주와 특히 랴오둥[2]반도에서 취하는 조처와 관련해서는, 일본 정부가 영국의 확실한 후원을 기대할 수 있고 독일의 우호적인 중립을 확신하는 경우에만 전쟁에 나설 것이라고 합니다. 하야시 공사는, 일본이 육상에서는 러시아를 아주 쉽게 물리칠 수 있을 것이라고 말합니다. 그러나 해상에서는 일본이 아직 완전히 군비를 갖추지 못했다는 것입니다.

하야시가 직설적으로 표현하지는 않았지만, 본인은 그의 말을 통해 일본 정부가 영국

---

1 [감교 주석] 하야시 다다스(林董)
2 [감교 주석] 랴오둥(遼東)

과 독일에게 지난번보다 한 걸음 더 나아간 제안을 할 생각이라는 것을 추론할 수 있었습니다. 정확히 말하면, 러시아가 물러나지 않을 경우 일본 정부는 청국인들에게 실질적인 도움을 약속할 것을 영국과 독일에게 요청할 목적인 것 같습니다.

본인은 하야시 공사의 설명을 들으며 매우 신중한 태도를 취했습니다. 다만 한국과 관련해서 독일과 러시아 사이에 모종의 비밀협정이라도 있는 듯 도쿄에서 생각하는데, 그것은 전혀 근거 없는 생각이라는 것만 강조했습니다. 본인은 독일과 러시아 사이에 동아시아에 대한 어떤 조약도 존재하지 않는다고 힘주어 말했습니다. 게다가 한국이 독일에서 너무 멀리 있는 탓에, 독일은 한국 문제에 별로 관심이 없다고 덧붙였습니다.

일본 공사 말로는, 도쿄에서는 이미 오래 전부터 독일과 러시아 사이에 한국에 대한 비밀협정이 존재한다고 믿는다는 것입니다. 러시아인들 스스로 일본 내각이 그렇게 믿도록 계속 부추겼다고 합니다. 일본 공사는 만일 그렇지 않았더라면 일본은 이미 오래전에 러시아에 대해 더 강경한 태도를 취했을 것이라고 말했습니다.

에카르트슈타인[3]

원본문서 : 청국 24 No. 6

---

3   [감교 주석] 에카르트슈타인(Eckardstein)

이토의 한국 정책

발신(생산)일	1901. 1. 12	수신(접수)일	1901. 2. 18
발신(생산)자	베델	수신(접수)자	뷜로
발신지 정보	도쿄 주재 독일 공사관	수신지 정보	베를린 정부
	A. 3		A. 2609
메모	2월 25일 런던 224 전달		

A. 2609 1901년 2월 18일 오전 수신

도쿄, 1901년 1월 12일

A. 3

독일제국 수상 뷜로 각하 귀하

청국 주재 신임 일본 공사 고무라[1]가 이미 베이징에 도착했습니다. 고무라는 최근 잠시 도쿄에 머물렀습니다. 아오키[2]는 그때 고무라를 방문했다고 본인에게 말했습니다. 그리고 일본이 청국의 상황을 이용해 한국에서 한 걸음 앞으로 나갈 수 있는 적절한 기회를 놓친 것에 대해 유감을 표했다고 합니다. 고무라는 러시아의 군사력이 동아시아에서 아직까지 일본에 미치지 못한다고 말했다고 합니다. 그러나 그 점을 차치하더라도, 러시아가 무엇보다도 국내 재정 상태 때문에 일본과의 전쟁을 애써 피하려 한다고 고무라는 확신한다는 것입니다. 고무라 공사는 이토[3]에게도 이런 비슷한 말을 했다고 합니다. 그러나 이런 방향에서 총리대신과는 "아무것도 도모할 수 없다"는 확신에 이르게 되었다는 것입니다. 그리고 아오키 자작도 고무라의 이런 확신에 동조한다고 합니다.

한국 주재 일본 공사 하야시[4]는 현재 도쿄에서 휴가를 보내고 있습니다. 하야시는 이토가 총리대신에 취임한 후로 자주 "건강을 위해 머무는" 도쿄 인근의 해변 휴양지 오이소에 최근 다녀왔습니다. 이곳 신문보도에 의하면, 그 방문의 목적은 시부자와[5]의

---

1 [감교 주석] 고무라 주타로(小村壽太郎)
2 [감교 주석] 아오키 슈조(靑木周藏)
3 [감교 주석] 이토 히로부미(伊藤博文)
4 [감교 주석] 하야시 곤노스께(林權助)

한국 차관계획(작년 11월 16일 자 보고서 A. 138 참조)[6]에 대한 총리대신의 관심을 일깨우려는 데 있었습니다. 작년 9월에 아오키는 이 계획을 지지했지만, 이토의 요구에 따라 이미 추진한 조치들을 철회할 수밖에 없었습니다. 그러므로 총리대신이 하야시의 요청을 순순히 들어주었을 것 같지는 않습니다.

이토의 정치적 혜안과 정치가로서의 능력은 의심의 여지가 없습니다. 그런 이토가 한국에서 일본의 영향력을 증대시키고자 하는 온 국민의 열망에 고집스럽게 반대하는 이유가 무엇인지는 파악하기 어렵습니다. 본인으로서는 이토가 러시아와 합의에 이르기를 바란다고 밖에는 달리 설명할 수 없습니다. 이를테면 러시아가 한국과 관련해 일본에게 확약을 주면, 일본은 그 대가로 러시아의 만주 정책을 지원한다고 약속할 수 있습니다. 일본은 만주에 별로 관심이 없습니다. 일본인들은 한국에서 자유롭게 행동할 수 있거나 아니면 적어도 러시아가 한국 국경 너머로 침투하는 것을 포기한다고 약속하면, 청국의 만주지방을 흔쾌히 러시아에게 넘겨줄 것으로 예상됩니다.

일본인들이 한국을 요구하는 바람에 이즈볼스키[7]는 근심에 싸여 있습니다(작년 11월 16일 자 보고서 A. 139 참조).[8] 그러므로 이즈볼스키가 시간을 벌기 위해, 일본인들에게 우선 몇 가지 피상적인 사안을 승인하라고 상트페테르부르크에 권유했을 가능성이 없지 않습니다.

본인이 이미 각하께 삼가 보고 드린 바와 같이, 몇 주 전 러시아 공사가 가토[9]와 많은 협상을 벌인 사실이 이곳에서 주목을 끌었습니다. 바로 그 시기에(본인이 러시아 공사관 직원들을 통해 알아낸 바에 의하면) 상트페테르부르크와 러시아 공사관 사이에 전신연락이 빈번하게 오갔습니다. 이에 대한 상세한 내용은 지금까지 알아낼 수 없었습니다. 아오키도 이즈볼스키가 가토를 자주 방문한 목적에 대해서는 아는 바가 없다고 주장합니다.

어제 이즈볼스키는 가토가 교만하고 불손하며 외교에 대해 아무것도 모른다("pas la moindre idee")고 혹평했습니다. 현직 일본 외무대신의 정치적 능력은 반박의 여지가 없습니다. 그런데도 외교관들 사이에서는 외무대신이 노련한 외교관이라고 불릴만한 자격이 별로 없다는 견해가 지배적입니다. 설령 그렇다 하더라도, 이즈볼스키의 신랄한

---

5 [감교 주석] 시부자와 에이치(澁澤榮一)
6 [원문 주석] A. 18689 삼가 동봉.
7 [감교 주석] 이즈볼스키(A. P. Izwolskii)
8 [원문 주석] A. 18690 삼가 동봉.
9 [감교 주석] 가토 다카아키(加藤高明)

발언으로 미루어 그 동안 진행된 회담이 아마 원했던 결과를 얻지 못했을 것으로 추정됩니다.

베델

내용: 이토의 한국 정책

베를린, 1901년 2월 20일   A. 2614

주재 외교관 귀중   본인은 한국에서 도착한 소식에 대한 정보를
1. 런던 No. 201   삼가 귀하께 알려드리고자, 지난달 15일 자
2. 상트페테르부르크 No. 162   도쿄 주재 독일제국 대리공사의 보고서 사본
3. 베이징 No. 16   을 보내드립니다.

연도번호 No. 1653

50

원문 p.846

[주한 프랑스 공사 플랑시 임명]

발신(생산)일	1901. 1. 7	수신(접수)일	1901. 2. 22
발신(생산)자	바이페르트	수신(접수)자	뷜로
발신지 정보	서울 주재 독일 총영사관 No. 7	수신지 정보	베를린 정부 A. 2819
메모	2월 27일 런던 229 전달		

A. 2819 1901년 2월 22일 오전 수신

서울, 1901년 1월 7일

No. 7

독일제국 수상 뷜로 각하 귀하

며칠 전 프랑스 임시 대리공사[1]가 본인에게 구두로 알려준 바에 의하면, 그 동안 명예직에 있었던 플랑시[2]가 프랑스 공사에 임명되었습니다. 현재 플랑시는 프랑스에서 휴가를 보내고 있는데, 아마 공사 자격으로 곧 서울에 돌아올 것이라고 합니다. 그러나 이에 대한 공식 발표는 아직까지 없었습니다. 본인이 들은 바에 의하면, 플랑시는 한국에 있는 동안 매우 열성적으로 활동했습니다. 프랑스가 최근까지 한국에서 이룩한 대부분의 성과는 플랑시가 1899년 11월 귀국하기 전에 체결한 협정에 토대를 두고 있습니다. 포병 대위와 한국 병기창 관리인 초빙이 그에 해당합니다(작년 5월 19일 자 No. 45 참조). 작년 12월 초 최종 조건이 합의된 후, 그 두 사람은 프랑스를 떠났으며 곧 한국에 도착할 것으로 예상됩니다. 또한 제철, 목공, 벽돌제조 기술 분야의 프랑스인 전문가 4명을 새로 개교하는 공업학교 교사로 채용하려는 계획도 있습니다. 이 계획은 최근 공표되었는데 아직 협상 중에 있습니다. 프랑스 측에서 이를 위해 책정된 연 6천 엔이 너무 적다고 여기기 때문입니다.

이제 플랑시는 공사 자격으로 한국 주재 외교단장직에도 도전할 것입니다. 현재는

---

1 [감교 주석] 프랑뎅(H. Frandin)
2 [감교 주석] 플랑시(V. C. Plancy)

일본 공사와 청국 공사가 외교단장직을 독점하고 있습니다. 플랑시의 공사 임명에는 이러한 점도 영향을 미쳤을 가능성이 없지 않습니다. 적어도 본인이 들은 바에 의하면, 플랑시는 이미 1899년 가을에 특히 청국 공사가 외교단장직을 맡는 것은 온당하지 못하다는 의견을 이곳 동료들에게 뿐만 아니라 파리에서도 피력했다고 합니다. 청국 공사가 유럽의 언어와 사고방식에 대해 잘 알지 못하기 때문이라는 것입니다. 작년 봄에 한국 주재 영국 대표는 본국 정부로부터 이 문제를 화두에 올리라는 지시를 받았습니다. 아마 파리로부터 그런 제안을 받았을 수 있습니다. 플랑시는 청국 공사를 외교단장직에서 끌어내는 문제에 대해 거빈스[3]는 또 다른 외국 대표들과 상의했습니다. 그러나 그러한 요구가 아무리 정당하다고 할지라도 실현될 가능성은 없다고 봅니다. 그 요구는 최근의 신년 알현에서 더욱 강화되었습니다. 청국에서의 분쟁 이후 극히 신중한 태도를 견지하는 쉬[4]는 외교단 대표로서 별로 능숙하지 못했습니다. 일본 공사[5]는 그 자리에 참석하지 않았습니다.

바이페르트

원본문서 : 한국 7

---

3 [감교 주석] 거빈스(J. H. Gubbins)

4 [감교 주석] 쉬서우펑(徐壽朋)

5 [감교 주석] 하야시 곤스케(林權助)

51

[컬러 해군무관과 아오키 담화에 관한 건]

발신(생산)일	1901. 1. 18	수신(접수)일	1901. 2. 24
발신(생산)자	베델	수신(접수)자	뷜로
발신지 정보	도쿄 주재 독일 공사관	수신지 정보	베를린 정부
	A. 9		A. 2930

A. 2930 1901년 2월 24일 오전 수신

도쿄, 1901년 1월 18일

A. 9

독일제국 수상 뷜로 각하 귀하

코르벳 함장 컬러 해군무관이 독일과 일본의 이익 공유에 대해 아오키[1]와 담화를 나누었습니다. 컬러 해군무관은 그 담화에 대한 서신을 본인에게 보내왔습니다. 본인은 이 서신을 삼가 각하께 동봉하게 되어 영광입니다.

베델
원본문서 : 청국 24

---

1 [감교 주석] 아오키 슈조(青木周藏)

사본

A. 2930에 첨부   도쿄, 1901년 1월 17일

B. No. 28

독일제국 대리공사 베델 백작 귀하

아오키와의 담화와 관련해

오늘 본인은 아오키[2]와 상당히 오래 단 둘이서 대화를 나눌 기회가 있었습니다. 그 자리에서 아오키는 정치적 상황에 대해 이야기했으며, 아래와 같은 사안들에 대해 상세히 언급했습니다. ‒ 본인은 아오키의 정치적 위상을 고려해 삼가 각하께 그에 대해 알려드리게 되어 영광입니다.

독일제국이 자오저우[3]를 조차한 후, 이미 알려진 바와 같이 일본인들은 극도로 흥분했다고 합니다. 그 조치로 인해 대다수의 일본인 동포들이 불안해했으며 심지어는 격분했다는 것입니다. 그것은 일본의 이해관계가 직접 위협받는다고 여겼기 때문이라고 합니다. ‒ 아오키는 그런 생각이 근거 없음을 그 쉽게 흥분하는 사람들에게 기회가 있을 때마다 지적했다고 합니다. 그리고 독일이 청국에 정착하게 되면 사실상 이웃 러시아에게 호적수가 생긴다는 점에서 일본에게는 득이 된다고 설명했다는 것입니다. 아오키는 독일의 관심지역에서 러시아의 영토 확장 야욕이 한계에 부딪칠 것이라고 말합니다. 그러므로 독일과 일본의 이해관계가 일치함으로써 양국이 서로 가까워졌다는 것입니다. 그러니 러시아는 일본과 영국의 유대관계보다는 독일‒일본의 유대관계를 더 많이 고려해야 할 것이라고 합니다. 인도가 지리적으로 멀리 떨어져 있는 탓에 일본과 영국의 유대관계는 그리 돈독하지 않다는 것입니다. ‒

독일이 실제로 청국에 머무를 것이냐는 문제와 관련해, 아오키는 처음에 종종 반대의견에 부딪쳤다고 합니다. 그러나 아오키는 독일이 소유하고 있는 것을 확고하게 지킬 것이라고 아주 단호하게 대답했다는 것입니다. 목표의식이 투철한 정치는 이 점에서 조금치도 의심의 여지를 남기지 않는다고 했다는 것입니다. 그 때문에 아오키는 독일이

---

2   [감교 주석] 아오키 슈조(靑木周藏)
3   [감교 주석] 자오저우(膠州)

조만간 점령지 혹은 관심지역을 넓히는 조치를 취하거나 아니면 조치를 취할 수밖에 없을 것으로 예측한다고 합니다. 그런 조치가 산둥에 국한되든 아니면 산둥을 넘어서서 직례[4] 지방으로 뻗어나가든 일본에게는 상관없다는 것입니다. – 일본에게는 오로지 일본의 권리, 즉 한국에 대한 전통적이고 타당한 요구만이 중요하다고 합니다. 한국에 대한 일본의 요구와 관심이 다른 어떤 국가의 요구와 관심보다 더 오래되었고 더 크다는 것에는 반박의 여지가 없다는 것입니다. – 아오키는 현재의 일본 내각이 앞으로 몇 년 더 지속될 것이라는 확신만 있다면, 이러한 생각을 독일 황제폐하께 설명하기 위해 기꺼이 독일에 갈 의사가 있다고 합니다. 본인은 아오키의 말을 끊고, 아오키가 지금 베를린이나 런던 주재 공사에 임명되기를 바라거나 아니면 임명될 가능성이 있느냐고 질문했습니다. 그러자 아오키는 자신이 추구하는 목적을 위해 그렇게 많은 시간을 들일 필요는 없다고 대답했습니다. 그리고 그 질문에 대해 더 이상은 응답하지 않았습니다.

아오키는 발더제[5] 원수께서 후일 귀국할 때 어떤 경로를 선택할 것인지 무척 궁금해 했습니다. 독일과 일본의 우호관계를 증진시키기 위해, 발더제 원수께서 일본에 들린다면 더없이 기쁜 마음으로 환영한다는 것이었습니다. 그렇게 되면 발더제 원수는 당연히 천황도 알현하게 될 것이라고 합니다.

본인은 아오키의 장광설을 가감 없이 여기에 그대로 옮겨 적었습니다. 여기에서 알 수 있는 바와 같이, 본인은 침착하게 아오키의 말에 응수하지 않았습니다. 다만 아오키가 한국에 대한 일본의 관심을 열렬히 강조했을 때, 오늘자 "Japan Times"지의 사설이 오랜만에 다시 러시아 정책에 반대하는 내용을 다루었다고 일반적인 이의를 제기했을 뿐입니다. – 사설 내용은 만주와 관련한 러시아 조약에 대한 것이었는데 그 진위 여부를 확인할 필요가 있습니다. 아오키는 아직 그 사설에 대해 모르고 있었습니다. 그러나 그와 관련해 아오키는 이토[6] 총리대신이 평화를 매우 사랑하는 사람이라고 대답했습니다. 그러니 그런 생각들의 결론을 이끌어낼 필요가 없다는 것이었습니다.

퀼러

코르벳 함장

내용: 한국과 일본의 관계

---

4 [감교 주석] 직례(直隷)
5 [감교 주석] 발더제(A. Waldersee)
6 [감교 주석] 이토 히로부미(伊藤博文)

베를린, 1901년 2월 25일 　　　　　　　　　　A. 2639에 첨부

런던 No. 224
주재 대사관 귀중

연도번호 No. 1809

본인은 이토의 한국 정책에 대한 정보를 삼가
귀하께 알려드리고자, 지난달 12일 자 도쿄
주재 독일제국 대리공사의 보고서 사본을 전
달하는 바입니다.

52

한국과 일본 관계

발신(생산)일	1901. 1. 9	수신(접수)일	1901. 2. 26
발신(생산)자	바이페르트	수신(접수)자	뷜로
발신지 정보	서울 주재 독일 총영사관	수신지 정보	베를린 정부
	No. 9		A. 3008
메모	연도번호 No. 45		

A. 3008 1901년 2월 26일 오전 수신

서울, 1901년 1월 9일

No. 9

독일제국 수상 뷜로 각하 귀하

대역죄인 안경수[1]와 권형진[2]에 대한 위법적인 판결집행으로 인해 작년 6월 초 유배형을 선고받았던 재판관들이 불과 몇 주 만에 사면되었습니다. 당시 일본으로서는 충분히 감정이 상할 만한 일인데도 주목하지 않았습니다. 아마 청국과의 분규에 정신이 팔려있었기 때문일 것입니다. 그런데 한국에서는 한걸음 더 나아가 사면된 자들 가운데 두 명을 다시 요직에 앉히려 했습니다. 그 사건을 맡았던 재판장[3]은 이용익 대신 궁내부 산하의 철도국 감독[4]에 임명될 예정이었습니다. 이 철도국은 원래 경의선 건설을 위해 설치되었습니다. 또 배심판사 한 명은 지난달 24일 궁중에 새로 창설된 예식원 부장에 선정되었습니다. 신설된 예식원에는 단순히 명칭을 능가하는 의미가 있습니다. 예식원에는 번역과 외에도 외사과가 포함되어 있기 때문입니다. 이것은 이 방면에서도 모든 중요한 결정들은 한국 왕이 직접 내리는 현재 한국의 상황을 알려줍니다. 그 반면에 외부는 단지 형식적인 처리만을 담당하고 있습니다. 일본 대표 측에서는 이러한 의도적인 임명에 대해 지난달 수차례 항의했고, 한국 정부는 일본 대표의 이의제기에 굴복했습니다.

---

1 [감교 주석] 안경수(安駉壽)
2 [감교 주석] 권형진(權瀅鎭)
3 [감교 주석] 이유인(李裕寅)
4 [감교 주석] 서북철도국 감독(西北鐵道局監督)을 겸임.

앞에서 언급한 철도국 감독은 결국 임명되지 않았고, 예식원 부장은 통신원 총판[5] 민상호가 겸직하게 되었습니다. 민상호는 예식원장 민영환[6]과 마찬가지로 이른바 미국파의 일원입니다. 미국인 고문 샌즈[7]도 찬무로 예식원에 배속되었습니다.

이 사건을 통해, 왕비 살해[8]로 인해 형성된 감정의 흐름이 여전히 강도 높게 한국과 일본의 관계를 좌우하고 있음을 알 수 있습니다. 최근 또 다른 기회에 이러한 사실이 명백하게 드러났습니다. 서울에 있는 일본 불교사원의 승려들이 한국 왕비를 위해 제사를 지낼 계획을 세웠습니다. 그리고 왕비의 초상화를 일본 불교사원에 걸게 허락해달라고 상당히 오래 전부터 한국 조정에 청원했습니다. 그러나 결국 그 뜻을 이루지 못했습니다. 며칠 전 궁내부대신 민종묵[9]이 이 청원에 대해 일종의 호의적인 태도를 보였다고 한국 왕에게 밀고한 사람이 있었습니다. 이것만으로도 민종묵은 즉시 파면되었습니다.

본인은 이 보고서의 사본을 도쿄와 베이징 주재 독일제국 공사관에 보낼 것입니다.

바이페르트

내용: 한국과 일본의 관계

---

5 [감교 주석] 통신원 총판(通信院總辦)
6 [감교 주석] 민영환(閔泳煥)
7 [감교 주석] 샌즈(W. F. Sands)
8 [감교 주석] 명성황후(明成皇后) 시해사건
9 [감교 주석] 민종묵(閔種默)

Auswärtiges Amt
Abth. A.

Politisches Archiv d. Auswärt. Amts

Acta

Betreffend

Korea

Vom 1. Januar 1900
Bis 1. Juni 1900

Vol.: 28
conf. Vol.: 29

Politisches Archiv des Auswärtigen Amts
R 18928

KOREA. № 1.

Ber. a. Tokio v. 18. 12. A. 156. Die „Nowoje Wremja" über das Vorgehen der Japaner in Korea auf wirtschaftlichem Gebiet.	916. 22. 1.
Ber. a. Tokio v. 9. 1. A. 2. Der japanische Gesandte in Söul meint, Japan solle sich jeder politischen Einmischung in koreanische Angelegenheiten enthalten, und nur seine Handelsinteressen fördern, da das Streben nach politischer Macht in Korea zu Konflikten mit anderen Mächten führen könne.	2029. 16. 2.
Mar. Ber. a. Tokio v. 25. 1. Gespannte Beziehungen zwischen Japan und Rußland. Japanische Befürchtungen wegen Anlage eines russischen Kriegshafens in Korea (Masampo) und Zusammenziehung russischer Truppen am Yalufluß.	ad 2385. 8. 2.
Hamburg. Correspondent v. 23. 1. Korea soll die lange gewünschte 50 Mill. Anleihe von Rußland erhalten.	980. 24. 1.
Ber. a. Tokio v. 23. 1. № A. 10. Russische Vermessungen in der Masampo-Bucht und beabsichtigter Ankauf dieser Ufergrundstücke seitens Rußland.	2378. 24. 2.
Ber. a. Lisabon v. 8. 2. № 30. Äußerung des russischen Geschäftsträgers in Lisabon, es gäbe keine andere Lösung als daß Korea russisch würde.	1860. 12. 2.
Ber. a. Petersburg v. 7. 3. № 128. Artikel des „Petersburg Herold": Japaner und Russen in Korea. - Danach bliebe schließlich den Russen nur übrig, Ordnung in Korea zu schaffen.	2977. 9. 3.
Tel. a. Tokio v. 31. 3. № 17. Die russischen Ansprüche in Korea haben eine ernste Stimmung in Japan hervorgerufen, Letzteres müsse seine vitalen Interessen wahren u. Aufklärung über Pawlows Auftreten in Söul fordern.	3995. 31. 3.
Desgl. v. 28. 3. № 16. Erregung in Japan wegen der Forderung Rußlands betreffs der Masampo-Bucht. Die Anwesenheit russischer Kriegsschiffe gilt als Druckmittel, dem gegenüber Japan Stellung nehmen müsse.	3839. 28. 3.
Tel. a. Tokio v. 2. 4. № 18. Nach einer Erklärung des Grafen Murawiew ist die Erledigung der Masampo-Frage Herrn Pawlow, dem Vertreter der extremen Wünsche der russischen Marine, überlassen.	4141. 2. 4.
Ber. a. Tokio v. 20. 2. A. 24. Antrag des japanischen Abgeordneten Oishi auf Unterstützung der Koreaner bei dem Eisenbahn-Bau Söul-Fusan.	3637. 23. 3.

Ber. a. London v. 30. 3. № 225. Erregung in Japan wegen der russischen Landerwerbung in Masampo und der russischen Kriegsschiff-Bewegungen.	4038. 1. 4.
Desgl. v. 7. 3. № 132. Nach Ansicht russischer Marine-Offiziere würde die Ansammlung russischer Streitkräfte in Ostasien genügen, um Japan zum Aufgeben von Korea zu veranlassen.	2986. 9. 3.
Ber. a. Söul v. 31. 10. № 10. Stand der Rückzahlung der 3.000.000$-Anleihe Koreas an Japan. Der Eisenbahnbau Söul-Chemulpo bleibt ausschließlich in japanischen Händen, eine Beteiligung Koreas ist nicht genehmigt.	4770. 16. 4.
Ber. a. Tokio v. 22. 3. A. 41. Der russische Vertreter in Söul äußert, das Geld zum Ankauf von Terrain bei Masampo sei den Japanern von Engländern gegeben worden.	4945. 20. 4.
Desgl. v. 28. 12. 99. A. 160. Erklärungen des japanischen Ministers des Äußern wegen der angeblichen Rüstungen Japans gegen Rußland und wegwerfende Äußerung über den König von Japan. Erhöhte Tätigkeit in den japanischen Arsenalen.	1096. 26. 1.
Desgl. v. 22. 1. A. 9. Bedeutung Masampos als Zwischenhafen von Port Arthur nach Wladiwostock. Die Bedeutung der Rosen-Nishi-Convention über Korea für Rußland.	2377. 24. 1.
St. Petersburger Zeitung v. 27. 3. Gründung der „Koreanischen Industrie- Gesellschaft" durch Japaner. Konzession an Pritchard Morgan zur Ausbeutung von Erzlagern in Nordkorea (Ymsan), welcher die Exploitation eigenmächtig vorgenommen hat, da Korea die Erlaubnis nicht gab.	3816. 27. 3.
Ber. a. Tokio v. 17. 3. A. 35. Äußerungen des russischen Kapitäns Romanoff über einen unvermeidlichen russisch-japanischen Krieg; Rußland müsse einen koreanischen Hafen als Stützpunkt zwischen Port Arthur u. Wladiwostock haben. - Rußland u. Korea schweigen die Masampo-Angelegenheit tot.	4940. 20. 4.
Desgl. v. 21. 3. A. 39. Die „Japan Times" über die bedenklichen russisch-japanischen Beziehungen und die Katastrophe, welche erfolgen würde, wenn Rußland koreanisches Gebiet besetzte.	4943. 20. 4.

Ber. a. Petersburg v. 26. 3. № 178. Gründung einer „Koreanischen Industrie- Kompagnie" zur Förderung des landwirtschaftlichen Gewerbes auf Korea. Widerrechtlicher Abbau der Ymsan-Werke durch die Konzessionäre Pritchard Morgan & Co.	3868. 29. 3.
Ber. a. Washington v. 2. 3. A. 56. Frühere Befürchtungen des Botschafters Grafen Cassini wegen eines russisch-japanischen Konfliktes um Masampo, bei dem Rußland den Kürzeren gezogen hätte. Große Bestellungen der russischen Regierung in Amerika.	3314. 16. 3.
Nowoje Wremja vom 28. 3. / 8. 4. Ablehnung des japanischen Antrages, Posten und Telegraphen in Korea einzurichten, seitens der koreanischen Regierung. Besuch eines russischen Geschwaders in Chemulpo.	4563. 11. 4.
Ber. a. Söul v. 26. 3. № 22. Beginn der Vorarbeiten für die Söul-Fusan Bahn.	5925. 11. 5.
Ber. a. Petersburg v. 27. 4. № 257. Rossija-Artikel für ein energisches Vorgehen Rußlands gegenüber Korea.	5354. 29. 4.
Mar. Ber. a. Tokio v. 10. 4. № B. 48. (Cop.) Drohender Ton japanischer Zeitungen gegen Rußland, sofern es auf seinen Landforderungen in Korea bestehen würde, und Bereithalten der japanischen Flotte.	ad. 5907. 11. 5.
Ber. a. Tokio v. 8. 4. № A. 43. Die russisch-japanischen Beziehungen in Korea, die Eifersucht Japans gegenüber den Erfolgen Rußlands in Ostasien u. bes. gegenüber den russischen Bestrebungen bzgl. des Hafens von Masampo; die Kriegsbereitschaft Japans und Rußlands.	5909. 11. 5.
Desgl. v. 10. 4. № A. 44. Die russisch-japanischen Unterhandlungen mit Korea wegen Abtretung eines Gebiets für russische Marinezwecke bei oder um Masampo.	5910. 11. 5.
Ber. a. Söul v. 26. 3. № 21. Anwesenheit eines russischen Geschwaders unter Admiral Hildebrandt in Chemulpo.	5945. 11. 5.
Desgl. v. 30. 3. № 25. Ernennung W. Pritchard-Morgans zum koreanischen Generalkonsul in London.	6260. 29. 5.
Ber. a. Petersburg v. 19. 5. № 306. Entgegentreten der Birshewyja Wjedomosti gegen die englischen Zeitungsgerüchte über russisch-japanische Mißhelligkeiten auf Korea.	6357. 22. 5.

Ber. a. London v. 29. 5. № 412. Artikel des „St. James's Gazette" über die Erwerbung einer Marine-Station in Korea durch Rußland.	6713. 31. 5.
Desgl. v. 18. 5. № 387. Die erfolgte Konzession einer Marinestation bei Masampo an Rußland. Korea will dort keiner anderen Macht Konzessionen erteilen. Unzufriedenheit englischer Zeitungen mit diesem Erfolg Rußlands.	A. S. 845. 20. 5.
Ber. a. London v. 22. 5. № 359. Erklärung Mr. Brodricks, die Konzessionen Koreas an Rußland in Masampo beeinträchtigten britische Rechte nicht. Weitere diesbzgl. Ztgsangriffe gegen die englische Regierung. Erl. i. Z. 25. 5. n. Tokio, Peking, Petersburg: Ersuchen um Bericht über Rückgang des englischen Einflusses infolge der Masampo-Frage.	6461. 25. 5.
Tel. i. Z. a. Petersburg v. 27. 5. № 123. Der englische Botschafter betrachtet die russische Niederlassung in Masampo als belanglos für England, auch der japanische Gesandte erklärt Japan diesbezüglich für beruhigt.	A. S. 869. 27. 5.
Tel. i. Z. a. Tokio v. 28. 5. № 26. Zunahme des Mißtrauens gegen Rußland und des Verlangens nach der Freundschaft Englands in Japan.	A. S. 873. 28. 5.
Ber. a. Petersburg v. 23. 5. № 310. Russisch-englischer Antagonismus in Ost-Asien infolge der russischen Erwerbung Masampos; Artikel der „Times" und der „Nowoje Wremja".	6453. 25. 5.
Notiz betr. Artikel der „Kreuz-Zeitung" über die Erwerbung Masampos durch Rußland. orig. i. a. Marokko secr.	ad. 6479. 25. 5.
Ber. a. Söul v. ?. 4. № 30. Russische Landerwerbungen in Masampo und Absichten Rußlands auf die Insel Köchye und die Bucht von Nampo.	6560. 27. 5.
Ber. a. Petersburg v. 27. 5. № 319. Die „Birshewyja Wjedemosti" über die russische Erwerbung Masampos und die koreanische Frage.	6657. 30. 5.
Ber. a. Tokio v. 5. 4. № A. 42. Zusammenstellung der z. Zt. in Korea bestehenden fremden Interessen und Konzession.	5908. 11. 5.
Ber. a. Söul v. 30. 3. № 24. Errichtung eines russischen Konsulats in Masampo. Weitere russische Landerwerbungen in Mokpo und Masampo.	6259. 19. 5.

Temps v. 23. 5. lobt die russische Erwerbung von Masampo, wodurch das englische Prestige zurückgehe und auch die Sympathie Japans für England abgekühlt werde.	6433. 24. 5.
Petersbg. Ztg. v. 26. 5. Der Zorn der englischen Presse über die russische Erwerbung Masampos.	6626. 29. 5.
Notiz betr. „Sunday" Spezial-Artikel über einen drohenden russisch-japanischen Konflikt wegen Masampo.	ad. 6714. 31. 5.
Ber. a. Tokio v. 30. 4. № A. 50. Japanisch-russische Eifersüchteleien in Korea, wobei es jedoch zu einem ernsteren Konflikt nicht kommt.	6720. 31. 5.
Desgl. v. 24. 1. № A. 13. Eine Interpellation im japanischen Parlament über die Politik der Regierung in Korea.	2380. 24. 2.
Ber. a. London v. 25. 5. № 405. Kammerdebatte und Pressartikel darüber, daß Rußland seiner Zusage, kein koreanisches Gebiet zu erwerben, untreu geworden sei.	6555. 27. 5.
Mar. Ber. a. London v. 18. 5. № 288. Artikel der „St. James's Gazette" betr. Vertrag Rußlands mit Korea wegen des Hafens von Masampo. Erl. a. 21. 5. n. London 569: Ersuchen um Einsendung des Aufsatzes.	6285. 20. 5.
Ber. a. Söul v. 30. 12. № 41. Verzicht der koreanischen Regierung, z. Zt. Konsulate in China zu gründen; zum Gesandten in Peking ist Sim Sang-hung ernannt worden.	2481. 26. 2.
Ber. a. Tokio v. 21. 2. A. 25. Die Zeitung „Independent" über die gespannten russisch-japanischen Beziehungen, Einfuhr von Nahrungsmitteln nach Japan, Überwachung der russischen Truppenbewegungen in China durch japanische Agenten.	3638. 23. 3.
Aufzeichnung des Gesandten von Tschirschky v. 27. 2. Rußland wünscht bis Vollendung der sibirischen Bahn und Verstärkung der Flotte einen Konflikt mit Japan zu vermeiden, regt daher die koreanische Frage zur Zeit nicht an.	2567. 28. 2.
Ber. a. Söul v. 23. 4. № 37. Entsendung eines koreanischen Gesandten zur Vermählung des Kronprinzen von Japan, Verleihung des Ordens des goldenen Maßstabes an den Kaiser und Kronprinzen von Japan, Angaben über neu begründete koreanische Orden.	6729. 31. 5.

P. G. von Möllendorff.

PAAA_RZ201-018928_018 ff.

Empfänger	Fürst zu Hohenlohe - Schillingsfürst	Absender	Leyden
A. 22 pr. 1. Januar 1900. a. m.		Tokio, den 28. November 1899.	
Memo	cfr. A. 486		

A. 22 pr. 1. Januar 1900. a. m.

Tokio, den 28. November 1899.

A. 147.

An Seine Durchlaucht

den Herrn Reichskanzler

Fürsten zu Hohenlohe - Schillingsfürst.

Euerer Durchlaucht hohen Erlaß vom 30. September d. J. (№ A. 22)[1], betreffend den deutschen Reichsangehörigen P. G. von Möllendorff, habe ich zu erhalten die Ehre gehabt. Gegenüber dem Minister der auswärtigen Angelegenheiten und der russischen Vertretung habe ich Anlaß genommen, gesprächsweise zu erwähnen, daß die kaiserliche Regierung an der Berufung von Möllendorff keinerlei Interesse nehme. Vicomte Aoki war anscheinend von der Angelegenheit überhaupt nichts bekannt, der erste Sekretär der russischen Gesandtschaft hatte ihr offenbar seinerzeit Aufmerksamkeit geschenkt, war aber über den jüngsten Verlauf der Unterhandlungen auch seinerseits nicht unterrichtet.

Graf Leyden.

Inhalt: P. G. von Möllendorff.

---

1 A. 11038 ehrerbiet. beigef.

PAAA_RZ201-018928_021 ff.

Empfänger	Herr Graf	Absender	Leyden
A. 30 pr. 1. Januar 1900. a. m.		Tokio, den 28. November 1899.	
Memo	I mitg. 3. 1. London 13, Paris 3, Petersburg 6. II Privatbrief an Ges. in Tokio a. 4. 1.		

Abschrift.

A. 30 pr. 1. Januar 1900. a. m.

Tokio, den 28. November 1899.

Hochverehrter Herr Graf!

Diese Zeilen haben eine gewisse Verspätung dadurch erfahren, daß ich beobachten wollte, ob noch Bestrebungen hier im Gange sind, in der Gegend von Amoy Besitzergreifungen vorzunehmen. Es haben sich aber keine weiteren Anhaltspunkte dafür mehr ergeben, im Gegenteil scheint es ein absoluter Grundsatz der japanischen Politik geworden zu sein, soweit als möglich die Integrität Chinas zu respektieren. Der Alarmruf des Grafen Aoki mir und Sir Ernest Satow gegenüber dürfte mehr dem Versuch gegolten haben, die Pekinger Regierung auf Umwegen von der Notwendigkeit zu überzeugen, Japan für die Unruhen in Amoy wenigstens zum Teil Genugtuung zu gewähren. Dies ist nun auch bis zu einem gewissen Grade erfolgt und Graf Aoki nimmt sich den Grafen Taafe zum Vorbild und „wurstelt weiter". Sie haben, hochverehrter Herr Graf, die Güte gehabt, mir einen kurzen Urlaub nach Peking zu gewähren, von dem ich leider keinen Gebrauch machen konnte, weil der Kaiser hier ein Diner zur Feier der Einführung der neuen Verträge gab und meine Abwesenheit aufgefallen wäre. Von touristischen Gründen abgesehen, hätte es mich namentlich interessiert, wie die Stellung Japans zu China sich eigentlich von dort aus besehen ausnimmt, wenn man die hiesigen Eindrücke mit sich führt. Diese letzteren sprechen aber gegen eine „Allianz der gelben Rasse", es sei denn, daß China ganz plötzlich stärkere Symptome von Vitalität zeigte. Hingegen ist nicht zu leugnen, daß von Japan aus - und namentlich durch die Armee - alle möglichen Einwirkungen versucht werden, um Einfluß auf die inneren Verhältnisse Chinas von den Provinzen aus zu gewinnen. Ew. Excellenz werden von anderer Seite besser darüber unterrichtet sein, inwieweit Chang Chi-Tung ein Agens dieser Bewegung bildet, jedenfalls bildet er aber nicht die einzige Karte im japanischen Spiele, das eigentlich Marquis Ito in der Hand hält, während Aoki eigentlich doch nur als Minister des angenehmen Äußeren angesehen wird. In dieser Hinsicht ist es bezeichnend, daß Prinz Konoye (der Präsident des Herrenhauses, der kürzlich auch in Berlin war und sich sehr dankbar über seine Aufnahme durch Baron Richthofen ausspricht) bei Chang Chi-Tung war und seine Reisen in China damit abgeschnitten hat. Prinz Konoye wird hier stark poussiert und soll zum Staatsmann erster Klasse avancieren, obgleich er dazu noch zu jung ist. Da ihm aber seine ganze Reiseroute vorgeschrieben und China darin ursprünglich nicht enthalten war, so ist dieses hinzugefügte Dessert vielleicht ein Produkt politischer Vorgänge des letzten Sommers.

Korea ist entschieden wieder in den Vordergrund der hiesigen Interessen geraten. Wohin dies führen soll, darüber scheint sich aber auch Graf Aoki als einer der eifrigsten Verfechter japanischen Vorgehens in Korea nicht völlig klar zu sein. Momentan sieht es stark danach aus, als ob Rußland Halt rufen wollte, und dann wäre ein japanischer Rückzug unvermeidlich; denn an Krieg denkt man nicht. Wahrscheinlich ist dies der eigentliche Grund der Abberufung Rosens, von dem die Japaner nicht mehr glauben, daß er wirklich mit ihnen böse sein könnte, und der Ernennung Iswolskys. Ich höre hier die Ansicht aussprechen, daß man in St. Petersburg an das Bestehen einer chinesisch-japanischen Allianz glaube und Rosen den Vorwurf mache, davon nichts bemerkt zu haben. Diese Erklärung seiner ihm allerdings ganz unerwartet zugegangenen Versetzung möchte ich aber für weniger wahrscheinlich halten, da ich aus meinem Verkehr mit den hiesigen Russen entnehme, daß Korea auf der hiesigen Gesandtschaft ein wunder Punkt ist. Als nicht aufgeklärtes Gerücht darf ich noch erwähnen, daß Rosen eine starke Gegnerschaft in der russischen Marine entstanden sein soll, die in Masampo die Eigenschaften zu einem vorzüglichen Hafen entdeckt hätte und Rosen vorwerfe, die heimlichen Landkäufe von Japanern in Masampo nicht hintertrieben zu haben. Es ist aber „Geschichte", daß Pawloff als er in Urlaub ging, Terrains in Masampo sich reservieren ließ, ohne sie zu bezahlen, und es ist nicht Rosens Schuld, wenn seitdem Japaner (vielleicht sogar als Strohmänner der Regierung) den Bissen weggeschnappt haben und über gute Besitztitel verfügen. Als im letzten Jahr die Nishi-Rosen-Convention abgeschlossen wurde, war es Rußland nicht ganz geheuer, ob Japan nicht versucht sein würde, mit England sich seinem Vorgehen in der Mandschurei zu widersetzen. Nachdem die Lage sich modifiziert hat, haben sich sowohl Rußland als Japan verleiten lassen, an dieser Convention zu nagen. Jetzt stehen sie sich ziemlich allein gegenüber, werden aber beide einem offenen Konflikt ausweichen, nur behauptet Rußland in dem Rennen die innere Seite.

gez. Leyden.

Orig. i. a. Japan 9.

Angebot einer koreanischen Ratgeberstelle an P. G. von Möllendorff.

PAAA_RZ201-018928_026 ff.

Empfänger	Fürst zu Hohenlohe - Schillingsfürst	Absender	Ketteler
A. 94 pr. 3. Januar 1900. a. m.		Peking, den 19. November 1899.	
Memo	mitg. 9. 1. Petersburg 25, Tokio A. 1.		

A. 94 pr. 3. Januar 1900. a. m.

Peking, den 19. November 1899.

A. 180.

An Seine Durchlaucht, den Herrn Reichskanzler,
Fürsten zu Hohenlohe - Schillingsfürst.

Der in dem hohen Erlaß vom 30. September d. Js. A. 106[2], und in meinem Bericht vom 9. September d. Js. A. 144[3], erwähnte Zolldirektor P. G. von Möllendorff, hat, wie Sir Robert Hart mir erzählte, nunmehr schriftlich seinem Vorgesetzten die Anzeige gemacht, daß er auf die ihm angebotene Stellung als Ratgeber der koreanischen Regierung endgültig verzichtet habe, und es vorziehe, in dem chinesischen Seezolldienst zu verbleiben.

Ich wurde einer Aufklärung über unsere Stellung zu dieser Kanditatur des P. G. von Möllendorff dadurch überhoben, daß in interessierten Kreisen die Meinung herrschte, als sei der Antrag der Ratgeberstelle nicht von berufener koreanischer Seite ergangen, vielleicht sogar lediglich der Einbildungskraft des Genannten entsprungen. Hierfür würde die Tatsache sprechen, daß der Zolldirektor seiner Zeit keinerlei Anfrage oder Antrag über Beurlaubung oder Verabschiedung behufs Übernahme des koreanischen Staatsamts an das hiesige General-Inspektorat gerichtet, vielmehr demselben, - wie oben erwähnt -, erst kürzlich seinen Entschluß auf Ablehnung der angeblichen Offerte gemeldet hat. Der General-Zollinspektor hat durch seinen Bureau-Chef den Empfang des Schreibens, ohne jedes Eingehen auf dessen Inhalt, bestätigen lassen.

Ketteler.

Inhalt: Angebot einer koreanischen Ratgeberstelle an P. G. von Möllendorff.

---

2   A. 11038 und 12440.

3   ehrerb. beigefügt.

Die japanische Presse über von Möllendorff.

PAAA_RZ201-018928_031 ff.			
Empfänger	Fürst zu Hohenlohe - Schillingsfürst	Absender	Leyden
A. 486 pr. 12. Januar 1900. a. m.		Tokio, den 5. Dezember 1889.	

A. 486 pr. 12. Januar 1900. a. m. 1 Anl.

Tokio, den 5. Dezember 1889.

A. 149.

An Seine Durchlaucht

den Herrn Reichskanzler

Fürsten zu Hohenlohe - Schillingsfürst.

Die angebliche Berufung des Herrn von Möllendorff als Ratgeber zur koreanischen Regierung, auf welche Eventualität sich der gehorsame Bericht A. 147[4] vom 28. v. M. bezog, hat in der japanischen Presse erst in den jüngsten Tagen Anlaß zu Bemerkungen gegeben.

Dieselben finden sich in der im Ausschnitt gehorsamst beigefügten Notiz der in Yokohama erscheinenden „Japan Daily Mail" zusammengefaßt, wobei zu bemerken ist, daß die Angaben über die frühere Tätigkeit von Möllendorffs in Korea zum größten Teil von dem genannten englischen Blatt geliefert werden, während die Tätigkeit dem Gedächtnis der Japaner mehr entschwunden zu sein scheint.

Graf Leyden.

Inhalt: Die japanische Presse über von Möllendorff.

---

4 A. 22 ehrerb. beigefügt.

Zu A. 149.

The Japan Daily Mail.

YOKOHAMA, SATURDAY, DECEMBER 2, 1899.

AN ADVISER FOR KOREA.

There is a rumour, circumstantially framed, that the Korean Government is desirous of re-engaging the Services of Mr. Mollendorff in the capacity of adviser. Some of our readers have perhaps forgotten Mr. Mollendorff, and their memory will not be improved by learning that he is now Commissioner of Customs at Ningpo. Fourteen years ago, however, he was a very prominent figure in Far Eastern politics. Having been appointed adviser to the Korean Government after the conclusion of the Li-Ito Convention in 1885, he immediately advocated the policy of Korean independence, pushing his views with a thoroughness that left nothing to be desired, and at the same time adopting Korean costume and adapting himself completely to the methods of Korean life. He is undoubtedly a man of much ability and vigour but it cannot be said that his manner of promoting his policy was calculated to maintain tranquility in the East. He was generally credited with pro-Russian views, but we were always disposed to question the truth of that rumour. The names of Mr. McLeavy Brown and Mr. Oiesen are connected by report with the project of Mr. Mollendorff's re-engagement, but, whether they advocate it, or whether the Emperor of Korea desires it, or whether the whole story is based on an attempt made by Mr. Mollendorff himself to recover the post, we are unable to ascertain.

Rußland und Japan in Korea.

PAAA_RZ201-018928_035 ff.

Empfänger	Fürst zu Hohenlohe - Schillingsfürst	Absender	Leyden
A. 489 pr. 12. Januar 1960. a. m.		Tokio, den 10. Dezember 1899.	

A. 489 pr. 12. Januar 1960. a. m.

Tokio, den 10. Dezember 1899.

A. 153.

An Seine Durchlaucht
den Herrn Reichskanzler
Fürsten zu Hohenlohe - Schillingsfürst.

Nach hiesigen Nachrichten scheinen die Erwerbungen von Grundstücken in der koreanischen Hafenstadt Masampo seitens Japans wie seitens Rußlands ihren Fortgang zu nehmen. Namentlich von russischer Seite, oder wenigstens für russische Rechnung, haben in letzter Zeit neue Käufe stattgefunden, die günstiger gelegenen Stadtteile sollen sich aber vorwiegend in japanischen Händen befinden.

Die kürzlich hier kursierende Nachricht, daß vier oder fünf russische Kriegsschiffe, die Winter über in Masampo stationiert bleiben sollten, bestätigt sich nicht; die Hafenverhältnisse, wie sie zur Zeit dort herrschen, sollen, auch wenn die Absicht sonst bestanden hätte, den längeren Aufenthalt in der Bucht nicht gestatten.

Graf Leyden.

Inhalt: Rußland und Japan in Korea.

Russische Konzessionen im Hafen Masampo in Korea.

	PAAA_RZ201-018928_038 ff.		
Empfänger	Fürst zu Hohenlohe - Schillingsfürst	Absender	Radolin
A. 721 pr. 18. Januar 1900. a. m.		St. Petersburg, den 15. Januar 1900.	

A. 721 pr. 18. Januar 1900. a. m.

St. Petersburg, den 15. Januar 1900.

№ 23.

An Seine Durchlaucht

den Herrn Reichskanzler

Fürsten zu Hohenlohe - Schillingsfürst.

Die „Nowoje Wremja" vom 12. Januar / 31. Dezember bringt folgende Notiz:

„In Nummer 54 der telegraphischen Mitteilungen von Port Arthur vom 24. September 1899 lesen wir nachstehende Bekanntmachung des Geschäftsträgers in Korea:

„Es wird hiermit zur allgemeinen Kenntnis gebracht, daß die russische Regierung im Hafen Masampo eine Konzession erworben hat und Reflektanten zum Kaufe von Land, welches in 35 Uferparzellen geteilt ist, auffordert. Der Verkauf ist auf den 1. November n. St. (20. Oktober a. St.) angesetzt."

„Es wäre wünschenswert" - bemerkt die „Nowoje Wremja" hierzu - „daß derartige interessante Nachrichten nicht nur unserer kolonialen, sondern auch der hauptstädtischen Presse mitgeteilt würden. Interessant wäre es ferner zu erfahren, ob irgend ein Russe auf die vorerwähnte Bekanntmachung reagiert hat."

Radolin.

Inhalt: Russische Konzessionen im Hafen Masampo in Korea.

Rußland und Japan in Korea.

PAAA_RZ201-018928_041 ff.			
Empfänger	Fürst zu Hohenlohe - Schillingsfürst	Absender	Leyden
A. 916 pr. 22. Januar 1900. a. m.		Tokio, den 18. Dezember 1899.	

A. 916 pr. 22. Januar 1900. a. m. 1 Anl.

Tokio, den 18. Dezember 1899.

A. 156.

An Seine Durchlaucht

den Herrn Reichskanzler

Fürsten zu Hohenlohe - Schillingsfürst.

Euerer Durchlaucht beehre ich mich in der Anlage einen hier zum Abdruck gelangten Artikel der St. Petersburger „Nowoje Wremja" gehorsamst zu überreichen, in welchem das japanische Vorgehen in Korea im Einzelnen wohl in etwas übertriebener Weise geschildert wird. Die meisten der genannten Eisenbahn- und Minen-Unternehmungen würden zu ihrem Fortgang größerer Kapitalkraft bedürfen, an welch letzterer aber hier empfindlicher Mangel zu bemerken ist.

Graf Leyden.

Inhalt: Rußland und Japan in Korea.

A. 156.

THE YORODZU CHOHD.
English Department - № 1. 201.
TOKYO, MONDAY, DECEMBER 13TH, 1899.

JAPAN, RUSSIA, AND KOREA.
A RUSSIAN VIEW.

This *Novoe Vremya* has published an interesting letter from its correspondent at Söul, which fully accounts for the recent renewal of Russian interest in Korea. His account of the state of affairs in Korea certainly, writes the St. Petersburg correspondent of the *Times*, tends to confirm statements which have recently been made to the effect that Japanese influence is rapidly becoming almost omnipotent at the Korean Court. According to this letter, the Japanese in Korea are working with feverish activity. The Japanese Ambassador has recently obtained permission for the foundation of a Japanese Commercial Bank at Söul. Four miles from Söul the Japanese are superintending the construction of a mint. Workmen, machinery, and appliances are coming from Japan, and the coining of Korean money will shortly be commenced. In railway matters, especially, the Japanese are asserting their supremacy. A line from Söul to Gensan is to be constructed by their efforts. Japanese engineers have arrived, and surveys have been begun. The concession held by the French for the construction of a line from Wiju to Söul having, as has already been announced, expired, a fresh concession has been granted to the company occupied with the Söul-Gensan project, and the engineers and material used will now be supplied by Japan. The Chemulpo-Söul line will be opened in December, while surveys for a railway from Fusan to Söul have already been commenced.

At the ports in the same way Japan is steadily gaining ground. Whenever a port is thrown open the Japanese Consul is found to be already on the spot, land is rapidly acquired, and building begun. Then a school is opened and a newspaper published in the Korean language, but under Japanese supervision. This paper, which is sold for a farthing, shows every Russian in the worst possible light, and school and paper together prepare the way for the recognition of the Japanese as the ruling race. At Pingyang eighty-two Japanese have been granted a concession to work the coal, and all along the coast fishing privileges are claimed by the Japanese and constantly usurped. It is, in fact, impossible to deny, declares the letter, that Japanese influence is now very strong in Korea, and the number of concessions and privileges which the Japanese have secured is the best proof of its reality.

Though the Korean Government is thus amenable to Japanese wishes, the people, it is said, look on them by no means kindly. They complain of continual thefts by Japanese of the valuable gentian, and of undue activity of trade in the interior. The Japanese, however, are deaf to complaints, and retort that the Koreans have only themselves to thank if they fail to protect their own interests. The continuance of such a policy ought not, in the opinion of the correspondent, to be tolerated by Russia. Japan is acting in a manner inconsistent with the rights of other nations, and plainly does not recognise the independence of Korea which on previous occasions she has been at such pains to assert.

PAAA_RZ201-018928_045

Empfänger	[o. A.]	Absender	Hamburgischer Correspondent
A. 980 pr. 24. Januar 1900. p. m.		23. Januar 1900.	

A. 980 pr. 24. Januar 1900. p. m.

Hamburgischer Correspondent

23. Januar 1900.

Rußland und Japan in Korea.

Etwas überraschend kommt die Meldung, Korea stände im Begriff von Rußland nunmehr die lange erwünschte Anleihe von 50 Millionen M. zu erhalten. Die Nachricht wird uns aus sonst recht zuverlässiger Quelle übermittelt; immerhin aber bedarf sie aus verschiedenen Gründen noch sehr der Bestätigung.

Es ist bekannt, daß Korea versuchte, seine 50 Millionen Anleihe in Japan unterzubringen, daß es aber damit keinen Erfolg hatte. Die Finanzen Japans, das ganz kürzlich erst eine Anleihe von 100 Millionen Yen (1 Yen nominell gleich 4 Mark 30 Pfennig) in London im Kurse von 86 pZt. unterbrachte, befinden sich zwar in relativ gutem Zustande, sind aber in der letzten Zeit durch Goldmangel alteriert worden; trotzdem aber würde es der japanischen Regierung notwendigen Falles ganz gut möglich sein, Korea die gewünschten 50 Millionen Mark zu beschaffen, gewiß ebenso gut wie Rußland.

Es liegt auf der Hand, daß Rußland durch die Gewährung der Anleihe seinen zur Zeit im Verhältnis zu Japan inferioren Einfluß in Korea außerordentlich beleben könnte und vielleicht die gesamte Kontrolle über das Zoll- und Steuerwesen erlangen würde. Das könnte natürlich für Japan nur außerordentlich unangenehm sein, und bei dem erst kürzlich in Masampo bewiesenen regen Eifer, mit dem es jeden Versuch Rußlands, in Korea festen Fuß zu fassen, entgegentritt, ist doch wohl anzunehmen, daß es jetzt Korea, das ihm so wie so schon von der letzten Anleihe genügend schuldig ist, nochmals 50 Millionen zuwenden würde, um sich dort immer mehr festzusetzten.

Bestätigt es sich, daß Rußland sich durch eine Anleihe ein Übergewicht in Korea sichert, so wird dadurch der mühsam übertünchte Konflikt zwischen ihm und Japan schärfer und schroffer als je werden und die von Optimisten prophezeite Russisch-Chinesisch-Japanische Allianz ist wieder einmal in weite Ferne gerückt.

PAAA_RZ201-018928_046			
Empfänger	Auswärtiges Amt in Berlin	Absender	Leyden
A. 986 pr. 24. Januar 1900. a. m.		Tokio, den 23. Januar 1900.	
Memo	mtg. i. Zf. 25. 1. London 109. Rußld. 94.		

A. 986 pr. 24. Januar 1900. a. m.

Telegramm.

Tokio, den 23. Januar 1900. 7 Uhr 50 Min. p. m.
Ankunft: 24. 1. 6 Uhr 15 a. m.

Der K. Gesandte an Auswärtiges Amt.

Entzifferung.

№ 2.

Vicomte Aoki sagt mir, von russischer Seite höre man nicht auf, hier zu beunruhigen. Russische Truppen würden ständig verstärkt und beziehen ein Lager am Yalu-Fluß unter dem Vorwand sanitärer Gründe. Eine wissenschaftliche Expedition sei aus St. Petersburg hier angesagt, angeblich um die japanischen Gewässer zu studieren. Zwar verhalte sich Frankreich ganz ruhig, erwünsche aber die Beendigung des Transvaalkrieges herbei, sonst kann sich Unangenehmes ereignen.

Leyden.

Berlin, den 25. Januar 1900.   A. 986.

An
Botschafter
London № 109.

J. № 743.

In Postziffern.

Zur persönlichen Information.

Der Kais. Gesandte in Tokio telegraphiert:

N. S. E.

i. m.

Berlin, den 26. Januar 1900.   A. 980.

An
das Kais. Konsulat
in Söul № 1.

J. № 768.

Ew. pp. übersende ich anbei ergebenst einen Ausschnitt aus dem „Hamburgischer Correspondent" vom 23. d. M., betreffend eine angebliche Koreanische Anleihe, zur Information.

N. S. E.

i. m.

Korea.

PAAA_RZ201-018928_049 ff.

Empfänger	Fürst zu Hohenlohe - Schillingsfürst	Absender	Leyden
A. 1095 pr. 26. Januar 1900. p. m.		Tokio, den 26. Dezember 1899.	
Memo	mtg. 29. 1. London 122, Petersbg. 76.		

A. 1095 pr. 26. Januar 1900. p. m.

Tokio, den 26. Dezember 1899.

A. 195.

An Seine Durchlaucht, den Herrn Reichskanzler,
Fürsten zu Hohenlohe - Schillingsfürst.

Der hiesige erste Sekretär der amerikanischen Gesandtschaft, Mr. Herod, erzählt mir, daß er bei einer jüngsten Reise nach Korea mit der dortigen Regierung in Unterhandlung wegen der Annahme einer Beraterstelle bei ihr gestanden hätte. Die noch bis vor wenigen Tagen fortgesetzte Korrespondenz hat sich aber zerschlagen, weil seitens Koreas nur 500 Yen per Monat geboten wurde und Mr. Herod seinen hiesigen Aufenthalt nicht mit dem dortigen unter 1000 Yen vertauschen möchte, trotzdem auch der amerikanische Staatsdienst keine Garantien für die Zukunft bietet.

Mr. Herod entwirft ein traurig-humoristisches Bild der dortigen Verhältnisse und ist der Meinung, daß trotz vielfacher Anstrengungen die Japaner in Korea doch nur im Kleinen Fortschritte machen. Bei allen größeren Unternehmungen, wie z. B. der Söul-Fusan-Eisenbahn, welche normal-spurig gebaut werden müßte, macht sich Mangel an Kapital und Kredit fühlbar und verhindert die japanische Habgier ein fruchtbares Zusammenwirken mit europäischem oder amerikanischem Kapital. Die Japaner, meint er, hätten sich so unbeliebt gemacht, daß sie gewisse Konzessionen mit amerikanischen Personal betreiben müßten.

Die gedachte Beraterstelle scheint nunmehr einem Franzosen zugefallen zu sein, der sich mit dem kleinen Gehalt begnügt und nach Mr. Herods Informationen im russischen Interesse arbeiten dürfte.

Graf Leyden.

Inhalt: Korea.

Schlägerei zwischen russischen und japanischen Matrosen in Fusan.

PAAA_RZ201-018928_053 ff.

Empfänger	Fürst zu Hohenlohe - Schillingsfürst	Absender	Leyden
A. 1096 pr. 26. Januar 1900. p. m.		Tokio, den 28. Dezember 1899.	
Memo	Mtg. 30. 1. Petersburg 83, Rußland 94.		

A. 1096 pr. 26. Januar 1900. p. m.

Tokio, den 28. Dezember 1899.

A. 160.

Vertraulich.

An Seine Durchlaucht

den Herrn Reichskanzler

Fürsten zu Hohenlohe - Schillingsfürst.

Ich habe den Minister der Auswärtigen Angelegenheiten in der letzten Zeit ungewöhnlich zurückhaltend gefunden, wann immer ich ihm gegenüber das Gespräch auf die russisch-japanischen Beziehungen brachte.

Als ich Vicomte Aoki unlängst abends in seinem Hause besuchte, erschloß er sein Herz etwas mehr und äußerte die Ansicht, daß der russische Marine-Attaché, Herr Chaghin, durch die ihm seitens des hiesigen Marine-Ministers mehrmals widerfahrene schlechte Behandlung verletzt, viel zur Verstimmung beigetragen habe, welche vor einiger Zeit in St. Petersburg entschieden gegen Japan bestanden hätte.

Im Übrigen sei eine Schlägerei zwischen russischen und japanischen Matrosen in Fusan bis an die Ohren des russischen Kaisers gelangt, und habe Seine Majestät persönlich sein Mißfallen darüber hier zum Ausdruck bringen lassen. Diese Schlägerei ist nach Vicomte Aokis Informationen dadurch entstanden, daß 19 russische Matrosen 18 Flaschen Schnaps getrunken hätten und darauf in der Straße anfangs unter sich handgreiflich geworden seien. Sie hatten hierauf auch Frauen belästigt und einen arbeitenden Japaner mit einem Stein getroffen, worauf aus dem japanischen Viertel Zuzug gekommen und die Russen übel behandelt worden seien. Verletzte hätte es auf beiden Seiten gegeben, aber niemand ernstlich.

So laute der Bericht des japanischen Konsuls, und er, Vicomte Aoki, habe der Sache keinerlei Bedeutung beigelegt, bis er zu seiner Verwunderung gehört habe, daß man in St.

Petersburg den japanischen Behörden sträfliche Nachsicht zum Vorwurf mache. Er habe hierauf, unter Darlegung der ihm bekannt gewordenen Umstände, dem Grafen Muraview sein aufrichtiges Bedauern über den Vorfall aussprechen und bemerken lassen, daß solche von Zeit zu Zeit wohl immer wiederkehrende Auftritte doch nicht dazu angetan sein könnten, vertrauensvolle Beziehungen zu berühren.

Man müsse die an Land kommenden Matrosen so gut als möglich überwachen, eine Konstatierung der eigentlich Schuldigen sei aber auf beiden Seiten schwer durchzuführen.

Nachdem mir der Minister die Zuversicht ausgesprochen, daß seine Erklärungen in St. Petersburg vollständig beruhigt hätten, ließ ich die Frage einfließen, ob denn nicht auch wegen japanischer Rüstungen Rückfragen wiederholt stattgefunden hätten.

Vicomte Aoki nahm dies auf die leichte Schulter und meinte, man habe ja allerdings z. B. vorgebracht, daß im Marine-Arsenal von Yokohama mit Überzeit gearbeitet würde. Dies sei aber keineswegs der Fall, die zwei Stunden, welche abends mehr gearbeitet worden sei, lägen im Ermessen des Platzkommandanten, und eine solche Überschreitung finde häufig in ganz ruhigen Zeiten statt. Die parlamentarischen Verhältnisse Japans seien heute schon so, daß im Stillen nicht mehr gerüstet werden könnte, leider lägen die Dinge in Rußland nicht ebenso und man wisse dies hier sehr gut. Interessen-Konflikte in Korea berührte der Minister nicht weiter. Er sagte nur: „Der dortige König ist ein so dummer Kerl, daß mit ihm doch nichts anzufangen ist."

Graf Leyden.

Inhalt: Schlägerei zwischen russischen und japanischen Matrosen in Fusan.

Berlin, den 30. Januar 1900.

zu A. 1096.

An

die Botschaft in

St. Petersburg № 83.

J. № 885.

Euerer pp. übersende ich anbei ergebenst Abschrift eines Berichts des K. Gesandten in Tokio vom 28. v. Mts., betreffend die russisch-japanischen Beziehungen, zur Ihrer gfl. Information.

N. S. E.

i. m.

Anstellung neuer Ratgeber beim König von Korea.

PAAA_RZ201-018928_061 ff.			
Empfänger	Fürst zu Hohenlohe - Schillingsfürst	Absender	Reindorf
A. 1361 pr. 1. Februar 1900. p. m.		Söul, den 4. Dezember 1899.	
Memo	cfr. A. 8906 J. № 793.		

A. 1361 pr. 1. Februar 1900. p. m.

Söul, den 4. Dezember 1899.

№ 87.

An Seine Durchlaucht

den Herrn Reichskanzler

Fürsten zu Hohenlohe - Schillingsfürst.

Am 2. September d. Js. ist hier der Ratgeber im Ministerium des Königlichen Hauses, der Amerikaner General Legendre, und am 21. Oktober der Ratgeber im Ministerium der Auswärtigen Angelegenheiten und in dem der Justiz, der Amerikaner Greathouse, gestorben. An die Stelle von Legendre ist der bisherige amerikanische Legationssekretär Sands, ein junger Mann von ca. 25 Jahren, auf 2 Jahre mit einem Monatsgehalt von 300$ engagiert worden. Für das Justizministerium schlug Herr Prancy dem König den früheren Appelationsgerichtspräsidenten in Saigon, Crémazy, z. Zt. in Paris, vor, dem durch Vermittlung des französischen Vertreters die Stellung als Ratgeber auf 2 Jahre mit 500$ p. M. auch angeboten wurde; ein Bescheid steht noch aus.

Der König, der den Wunsch, seinen ehemaligen Ratgeber, den deutschen Staatsangehörigen P. G. von Möllendorff wieder nach Korea zu ziehen, niemals aufgegeben haben soll, hatte diesem durch Vermittlung des in Shanghai lebenden Neffen der 1895 ermordeten Königin, Min Yong-ik, am 3. September telegraphisch die Stellung von Legendre anbieten lassen; noch ehe aber von Möllendorff seine endgültige Entscheidung getroffen hatte, wurde das Anerbieten koreanischerseits rückgängig gemacht, nachdem der Anfang Oktober vom Urlaub nach Söul zurückgekehrte amerikanische Ministerresident Dr. Allen dem König nahegelegt hatte, es sei ihm unangenehm, wenn, solange er die Vereinigten Staaten hier vertrete, in beide bisher mit Amerikanern besetzte Beraterposten Angehörige anderer Nationen berufen würden; es erfolgte dann die Anstellung von Sands.

Der russische Vertreter, dem ich ebenso wie dem japanischen Vertreter gegenüber gemäß der Weisungen des hohen Erlasses № A. 5[5] vom 30. September dieses Jahres gesprächsweise erwähnte, daß die Berufung von Möllendorffs, wenn sie erfolge, als ein reines Privatarrangement desselben aufzufassen sei, teilte mir mit, er habe seiner Regierung gemeldet, daß der König sich mit dem Gedanken trage, v. Möllendorff wieder anzustellen, darauf aber von Petersburg den Bescheid erhalten, es sei russischerseits gegen dessen Wiederaufnahme in den koreanischen Dienst durchaus nichts einzuwenden.

Möllendorff hegte schon während seines früheren Aufenthalts in Korea starke russische Sympathien; es ist nicht ausgeschlossen, daß auf den diesmaligen Versuch, Möllendorff wieder hierher zu ziehen, russische Einwirkung nicht ohne Einfluß gewesen ist; japanische Zeitung wollen wissen, daß das Anerbieten Herrn von Möllendorffs durch den russischen Militärbevollmächtigten Woyack zugegangen sei.

Reindorf.

Inhalt: Anstellung neuer Ratgeber beim König von Korea.

---

5   A. 11038 ehrerb. beigefügt.

PAAA_RZ201-018928_067 ff.

Empfänger	Fürst zu Hohenlohe - Schillingsfürst	Absender	Leyden
A. 2380 pr. 24. Februar 1900. a. m.		Tokio, den 24. Januar 1900.	
Memo	mtg. 1. 3. n. Peking A. 22.		

Abschrift.

A. 2380 pr. 24. Februar 1900. a. m.

Tokio, den 24. Januar 1900.

A. 13.

Sr. Durchlaucht

dem Herrn Reichskanzler

Fürsten zu Hohenlohe - Schillingsfürst.

Interpellationen über die auswärtige Politik werden im japanischen Parlament selten eingebracht und noch seltener beantwortet.

Ein Mitglied der Fortschrittspartei, Herr Masami Oishi, hat eine Reihe von Fragen formuliert, deren Beantwortung im gegenwärtigen Augenblick eine schwierige sein würde, da sie fast ausschließlich die Politik der Regierung in China und Korea umfassen.

Herr Oishi wünscht zu erfahren, ob die Regierung in China Eisenbahn-Konzessionen nach dem Vorbild anderer Mächte erworben habe, zweitens, ob Minenrechte gesichert seien, drittens, ob genügende Anstalten zur Errichtung und Nutzbarmachung der japanischen Niederlassungen in China getroffen worden, viertens, ob auf die ausschließliche Ansiedlung in Chung-King (Che-Kiang) Bedacht genommen worden sei.

Was Korea betrifft, ob die Regierung nicht die Notwendigkeit anerkenne, die Einnahmen der Söul-Fusan Eisenbahnen zu garantieren und, ob der eventuelle Verfall der Konzession nicht die Unabhängigkeit Koreas bedrohen und die wirtschaftlichen und politischen Beziehungen zu jenem Lande in Frage stellen würde. Ferner, ob die Regierung nicht die Bedeutung der Eisenbahn zwischen Söul und Wonsan erkenne und was für Schritte sie getan habe, als diese Bahn von amerikanischen, russischen und deutschen Konzessionären verlangt und schließlich einer koreanischen Gesellschaft zugesprochen wurde. Endlich ob die Regierung den Anspruch auf die Söul-Wiju Linie ausgeübt habe, als der französische Konzessionär sich im letzten Juni seiner Rechte entäußern wollte.

In der Begründung seiner Interpellation, in welcher er eine konstante auswärtige

Politik, unabhängig von Parteifragen, befürwortete, aber gleichzeitig Vicomte Aokis Amtsführung bemängelte, zitierte Herr Oishi einen angeblichen Ausspruch des letzteren, daß die Führung der auswärtigen Angelegenheiten, wenn drei oder fünf Minister gleichzeitig daran teilnehmen wollen, unmöglich sei. Seine, Herrn Oishis, an dieses Zitat geknüpfte Bemerkung lautet in englischer Übersetzung: "But does it not occur to him (Aoki) that so many "curtain ministers" want to interfere with the affairs properly falling within his official competence because he himself is incapable of managing them."

Der Minister des Äußeren sagte mir, er werde wahrscheinlich nicht öffentlich auf die Interpellation antworten, sondern, wie es auch in früheren Fällen geschehen, schriftlich und vertraulich den Führern der Parteien seine Ansichten unterbreiten.

gez. Gf. Leyden.
Orig. i. a. Japan 13

Militärisch-Politisches.

PAAA_RZ201-018928_070 ff.

Empfänger	Reichsmarine-Amt Berlin	Absender	Gühler
ad A. 2385 pr. 8. Februar 1900.		Tokio, den 25. Januar 1900.	
Memo	mitg. 27. 2. n. London 253, Petersburg 163, Peking A. 15.		

Abschrift.

ad A. 2385 pr. 8. Februar 1900.

Tokio, den 25. Januar 1900.

B. № 13.

An den Staatssekretär

des Reichsmarine-Amts Berlin.

Seit einigen Tagen enthält die hiesige Presse wiederum Äußerungen, die auf das Akuterwerden eines gespannten Verhältnisses zwischen Japan und Rußland schließen lassen. Wenn ich hier, in diesem ersten Bericht, das Wort „wiederum" gebrauche, so geschieht es in Hindeutung auf einen gleichen Zustand, der im November vorigen Jahres Platz gegriffen hatte und über den man sich, wie ich während meiner Ausreise zu beobachten Gelegenheit hatte, in den kaufmännischen Kreisen Singapores, Hongkongs und Shanghais lebhaft und besorgt unterhielt.

Der strittige Punkt ist heute, wie damals, der Einfluß auf der Halbinsel Korea.

Neben dem Verlust in politischer und kommerzieller Hinsicht, den der Übergang Koreas unter russische Oberhoheit für Japan mit sich bringen würde und den Japan ohne ernsten Kampf nicht hinzunehmen vermag, ist es die stete Bedrohung, die Japan darin fühlen muß, wenn eine zu Lande und zu Wasser wohlgerüstete Macht sich dicht vor seiner Tür einnistet und dort ein wohlbewehrtes Ausfalltor einrichtet. Und das würde unbedingt der Fall sein durch Anlegen eines russischen Kriegshafens an der Südost-Ecke von Korea.

Auf der anderen Seite fühlen sich die Russen nicht auf der Höhe der Situation, solange ihnen am bezeichneten Punkte ein solcher Kriegshafen fehlt. Die Verbindung zwischen Wladiwostok und Port Arthur ist ihnen nicht gesichert, die Streitkräfte des einen oder des anderen Hafens sind unter Umständen abgeschnitten.

Vorbereitende Schritte zur Erwerbung eines Kriegshafens an günstiger Stelle waren vor einiger Zeit durch den russischen Residenten in Korea unternommen worden, der auf einer

Reise nach Japan am koreanischen Hafen von Masampo - (beim Douglas Inlet der engl. Adm. Karte) Land zu kaufen und sich das Kaufrecht für weitere größere Landflächen in der Nähe des Hafens zu sichern versuchte. Die Japaner bekamen Wind von diesen beabsichtigten Land-Erwerbungen und vereitelten sie, indem sie selbst schleunigst alles in Betracht kommende Land aufkauften. - Natürlich war die Folge davon eine Verstimmung auf russischer Seite. Neue Nahrung erhielt diese Mißstimmung durch einen an sich nebensächlichen Zwischenfall, eine Prügelei zwischen japanischen und russischen Kriegsschiffmatrosen.

Neuerdings sollen nun die Russen in der Nähe des Yalu-Flusses eine beträchtliche Anzahl von Truppen zusammengezogen haben, unter der Firma, daß die gesundheitlichen Verhältnisse im dortigen Lager besonders günstige seien.

Dadurch ist nun wieder die Beunruhigung der Gemüter in Japan gewachsen; zu offenkundigen Gegenmaßregeln ist man dagegen noch nicht geschritten. Auch von besonderen Rüstungen ist nichts zu merken; allerdings wird berichtet, daß man in den hiesigen Munitionswerkstätten Tag und Nacht arbeite.

Ob man die für Ende März und Anfang April angesetzten Manöver der japanischen Flotte, die sich in den Gewässern zwischen Korea und Japan und im westlichen Teil der Binnenland-See abspielen sollen, hiermit in Verbindung bringen darf, entzieht sich vorläufig noch meiner Beurteilung.

Sehr wertvoll wäre es mir natürlich, an diesen Manövern teilnehmen zu können. Nach den Erfahrungen, die die übrigen Marineattachés bezüglich ihrer Wünsche bei den hiesigen Marinebehörden gemacht haben, ist es mir aber sehr zweifelhaft, ob man einem dahin gehenden Ansuchen nachkommen würde. Jedenfalls bedürfen ähnliche Wünsche einer starken Unterstützung.

Dem Chef des Kreuzergeschwaders habe ich Abschrift dieses Berichts überreicht.

gez. Gühler.

Betrifft: Militärisch-Politisches.

[   ]

PAAA_RZ201-018928_074

Empfänger	[o. A.]	Absender	[o. A.]
A. 1791 pr. 10. Februar 1900.		[o. A.]	

A. 1791 pr. 10. Februar 1900.

Notiz.

Schriftstücke, betr. einen angeblich bevorstehenden Konflikt zwischen Japan und Rußland wegen Koreas, befinden sich

i. a. Japan 2

PAAA_RZ201-018928_075 ff.			
Empfänger	Fürst zu Hohenlohe - Schillingsfürst	Absender	Tattenbach
A. 1860 pr. 12. Februar 1900. p. m.		Lissabon, den 8. Februar 1900.	
Memo	I mitg. 16. 2. London 215, Petersbg. 134. II Ausz. mtg. i. Z. 16. 2. Tokio A. 24.		

Abschrift.

A. 1860 pr. 12. Februar 1900. p. m.

Lissabon, den 8. Februar 1900.

№ 30.

Seiner Durchlaucht

dem Herrn Reichskanzler

Fürsten zu Hohenlohe - Schillingsfürst.

Den Äußerungen meines englischen Kollegen, über die ich am 6. d. M. berichtet habe, habe ich noch folgendes nachzutragen: Sir Hugh Macdonell sagte, er hoffe, daß die englische Regierung bald von der, auf einem alten unberechtigten Vorurteil beruhenden, Anschauung abgehen werde, daß eingeborene indische Truppen nicht in einem Kampf gegen Weiße verwendet werden dürften. Die indischen Regimenter würden mit Begeisterung in den Kampf ziehen und mit Messern bewaffnet und auf dem Bauch kriechend in die feindlichen Verschanzungen eindringen. Man solle indische Truppen nach Natal schicken, um durch sie die Buren am Tugala festzuhalten, während die Armee des Generals Sir Redvers Buller anderweitig Verwendung finden könnte.

Es fiel mir auf, daß der russische Geschäftsträger am folgenden Tage mir aus freien Stücken sagte, die Engländer wollten indische Truppen am Tugala aufstellen, sie warteten aber gewisse Zusicherungen seitens Rußlands ab, ehe sie diesen Schritt zu unternehmen wagten.

Bei dieser Gelegenheit bemerkte Herr von Botkina, er habe vor einiger Zeit geglaubt, daß die russische Regierung bezüglich der Delagwabai etwas vorhabe, es sei jetzt aber ganz still geworden.

Herr von Botkina kam dann auf die schlechten Beziehungen Rußlands zu Japan zu sprechen, wobei er bemerkte, daß es für Rußland keine andere Lösung gebe, als daß

Korea russisch würde. Man erwarte viel von dem neuen Gesandten, Herrn von Iswolsky, der gegenwärtig in St. Petersburg sei und dort mit besonderer Auszeichnung behandelt werde.

Von der persischen Anleihe sprach Herr von Botkina mit wahrem Enthusiasmus. Er habe sofort nach St. Petersburg geschrieben, um sich daran zu beteiligen, habe aber die Antwort bekommen, daß dies auf dem gewöhnlichen Börsenweg nicht zu machen sei, man müsse sich an das Finanzministerium wenden, um Schuldscheine zu bekommen.

gez. Tattenbach.

Nachschrift.

Lissabon den 9. Februar 1900.

Herr von Botkina, der mir soeben einen Besuch abgestattet hat, erzählte mir, daß man in St. Petersburger Kreisen den gefährlichen Einfluß des englischen Botschafters auf Seine Majestät den Kaiser von Rußland befürchte. Der erstere sei bestrebt, Seine Majestät zu Versprechungen bezüglich der Haltung Rußlands in Indien zu bewegen, ähnlich wie s. Zt. Kaiser Alexander II das Versprechen abgerungen worden sei, nicht in Konstantinopel einzumarschieren.

Dadurch erklären sich die Äußerungen Herrn von Botkinas in dem vorstehenden Bericht.

gez. Tattenbach.
orig. i. a. Afrika geh B. № 2.

Der japanische Vertreter in Söul.

PAAA_RZ201-018928_078 ff.

Empfänger	Fürst zu Hohenlohe - Schillingsfürst	Absender	Leyden
A. 2029 pr. 16. Februar 1900. p. m.		Tokio, den 9. Januar 1900.	
Memo	mtg. 22. 2. London 240, Petersburg 151, Washington A. 39, Peking A. 14. cfr. A. 2373		

A. 2029 pr. 16. Februar 1900. p. m.

Tokio, den 9. Januar 1900.

A. 2.

An Seine Durchlaucht

den Herrn Reichskanzler

Fürsten zu Hohenlohe - Schillingsfürst.

Der japanische Vertreter in Korea, welchen mein russischer Kollege scherzend den japanischen Metternich nennt, ist hierher berufen worden, um über die dortige Lage mündlich zu berichten, und hat sich nach ganz kurzem Aufenthalt wieder auf seinen Posten zurückbegeben.

Herr Hayashi hat sich einem hiesigen Berichterstatter gegenüber in sehr zuversichtlicher Weise dahin geäußert, daß es irrig sein würde, wenn man von einem Wechsel in der japanischen Politik gegenüber Korea sprechen wollte. Diese sei vielmehr klar vorgezeichnet und bestehe einerseits in der Enthaltung von jeder politischen Einmischung in die inneren Angelegenheiten des Nachbarlandes, andererseits in der möglichsten Ausdehnung der Handelsinteressen. Das Streben nach politischer Macht könnte zu Konflikten mit anderen Ländern führen, bei der Förderung der industriellen Interessen hingegen brauche man sich nicht um die Empfindlichkeiten Anderer zu kümmern.

Auch brauche man die Fortschritte von Rivalen nicht neidisch zu verfolgen; bei Versuchen, Land für militärische Zwecke sich anzueignen, könne Japan aus Gründen der Selbsterhaltung freilich zum Widerstand gezwungen werden. Japan brauche kein Monopol anzustreben, wenn es nur seine geographische Lage ausnützen wolle, könne es den Löwenanteil am koreanischen Handel gewinnen und dessen Anerkennung seitens anderer Mächte erzwingen.

Die Anwesenheit japanischer Truppen werde heute schon als eine Garantie der

Ordnung auf der Halbinsel anerkannt, wie auch der Telegraph von Söul nach Fusan unter der Aufsicht japanischer Gendarmen sicher funktioniere.

Herr Hayashi tritt den von einigen Blättern verbreiteten Gerüchten entgegen, daß die Regierung ihr Augenmerk fortan auf Südchina statt auf Korea zu richten beabsichtige. Kein verantwortlicher Japaner könne nur einen Augenblick an das Aufgeben seiner Rechte und Interessen in Korea denken.

Hand in Hand mit diesen Äußerungen Herrn Hayashis geht die Agitation einiger hiesiger Zeitungen, es möge dem Parlament noch in letzter Stunde eine Vorlage zugehen, kraft welcher für den Bau der Söul-Fusan-Bahn eine hinreichende Staatsgarantie gewährt würde, um das Unternehmen der japanischen Initiative zu erhalten.

Graf Leyden.

Inhalt: Der japanische Vertreter in Söul.

Berlin, den 22. Februar 1900.   A. 2029.

An

die Botschaft in

1. London № 240.

2. St. Petersburg № 151.

3. Washington № A. 39.

4. Peking № A. 14.

J. № 1604.

Ew. p. übersende ich anbei ergebenst Abschrift eines Berichts des K. Gesandten in Tokio vom 9. v. Mts., betreffend Ausführungen der japanischen Vertreter in Söul über die japanische Politik in Korea, zu Ihrer gfl. Information.

N. S. E.

i. m.

PAAA_RZ201-018928_086 ff.			
Empfänger	Fürst zu Hohenlohe - Schillingsfürst	Absender	Leyden
A. 2377 pr. 24. Februar 1900. a. m.		Tokio, den 22. Januar 1900.	
Memo	I mtg. 27. 2. London 258, Petersburg 172. II orig. pr. 27. 2. R. Mar. Amt; zrk. 16. 3. m. A. 3322.		

Abschrift.

A. 2377 pr. 24. Februar 1900. a. m.

Tokio, den 22. Januar 1900.

A. 9.

Ganz vertraulich!

Seiner Durchlaucht

dem Herrn Reichskanzler

Fürsten zu Hohenlohe - Schillingsfürst.

Als wir vor einigen Tagen uns zufällig im Empfangszimmer des Auswärtigen Amts allein befanden, sprach mir mein russischer Kollege, Baron Rosen, aus freien Stücken von der ernsten Wendung, welche die russisch-japanischen Beziehungen im November v. Js. plötzlich zu nehmen schienen, und bemerkte, er habe sich in einer besonders schweren Stellung befunden, weil er nach beiden Seiten Front machen musste.

Hierbei gab mir Baron Rosen in unzweideutiger Weise zu verstehen, daß er einen starken Druck von St. Petersburg auszuhalten hatte, wo die Stimmung gegen Japan eine höchst gereizte gewesen sei. Die Stellung eines russischen Vertreters hier sei voll Schwierigkeiten, und er habe seinem Kaiserlichen Herrn aus vollem Herzen seinen telegraphischen Dank übermittelt, als ihm die Nachricht von seiner Versetzung nach München zugegangen sei. Er habe das Bewußtsein, an der Verhinderung eines unnötigen Krieges mitgearbeitet zu haben, und dies sei eine Aufgabe, für welche man keinen Dank ernte und für welche er auch keinen verlange.

Über seinen Nachfolger äußerte sich Rosen ungefähr wie folgt: „Iswolsky est un gar garçon intelligent et agréable. Il est surtout un esprit très-bien balancé qui ne s`emballera pas facilement. Mais il tronvera du fil à retordre ici, je vous le prédis, et je ne l`envie nullement d`autant plus que j`apprends qu`il ne désire pas venir au Japon.“

Ich vermag nicht zu beurteilen, auf welche Persönlichkeiten Baron Rosen, als zum Kriege drängend, angespielt hat. Er sprach aber, in nervöser Aufregung im Zimmer umhergehend, als ob er sich gegen ihn gemachte Vorwürfe verteidigte. Admiral Donbassof soll in seinen Berichten großes Gewicht auf die Bedeutung Masampos als Zwischenhafen von Port Arthur nach Wladiwostok gelegt haben, und zweifellos ist der japanische Coup, durch welchen die von Herrn Pawlof eingeleiten dortigen Landkäufe vereitelt wurden, sehr unangenehm empfunden worden.

Darauf dürften die Bemerkungen abzielen, welche Vicomte Aoki seinerzeit mir gegenüber hinsichtlich des Chauvinismus russischer Marineoffiziere gemacht hat. Eine solche Mißstimmung vorausgesetzt, dürften die Gerüchte von dem Abschluß eines japanisch-chinesischen Bündnisses im letzten Spätsommer williges Gehör gefunden haben und noch mehr im Lichte eines agressiven Vorgehens gegen Rußland erschienen sein.

Man fragt sich unwillkürlich, was über dem allen aus der Rosen-Nishi-Konvention geworden ist, deren Abschluß nur etwa zwei Jahre zurückliegt? Dieselbe stellt sich mehr und mehr als eine temporäre Maßregel heraus, die den Zweck hatte, den russischen Vormarsch in der Mandschurei zu decken. Wie heute die Verhältnisse in Korea liegen, ist es schwer einen Unterschied zwischen politischen und kommerziellen Bestrebungen zu treffen, und Japan hatte die dort eingetretene Pause benutzt, um in Söul früher verlorenen Einfluß wieder herzustellen.

Die russische Staatsleitung ist anscheinend zu dem Bewußtsein erwacht, daß Gegenwirkungen ausgeübt werden müssen, und es sollte mich nicht wundern, wenn demnächst von überwiegendem Einfluß Rußlands in Korea die Rede wäre, ganz wie man gerade erst von einem solchen Japans sprechen zu können geglaubt hat.

gez. Graf Leyden.

orig. i. a. Rußland 94

Die Masampo-Bucht.

PAAA_RZ201-018928_090 ff.

Empfänger	Fürst zu Hohenlohe - Schillingsfürst	Absender	Leyden
A. 2378 pr. 24. Februar 1900. a. m.		Tokio, den 23. Januar 1900.	
Memo	28. 2. Orig. pr. Marineamt. zrck. 24. 3. mit A. 3698.		

A. 2378 pr. 24. Februar 1900. a. m.

Tokio, den 23. Januar 1900.

A. 10.

An Seine Durchlaucht, den Herrn Reichskanzler
Fürsten zu Hohenlohe - Schillingsfürst.

Das russische Interesse ist auf die in letzter Zeit vielbesprochene Masampo-Bucht durch die Vermessungen gelenkt worden, welche die russischen Geschwader nach dem japanisch-chinesischen Kriege an der mangelhaft bekannten Küstenstrecke zwischen Fusan und Port Hamilton gemacht haben.

Auf den britischen Admiralitätskarten scheint dieselbe als „Cargedo-Bay" und deren Eingang als „Douglas Inlet" verzeichnet zu sein, wo die englischen Geschwader jahrelang ihre Schießübungen vorzunehmen pflegten.

Wie mir der Kaiserliche Konsul in Nagasaki mitteilt, haben die Kapitäne des russischen ostasiatischen Geschwaders, namentlich Fürst Omktomsky, Kommandant des Kreuzers „Wladimir Monomach", lebhaftes Interesse an dem Ankauf der Ufer-Grundstücke in Masampo gezeigt. Außerdem meldeten sich hierzu die in Nagasaki etablierte russische Firma M. Ginsburg & Co., welche Lieferantin der russischen Flotte ist, und die „Chinese Russian Railway and Steamship Co.", welche seit letztem Sommer in Fusan eine Filiale errichtet hat und dasselbe auch für Masampo beabsichtigen soll.

Graf Leyden.

Inhalt: Die Masampo-Bucht.

Berlin, den 28. Februar 1900.   A. 2378.

J. № 1791.   Der anliegende Bericht des Kais. Gesandten in Tokio
                              vom 23. v. Mts., betreffend die Masampo-Bucht, wird
                              auf Allerhöchsten Befehle vom Herrn Staatssekretär
                              des Reichsmarine-Amts und dem Herrn Chef des
                              Admiralstab der Marine zur gfl. Kenntnißnahme v. R.
                              ergebenst übersandt.

                                        N. S. E.
                                          i. m.

PAAA_RZ201-018928_094

Empfänger	Fürst zu Hohenlohe - Schillingsfürst	Absender	Reinsdorf
A. 2481 pr. 26. Februar 1900. p. m.		Söul, den 30. Dezember 1899.	

Abschrift.

A. 2481 pr. 26. Februar 1900. p. m.

Söul, den 30. Dezember 1899.

№ 91.

Seiner Durchlaucht

dem Herrn Reichskanzler

Fürsten zu Hohenlohe - Schillingsfürst.

pp. Die koreanische Regierung sieht zur Zeit davon ab, Konsulate in China zu gründen; zum Gesandten in Peking ist der ehemalige Vize-Präsident des Staatsrats Sim Sang-kun ernannt worden, der dem chinesischen Gesandten gegenüber geäußert hat, er würde, wenn möglich noch vor chinesisch Neujahr auf seinen neuen Posten abreisen.

gez. Reinsdorf.

orig. i. a. Korea 7

[   ]

PAAA_RZ201-018928_098

Empfänger	[o. A.]	Absender	Tschirschky
A. 2567 pr. 28. Februar 1900. p. m.		Berlin, den 27. Februar 1900.	

Auszug.

A. 2567 pr. 28. Februar 1900. p. m.

Berlin, den 27. Februar 1900.

p. p.

Der schwierigste Punkt für die russ. Politik ist die Behandlung der japanischen Frage. Rußland muß trachten, den Zeitpunkt eines Zusammenstoßes mit Japan - der an sich in Petersburg für unabwendbar gilt - möglichst hinauszuschieben, bis die sibir. Bahn fertig und die russische Flotte der japanischen mindestens gleichwertig sein wird. Daher der s. Zt. erfolgte Rückzug aus Korea und das Bestreben, alle Reibungen - wie z. B. die Frage in Masampo - möglichst zu vertuschen. Das Hauptaugenmerk wird Rußland darauf richten, den Japanern jede Möglichkeit zu nehmen, gegen Rußland so vorzugehen, daß die Ehre des Reichs in Mitleidenschaft gezogen erscheint. Inzwischen schickt Rußland jedes neu vom Stapel gelassene Schiff unverzüglich nach Ostasien. Ich höre, daß die russ. Flotte in der Ostsee z. Zt. jede Bedeutung verloren hat.

gez. von Tschirschky.

orig. i. a. Rußland 99

Söuler Korrespondenz der „Nowoje Wremja" über den Antagonismus zwischen Japanern und Russen auf Korea.

PAAA_RZ201-018928_099 ff.			
Empfänger	Fürst zu Hohenlohe - Schillingsfürst	Absender	Radolin
A. 2977 pr. 9. März 1900. a. m.		St. Petersburg, den 7. März 1900.	

A. 2977 pr. 9. März 1900. a. m. 1 Anl.

St. Petersburg, den 7. März 1900.

№ 128.

Seiner Durchlaucht

Dem Herrn Reichskanzler

Fürsten zu Hohenlohe - Schillingsfürst.

Der in dem heutigen „St. Petersburger Herold" unter „Inland" veröffentlichte, gehorsamst beigefügte Artikel: „Japaner und Russen in Korea" ist nichts anderes als eine genaue Wiedergabe der Söuler Korrespondenz der „Nowoje Wremja" vom 5. / 17. Dezember v. Js., die in der gestrigen Nummer dieses Blattes abgedruckt war.

Nur der Schluß der Korrespondenz ist weggelassen worden. Dieser lautet wie folgt:

„Die vieljährige Erfahrung mit den internationalen Ratgebern, die zwar ein monatliches Gehalt von 500 Rbl. beziehen und ihren Landsleuten die Erwerbung verschiedener Konzessionen erleichtern, aber einen wesentlichen Nutzen nicht bringen können, hat die Koreaner noch immer nicht davon überzeugt, daß es vollkommen unmöglich ist, auf diesem Wege die Lage der Dinge in Korea aufzubessern.

Nehmen wir auch an, diese Ratgeber hätten den Willen, zum Nutzen Koreas tätig zu sein, so würde dies immerhin unwesentlich sein, da Korea von Grund auf reorganisiert werden muß. Was vermögen zwei, drei Ratgeber zu unternehmen und wann werden sie raten können?

Dieses traurige Los Koreas wirkt am stärksten auf unsere Interessen, als die Interessen des Nachbarlandes, zurück.

Ob wir wollen oder nicht, zu guter Letzt wird uns nichts anderes übrigbleiben, als auf Korea Ordnung zu schaffen."

Radolin.

Inhalt: Söuler Korrespondenz der „Nowoje Wremja" über den Antagonismus zwischen Japanern und Russen auf Korea.

Anlage zum Bericht № 128 vom 7. März 1900.

Herold vom 7. März / 23. Februar 1900. № 54.

Japaner und Russen in Korea.

Die Japaner ruhen bekanntlich nicht, ihren Einfluß auf Korea so viel wie immer möglich zu verstärken. Das glauben sie thun zu müssen, um den Russen, die sie für ihre Feinde halten, die Hände zu binden. Das allerneueste Manöver der Japaner in dieser Hinsicht ist, daß sie von der koreanischen Regierung die ausdrückliche Erlaubniß zum Wohnen und geschäftlichen Schalten und Walten auf der Insel Da-she-leta (alias U-lon-do) zu erwirken versuchten. Im Grunde genommen ist das nichts, als ein schlau angelegter Plan. Die Japaner klagen, ihnen würde von Russen verboten, sich auf dieser Insel aufzuhalten und weisen darauf hin, daß doch auch sonst Ausländer sowohl im Innern der Insel wie in den Häfen wohnen dürften. In Wirklichkeit verhält es sich so, daß die Russen den Japanern nur verboten haben, auf der Insel Da-she-leta die Wälder zu verwüsten, welche laut Vertrag Rußland gehören und mit den Ausländern auf der Insel hat es diese Bewandtniß, daß dieselben ausschließlich Missionare sind, welche sich nur mit ihrer religiösen Propaganda und nicht auch mit Handel und ähnlichen Angelegenheiten beschäftigen dürfen. Wollten auch die Japaner nur ihre Bonzen auf die Insel schicken, so hätten sie natürlich von keiner Seite Behinderungen zu befürchten. Eine besondere Energie kann man aber auch der Regierung von Korea nicht nachsagen, da die Russen bei ihr nicht den ihnen rechtmäßig zukommenden Schutz, wenigstens nicht in der Waldangelegenheit, gefunden haben. Trotz des Protestes der Russen ist es den Japanern möglich, die Exploitation der Wälder fortzusetzen.

An der gegenwärtigen Lage der Dinge sind die Russen selbst nicht ganz unschuldig. Sie haben die Japaner und ihre Idee, sich Korea auf friedlichem Wege zu erobern, unterstützt. Jetzt rächt sich dieser Fehler. Die Japaner haben sich auf der Halbinsel bereits so weit festgesetzt, daß es Mühe kosten würde, sie zu überzeugen, daß Korea nicht der vermeintliche reife Apfel ist, der ihnen in den Sack fallen soll.

Es wurden auf Korea vorzeitig neue Häfen eröffnet und was man damals befürchtete, ist jetzt eingetroffen. Die Japaner kamen in Schwärmen herbei und jetzt sind die koreanischen Häfen in Japanische Städte umgewandelt. Gegenwärtig leben in Korea 60.000 Japaner und balo, mit fortschreitender japanischer Ansiedelung der neuen Häfen, werden ihrer 100.000 zu finden sein.

Die Japaner wären so schlimm nicht, wenn sie blos ihrem Handel und Fischfang obliegen würden; sie müssen aber noch eine civilisatorische und politische Thätigkeit ausüben. Unter dem Einfluß der Japaner eröffnet die koreanische Regierung japanische Schulen, die die „japanische Sprache und Civilisation lehren". Eine solche Schule wird in der Stadt Tschen-tschu-e für drei südliche Gouvernements eröffnet und für die nördlichen Gouvernements erscheint je eine Schule in der Stadt Pche-nja-nje und Wid-shu auf der Bildfläche. Die Lehrer werden Japaner sein. Vom koreanischen Minister des Auswärtigen wurde allen Gouverneuren die Anweisung gesandt, den japanischen Lehrern zur Eröffnung von Schulen in jeglicher Weise Förderung angedeihen zu lassen. Gegenwärtig suchen die Japaner bei der Regierung um fünf Concessionen nach, die sich auf Gold- und Eisenausbeute beziehen. Die Wurzeln des Japanerthums auf koreanischem Boden dringen immer tiefer ein. Und Alles vollzieht sich nach einem bestimmten System. Die japanischen Colonisten kommen nicht unter den gewöhnlichen Umständen nach Korea, sondern sie bringen Soldaten mit und dann wird eine japanische Polizei und eine japanische Gensdarmerie organisirt und werden japanische Telegraphen, Telephone, Postämter, Banken und Schulen eröffnet.

Daß die koreanische Regierung nur darum das Eindringen der Japaner in ihr Land duldete, weil sie es civilisirten und ihm sonst Vortheile brächten, ist nur eine Verlegenheitsphrase. Die japanischen Truppen, Gensdarmen und Polizeiämter können nichts zur Hebung der Cultur beitragen. Es liegt daran, daß die koreanische Regierung zu schwach ist, dem einmal schon gelungenen Eindringen der Japaner entgegenzutreten. Die Regierung ist in sich nicht genügend gefestigt und verfügt auch nicht über eine entsprechende Anzahl Truppen, um auf diplomatischem Wege ihren Willen durchsetzen zu können. Die Ohnmacht der Regierung kennzeichnet sich auch darin, daß ausländische „Rathgeber" in die Ministerien gemiethet werden. So wurden ein Amerikaner ins Hofministerium und ein Franzose in das Justizministerium als Rathgeber genommen. Und man beabsichtigt noch einen Amerikaner und einen Engländer zu diesem Zwecke heranzuziehen.

Rußland und Japan.

PAAA_RZ201-018928_105 f.

Empfänger	Fürst zu Hohenlohe - Schillingsfürst	Absender	P. Metternich
A. 2986 pr. 9. März 1900. a. m.		London, den 7. März 1900.	
Memo	orig. s. p. r. 14. 3. an R. Mar. Amt. zrck. 5. 4. m. A. 4250, A. 2689, A. 4250, A. 2272, A. 2109.		

A. 2986 pr. 9. März 1900. a. m. 1 Anl.

London, den 7. März 1900.

№ 132.

An Seine Durchlaucht

den Herrn Reichskanzler

Fürsten zu Hohenlohe - Schillingsfürst.

Nach der anliegend im Ausschnitt beigefügten, von gestern datierten Korrespondenz des „Standard" aus Odessa, soll unter den aus dem fernen Osten zurückgekehrten russischen Marineoffizieren die Ansicht herrschen, daß die in Port Arthur, Dalni und Wladiwostok sich vollziehende Ansammlung russischer Truppen Japan binnen kurzem zwingen würde, seine Absichten auf Korea aufzgeben, und daß damit die allmähliche Begründung eines russischen Protektorats eingeleitet werden würde.

P. Metternich.

Inhalt: № 132, London, den 7. März 1900. Rußland und Japan.

THE STANDARD, WEDNESDAY, MARCH 7, 1900.

RUSSIA AND THE FAR EAST.
(FROM OUR CORRESPONDENT.)

ODESSA, THURSDAY.

Among the officers of the Volunteer Fleet cruisers recently returned here from the Far East, there is a strong belief that the enormous garrisons being formed at Port Arthur, Dalni and Vladivostock will shortly be utilised as a coercive lever for compelling the Japanese to abandon their pretensions and acquisitions in Korea. The Commander of one of the cruisers expresses his conviction that before, or by the end of the current year, Russian influence in the Far Eastern peninsula will have become so absolutely dominant that the Japanese will feel themselves morally constrained to give up the struggle and retire from the many important enterprises they are now prosecuting in Korea; and that will open the way for the gradual assumption of a Russian Protectorate.

Berlin, den 14. März 1900. A. 2986 I.

An

die Missionen in

1. Peking № 24.

2. Tokio № A. 8.

J. № 2251.

Ew. p. übersende ich anbei ergebenst Abschrift eines Berichts des K. Botschaft in London vom 7. d. Mts., betreffend Rußland und Korea, zu Ihrer gfl. Information.

N. S. E.

i. m.

Berlin, den 14. März 1900. A. 2986 II.

J. № 2252.

Der anliegende Bericht der Kais. Botschaft in London vom 7. d. Mts., betreffend Rußland und Korea, wird auf allerhöchsten Befehl dem Herrn Staatssekretär des Reichsmarine-Amts zur gefl. Kenntnißnahme in R. ergebenst übersandt.

N. S. E.

i. m.

PAAA_RZ201-018928_110 ff.

Empfänger	Fürst zu Hohenlohe - Schillingsfürst	Absender	Holleben
A. 3314 pr. 16. März 1900. a. m.		Washington, den 2. März 1900.	
Memo	mtg. 19. 3. London 321, Petersburg 219, Peking A. 27, Tokio A. 10.		

Abschrift.

A. 3314 pr. 16. März 1900. a. m.

Washington, den 2. März 1900.

A. 56.

Seiner Durchlaucht

dem Herrn Reichskanzler

Fürsten zu Hohenlohe - Schillingsfürst.

Aus sehr guter, der russischen Botschaft nahestehender Quelle erfahre ich, daß man in der Botschaft im November v. J. eine ganz kurze Zeit wegen der japanisch-russischen Beziehungen in ernster Sorge gewesen und an den Ausbruch eines japanisch-russischen Konflikts wegen der Landankäufe in der Masampo-Bay geglaubt hat. Der russische Botschafter, so sagt man mir, hätte einen solchen Konflikt ungern gesehen, weil Rußland nicht so ausreichend gerüstet sei, als daß ein japanischer Angriff - trotz des wahrscheinlichen Fernbleibens Englands - ihm nicht unverhältnismäßig schwere Opfer auferlegt haben würde. Es mag dies im Widerspruch mit den Äußerungen stehen, welche der russische Oberstlieutenant Vannowski vor einiger Zeit Herrn von Sternburg gegenüber getan hat, aber schließlich wäre es nicht zu verwundern, wenn dieser Offizier durch seine Erzählung die Schwäche Rußlands habe verdecken wollen. Jedenfalls möchte ich glauben, daß der hiesige russische Botschafter für die Frage, ob Rußland in Ostasien gerüstet ist oder nicht, insofern ein ziemlich kompetentes Urteil hat, als in seinen Händen die großen Bestellungen, welche Rußland hier für das in Ostasien zu verwendende Eisenbahn- und Kriegsmaterial macht, sich vereinigen. Graf Cassini hat in der ihm eigenen geräuschlosen Weise es verstanden, die Interessen Amerikas und Rußlands auf diesem Gebiet sehr nahe zu bringen. Die „Sparrows Point"-Stahlwerke in Maryland und die „Illinois Steel Co." in Chicago sowie die großen Werften von Cramp in Philadelphia arbeiten zur Zeit zum größten Teil an russischen Aufträgen. Es heißt, daß amerikanische Firmen im Auftrage der russischen Regierung große Anlagen für Eisenbahnmaterial in Talienwan errichten werden.

Alles das geht, wie gesagt, sehr still vor sich, nur etwa aus der Amerikanern gegenüber, am Grafen Cassini sonst nicht gewohnten, großen Liebenswürdigkeit desselben gegen die gesellschaftlich nicht sehr hochstehenden Herrn und Frau Westinghouse (genannter Herr ist der Erfinder der nach ihm benannten Luftbremse und hat große Aufträge nach Rußland) und ähnlichen kleinen Zügen kann man hie und da einen Schluß auf seine Tätigkeit tun. Als er sich fürchtete, daß Rußland in der Frage der „open door policy" an die Wand gedrängt werden könne, wies er in einem fast weinerlichen Interview auf die großen Ankäufe hin, welche Rußland in Amerika mache.

Ich werde sehen, über diese russischen Bestellungen durch die Kaiserlichen Konsulate und auch durch den Marineattaché fortlaufend näheres zu erfahren, denn ich hege, abgesehen von einer unserer Industrie dadurch immerhin erwachsenden Konkurenz, die Befürchtung, daß Graf Cassini, nach seiner ganzen Natur und Richtung, seine Regierung dahin zu beeinflussen suchen wird, die sich so stärkenden wirtschaftlichen Beziehungen zwischen Rußland und Amerika auch politisch in Ostasien zu verwerten, sei es gegen England, sei es gegen uns.

gez. Holleben.

orig. i. a.   N. Amerika 24

Berlin, den 19. März 1900.

zu A. 14627 II.

An
die Kaiserliche
Ober-Postdirektion hierselbst.

Antwort der Ober-Postdirektion
vom 20. 3. geh.
beigefügt.
Chiffrierbüro 6. 4.

№ 2404.

Unterm 14. Dezember v. Js. - A. 14627/J. №
10436 - hatte das unterzeichnete Büro wegen
Rückerstattung der Kosten für ein am Abend des
17. November v. Js. an „German Legation
Tokei" abgelassenes, der Adressatin aber nicht
zugegangenes Ziffertelegramm die Vermittlung
der Kaiserlichen Ober-Postdirektion in Anspruch
genommen. Da eine Rückäußerung bisher nicht
eingegangen ist, erlaubt sich das Büro auf die
Angelegenheit zurückzukommen und die Kaiserl.
Ober-Postdirektion um eine gef. Mitteilung über
das Ergebnis der in der Sache getanen Schritte
ganz erg. zu bitten.

Chiffrierbüro
G. Wittich.

[   ]

PAAA_RZ201-018928_115 f.

Empfänger	Auswärtiges Amt in Berlin	Absender	Wallner
pr. 21. 3.⁰⁰ Nm. ad. A. 14627/99.		Berlin C., 20. März 1900.	
Memo	Kaiserliche Ober-Postdirektion. E. № 2435. Es wird ersucht, bei Beantwortung dieses Schreibens das vorstehende Aktenzeichen anzugeben. Zum Schreiben vom 19. A. 14627.		

pr. 21. 3. Nm. ad. A. 14627/99.

Berlin C., 20. März 1900.

№ 2404.

An das Auswärtige Amt
Chiffrierbüro. hier, W.

Der Antrag auf Erstattung der Gebühren für das am 17. November v. J., aufgelieferte Telegramm an „German Legation Tokio" ist zwecks Fortsetzung der Nachforschungen im Auslande an die zuständigen Stellen weitergegeben worden. Eine Antwort ist bisher nicht eingegangen; nach Eingang derselben wird das Auswärtige Amt sofort benachrichtigt werden.

I. V.

Wallner.

PAAA_RZ201-018928_117 f.			
Empfänger	Fürst zu Hohenlohe - Schillingsfürst	Absender	Leyden
A. 3637 pr. 23. März 1900. p. m.		Tokio, den 20. Februar 1900.	
Memo	Auszug 28. 3. London 353, Paris 184, Petersburg 252 Peking A. 30.		

Abschrift.

A. 3637 pr. 23. März 1900. p. m.

Tokio, den 20. Februar 1900.

A. 24.

Seiner Durchlaucht

dem Herrn Reichskanzler

Fürsten zu Hohenlohe - Schillingsfürst.

Auf die Fragen, welche der fortschrittliche Abgeordnete Oishi hinsichtlich der Politik in China und Korea an die Regierung gerichtet hat, ist jetzt eine schriftliche Antwort erfolgt.

Das Wichtigste daraus ist wohl das Recht vorheriger Befragung, welche die Regierung sich in der Provinz Fukien hinsichtlich des Baues von Eisenbahnen gesichert hat, als eine weitere Dokumentierung des Einflusses, welchen Japan dortselbst beansprucht.

Herr Oishi erklärt sich mit dieser Antwort allerdings nicht zufrieden und beschuldigt den Minister der Nachlässigkeit, daß er nicht das Privileg des Bahnbaues selbst im vorhinein sich zu sichern gewußt habe. Desgleichen beklagt er, daß die japanische Staatsleitung die Interessen des Landes in China überhaupt nicht zu wahren gewußt und anderen Ländern einen so großen Vorsprung gelassen habe.

Herr Oishi macht sich ferner über die Behauptung in der Regierungsantwort lustig, daß Korea den Bau seiner Eisenbahnen in eigener Regie zu unternehmen beschlossen habe. Gegenüber solchen ausweichenden Antworten glaubt er mit größerer Bestimmtheit darauf drängen zu müssen, daß der Bildung einer Aktiengesellschaft zur sofortigen Inangriffnahme der Bauten auf der Strecke Söul-Fusan die ernste Unterstützung der Regierung zuteil werde.

Bei dem geringen Interesse, welches im Lande auswärtigen Fragen entgegengebracht wird, dürfte vor dem demnächstigen Schluß der Session seitens der Fortschrittspartei kein weiterer Versuch gemacht werden, den Minister der Auswärtigen Angelegenheiten aus dem Sattel zu heben.

gez. Graf Leyden.

Orig. i. a. China 20 № 1.

Angebliche japanische Kriegsvorbereitungen.

	PAAA_RZ201-018928_120 ff.		
Empfänger	Fürst zu Hohenlohe - Schillingsfürst	Absender	Leyden
A. 3638 pr. 23. März 1900. p. m.		Tokio, den 21. Februar 1900.	
Memo	orig. bz. m. Schrb. 30. 3. R. Mar. Amt		

A. 3638 pr. 23. März 1900. p. m. 1 Anl.

Tokio, den 21. Februar 1900.

A. 25.

An Seine Durchlaucht

den Herrn Reichskanzler

Fürsten zu Hohenlohe - Schillingsfürst.

Die von meist amerikanischen Missionaren in Korea informierte und dort erscheinende Zeitung „Independent" enthält unter dem 25. Januar d. J. einen die angeblich aufs äußerste gespannten Beziehungen zwischen Rußland und Japan beleuchtenden Artikel, welchen ich in der Anlage Euerer Durchlaucht vorzulegen die Ehre habe.

Es sind mir von keiner Seite Informationen zugegangen, welche die darin mit solcher Bestimmtheit in die Welt gesetzten Angaben bestätigten. Ich habe z. B. wohl gehört, daß die englische Regierung einen auf der regelmäßigen Fahrt in England angekommenen Dampfer der japanischen „Nippon Yusen Kaisha" für Süd-Afrika zu chartern versucht habe. Die Gesellschaft glaubte aber, ihre kontraktmäßigen Fahrten nicht unterbrechen zu dürfen, und daraus wird ein Dazwischentreten der japanischen Regierung abgeleitet, welche angeblich selbst die Hand auf alle ihre Schiffe legen müsse.

Die Einfuhr von Nahrungsmitteln aus Korea, welche kaum in der angegebenen Höhe stattgefunden haben dürften, bieten an sich kein beunruhigendes Symptom, da Japan längst auf Zufuhren dieser Art angewiesen ist und u. A. große Mengen Reis aus dem Süden bezieht.

Ich höre meinerseits, daß die japanische Regierung große Sorgfalt auf die Überwachung aller russischen Truppenbewegungen in China verwendet und ein ausgedehntes Netz von Kundschaftern sogar längs der Ausläufer der sibirischen Strecke unterhält. Namentlich die hiesigen russischen Militär- und Marine-Attachés sind Gegenstand besonderer Beobachtung, und es ist den Offizieren der Land- und Seemacht im Verkehr mit den Genannten größte

Zurückhaltung zur Pflicht gemacht.

Graf Leyden.

Inhalt: Angebliche japanische Kriegsvorbereitungen.

Zu A. 25.

The Japan Daily Mail.

YOKOHAMA, WEDNESDAY, FEBRUARY 21. 1900.

JAPAN AND RUSSIA.

The persistence of the rumour about strained relations between Japan and Russia is very remarkable. *The independent* of January 25th says: -

The reports increase as to the tension between the Governments of Japan and Russia. The Japanese papers are full of predictions of war at an early date and chronicle the rapid movement of troops. As indicative of the preparations, it is said that Japan has placed an order for 100,000 winter uniforms with a British firm, while at the same time large supplies of campaign foods have been purchased by the commissary department, and hundreds of horses are being mustered and trained for service. One paper says that a few days since a steamer left a Japanese port under sealed orders with a large force of soldiers equipped for the field. It is also stated that the British Government recently applied to the Japanese steamer company to charter some of their steamers as transports, and this application was refused on the ground that the Government thought it might need the steamers. Excellent maps of China have been distributed, it is said, among all non-commissioned officers in the Japanese army, and not long ago the heads of all private railway concerns were invited to a conference on railway accommodation for mobilization purposes at the War Office. While nothing of this is official much of it is based on excellent authority and indicates very clearly the prevalent opinion in Japan. It is also reported from Vladivostock that there are at least 50,000 troops in that neighbourhood and that every effort is being made to increase their number. Barracks are being constructed in all Manchurian centres with amazing rapidity. Meanwhile the situation in Korea, which is after all the centre of all this political activity, seems to be growing worse. The condition of the people is not improving, although trade is very brisk. Speculators have brought up the harvests and are shipping food to Japan in such quantities as really to endanger the food supply of the country itself. Smuggling all along the coast is rife and the methods adopted by the Government to prevent it are almost ludicrous in their inadequacy. The Emperor shuts himself up in his palace, guarded by quick-firing guns at the door, and never allows any one to know beforehand what room he is to occupy for the night. Government favours or concessions seem to be going to the highest bidder and bribery to be ruling absolutely.

Who can have manufactured this farrago of inventions? "The Japanese papers are full of predictions of war at an early date and chronicle the rapid movement of troops!" Where are they, these papers? We have not seen one of them. The paragraph contains thirteen flagrant falsehoods, which is a tolerable supply for such a brief composition.

[   ]

PAAA_RZ201-018928_125

Empfänger	Auswärtiges Amt in Berlin	Absender	Timm
A. 3698 pr. 24. März 1900. p. m.		[o. A.]	
Memo	Auf das Schreiben vom 28. 2.　A. 2378.		

A. 3698 pr. 24. März 1900. p. m. 1 Anl.

Berlin, den 20. März 1900.

A. 2068.

An den Herrn Staatssekretär des Auswärtigen Amts.

Anliegend wird der Bericht des Kaiserlichen Gesandten in Tokio vom 23. Januar 1900, betreffend Masampo-Bucht, nach Kenntnisnahme und Mitteilung an den Admiralstab der Marine ergebenst zurückgesandt.

In Vertretung

Timm.

PAAA_RZ201-018928_126			
Empfänger	[o. A.]	Absender	[o. A.]
A. 3826 pr. 27. März 1900. p. m.		[o. A.]	

A. 3826 pr. 27. März 1900. p. m.

St. Petersburger Zeitung.

27. 3. 00.

- [Aus Ostasien] bringt die „Now. Wr." folgende Nachrichten:

„Bis jetzt siedelten sich die Japaner in Korea nur in den Hafenstädten an, welche den Ausländern geöffnet sind, jetzt aber haben die Gründer der Söul-Fusaner Eisenbahngesellschaft eine „Koreanische Industriegesellschaft" (Kankoku Kangyo Kaisha) ins Leben gerufen, deren Aufgabe es ist, „die Entwickelung der landwirtschaftlichen Industrie in Korea zu fördern," d. h. einfach Korea durch Japaner zu kolonisiren. Der Ort der ersten japanischen Ansiedlung ist bereits gewählt. Hoffentlich wird dem Eindringen der japanischen Kolonisten in die koreanischen Dörfer von den Regierungen Widerstand geleistet werden, die es nicht wünschen, daß Korea in eine japanische Kolonie verwandelt werde.

Nach den eben veröffentlichten Daten der Volkszählung hatte Japan am 31. Dezember 1898 ohne die nördlichen Inseln und Formosa 45 Millionen Einwohner. Tokio hatte 1,425,000 Einwohner.

Die japanischen Blätter theilen mit, daß mandshurische Räuber die Stadt Kapsan in Nordkorea überfallen und geplündert und 12 Männer und Frauen mit sich fortgeführt haben, für welche sie vom koreanischen Gouverneur ein großes Lösegeld in Gold verlangen. Der Gouverneur schickte Gold von niederer Probe, die Räuber aber sandten es zurück und verlangten besseres. Nun schickt der Gouverneur Beamte in die Goldwäschereien und nach Gensan, um die erforderliche Summe zusammenzubringen.

Im September 1898 erhielt das englische Syndikat Pritchard Morgan und Comp. von der koreanischen Regierung eine Konzession zur Ausbeutung der Erzreichthümer Nordkoreas auf einem Territorium von 260 Quadratmeilen. Vor Allem wollten die Engländer die Lager von Ymsan ausbeuten, um die sich vor Morgan ein russischer Unternehmer beworben hat. Auf den Protest des russischen Geschäftsträgers hin verweigerte das koreanische Ministerium dem Morgan die Ausbeutung der Lager von Ymsan. Trotzdem hat Morgan 50 Japaner nach Ymsan geschickt und die Exploitation eigenmächtig begonnen. Die Zeitung „Tokio Asaki" theilt nun mit, daß die koreanische Regierung eine Truppenabtheilung nach Ymsan dirigieren wolle, um dem englisch-japanischen Unternehmen ein Ende zu machen. Nach Japan meldet man, daß der englische Generalkonsul in Söul, Jordane, abberufen werde."

PAAA_RZ201-018928_128			
Empfänger	Auswärtiges Amt in Berlin	Absender	Leyden
A. 3839 pr. 28. März 1900. p. m.		Tokio, den 28. März 1900.	
Memo	I. 2. 4. mtg. i. Z. London 269, Petersbg. 373. II. 2. 4. mtg. Marine-Amt.		

A. 3839 pr. 28. März 1900. p. m.

Telegramm

Tokio, den 28. März 1900. 1 Uhr 50 Min. p. m.

Ankunft: 12 Uhr 35 Min. p. m.

Der K. Gesandte an Auswärtiges Amt.

Entzifferung.

№ 16.

Die neuen russischen Forderungen an Korea wegen einer Bucht im Süden in der Nähe von Masampo werden hier lebhaft erörtert und die Presse zeigt eine fast kriegerische Stimmung. Die Anwesenheit des Admirals Hildebrandt in Söul wird als ein Druck aufgefaßt, dem Korea nicht widerstehen könne, gegen den daher eventuell Japan Stellung nehmen müsse.[6]

Leyden.

---

6 [Randbemerkung] all right! go on!

Die „Nowoje Wremja" über das Vordringen der Japaner in Korea.

PAAA_RZ201-018928_131 ff.

Empfänger	Fürst zu Hohenlohe - Schillingsfürst	Absender	Radolin
A. 3868 pr. 29. März 1900. a. m.		St. Petersburg, den 26. März 1900.	

A. 3868 pr. 29. März 1900. a. m.

St. Petersburg, den 26. März 1900.

№ 178.

Seiner Durchlaucht

dem Herrn Reichskanzler

Fürsten zu Hohenlohe - Schillingsfürst.

Die „Nowoje Wremja" schreibt heute unter „Nachrichten aus dem Osten" folgendes:
„Bis jetzt haben sich die Japaner auf Korea nur in den Hafenstädten, die den Fremden geöffnet sind, niedergelassen. Nunmehr haben die Gründer der Söul-Fusan-Eisenbahngesellschaft eine „Koreanische Industrie-Kompagnie" ins Leben gerufen, deren Aufgabe darin besteht, die Entwicklung des landwirtschaftlichen Gewerbes auf Korea zu fördern, mit anderen Worten: Korea durch Japaner zu kolonisieren. Der Ort für die erste japanische Ansiedlung ist bereits ausgewählt.

Man darf hoffen, daß das Eindringen japanischer Kolonisten in koreanische Dörfer auf Widerstand bei den Regierungen stoßen wird, denen die Umwandlung Koreas in eine japanische Provinz nicht erwünscht sein kann.

Nach den soeben veröffentlichten Ergebnissen der Volkszählung betrug die Bevölkerung Japans, ohne die nördlichen Inseln und Formosa am 31. Dezember 1898 45 Millionen, wobei Tokio allein 1 425 000 Einwohner aufwies.

Im September 1898 hatte das englische Syndikat Morgan & Co. von der koreanischen Regierung die Konzession zur Exploitation der Bergwerke in Nordkorea auf einer Fläche von 260 Quadratmeilen erhalten. Die Engländer wollten zuerst die Bergwerke in der Umgebung Ymsans abbauen, während schon vor Morgan ein russischer Unternehmer um die Konzession zur Bearbeitung dieser Bergwerke nachgesucht hatte.

Auf den Protest des russischen Geschäftsträgers entzog das koreanische Ministerium Morgan die Berechtigung zum Abbau der Ymsanschen Werke. Ungeachtet dessen sandte Morgan 50 Japaner nach Ymsan und ließ eigenmächtig die Arbeit in Angriff nehmen.

Jetzt teilt das Blatt „Tokio Assachi" mit, die koreanische Regierung beabsichtige, ein Truppendetachment nach Ymsan zu entsenden, um das englisch-japanische Unternehmen einstellen zu lassen.

Wie ferner in Japan gerüchtweise verlautet, soll der englische General-Konsul in Söul abberufen werden."

Radolin.

Inhalt: Die „Nowoje Wremja" über das Vordringen der Japaner in Korea.

PAAA_RZ201-018928_135

Empfänger	Auswärtiges Amt in Berlin	Absender	Leyden
A. 3995 pr. 31. März 1900. p. m.		Tokio, den 31. März 1900.	
Memo	I. Mtg. i. Z. 2. 4. London 371, Petersbg. 266. II. Umst. mtg. 2. 4. Marineamt.		

A. 3995 pr. 31. März 1900. p. m.

Telegramm.

Tokio, den 31. März 1900. 11 Uhr 55 Min. m
Ankunft: 11 Uhr 34 Min. a. m.

Der K. Gesandte an Auswärtiges Amt.

Entzifferung.

№ 17.

Die neuen russischen Ansprüche in Korea haben in hiesigen politischen Kreisen eine ernste Stimmung erzeugt. Vicomte Aoki sagte mir, die Lage sei noch unklar, er könne sich darüber nicht bestimmt aussprechen, Japan müsse aber seine vitalen Interessen wahren. Die offiziellen Beziehungen zu Rußland hätten noch keine Schärfe angenommen, aber Pawlows Auftreten in Söul erheische Aufklärung.

Leyden.

Rußland und Japan in Korea.

PAAA_RZ201-018928_136 f.			
Empfänger	Fürst zu Hohenlohe - Schillingsfürst	Absender	Metternich
A. 4038 pr. 1. April 1900. a. m.		London, den 30. März 1900.	
Memo	MEMO: Wir haben bereits telegraphische Meldung aus Tokio über die dort durch das russische Vorgehen verursachte Erregung.		

A. 4038 pr. 1. April 1900. a. m. 1 Anl.

London, den 30. März 1900.

№ 225.

An Seine Durchlaucht

den Herrn Reichskanzler

Fürsten zu Hohenlohe - Schillingsfürst.

Euerer Durchlaucht beehre ich mich beifolgend eine Meldung der „Daily Mail" aus Kobe vom gestrigen Tage gehorsamst vorzulegen, wonach Rußland von der koreanischen Regierung eine Landkonzession in Masampo verlangt habe. Dieser Schritt, verbunden mit den letzten russischen Schiffsbewegungen, habe in Japan eine gewisse Erregung hervorgerufen.

Metternich.

Inhalt: № 225. London, den 30. März 1900. Rußland und Japan in Korea.

Daily Mail, Friday, March 30, 1900.

The Tug of War in Korea.

———————— ◆ ————————

Russia demands a lease at Masampo.

————————

(From our own Correspondent.)

Kobe, March 29.

The Russian Government has demanded a lease of land at Masampo. The Korean Government is anxious for outside assistance.

————————————

The contest between Russia and Japan for the possession of the seafront of Masampo - a magnificent harbour on the south coast of Korea - has been in progress since last October.

Russia wished to obtain possession of the harbour and convert it into a naval station, but as the registered owners of the land were Japanese the coveted site was put up for auction. The bidding was spirited, and plots were secured by agents of both the Russian and Japanese Government, but mostly by the latter.

Failing to secure what it wanted by the power of the purse, Russia has now demanded a lease of land, whether of part of the main sea front - and this is the more probable - or of some other piece of land is not clear.

The demand is in any case almost certain to entail friction with Japan.

Yokohama, March 29.
The Emperor will review forty ships at Kobe at the end of April. - Reuter.

(From our own correspondent.)
Paris, March 29.
The "New York Herald" publishes the following telegram:
"It is reported that the demand of Russia for a concession as a substitute for Masampo is causing excitement in Japan, especially in connection with the Russian naval manoevres and mobilisation of the naval reserve."

Berlin, den 2. April 1900.   A. 3839 I.

An   Postziffern.
1. Botschafter   Zu Ew. pp vertraulicher Information.
St. Petersburg № 269.   Der Kais. Gesandte in Tokio telegraphiert
2) Geschäftsträger   vom 28. v. Mts.:
London № 373.   „ins. aus dem Eingang ohne Umstellungen"
                                                      N. S. E.
J. № 2806.   i. m.

Berlin, den 2. April 1900.   A. 3839 II.

An   Die anliegende Abschrift eines Telegramms
1. Botschafter   des Kais. Gesandten in Tokio vom 28. v. Mts.,
St. Petersburg № 269.   betreffend die neuen russischen Forderungen
2) Geschäftsträger   an Korea, wird auf Allerhöchsten Befehl dem
London № 373.   Herrn Staatssekretär des Reichs-Marine-Amts
                                            zur gefälligen, vertraulichen Kenntnisnahme
J. № 2806.   ergebenst übersandt.
                                                      N. S. E.
                                                      i. m.

Berlin, den 2. April 1900.   A. 3995 I.

An

1. Botschaft London № 371.
2. Botschafter St. Petersburg
№ 266.

J. № 2798.

In Postziffern.

zu 1: Zu Ew. pp. vertrl. Information

zu 2: Zu Ew. pp. persönlicher Information

zu 1 und 2: Der Kais. Gesandte in Tokio
telegraphiert unter dem 31. v. M.:

„inser von (bis) aus der Vorlage ohne
Umstellung."

N. S. E.

i. m.

Berlin, den 2. April 1900.   A. 3995 II.

J. № 2799.

Die anliegende Abschrift eines Telegramms des
Kais. Gesandten in Tokio vom 31. v. Mts.,
betreffend die neuen russischen Forderungen an
Korea, wird auf allerhöchsten Befehl dem Herrn
Staatssekretär des Reichsmarine-Amts zur gefl.
ganz vertrl. Kenntnisnahme übersandt.

N. S. E.

i. m.

PAAA_RZ201-018928_143			
Empfänger	Auswärtiges Amt in Berlin	Absender	Leyden
A. 4141 pr. 2. April 1900. p. m.		Tokio, den 2. April 1900.	
Memo	i. Umst. mtg. 6. 4. London 409, Petersburg 289.		

A. 4141 pr. 2. April 1900. p. m.

Telegramm.

Tokio, den 2. April 1900. 3 Uhr 15 Min. a. m.
Ankunft: 8 Uhr 7 Min. p. m.

Der K. Gesandte an Auswärtiges Amt.

Entzifferung.

№ 18.

Vertraulich.

Obgleich Rußland seine Forderungen in Söul modifiziert hat, ist man hier noch nicht außer Sorge.

Graf Murawiew hat dem japanischen Geschäftsträger in St. Petersburg zu verstehen gegeben, daß die Ordnung der Masampo-Frage Herrn Pawlow überlassen sei.[7] Dies verstimmt hier, weil man fürchtet, daß Pawlow die extremen Wünsche der russischen Marine vertritt.

Leyden.

---

[7] MEMO: sehr bequem! Er kann dann entweder desavouirt oder unterstützt werden und der Geschwaderchef eine entscheidende Rolle.

[   ]

PAAA_RZ201-018928_145

Empfänger	Auswärtiges Amt in Berlin	Absender	Timm
A. 4250 pr. 5. April 1900.		Berlin, den 2. April 1900.	
Memo	A. 2986 mit 1 Anl. Auf das Schreiben vom 14. März 1900 - A. 2986[8] -		

A. 4250 pr. 5. April 1900. 2 Anl.

Berlin, den 2. April 1900.

A. 2686.

An den Herrn Staatssekretär
des Auswärtigen Amts, hier.

Anliegend wird der Bericht der Kaiserlichen Botschaft in London vom 7. März 1900 nebst Anlage nach Kenntnisnahme ergebenst zurückgesandt.

In Vertretung,
Timm.

---

8 Konzept gef. beigef.

Berlin, den 6. April 1900.

zu A. 4141.

An

die Botschaften in

1. London № 409.
2. St. Petersburg № 289.

J. № 2948.

Euerer pp. übersende ich anbei ergebenst Abschrift eines Telegramms des K. Gesandten in Tokio vom 2. d. Mts., betreffend die neuen russischen Forderungen an Korea, zu Ihrer gefälligen Information.

N. S. E.

i. m.

PAAA_RZ201-018928_148

Empfänger	Auswärtiges Amt in Berlin	Absender	Leyden
A. 4141 pr. 2. April 1900. p. m.		Tokio.	
Memo	In nachst. Umstllg. mitg. 6. 4. London 409, Petersburg 289.		

Abschrift.

A. 4141 pr. 2. April 1900. p. m.

Tokio.

An das Auswärtige Amt.

Berlin.

Vertraulich.

Hier ist man, obgleich Rußland seine Forderungen in Söul modifiziert hat, noch nicht außer Sorge.

Dem japanischen Geschäftsträger in Petersburg hat Graf Murawiew zu verstehen gegeben, daß die Ordnung der Masampo-Frage Herrn Pawlow überlassen sei. Dies hat hier verstimmt, weil man fürchtet, daß Pawlow die extremen Wünsche der russischen Marine vertritt.

gez. Leyden.

PAAA_RZ201-018928_149 ff.

Empfänger	[o. A.]	Absender	[o. A.]
A. 4563 pr. 11. April 1900. p. m.		[o. A.]	

A. 4563 pr. 11. April 1900. p. m.

Nowoje Vremja v. 26. März (8. April) 1900.

An die Erklärung Windhams anknüpfend, daß die Zeit noch nicht gekommen sei, um die Frage der Auswechslung der Gefangenen zu regeln, sagt der Leitartikel, die Ursache sei begreiflich; bei den Buren ist jeder Kämpfer von Wert, den Engländern kommt es auf einige Soldaten nicht an. Ferner rügt der Leitartikel die schlechte Behandlung der Kriegsgefangenen seitens der Engländer, während die Buren, wie die Engländer selbst gestehen, ihre Gefangenen rücksichtsvoll und menschlich behandeln, und erörtert die Schmach, welche hierin für die angeblichen „Träger der Kultur" liege![9]

Telegraphischer Korresp. Wladiwostok 24. März

Aus Söul wird vom 13.(26.) März gemeldet: Die japanische Regierung hat beschlossen, Postämter in den Hafen Masampo, Kuksan und Pchenjan zu errichten. Die koreanische Regierung hat das Projekt abgelehnt, da sie sich darauf beruft, daß Korea dem Weltpostverein angehört. Der japanische Gesandte wandte sich an den koreanischen Minister des Äußeren mit der Bitte, den Kreishauptleuten Instruktionen zu geben, daß sie bei der Errichtung von drahtlosen Telegraphen an der koreanischen Küste den Japanern behilflich seien. Die koreanische Regierung wies auch diesen Vorschlag zurück, indem sie sich darauf berief, daß sie selbst einen Telegraphen errichten wolle. In Masampo ist ein russisches Konsulat eröffnet worden. Aus Söul kommt der Konsul Sokow dorthin.

Aus Söul wird vom 18. März gemeldet: In Tschemulpo kam mit dem Geschwader Admiral Hildebrandt an. Die koreanischen Schüler der russischen Schule besichtigten das Geschwader. Die Liebenswürdigkeit und Aufmerksamkeit der Seeleute bezauberte die koreanischen Schüler und ihre Lehrer. Hierauf begab sich der Admiral, begleitet vom Stab, den Kommandanten und dem Musikkorps, nach Söul. In der Mission fand zu Ehren des Admirals ein Festessen statt.

---

9 [„An die Erklärung ⋯ liege!": Durchgestrichen von Dritten.]

Der Zwischenfall mit dem englischen Syndikat Morgan anläßlich der Bergwerke in Insan ist erledigt. Die Engländer haben die Konzession erhalten.

Rückzahlung eines Teiles der Anleihe an Japan.

PAAA_RZ201-018928_152 ff.			
Empfänger	Fürst zu Hohenlohe - Schillingsfürst	Absender	Reinsdorf
A. 4770 pr. 16. April 1900. a. m.		Söul, den 31. Januar 1900.	
Memo	mtg. 17. 4. London 456, Petersburg 330, Peking A. 41. J. № 80.		

A. 4770 pr. 16. April 1900. a. m.

Söul, den 31. Januar 1900.

№ 10.

An Seine Durchlaucht, den Herrn Reichskanzler
Fürsten zu Hohenlohe - Schillingsfürst.

Der 1.000.000 Dollar betragende Rest der von der koreanischen Regierung im Jahre 1895 in Japan gemachten 6%igen 3 Millionen Dollar Anleihe war vertragsmäßig im Dezember vorigen Jahres fällig. Davon hat die koreanische Regierung Ende vorigen Monats aus den Seezolleinkünften 750.000 Dollar bezahlt und sich verpflichtet, die übrigen 250.000 Dollar im Juli dieses Jahres zu entrichten. Wie unter dem 25. Januar v. Js. (№[10]) berichtet, bestand damals die Absicht mit der verbleibenden 1.000.000 $ die koreanische Regierung bei der Söul-Chemulpo Eisenbahn finanziell zu beteiligen; dieser Plan kam jedoch nicht zur Ausführung, da der koreanischen Regierung die verlangte Anteilnahme an der Verwaltung der Bahn nicht zugestanden wurde. Somit bleibt ausschließlich japanisches Kapital bei dieser Bahn engagiert, sc. 1.800.000 Yen, die die japanische Regierung aus der Kriegsentschädigung geliehen hat, und 750.000 Yen Privatkapital in Aktien, die nach Angaben des hiesigen japanischen Vertreters allerdings nur zur Hälfte einbezahlt sind; auf die Aktien wird für die letzten 6 Monate des vorigen Jahres eine Dividende von 3% gezahlt werden.

Reinsdorf.

Inhalt: Rückzahlung eines Teiles der Anleihe an Japan.

---

10 A. 2865 89 ehrerb. beigefügt.

Berlin, den 17. April 1900.   A. 4770.

An

die Missionen in

1. London № 456.

2. St. Petersburg № 330.

3. Peking № A. 41.

4. Tokio № A. 14.

J. № 3260.

Ew. p. übersende ich anbei ergebenst Abschrift eines Berichts des K. Konsulats in Söul vom 31. Januar d. Js, betr. Rückzahlung eines Teiles der Anleihe an Japan, zu Ihrer gefl. Information.

N. S. E.

i. m.

[   ]

PAAA_RZ201-018928_157

Empfänger	Auswärtiges Amt in Berlin	Absender	Timm
A. 4863 pr. 18. April 1900. p. m.		Berlin, den 14. April 1900.	
Memo	Auf das Schreiben vom 29. März 1900 - A. 3683 -		

A. 4863 pr. 18. April 1900. p. m. 2 Anl.

Berlin, den 14. April 1900.

A. 3155.

An den Herrn Staatssekretär
des Auswärtigen Amts. Hier.

Anliegend wird der Bericht des Kaiserlichen Gesandten in Tokio vom 21. Februar 1900 nebst Anlage nach Kenntnisnahme ergebenst zurückgesandt.

In Vertretung,
Timm.

PAAA_RZ201-018928_158 ff.			
Empfänger	Fürst zu Hohenlohe - Schillingsfürst	Absender	Leyden
A. 4940 pr. 20. April 1900. p. m.		Tokio, den 17. März 1900.	
Memo	mtg. 26. 4. London 490, Petersbg. 348, Peking A. 48.		

Abschrift.

A. 4940 pr. 20. April 1900. p. m.

Tokio, den 17. März 1900.

A. 35.

Seiner Durchlaucht

dem Herrn Reichskanzler

Fürsten zu Hohenlohe - Schillingsfürst.

Nach der hiesigen Zeitung „Nippon" hätte sich der russische Fregatten-Kapitän Romanoff gegenüber einem Amerikaner ungefähr wie folgt geäußert:

„Japanische und russische Militärkreise stimmen darin überein, daß über kurz oder lang ein Krieg zwischen beiden Ländern ausbrechen wird. Wann Rußland oder Japan losschlagen wird, läßt sich schwer sagen. Japan sieht den Krieg seit langem voraus und hat sich insbesondere durch Verstärkung seiner Marine darauf vorbereitet.

Rußland hat mir aller Anstrengung Land- und Seestreitkräfte in Ostasien versammelt. Es muß aber endlich einen Stützpunkt zwischen Wladiwostok und Port Arthur haben und wird zu diesem Zweck ohne Zweifel einen koreanischen Hafen okkupieren.

In russischen Marinekreisen rechnet man bei einem eventuellen Kriege auf Deutschlands Hilfe in der Annahme, daß auch in Europa dieser Krieg die Gegensätze zum Ausbruch kommen lassen wird und die Feindseligkeiten zwischen Rußland und England beginnen werden. Die Russen werden über Afghanistan nach Indien vordringen und die transkaspischen Truppen zuerst Herat besetzen."

An analogen chauvinistischen Äußerungen fehlt es auch seitens japanischer Offiziere nicht, die hiesige Börse ist unlängst durch das Gerücht eines feindlichen Zusammenstoßes zwischen einem japanischen und russischen Kreuzer an der Nordküste alarmiert worden, und die Polizei übt ein wachsames Auge über vermeintliche russische Spione.

Demgegenüber sind beide Regierungen bestrebt, durch nationale Leidenschaft hervorgerufene Zwischenfälle zu beseitigen oder in den engsten Schranken zu halten. So hat unlängst, als in Fusan wieder eine Schlägerei zwischen japanischen und russischen Matrosen entstanden war, die japanische Regierung durch Bestrafung der Polizeiorgane und Verwarnung des Gastwirtes alle weiteren Schwierigkeiten beseitigt. Auch von russischer Seite beabsichtigt man offenbar, in Tokio nicht unnötig zu reizen, und ich höre aus sonst guter Quelle, daß die zahlreichen Fahrten russischer Kriegsschiffe im Kanal von Korea, welche Beunruhigung hervorgerufen hatten, seltener geworden sind. Auch wird das andere „crève-coeur", die Masampo-Angelegenheit, in jüngster Zeit möglichst totgeschwiegen.

gez. Leyden.

orig. i. a. Rußland 94

PAAA_RZ201-018928_161 ff.

Empfänger	Fürst zu Hohenlohe - Schillingsfürst	Absender	Leyden
A. 4943 pr. 20. April 1900. p. m.		Tokio, den 21. März 1900.	
Memo	mtg. 26. 4. London 490, Petersbg. 348, Peking A. 48.		

Abschrift.

A. 4943 pr. 20. April 1900. p. m.

Tokio, den 21. März 1900.

A. 39.

Seiner Durchlaucht

dem Herrn Reichskanzler

Fürsten zu Hohenlohe - Schillingsfürst.

Die dem Marquis Ito nahestehende, in englischer Sprache erscheinende „Japan Times" spricht sich heute in ernster und bedenklicher Weise über die russisch-japanischen Beziehungen aus.

Der Leitartikel beginnt mit Hervorhebung des Eindruckes, welchen die lebhafte Tätigkeit Rußlands in der Vermehrung seiner ostasiatischen Streitkräfte in Japan erzeugt habe, ein Eindruck, welcher sich, trotz der Zurückhaltung der Regierungen, leicht bis zum Gefühl der Drohung steigern könnte.

Hierauf zitiert die „Japan Times" wörtlich einen Artikel des der Regierung nahestehenden „Kokumin", in welchem die russisch-japanischen Beziehungen eingehende Beleuchtung erfahren und die ausgesprochene Friedensliebe des Zaren den jüngsten Handlungen seiner Regierung gegenüber gestellt wird.

Das Neue in den Ausführungen des Kokumin ist die emphatische Erklärung, daß Japan die Unterwerfung Koreas unter die militärische oder politische Suprematie einer anderen Macht nicht zulassen werde. „Should Russia seize any part of the Korean territory for military purposes, such action on her part will be clearly an infraction of the existing agreement with this country and it can never be said that causes of misunderstanding have been removed." (Letzteres ist eine Anspielung auf den Wortlaut des Reskriptes des Zaren an den Grafen Murawieff.) Der Kokumin fährt fort: „If things keep on as they are now doing, we fear that despite the best intentions on the part of the two governments and a large section of the two nations a fatal catastrophe may overtake them" und schließt mit der Hoffnung, daß die russische Regierung mit einer Aufklärung über den Zweck ihrer militärischen Vorbereitungen nicht zurückhalten werde.

Obgleich ich im Allgemeinen nicht versucht bin, jeden Leitartikel des „Kokumin" auf die Inspiration des Marquis Yamagata oder des Vicomte Aoki und noch weniger jede Äußerung der "Japan Times" auf jene des Marquis Ito zurückzuführen, so ist es in dem vorliegenden Falle doch auffallend, daß eine so energische Sprache des „Kokumin" unverzüglich von der „Times" dem europäischen Leserkreis Japans zugeführt wird, als sollte dadurch dokumentiert werden, daß die portefeuillelose Seele des Kabinets diesem Alarmruf nicht fern steht.

Ich habe an anderer Stelle über die Äußerungen eines russischen Offiziers zu berichten die Ehre gehabt, welcher einen Krieg zwischen Japan und Rußland für unvermeidlich erklärt haben soll. Auch diese Äußerungen werden seitens des „Kokumin" nicht nur verwertet, sondern es wird des Weiteren angedeutet, daß in Rußland Kräfte am Werk sein könnten, welche die Friedensliebe des Zaren und seines Ministers zu täuschen verständen bis es zu spät sei. In diesem Sinne dürften vielleicht die Erklärungen zu verstehen sein, welche die japanische Zeitung herbeigeführt sehen möchte.

Gerade dieses letzte Mittel scheint mir aber nicht sehr glücklich gewählt zu sein, um den russischen Stolz zu brechen.

gez. Graf Leyden.

orig. i. a. Rußland 94

Der russische Vertreter in Söul.

PAAA_RZ201-018928_164 ff.			
Empfänger	Fürst zu Hohenlohe - Schillingsfürst	Absender	Leyden
A. 4945 pr. 20. April 1900. p. m.		Tokio, den 22. März 1900.	
Memo	21. 4. mtg. London 474, Petersbg. 340, Peking A. 45.		

A. 4945 pr. 20. April 1900. p. m.

Tokio, den 22. März 1900.

A. 41.

Seiner Durchlaucht

dem Herrn Reichskanzler

Fürsten zu Hohenlohe - Schillingsfürst.

Der russische Vertreter in Söul, Herr Pawlof, hat nach seiner vor kurzem erfolgten Rückkehr seinen englischen Kollegen Mr. Jordan kategorisch darauf angesprochen, daß er, Pawlof, wohl wisse, daß das Geld für den Wegkauf von Ländereien in Masampo durch Japaner von der englischen Regierung gegeben worden sei. Herr Pawlof fügte hinzu, er kenne persönlich jemanden, der den Check gesehen habe, welcher von der englischen Gesandtschaft ausgestellt gewesen wäre, während die Auszahlung seitens des englischen Geschwaders erfolgt sei.

Sir Ernest Satow, welcher mir dieses kurz vor Abgang dieser Post im Wartezimmer des Auswärtigen Amtes erzählt hat, sagte mir, Mr. Jordan sei sich heute noch nicht im Klaren darüber, ob Herr Pawlof einen solchen Unsinn selbst glauben könne, oder ob der Verbreitung solcher Nachrichten nur das gewöhnliche „calumniare audacter" zu Grund liege.

Graf Leyden.

Inhalt: Der russische Vertreter in Söul.

Berlin, den 21. April 1900.

zu A. 4945.

An

die Missionen in

1. London № 474.

2. St. Petersburg № 340.

3. Peking № A. 45.

J. № 3390.

Euerer pp übersende ich anbei ergebenst Abschrift eines Berichts des K. Gesandten in Tokio vom 22. v. Mts., betreffend den Streit über Masampo, zu Ihrer gefl. Information.

N. d. H. U. St. S.

i. m.

Die „Rossija" über ein energisches Handeln Rußlands gegenüber Korea.

PAAA_RZ201-018928_168 ff.

Empfänger	Fürst zu Hohenlohe - Schillingsfürst	Absender	Radolin
A. 5354 pr. 29. April 1900. a. m.		St. Petersburg, den 27. April 1900.	
Memo	1.5. mitg. Tokio A. 19.		

A. 5354 pr. 29. April 1900. a. m.

St. Petersburg, den 27. April 1900.

№ 257.

Seiner Durchlaucht

dem Herrn Reichskanzler

Fürsten zu Hohenlohe - Schillingsfürst.

Die „Rossija" tritt für ein energisches Vorgehen Rußlands gegenüber Korea ein.

Der russische Einfluß in Korea sei deshalb so gering, weil Rußland zur Erreichung seiner Zwecke allzu schüchterne Mittel anwende. Korea stelle einen kraftlosen Organismus dar, der des Schutzes und der Stütze bedürfe, aber in seiner Unentschlossenheit nicht wisse, wem er sich anvertrauen solle.

Gerade jetzt sei die geeigneteste Zeit zum Handeln, man müsse jedoch festen Schrittes und selbstbewußt, ohne auch nur im geringsten zu schwanken, vorgehen. Eine schüchterne, unentschlossene Politik bedeute in den Augen der Koreaner nichts anderes als Schwäche. Rußland, das durch die Abberufung seiner Instruktoren bereits eine große Unvorsichtigkeit begangen habe, dürfe auf keinen Fall noch weiterhin nachgiebig sein, wenn es nicht den Verlust seines Prestiges auf lange Zeit riskieren wolle. Der gegenwärtige Augenblick sei für eine Aktion um so günstiger, als Japan nicht störend dazwischen treten würde, sein „Verbündeter" England aber mit den eigenen Schwierigkeiten in Südafrika nicht fertig werden und mit Geldsubsidien nicht helfen könnte, weil er des Geldes selbst bedürfe.

„Mit Deutschland könnte man ein Abkommen dahin treffen, daß ihm Rußland seine Nichteinmischung verspricht, wenn es in gewissen Gebietsteilen des chinesischen Reiches, die Deutschland gern in Pacht nehmen möchte, seine Tätigkeit entfaltet."

England endlich würde sich eher mit einer vollzogenen Tatsache abfinden, als seinen Krieg gegen die südafrikanischen Republiken abbrechen.

Sei dieser Krieg aber erst einmal beendigt, so werde sich die Lage der Dinge gewaltig ändern. Deshalb müsse die Devise der russischen Politik in Asien und namentlich in Ostasien lauten: jetzt oder niemals.

Radolin.

Inhalt: Die „Rossija" über ein energisches Handeln Rußlands gegenüber Korea.

Berlin, den 1. Mai 1900.   A. 5354.

An

die Mission in

Tokio № A. 19.

J. № 3721.

Ew. p. übersende ich anbei ergebenst Abschrift
eines Berichts des K. Botschafters in St. Petersburg
vom 27. v. Mts., betreffend einen Artikel der
„Rossija" über ein energisches Handeln[11] Rußlands
Politik gegenüber Korea, zu Ihrer gefl. Information.

N. S. E.

i. m.

---

11 [ein energisches Handeln: Durchgestrichen von Dritten.]

Militärisch-Politisches.

PAAA_RZ201-018928_173 ff.

Empfänger	Reichs-Marine-Amt in Berlin	Absender	Gühler
ad. A. 5907 pr. 11. Mai 1900.		Tokio, den 10. April 1900.	

Abschrift.

ad. A. 5907 pr. 11. Mai 1900.

Tokio, den 10. April 1900.

B. № 48.

An den Staatssekretär

des Reichs-Marine-Amts. Berlin.

In den ersten Tagen d. Mts. schlugen die japanischen Zeitungen wieder einmal einen Ton an, der den Ausbruch kriegerischer Verwicklungen zwischen Japan und Rußland nahe bevorstehend erscheinen ließ. Das war der Zeitpunkt, zu welchem die russische Vertretung in Korea sich daran machte, ihre seit dem Ende v. Js. zurückgestellten Landforderungen auf der koreanischen Halbinsel wieder aufzunehmen. Man merkte den Artikeln an, daß sie nur geschrieben waren, um keinen Zweifel darüber zu lassen, Japan würde sich der Abtretung eines koreanischen Hafens oder einer Insel an Rußland widersetzen oder Gegenmaßregeln ergreifen. Diese Artikel sollen jedoch nicht von der Regierung ausgegangen oder von ihr inspiriert gewesen sein, vielmehr soll sie sich bemüht haben, ihnen ihre Schärfe zu nehmen.

Sichtbare Maßnahmen für das Ergreifen solcher Gegenmaßregeln von Seiten Japans traten nicht zu Tage. Es bedurfte deren allerdings nicht, da sich die gesamte japanische Flotte mit dem 27. März in mobilen Zustand versetzt hatte, für die auf die Dauer eines Monats bemessenen und seit langem angekündigten Manöver.

Soweit bekannt geworden ist, sollten die russischen Forderungen folgende gewesen sein. Zunächst hatte man die koreanische Regierung bestimmen wollen, die von russischer Seite eingeleiteten Schritte zum Landkauf am Hafen von Masampo anzuerkennen und die inzwischen von Japanern zur Ausführung gebrachte Erwerbung des nämlichen oder eines davor liegenden Landstriches für ungültig zu erklären. (cfr. Bericht vom 25. Januar d. J. - B. № 13 -) Für den Fall der Ablehnung hatte man drei andere Eventual-Forderungen gestellt: Abtretung eines anderen Stückes Land am Eingang zur Bucht von Masampo, oder

der den Zugang zur Fusan beherrschenden Insel Katok-to, oder des geräumigen Hafens an der NW-Seite der Insel Kyosai-to, die vor dem Zugang zur Masampo-Bucht gelegen ist. Zur Unterstützung der russischen Forderungen waren drei russische Kriegsschiffe - Kossia, Navarin, Kurik - vor Fusan erschienen und es hieß, daß drei weitere zu erwarten seien. Im Übrigen hielt sich fast das ganze russische Geschwader zu der Zeit in den benachbarten Gewässern auf.

Der Gegendruck, den die japanische Regierung auf die koreanische in diplomatischer Hinsicht auszuüben verstand, und der sich sowohl für Korea als auch für Rußland in der bereitliegenden japanischen Flotte verkörperte, brachte auf der einen Seite die gewünschte Standhaftigkeit, auf der anderen Abgehen von diesen Forderungen zu Wege. - Rußland soll nicht auf seinen vorbezeichneten Forderungen bestanden und sich mit einem Stück Land begnügt haben, das ihm in Masampo innerhalb der für die Fremden eröffneten Zone zugewiesen wird, hat aber gleichzeitig Gelegenheit genommen, eine alte in der Schwebe befindliche Streitfrage zu seinen Gunsten zur Erledigung zu bringen. Schließlich soll es, was das Wichtigste der ganzen Abmachung sein dürfte, das Zugeständnis Koreas erhalten haben, daß die ihm jetzt versagten Gebiete auch keiner anderen Macht überlassen werden dürften. Die vorerwähnte Streitfrage behandelte das Einschließen einer in der Bucht von Mokpo gelegenen kleinen Insel in die zur Niederlassung Fremder eröffneten 10 Li-(ungefähr gleich 4 km) Zone. Rußland hatte s. Zt. Land auf dieser Insel erworben, Korea aber diese Erwerbung nicht anerkannt, da es die 10-Li-Zone für Niederlassungen nur auf das Festland beschränkt wissen wollte. Jetzt ist von Seiten der koreanischen Regierung zugegeben, daß auch diese Insel in die bezeichnete Zone hineinfällt, der Zonenkreis sich also über das Wasser eines Hafens ausdehnt. Es ist natürlich unmöglich zu behaupten, daß diese Darstellung der Forderung Rußlands genau den Tatsachen entspräche oder daß sie erschöpfend sei. Möglicherweise existieren noch weitergehende Ansprüche, von denen man erst später Kenntnis erhalten wird; auch ist die Stellungnahme Japans zu der Absicht, jene Gebiete „allen" Mächten zu verschließen, nicht bekannt. Vorläufig ist eben Vorstehendes das Einzige, was sozusagen durchgesickert ist.

Gewiß ist, daß für den Augenblick die koreanische Frage zwischen den beiden Mächten, äußerlich wenigstens, ruht. Wie bald und wie weit Rußland aus jenem Zugeständnis Koreas (angenommen, es sei eine Tatsache) seine Konsequenzen ziehen wird, die sich vielleicht dahin auswachsen können, diese Landesteile als „Interessengebiet" anzusehen und im Verlauf der Zeit auch öffentlich zu bezeichnen und dann entsprechend zu behandeln, bleibt dahingestellt. - Jedenfalls wird diese Küste Koreas immer das eingehendste militärische Interesse beanspruchen. -

Wie überall, so wurden in diesen Tagen eines drohenden Konflikts auch hier einige chauvinistische Blüten gezeigt. Die Polemik über das natürliche Anrecht Japans auf Korea ward lebhaft, der Interessengegensatz zwischen Rußland und Japan wurde erörtert, von denen jedes die Halbinsel absolut nötig habe, sei es seiner Weiterentwicklung wegen, sei es, um nicht beeinträchtigt und bedroht zu werden, und schließlich riefen selbst Auslassungen unverantwortlicher Personen über die Notwendigkeit eines baldigen Austrages mit den Waffen das lebhafte Interesse des Publikums wach. Als besonders gewichtiges Argument zur Kennzeichnung der wahren russischen Stimmung wurden die Darlegungen eines russischen Offiziers, Fregatten-Kapitäns, wiedergegeben, die dieser einem amerikanischen Berichterstatter gemacht habe. Seine Äußerungen ließen allerdings an Deutlichkeit nichts zu wünschen übrig, allein es sind eben Äußerungen von der Färbung der Gespräche erhitzter junger Offiziere, die einen Krieg herbeisehnen und - für die allgemeine politische Lage - von eben demselben Wert. - Besagter Russe ist denn auch ein Unterleutnant namens „Romanoff", früher an Bord des Kreuzers „Rossia"; er befand sich derzeit auf der Heimreise durch Amerika.

Das Einzige, was man - außer dem Bereithalten der Flotte - als außergewöhnliche Vorbereitung für einen bevorstehenden Krieg, als Rüstung, ansehen konnte, ist die monatelange außerordentlich Tätigkeit, welche die Geschütz- und Munitionswerkstätten entfalteten. Namentlich in den Munitionsfabriken ist sie groß gewesen; man hat dort andauernd mit täglich 4 und mehr Überstunden gearbeitet, und als Grund angegeben, daß das ausgeworfene Geld noch bis zum Ende des Etatjahres aufgebraucht werden müsse.

Bei dem Interesse, welches die vorgenannten koreanischen Häfen haben oder als eventl. Operationsbasis für einen Krieg erhalten, dürfte ihr Besuch angezeigt sein. Masampo - ich weiß nicht, ob bereits eines der Schiffe Seiner Majestät dort und in den benachbarten Häfen gewesen ist und sie beschrieben hat - wird als einer der besten, sichersten und geräumigsten Häfen geschildert, die es gibt.

Dem Herrn Chef des Kreuzergeschwaders habe ich Abschrift des Vorstehenden übersandt.

gez. Gühler.

Betrifft: Militärisch-Politisches.

Die fremden Interessen in Korea.

PAAA_RZ201-018928_183 ff.

Empfänger	Fürst zu Hohenlohe - Schillingsfürst	Absender	Leyden
A. 5908 pr. 11. Mai 1900. a. m.		Tokio, den 5. April 1900.	

A. 5908 pr. 11. Mai 1900. a. m. 1 Anl.

Tokio, den 5. April 1900.

A. 42.

Seiner Durchlaucht

dem Herrn Reichskanzler

Fürsten zu Hohenlohe - Schillingsfürst.

Eine hiesige Zeitung veröffentlicht eine Zusammenstellung der zur Zeit in Korea bestehenden fremden Interessen, und ich beehre mich, dieselbe Euerer Durchlaucht im Ausschnitt beifolgend gehorsamst vorzulegen.

Die größte Zahl von Konzessionen befindet sich dieser Liste zufolge in japanischen Händen, wie auch die Bahnlinie von Söul nach Fusan, wenn vollendet, ein bedeutendes Objekt japanischen Einflusses bilden würde.

Wie ich aber schon mehrfach hervorzuheben die Ehre gehabt habe, sind der japanischen Aktionssphäre in dem Nachbarland finanzielle Schranken gezogen und die häufig angestrebte Verbindung mit fremden Kapital scheitert an den hohen Ansprüchen, welche die Konzessionäre an diese Mitwirkung stellen. Auch die Russengemeinschaft ist bisher den japanischen Unternehmungen in Korea verhältnismäßig wenig zu Statten gekommen, das hochfahrende Auftreten der Japaner läßt sie in den Augen der Koreaner kaum liebenswürdiger erscheinen als die übrigen Fremden. Die stolze Liste von Konzessionen reduziert sich daher hauptsächlich auf eine gewisse Anzahl von Niederlassungen, von welchen japanischer Einfluß ausstrahlt und in nicht ferner Zukunft das Terrain zu beherrschen hofft.

In ruhiger aber zielbewußter Weise dringt russische Einwirkung von Norden vor und sucht zur Zeit eher fremden Unternehmungsgeist zu hemmen, bis die eigene wirtschaftliche Erstarkung zum selbstständigen Vorgehen reif geworden. Die Möglichkeit, daß Rußland in Korea und dem westlichen Sibirien amerikanisches Kapital heranzuziehen suche, bleibt immer vorhanden, die direkten amerikanischen Interessen in Ostasien haben aber eine so rapide Vorwärtsbewegung angenommen, daß die Neigung der dortigen Kapitalisten, russische Unternehmungen zu fruktifizieren täglich geringer wird.

Graf Leyden.

Inhalt: Die fremden Interessen in Korea.

Zu A. 42.

The Japan Daily Mail.

YOKOHAMA, TUESDAY, APRIL 3, 1900.

FOREIGN INTERESTES IN KOREA.

The *Kokumin Shimbu*n contains a timely and valuable analysis of the interests actually acquired by subjects or citizens of foreign States in Korea. The list is as follows: ---
Japan.

The Söul-Chemulpo Railway. - Already open to traffic though not completely finished.

The Söul -Fusan Railway. - Concession granted to Japanese, and surveys now being made, but work of construction not yet commenced.

Gold Mine. - At Chiksan in Chhunhhang-do. Concession held by Messrs. Fukuzawa and Tatsuzo. Work is being carried on and the future is most promising.

Gold Mine. - At Chhong-won in Kyöng-sang. Concession obtained several year ago by Mr. Maki, but work not yet commenced.

Gold Mine. - At Songhwa in Hwanhai-do. Concession obtained 5 years ago by Mr. Tanaka but work not yet commenced.

Gold Mine. - At Chhölwon in Kangwön-do. Concession obtained by Mr. Okura Kihachiro, but work not yet commenced.

Smokeless Coal Mine. - At Pyöngyang. Concession obtained by Messrs. Kasai and Inukai, but work not yet commenced.

Various other mining concessions have been applied for by Messrs. Shibusawa Eiichi and Asa№

Whaling Privileges. - Obtained by Mr. Kawakita Kanshichi on the coasts of

Hamgyön-do, Kanwön-do and Kyöngsan-do.

Management and Control of all the Posts and Telegraphs in the Empire. - Obtained last year by the Japanese Government.

Banks - Branches of the First, the Eighteenth, and the Fifty-eighth.

Schools - Sixteen secular and two religious(Buddhist).

RUSSIA.

Coal Mine. - In Hamgyön-do. The coal has proved bad and work is suspended.

Whaling Privileges. - In the same waters as the Japanese mentioned above, but the Russian concessionaire (Captain Kaiserin) is entitled to boiling station on shore.

Timber-felling Rights. - In the districts adjoining the Yalu and Tumen Rivers and on the island of Ulnyung. The nature of this concession is vague, but undoubtedly very fine lumber is being obtained for use in the construction of the Trans-Asian Railway.

Schools. - Unascertained.

AMERICA.

Gold Mine. - At Unsan in Pyöng-an-do. Concession obtained by Mr. Morse. Said to be a rich mine. The employés number 40 foreigners, 1,200 Koreans and 30 Japanese. Last year the concessionaire presented a lump sum of 200,000 yen to the Korean Court, and the yearly payment made for the royalty is 25,000 yen.

Electric Railway. - In Soul. Commenced working last summer.

School. - Twelve, under Missionary management.

GERMANY.

Gold Mine. - At Tanghyon in Kangwön-do. Concession obtained by Mr. Walter in 1897. Several hundred men now at work.

ENGLAND.

Gold Mine. - At Uensan in Pyöngan-do. Concession just obtained by Mr. Pritchard Morgan.

Various Contract Works.

Bank. - A branch of the Hongkong and Shanghai Banking Corporation.

Customs and Finance. - Under the complete management of Mr. McLeavy Brown.

Rußland und Japan in Korea.

PAAA_RZ201-018928_189 ff.			
Empfänger	Fürst zu Hohenlohe - Schillingsfürst	Absender	Leyden
A. 5909 pr. 11. Mai 1900. a. m.		Tokio, den 8. April 1900.	
Memo	15. 5. mtg. London 540, Petersburg 391, Peking A. 56, Marineamt.		

A. 5909 pr. 11. Mai 1900. a. m.

Tokio, den 8. April 1900.

A. 43.

Seiner Durchlaucht

dem Herrn Reichskanzler

Fürsten zu Hohenlohe - Schillingsfürst.

In dem seit letztem Sommer schwebenden russisch-japanischen Ringen um Einfluß in Korea spiegelt sich das elementare Vorgreifen Rußlands in Ostasien. Das Projekt der sibirischen Eisenbahn war ursprünglich zaghaft angelegt im Vergleich zu seiner heutigen Ausdehnung und zukünftigen Bedeutung. Desgleichen ließ sich Rußland vor zwei Jahren von seinen eigenen Erfolgen hinreißen, als es die Hand auf die Mandschurei legte und sich eine überwältigende Stellung im Norden Chinas schuf, dessen Hauptstadt nunmehr jederzeit von ihm bedroht werden kann. Unter anderen Umständen würde die Erzielung ähnlicher Resultate viele Jahre zielbewußter Anstrengung und wahrscheinlich große Opfer an Geld und Blut gekostet haben. Immerhin bleibt der russischen Staatsleitung das Verdienst, die Zuckungen des chinesischen Reiches meisterhaft erschaut und ihren eigenen Bau den Bedürfnissen gemäß aufgeführt und eingerichtet zu haben.

Es schien Rußland im Frühjahr 1898 vor seinem eigenen Glück bange zu werden, es besorgte offenbar, Japan könnte seine Kreise in China stören wollen, und so entstand die Nishi-Rosen-Konvention, die Korea als eine Art von neutralem Staat zwischen beiden konstituieren sollte. Noch ein bißchen mehr Wagemut, und Rußland hätte damals auch über die Opposition Japans hinweggehen und sich Korea wahren können.[12] Japan hatte ausgeschossene Geschütze, seine heutige Marine war auf den europäischen Werften im Entstehen, über die Einführung einer neuen Infanterie-Waffe war noch kein Beschluß gefasst.

Die Unterzeichner des damaligen russisch-koreanischen Abkommens waren aufrichtige

---

12 [Randbemerkung] ja!

Freunde des guten Einvernehmens zwischen beiden Ländern. Baron Rosen hatte eine gemütliche Sekretärszeit in Tokio hinter sich und sich aus dieser eine höchst wohlwollende Beurteilung des Landes bewahrt, dessen erste Versuche auf dem neuen Pfade der Umwandlungen aller Institutionen er geschaut. Baron Nishi - heute japanischer Gesandter in Peking - war in St. Petersburg erzogen, ob das Gerücht, daß er heimlich zum orthodoxen Glauben übergetreten sei, begründet ist, entzieht sich meiner Kenntnis.

Einsichtige Japaner mögen schon manches Mal den Krieg mit China bedauert haben. Die Siegesglorie des Yalu-Flusses wiegt allerdings noch schwer in der an auswärtigen Erfolgen armen Geschichte des Landes. Der Volkscharakter hat aber seit dem Kriege eine unangenehme Wendung genommen, die Intervention der drei Mächte hat viele Illusionen zerstört, die erworbene Großmachtstellung ist wie eine stolze Fahne, die von zu kurzem Mast im Winde flattert, wie ein zu weiter Rock, den der Körper nicht ausfüllt.

Boudirend hat Japan im Jahre 1898 Kiautschou, Port Arthur und die Mandschurei in fremde Hände übergehen sehen und schließlich zu der Besitzergreifung Wei-hai-wei's fast selbst die Hand geboten. Aus seinem Schmollwinkel schien es ihm fast das Beste, eine möglichst große Anzahl von Mächten im Norden Chinas vertreten zu sehen.

Als ich damals meinen hiesigen Posten antrat, war man in fast ganz Europa auf die Haltung Japans gespannt und mutete ihm kriegerische Absichten zu, was ich aber hier vorfand, glich mehr einer Deroute und einer stumpfen Ergebung in ein unvermeidliches Geschick.

Seitdem haben sich die fremden Geschwader in ostasiatischen Gewässern vergrößert und vermehrt, die fremden Einflußsphären in China mehr definiert. Andererseits haben sich auch die japanischen Rüstungen vervollkommnet, die hiesige Politik hat sich eingehend bemüht in China staatserhaltende Kräfte zu wecken, endlich hat man in dem Talisman der "offenen Tür" eine Gemeinsamkeit der Interessen mit verschiedenen europäischen Mächten und mit den Vereinigten Staaten von Amerika zu finden geglaubt.

Nur Rußland hat das Tempo der übrigen bedeutend überholt und namentlich militärisch eine imposante Stellung eingenommen, ohne damit auf die Vorteile zu warten, welche die Vollendung der sibirischen Bahn bei langsamerem Fortschritt geboten haben würde. Namentlich die russische Militär- und Flotten-Partei ist dabei zur Überzeugung erwacht, daß die Krönung ihrer hiesigen Machtstellung die Erwerbung eines Stützpunktes zwischen Wladiwostok und Port Arthur erfordert, welcher Stützpunkt nur im Süden von Korea gesucht werden kann, wo namentlich das neueröffnete Masampo mit seiner Umgebung einen idealen Hafen zu bilden scheint, der dem englischen Geschwader schon seit langem zu Schießübungen gedient hatte.

Ein Blick auf die Karte macht auch dem Laien ersichtlich, wie vorteilhaft dieser Platz einerseits Rußland erscheinen muß und wie bedrohend sein Besitz in fremden Händen für Japan sein würde, dessen Aktionsfreiheit wie Machtstellung herabgedrückt erscheint, sobald ein russisches Geschwader unter dem Schutz von Landbefestigungen und eines gesicherten Hafens in Süd-Korea auftreten kann.

Mit einem so bedeutenden Objekt im Auge, war das Bestreben beider Mächte auf die Sicherung größeren Einflusses bei der koreanischen Scheinregierung gerichtet, wobei die Nishi-Rosen-Konvention allmählich nahezu in Vergessenheit geriet. Die Verhandlungen der letzten Monate tragen das Merkmal aggressiver russischer Politik, deren Ziele bisher durch japanische Wachsamkeit vereitelt worden sind. Dabei geht Japan von der Voraussetzung aus, daß russische Forderungen in Söul, gleichviel ob sie Kohlenstationen oder commerzielle Ziele betreffen, militärische Endzwecke verfolgen, deren Verhinderung in Tokio als Diktat der Selbsterhaltung betrachtet wird.

Ich höre hier von militärischen Fachleuten verschiedene Urteile über die Kriegsbereitschaft der beiden Länder. Wenn im Allgemeinen die Überlegenheit Japans zur See zugegeben wird, so erscheint sie doch nicht groß genug, um die russische Seemacht lahm zu legen. Und bis dies nicht der Fall, halten die Militärs die Landung einer japanischen Armee jenseits des Kanals für ausgeschlossen oder wenigsten für höchst gewagt, um so mehr als japanische Truppen einem europäisch geschulten Gegner bisher nicht gegenüber gestanden sind. Rußland hätte demnach fast die bessere Chance, von Norden her unbelästigt in Korea einzurücken, wenn es mit der Flotte inzwischen sich mehr in der Defensive hielte. Dabei ist freilich nicht in Betracht gezogen, daß Japan eventuell in Nordchina Schwierigkeiten anzetteln kann, die eine militärische Diversion Rußlands benötigen würden. Es ist auch jedes aktive Einschreiten Englands zu Gunsten Japans außer Betracht gelassen, da einerseits der Transvaalkrieg noch fortwährt und andererseits Rußland sich einer zu rücksichtslosen Ausnutzung der politischen Lage gegenüber England enthalten hat[13].

Die Zeichen des Tages sprechen daher dafür, daß sich die Gegner noch länger in abwartender Haltung gegenüberstehen werden, obgleich die Zukunft die Machtverhältnisse in militärischer Beziehung nur zu Rußlands Gunsten verschieben kann. Japan ist bisher nicht gezwungen gewesen, den höchsten Einsatz zu wagen und hat die Position in Süd-Korea zur Stunde noch notdürftig gewahrt. Daß ihm dies auf lange hinaus möglich sein werde, glaube ich bezweifeln zu müssen.

Graf Leyden.

Inhalt: Rußland und Japan in Korea.

---

13 MEMO: seinen eigenen Schaden! ZU SEINEM EIGENEN SCHADEN

Die Masampo-Frage.

PAAA_RZ201-018928_201 ff.

Empfänger	Fürst zu Hohenlohe - Schillingsfürst	Absender	Leyden
A. 5910 pr. 11. Mai 1900. a. m.		Tokio, den 10. April 1900.	
Memo	15. 5. mtg. London 541, Petersbg. 392, Peking A. 57, Marineamt. cfr. A. 9159		

A. 5910 pr. 11. Mai 1900. a. m. 1 Anl.

Tokio, den 10. April 1900.

A. 44.

Seiner Durchlaucht

dem Herrn Reichskanzler

Fürsten zu Hohenlohe - Schillingsfürst.

Einen genauen Einblick in den Gang der russisch-japanischen Unterhandlungen mit Korea wegen Abtretung eines Gebiets für russische Marinezwecke bei oder um Masampo zu erhalten, ist mir bisher nicht möglich gewesen.

Im wörtlichen Sinn haben solche Unterhandlungen zwischen Rußland und Japan überhaupt nicht stattgefunden, insofern als Rußland offenbar in Söul seine Forderungen gestellt und gleichzeitig hier durch Herrn Rosen eine versöhnliche Sprache geführt hat, worauf der Versuch des Vicomte Aoki durch seinen Geschäftsträger in St. Petersburg Aufklärungen zu erhalten, seitens des Grafen Muravieff mit einer „fin de non-recevoir" beantwortet wurde.

Sowohl ich als meine Kollegen, sogar der englische, haben den Minister der Auswärtigen Angelegenheiten in der Frage wenig mitteilsam gefunden. Vicomte Aoki sprach sich mir gegenüber anfangs rückhaltlos dahin aus, daß Japan die Abtretung eines Gebietes am Kanal von Korea an Rußland nicht zulassen könne. Er schien im Verlaufe seine Haltung dahin zu ändern, daß im Falle der Gewährung der russischen Ansprüche Japan Kompensationen fordern würde. Endlich, als ich ihn vor wenigen Tagen zum letzten Mal über die Lage sondierte, sagte er mir, Rußland schiene allerdings seine ursprünglichen Forderungen aufgegeben zu haben, es verlange jetzt aber scheinbar Garantien, daß unter anderem die Insel Kö-jé seitens Koreas auch an keine andere Macht abgetreten würde. Auf meine Bemerkung, daß eine solche Lösung Japan eigentlich zusagen könne, machte der Minister eine bedenkliche Miene und meinte, die diplomatischen Querzüge Herrn Pawlofs erforderten die genaueste Überwachung.

Es unterliegt keinem Zweifel, daß, als die Frage von Masampo seitens Rußlands jetzt von neuem angeschnitten wurde, die Stimmung in hiesigen Regierungskreisen eine sehr ernste wurde, auch der Kriegsminister verhehlte in einem Privatgespräch nicht seine Besorgnis.

Die japanische Presse, die ursprünglich einschließlich der Regierungsorgane einen teils chauvinistischen, teils bestimmten Ton angeschlagen hatte, ist seither auf der ganzen Linie zur Ruhe verwiesen worden und beschäftigt sich fast garnicht mehr mit der Frage.

Ich finde im Ganzen meinen schon früher gemeldeten Eindruck bestätigt, daß es hauptsachlich die russische Marine-Partei ist, welche zu einer, eventuell sogar gewaltsamen Lösung der Masampo-Frage wieder gedrängt hat, daß aber die Regierung nicht gewillt ist, deren Ansprüche bis aufs Äußerste zu vertreten. Ich möchte daher das plötzliche Stillschweigen der japanischen Presse auf die Direktive zurückführen, daß jedes Prahlen über einen gewonnenen Erfolg vermieden werden müsse.

In der Tat kann von einem Erfolg nur insofern die Rede sein, als Japan sich zur Zeit entgegengestellt hat, daß Korea ein Gebiet abtrete, in dem auch militärische Maßnahmen getroffen werden könnten. Rußland hat darauf für gut befunden, nicht weiter zu drängen. Es hat aber aller Vermutung nach Land innerhalb der zur Konzession von Masampo gehörigen Zone erhalten und ist damit um einen beträchtlichen Schritt vorwärts gekommen. In der am Schlusse dieses Monats stattfindenden Versteigerung von Land innerhalb der Konzession kann es seinen Besitz weiter vermehren. Die russische Marine mag mit dem Ergebnis unzufrieden sein, aber das russische Prestige hat darum doch keineswegs gelitten, auch können zu gelegener Zeit die Forderungen erneuert werden, und ich habe mir erlaubt, an anderer Stelle auf die Wichtigkeit des Objektes für Rußland gehorsamst hinzuweisen.

Zum Schluß gestatte ich mir eine Zusammenstellung derjenigen Nachrichten, welche den Weg in die hiesige Presse gefunden haben, Euerer Durchlaucht zur hochgeneigten Kenntnisnahme ehrerbietigst zu überreichen.

Graf Leyden.

Inhalt: Die Masampo-Frage.

zu A. 44.

Russische Forderungen in Korea.

Die ersten Indizien einer erneuten russischen Aktivität in Korea bestanden in Gerüchten über den Abschluß einer verschieden, bald auf 300.000 Yen, bald auf 3.000.000 Yen, angegebenen koreanischen Anleihe bei Rußland und Anstellung eines russischen Beraters beim koreanischen Hof, welche etwa Mitte März auftauchten, aber bald wieder dementiert wurden.

Dann kamen Meldungen über die Audienz des neuernannten Gouverneurs der Liau-tung-Halbinsel, Alexeieff, und des russischen Admirals Hildebrandt beim Kaiser von Korea am 19. März, bei welcher der russische Admiral Veranlassung genommen habe, von letzterem die pachtweise Abtretung eines in der Nähe von Masampo belegenen Stückes Land in ziemlich kategorischer Weise zu verlangen.

Das Geschwader des Admirals, bestehend aus der „Rossia", dem „Rurik" und dem „Navarin", begab sich dann nach Fusan, wo der Admiral die koreanischen Würdenträger zu einer Besichtigung seiner Schiffe einlud und an Bord bewirtete, wie ein Telegramm der „Jiji Shimpo" am 23. März aus Söul meldete.

Am 30. März wurde dann aus Söul telegraphiert, Pavloff habe von der koreanischen Regierung eine endgültige Regelung der noch immer unerledigten Angelegenheit, das von Rußland in der Masampo-Fremdenniederlassung gepachtete Land betreffend, verlangt.

Die zum Teil sich widersprechenden Gerüchte über die russischen Forderungen kondensierten sich schließlich folgendermaßen:

Rußland verlangte im Prinzip Annullierung der mit Japanern abgeschlossenen Pachtverträge, soweit dieselben mit den russischen Erwerbungen in der Fremdenniederlassung von Masampo kollidierten, eventuell Abtretung des am Eingang des Hafens von Masampo belegenen an die See reichenden Gebiets von Nampo oder, falls dies nicht angängig sei, Abtretung der kleinen, am Eingang des Douglas-Channels belegenen Insel Katok (japanisch Katek'to) mit gutem Hafen, dem Hafeneingang von Fusan gegenüber, oder Abtretung einer Bucht auf der Insel Köjé (japanisch Kosaito), dem Hafeneingang von Masampo gegenüber.

Nach den japanischen Zeitungsnachrichten aus Korea setzte die koreanische Regierung allen diesen russischen Forderungen gestützt auf Japan energischen Widerstand entgegen, und am 1. April wurde gemeldet, daß Pavloff, welcher schon früher dem japanischen Gesandten Hayashi erklärt haben sollte, daß Rußland nichts im Schilde führe, was mit japanischen Interessen kollidieren könne, seine Forderungen zurückgezogen und nur die

Verpachtung eines Stückes Land an Rußland innerhalb der 4-Kilometerzone verlangt und zugestanden erhalten habe, innerhalb welcher nach dem englisch-koreanischen Vertrag von 1882 Engländern und in Folge der Meistbegünstigungsklausel auch Russen das Recht auf Grundpachtung zusteht.

Später sickerte dann durch, daß Rußland seine weitergehenden Forderungen unter der Bedingung zurückgezogen habe, daß die koreanische Regierung sich verpflichtete, die von Rußland ursprünglich verlangten Gebiete an keine andere Nation abzutreten.

Am 7. April traf dann die Nachricht ein, daß Korea Rußland Besitzdokumente für ein Gebiet auf der Insel Koka in der Nähe von Mokpo gegeben habe.

Das in Rede stehende Gebiet wurde von den Russen im Jahre 1898 gelegentlich der Eröffnung des Hafens von Mokpo gekauft. Die koreanische Regierung verweigerte damals die Ausstellung von Besitzurkunden unter dem Vorwand, daß der oben erwähnte 4 km (10 li) Radius sich nur auf das Festland beziehe, während Russland die Auffassung vertrat, daß auch die innerhalb derselben liegenden Inseln der Verpachtung an Fremde offenstehen müßten.

Über die Größe des in Rede stehenden Gebietes sind die Angaben schwankend. Das Telegramm sprach von 300 tsubo (ca. 1200 Quadratmeter), später wurde die Vermutung ausgesprochen, daß es sich um 3000 tsubo oder mehr handeln dürfe.

PAAA_RZ201-018928_216 f.

Empfänger	Fürst zu Hohenlohe - Schillingsfürst	Absender	Reinsdorf
A. 5925 pr. 11. Mai 1900. a. m.		Söul, den 26. März 1900.	
Memo	J. № 169.		

A. 5925 pr. 11. Mai 1900. a. m.

Söul, den 26. März 1900.

№ 22.

An Seine Durchlaucht

den Herrn Reichskanzler

Fürsten zu Hohenlohe - Schillingsfürst.

Euerer Durchlaucht habe ich die Ehre gehorsamst zu berichten, daß nach einer Mitteilung des japanischen Vertreters die Vorarbeiten für die Söul-Fusan Bahn nunmehr werden in Angriff genommen werden. Vor einigen Tagen sind ca. 30 japanische Ingenieure hier eingetroffen, die mit den Vermessungsarbeiten von Söul aus beginnen werden, während eine gleiche Zahl von Fusan aus ihnen entgegen arbeitet. Die Leiter des japanischen Eisenbahnsyndikates sind vorgestern dem König durch den japanischen Gesandten vorgestellt worden.

Reinsdorf.

Vorarbeiten an der Söul-Fusan-Bahn.

PAAA_RZ201-018928_218 f.			
Empfänger	Fürst zu Hohenlohe - Schillingsfürst	Absender	Reinsdorf
A. 5945 pr. 11. Mai 1900. p. m.		Söul, den 26. März 1900.	
Memo	J. № 168.		

A. 5945 pr. 11. Mai 1900. p. m.

Söul, den 26. März 1900.

№ 21.

An Seine Durchlaucht

den Herrn Reichskanzler

Fürsten zu Hohenlohe - Schillingsfürst.

Euerer Durchlaucht habe ich die Ehre gehorsamst zu berichten, daß am 16. dieses Monats der russische Admiral Hildebrandt mit den Schiffen „Navarin", „Rossia", und „Rurik", von Port Arthur kommend, in Chemulpo eintraf. Admiral Hildebrandt wurde in Söul am 19. dieses Monats vom König von Korea in Audienz empfangen und ging am folgenden Tage nach Chemulpo zurück. Dem Vernehmen nach werden die Schiffe noch einige Tage in Chemulpo liegen bleiben.

Reinsdorf.

Inhalt: Vorarbeiten an der Söul-Fusan-Bahn.

Berlin, den 15. Mai 1900.   A. 5909.

An

die Missionen in

1. London № 540.

2. St. Petersburg № 391.

3. Peking № A. 56..

J. № 4141.

Ew. p. übersende ich anbei ergebenst Abschrift eines Berichts des K. Gesandten in Tokio vom 8. v. Mts., betreffend den russisch-japanischen Gegensatz,

ad 1-3: zu Ihrer gefl. Information.

Euerer Exellenz beehre ich mich anbei Abschrift eines Berichts des K. Gesandten in Tokio vom 8. v. Mts., betreffend den russisch-japanischen Gegensatz

zur gef. vertraul. Kenntnißnahme zu übersenden.

N. S. E

i. m.

Berlin, den 15. Mai 1900.

A. 5910.

An

die Missionen in

1. London № 541.

2. St. Petersburg № 392.

3. Peking № A. 57.

4. An Herren Staatssekretär

des Reichsmarinenamts

J. № 4142.

Ew. p. übersende ich anbei ergebenst Abschrift eines Berichts des K. Gesandten in Tokio vom 16. v. Mts., betreffend den russisch-japanischen Gegensatz in Korea,

ad 1-3: zu Ihrer gefl. Information.

Euerer Exellenz beehre ich mich anbei Abschrift eines Berichts des K. Gesandten in Tokio vom 16. v. Mts., betreffend den russisch-japanischen Gegensatz in Korea,

zur gef. Kenntnißnahme zu übersenden.

N. S. E

i. m.

Berlin, den 18. Mai 1900.

A. 5908.

J. № 4246.

Der anliegende Bericht des Kais. Gesandten in Tokio vom 5. v. Mts., betreffend die fremden Interessen in Korea,

wird dem Herrn Staatssekretär des Reichsmarine-Amts auf Allerhöchsten Befehl z. gef. Ktn. u. R. ergebenst übersendet.

N. S. E

i. m.

Russisches Konsulat in Masampo. Russische Landerwerbungen in Mokpo und Masampo.

PAAA_RZ201-018928_225 ff.			
Empfänger	Fürst zu Hohenlohe - Schillingsfürst	Absender	Reinsdorf
A. 6259 pr. 19. Mai 1900. p. m.		Söul, den 30. März 1900.	
Memo	J. № 204.		

A. 6259 pr. 19. Mai 1900. p. m.

Söul, den 30. März 1900.

№ 24.

An Seine Durchlaucht

den Herrn Reichskanzler

Fürsten zu Hohenlohe - Schillingsfürst.

Euerer Durchlaucht habe ich die Ehre gehorsamst zu berichten, daß ein russisches Konsulat für Mokpo, Masampo und Fusan errichtet und der bisherige Vizekonsul in Söul, Sokoff, für den Posten ernannt worden ist, der seinen Sitz in Masampo nehmen wird. Die russische Gesandtschaft ist weiter bemüht in Mokpo außerhalb der dortigen allgemeinen Fremdenniederlassungen für die „Chinese Eastern Railway Company", deren Dampfer die Häfen anlaufen sollen, Grundstücke zu erwerben; außerdem besteht dem Vernehmen nach die Absicht, das jetzt in Inasa-Nagasaki befindliche Marinehospital nach Masampo zu verlegen.

Reinsdorf.

Inhalt: Russisches Konsulat in Masampo. Russische Landerwerbungen in Mokpo und Masampo.

Ernennung eines koreanischen Generalkonsuls in London.

PAAA_RZ201-018928_228 ff.

Empfänger	Fürst zu Hohenlohe - Schillingsfürst	Absender	Reinsdorf
A. 6260 pr. 19. Mai 1900. p. m.		Söul, den 30. März 1900.	
Memo	cf. A. 7031 J. № 203.		

A. 6260 pr. 19. Mai 1900. p. m.

Söul, den 30. März 1900.

№ 25.

An Seine Durchlaucht

den Herrn Reichskanzler

Fürsten zu Hohenlohe - Schillingsfürst.

Euerer Durchlaucht habe ich die Ehre gehorsamst zu berichten, daß der Leiter des englischen Syndikats, dem am 14. d. Mts. die Genehmigung zur Bearbeitung der Minen im Önsan-Distrikt erteilt wurde, das Parlamentsmitglied W. Pritchard Morgan, vom König von Korea zum koreanischen Generalkonsul in London ernannt worden ist.

Reinsdorf.

Inhalt: Ernennung eines koreanischen Generalkonsuls in London.

Rußland in Ostasien.

PAAA_RZ201-018928_231 ff.

Empfänger	Fürst zu Hohenlohe - Schillingsfürst	Absender	P. Metternich
A. 6284 pr. 20. Mai 1900. a. m.		London, den 18. Mai 1900.	
Memo	mtg. i. Z. 15. 5. Tokio 14, Peking 36, Petersbg. 84.		

A. 6284 pr. 20. Mai 1900. a. m. 1 Anl.

London, den 18. Mai 1900.

№ 387.

Seiner Durchlaucht

dem Herrn Reichskanzler

Fürsten zu Hohenlohe - Schillingsfürst.

Der Times-Korrespondent in Peking meldet, daß die koreanische Regierung Rußland die Errichtung einer Kohlenstation und eines Seehospitals am Hafen von Masampo zugestanden hat, und daß die russische Flotte künftig in diesem Hafen überwintern werde. Außerdem habe sich Korea verpflichtet, keiner anderen Macht Gebietserwerbungen bei Masampo oder auf der Kojedo-Insel zu gestatten.

Wie überraschend dieser Vertrag hier kommt, geht aus einer gleichfalls heute veröffentlichten Korrespondenz der „Times" aus Tokio hervor, die von dem Abkommen nichts ahnt, aber für die Beurteilung von dessen Bedeutung interessant ist.

Die „Times" bespricht in ihrem heutigen Leitartikel das Ereignis vorläufig mit Zurückhaltung und Mäßigung, ohne jedoch dessen Bedeutung zu unterschätzen. Sie meint, es wäre voreilig zu sagen, daß Rußlands Vorgehen ganz unvereinbar mit den britischen Interessen sei; diejenigen Japans aber würden dadurch mit einem tödlichen Schlag bedroht. In Rußland möge vielleicht die Ansicht obwalten, die britische Macht sei durch den afrikanischen Krieg lahm gelegt, und Japan werde auf sich allein angewiesen bleiben; Japan aber sei ein mächtiger Staat und vollkommen darüber im Klaren, was die russische Herrschaft im Chinesischen Meer für seine eigene Stellung bedeute.

Die gleichzeitig aus China eingetroffene Nachricht von einem starken Anwachsen der reaktionären christenfeindlichen Bewegung in China wird von der „Times" gleichfalls in unmittelbaren Zusammenhang mit der durch den Staatsstreich in Peking bewirkten Verdrängung des japanischen Einflusses durch den russischen gebracht. Ein Leitartikel, mit dem die „Morning Post" heute eine Serie von Aufsätzen über China einleitet, deren erster heute erschien, bringt ebenfalls die jüngste russische Politik in Ostasien, ohne noch von deren neuesten Schritt zu wissen, mit dem afrikanischen Krieg in Verbindung und vertritt die Auffassung, daß die Interessen Rußlands und Englands in Ostasien diametral entgegengesetzte seien, daß hingegen ein Zusammengehen Englands mit Japan in jeder Hinsicht vorteilhaft und allein geeignet erscheine, in China bessere Verhältnisse zu schaffen.

Besonders ungehalten über den russischen Schritt ist der „Globe", der ihn in seinem heutigen Leitartikel als schamlosen, cynischen, jeden Anstand vergessenden Treubruch und als eine direkte Herausforderung Großbritanniens und Japans bezeichnet und der englischen Regierung über ihre erbärmliche ostasiatische Politik die härtesten Vorwürfe macht.

Die betreffenden Korrespondenzen und die Leitartikel aus der heutigen „Times" sowie die Leitartikel der heutigen „Morning Post" sind gehorsamst beigefügt.

P. Metternich.

Inhalt: № 387. Rußland in Ostasien.

THE TIMES, FRIDAY, MAY 18, 1900.
RUSSIA AND JAPAN IN KOREA.
(FROM OUR CORRESPONDENT.)

TOKIO, APRIL 11.

Russia's recent activity in Korea caused much uneasiness in Japan, and, though the crisis seems to have passed for the present without any serious consequences, it has left an impression which certainly cannot be expected to promote good feeling between the two empires. After her failure to accomplish her purpose at Masampho last year Russia could scarcely have been expected to accept defeat and abstain from further efforts. Masampho is probably the finest harbour on the south coast of Korea, and one of the finest in the world. If Russia wants a port in Korean waters she could scarcely find a more sutiable place. And that she does want a port must be considered axiomatic. Without a naval station on the Korean coast her line of communications between Vladivostok and Leao-tong is incomplete; it could be cut at any moment by Japan. Hence, from the moment that the peninsula of the Regent's sword passed under Russian tenure it became quite certain that, if strategical considerations had any weight in St. Petersburg, Korea would be the scene of enterprises such as that witnessed last year at Masampho and recently at Mokpho. The Masampho essay was strictly legitimate. M. Pavloff confined himself to a proposal for the purchase of a lot of land within the space - 150 acres - appropriated for a foreign settlement. Had the Russian Minister remained in Seoul to superintend the completion of the bargain no hitch could have occurred. But he left Korea *en route* for home without carrying the transaction to the point considered essential in the East - namely, payment of bargain money. It is alleged that he did not even come to any agreement with the owners of the land, but that he relied solely on a verbal intimation conveyed to the local officials. They, however, after his departure, treated the matter in such a perfunctory manner that some enterprising Japanese subjects were able to step in and purchase the land definitely from its owners. Thus, when M. Pavloff returned, the coveted lots had passed into the possession of men who were either indisposed to part with them or dissatisfied with the terms offered by the Russian Minister. Not unnaturally an attempt was made by the latter to hold the Korean Government responsible. But the Korean Government showed unusual determination. It intimated that, if Russia had any proposal to make, the Japanese were the proper addressees, since they had acquired the title to the land by legitimate methods, and Korea had neither the right nor the power to displace them.

Of course Russia was not content. She considered that she had a grievance out of which some capital could be made, and she importunately pressed a claim for a suitable lot of land elsewhere by way of compensation. During some months this claim remained in the region of generalities; it was not a definitely localized demand, and probably for that reason people in Japan did not take a very serious view of it. There was simply an uneasy feeling of electricity in the air; a feeling which was accentuated when the Japanese saw that England's hands were full in South Africa, for they then had a spasm of apprehension lest the removal of the great restraining force might release some elements of mischief in the vicinity of Korea. Things remained quiet, however, until March, when suddenly Russia, tired, apparently, of preaching to Korea from a vague text, gave definite shape to her demand and asked for a lease of a considerable tract of land outside treaty limits at Masampho. If the south coast of Korea could be pushed two or three hundred miles further north it is possible that the Japanese might not object seriously to the acquisition of a port there by Russia. But, inasmuch as the Korean shoreline is within sight of Tsushima, a part of Japan's dominions, she must of necessity regard the establishment of a Russian naval station in Korea as an event of capital importance. In fact, it is scarcely possible that she should submit to anything of the kind without a supreme struggle. Viscount Aoki, the Japanese Minister for Foreign Affairs, adopted at once a very decided tone. He addressed to Korea a communication which left no doubt that the Japanese Government could not be a consenting party to the proposed arrangement, and that, if Korea yielded, she must be prepared for additional demands dictated by the interests of other Powers without any reference to her own convenience.

It was pretty plain, of course, that the Seoul Ministry could only refuse. Russia was not going to draw the sword for the purpose of enforcing a purely arbitrary application, not based on even the shadow of a pretext. Nothing was needed but firmness, and Japan managed to infuse a little of that quality into Korea. Possibly Russia had no very serious intentions. Indeed it was significant that the Japanese Press showed comparatively little alarm, and did not from the first seem disposed to attach capital importance to the incident. At all events, Russia showed a conciliatory spirit. She consented to waive her claim for extra-settlement land at Masampho and to substitute an application for a lot near Mokpho; not indeed within the settlement, but still within the ten-*li* limits fixed by the Anglo-Korean treaty. That was an absolute abandonment of her original position, since, under the most-favoured-nation clause, either she or any other treaty Power had an unquestionable right to acquire land at the place indicated in her second proposal. In short, the Russian Government agreed to lay aside a demand which went altogether beyond treaty privilege and to substitute in its place a proposal in strict accord with existing conventions. But it could scarcely have been expected that her compliance would extend quite so far. To "save her face" she added a request that Korea should give an absolute guarantee not to alienate Koje, or any part of it, to any foreign Power whatever. Koje is one of two large islands lying in either side of Douglas Inlet, which forms the entrance to Masampho Harbour. Any power holding possession of Koje would absolutely dominate the harbour. When the Masampho settlement was measured a question arose as to whether the ten-*li* treaty limit, within which foreigners may acquire real property, should be measured over water as well as over land, or over land only. No definite verbal decision appears to have been arrived at, but rumour says that a practical settlement was reached, since certain Japanese subjects were permitted to acquire land on Koje. At all events, Russia framed her consolation clause on the above lines - an innocent-looking clause, since it seemed to veto territorial enterprises on her own part as well as on the part of other nations. But everyone knows how these guarantees are now interpreted. They signify a sphere of influence. If Korea consented to give the required guarantee there could be little doubt that Russia would by-and-by claim the inclusion of Koje within her won sphere. The Seoul Government, however, is holding out, and may possibly be allowed to take refuge in a general declaration that there is no intention of alienating any part of the empire, whether Koje Island or elsewhere. But even though these "excursions and alarums" in Russia's part produce no tangible result at the time being, they cannot fail greatly to augment Japan's feeling of uneasiness. Her northern neighbour's activity begins to wear a sinister aspect. If Russia was not sure that the "psychological moment" had arrived for getting what she wants in Korea, she would certainly have done better to abstain from action which serves only to deepen Japan's distrust.

THE TIMES, FRIDAY, MAY 18, 1900.
RUSSIA AND KOREA
(FROM OUR OWN CORRESPONDENT.)

PEKING, MAY 17.

On March 30 two agreements were signed by M. Pavloff and the Korean Government. By the first Korea grants to Russia a site for a coal depot and a naval hospital for the exclusive use of the Pacific Squadron at Masampho Harbour, within three miles of the Masampho foreign settlement, the details to be settled by a joint Russian and Korean commission. The second is a reciprocal agreement, Russia undertaking never to seek to rent or acquire any land on Koje-do Island, on the mainland opposite extending to the limits of Masampho Harbour, or on any adjacent island, while Korea agrees not to alienate to any other Power any portion of land in the above places.

Russia thus obtains an exclusive settlement for her naval needs, the finest harbour in Korea abreast of Japan, excludes Japan from acquiring similar advantages, and earmarks all the adjoining points of strategical value.

M. Pavloff has informed the Korean Government that Masampho will be the winter headquarters of the Russian fleet. His action bears a close analogy to the Russian proceedings prior to the occupation of Port Arthur.

We learn from our Correspondent at Peking that the Russian representative at Seoul has arrived at a highly important understanding with the Korean Government, which marks a new and serious development of the Far Eastern question. M. PAVLOFF has induced Korea to grant Russia a site for a coal depot and a naval hospital at Masampho Harbour, the details of the concession to be settled by a Russian-Korean Commission. The position conceded is within three miles of the foreign settlement. There is a touch of irony in the engagement on the part of Russia not to seek to rent or to acquire land on Kojedo Island, on the opposite mainland, or on any of the neighbouring islands, since, in consideration of this pledge, the Korean Government has agreed not to alienate any of these positions to any other Power. Thus Russia acquires "an exclusive settlement for her naval needs," as our Correspondent puts it. She gains possession of the finest harbour in Korea, practically halfway between her old naval base at Vladivostok and her new one at Port Arthur. Here she comes directly abreast of Japan, and at the same time she excludes the Japanese from any attempt to obtain a footing of any strategical value in the neighbourhood. Masampho, according to M. PAVLOFF, is in the future to be the headquarters of the Russian fleet in Far Eastern waters, and the fact is a grave menace to Japan. The presence of the Russian navy at Masampho and the attempt to exclude Japanese influence are factors in the situation which must not be overlooked. It is to be observed that the recent developments in Korea have taken place while it was supposed that the power of the British Empire was hampered by the war in South Africa. Both in Russia and in Japan a different view of the situation may be taken since the steady and rapid progress of our arms under LORD ROBERTS and SIR REDVERS BULLER. The fact, however, remains that Russia has secured a position in Korea which, as our Correspondent at Tokio points out, is a menace to Japan, both commercially and politically.

When the British Government withdrew from the occupation of Port Hamilton, under an engagement entered into by LORD ROSERBERY in 1886, it was settled, by "a most explicit guarantee," to quote the language of official documents, that Russia "would not occupy Korean territory under any circumstances whatsoever." In 1894 it was declared in the House of Commons by SIR EDWARD GREY, then representing the Foreign Office, that the engagement referred to was still valid. Many things, of course, have happened during the last six years, but that engagement remains as important now as it was then-directly important for Japan and indirectly for this country and for other European nations. We do not know in what way the policy of Japan will be affected by this new and venturesome move on the part of the Russian Government. It would be rash, perhaps, to say that it is absolutely inconsistent with British interests, but it certainly seems to threaten those of Japan with a deadly blow. Evidently the "party of movement" in Russia are of opinion that the "psychological moment" has arrived, and that, with the power of the British Empire paralysed, as they imagine, by the struggle in South Africa, the Japanese may be left to fight their own battle, under unfavourable conditions, in the Far East. We are not sure that this is a very wise calculation, if it really represents the views of the Russian Government. Japan is already a powerful State, with an energetic and progressive people, and with a clear conception of the fact that Russian domination in the Chinese seas means the restriction of Japanese development, the curtailment of Japanese commerce, and the final defeat of the legitimate ambitions of the people of Japan to take a leading part in the opening up of China to the ideas and the methods of modern civilization,

The success of Russia in Korea and the check thus given, for the time, to the influence of Japan cannot fail to make itself felt-unfortunately, but not at all unnaturally-in the internal politics of China. The anti-foreign movement is already assuming very serious proportions. The so called "Boxers" have been encouraged to begin an attack on the Christians. In the district midway between Peking and Pao-ting-fu there has been great destruction of property and 73 native Christians have been murdered-men, women, and children-many, we are told, being burned alive. MONSIGNOR FAVIER, a most trustworthy witness, bears testimony to the gravity of the situation. This is the direct consequence of the *coup d'Etat* at Peking which wrecked the party of reform, destroyed the liberalizing influence of the Japanese, and affirmed the ascendancy of Russia at the centre of Chinese Government. All these results were opposed to British interests, and ought to have been foreseen by those entrusted with the conduct of British policy. Nothing will be done to improve the condition of Europeans in China, to secure more efficient protection for British enterprise and British capital, and to make the policy of the "open door" really effective until our Foreign Office shows that this country, not less than Russia, has a policy of its own, and means to stand by it, for the protection of British subjects. Until clear evidence has been given that this country does not mean to be trifled with, we cannot expect other nations to believe in our earnestness or to be convinced that they can rely on our assistance in the hour of need. Nor can we suppose that the Chinese, who are impressed only by facts, will pay much attention to fine phrases, when the Russians are showing their strength, in the most practical way at Port Arthur [*sic.*].

THE MORNING POST, FRIDAY, MAY 18, 1900.

Knowledge is the beginning of wisdom, and we trust that, in giving publicity to the views of "One Who Knows" on the political problem in China, we may be assisting the growth of a wise British policy in that Empire. This morning we publish the first of a series of articles dealing with the Chinese question, and our Correspondent, who writes from an intimate acquaintance with his subject, will be found, we believe, to provide stimulating and well-reasoned counsel. No apology is needed for bringing the matter before our readers at the present juncture in history. Indeed, if we wished to defend ourselves, we should be at no loss for arguments to show that this time is the best suited for the equable discussion of the topic. We are passing through a welcome stage in the nation's awakening. Events to which it is a proud privilege to refer are turning the war in South Africa into a brilliant triumph of British arms. The supreme genius of the Field Marshal who exercises the command in chief, loyally backed by the organizing skill of the Chief of his Staff, and supported in the manner which has abashed our critics by the fighting quality of the home and colonial troops, has succeeded in obliterating the memory of the earlier phases of the campaign. But not, we earnestly hope, in obliterating their lesson. There may be an element of wearisomeness in the iteration of the moral that "forewarned is forearmed." But the responsible conductors of the war-the Foreign Office and the War Office-would ill-requite the good fortune which is at last smiling on their efforts if they neglected to lay that moral to heart, and to repeat in season and out the need of preparedness, and again of preparedness. For the grand salutary dogma which the past few months should have taught is the fact that the time of a national crisis is not the time to inaugurate a policy. We are anxious to avert an appeal to arms in China. Great Britain might win, or she might lose, in such a war; but in the most fortunate circumstances she could not expect to find herself in a better position at the close of the campaign than if she had gained by diplomacy the ends she sought in the war. There those who tell us that the rights of the Uitlanders in the Transvaal might have been conceded, and that the ambition of President KRUGER and of his ally in Heilbron might have been checked, if British statesmen had perceived the gravity of the issues involved at an earlier stage in the proceedings. We are not disposed to re-enter this ancient field of debate at the present-or, we might add, at any future-moment of the history of Great Britain in South Africa. But we refer to it now in order to press home our point, that the Government and the public will have only themselves to blame if they postpone the consideration of the Chinese problem till it reaches an acute phase. Politics may be more sensational when the rumble of the chariot of war echoes in the ears of Europe, but the chanceries that aim at the preservation of peace must cultivate the anticipation of events. It is not an exhilarating process. Those who practice it must prepare to be scouted as bores, or to be laughed at as alarmists. And, like virtue, it is its own reward. Its successes are depreciated because the difficulties they encounter are not published, and its failures are exaggerated because the results are seen without the causes. Still, it is the safe policy. It works by constructive methods, it aims at well-defined ends, and it conciliates the confidence of foreign Powers. In all these respects the policy of Great Britain in China, irrespective of party considerations, is found wanting, and we gladly give prominence to the carefully formulated conclusions which our Correspondent has been at pains to work out. They cannot undo the irrevocable, but prompt action may avert what delay would render irretrievable.

The first business in dealing with a problem is to understand it. The Chinese Empire is a country with an enormous population and an entirely inefficient Government. It is ruled nominally by the EMPEROR, actually by the DOWAGER EMPRESS, who has deposed the "Son of Heaven" on the transparent pretext of his ill-health. Subsidiary to the Imperial ruler, who is also the chief priest, comes the hierarchy of officials, stretching, like the links of a chain, from the steps of the Throne to the meanest district tax-collector. The officialdom of China is weak, tyrannical, and corrupt. It offers no certain guidance to a populace eminently in need of it, a populace which if properly directed, is industrious, frugal, and intelligent. The Court intrigues have brought about a state of anarchy in Pekin. The EMPEROR is politically a cipher, but the supremacy of the DOWAGER EMPRESS depends on threads of conspiracy which she is growing too old to manipulate. The Foreign Office is affected by the discord at the Palace. It sees that various European Powers, of whom Russia and Great Britain are the chief, are competing for the right of occupation in China. Despite its traditional reluctance to alienate Chinese territory, it sees portion after portion pass into foreign hands. Powerless to prevent the alienation, it is impotent to direct it to the ultimate good of China. Possibly it sees that Great Britain aims at opening up the country to the benefits of commerce and civilisation while Russia's object is contained in selfish schemes of monopoly. But, whether it as the sense to draw this obvious distinction or not, it has certainly the shrewdness to recognise which hand holds the whip. It has a wholesome respect for Russia, it is merely hostile to Great Britain. Obviously, then, the first great requisite in China is to abolish or to reform the officialdom in order to reach the people themselves. Our Correspondent will be found to take the somewhat unexpected view that a road should be opened for the DOWAGER EMPRESS to retire with honour. This is more than a dynastic question, for if the *coup d'etat* of last autumn was dictated by fears for her MAJESTY's personal safety, it is clear that she has nothing to lose and everything to gain by resigning a position which may at any moment be ended by rebellion; and if, further, it can be shown that the mass of the Chinese people are in favour of performs, that they regard the deposed EMPEROR as their lawful Sovereign, and that outside of the triumphant factor at Pekin there is no general hate of foreign works and innovations, then it is plain that the European Power, or combination of Powers, which sought by tactful diplomat [*sic.*] restore the EMPEROR to his Throne might [*sic.*] on the tacit comport, if not on the active [*sic.*] of the majority of his subjects, and would enjoy the subsequent confidence of his

MAJESTY and his advice.

It is in the essence of a problem in that it should be solved and we would ask the readers of these articles to approach them in the firm [*sic*.] that it is not yet by any means too late-though still less is it too early-to adopt a consistent policy with the ultimate prospect of success. There are two preliminary fallacies that have to be cleared out of sight. Our Correspondent argues this morning that Northern China is not yet lost to British influence, and that the "shibboleth of the 'Yangtse Valley' would be no compensation for its loss. We commend these arguments to attention, for there is no more unctuous self-flattery than that which presumes a problem to be solved by the repetition of someone else's mistake. The "prevalent opinion," which extends "even to influential quarters," is shown by our Correspondent to be a fallacious opinion, and the sooner the public and its guides are disabused of it the better it will be for British policy in China. And the second error to be avoided is that which rests in the expectation that Great Britain and Russia will ever discover a common working basis in East Asia. Even excluding for the moment the all-important factor of India, the aims and methods of those two Great Powers are so radically different that no agreement between them, except for temporary and specific ends, is within the range of diplomatic possibility. No, the British Government must assert itself with a due appreciation of the course of things in China itself. It must help the Chinese to help themselves to throw [*sic*.] paralyzing incubus of the official hierarchy. It must insist on such rights as it possesses, and must extend them by tactful means. Its commercial aims will be found to be identical with those of Japan, and we can perceive no reason why the two maritime Powers of the West and the East should not unite in the good work of opening out the Chinese Empire. We do not propose in this place to anticipate the remarks of our Correspondent, nor to sketch in any greater detail the features of the policy that is required. We have merely desired, in directing attention to his articles, to lay stress on three facts. The first is that the millions of China is not averse from reform; they are shut out from its benefits by the benighted action of their own officials, whose powers should be limited and reduced; the second is that the unseen end on which at present we are drifting may prove as fatal in its consequences as vacillation proved in South Africa; and the third point to be emphasised arises out of these two in the shape of a need of a sound, national, constructive policy. China has watched Great Britain retreating before the Russian approach, and sheltering her retreat, as our Correspondent writes, by agreements which are virtually rebuffs. The Chinese officials may almost be forgiven if, seeing this, they tell the people that the British Empire would crumble to pieces at the breath of menace from Russia. What is unforgivable in that connection is the evidence supplied by British Governments in support of so humiliating and, eventually, of so expensive a mistake.

KOBE. FRIDAY. MAY 18, 1900
FACE TO FACE.

"In carrying out his instructions, M. Ladygensky had also been empowered to offer the additional assurance that in the event of the English occupation of Port Hamilton ceasing Russia would undertake not to interfere with Corean territory under any circumstances." So wrote Sir John Walsham, our Minister at Peking, to the Earl of Iddesleigh, then Foreign Secretary, on the 5th of November, 1881, and his statement was based on the assurance of the Tsung-li-Yamen contained in an official document that the Russian Government had given a most explicit guarantee to this effect. On the faith of this guarantee, Port Hamilton was evacuated. Yet this morning we learn from the Peking correspondent of the "Times" that Corea has granted to Russia a site for a coal depot and a naval hospital at Ma-San-Pho Harbour, and further, that M. Pavloff has informed the Corean Government that this spot will henceforward be the winter headquarters of the Russian Fleet. In all the long list of pledges which Russia has broken there has never been a more cynical or more shameless breach of plighted faith, and putting morality and common honesty aside, the occupation of Ma-San-Pho as a naval base is a direct challenge both to Great Britain and to Japan. This splendid port, one of the finest in the world, is situated on the south-east coast of Corea, and protected from the sea by the Island of Koje, which itself is but sixty miles from the Japanese Island of Tsu-shima. The entrance to it is described as perfectly free from dangers, and anchorage may be had anywhere within the inner reach, a depth of three fathoms being found at half a mile from the town. A few, miles away to the east runs the submarine cable j from Nagasaki to the treaty port of Fusan. The presence of a permanent Russian naval Station here will completely revolutionise the strategical situation in the Far East. The intentions of Russia are also put beyond any possibility of doubt by a subsidiary agreement in which Corea undertakes not to alienate to any other Power the island of Koje, which dominates the harbour of Ma-San-Pho. This can be aimed only at Japan, which thus finds herself deprived of the opportunity of cutting Russia's line of communications and practically evicted from the kingdom of Corea.

With regard to Great Britain, the strategical effect is made very serious by the acquisition on the part of Russia of a half-way house between Port Arthur and

Vladivostock. But the moral consequences are far more dangerous. In the teeth of her treaty obligation, in defiance of? Czar's word that he would take no advantage of our complication in South Africa, the Russian Government has dealt a blow to British prestige which will re-echo throughout the whole of the Far East. The Chinese Empire is shown by a striking object-lesson that Great Britain and Japan are in the eyes of the Muscovite negligible quantities, to be put off, like tiresome children, with promises never intended to be kept. The slow, resistless march of Russia overland is finding its counterpart in an equally unresisted progress round the coastline made in the face of two maritime Powers either of which could blow her fleets out of the water. The Cabinet is at last face to face with the grave crisis in Eastern seas which its pusillanimity and policy of drift has rendered inevitable, and on its decision rests our future status as a world-wide Power. Ministers have consistently neglected every warning, have turned their blind eye to the gradual disintegration of our position in China, and have contented themselves with assurances not worth the paper they were written on, and to the fulfilment of whose conditions they have paid not the slightest regard. Here at last is a specific violation of a solemn written guarantee given by the authority of the Russian Government. How are we going to meet it-by simply ignoring it, or by entering into futile diplomatic protests, or in the only manner which is understood in the East, by bringing up our fleet? Or are we to abdicate in favour of Japan, and say that it is her quarrel, and she must fight it out? The spirit of a nation that has before now opposed Europe in arms has hardly sunk so low as this.

Yet it would be idle to pretend that we feel any confidence in the intentions of the Ministry. They have steadily evaded their duty at a time when we had no other burning question before us, when we had our Army as well as our Navy disposable for all contingencies. It is only too probable that the war in South Africa will be made the pretext for declining to interfere in the troubled waters of the East. It is certain that Russia has counted on this in choosing his moment. There has always been a strong party in the Cabinet which has made subserviency to Russia the keynote of their policy. Lord Salisbury's past references to China have been lamentable in tone and disastrous in their consequences. We have thrown away card after card, we have conceded point after point, and now that the final crash has come, what prospect is there that a stand will be made? It is still within our power to checkmate this move. Russia is neither ready nor willing to force a conflict with the fleets of Great Britain and Japan. Our South African expedition has not impaired our vigour as a naval Power. When our ships evacuated Port Arthur we know that the Russian Admiral had instructions not to press his demand if any disposition was shown to resist it, and a bold course now would probably reveal the fact that M. Pavloff was empowered to let Ma san pho go. There should be no blinking the fact, and we trust the constituencies are alive to it, that if we let ourselves be slighted to-day, we may as well withdraw from the Far East, put up our shutters as a trading Power in China, and allow the vast Celestial Empire to fall back under the reactionary regime of the Dowager-Empress as a prelude to its absorption by Russia. Commercially speaking, one province of China is worth the whole of South Africa; the better instructed among the working men know it. And if Lord Salisbury pleads that he has no force of public opinion behind him in dealing with Russia, the answer is that it is not true, and that if it were the guilt would rest on him for neglecting to bring home to the minds of the people the vital nature and the peril of our interests in the Far East.

Rußland erwirbt einen koreanischen Hafen.

	PAAA_RZ201-018928_239		
Empfänger	Reichsmarineamt in Berlin	Absender	Coerger
ad. A. 6285 pr. 20. Mai 1900.		London, den 18. Mai 1900.	
Memo	Orig. heute, 21. 5., an S. M. zu senden. Mit den Originalanlagen - die alsdann mit A. 6285 heute abend an S. M. gehen wird. Der erste Artikel mit der Überschrift „A russian Advance" würde für das Ostasien-Referat erwünscht sein. Berlin, 21. 5. 1900 an Botschaft London № 569. pp. Mit Bezug auf Bericht J. № 1665 vom 18. d. Mts. ersuche ich erg., ein weiteres Exemplar des „A russian advance" überschriebenen Artikels der „St. James Gazette" gef. einreichen zu wollen. J. № 4335.		

Abschrift.

ad. A. 6285 pr. 20. Mai 1900.

London, den 18. Mai 1900.

№ 288.

An den Staatssekretar des Reichsmarineamts. Berlin.

Ew. Excellenz überreiche ich in der Anlage einen Ausschnitt aus der „St. James Gazette", betreffend einen Vertrag Rußlands mit Korea, wodurch ersteres in den Besitz des Hafens von Masampo gesetzt wird.

Mit Bezug hierauf und auf meinen Bericht vom 3. d. Mts. (270) melde ich, daß das japanische Schiff „Asahi" schwerlich vor Ende Juli die Ausreise nach Japan wird antreten können.

gez. Coerger.

Betrifft: Rußland erwirbt einen koreanischen Hafen.

Die „Birshewyja Wjedomoshi" über die Beziehungen Rußlands zu Japan.

PAAA_RZ201-018928_240 ff.			
Empfänger	Fürst zu Hohenlohe - Schillingsfürst	Absender	Radolin
A. 6357 pr. 22. Mai 1900. a. m.		St. Petersburg, den 19. Mai 1900.	

A. 6357 pr. 22. Mai 1900. a. m.

St. Petersburg, den 19. Mai 1900.

№ 306.

An Seine Durchlaucht

den Herrn Reichskanzler

Fürsten zu Hohenlohe - Schillingsfürst.

Den „Birshewyja Wjedomosti" scheint es geboten, den von englischen Blättern verbreiteten Gerüchten über Mißhelligkeiten, die zwischen Rußland und Japan auf Korea entstanden sein sollen, energisch entgegenzutreten.

Das Blatt konstatiert zunächst, daß seit dem japanisch-chinesischen Kriege die Unabhängigkeit Koreas gewissermaßen zum Losungswort der russischen Politik in Ostasien geworden sei. Die Unabhängigkeit Koreas müsse von allen Mächten, die im Stillen Ozean Interessen hätten, respektiert und jeder Angriff auf diese Unabhängigkeit werde als ein direkter Anschlag auf die politischen und strategischen Interessen Rußlands angesehen werden. Die japanischen Staatsmänner hätten diese grundlegende Auffassung auch zu der ihrigen gemacht und sich zugleich bemüht, alle Anlässe zu unfreundlichen Beziehungen zwischen den beiden Reichen zu beseitigen, von denen das eine die historische Aufgabe habe, auf dem gesamten asiatischen Festlande die Zivilisation zu verbreiten, während das andere bereits in kurzer Zeit zu einem der wichtigsten Faktoren des Fortschritts in Ostasien geworden sei.

„Unter diesen Umständen liegt nicht der geringste Grund zu der Annahme vor, der britischen Diplomatie werde es jemals gelingen, Korea in einen Zankapfel zwischen Rußland und Japan zu verwandeln und auf diese Weise Japan zu nötigen, ihren Interessen in Asien zu dienen."

Korea habe bekanntlich erst dank dem Beistand Rußlands im Jahre 1898 sein selbstständiges staatliches Leben begonnen; um dieselbe Zeit sei auch der freundschaftliche Meinungsaustausch bezüglich der koreanischen Frage zwischen der russischen und japanischen Regierung eröffnet worden, als dessen Ergebnis, trotz gegenteiliger Bemühungen Englands, ein die volle Selbständigkeit Koreas garantierender Vertrag erzielt worden sei, der gewissermaßen eine Fortsetzung des russisch-japanischen Protokolls vom Jahre 1896 bilde. Ungefähr 1 ½ Jahre nach jenem Vertrage seien dann noch, infolge gewisser Anschläge auf die Unabhängigkeit Koreas, neue friedliche Vereinbarungen bezüglich Koreas zwischen den beiden befreundeten Mächten getroffen worden. Russischerseits wurde damals ausdrücklich erklärt, daß die Zurückberufung der russischen Instruktoren von Korea durchaus nicht einen Verzicht auf das Recht des Schutzes der eigenen Interessen dortselbst bedeute. Dieser Schutz könne freilich gemäß der Vertragsbestimmungen nur im Einvernehmen mit Japan ausgeübt werden, von einer Vermittlung in Fragen, die hierauf Bezug haben, dürfe jedoch nicht die Rede sein. Demnach müßten die Gerüchte, wonach die britische Diplomatie in letzter Zeit in der koreanischen Frage Japan gewisse Dienste geleistet haben soll, zu der Zahl jener Erfindungen gerechnet werden, die seit dem Scheitern des anglo-amerikanisch-japanischen Bündnisplanes oft genug von sich reden machten.

Von dem Bau der mandschurischen Eisenbahn und der Verbindung des europäischen Rußlands mit Wladiwostok, Port Arthur, Peking und dem Stillen Ozean könnten die Interessen Japans nur gewinnen. Sowohl in Japan wie in Amerika verstehe man Rußland richtig zu schätzen und wisse, daß es zur Verwirklichung seiner zivilsatorischen Aufgabe in Ostasien „weder Besitznahme noch fremdes Unglück" nötig habe.

Radolin.

Inhalt: Die „Birshewyja Wjedomoshi" über die Beziehungen Rußlands zu Japan.

PAAA_RZ201-018928_247 f.

Empfänger	[o. A.]		Absender	[o. A.]
A. 6433 pr. 24. Mai 1900. p. m.			[o. A.]	

A. 6433 pr. 24. Mai 1900. p. m.

Le Temps.

23. 5. 00.

BULLETIN DE L'ETRANGER

LA RUSSIE ET LA CORÉE

La Russie a toujours l'air de *se recueillir*, comme au lendemain de la guerre de Crimée. Elle ne mène pas grand bruit autour de ses projets ou de ses entreprises. Sa diplomatie est volontiers discrète. Le comte Mouraviev est de trop bonne compagnie et de trop bon lieu pour pratiquer avec une ostentation vulgaire la réclame à jet continu dont certains hommes d'Etat ont fait l'alpha et l'oméga de leur système.

Nicolas II a lancé une bombe dans la chrétienté, mais c'était, hâtons-nous de le dire, une bombe toute pacifique et dont les éclats, loin de blesser ou de tuer, n'auraient pu que panser les plaies et cicatriser les blessures de la politique internationale. On sait que la Conférence de la Haye, - si elle n'a pas immédiatement donné au monde la paix perpétuelle, si elle a même paru légèrement compromise dans sa dignité par le trop brusque contraste entre ses excellentes déclarations de principes, ses ingénieux arrangements d'arbitrage, ses vœux platoniques contre le recours à la force brutale et l'explosion de la guerre de l'Afrique australe avec les passions qu'elle a soulevées et le sang qu'elle a versé à flots - n'en a pas moins réalisé un progrès moral sérieux.

En face de la guerre, levant sa tête hideuse sitôt après les plus unanimes et les plus édifiantes manifestations collectives en faveur de la paix, le cabinet de Saint-Pétersbourg a pris le parti d'une neutralité absolue ; il l'a rigoureusement observée et, si l'on a pu lui reprocher ou du moins regretter de certains côtés l'excès d'un scrupule de non-intervention qu'a laissé se produire et se dérouler et qui laissera s'accomplir jusqu'au bout le scandale de la destruction de deux petites individualités nationales, on doit reconnaître avec gratitude qu'il a résolument écarté toute occasion ou tout prétexte de conflit.

C'est précisément cette attitude correcte jusqu'à l'impeccabilité, réservée et retenue jusqu'à l'impassibilité qui inquiète et alarme certains champions des intérêts britanniques. Ils soupçonnent derrière ce mur de glace, des combinaisons à longue portée, voire des coups d'audace. Ces soupçons sont une manière d'aveu.

Il est sûr que nul ne peut imposer à une puissance comme la Russie l'obligation morale d'une neutralité aussi exacte, sans par là même lui reconnaître le droit de chercher des compensations et de préparer le rétablissement de l'équilibre. L'ancienne diplomatie formulait sans vergogne ce principe de dédommagement. Il est à croire que le cabinet de Saint-Pétersbourg, en toute bonhomie, sans mégalomanie - un colosse n'a pas facilement le délire des grandeurs - a arrêté dans sa pensée les objets de son désir et les moyens de les obtenir et qu'il a même pris les devants pour s'en garnir les mains à titre de provision.

S'il faut ajouter foi à des rumeurs persistantes, la position de l'Afghanistan et de son émir Abdurrhaman, entre la Russie et la Grande-Bretagne serait de jour en jour plus malaisée. La Russie, maîtresse de Merv et qui a poussé son chemin de fer central-asiatique jusqu'aux derniers confins de cette oasis, n'a qu'à étendre la main pour occuper Hérat. Elle tient, de plus, à exercer de très près une salutaire pression sur la Perse, ou elle a su adroitement conquérir l'influence financière.

On affirme que le terminus du réseau des voies ferrées du Transcaspien, à Kouchk, aurait vu se former et grossir, tantôt par des envois de troupes du gouvernement de l'Asie centrale, tantôt par l'expédition rapide de contingents prélevés sur l'armée du Caucase et transportés par la Caspienne, un corps en état de faire face à toutes les éventualités.

Cependant la diplomatie moscovite ne désertait pas le champ de ses triomphes ordinaires, l'Extrême-Orient. En Chine, la situation est compliquée et embrouillée par une série de causes au premier rang desquelles il faut placer le tempérament, l'énergie, les capacités, le défaut de scrupules de l'impératrice douairière.

Si, à Pékin, la Russie n'a pas à enregistrer de solennels succès, dans le Nord, à Port-Arthur, à Ta-lien-Ouan, dans la Mandchourie, elle est maîtresse, elle achève ce chemin de fer qui sera un merveilleux transmetteur, un câble de communication rapide entre les extrémités opposées du monde, mais qui met aussi une chaîne d'acier autour du grand corps géant et mou du Céleste-Empire.

C'est en Corée que semblent s'être concentrés les efforts de la diplomatie active. M. Pavlov, qui y représente le tsar, a joué, comme chargé d'affaires, un rôle orageux à Pékin au temps récent où la marche triomphale des prétentions russes faillit provoquer un conflit avec l'Angleterre, déçue et irritée. On l'a transféré sur une scène moins vaste. Il a vu du premier coup d'œil que la péninsule coréenne était le point stratégique de l'Océan pacifique septentrional ; que la puissance qui y serait maîtresse - Russie, Grande-Bretagne ou Japon - le serait également de la mer, et que la Russie enfin ne pouvait se passer pour sa flotte dans ces parages d'un point d'appui.

Avec ardeur il s'est mis à l'œuvre. Par une faute de conduite qui vint tout compromettre à la dernière heure, il perdit il y a quelques mois le fruit d'une négociation adroitement menée pour l'acquisition de terrains propres à donner au tsar un établissement solide dans le pays. Sans se décourager il a repris son œuvre, lutté contre l'obstination coréenne, contre l'influence chinoise, contre la diplomatie britannique, surtout contre la Japon, proche voisin du *Royaume Ermite*.

Finalement M. Pavlov a réussi un fort beau coup. Il a acquis un terrain sur le port de Masampho, pour en faire avec l'autorisation du gouvernement coréen un dépôt de charbon et un hôpital naval - lisez : un fort joli port, une échelle propice pour la Russie.

Tous les droits, toutes les convenances ont été ménagées. M. Brodrick, sous-secrétaire d'Etat au Foreign Office, a dû proclamer, hier, à la Chambre des communes que ce contrat ne donnait prise à aucune critique, que tout était régulier ; il n'a pas ajoute - et pour cause - que l'établissement de la Russie en face même et à proximité du Japon fût de nature à réjouir cette nation et à la rapprocher d'une puissance qui, comme l'Angleterre, n'a décidément plus en Extrême-Orient le prestige de la force et du succès. Ce n'est pas tout.

M. Pavlov avait été invité par le gouvernement coréen à renouveler un engagement de ne jamais chercher à acquérir de terrain dans l'île de Koji, la presqu'île qui lui fait face et l'archipel des îles avoisinantes. C'était la pure et simple reproduction d'une promesse déjà donnée.

M. Pavlov s'y prêta de la meilleure grâce du monde. Il demanda seulement que la Corée voulût bien s'engager à ne céder dans ces régions pas un pouce de terrain à quelque puissance étrangère que ce pût être. C'était un coup droit au Japon. La Russie délimitait une espèce de sphère d'influence. Par-dessus tout elle se mettait subtilement dans la position privilégiée d'un ayant-droit. C'est vis-à-vis d'elle que la Corée s'est engagée. C'est elle qui a le droit de veiller à l'exécution de cet engagement. Ainsi, en ratifiant simplement son exclusion du droit d'occupation territoriale, elle s'est acquis un droit de contrôle, une sorte de part de propriété morale dans ses régions.

Berlin, den 24. Mai 1900.   zu A. 6433 I.

Botschaften   Tel. i. Ziff.
London № 171.   Der offiziöse „Temps", dessen Leitartikel
                               ausschließlich auswärtige Fragen behandelt, lobt in
                               der Mittwochsnummer die russische Erwerbung von
J. № 4395.   Masampo, durch welche das ohnehin verminderte
                               englische Prestige einen weiteren Rückgang erfahre
                               und infolgedessen auch die Sympathie Japans für
                               England abgekühlt werde.

                               Der Artikel, welcher geeignet ist, englische
                               Hoffnungen auf Trennung der russischen und der
                               französischen Interessen zu entmutigen, kann für
                               uns nur nützlich wirken. Vielleicht gelingt es der
                               Kaiserlichen Botschaft, unauffällig und unter der
                               Hand eine Erwähnung desselben in einem
                               englischen Blatte mit Hinweis auf den auswärtig-
                               offiziösen Charakter des „Temps" zu veranlassen.
                               Der „Temps" (№ 14228 vom Mittwoch) wird dort
                               leicht zu beschaffen sein.
                                                              N. S. E.

Berlin, den 24. Mai 1900.

zu A. 6433 I / 6434 I.

Graf Hatzfeldt
London № 576.

cfr. A. 6890.

J. № 4396.

Euerer pp. beehre ich mich beifolgend zu Ihrer persönlichen Information einen Leitartikel des Pariser „Temps" vom 23. d. Mts. und einen Artikel des „Gaulois" vom gleichen 23. d. Mts. Datum[14] zu übersenden. (Forts. unten) Der „Temps" bespricht die Fortschritte Rußlands in Korea im Sinne einer russisch-französischen Interessengemeinschaft unter Betonung des Rechts auf „Kompensationen."

Der „Gaulois" behauptet, Frankreich habe seine Zukunftspläne in Marokko durch ein Abkommen sowohl mit England als mit Spanien gesichert.

N. S. E.

---

14 [„einen Leitartikel des Pariser ⋯ gleichen 23. d. Mts. Datum": Durchgestrichen von Dritten.]

Russisch-englischer Antagonismus in Ostasien. Artikel der „Nowoje Wremja".

PAAA_RZ201-018928_257 ff.

Empfänger	Fürst zu Hohenlohe - Schillingsfürst	Absender	Radolin
A. 6453 pr. 25. Mai 1900. a. m.		St. Petersburg, den 23. Mai 1900.	
Memo	mtg. 26. 5. London 582.		

A. 6453 pr. 25. Mai 1900. a. m.

№ 310.

St. Petersburg, den 23. Mai 1900.

An Seine Durchlaucht

den Herrn Reichskanzler

Fürsten zu Hohenlohe - Schillingsfürst.

Die Ausführungen der „Times" über die russischen Erfolge auf Korea geben der „Nowoje Wremja" Veranlassung, in einem sehr bemerkenswerten Artikel gegen die Versuche des Londoner Cityblattes, Japan gegen Rußland „aufzuhetzen", energisch Front zu machen.

Durch die russische Erwerbung Masampos soll nach Ansicht der „Times" die ostasiatische Frage in eine neue „sehr ernste" Phase getreten sein. Masampo sei der beste Hafen auf Korea, der in russischen Händen eine beständige Drohung für Japan bedeute. Die Vorherrschaft Rußlands in den chinesischen Gewässern müsse die Entwicklung Japans hemmen, seine Handelsbeziehungen untergraben und die Hoffnungen des japanischen Volkes auf eine kulturelle Annäherung Chinas vernichten.

Diesen britischen Schreckversuchen gegenüber sei zunächst hervorzuheben, daß Rußland niemals und nirgends der friedlichen Entwicklung anderer Mächte Drohungen und Hindernisse entgegensetze. Wolle Japan in friedlichem Wettbewerb nach Wohlfahrt und Gedeihen streben, so möge es getrost Rußland die Hand reichen und überzeugt sein, sein mächtiger Nachbar im Westen werde ihn bei seinen friedlichen Bestrebungen stets helfen. Sollte Japan dem Beispiel Englands folgen, dann freilich könne Rußland mit ihm nicht gemeinsam Hand in Hand gehen.

„Wir können Japan nur raten, sich nicht mit uns in einen ernsten Streit einzulassen. Das, was in Südafrika geschieht, dient als sehr überzeugender Beweis dafür, wie schwer es für eine Seemacht ist, auf dem Festlande Krieg zu führen. Und Rußland ist nicht

Transvaal und die Buren sind, trotz aller ihrer guten Eigenschaften, keine Russen." Wenn die „Times" am Schluß ihres Artikels dem Foreign Office den Rat erteilen, es möchte die Interessen Englands in China wie in Persien nachdrücklicher betonen und zeigen, daß England nicht mit sich scherzen lasse, - so könne russischerseits die Versicherung gegeben werden, daß die Erwerbung gewisser Rechte in Masampo durchaus nicht einen Scherz bedeute.

„Wir haben nicht einmal etwas Neues erworben. Die Gebietsteile an der Küste der Bucht waren längst von uns käuflich erworben und dann auf ungesetzliche Weise von den Japanern aufgekauft worden. Wir haben nur auf unserem Recht bestanden. Hierbei England in Berechnung zu ziehen, ist uns nicht in den Sinn gekommen. Einer Macht, die zwei Dritteile Asiens beherrscht, steht es nicht wohl an zu scherzen. Sie erfüllt einfach ihre historische Aufgabe und geht dabei so vor, wie es ihr nötig erscheint. Ob das jemand ernsthaft oder scherzweise auffaßt, ist uns gleichgültig.

Die „Times" berufen sich auf das Abkommen mit Rußland vom Jahre 1886, laut welchem wir England für die Aufhebung der Besitznahme von Port Hamilton versprachen, unter keinen Umständen koreanisches Territorium zu okkupieren. Aber damals besaßen wir weder Port Arthur, noch England Wei-hai-wei.

In diesen 14 Jahren ist viel Wasser zum Meere geflossen und die politische Konfiguration im fernen Osten hat sich so wesentlich geändert, daß jener Meinungsaustausch über Port Hamilton völlig jede Kraft verloren hat."

Radolin.

Inhalt: Russisch-englischer Antagonismus in Ostasien. Artikel der „Nowoje Wremja".

№ 395. Russland in Korea.

PAAA_RZ201-018928_263 ff.

Empfänger	Fürst zu Hohenlohe - Schillingsfürst	Absender	Hatzfeldt
A. 6461 pr. 25. Mai 1900.		London, den 22. Mai 1900.	
Memo	Tel. i. Z. a. 25. 5. n. Tokio 14, Peking 36, Petersburg 89.		

A. 6461 pr. 25. Mai 1900. 1 Anl.

London, den 22. Mai 1900.

№ 395.

Seiner Durchlaucht

dem Herrn Reichskanzler

Fürsten zu Hohenlohe - Schillingsfürst.

Auf mehrfache Anfragen gab der parlamentarische Unterstaatssekretär der Auswärtigen Angelegenheiten gestern beruhigende Erklärungen über die den Russen gewährte Konzessionen in Masampo ab. Der russischen Regierung seien keinerlei ausschließliche Rechte übertragen worden; die gewährten Konzessionen hielten sich im Rahmen der bestehenden internationalen Verträge und beeinträchtigten britische Rechte in keiner Weise.

Der betreffende Parlamentsbericht der „Times" ist im Ausschnitt gehorsamst beigefügt.

Ein Teil der Presse ist mir dieser Art der Behandlung der Angelegenheit unzufrieden. „Daily Mail" meint, die bisherigen Erfahrungen mit den russischen Versprechen ließen nur trübe Aussichten für die Zukunft zu, und es sei für England an der Zeit, seine Politik, besonders in Ansehung der möglichen Unterstützung Rußlands durch Frankreich, gründlich vorzubereiten. „Globe" beschuldigt in dem gehorsamst beigefügten, äußerst scharfen Leitartikel die Regierung, einer unweisen und unpatriotischen Gleichgültigkeit und fragt, ob es nicht an der Zeit sei, die Leitung der Auswärtigen Angelegenheiten in energischere Hände zu legen.

Hatzfeldt.

Inhalt: № 395. Russland in Korea.

zu Bericht № 395 v. 22. Mai 1900.

THE TIMES, TUESDAY, MAY 22, 1900.

RUSSIA AND COREA.

In answer to Mr. MACLEAN (Cardiff), SIR E. ASHMEAD BARTLEIT (Sheffield, Ecclesall), Mr. YERBURGH (Chester), and CAPTAIN DONELAN (Cork, Mid),

MR. BRODRICK (Surrey, Guildford) said, —Her Majesty's Government understand that the Russian Government have acquired by lease a site for a coal depot and. naval hospital at the treaty port of Masampho. The port is open to navigators of all countries, and the ground acquired is within the limits within which foreigners are permitted to acquire land. Her Majesty's Government also understand that the landing and storage of supplies for the Russian fleet within the site so acquired are to be governed by existing treaties. There is, therefore, no exclusive right conceded to the Russian Government, and the treaty rights of British subjects are not limited by any arrangements with the Russian Government. Her Majesty s Government also understand that an agreement has been concluded by which the Russian Government bind themselves never to apply for their own use or for the use of Russian subjects for any land on the Island of Koje, or on the opposite mainland, or on any of the surrounding islands; and the Korean Government engages not to allow any other Government to rent or purchase land in the localities indicated.

Mr. GIBSON BOWLES (King's Lynn). —Will the Government maintain the view now given of that transaction?

No answer was returned.

Mr. MAC NEILL (Donegal, S.). -He has no official Information. (Laughter.)

THE GLOBE. TUESDAY. MAY 22, 1900.

THE MA SAN PHO AGGRESSION.

The whole nation, with the possible exception of the peace-at-any-price party, will be profoundly disappointed—we might use far stronger language—with the Ministerial explanation in connection with Russian aggression at Ma san pho. Indeed, it was much more an apology for this unwarrantable breach of good faith than such an explanation as the country expected. It is idle, and worse than idle, for the Government to pretend that no counter-action is required; idle, too, and worse than idle, to affect to believe that Russia purposes to abide by existing treaties. We know only too painfully what resulted from similar confidence in the cases of Batoum, Port Arthur, and Talienwan. For the moment, Ma san pho will he left open, no doubt, to foreign ships, as Mr. Brodrick says. But as soon as the Russians get firmly seated there, it will be gradually converted into a great naval port, equally menacing to Japan and to British commerce with Corea. Why else should M. Pavloff have insisted so strenuously on the rigid exclusion of foreign Settlements from the adjacent mainland and Islands? Having acquired the finest harbour between Vladivostock and Port Arthur, he forthwith adopted means to prevent any other Power from gaining a similar advantage. All this is so palpable that even the lamentable ignorance of the Foreign Office in connection with the Far East affords no palliative for the unmasterly passivity foreshadowed by the Under-Secretary. Lord Salisbury and his colleagues will find themselves profoundly mistaken if they conceive that the South African campaign so entirely monopolises public attention as to allow no room for angry feeling about "polite concessions" to Russia of deadly detriment to British interests. If that is to be the fixed policy of the present Government; if under unwise and unpatriotic guidance, England is to continue presenting sops to an insatiable Cerberus; if the prestige recently won by our arms is to be whittled away by diplomatic pusillanimity, a good many Unionists will assuredly come to the conclusion that the time has arrived to place the foreign policy of this country in more energetic hands.

Berlin, den 25. Mai 1900.   A. S. 845 A. 6461.

1) Gesandter
Tokio № 14.

Tel. i. Ziff.

Wird in Japan eine Abnahme des englischen zu Gunsten des russischen Einflusses bemerkbar, etwa als Folge der allzu langsamen Besiegung der Buren, sowie der Gestattung der Erwerbung von Masampo durch Rußland? Die englische Presse greift Ld. Salisbury scharf an, daß ein stetes Zurückweichen vor Rußland in Ostasien die Sympathien für England abkühlen müsse.

#   #

2) Gesandter
Peking № 36

Tel. i. Ziff.

Bitte Bericht, wenn als Folge der Gleichgültigkeit Englands gegenüber der russischen Erwerbung von Masampo weiterer Rückgang englischen Einflusses in Ostasien bemerkbar wird, wie das die durch diesen russischen Erfolg erregte englische Presse voraussagt.

#   #

Botschafter Petersburg № 84

cfr. A. 8869

Es würde von Interesse sein zu erfahren, wie sich dortige Vertreter von England und Japan über die Erwerbung des koreanischen Hafens Masampo durch Rußland äußern.

Englische Blätter, durch diesen russischen Erfolg erregt und erbittert gegen eigene Regierung, prophezeien Niedergang englischen Einflusses in Japan.

N. S. E.

[   ]

PAAA_RZ201-018928_271

Empfänger	[o. A.]	Absender	[o. A.]
A. 6479 pr. 25. Mai 1900.		[o. A.]	

A. 6479 pr. 25. Mai 1900.

Notiz.

Artikel der Kreuz-Zeitung v. 23. 5. über die Erwerbung des Hafens von Masampo durch Rußland befindet sich

i. a. Marokko 4 secr.

Berlin, den 26. Mai 1900.   A. 6453.

An
die Missionen in
London № 582.

Sicher!

J. № 4464.

Ew. p. übersende ich anbei ergebenst Abschrift
eines Berichts des K. Botschafters in St. Petersburg
vom 13. d. Mts., betreffend einen Artikel der
„Nowoje Wremja" über den russisch-englischen
Antagonismus in Ost-Asien,

　　　　zu Ihrer gefl. Information.

　　　　　N. S. E

　　　　　i. m.

Rußland in Korea.

PAAA_RZ201-018928_273 ff.			
Empfänger	Fürst zu Hohenlohe - Schillingsfürst	Absender	Hatzfeldt
A. 6555 pr. 27. Mai 1900. a. m.		London, den 25. Mai 1900.	
Memo	mtg. 30. 5. Petersburg 422.		

A. 6555 pr. 27. Mai 1900. a. m. 1 Anl.

London, den 25. Mai 1900.

№ 405.

An Seine Durchlaucht

den Herrn Reichskanzler

Fürsten zu Hohenlohe - Schillingsfürst.

In der gestrigen Sitzung des Unterhauses fragte Sir E. Ashmead-Bartlett an, ob die britische Regierung die russische ihrer einst übernommenen Verpflichtung, kein Koreanisches Gebiet in Besitz zu nehmen, entbunden hätte. Mr. Brodrick erwiderte, die fragliche Verpflichtung sei von Rußland einer anderen Macht gegenüber übernommen worden. Die weitere Frage, ob frühere Regierungen nicht die Verpflichtung als England gegenüber geltend angesehen hätten, wurde vom Sprecher als nicht angemeldet abgeschnitten.

Die „Times" bespricht die Angelegenheit heute abermals in einem gehorsamst beigefügten Leitartikel. Sie führt aus, England habe sich seinerzeit allerdings nur im Vertrauen auf das von Rußland an China abgegebene Versprechen, kein koreanisches Land zu okkupieren, zur Räumung von Port Hamilton bewegen lassen. Eine Entbindung Rußlands von dieser Verpflichtung habe seitens Großbritanniens nicht stattfinden können, aber wenn es sich herausstellen sollte, daß Rußland seine Zusage gebrochen habe, so sei England berechtigt und verpflichtet dies zu vermerken und seine Handlungsfreiheit vorzubehalten.

Der „Globe" fährt in seinem heutigen beigefügten Leitartikel fort, der Regierung die härtesten Vorwürfe für ihre Sorglosigkeit zu machen. Er meint, sie werde, wie jetzt in Südafrika, einst in Asien gezwungen sein mit ungeheuren Opfern wieder gut zu machen, was sie durch ihre Saumseligkeit verdorben habe. England, Japan, die Vereinigten Staaten und Deutschland müßten vereint gegen die russische Politik in Ostasien Front machen;

aber Deutschland lebe in Illusionen (fools paradise), froh seines Besitzes in Shantung, und bedenke nicht, wie leicht dieser durch Zollschranken vom Hinterlande abgeschlossen und entwertet werden könnte.

Der Artikel des „Globe", der Parlamentsbericht und der Leitartikel der „Times", sowie eine heute erschienene ältere „Times"-Korrespondenz aus Söul, welche interessante Streiflichter auf die Vorgeschichte der russischen Erwerbung in Masampo wirft, sind gehorsamst beigefügt.

Hatzfeldt.

Inhalt: Rußland in Korea.

Zu Ber. № 405 v. 25. Mai 1900.

THE GLOBE. FRIDAY. MAY 25, 1900.

A POLICY OF DRIFT.

The Statement of Mr. Brodrick in the House of Commons last night relative to the Russian occupation of Ma san pho was the quibble of a man catching at any straw to avoid an awkward predicament. Asked whether the British Government had released Russia from the pledge given in 1886 upon our evacuation of Port Hamilton that she would not in any circumstances occupy Corean territory, the Under-Secretary for Foreign Affairs replied that the assurance was given, not to Her Majesty's Government, but to another Power. There could, therefore, he added, be no question of a release by Great Britain. With that answer the House had to be content, and it is perfectly obvious that the Government are resolved to turn once more their blind eye to the Far East. That it is the merest quibble is obvious from a glance at the Port Hamilton Blue Book. On the 4th of December, 1886, Sir Philip Currie, who was then at the Foreign Office, wrote that the Tsung-li-Yamen had placed on record the distinct, promise by Russia not to occupy Corean territory in any circumstances if the British forces should be withdrawn from Port Hamilton. And he went on to say that, "on the faith of these assurances, the Chinese Government have on their own behalf given the required guarantee." It was a perfectly plain bargain, and the promise made by Russia was the consideration for which we gave up a valuable strategical position. In private life such a barefaced violation of good faith would exclude the culprit from the society of gentlemen, and there would be some very plain speaking about the conduct of an aggrieved party who was content with such an explanation as Mr. Brodrick gave last night. The plea of the "Novoe Vremya" that Russia is justified in breaking her word over Corea because she has already broken it over the Chinese territory of Port Arthur is scarcely more insulting to the intelligence.

We are bound to admit that the policy of Her Majesty's Government has been perfectly consistent. They have voted the Far Eastern Question a bore, and regard with scarcely disguised resentment those who try to arouse the Interest of the nation before it is too late. Whether it be a too inquisitive member of the House of Commons, or a returned China merchant with his tale of diminishing British prestige, there is the same half-bored, half-indignant reception. The Government knows its dangers, it knows its responsibilities; it hates being reminded of them. When any fresh and flagrant step is taken, like the Russian occupation of Ma san pho, it seeks to minimise the matter with the old excuse that the peccadillo is such a little one. As we pointed out last week, the seizure of what is bound ere long to be a coaling Station half-way between Port Arthur and Vladivostock is an event of the first magnitude. It is one of the incidents in the policy of absorption by which not merely Corea, but the whole of China north of the Yangtse is being gradually Russianised. Surely it is time for the other Powers which are interested in staying Russian aggression to come to some agreement as to their common policy. So far, the only nation that has shown real appreciation of the Situation is the United States, and its circular Publishing the adhesion of the civilised world to the doctrine of the Open Door in China was hailed as a diplomatic victory. We are afraid that our cousins have hardly yet realised the amount of value to be attached to Russian assurances. If any effectual barrier is to be interposed to Russia, her rivals in the East, ourselves, Japan, Germany, and the United States should formulate a common plan of action, and lay down some, definite frontier, some clearly-marked sphere of influence, beyond which Russian intrigues should not be tolerated. Japan is alive to the crisis; the game which she has played in Corea during the last twelve months has been marked by intelligence, foresight, and pertinacity, though in the last round Russia has apparently got the better of her. Germany is living in a fool's paradise, happy in the exclusive occupation of Shantung, and heedless of the fact that at any moment a barrier of exclusive tariffs may be raised between her and the fruitful hinterland with which she is doing so profitable a trade.

Yet, Germany's stake in the Far East is a small one compared with ours, and the loss of our trade with North China would he a calamity the extent of which it is appalling to contemplate. Unhappily, those who know the country best take the most gloomy view of our prospects. It is their fate to witness our commerce waning before the steady and irresistible approach from the North, and to find that, whatever party be in power, their representations fall on deaf ears. There are some statesmen who regard Russia as a mere bugbear, others as a bore, others as a bully too powerful to be meddled with. The former ignore the strategical danger to the Indian Empire when it will he hemmed in between a Russianised Persia on the west and a Russianised China on the east. The latter are blind to the fact that while Russia has no ports or coaling stations in the China Sea she is helpless. Meanwhile we are standing by and allowing her to mature those naval preparations which will one day be utilised to our detriment. The time must come when the most long-suffering of Governments will have to put its foot down. What would be comparatively easy now may be a task of over-whelming magnitude then. Our statesmen prefer the same policy of drift which they pursued with such fateful consequences in South Africa. Thousands of lives, millions of treasure, a vast amount of human misery might have been spared had we boldly faced realities in proper time. The Government preferred to put off the evil day, to wait for public opinion instead of guiding and directing it. It looks as if the same dismal tragedy were to be repeated in another continent.

THE TIMES, FRIDAY, MAY 25, 1900.

RUSSIA AND KOREA.

SIR E. ASHMEAD-BARTLETT (Sheffield, Ecclesall) asked the Under-Secretary of State for Foreign Affairs whether the British Government had released the Russian Government from the pledge given in 1887 by the Tsar's Government upon the British evacuation of Port Hamilton, that Russia would not under any circumstance occupy Korean territory.

MR. BRODRICK. —The assurance given by Russia in 1886 was not an assurance to her Majesty's Government, but to another Power. There is therefore no question of a release being given by Great Britain.

SIR E. ASHMEAR-BARTLETT. —May I ask whether the assurance has not been treated by previous Governments as an assurance given to Great Britain?

The SPEAKER. —Order, Order.

SIR E. ASHMEAD-BARTLETT. —Am I to understand, Sir, that you ruled my question out of Order?

The SPEAKER. —I did. (Laughter.)

It was stated yesterday in the House of Commons by Mr. BRODEICK that the assurance given in 1886 by the Russian Government to abstain from occupying any territory in Korea was given not to this country, but to another Power. Therefore, he added, there is no question of a release being given by the British Government. It is perfectly true that the engagement was entered into between the Russian Minister and the Tsung-li-Yamen, but the Chinese officials communicated to the British representative, SIR JOHN WALSHAM, the "sincere promise" of Russia that "if the British would evacuate Port Hamilton the Russian Government would not occupy Korean territory under any circumstances whatever." An explicit guarantee to this effect was given when the Russians pressed the Tsung-li-Yamen to induce the British to withdraw from Port Hamilton. The British Minister accepted the guarantee of China, backed by the Russian assurances, as sufficient, and Port Hamilton was, in consequence, evacuated. If it should now appear that the Russian engagement has been broken, it is true that there is no question of "release" on our part, but we are none the less entitled and bound to take note of the fact and to reserve our liberty of action. We do not interpret Mr. BRODRICK's answer as amounting to more than this. A similar construction may, we believe, be placed on another reply which he gave a couple of days ago, merely reciting the facts of the recent Russian acquisition as reported to Her Majesty's Government and pinning Russia to the minimizing explanation of them. The language of the Under-Secretary might perhaps have been clearer and more decided, but it would be premature to read into his words any acquiescence on the part of this country in serious modifications of the status quo in the Far East. From Mr. BRODRICK's Statement and further information, it does not appear that, up to the present, treaty engagements have been flagrantly violated by Russia. The land acquired by her for a coaling depot and other purposes is stated to be within the three-mile limit of the foreign settlement of Masampho and, Mr. BRODRICK says, conveys no exclusive right to Russia. This is not quite reconcilable with the remark, in our Peking Correspondent's recent telegram, that the Russian-Korean agreement "excludes Japan from acquiring similar advantages."

Our Correspondent's letter from Seoul, which we publish to-day, shows how prolonged and how keen has been the struggle for influence between the Russians and the Japanese. The former have been compelled by the vigilant and firm diplomacy of the latter to abandon M. PAVLOFF's original demand for the cession of Nam P'u, an important naval position 20 miles beyond the treaty limits of the foreign Settlement. The alternative policy of Japan was to claim a Station on the Island of Cargodo or Ko je-do. The Russian plan was then modified. A position within the treaty limits was accepted, but was coupled with insistence on the demand that no other Power should be allowed to obtain a footing on Ko je-do. This is, as our Correspondent maintains, a restraint upon Korean sovereignty which may easily be translated, in accordance with Russian precedents, into a right of reversion that would be a grave menace to Japan. It remains to be seen whether or not the Japanese will make any immediate counter-move, but the game that is being played at the Korean Capital is evidently a long and a complicated one. Meanwhile, the Russian Press, which has only heard of the Korean acquisition through the Intelligence published in our columns, is in a very bad temper at the comments in this country on what is happening in Korea. From the account given by our Correspondent at St. Petersburg of an article just published in the *Novoe Vremya*, that journal would seem to have become almost inarticulate in its rage. Ignoring the point which might be made by a sober-minded critic that the newly-acquired Station being within treaty limits is perfectly defensible, whatever may be said of other incidents of the policy in which it is only one element, the *Novoe Vremya* raves over the wickedness of attempts to bring about a quarrel between Japan and Russia, protesting that Russian policy has never been a threat to any other Power, that Russia carries the torch of enlightenment and justice throughout the East, that she has none of England's rapacious desires, and does not, like England, suck the life-blood out of her colonies. Such rant as this does not indicate a sense of censorious strength. The warning to Japan against the danger to a sea Power of engaging in a conflict with a land Power is pointed by a reference to our difficulties in South Africa, of which, not being aware that our Navy has lost any of its pre-eminence, we fall to perceive the relevance. To suggest that the engagement which was the consideration for our retirement from Port Hamilton has become null and void by the occupation of Port Arthur by Russia and of Wei-hai-wei by England is a crowning absurdity. What has an arrangement by which Russia bound herself not to acquire territory in Korea to do with the fate of ports situated in Chinese territory?

THE TIMES, F'RIDAY, MAY 25, 1900.

THE SITUATION IN KOREA.
(FROM OUR PEKING CORRESPONDENT.)

SEOUL, March 29.

This afternoon I sent you through the local Korean telegraph office a message summing up in telegraphic brevity the more important features of the present position of affairs in Korea.

Last September when I was here the Masampho dispute was the most important of the questions that had for some considerable time occurred between Japan and Russia in relation to Korea. The dispute was one in which an attempt on the part of Russia to obtain, under the guise of a coaling-station for a Russian steamship company, a position of great strategic importance in the finest harbour of Korea had been frustrated by the vigilance and astuteness 1 of the Japanese Legation. The difficulty was smoothed over for the time, but it was known that, with the return of M. Pavloff, a demand would be presented to the Korean Government for compensation. And so it has happened, and the Masampho case is once more the most important of the questions of the day in this unfortunate country.

Early in February M. Pavloff, on the first occasion on which he was admitted to Imperial audience after his return from America and Russia, intimated his intention to insist upon the conveyance to Russia of another site within the harbour of Masampho of not less value than the site previously selected, and from which Russia had been dispossessed, he alleged, with the connivance of the Emperor, by the Japanese Government. Since then Russian ships of war have constantly been in evidence in the harbour, their presence offering opportune support to the negotiations of the Minister. Their movements have been watched with much suspicion by the Japanese. It was feared, not unreasonably, that Russia might seize the opportunity created by the difficulties of Great Britain in South Africa to enforce her claim to a coaling-station at this point and so complete the scheme which Russian statesmen have long regarded as essential to the adequate strengthening of Russia's naval position in the Far East. There can be no doubt that the immense feeling of relief experienced throughout Japan when the news reached them of the turn of the tide in South Africa, of the relief of Kimberley and Ladysmith and the capitulation of Cronje, was largely due to the removal of apprehension lest an overt act of occupation should be committed at Masampho.

Yet the Russian ships continued at Masampho. It was suspected, and as events have proved correctly suspected, that the new site selected by the Russian Admiral was at Nam P'u, the small harbour off the main harbour on the inner side of Point Atkinson at the Western entrance of the bay. Nam P'u is some 20 miles beyond the treaty limits of the open port of Masampho town, from the area, that is, near Masampho town, which by treaty has been opened as a foreign settlement. Its requisition could only be obtained by an act of cession, probably under the fiction of a "lease," as the form is employed in the case of Port Arthur and Kiao-chau. But Japan was not prepared to stand quietly aside while these developments were proceeding. As in the previous Masampho case, as in the case of the whaling concessions of Count Henry Keyserling, as, too, in the still more recent case of the Sakhalin fisheries, Japan was ready with her countermove. Were this harbour to pass into the possession of Russia, Japan, it was known, would at once demand and occupy the northern extremity of the Island of Cargodo (Ko Je Do) an Island which commands the whole entrance to the bay. Meanwhile, in anticipation of the Russian demand, Japanese diplomacy was directed towards restricting the demand to a site within the three- mile treaty limits of the open port and towards obtaining requisite assurances that the site so obtained would be devoted to uses purely commercial, and not military.

After waiting some time, M. Pavloff seized his opportunity, and presented his demand. It was done within the last few days. He demanded, in the terms that experience has taught him are the most effective in dealing with a weak and vacillating Oriental Government, that Korea should give compensation to Russia for the injury sustained by the loss of the site previously selected, and should cede to a Russian steamship company a site at Nam P'u at the Western entrance to the harbour of Masampho. It was to be used as a coal depot, hospitals would be built there, and a club for the use of Russian officers. Then, with the evident intention of forestalling any action of Japan in Cargodo, he demanded that Korea should undertake not to cede in any form to any other Power any portion of the Island of Cargodo. That was all, but these were demands sufficient to provoke the opposition of Japan, where the action of Russia in Korea, as guided by M. Pavloff, is viewed with ever-increasing distrust. Japan, informed at once of the nature of the Russian pretensions, lost no time in taking action. Negotiations were set on foot in St. Petersburg and Tokio, while the Japanese Minister awaited further developments here. Immediate action once more proved effective. Yesterday the Russian Minister had another Imperial audience. He had evidently received instructions to modify his demands. His Government had seen with concern the attitude of Tokio in regard to his demands. In the course of his audience, at which were present the Foreign and Home Ministers of Korea, M. Pavloff said that, though the site he had asked for was the one selected by his admiral as that best fitted for the purposes intended, he had received instructions to act strictly in accordance with treaty, and he asked, instead of the concession at Nam P'u, that Korea should grant to the Russian Steamship Company a location for a coal depot within the treaty limits of Masampho foreign Settlement. Such a request is legitimate and unobjectionable, and cannot be opposed. At the same time, however, he persisted in requiring assurances from the Emperor that no portion of Cargodo should be alienated by Korea to any other Power.

This action is capable of only one interpretation, and so it will be interpreted in Japan.

Right of sovereignty implies the right of alienation of his territory at the will of the Sovereign. Russia, intervening and removing that right, implies that she has claims upon the island of Cargodo which can easily be interpreted into the right of reversion. Installed in Cargodo, an island of the highest strategical importance, commanding as it does the Korean Straits and lying exactly midway between Port Arthur and Vladivostok, Russia would be in a position of advantage that would he intolerable to Japan.

Russia will require to withdraw this demand. She cannot venture to press it unless the contempt which Russians individually express for the Japanese is really shared by the Russian Government.

There is one other question over which, Japan and Russia are at variance in Korea. Russia has recently put forward the claim that Russian subjects alone have the right to work and develop the mines, forests, and other property belonging to the Imperial Household. The claim is not lacking in comprehensiveness, for the Household property covers nearly all Korea outside of the treaty ports and of the foreign concessions. It is so unreasonable that the demand is treated almost contemptuously by the Japanese, though the very magnitude of it gives some indication of the pretensions of Russia in this peninsula. The correspondence is instructive.

On November 2, 1899, M. E. Stein, the Russian Charge d'Affaires, sent a despatch to the Korean Foreign Office in connexion with negotiations then in progress by British subjects for a concession to work gold mines in Korea. In this despatch he reminded the Foreign Office that in November, 1898, they had given a pledge to M. Matunine, the Russian Minister, that a Russian subject—the Privy Councillor Njebaroshneff— had acquired the right of working and developing the mines belonging to the Imperial Household; he added that the right had been recently admitted by the Emperor at an audience in October. Again on November 17 M. Stein wrote to the Foreign Office that the arrangement with. M. Matunine included the control, not only of gold mines, but of forests and other Imperial property. He declared that the right to manage any of these undertaking cannot be accorded to foreigners without the consent of the prior claimant— the Russian subject. The claim gave to a Russian subject the monopoly of all the mining areas of Korea not already granted to foreign concessionnaires. It ignored the equality of treatment guaranteed by treaty. It has been observed that the action of Russia in this matter is not that Russia is anxious to undertake the development of the mineral resources of Korea as much as to establish a claim which will prevent others from doing so. Korean mines were apparently to be placed in the same category as Persian railways.

Animated controversy began with the Korean Foreign Office. The question was referred to St. Petersburg. M. Stein gave hope that Russia would give way. M. Pavloff has, however, quite recently restated that Russia cannot permit Korea to infringe in the slightest particular the terms of her engagement with M. Matunine. And his action has been met by the Japanese, who have at once applied for concessions to work five gold-mining areas, three of which admittedly belong to the Imperial Household. It is a test case. Russia cannot reasonably oppose the demand without violating the Nishi-Rosen Protocol of April 25,1898, whereby she binds herself not to impede the development of commercial and industrial relations between Japan and Korea. The question is interesting. Russia will require to withdraw from an untenable position.

Other affairs are quiet. The consolidation of the power and influence of Japan proceeds apace. Japanese are everywhere in evidence, their Interests being protected by a Minister of unusual energy and discernment, M. Hayashi, who was formerly the Secretary of the Japanese Legation in London. Japan has now possession of the Chemulpo-Seoul Railway, and trains are running three times daily to the Han river. Preliminary work on the Seoul-Fusan line has begun and construction will shortly be in active progress. The work is recognized as one of national importance and the interest on the Capital will be guaranteed by the Japanese Government. Japanese soldiers will police the line under somewhat the same conditions as those under which Russians police the Manchurian Railway. The length of the line will be 300 miles and its cost is estimated at £2,300,000. Military telegraphists will he employed on the line. Telegraph lines are already largely in the hands of the Japanese and the installation of the Marconi system of wireless telegraphy under Japanese control at many of the ports of Korea will soon be an accomplished fact. A mint is being built by the Japanese, the currency still used is Japanese, while, from January 1, Korea having entered the International Postal Union, the management of the mails has been entrusted to Japanese officials, the contract between the Korean and Japanese authorities stipulating that "all the Korean mails despatched from and arriving in Korea shall be sent and delivered through the Japanese post offices in Korea." In the House of Representatives in Tokio on February 6, where the motion to grant a subsidy to the Seoul-Fusan Railway was carried without a single dissentient, it was stated that there are now 25,000 Japanese living in Korea.

In my telegram to-day I have briefly referred to the settlement of the dispute regarding the Unsan gold-mine, which has been acquired by the Eastern Pioneer Company, an Anglo- Belgian syndicate. Reports are favourable and work has already begun under the management of an experienced Belgian engineer, M. Braecke. The American gold-mining concession in the same province is working with very satisfactory results.

[   ]

PAAA_RZ201-018928_281 ff.			
Empfänger	[o. A.]	Absender	Radolin
A. S. 869 pr. 27. Mai 1900. p. m.		Petersburg, den 27. Mai 1900.	
Memo	I mitg 29. 5. m. Jenem Bericht. II mitg 1. 6. m. Schr. an R. Marineamt. III Im Ber. mtg. 1. 6. mit Alerh. Marg. London 603. Antwort auf Telegramm № 84 vom 25. d. Mts.[15]		

A. S. 869 pr. 27. Mai 1900. p. m.

Telegramm.

Petersburg, den 27. Mai 1900. 12 Uhr 32 Min.   m.

Ankunft: 1 Uhr 30 Min p. m.

Entzifferung.

№ 123.

Durch die friedlichen Zusicherungen des Grafen Murawiew vollständig beruhigt, betrachtet der englische Botschafter die russische Niederlassung auf dem Festland von Masampo im Tenlee-Distrikt als eine belanglose Erwerbung privaten Charakters zu Kohlendepotzwecken, die vorkommenden Falls einer jeden anderen Macht eingeräumt werden würde. Den Zwischenfall, der durch Mißverständnisse aufgebauscht worden ist, sieht Sir Charles Scott als erledigt an. Er ist der Ansicht, daß die britische Regierung, die eine Verwicklung vermeiden will infolge des russischen Abkommens mit Korea, wonach die Insel Corgado keiner fremden Macht cediert werden darf, ganz beruhigt ist.

Er führt die Zeitungspolemik - im Gegensatz zur Haltung der Regierung - zum größten Teil auf den chauvinistischen Korrespondenten der „Times"- Korrespondenten in Peking zurück, der ein verkapptes, künftiges, zweites Port Arthur in dieser russischen Erwerbung wittert und die russische Presse durch seine heftigen Ausfälle zu einer gleichen Entgegnung

---

15 A. S. 845 u. A. 6461 eherb. beigef.

reizt.

Wie mir der japanische Gesandte bestätigt mir, sieht auch er die Angelegenheit als zur Zufriedenheit erledigt an und hält er Japan durch das russisch-koreanische Corgado-Abkommen für beruhigt. Die japanische Regierung wolle wegen der russischen mercantilen Niederlassung in dem Tenlee-Distrikt auf dem Festlande bei Masampo wollte die japanische Regierung keine Empfindlichkeit zeigen. Der Durch obiges Abkommen scheine der möglich gewesenen Ausdehnung der Tenlee-Klausel auf das Meer in der Richtung von Corgado scheine durch obiges Abkommen vorgebeugt worden zu sein.

Radolin.

Russische Landerwerbungen in Masampo.

Empfänger	Fürst zu Hohenlohe - Schillingsfürst	Absender	Weipert
A. 6560 pr. 27. Mai 1900. a. m.		Söul, den [o. A.] April 1900.	
Memo	I. mtg. 30. 5. London 596, Paris 291, Petersburg 423. II. mtg. 30. 5. R. Mar. Amt. J. № 273.		

PAAA_RZ201-018928_284 ff.

A. 6560 pr. 27. Mai 1900. a. m.

Söul, den [o. A.] April 1900.

№ 30.

An Seine Durchlaucht

den Herrn Reichskanzler

Fürsten zu Hohenlohe - Schillingsfürst.

Der hiesige russische Geschäftsträger erzählte mir dieser Tage mit großer Genugtuung, daß es ihm gelungen sei, nicht nur die Absetzung des Gouverneurs von Mokpo herbeizuführen, der sich bisher grundlos geweigert hatte, die Besitztitel für die russischerseits auf der Insel Kaho im Hafen von Mokpo erworbenen Grundstücke herauszugeben, sondern auch die Erwerbung einer ausschließlich russischen Landkonzession in Masampo nach Art der in verschiedenen Plätzen Chinas bestehenden, im Prinzip wenigstens durchzusetzen. Hinsichtlich der Größe und Lage werde zur Zeit noch zwischen dem dortigen russischen Konsul Sokoff und zwei aus dem hiesigen Ministerium der Auswärtigen Angelegenheiten entsandten Beamten zwecks Ankaufs durch Vermittlung der koreanischen Regierung das Nähere vereinbart. Wie ich von dem Präsidenten des Ministeriums des Äußeren, Herrn Pak, höre, handelt es sich jedoch in Masampo lediglich um den Erwerb eines größeren Grundstücks für die russische Regierung, welches außerhalb der allgemeinen Fremdenniederlassung, aber innerhalb der vertragsmäßig jedem Ausländer zum Grunderwerb offenstehenden Zone von 10 koreanischen Li (ca. 3½ englische Meilen), bestimmt werden soll. Besondere Vereinbarungen über die Verwaltung innerhalb dieses Terrains sind nach Äußerung des Herrn Pak nicht getroffen worden, aber tatsächlich werden die Russen in demselben völlig freie Hand haben.

Der hiesige japanische Gesandte gibt zu, daß diese Erwerbung die legitimen Grenzen in keiner Weise überschreite, hält aber daran fest, daß die Besorgnisse wegen weitergehender russischer Aspirationen in Masampo, welche gegen Ende vorigen Monats die japanische Presse in Erregung versetzt hatten, nicht ohne Grundlage gewesen seien. Herr Pavlow habe vor Monatsfrist bereits die Überlassung der Masampo vorgelagerten Insel Köchye begehrt. Als dies abgelehnt worden sei, habe er die Erwerbung eines größeren Terrains an der 10 - 15 englische Meilen (also weit über 10 Li) südlich von Masampo, gegenüber der genannten Insel, gelegenen kleinen Bucht von Nampo, und zugleich das Versprechen verlangt, daß die Insel Köchye auch an keine andere Macht abgetreten werden würde. Dieses Versprechen sei, wie Herr Hayashi dem englischen Geschäftsträger gegenüber aus sicherer Quelle zu wissen erklärt hat, in der Tat gegeben worden. Aber der Präsident des Ministeriums des Äußeren hat mir sowohl wie dem Herrn Jordan gegenüber auf das Bestimmteste in Abrede gestellt, daß bezüglich der Insel Köchye oder der Bucht von Nampo mit Rußland irgendwelche Abmachungen getroffen oder auch nur zur Diskussion gebracht worden seien. Der japanische Argwohn dürfte daher in diesem Falle zu weit gegangen sein. Auch konnte Herr Hayashi selbst nicht umhin zu bemerken, daß die Situation einen beruhigenderen Charakter angenommen habe.

Abschriften dieses gehorsamen Berichtes gehen an die Kaiserlichen Gesandtschaften in Peking und Tokio.

Weipert.

Inhalt: Russische Landerwerbungen in Masampo.

PAAA_RZ201-018928_290

Empfänger	Auswärtiges Amt in Berlin	Absender	Wedel
A. S. 873 pr. 28. Mai 1900. p. m.		Tokio, den 28. Mai 1900.	
Memo	Antwort auf Telegramm № 14.[16]		

A. S. 873 pr. 28. Mai 1900. p. m.

Telegramm.

Tokio, den 28. Mai 1900. 11 Uhr 50 Min.   m.
Ankunft: 11 Uhr 8 Min. a. m.

Der K. Geschäftsträger an Auswärtiges Amt.

Entzifferung.

№ 2.

Durch Rußlands Politik der letzten Monate in Korea hat das Mißtrauen gegen Rußland und das Verlangen nach der Freundschaft Englands hier zugenommen.

Der Vorwurf der Schwäche bezüglich des Boeren-Krieges oder der Masampo-Angelegenheit ist bisher gegen England nicht erhoben worden.

Wedel.

---

16 A. S. 845 u. A. 6461 beigefügt zu A. S. 869.

Berlin, den 29. Mai 1900.

A. S. 869.

Sr. Majestät
dem Kaiser und Könige

Ganz vertraulich.

Sr. E. Herrn Wg. R. v. Holstein

J. № 4528.

Nachdem die englische Presse wegen der Festsetzung Rußlands in dem koreanischen Hafen Masampo fortgesetzt Unzufriedenheit gegen die eigene Regierung zeigt, hatte ich Ew. K. u. K. Majestät Botschafter in St. Petersburg aufgefordert, zu berichten, wie sich die dortigen Vertreter Englands und Japans über diesen neuesten russischen Erfolg äußern.

Ew. K. u. K. Majestät beehre ich mich die hierauf eingegangene telegraphische Antwort des Fürsten Radolin, derzufolge weder sein englischer noch sein japanischer Kollege der Angelegenheit ernstere Tragweit beimessen wollen, nachstehend alleruntertänigst zu unterbreiten.

„ins. aus A. S. 864"

N. S. E.

독일어 원문 탈초본 **583**

[   ]

PAAA_RZ201-018928_294 ff.

Empfänger	Kaiser und Könige	Absender	Bülow
A. S. 869.		Berlin, den 29. Mai 1900.	
Memo	J. № 4528.		

A. S. 869.

Berlin, den 29. Mai 1900.

Ganz vertraulich.

Seiner Majestät
dem Kaiser und Könige.

Nachdem die englische Presse wegen der Festsetzung Rußlands in dem koreanischen Hafen Masampo fortgesetzt Unzufriedenheit gegen die eigene Regierung zeigt, hatte ich Eurer Kaiserlichen und Königlichen Majestät Botschafter in St. Petersburg aufgefordert, zu berichten, wie sich die dortigen Vertreter Englands und Japans über diesen neuesten russischen Erfolg äußern.

Euerer Kaiserlichen und Königlichen Majestät beehre ich mich die hierauf eingegangene Antwort der Fürsten Radolin, derzufolge weder sein englischer noch sein japanischer Kollege der Angelegenheit ernstere Tragweite beimessen wollen, nachstehend alleruntertänigst zu unterbreiten.

„Der englische Botschafter, durch die friedlichen Zusicherungen des Grafen Murawiew vollständig beruhigt, betrachtet die russische Niederlassung im Tenlee-Distrikt auf dem Festland von Masampo als eine belanglose Erwerbung privaten Charakters zu Kohlen-Depotzwecken, die einer jeden anderen Macht vorkommenen Falls eingeräumt werden würde. Sir Charles Scott sieht den Zwischenfall, der durch Mißverständnisse aufgebauscht worden ist, als erledigt an, und ist der Ansicht, daß die britische Regierung, die eine Verwicklung vermeiden will infolge des russischen Abkommens mit Korea, die Insel „Corgado" keiner fremden Macht zu cedieren, ganz beruhigt ist.

Er führt die Zeitungspolemik - im Gegensatz zur Haltung der Regierung - zum größten Teil auf den chauvinistischen „Times"-Korrespondenten in Peking zurück, der in dieser russischen Erwerbung ein verkapptes, künftiges zweites Port Arthur wittert und die russische Presse durch seine heftigen Ausfälle zu einer gleichen Entgegnung reizt.

Der japanische Gesandte bestätigt mir, daß auch er die Angelegenheit als zur Zufriedenheit erledigt ansehe, und daß er Japan durch das russisch-koreanische Corgado-Abkommen für beruhigt hält. Die japanische Regierung wolle wegen der russischen merkantilen Niederlassung in dem Tenlee-Distrikt auf dem Festland bei Masampo keine Empfindlichkeit zeigen. Der möglich gewesenen Ausdehnung der „Tenlee"-Klausel auf das Meer in der Richtung von Corgado scheine durch obiges Abkommen vorgebeugt zu sein."

Bülow.

[   ]

PAAA_RZ201-018928_299			
Empfänger	[o. A.]	Absender	[o. A.]
A. 6626 pr. 29. Mai 1900. p. m.		[o. A.]	

A. 6626 pr. 29. Mai 1900. p. m.

St. Petersburger Zeitung.
26. 5. 00.

— [Der Zorn der englischen Presse über unsere Erwerbung in der Bucht von Masampo] ist sehr groß. Sie verlangt "ernste Maßregeln gegen Rußland" und man wird noch mehrmals in die Lage kommen, die gar zu ungenierten Redensarten der Londoner Blätter zurückzuweisen. Eben liegt uns ein Artikel der „Birsh. Wed." vor, in dem vor Allem darauf hingewiesen wird, daß sich die Rolle Englands in Ostasien seit dem chinesisch-japanischen Krieg stark geändert habe.

„China hat aufgehört, der ganzen Welt unzugänglich zu sein, Rußland hat sich auf der Halbinsel Ljaotong festgesetzt, die Mandschurei hat sich mit einem russischen Eisenbahnnetze bedeckt, der große sibirische Bahnbau geht seinem Ende entgegen und verknüpft Rußland mit China, Japan und Korea durch die Bande unmittelbarer Nachbarschaft. Wie kann nach allem diesem noch von einer englischen Einmischung in die inneren Angelegenheiten Koreas die Rede sein, zumal die Unabhängigkeit Koreas feierlich anerkannt ist und die Flottenstation am Südufer Koreas, die den dringenden Bedürfnissen Rußlands entspricht, zu gleicher Zeit Korea gegen neue englische Annexionen in der Art des 1885er Zwischenfalls von Port Hamilton schützt? In England betrachtet man diese Frage von einem anderen, jetzt bereits veralteten Standpunkt, dem noch vor einigen Jahren der jetzige Vizekönig von Indien, Lord Curzon, mit voller Aufrichtigkeit Ausdruck gegeben hat. „Ein ständiges russisches Geschwader in Port Lasarew oder Fusan - schrieb er nicht lange vor dem chinesisch-japanischen Kriege - wird Rußland zur größten Seemacht im Stillen Ozean machen; das Gleichgewicht am Stillen Ozean ist dann gestört und England kann dieses in Anbetracht seiner allgemeinen politischen Zwecke und wichtigen Handelsinteressen nicht zulassen." Die Erklärung „England kann dieses nicht zulassen." hat jetzt jeden Sinn verloren, und zwar weniger wegen des Schlages, den das englische Prestige in Südafrika erlitten hat, als wegen der Bedeutung, welche Rußland und Japan im Stillen Ozean erworben haben. Ausschließlich von diesen beiden Mächten hängen jetzt die Geschicke der Völker im fernen Osten ab. Die Nachricht von der Verwandlung Masampos in eine russische Flottenstation kann, soweit sie richtig ist, Interesse haben, aber nicht für England, sondern für Japan. Wie wir jedoch noch neulich ausführlich erörtert haben, werden alle auf den Schutz Koreas vor fremden Gelüsten gerichteten Maßregeln auf Grund einer ganzen Reihe von Verträgen nur nach einer Vereinbarung zwischen Japan und Rußland getroffen. Da wir nun von irgendwelchen japanischen Protesten gegen die Erwerbung Masampos durch Rußland nichts hören, so ist es am wahrscheinlichsten, daß die hierauf bezüglichen Verhandlungen auf einer den Interessen der beiden befreundeten Mächte in gleichem Maße entsprechenden Grundlage geführt worden sind oder geführt werden.“

Berlin, den 26. Mai 1900.

A. 6555.

An

die Botschaft in

St. Petersburg № 422.

J. № 4587.

Ew. p. übersende ich anbei ergebenst Abschrift eines Berichts des K. Botschafters in London vom 25. d. Mts., betreffend englische Presseäußerung über das Vorgehen Rußlands in Korea,

zu Ihrer gefl. Information.

N. S. E

i. m.

Berlin, den 30. Mai 1900.

zu A. 6560 I.

An

die Botschaften in

1. London № 596.

2. Paris № 291.

3. St. Petersburg № 423.

J. № 4589.

Euerer pp. übersende ich anbei ergebenst Abschrift eines Berichts des K. Konsulats in Söul vom [o. A.] v. Mts., betreffend die russischen Landerwerbungen in Masampo,

zu Ihrer gefl. vertrl. Information.

N. S. E

i. m.

Berlin, den 30. Mai 1900.   A. 6560 II.

J. № 4590.   Die anliegende Abschrift eines Berichts des Kais.
                                 Konsulats in Söul vom April d. J.,
                                 betreffend die russischen Landerwerbungen in
                                 Masampo, wird auf Allerh. Befehl dem Herrn
                                 Staatssekretär des Reichsmarine-Amts
                                 zur gefl. Kenntnisnahme ergebenst übersandt.

                                          N. S. E.
                                            i. m.

Die „Birshewyja Wjedomosti" über die koreanische Frage.

PAAA_RZ201-018928_303 ff.			
Empfänger	Fürst zu Hohenlohe - Schillingsfürst	Absender	Radolin
A. 6657 pr. 30. Mai 1900. a. m.		St. Petersburg, den 27. Mai 1900.	
Memo	mitg. London 1. 6. 606.		

A. 6657 pr. 30. Mai 1900. a. m.

St. Petersburg, den 27. Mai 1900.

№ 319.

An Seine Durchlaucht

den Herrn Reichskanzler

Fürsten zu Hohenlohe - Schillingsfürst.

In gleich entschiedener Weise, wie dies vor einigen Tagen seitens der „Nowoje Wremja" geschah, wenden sich auch die „Birshewja Wjedomosti" gegen die englische Presse, die aus Anlaß der russischen Erwerbung Masampos zu ernsten Schritten gegen Rußland rate. Das Blatt schreibt:

„Die Erklärungen darüber, England könne die Störung des Gleichgewichts im Stillen Ozean nicht zulassen, entbehren augenblicklich jeden Sinnes, nicht sowohl in Folge der dem militärischen Prestige Englands in Südafrika zugefügten Schläge, als angesichts der Bedeutung, welche Rußland und Japan im Stillen Ozean erlangt haben, - zwei Mächte, von denen die Geschicke der Völker des fernen asiatischen Ostens ausschließlich abhängen. Die Nachricht von der Umwandlung Masampos in eine russische Marinestation kann, ihre Richtigkeit vorausgesetzt, nicht für England, sondern nur für Japan Interesse haben; hierbei darf übrigens nicht außer Acht gelassen werden, daß, gemäß einer ganzen Reihe von Verträgen, jeder einzelne Schritt zur Fernhaltung fremder Aspirationen von Korea nicht anders, als nach gegenseitigem Einvernehmen zwischen Rußland und Japan unternommen wird. Wenn wir daher bis jetzt nichts von japanischen Protesten wider die russische Erwerbung Masampos vernommen haben, so haben aller Wahrscheinlichkeit nach, hierüber Unterhandlungen auf einer Grundlage stattgefunden, die den Interessen der beiden befreundeten Staaten in gleicher Weise entspricht."

Radolin.

Inhalt: Die „Birshewyja Wjedomosti" über die koreanische Frage.

Berlin, den 31. Mai 1900.   A. 6626.

An
Botschafter
London № 597.

J. № 4604.

Ew. pp. übersende ich anbei ergebenst einen
Ausschnitt aus der „St. Petersburger Zeitung" vom
26. d. M., betreffend die Erregung der englischen
Presse über die russischen Erwerbungen in der
Bucht von Masampo, zu Ihrer gefl. Information.

N. S. E.

i. m.

Rußland in Korea.

PAAA_RZ201-018928_308 f.			
Empfänger	Fürst zu Hohenlohe - Schillingsfürst	Absender	Hatzfeldt
A. 6713 pr. 31. Mai 1900. a. m.		London, den 29. Mai 1900.	

A. 6713 pr. 31. Mai 1900. a. m. 1 Anl.

London, den 29. Mai 1900.

№ 412.

An Seine Durchlaucht

den Herrn Reichskanzler

Fürsten zu Hohenlohe - Schillingsfürst.

Euerer Durchlaucht beehre ich mich ein weiteres Exemplar des „A Russian Advance" überschriebenen Artikels der Nummer der „St. James Gazette" vom 18. d. Mts. anbei gehorsamst zu überreichen.

Hatzfeldt.

Inhalt: № 412; London, den 29. Mai 1900. Rußland in Korea.

Zu Bericht № 1731. v. 28. Mai 1900.

The St. James's Gazette.

FRIDAY, MAY 18, 1900.

A RUSSIAN ADVANCE.

It would seem that Russia has made a most important step towards establishing her rule over Korea, and, through Korea, over all Northern China, and that she has done this in a way very characteristic of her diplomacy. What she has gained is a naval Station for herself on the Straits of Korea, together with a guarantee that no other Power shall be allowed to establish itself either on the mainland or in the islands in the neighbourhood.

The place is on the fine harbour of Masampho, on the Southern coast of Korea just opposite the Japanese Island of Tsushima. The coast of Korea is here, in fact, within sight of Japanese territory. There are islands belonging to the Government of Seoul which on the map shut in the harbour just acquired by Russia. It is customary to speak of such places as commanding this or the other spot which they face. As a matter of fact, when islands or ports on the mainland are divided by a good stretch of water from the places they are supposed in theory to command, the expression must be understood to be very figurative. The Power which is stronger at sea can move to and fro wherever there is water to float its ships. On the supposition that Russia and Japan come to blows over this business, a sea fight or a succession of sea fights would decide which of the two was to be master in the Straits. If the victory fell to Russia she would soon make an end of any Japanese force occupying Kojedo, which is described as commanding Masampho. If, on the other hand, the victory was gained by the Japanese, they would at once blockade the remnants of the Russians in Masampho, and could then transport an army to the mainland of Korea, and attack the place from the land side. Naval superiority would decide the war. It is a misfortune that we have taken to talking of harbours as commanding straits, or seas, or trade routes, or anything else. They do not. Gibraltar itself, which is the perfection of fortresses alike in position and natural strength, would he utterly unable not only to stop, but even to hamper, a hostile fleet when entering or leaving the Mediterranean, if it were in the hands of a weak naval Power. It was not Gibraltar which prevented M. de la Clue from escaping safely from the Mediterranean in 1759. It was the fleet of Boscawen which sailed in pursuit of the French Admiral from Gibraltar Bay. The Rock could not prevent Admiral Bruix from coming in and going out of the Mediterranean when he chose, nor did it stop Villeneuve from making his way into the ocean when he eluded Nelson's blockade of Toulon.

Naval stations in themselves are only valuable in so far as they can be made use of by a superior fleet. The possession of Masampho would not enable Russia to prevent the Japanese from going to and fro, and from steaming up and down in the Straits of Korea, unless she could first beat their navy. Yet the possession of a good naval Station—which means a store house and repairing basin—is beyond doubt of very great value to an efficient fleet. If Russia is sure of the effective strength of her navy, she does well to acquire Masampho. The harbour is from every point of view likely to serve her well—always, of course, on the supposition that her fleet is able to enter and leave the port unchecked by Japanese warships. As yet Russia has been very poorly provided with ports in those waters. Vladivostock, in the Maritime Province of Siberia, though not perhaps liable to be closed absolutely by ice, is highly inconvenient in winter. Port Arthur, a recent acquisition, is on inland waters between the Gulf of Pechili and the Yellow Sea. It also is much troubled by ice in winter. Masampho, on the Straits of Korea, is open all the year round, and it may be said to be on the high road, whereas both Vladivostock and Port Arthur lie in blind alleys. A successful Russian fleet having the use of this harbour would be admirably placed to act against any attempt of the Japanese to transport soldiers across to Korea. Nothing, therefore, is easier to understand than the desire of Russia to get it into her hands, or the annoyance of Japan when she sees her great, vigilant, and quietly aggressive neighbour putting an armed post down just opposite her shores. The way in which the thing has been done must add to the annoyance of the Mikado's Government, if the reports which come both from Peking and Tokio are correct. It would seem that Russia, not for the first time, nor, we may be very sure, for the last, has incurred a voluntary and apparent defeat in Order to secure a later and substantial advantage. She seemed to be negotiating for the purchase of ground with the limits of the foreign reservation at Masampho, but allowed her agents to be outwitted by the Japanese. Then as a consolation she got ground for a coaling Station very near, and also a guarantee that no other Power shall receive a similar concession in the neighbourhood. It is no doubt part of the bargain that Russia is to support Korea in resisting all the demands of other nations to have this clause revoked.

The political meaning of this event is obvious. It marks one more step in advance on the part of Russia in that gradual taking possession of Northern China which goes on, as it were, by gravitation. Whether it will have immediate consequences must depend directly on the decision of Japan. She it is who is or seems to be immediately threatened. It rests with her to decide whether the risk is grave and calls for immediate action—and we imagine that her solution of the problem will depend a good deal on what she thinks of the relative strength of her own fleet and the Russian. How far we are concerned is a more complicated question. This country is assured that Russia has hastened to profit by its supposed embarrassments in South Africa, but we may pause to reflect that some of those who are so ready to hint that we have been insulted have motives of their own to breed a quarrel between us and Russia before we take their word for it that our interests are injured.

[   ]

PAAA_RZ201-018928_312

Empfänger	[o. A.]	Absender	[o. A.]
A. 6714 pr. 31. Mai 1900. a. m.		[o. A.]	

A. 6714 pr. 31. Mai 1900. a. m.

Notiz.

Ein Artikel des „Sunday Special" v. 29. 5. - eingereicht mit Ber. aus London v. 29. 5., № 414 - betr. einen zwischen Rußland und Japan wegen der Besetzung von Masampo durch Rußland drohenden Konflikt. -

befindet sich i. a. Rußland 94.

Korea.

PAAA_RZ201-018928_313 ff.			
Empfänger	Fürst zu Hohenlohe - Schillingsfürst	Absender	Leyden
A. 6720 pr. 31. Mai 1900. a. m.		Tokio, den 30. April 1900.	
Memo	mitg. 5. 6. London 622, Petersburg 436, Ban L. 192, Wien 310, Washington 189, Dresden 174, München 202, Darmstadt 35, Stuttgart 162, Karlsruhe 166, Weimar 138, Oldenburg 72, Hamburg 78, Ban G. 107.		

A. 6720 pr. 31. Mai 1900. a. m.

Tokio, den 30. April 1900.

A. 50.

Seiner Durchlaucht

dem Herrn Reichskanzler

Fürsten zu Hohenlohe - Schillingsfürst.

Die „Novoe Vremya" veröffentlichte vor einiger Zeit einen sehr hochmütigen Leitartikel, in welchem sie sagte, daß, je energischer Rußland seine Interessen in Ostasien vertrete, um so vollständiger würden sie von Nachbarn anerkannt werden. Denn Orientalen seien doch schließlich nur für Machtentfaltung empfänglich.

Die „Japan Times" unterzieht diese ebenso zutreffenden als brutalen Äußerungen einer sehr gereizten Kritik, in welcher sie ihre russische Kollegin bittet, Japan aus der obigen Klassifikation auszuscheiden, wenn sie nicht schweren Enttäuschungen entgegen gehen wolle. Auch die weitere Warnung der „Novoe Vremya", daß Japan sich den Einflüssen einer dritten Macht (England) entziehen möchte, werden von der "Japan Times" als zudringlich zurückgewiesen, ebenso wie die Behauptung, daß Japan in den letzten Monaten infolge der richtigen Anwendung von Zwangsmitteln seitens Rußlands aus mehreren Positionen in Korea zurückgewiesen sei.

Alle diese Beteuerungen des Gegenteils ändern aber nichts an der Tatsache, daß man zur Zeit in St. Petersburg vollständig weiß, wie es mit dem japanischen Kriegsfeuer bestellt ist.

Die Zeitungen, welche vor einiger Zeit Alarm schlugen, haben die Weisung erhalten, in der Besprechung der russisch-japanischen Beziehungen Maß zu halten, und sie leben seither in der Fiktion, daß Rußland vor dem Blinken der japanischen Bayonette zurückgewichen sei, was den Hohn der „Novoe Vremya" nur vermehren könnte.

Unter der Masse von Gerüchten, welche die Masampo-Frage gezeitigt hat, befindet sich auch jenes, daß Korea ein geheimes Abkommen von 11 Artikeln seitens Rußland aufgezwungen worden sei. Ein koreanisches Blatt gibt sich den Anschein, als ob es dieses Abkommen in den Staatsarchiven entdeckt habe, und zitiert daraus z. B., daß der König von Korea eine russische Prinzessin heiraten, daß der orthodoxe Glaube zur Staatsreligion erhoben werden, daß Rußland die Verwaltung der Minen und Forsten übernehmen solle.

Trotz mancher Absurditäten dieser Veröffentlichung, welche die koreanische Zeitung selbst zu dementieren gezwungen worden ist, fällt mir auf, daß Vicomte Aoki mir vor einigen Tagen vertraulich erzählt hat, er hätte sich in Söul unter anderem auch den Ansprüchen Rußlands und amerikanischer Unternehmer entgegenstellen müssen, deren Bestreben auf die Monopolisierung fast sämtlicher koreanischer Minen hinausgelaufen wäre.

Graf Leyden.

Inhalt: Korea.

Entsendung eines koreanischen Gesandten nach Japan.

PAAA_RZ201-018928_319 ff.

Empfänger	Fürst zu Hohenlohe - Schillingsfürst	Absender	Weipert
A. 6729 pr. 31. Mai 1900. p. m.		Söul, den 23. April 1900.	
Memo	cfr. A. 15631 J. № 350.		

A. 6729 pr. 31. Mai 1900. p. m.

Söul, den 23. April 1900.

№ 37.

An Seine Durchlaucht

den Herrn Reichskanzler

Fürsten zu Hohenlohe - Schillingsfürst.

Anläßlich der im kommenden Monat bevorstehenden Vermählung des Kronprinzen von Japan begibt sich der gegenwärtige Inhaber des dortigen koreanischen Gesandtenpostens, Herr I Ha-yöng, der jedoch in letzter Zeit hier als Staatsrat funktionierte, heute nach Japan. Herr I Ha-yöng ist der Träger eines königlichen Glückwunschschreibens an den Kaiser von Japan. Ferner hat er den Auftrag, diesem, sowie dem Kronprinzen die höchste der durch königliche Verordnung vom 20. d. M. neu geschaffenen koreanischen Dekorationen, den Orden des goldenen Maßstabes (Kom-Chok-Tä-Hun-Chang) zu überreichen.

Dieser Orden hat nur eine Klasse und ist ähnlich wie der japanische Chrysanthemun-Orden, abgesehen von ganz besonderen Ausnahmen, nur für die koreanische Herrscher-Familie und fürstliche Persönlichkeiten des Auslands bestimmt. Seine eigentümliche Benennung verdankt er einer Tradition, wonach der Begründer der gegenwärtigen Dynastie. I Tan, im Traum einen goldenen Zollmaßstab gesehen hat, der ihm als Vorbedeutung seiner künftigen Thronbesteigung ausgelegt wurde.

Die außerdem begründeten Dekorationen sind folgende:

1. Der Orden der Pflaumenblüte (I Hwa Tä Hun Chang), der, gleichfalls aus einer Klasse bestehend, etwa dem japanischen Paullonnia-Orden entsprechend, für besondere hohe Verdienste verliehen wird.

2. Der Orden der koreanischen Landes- Flagge (Tä guk Chang) mit 8 Klassen für Zivil-und Militärbeamte.

3. Der ausschließlich für militärische Verdienste bestimmte Orden des Purpurfalken (Chak Ung Chang), gleichfalls mit 8 Klassen.

In den letzten beiden Bezeichnungen erkennt man unschwer die japanischen Vorbilder des Ordens der „Aufgehenden Sonne" und der „Goldenen Weihe" wieder.

Genauere Berichterstattung über die in Rede stehende Verordnung darf ich mir gehorsamst vorbehalten.

Abschriften diese ehrerbietigen Berichtes gehen an die Kaiserlichen Gesandtschaften in Peking und Tokio.

Weipert.

Inhalt: Entsendung eines koreanischen Gesandten nach Japan.

Berlin, den 1. Juni 1900.

Ber. A. S. 869 II

An

den Herrn Staatssekretär

des Reichs-Marine-Amts.

J. № 4643.

Nachdem die englische Presse wegen der Festsetzung Rußlands in dem koreanischen Hafen Masampo fortgesetzt Unzufriedenheit gegen die eigene Regierung zeigt, hatte ich den Kais. Botschafter in St. Petersburg aufgefordert, zu berichten, wie sich die dortigen Vertreter Englands und Japans über diesen neuesten russischen Erfolg äußeren.

Auf Allerhöchsten Befehl beehre ich mich betr. pp. die herauf eingegangene telegrapphische Antwort des Fürsten Radolin, derzufolge weder sein englischer noch sein japanischer College der Angelegenheit ernster Tragweite beimessen wollen, nochstehend ganz ergebenst mitzutheilen: (inser von „bis" aus der Vorlage A. S. 869. in Amstellung)

N. S. E.

i. m.

Berlin, den 1. Juni 1900.

zu A. 6657.

An

Botschaft in

London № 606.

J. № 4651.

Euerer pp. übersende ich anbei ergebenst einen Abschrift eines Berichts des K. Boschafters in St. Petersburg vom 27. v. Mts., betreffend einen Artikel der „Birshewyja Wjedomosti" über die koreanische Frage, zu Ihrer gefl. Information.

N. S. E.

i. m.

Inhalts-Verzeichniß 1900.	
Times v. 7. 6.: Russisch-japanische Rivalität in Korea.	7093. 7. 6.
Ber. a. Petersburg v. 1. 6. № 328: Artikel der Nowoje Wremja und der Birshewyja Wjedomosti über die Koreanische Frage.	6936. 4. 6.
dsgl. v. 30. 5. № 325: Die Birshewyja Wjedomosti über die Eifersucht der englischen Presse auf die russische Erwerbung Masampo's.	6840. 2. 6.
dsgl. v. 2. 6. № 333: Rossija-Artikel über den außerordentlichen Sieg der russischen Diplomatie durch Erwerbung Masampo's.	6941. 4. 6.
dsgl. v. 4. 6. № 336: Der russisch-koreanische Vertrag über den Hafen Masampo.	7006. 6. 6.
Ber. a. Söul v. 15. 4. № 31: Die russische Erwerbung Masampo's u. das russisch-koreanische Abkommen, daß die Insel Köchye an keine Macht abgetreten werden solle.	7030. 6. 6.
Ber. a. Söul v. 20. 4. № 34: Weitere russische Bestrebungen in Korea.	7032. 6. 6.
dsgl. v. 20. 4. № 35: Bestrebungen Japans in Korea um Concessionen pp., um nicht ganz hinter Rußland zurückzubleiben.	7033. 6. 6.
Ber. a. Petersburg v. 7. 6. № 347: Die beiden russisch-koreanischen Convention: 1.) betr. Landabtretung an Rußland in Masampo und 2.) daß die Insel Korgado und deren Nachbar-Inseln an keine fremde Macht abgetreten werden dürfen, also auch nicht an Rußland, was Japan sich besonders ausbedungen hat. Kriegerische Anlagen erwartet man in Masampo nicht, doch wird Rußland hier ein Hospital errichten.	7187. 9. 6.
Ber. a. Söul v. 2. 5. № 40(Cop., Org. bei II): Verhandlungen des H. C. Wolter i. F. E. Meyer & Co. mit dem russischen Vertreter über das Söul-Wönsan-Bahn-Projekt, wobei Rußland sich völlig ablehnend verhält.	8197. 29. 6.
Notiz über Äußerung des Indépendance Belge, Rußland würde nie seine Zustimmung zur Okkupation Koreas durch japanische Truppen geben. org. i. a. China 24.	ad 9251. 15. 7.

Tel. i. Z. a. Söul v. 13. 7. № 2(Durchl.): Gefahr der Ausdehnung der Boxer-Bewegung über die koreanische Grenze. org. i. a. China 24.	9370. 17. 7.
dsgl. v. 23. 7. № 3(Durchl.): Einrichtung einer russischen Dampfer-Verbindung zwischen Chemulpo und Port Arthur. org. i. a. China 20 № 1.	9789. 25. 7.
Ber. aus Tokio v. 31. 5. № A. 64. Grausame Marterung einiger Koreaner, die an der Ermordung der Königin von Korea betheiligt gewesen sein sollen, darunter eines gewissen An Kiöng Su, der in Japan Schutz gefunden hatte und der erst, nachdem der Kaiser von Korea ihm, auf Wunsch des Japanischen Gesandten, Schutz zugesagt hatte, in seine Heimath zurückgekehrt war; erregte Stimmung deswegen in Japan; Maßregelung des koreanischen Justizministers und des Polizeichefs.	8684. 6. 7.
Ber. aus Söul v. 25. 5. № 46: Japanische Machinationen aus Anlaß der Verfolgung der an der Ermordung der Königin verdächtigen Koreaner; angebl. Streben der Japaner, den Prinzen Wi Hwa an Stelle des jetzigen Königs auf den Koreanischen Thron zu setzen.	8905. 9. 7.
desgl. v. 19. 5. № 45: Ernennung des Franzosen Cremazy zum Rathgeber für das koreanische Justizministerium; Anstellung französischer und russischer Beamten im Ressort des koreanischen Kriegsministeriums.	8906. 9. 7.
Ber. aus Tokio v. 14. 6. № A. 68: Japanisch-koreanischer Konflikt wegen der Angelegenheit des Flüchtlings An Kiöng Su; scharfe Preßangriffe auf Vicomte Aoki.	9011. 11. 7.
Ber. aus Söul v. 2. 6. № 50: Die japanisch-koreanische Verwickelung wegen der Hinrichtung zweier koreanischer Hochverräther An Kiöng Su und Kuön Hiöng Chin.	9415. 18. 7.
Ber. aus Tokio v. 20. 6. № A. 71. Erledigung des japanisch-koreanischen Zwischenfalls wegen der Hinrichtung zweier koreanischer Hochverräther.	10409. 4. 8.
Ber. aus Söul v. 16. 6. № 56. desgl.	10547. 6. 8.
desgl. v. 18. 6. № 58. Schaffung eines koreanischen Polizeiministeriums.	10548. 6. 8.

Telegr. aus Tokio v. 8. 8. № 55. Russische Anregung wegen Theilung der Interessensphären zwischen Rußland und Japan auf Korea; Verstimmung Japans gegen England wegen Veröffentlichung englisch-japanischer Verhandlungen in einem Blaubuch.	10657. 8. 8.
Telegr. des Gesandten v. Mumm aus Shanghai v. 6. 9. Meldung des Konsuls in Niutchuang, daß Rußland den Japanern die Theilung Korea's vorgeschlagen habe.	12471. 6. 9.
Ber. aus Söul v. 9. 5. № 41. Die russische Landerwerbung in Masampo und die russisch-japanischen Verhandlungen deswegen.	7939. 25. 6.
Ber. aus Söul v. 5. 6. № 52. Stellung Japans und Englands zu dem russisch-koreanischen Abkommen betr. die Insel Köje.	9743. 24. 7.
Ber. aus St. Petersburg v. 14. 8. № 519. Artikel der „Rossija" über die Meldung aus Tokio, daß Korea um die Entsendung japanischer Schutztruppen gebeten habe. Rußland könne nicht zugeben, daß Japan auf Korea oder auf dem chinesischen Festlande festen Fuß fasse.	11299. 17. 8.
Ber. aus Söul v. 30. 6. № 65. Schritte des amerikanischen Vertreters bei der Koreanischen Regierung wegen des Ausbruchs von Unruhen in der südlichen Provinz Chöllado infolge von Erpressungen königlicher Emissäre.	11459. 20. 8.
desgl. v. 14. 7. № 71. Ausbruch einer von chinesischen Boxern angezettelten christenfeindlichen Bewegung an der Grenze und auf dem Wege nach Port Arthur; Mobilisirung einer koreanischen Truppe; event. Einrücken japanischer oder russischer Truppen behufs Wiederherstellung der Ruhe; Liste über den Bestand der koreanischen Armee.	11712. 24. 8.
Ber. aus Söul v. 20. 7. № 74. Schritte des japanischen Gesandten bei der koreanischen Regierung wegen der fremdenfeindlichen Bewegung an der Grenze; event. Entsendung japanischer Truppen dorthin behufs Wiederherstellung der Ruhe und Stellung Rußlands dazu.	11713. 24. 8.

desgl. v. 14. 7. № 70. Verstimmung Japan's gegen Korea wegen der japanfeindlichen Rathschläge des amerikanischen Berathers der Koreanischen Regierung, Hrn. Sands; Mißbilligung des Auftretens des Hrn. Sands seitens des Russischen Gesandten und des Amerikanischen Ministerresidenten.	12312. 3. 9.
Ber. aus Tokio v. 16. 8. № A. 93. Japanische Preßäußerungen über die Politik Japans gegenüber Korea.	12763. 12. 9.
Ber. aus Söul v. 28. 7. № 80. Zurückberufung der in die Provinzen entsandten Beamten, die durch Gelderpressungen zu Unruhen Anlaß gegeben hatten; Personalveränderungen in Staatsrath und Wechsel einiger Provinzial-Gouverneure; regierungsfeindliche Agitation im Innern des Landes.	12782. 12. 9.
Ber. aus Tokio v. 16. 8. № A. 91. Besserung der russisch-japanischen Beziehungen; Möglichkeit, daß sich Rußland und Japan in den Schutz Korea's theile.	12761. 12. 9.
Ber. a. Söul v. 6. 8. № 86. Anfrage, ob der Beherrscher Korea's fortan als „Kaiser" bezeichnet werden soll. Erl. i. Z. 21. 9. a. Söul A. 4: Instruktion.	12793. 12. 9.
desgl. v. 25. 7. № 79. Text des russisch-koreanischen Kaufvertrages wegen Masampo.	12781. 12. 9.
Telegr. aus Tokio v. 16. 9. № 82. Dank des Vicomte Aoki für unsere Haltung in Bezug auf die japanisch-russische Differenz wegen Korea's.	13061. 17. 9.
Japanische Mitth. v. 16. 9. Wortlaut eines Telegramms des Gesandten Inouyé an Vic. Aoki betr. Erklärungen des Unt. Staatssekrärs Frhrn. v. Richthofen in Betreff der Stellung Deutschlands zur koreanischen Frage.	13101. 17. 9.
E. o. Erl. v. 19. 9. an Gf. Leyden(Ks. Gesandten in Tokio). Betr. unsere Stellung zur koreanischen Frage. Ber. v. 21. 9. an SE № 27.	13142. 18. 9.
Telegr. des Hrn. Staatssekr. v. 21. 9. № 109. Fürst Münster meldet aus Paris, daß Minister Witte darnach strebe, daß sich Rußland mit Japan und China verbände, auch würde Witte Korea an Japan abtreten.	13341. 21. 9.

Telegr. aus Tokio v. 22. 9. № 84. Russischer Gesandter fürchtet, daß Absichten Japans auf Korea den Weltfrieden stören könnten und möchte Japan zur Ablenkung die Provinz Fukien freigeben; Anfrage über Haltung Deutschlands dazu und zur koreanischen Frage.	13396. 22. 9.
Ber. aus Petersburg v. 28. 9. № 626. Polemik eines russischen Blattes gegen die Londoner Presse, welche Rußland und Japan in der koreanischen und chinesischen Frage zu verhetzen suche.	13861. 1. 10.
Ber. aus Tokio v. 11. 8. № A. 92. Äußerungen der japanischen Presse sowie des Vicomte Aoki über die Nothwendigkeit für Japan, in den Besitz Korea's zu gelangen.	12762. 12. 9.
Wolffs Telegr. aus New York. Marq. Ito erklärt, daß weder Rußland noch Japan die Souveränität über Korea erstrebe.	14381. 11. 10.
Ber. a. Tokio v. 16. 8. A. 94: Vicomte Aoki über die Frage der Zurückziehung der europäischen Truppen aus China. Hoffnung Japans auf eine Vermittlerrolle Deutschlands zwischen Rußland und Japan und Deutschlands Neutralität bei einem russisch-japanischen Zusammenstoß.	12764. 12. 9.
Wiener Politische Correspondenz v. 29. 10.: Die koreanische Regierung hat angeblich die Unterstützung Japans für Neutralisirung Korea's, etwa nach belgischem Muster, nachgesucht.	15425. 29. 10.
Ber. a. Söul v. 10. 9. № 106: Karte der Eisenbahnlinie Söul-Fusan und Angaben über Bau und Kosten.	15352. 28. 10.
desgl. v. 22. 8. № 96: Lokale Unruhen ohne fremdenfeindliche Tendenz in Söngchin(Korea).	14296. 9. 10.
desgl. v. 22. 8. № 95: Rangerhöhung der kaiserlichen Prinzen Wi Wha und Yöng durch Verleihung des Titels „Prinz von Geblüt".	14295. 9. 10.
desgl. v. 5. 9. № 103: Bestreben der japanischen Regierung, Korea durch den Hinweis zu imponiren, daß es die Besetzung der Mandschurei durch Rußland nicht zugeben werde.	14358. 10. 10.
Ber. a. London v. 1. 6. № 424: Verwerthung des Temps-Artikels über die russische Erwerbung von Masampo in englischen Preßkreisen.	6890. 3. 6.

Privatbrief des Gesandten Grafen Leyden d. d. München 2. 9.: Demarche des Gesandten Inouye im Auftrage des Vicomte Aoki bei dem Grafen Leyden, ob Deutschland gestatte, daß Japan Korea in seine Interessensphäre einbeziehe, und ob Deutschland, falls daraus ein Konflikt entstände, wohlwollende Neutralität beobachten würde.	12527. 2. 9.
Ber. a. Söul v. 25. 7. № 78: Abberufung des koreanischen Gesandten Yi Ha Yöng aus Tokio.	12780. 12. 9.
Schr. der Firma E. Meyer a. Hamburg v. 18. 10.: Anfrage, ob Bedenken bestehen gegen den Export von 25 Mausergewehren zur Bewaffnung deutscher Minen-Angestellter in Korea.	14875. 20. 10.
Ber. a. Söul v. 7. 9. № 105: Anregung der koreanischen Regierung bei der japanischen wegen der Neutralisirung Koreas und Garantie seiner Unabhängigkeit.	15402. 29. 10.
desgl. v. 26. 6. № 62: Bitte des Königs von Korea, die Mächte möchten verhindern, daß Korea durch die Boxerbewegung in Mitleidenschaft gezogen würde.	10405. 4. 8.
Tel. des Herrn Staatssekretärs a. Norderney v. 9. 9. № 74: Mit Rücksicht auf die japanischen Befürchtungen wegen Intervention wie i. J. 1895, empfiehlt es sich, zu erklären, wir hätten weder Interessen noch Verbindlichkeiten wegen Korea's für oder gegen irgend Jemand Partei zu nehmen. /Entsprechendes Tel. n. Tokio v. 14. 9. № 60/	12652. 10. 9.
Privatbrief des Gesandten Gf. Leyden v. 8. 9.: Tel. des Ministers Aoki an Gf. Inouye, worin die koreanische Frage als eine für sich getrennt, u. nur zwischen Rußland u. Japan bestehende, hingestellt wird.	ad 12652.
Ber. a. Söul v. 30. 8. № 98: Wiederherstellung der Ruhe in Songchin.	13956. 3. 10.
Ber. a. Tokio v. 5. 9. A. 98: Eintreffen der Mission Cho Pyong Sik, deren Zweck es ist, Japan zu sondiren, wie es sich dazu stellt, ein Protektorat der Mächte über Korea herbeizuführen.	13963. 3. 10.
Ber. a. Söul v. 14. 8. № 90: Besuch eines japanischen Admirals in Chemulpo.	14292. 9. 10.
desgl. v. 1. 9. № 101: Rückwirkung der russisch-chinesischen Kämpfe auf die Ruhe Korea's.	14357. 10. 10.

desgl. v. 18. 8. № 91: Der neuernannte koreanische Gesandte für Japan Cho Pyong Sik. Wunsch Koreas wegen Garantirung seiner Unabhängigkeit oder deren erneuter Anerkennung durch eine russisch-japanische Abmachung. Größere Hinneigung Koreas zu Japan: Verleihung der Goldbergwerkskonzession Chiksan an einen Japaner und Berufung eines japanischen Lehrers nach Korea.	14293. 9. 10.
Ber. a. Söul v. 3. 9. № 102: Der Vorschlag einer Theilung Koreas soll eine japanische Intrigue und vom japanischen Militär-Attaché in Söul ausgegangen sein, der den Vorschlag seinem russischen Kollegen gemacht hat.	14953. 21. 10.
desgl. v. 5. 9. № 103: Erklärung des japanischen Gesandten in Söul, Japan werde die Besetzung der Mandschurei durch Rußland nicht zugeben. Hierdurch soll Korea von der Macht Japans überzeugt und auf dessen Seite gezogen werden.	14358. 10. 10.

Die „Birschewija Wjedomosti" über die Auffassung der englischen Presse von der Erwerbung Masampo.

PAAA_RZ201-018929_017 ff.			
Empfänger	Fürst zu Hohenlohe - Schillingsfürst	Absender	Radolin
A. 6840 pr. 2. Juni 1900. a. m.		St. Petersburg, den 30. Mai 1900.	
Memo	mtg. 7. 6. London 630, Tokio A. 22, Peking A. 59.		

A. 6840 pr. 2. Juni 1900. a. m.

St. Petersburg, den 30. Mai 1900.

№ 325.

Seiner Durchlaucht

dem Herrn Reichskanzler

Fürsten zu Hohenlohe - Schillingsfürst.

Die „Birshewija Wjedomosti" registriren nicht ohne Befriedigung das Eingeständniß der englischen Presse, daß England infolge des südafrikanischen Krieges zwar viele Interessen, namentlich im fernen Osten, habe verabsäumen müssen, aber immerhin weniger als zu erwarten stand, wenn die anderen Mächte die englischen Schwierigkeiten ausgenutzt hätten. Dieses „sehr charakteristische Eingeständniß", das der englischen Presse alle Ehre mache, habe für Rußland ein besonderes Interesse deshalb, weil die Engländer als größten Verlust für sich die russische Erwerbung der Kohlenstation Masampo betrachteten.

„Das also", - schreibt das Blatt, - „was die Grundbedingung unserer Entwickelung im asiatischen Osten ausmacht, was der Traum einer ganzen Reihe von Generationen gewesen ist, - der Besitz eines eisfreien Hafens im Stillen Ocean -, erscheint den Organen der öffentlichen Meinung in England als ein unersetzlicher Verlust für Großbritannien. Und das wird mit cynischer Offenheit in London jetzt ausgesprochen, wo es noch unbekannt ist, wozu die britischen Siege in Süd-Afrika führen werden. Was kann man dann erst in nächster Zeit erwarten?

Die Aufmerksamkeit der Staaten unseres Erdtheiles ist lange Zeit fast ausschließlich durch die Vorgänge in Süd-Afrika in Anspruch genommen gewesen. Es nähern sich die Tage, wo der ferne asiatische Osten die allgemeine Aufmerksamkeit auf sich lenken wird."

Radolin.

Inhalt: Die „Birschewija Wjedomosti" über die Auffassung der englischen Presse von der Erwerbung Masampo.

PAAA_RZ201-018929_020			
Empfänger	Fürst zu Hohenlohe - Schillingsfürst	Absender	Hatzfeldt
A. 6890 pr. 3. Juni 1900. a. m.		London, den 1. Juni 1900.	

A. 6890 pr. 3. Juni 1900. a. m.

London, den 1. Juni 1900.

№ 424.

Seiner Durchlaucht

dem Herrn Reichskanzler

Fürsten zu Hohenlohe - Schillingsfürst.

pp.

Erhaltener Weisung zufolge habe ich den Artikel des Temps über die russische Erwerbung von Masampho in hiesigen Preßkreisen in möglichst vorsichtiger Weise verwerthen lassen.

gez. Hatzfeldt.

orig. i. a. England 78

Russische Preßstimmen über die koreanische Frage.

PAAA_RZ201-018929_021 ff.			
Empfänger	Fürst zu Hohenlohe - Schillingsfürst	Absender	Tschirschky
A. 6936 pr. 4. Juni 1900. a. m.		St. Petersburg, den 1. Juni 1900.	

A. 6936 pr. 4. Juni 1900. a. m. 1 Anl.

St. Petersburg, den 1. Juni 1900.

№ 328.

Seiner Durchlaucht

dem Herrn Reichskanzler

Fürsten zu Hohenlohe - Schillingsfürst.

Gegen den infolge der russischen Erwerbung in Masampo in der englischen Presse erhobenen Sturm wendet sich ein zweiter Artikel der „Nowoje Wremja", in welchem ausgeführt wird, daß Rußland seiner Zeit der chinesischen Regierung, aber nicht England das Versprechen gegeben habe, kein koreanisches Gebiet zu besetzen. Da jedoch inzwischen die Unabhängigkeit Koreas von China anerkannt worden sei, höre auch jede Wirksamkeit des russischen Versprechens auf. Wenn England glaube, auch seinerseits nunmehr die Aktionsfreiheit zurückerlangt zu haben, so schrecke dies Rußland keineswegs, da mit dem Wachsen der russischen Interessen im Stillen Oceane auch die Vertheidigungsmittel Rußlands stärkere geworden seien.

Zu derselben Frage äußern sich auch die „Birshewyja Wjedomosti", denen die Auslassungen der englischen Presse über die russische Erwerbung in Masampo um deswillen wichtig erscheinen, weil sie über die thatsächlichen Beziehungen zwischen England und Japan einiges Licht verbreiteten. Danach scheine Japan der britischen Diplomatie gegenüber sehr mißtrauisch zu sein und erkannt zu haben, „wie völlig unnütz es ist, der natürlichen Entwickelung der russischen Interessen im asiatischen Osten entgegenzuwirken."

Der eigentliche Werth dieser Thatsache werde erst jetzt deutlich hervortreten, wo das Reich der Mitte, dieser zweite „kranke Mann", die besondere Aufmerksamkeit der im Stillen Oceane rivalisirenden Mächte erfordere.

Euerer Durchlaucht beehre ich mich, die beiden in Rede stehenden Artikel in der auszugsweisen Übersetzung des „St. Petersburger Herold" zur hochgeneigten Kenntnißnahme beifolgend gehorsamst zu überreichen.

Inhalt: Russische Preßstimmen über die koreanische Frage.

Anlage zum Bericht № 328 vom 1. Juni 1900.

„St. Petersburger Herold" vom 1. Juni / 19. Mai 1900.
- № 139. -

An leitender *Stelle liest die „Nowoje Wremja" den „Times" ein kleines staatsrechtliches Colleg zur koreanischen Frage. Die „Times " können sich bekanntlich noch immer nicht beruhigen, daß Rußland in Masampo (Korea) eine Kohlenstation erworben und setzen auseinander, daß Rußland damit ein 1886 gegebenes Versprechen gebrochen habe. Als damals England den Hafen Hamilton (Korea) besetzte, unter dem Vorwande, daß Rußland Anschläge auf Gensan habe, protestirte China, das damals noch Hoheitsrechte über Korea besaß, gegen diesen Raub und fügte hinzu, daß der chinesischen Regierung russischerseits versprochen worden sei, keine Gebiete in Korea zu besetzen. England zog sich damals vor dem drohenden Protest Chinas, hinter welchem die russische Macht stand, zurück. Inzwischen ist aber von China die Unabhängigkeit Koreas anerkannt worden.

„Hiermit hat auch jede Wirksamkeit unseres Versprechens an China aufgehört, das Territorium nicht zu besetzen, auf das es keine Rechte mehr hat. Dies ist klar wie der Tag und das Entgegengesetzte zu behaupten ist gerade die „völlige Albernheit", welche die „Times" uns in die Schuhe schieben. Wenn jetzt die Frage von irgend welcher Gebietserwerbung in Korea aufgetaucht ist, so haben wir uns direct an die Regierung dieses Landes gewandt. Eine solche Sachlage ist natürlich für die Engländer nicht besonders angenehm, welche durch den Mund der „Times" erklären, daß wenn wir unser sogenanntes „Versprechen" brechen, England dies Fact feststellen und sich damit Actionsfreiheit sichern wird. Dies kann uns nicht schrecken. Unsere Interessen im fernen Osten sind seit 1886 beträchtlich gewachsen, und wenn wir damals es für nöthig hielten, dieselben energisch zu vertheidigen, so werden wir dasselbe zweifellos auch jetzt thun. Mit dem Wachsen unserer Interessen an den Küsten des Stillen Oceans sind auch unsere Mittel zur Vertheidigung gewachsen. Die Siege ohne Schlachten, welche die britischen Truppen in Südafrika davontragen, entwickeln das Selbstgefühl bei den Engländern wunderbar. Ihnen beginnt es so zu scheinen, als ob Niemand mehr die Kraft hat, ihnen zu widerstehen. Die „Times" finden es in ihrer Polemik mit uns für nöthig zu bemerken, daß die britische Flotte durch den Krieg in Südafrika an ihrer Kraft Nichts verloren hat. Derartige Phrasen in den Spalten englischer Blätter sind natürlich keine Neuigkeit für uns. Sie waren für eine gewisse Zeit verschwunden, jetzt sind sie wieder da. Dies ist ein Beweis mehr dafür, daß Nichts im Stande ist, England zu verändern. Ein Sprüchwort sagt: „Den Buckligen kann nur das Grab heilen." Leider hat der Krieg mit den Boeren für England nicht als Grab gedient. Europa muß deshalb auf das Wiederaufleben jener alten politischen Situation gefaßt sein, welche dank dessen Neutralität in ihren Grundlagen nicht erschüttert wurde, obgleich dies möglich gewesen wäre."

Wir möchten indessen England doch anrathen, die russische Langmuth nicht für unerschöpflich zu halten.

Die „Birshewyja Wedomosti" glauben aus der ohnmächtigen Wuth, in welche die englische Presse Masampos wegen gerathen ist, sehr erfreuliche Schlüsse ziehen zu können.

„Der ganze in England erhobene Sturm hat für uns ein wesentliches Interesse in dem Maße, in welchem er Licht über die wirklichen und nicht angeblichen Beziehungen zwischen England und Japan verbreitet. Nach diesem Incident zu urtheilen, kann man anscheinend sagen, daß man im Lande der aufgehenden Sonne erkannt, wie völlig unnütz es ist, der natürlichen Entwickelung der russischen Interessen im fernen Osten entgegenzutreten, und daß man in Japan zugleich aller Art Vorschläge der britischen Diplomatie mit dem größten Mißvertrauen aufnimmt. Dies Fact ist an und für sich wichtig, aber der eigentliche Werth desselben muß gegenwärtig erst noch hervortreten, wo das himmlische Reich, dieser neue „kranke Mann" die besondere Aufmerksamkeit seitens der im Stillen Ocean concurrirenden Mächte erfordert."

Artikel der „Rossija" über die russische Erwerbung in Masampo.

PAAA_RZ201-018929_026 ff.			
Empfänger	Fürst zu Hohenlohe - Schillingsfürst	Absender	Tschirschky
A. 6941 pr. 4. Juni 1900. a. m.		St. Petersburg, den 2. Juni 1900.	
Memo	mitg. London 631.		

A. 6941 pr. 4. Juni 1900. a. m. 1 Anl.

St. Petersburg, den 2. Juni 1900.

№ 333.

An Seine Durchlaucht, den Herrn Reichskanzler,
Fürsten zu Hohenlohe - Schillingsfürst.

Ohne auf die Polemik zwischen den „Times" und der „Nowoje Wremja" in der koreanischen Frage einzugehen, tritt die „Rossija" mit größter Entschiedenheit für die russische Erwerbung in Masampo ein.

Das Blatt bezeichnet diese Erwerbung als „einen der glänzendsten Siege der russischen Diplomatie im Osten".

Die Zeit der unentschlossenen und schwachen Haltung der koreanischen Regierung, die in ihrer Naivität nie gewußt habe, ob sie sich auf Japan oder Rußland stützen solle, sei endlich vorüber. Korea habe sich nunmehr überzeugt, daß Japan ohne England nichts bedeute, daß aber das Prestige Englands als starker, drohender Macht durch den südafrikanischen Krieg erschüttert worden sei.

Wenn erst die russischen Panzer im Hafen von Masampo erscheinen, werde das letzte Schwanken Koreas ein Ende haben und die koreanische Regierung „unwiderruflich" wissen, wem sie zu gehorchen habe. Rußland werde in Korea nicht nur gebieten, sondern „allein" gebieten.

Der vorstehend skizzirte Artikel wird heute vom „St. Petersburger Herold" in auszugsweiser Übersetzung wiedergegeben, die ich mich beehre, Eurer Durchlaucht zur hochgeneigten Kenntnißnahme beifolgend gehorsamst zu überreichen.

von Tschirschky.

Inhalt: Artikel der „Rossija" über die russische Erwerbung in Masampo.

Anlage zu Bericht № 333 vom 2. Juni 1900.

St. Petersburger Herold.
v. 20. Mai / 2. Juni 1900. № 140.

Die immer aggressiv gesinnte „Rossija" giebt der russischen Festsetzung in Masampo eine Tragweite, die in unsern diplomatischen Kreisen sicher als „unzeitgemäß" empfunden werden wird.

„Bei all seiner Kurzsichtigkeit hat sich Korea endlich überzeugt, daß Japan ohne England Nichts ist und das Prestige des letzteren als einer drohenden Macht ist durch den jetzigen Krieg stark erschüttert. Wenn Masampo in seinen Gewässern unsere Panzerschiffe sehen wird, so wird das letzte Schwanken Koreas zu Ende sein. Der König wird unwiderruflich wissen, wessen Weisungen er sich zu unterwerfen hat. Der Erfolg wird um so bedeutender sein, als laut Vertrag neben den russischen des „Gleichgewichts wegen" keine fremdländischen Geschwader erscheinen werden. Rußland wird in Korea nicht nur gebieten, sondern auch allein gebieten. Zusammenstöße mit Japan wegen dieser Frage sind uns gegenwärtig nicht schrecklich. Früher mußten wir wohl oder übel bei manchen Stückchen Japans durch die Finger sehen, denn unsere Schiffe hatten für den Winter keinen anderen Ankerplatz als die japanischen Häfen, wurden auf japanischen Docks ausgebessert und bedienten sich sogar japanischer Kohle. Jetzt ist die Sache anders. Wir haben Docks in genügender Anzahl in Wladiwostok und Port Arthur und wahrscheinlich auch bald in Masampo. In diesen Buchten und in Talienwan liegen genügend Kohlenvorräthe für Kriegszwecke. Aber außer als Kohlenstationen sind Port Arthur und Masampo auch noch als nicht zufrierende Ankerplätze der russischen Flotte und als Verpflegungspunkte für eine ganze active Armee von Bedeutung, weil über sie Getreide und Vieh aus der Mandschurei, Vieh und Reis aus Korea geliefert werden kann. Letzteres ist um so bequemer, als Masampo schon eine fertige Reisniederlage darstellt, die mit ganz unbedeutenden Ausgaben für militärische Zwecke hergerichtet werden kann. Mit der Erwerbung von Port Arthur hat Rußland gewissermaßen den ersten Schritt zu einer activen Politik im Osten gethan, aber jetzt mit der Erwerbung Masampos hat es sich fest auf beide Füße gestellt und sich völlig die Hände frei gemacht. Wir wollen hoffen, daß wir es verstehen werden, die gewonnene Lage auszunutzen und daß wir dem unterdrückten Leben des koreanischen Volkes einen frischen Strom der Kultur und Humanität zuführen."

Berlin, den 5. Juni 1900.

An

die Missionen in

1. London № 622.
2. St. Petersburg № 436.
3. Rom(Botschaft) № 192.
4. Wien № 310.
5. Washington № A. 89.
6. Dresden № 174.
7. München № 202.
8. Stuttgart № 162.
9. Karlsruhe № 166.
10. Darmstadt № 35.
11. Weimar № 138.
12. Oldenburg № 72.
13. Hamburg № 78.
14. Rom(Gesandtsch.) № 107.

J. № 4757.

Ew. p. übersende ich anbei ergebenst Abschrift eines Berichts des Kaiserl. Gesandten in Tokio vom 30. April d. J., betr. die russisch-japanischen Beziehungen,

ad 1-5, 14: zu Ihrer gefl. Information.

ad 6-13: unter Bezugnahme auf den Erlaß vom 4. März 1885 mit der Ermächtigung zur vertraulichen Mittheilung.

N. S. E.

i. m.

Die „Nowoje Wremja" über den Masampo-Vertrag.

PAAA_RZ201-018929_032 ff.			
Empfänger	Fürst zu Hohenlohe - Schillingsfürst	Absender	Tschirschky
A. 7006 pr. 6. Juni 1900. a. m.		St. Petersburg, den 4. Juni 1900.	

A. 7006 pr. 6. Juni 1900. a. m.

№ 336.

St. Petersburg, den 4. Juni 1900.

Seiner Durchlaucht

dem Herrn Reichskanzler

Fürsten zu Hohenlohe - Schillingsfürst.

Die „Nowoje Wremja" bringt heute nachstehende Notiz augenscheinlich offiziösen Ursprungs:

„Aus vertrauenswerther Quelle erfahren wir, daß im März zwischen Rußland und Korea eine Vereinbarung zu Stande gekommen ist, durch welche die koreanische Regierung, um bei der Errichtung einer Kohlenstation für die friedlichen Bedürfnisse der russischen Schiffe behilflich zu sein, Rußland ein entsprechendes Stück Land im Hafen Masampo überlassen hat.

Die genaue Lage, sowie die Grenzen dieses, auf Grund der allgemeinen Konzessionsrechte in den Ländern des Fernen Ostens erworbenen Landstückes werden an Ort und Stelle von dem russischen Konsul gemeinsam mit dem hierfür ernannten koreanischen Beamten bestimmt werden.

Die koreanische Regierung hat den festen Entschluß gefaßt, auf der Insel Kargodo, ferner auf den umgebenden kleinen Inseln und der gegenüberliegenden Festlandsküste bis zur Grenze des offenen Hafens in Masampo keinem ausländischen Unterthan irgend welche Konzessionen zu ertheilen."

von Tschirschky.

Inhalt: Die „Nowoje Wremja" über den Masampo-Vertrag.

Die russischen Abmachungen betreffs Masampo.

PAAA_RZ201-018929_035 ff.

Empfänger	Fürst zu Hohenlohe - Schillingsfürst	Absender	Weipert
A. 7030 pr. 6. Juni 1900. a. m.		Söul, den 15. April 1900.	
Memo	mtg. 9. 6. London 637, Petersburg 450. J. № 301.		

A. 7030 pr. 6. Juni 1900. a. m.

Söul, den 15. April 1900.

№ 31.

An Seine Durchlaucht

den Herrn Reichskanzler

Fürsten zu Hohenlohe - Schillingsfürst.

Als ich gestern Angelegenheit hatte dem hiesigen russischen Geschäftsträger gegenüber das Gespräch auf die Masampo-Frage zu bringen, sagte er, er wolle im Vertrauen mittheilen, daß er in der That in Verbindung mit den jetzt in der Durchführung begriffenen Abmachungen über das bei der Niederlassung von Masampo für seine Regierung zu erwerbende Terrain eine Zusage der koreanischen Regierung erlangt habe, wonach die Insel Köchye an keine der Mächte abgetreten werden solle. Herr Pavlow setzte hinzu, daß er mit der koreanischen Regierung übereingekommen sei, diese Verständigung vorläufig nicht in die Öffentlichkeit gelangen zu lassen, so erkläre es sich, daß der Präsident des Auswärtigen Amtes Herr Pak die Zusage mir sowie anderen hiesigen Vertretern gegenüber in Abrede stelle.

Nach diesen Mittheilungen dürfte an der Thatsächlichkeit der in Rede stehenden Abmachung, allerdings kaum noch zu zweifeln sein. Auch der amerikanische Vertreter und der amerikanische Berather der Regierung, Herr Sands, sind der Ansicht, daß die Zusage gegeben sei, und der japanische Gesandte erklärte mir neuerdings, daß ihm der Präsident Pak selbst von deren Zustandekommen Mittheilung gemacht habe. Herr Hayashi betonte dabei, daß nach seiner Information gleichzeitig Rußland sich ausdrücklich engagirt habe, die Insel auch seinerseits nicht in Besitz zu nehmen.

Ob diesem Arrangement russische Versuche betreffs Erwerbs der Insel oder eines Theils derselben oder der Bucht von Nampo vorausgegangen sind, was Herr Pavlow bestreitet, muß einstweilen dahingestellt bleiben. Der japanische Gesandte erzählte mir in dieser Richtung, der Präsident des hiesigen Auswärtigen Amtes habe ihm vor einigen Wochen schon die Frage gestellt, wie Japan sich gegenüber einer eventuellen russischen Erwerbung der Insel Köchye verhalten würde, worauf er erklärt habe, daß seine Regierung die Entwickelung der Thatsachen abwarten und dann die entsprechenden Maßnahmen zu finden wissen werde. Von sonstigen den russischen Bestrebungen entgegengesetzten offiziellen Erklärungen des Herrn Hayashi ist mir nichts bekannt geworden. Gegenüber der gegenwärtigen Situation äußerte er keine Unzufriedenheit.

Herr Pavlow macht kein Hehl daraus, daß das Terrain in Masampo, dessen Ausdehnung höchstens einen Kilometer betragen werde, zur Einrichtung einer Marine-Kohlenstation und Unterbringung des bisher in Nagasaki unterhaltenen Lazareths benutzt werden soll.

Wie ich heute höre ist die Abgrenzung des Terrains an Ort und Stelle bereits erfolgt, des Näheren ist jedoch über das Resultat noch nichts bekannt geworden.

Abschriften dieses gehorsamen Berichtes sende ich an die Kaiserlichen Gesandtschaften in Peking und Tokio.

Weipert.

Inhalt: Die russischen Abmachungen betreffs Masampo.

Die russischen Bestrebungen in Korea.

PAAA_RZ201-018929_041 ff.			
Empfänger	Fürst zu Hohenlohe - Schillingsfürst	Absender	Weipert
A. 7032 pr. 6. Juni 1900. p. m.		Söul, den 20. April 1900.	
Memo	mtg. 9. 6. London 637, Petersburg 450. J. № 338.		

A. 7032 pr. 6. Juni 1900. p. m.

Söul, den 20. April 1900.

№ 34.

An Seine Durchlaucht

den Herrn Reichskanzler

Fürsten zu Hohenlohe - Schillingsfürst.

Der hiesige russische Vertreter hat seine Thätigkeit in der letzten Zeit auf die Masampo-Angelegenheit konzentrirt. Gerüchte über sonstige russische Forderungen, welche an eine am 10. d. M. zwecks Vorstellung russischer Priester stattgehabte Audienz anknüpfen, scheinen unbegründet zu sein. Einen Versuch für einen Herrn Ginsburg, den Inhaber einer russischen Firma in Nagasaki, eine Anstellung als Rathgeber für die Verwaltung des Königlichen Hausvermögens durchzusetzen hat Herr Pavlow bereits um die Mitte v. M., da er von der koreanischen Regierung keine Antwort erhielt, fallen gelassen. Die Idee war, daß Herr Ginsburg den Betrieb sämmtlicher Königlichen Minen, Forsten u. s. w. leiten und eventuell in Ermangelung Königlicher Mittel mit eigenem Capital bewerkstelligen sollte. Von einer größeren Anleihe, gegen die sich Herr Pavlow immer noch lebhaft ausspricht, weil das Geld nur verschwendet werden würde, sei dabei nicht die Rede gewesen. Wenn Herr Pavlow erklärt, daß die russischen Wünsche nur auf die Erhaltung der Ruhe in Korea gerichtet seien, so dürfte dies angesichts des eben Erreichten für den Augenblick von der Wahrheit nicht zu weit entfernt sein. In Chemulpo liegt zur Zeit nur das russische Kanonenboot Gremiastchy; der Admiral Hildebrandt hat sich mit Rossia und Rurik Mitte d. M. von Chemulpo nach Port Arthur begeben, doch sollen die beiden Schiffe in Kürze wieder hier zu erwarten sein.

Abschrift dieses gehorsamen Berichtes sende ich an die Kaiserlichen Gesandtschaften in Peking und Tokio.

Weipert.

Inhalt: Die russischen Bestrebungen in Korea.

Die japanischen Bestrebungen in Korea.

PAAA_RZ201-018929_045 ff.			
Empfänger	Fürst zu Hohenlohe - Schillingsfürst	Absender	Weipert
A. 7033 pr. 6. Juni 1900. a. m.		Söul, den 20. April 1900.	
Memo	J. № 339.		

A. 7033 pr. 6. Juni 1900. a. m.

№ 35.

Söul, den 20. April 1900.

An Seine Durchlaucht

den Herrn Reichskanzler

Fürsten zu Hohenlohe - Schillingsfürst.

Es wäre nicht zu verwundern, wenn Japan gegenüber der neuesten Erwerbung Rußlands in Masampo nach einer Compensation suchen sollte, obwohl es bisher an Anzeichen davon fehlt. Selbst wenn der russische Erfolg, wie Herr Hayashi behauptet, hinter der ursprünglichen Forderung erheblich zurückgeblieben wäre, muß sich Japan etwas in den Schatten gestellt sehen, um so mehr als seine Fortschritte hier in letzter Zeit nicht sehr beträchtlich waren.

Japan hat Anfangs dieses Jahres eine Konzession zum Walfischfang innerhalb der hierfür in der koreanisch-japanischen Fischerei-Konvention vom 12. November 1889 den Inländern reservirten Zonen von 3 Seemeilen von der Küste der zwei südlichen Provinzen für einen Japaner Namens Kawakita erlangt, der mit einem Capital von 100 000 Yen arbeitet und zur Zeit ein Boot in Fusan in Betrieb hat, für das er der koreanischen Regierung eine jährliche Abgabe von 800[*sic*.] Yen zu entrichten hat. Ferner ist es dem japanischen Gesandten vor Kurzem gelungen, für einen der Vertreter des Syndikats der Söul-Fusan-Bahn Chobei Omiwa, eine Anstellung als Inspector dieser Linie in einem bei dem hiesigen Hausministerium neubegründeten Eisenbahnamt durchzusetzen, was den Fortgang der japanischen Unternehmung jedenfalls zu erleichtern geeignet ist. Dagegen ist ein japanisches Ansinnen aus dem Anfang vorigen Monats, die Erlaubniß zur Anlegung von Stationen für drahtlose Telegraphie an der ganzen koreanischen Küste zu erhalten, unter dem Vorgeben, daß Korea eventuell selber solche Stationen anlegen werde, abgelehnt worden und Herr Hayashi hat sich, wie er mir sagte, darauf beschränkt, diese

Antwort seiner Regierung zu berichten. Auf dem Gebiet des Postwesens hat die koreanische Regierung gegen Ende Februar dieses Jahres sogar den Muth gefunden, den japanischen Vertreter zu ersuchen, daß die in Korea bestehenden japanischen Postämter allmählich eingezogen und jedenfalls nicht weiter vermehrt werden möchten; Herr Hayashi hat dies mit dem Hinweis auf die bestehenden Abmachungen und die ungenügende Entwicklung der koreanischen Posteinrichtungen abgelehnt. Was die den Gegenstand des Berichtes № 88[17] vom 10. Dezember vorigen Jahres bildende Minenkonzession anlangt, so wird die Berechtigung jetzt nicht mehr für das ursprüngliche Syndikat, sondern für einen an die Stelle getretenen Unternehmer Namens Ishi[sic.] nachgesucht, welcher inzwischen die Mine in Chiksang von dem koreanischen Eigenthümer erworben hat und thatsächlich bereits im kleinen Betriebe ausbeutet. Die koreanische Regierung hat aber die Ertheilung der Konzession auch auf eine erneute Applikation vom 31. vorigen Monats hin wiederum abgelehnt.

Abschrift dieses gehorsamen Berichtes sende ich an die Kaiserlichen Gesandtschaften in Peking und Tokio.

Weipert.

Inhalt: Die japanischen Bestrebungen in Korea.

---

17 II 2975.

Berlin, den 7. Juni 1900.   A. 6840.

An

die Missionen in

1. London № 630.

2. Tokio № A. 22.

3. Peking № A. 59.

J.   № 4821.

Ew. p. übersende ich anbei ergebenst Abschrift eines Berichts des Kais. Botschafters in St. Petersburg vom 30. v. Mts. betreffend einen Artikel der „Birschewija Wjedomosti"

ad 1-3: zu Ihrer gefälligen Information.

N. S. E.

i. m.

Berlin, den 7. Juni 1900.   zu A. 6941.

An

die Botschaft in

London № 631.

Euerer pp. übersende ich anbei ergebenst Abschrift eines Berichts des Kais. Geschäftsträgers in St. Petersburg vom 2. d. Mts., betreffend einen Artikel der „Rossija" über Masampo nebst dem u. R. beigefügten Zeitungsausschnitt

J. № 4824.

zu Ihrer gefl. Information.

N. S. E.

i. m.

PAAA_RZ201-018929_053 ff.

Empfänger	[o. A.]	Absender	[o. A.]
A. 7093 pr. 7. Juni 1900.		[o. A.]	

A. 7093 pr. 7. Juni 1900.

The Times.

7. 6. 00.

RUSSO-JAPANESE RIVALRY IN THE FAR EAST.
(FROM OUR OWN CORESPONDENT.)
PEKING, APRIL 25.

In the course of the past few weeks opportunity has been given me to hear the views, expressed with considerable freedom, of many of those statesmen and others who, by reason of the high office they hold, have especial right to speak with authority upon the position in the Far East, upon the position, particularly, that is being developed between Japan and Russia.

At present, while Japan has just witnessed a complete mobilization of her fleet, the most complete ever witnessed in any country, and while Russia is pressing forward with a feverish activity her Manchurian railway and the fortification of Port Arthur, it may not be uninstructive if I sit down and record one or two of the typical expressions of opinion given to me in response to my inquiries.

There seems to me to be a general consensus of opinion out here that war in the Far East is inevitable, that it cannot be long delayed, and that it is kept in check now by two deterrents. Her state of unpreparedness dictates to Russia the necessity of caution, while Japan equally must be slow to act as long as the forces of Britain are locked up in South Africa. It is not that any responsible Japanese statesman expects or hopes for an alliance with England or for any promise of assistance, but it would be obviously to increase her difficulties were Japan to act while her chief, if not her only, friend among the great nations is engaged in a formidable struggle in South Africa. Japan knows that, if the time should ever come for her to act, she must act alone. To take her place among the Great Powers she must be prepared to fight single handed. All that she would reasonably expect from England would be an attitude of favourable neutrality. The unpreparedness of Russia for war at the present time is known to every Japanese. It is known, too, that the longer that war can be postponed the greater will it be to the advantage of Russia. Now, and for one year more, the strength of Japan in relation to that of Russia places Japan in the position of advantage. Afterwards the relative strength of Russia compared with that of Japan will every month become greater.

Discussing this question with me the other day, a foreigner whose intimate knowledge of the far East has gained for him a European reputation said to me: —.

What, you ask, are the possibilities of war? Japan at present is making no preparations for war, but Japan is not unprepared for war. The Ministry are opposed to war, especially Yamagata, the Prime Minister; so too is Ito, the great Conservative restraining force among the great men of Japan. Yet war may at any time be forced upon the Government by the development of events which it is powerless to control.

The enmity against Russia is deep and abiding and dates back to long prior to the war. It is against Russia that Japan has always been brushing. Russian action in 1875 in the Sakhalin-Kurile exchange, Russian action in the Leao-tong peninsula, Russian action in Tsushima and in Korea have always been bent to thwart Japan. But the people are now unwilling to brook an opposition which I before they were powerless to resist. Their measure of instant retaliation taken during the recent dispute regarding the Sakhalin fisheries shows the temper of the people. It is an illustration, only one of many, of the vigilance with which Japan watches all movements of Russia in the Far East and the energy with which she now sets herself to check them. Russia, faced boldly, gave way at once, as she has always given way when believing that resistance would be premature. But Russian activity in Korea is coming to a danger point. Her interests in Korea are unimportant, but she is continually putting forward preposterous demands and then upon pressure retiring from them, thus humouring the Japanese into a mistaken belief as to her pliability, her reasonableness, and it may be her weakness.

Russian demonstration in Masampho with all its ships may be directed against Korea, which has no ships, no men, and no guns. Yet the menace is felt in Japan, which can be so easily inflamed, especially when it concerns Korea, the inevitable heritage of the Japanese people. Port Arthur within a very few months will be connected by railway with Vladivostok. An immense accession of strength will thereby be gained by Russia. What Japanese can view this operation with equanimity, involving as it may well do, and as it certainly will do, in the opinion of many of the military critics, the ultimate possession of Korea? Port Arthur held in overmastering force by Russia at the south of the Korean base, Vladivostok an impregnable stronghold at the north of the Korean base, and the base defined by a Russian military railway, is a position that cannot be contemplated without the gravest misgiving, especially when so clearly Russia has given intimation of her ultimate intentions by her pretensions at Masampho Harbour and the island of Cargodo, positions midway between her two great strongholds.

Imperial ukases now describe the Leao-tong peninsula as "Russia's Chinese province of Kwang-tung. "Possession of the peninsula with railway communication with Peking involves a military ascendancy at Russia in Peking and China, every aim and object of which ascendancy will be to strengthen Russia and thwart the efforts of legitimate Japanese commercial expansion.

It is not conceivable that Japan can view this ascendancy with complacency. It is still less conceivable when it is observed that the peninsula now lies at the mercy of Japan, and that a Russo-Japanese war, the issue of which can never for one moment be doubtful, must give to Japan Korea, the Leao-tong peninsula, the military ascendancy in Peking, and the possibility of the reformation of China. The prize is the greatest that has ever been within the grasp of a nation.

So much, then, for the view of one who would speak more from the Japanese standpoint.

In contradistinction to his statement I recall a conversation with a Russian who has watched from near by the movements of Japan for many years past. He spoke with an affected contempt for the Japanese. He said: —

Ships are being built more quickly than crews can be trained to man them, and the difficulty will increase the more quickly the ships now building are delivered over by their builders-that is to say, that while Russia is weakest the difficulties of Japan in this respect are greatest. Japanese naval officers are insufficiently trained. Ships have been quadrupled in number in four years, and inexperienced men of an immense self-esteem are post-captains at 34. Similarly officers of the army are not of the same class as before, because the influence of the old military class, accustomed to lead, has disappeared. Japan is arming with great rapidity. Every ship that comes from Germany is laden with ammunition for Japan. But Japan will not act unless another Power assist her. She is timorous to act alone. Japanese statesmen do not wish war, but there is no reckoning with the people who have been given political rights without comprehending their responsibility. The case of the Sakhalin fisheries is a case in point. The Russian regulations were directed against all foreign fisheries without discrimination. That Japan was the only Power affected is an accident, but you surely will not deny that Russia has the right to restrict the number of Japanese stations in Russian territorial waters? But how does Japan act? Forced by her people and her Press, the Government retaliate upon Russia by imposing countervailing duties in express violation of the commercial treaty of 1895! Japan was clearly in the wrong, but the Governor-General of Eastern Siberia, who had issued the regulations which had given umbrage to the Japanese, at once suspended their operation. Russia is always conciliatory. Russia will never bring on hostilities. Japan's only hope is to act now, though no success that she may gain now would permanently affect the irresistible advance of Russia. By-and-by, when our Siberian railway is finished, she can do nothing. We can pour our men into Manchuria by thousand. Just now she has command of the sea out here. Within one year Vladivostok and Port Arthur will be joined by rail. This autumn you can go from Port Arthur to Harbin by rail, and Harbin is on the Sungari, a river navigable by steamers from the Amoor. Before the end of 1902— perhaps earlier—the railway will be completed right through from St. Petersburg to Port Arthur. Then we need fear nothing.

A Japanese statesman, one of the leaders of the younger generation in Japan, who has passed many years in European capitals, said to me, speaking with much earnestness: —

Korea must become Japanese. Japan must come into possession of Korea. Will she acquire it by peaceful means, or will war be first necessary? My own opinion is that, unless Japan be given a free hand in Korea, war with Russia is inevitable, but that it will not occur at least within the period of another year. So long as Japan holds the command of the sea the preparations now being made by Russia in Manchuria are indifferent to her. By the occupation of Port Arthur Russia has made herself more vulnerable than she was before. Russia recognizes her own weakness, and it is the obvious and correct thing for her to do to ship soldiers from Odessa by thousands into Manchuria, and to work day and night with countless Chinese in strengthening the defences of Port Arthur and in completing the communications by railway. The action of Russia in Persia and on the frontier of Afghanistan is a feint to draw away attention from the Far East while she is straining every nerve to strengthen her hold in Leao-tong. Even now Russia can only be dislodged from Manchuria as the result of a victorious war. England would not fight for Manchuria, nor would she fight to maintain the integrity of Korea, as once she declared through the lins of Mr. Curzon that she would do. England has been friendly to us, and we do not forget the action of Admiral Hope at Tsushima, nor her more recent policy in the questions of the retrocession of the Leao-tong Peninsula and the revision of the treaties.

There is time enough for us to act five or seven years hence. It is a powerful fleet that is needed. One talks much of the Siberian railway, but in my opinion it is not to be feared so long as we hold command of the sea; nor is the massing of Russians in Manchuria to be feared. What Japan expects is that England should preserve an attitude of favourable neutrality. For Russia has no coaling stations, and where can she got coal, unless from the English coaling stations? So long as Russia has no coaling stations she is not to be feared, however much she may increase the number of her troops at Port Arthur and Vladivostok. Russia cannot get her ships and coaling stations for some years. But all this is mere speculation. Only this condition must be remembered—Korea must become Japanese; Japan must have Korea.

To one final question the Japanese replied: — "France will do nothing. She can add but little to the strength of Russia in the Far East, while, if she were involved in war there, the possession of her Indo-China Colonies would be endangered."

An Englishman, the best part of whose life has been passed in Japan, and to whom I appealed for guidance, thus formulated his opinion: —

Japan will not be so misguided and shortsighted as to enter upon war with Russia. There is no likelihood of such a contingency arising so long as Marshal Yamagata is the Premier. He has been in Russia and knows the enormous strength of the Northern Colossus. The people are not in favour of war. The old warlike spirit of the Samurai, the two-sworded retainer class of the Daimios, is dying out, and instead of the military party there is growing up the mercantile community—once so despised, now so powerful—all of whose aims and aspirations are for peace. Japan cannot fight Russia. She might win one or two victories at the beginning, but the issue can never be doubtful. The desire of Japan to be on the mainland is a foolish one. Japan is poor, very poor. She is burdened to the utmost with taxation. Her finances could not stand the strain of war. No doubt after the Chinese war Japan suffered from megalomania, and then believed herself the match of any Power. But time has softened her. The Japanese feel bitterly their expulsion from the Leao-tong, and with a bitterness ??? greater since they have seen the peninsula in occupation of Russia. No doubt after the maneuvers, which are to take the form of a complete mobilization of the fleet on the coast from which one day the descent will be made upon the mainland, the Japanese will again suffer from megalomania. Any little incident may then imperil their international relations.

Succinctly expressed, these were the opinions that I gathered from various sources. Whatever judgment may be deduced from them, one fact is conspicuous—the immense efforts which are being made by Russia to push on the Manchurian railway and fortify Port Arthur must engender the fear that the tranquility of the Far East may at any time be menaced. Coolies from North China are being transported by thousands into Manchuria. The Niu-chwang railway has contracted to carry 95,000 coolies to the Russian railway, and the men are being carried over the Chinese line at the rate of 4,000 a day. Some 20,000 men have been carried by steamer from Tien-tsin to Niu- chwang, while

Chifu is sending every week thousands of Shan-tung men to work at Port Arthur and Ta-lien-wan. A recent visitor to Port Arthur describes the activity there as almost inconceivable. More than 90,000 coolies are at work on the fortifications. The hills all round the harbour are covered with coolies, "swarming like ants on a piece of meat." It is confidently believed that the line between Port Arthur and Vladivostok will be completed in October. Work is proceeding from every point— from Niu-chwang, from the Sungari, from the west and from Poltafka on the eastern frontier. In England you seem scarcely to realize the phenomenal progress that is being made.

Port Arthur will soon be a stronghold as powerful as Vladivostok. Huge stores of coal are held in reserve there. Silver is shipped there in quantities that affect the Eastern market. One mine alone in Australia has a standing order for 50,000oz. a week. Immense quantities of flour have been stored there, the great bulk, amounting to thousands of tons, of American flour landed at Chifu being shipped for Port Arthur. Meat is being brought from Australia in thousands of barrels, while only the other day tenders were invited in Tien-tsin for 2,500 tons of wheat for immediate delivery.

How much longer, then, can Japan afford to wait while preparations on such a scale continue?

Another year will bring about a great increase in the strength of Japan. The reorganization of her army, bringing its number up to 540,000 men, will then be complete. Her new Arisaka field gun and her new Arisaka rifle will then have been distributed. Her naval programme will also have been completed. Of her six new line-of-battle ships, all of which are improved Majestics, three are now in Japan, two will arrive before the end of the year, and the sixth will be delivered early next year. Of the six new first-class cruisers, two are already in Japan, three will arrive before the end of the year, and the sixth will arrive early next year. All the new second-class cruisers are already in Japan, while the number of destroyers is also quite satisfactory. There is still a need of more transports, but the tonnage available is increasing every month. It is obvious that the tonnage needed to land Japanese at the vulnerable points of Korea and the Leao-tong which are so near to Japan is small compared with what Britain has required for the transport of her troops to South Africa. There has during the last year been an immense increase to the Japanese mercantile marine, one company alone, in receipt of a Government subsidy, having recently added to its fleet 12 new ocean-going steamers, each of 6,000 tons, all of which were built to Admiralty requirements.

To sum up, then. The only solution which assuredly will satisfy Japan will be the complete withdrawal of Russian political influence from Korea, leaving the latter under the solo care and guidance of Japan, in return for Japan's entire abstinence from interference with Russian activity in Northern China. The problem now is, Is Russia prepared to give Japan a free hand in Korea? Is Japan to be permitted to work her way in Korea while Russia is consolidating her position in the north of Korea, in the south of Korea, and along the base of Korea? Suppose Japan in occupation of Korea, can Russia ever hope to dislodge her, and if she fails to dislodge her will not her own position in the Far East be immeasurably weakened? Russia cannot permit Japan to occupy Korea and Japan cannot expose her country to the peril of seeing Korea in the hands of Russia. Yet the population of Japan is growing so quickly that there is an imperative need for territorial expansion. Forty-two millions of people, brave and warlike, cannot remain cooped up in islands for the most part mountainous, the territorial area of which is less than that of Sweden, while the population is nine times greater. And expansion cannot be looked for in Formosa. Formosa will be developed as we develop India. No Japanese contemplates the immigration of Japanese into Formosa to displace Chinese and aborigines. Korea, on the other hand, having a climate and soil like that of Japan and yet being thinly peopled, is the natural and inevitable country for Japanese expansion. Korea must become Japanese, Japan must have Korea. But to occupy Korea involves a war with Russia, for Korea cannot be held by the Power that is not in occupation of the Leao-tong peninsula. What, then, are the chances of war?

Against war there is, first, Russia's desire for peace, her desire to conciliate, to give way, to repudiate the action of her zealous envoys, all in the interests of her Port Arthur railway and the consolidation of her power in the Leao-tong. Secondly, the desire also of Japanese statesmen is for peace. Their policy is pacific. They still in some measure distrust the power of their own country. Japan they consider is still not ready. Thirdly, Japan will not have completed her military programme for one year more. Fourthly, Japan still requires more ships, though all the ships she ordered in her postbellum programme will be ready within one year, and she still requires more transports. And, finally, England, which in the event of war might exert a restraining influence in preventing the interposition of other Powers, is locked up in South Africa, from which, however, she will emerge with an immense increase of strength and consolidation of her Empire.

In favour of war there is, first, the spirit of the Japanese people, the resentment deep in the hearts of the Japanese, who contemplate the fruits of their victories enjoyed by Russia to the detriment of Japan; secondly, there is the consciousness of strength in Japan, the knowledge that this strength, in proportion to that of Russia, is greater now and for the next year than it can be at any time subsequently; thirdly, there is the knowledge that the strength of the navy, of the army, and of transports is greater than any similar forces Russia can put forth in the Far East; and, finally, there are the preparations of Russia and the phenomenal rapidity with which she is consolidating her strength. Japan, in view of these preparations, if she is to act at all, must act quickly. She cannot venture to delay more than another year. The reward she can hope for is possession of Korea, of the Leao-tong peninsula, and a political ascendency in Peking fraught with the greatest consequences to the prosperity of China.

Berlin, den 9. Juni 1900.   zu A. 7032.

An

die Botschaften in

1. London № 637.

2. St. Petersburg № 450.

J.   № 4893.

Euerer pp. übersende ich anbei ergebenst Abschrift
eines Berichts des Kais. Konsulatsverwalters in
Söul vom 15. und vom 20. April d. Js., betreffend
Rußland und Korea

zu Ihrer gefälligen Information.

N. S. E.

i. m.

Die Masampo-Frage.

PAAA_RZ201-018929_059 ff.

Empfänger	Fürst zu Hohenlohe - Schillingsfürst	Absender	Tschirschky
A. 7187 pr. 9. Juni 1900. p. m.		St. Petersburg, den 7. Juni 1900.	
Memo	mtg. 22. 6. London 679.		

A. 7187 pr. 9. Juni 1900. p. m.

St. Petersburg, den 7. Juni 1900.

№ 347.

Seiner Durchlaucht

dem Herrn Reichskanzler

Fürsten zu Hohenlohe - Schillingsfürst.

Die Phase in den politischen Beziehungen zwischen Rußland und Japan, deren Kernpunkt die russische Territorial-Erwerbung im Hafen von Masampo auf der Südost-Küste von Korea bildet, kann nunmehr als abgeschlossen betrachtet werden. Der Verlauf der Angelegenheit zeigt, daß trotz Auftauchens von Incidenzfällen es zwischen den genannten beiden Staaten noch auf Jahre hinaus zu ernstlichen Reibungen nicht kommen dürfte. Die Gründe für die beiderseitige vorsichtige Politik sind wiederholt dargelegt worden und beruhen kurz darauf, daß Rußland zur See derzeit noch zu schwach und Japan der Hülfe Englands im Ernstfalle nicht sicher ist.

Rußland hat nunmehr mit der koreanischen Regierung zwei Conventionen abgeschlossen. In der einen wird Rußland ein Stück Land im Hafen von Masampo überlassen, und zwar, wie eine zweifellos officiöse Note der Nowoje Wremja jüngst sagte, „auf Grund der allgemeinen Concessionsrechte in den Ländern des fernen Ostens." Das heißt, Rußland hat in Korea ein Settlement erworben, wie es andere Staaten in Hankau und anderen chinesischen Plätzen seit langem schon besitzen. Hiermit hat die russische Regierung unstreitig einen neuen Vorteil errungen, dem gegenüber sie aber in anderer Richtung wieder dem japanischen Drucke insoweit hat nachgeben müssen, als sie in einer zweiten Vereinbarung mit Korea - unter der Form, daß die Insel Korgado und die umliegenden kleinen Inseln an keine fremde Macht abgetreten werden dürfen - endgültig auf den eigenen Besitz dieser, den Hafen von Masampo beherrschenden Insel verzichten mußte. Daß Rußland ursprünglich und zwar auf Drängen der Marinekommandanten in den dortigen Gewässern, den Besitz dieser Insel selbst angestrebt hat, vor dem japanischen energischen Protest aber zurückgewichen ist, glaube ich aus Andeutungen, die mir jetzt aus sehr guter, aber nicht japanischer Quelle zugekommen sind, mit Sicherheit annehmen zu können.

Ich habe Gelegenheit gehabt, die ganze Frage eingehend mit dem hiesigen japanischen Gesandten zu besprechen, der selbst lange in Korea gelebt hat. Seinen Äußerungen zufolge ist seine Regierung mit dem Verlaufe der Masampo-Angelegenheit nicht unzufrieden. Die Erklärung der koreanischen Regierung, die Insel Korgado nicht in andere Hände übergehen lassen zu wollen, bilde ein sehr wesentliches Moment für Japans Stellung in jenen Gewässern, da die nahe japanische Insel Tsuschima, die stark befestigt und armirt sei, den Kanal zwischen Japan und Korea nach wie vor werde beherrschen können. Korgado in russischem Besitze hätte diese dominirende Stellung der Japaner auf Tsuschima bedroht; dieser Nachtheil sei nun infolge des bezüglichen russisch-koreanischen Abkommens beseitigt. Was den Landerwerb Rußlands im Hafen von Masampo anlange, so liege es innerhalb der bestimmten Zone von 2 ½ englischen Meilen von der Grenze des offenen Hafens, in der derartige Settlements allgemein eingeräumt werden könnten. Bezeichnender Weise setzte Herr Komura hinzu: „Daneben ist noch mehr Platz für Andere, die etwa dort Land haben wollten". Es könne übrigens den Russen nicht verdacht werden, wenn sie einen kleinen Landbesitz dort angestrebt hätten, denn außer zu einem Kohlendepot - als Zwischenstation zwischen Wladiwostok und Port Arthur - hätten die Russen einen Ort nöthig zur Errichtung eines Marine-Hospitals. Es hätte sich nämlich herausgestellt, daß das Klima in Port Arthur infolge der häufigen und starken Nordwinde, besonders für die Kranken so ungünstig sei, daß die Mortalitätsziffer unter Letzteren eine erschreckende Höhe erreicht habe. Die Russische Regierung habe deshalb darauf bedacht sein müssen, ein Hospital für die Flotte in einem günstigeren Klima zu errichten. Masampo biete in dieser Richtung die gewünschten Bedingungen. Kriegerische Anlagen seien auf dem neuen russischen Terrain nicht zu fürchten. Einmal verböten dies die für Settlements allgemein geltenden Bestimmungen und dann sei auch der erworbene Raum an sich zu klein um derartige Anlagen möglich zu machen.

So hat Rußland es verstanden, innerhalb des Rahmens der für sein Verhältniß zu Japan maßgebenden Politik, es derzeit zu keinem Bruche kommen zu lassen, sich einen neuen Vortheil zu sichern, der, wenn auch an sich nicht bedeutend, doch geeignet ist, ihm das häusliche Einrichten im fernen Osten wesentlich zu erleichtern.

von Tschirschky.

Inhalt: Die Masampo-Frage.

Berlin, den 22. Juni 1900.

zu A. 7187.

An

die Botschaft in

1. London № 679.

J. № 5326.

Euerer pp. übersende ich anbei ergebenst Abschrift eines Berichts des Kais. Geschäftsträgers in St. Petersburg vom 7. d. Mts., betreffend die Masampo-Frage

zu Ihrer gefl. Information.

N. S. E.

i. m.

Die russische Landerwerbung in Masampo.

PAAA_RZ201-018929_067 ff.

Empfänger	Fürst zu Hohenlohe - Schillingsfürst	Absender	Weipert
A. 7939 pr. 25. Juni 1900. a. m.		Söul, den 9. Mai 1900.	
Memo	30. 6. mtg. m. Anl. (spr) Marineamt. J. № 405.		

A. 7939 pr. 25. Juni 1900. a. m. 1 Anl.

Söul, den 9. Mai 1900.

№ 41.

An Seine Durchlaucht

den Herrn Reichskanzler

Fürsten zu Hohenlohe - Schillingsfürst.

Euerer Durchlaucht beehre ich mich in der Anlage Kopie einer von dem hiesigen japanischen Konsul mir zur Verfügung gestellten Kartenskizze der Bucht von Masampo gehorsamst einzureichen, auf welcher die ungefähre Lage der neuen russischen Erwerbung entsprechend den Angaben des hiesigen russischen Geschäftsträgers mit rothen Linien eingetragen ist. Die Größe des bisher nur abgesteckten, aber noch nicht fertig vermessenen Terrains wird auf 800 000 bis 900 000 qm angegeben. Der Kaufpreis soll nach Mittheilung des Herrn Pavlow etwa 50 000 Yen (@ 2,10 M), die jährliche Abgabe etwa 1500 Yen betragen.

Der definitiven Regelung des Besitzrechtsverhältnisses steht zur Zeit nur noch insofern eine Schwierigkeit im Wege, als sich innerhalb des Terrains verschiedene im Eigenthum eines Japaners stehende Parzellen befinden. Bezüglich einiger derselben, welche durch ein Versehen der koreanischen Lokalbehörde anfänglich gar nicht angegeben worden waren, schweben gegenwärtig Verhandlungen, welche wahrscheinlich zum Austausche derselben gegen außerhalb des Terrains gelegene russische Grundstücke führen werden. Hinsichtlich der übrigen japanischen Parzellen dagegen, in Größe von etwa 6600 qm, mit denen man bei Absteckung der russischen Erwerbung von vornherein gerechnet hatte, wurde seitens des Herrn Pavlow an den japanischen Gesandten die Anfrage gerichtet, ob der japanische Eigenthümer dieselben der russischen Regierung verkaufen oder bezüglich derselben der russischen Verwaltung und Jurisdiction sich unterwerfen wolle. In dem Antwortschreiben des Herrn Hayashi wurde die letztere Alternative gewählt. Der Charakter der russischen Erwerbung als einer ausschließlichen „Konzession" dürfte damit als japanischerseits im Princip anerkannt zu betrachten sein. Herr Hayashi sagte mir, er habe bei der Geringfügigkeit des Objekts keine Schwierigkeit machen wollen. Vielleicht sieht er aber auch die Schaffung eines neuen Präcedenzfalles in dieser Richtung nicht ungern. Koreanischerseits hat man die Regelung dieser Angelegenheit den Betheiligten überlassen.

Nach Äußerungen des Herrn Pavlow beabsichtigt die russische Regierung einen Theil des Terrains als allgemeine Niederlassung zu eröffnen, die durch einen Gemeinderath unter dem Vorsitz des russischen Konsuls verwaltet werden soll. Man erwartet wohl mit Recht im Hinblick auf die zu schaffenden russischen Etablissements einen baldigen erheblichen Aufschwung des Ortes. Ich darf bei dieser Gelegenheit gehorsamst bemerken, daß Japan die in Masampo bisher unterhaltene Zweigstelle des Konsulats von Fusan vor Kurzem in ein selbständiges Konsulat verwandelt hat.

Bezüglich der Insel Köchye bleibt der Präsident des hiesigen Auswärtigen Amtes auch gegenwärtig noch dabei, daß kein Versprechen der Nichtabtretung vorliege. Doch gab er mir zu, daß er Grund habe anzunehmen, Rußland werde Einspruch erheben, falls Korea die Insel an eine andere Macht abtreten sollte.

Abschrift dieses gehorsamen Berichtes sende ich an die Kaiserlichen Gesandtschaften in Tokio und Peking.

Weipert.

Inhalt: Die russische Landerwerbung in Masampo. 1 Anlage.

Anlage zu Bericht № 41.

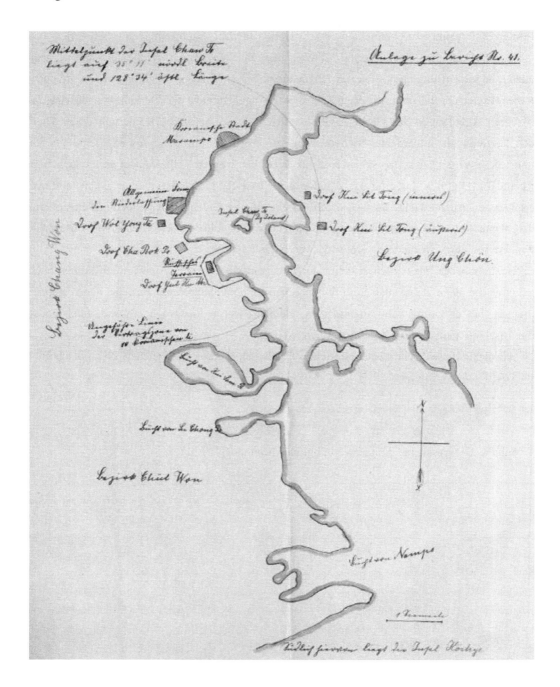

[   ]

PAAA_RZ201-018929_076

Empfänger	Auswärtiges Amt in Berlin	Absender	Timm
A. 8012 pr. 26. Juni 1900. p. m.		Berlin, den 22. Juni 1900.	
Memo	Auf das Schreiben v. 18. 5. 00 -A. 5908-		

A. 8012 pr. 26. Juni 1900. p. m. 2 Anl.

Berlin, den 22. Juni 1900.

A. 5026.

An

den Herrn Staatssekretär

des Auswärtigen Amts.

Anliegend wird der Bericht des Kaiserlichen Gesandten in Tokio vom 5. April 1900 nebst einer Anlage nach Kenntnißnahme ergebenst zurückgesandt.

In Vertretung.

Timm.

[   ]

PAAA_RZ201-018929_077 ff.			
Empfänger	Herrn Reichskanzler	Absender	Weipert
A. 8197 pr. 29. Juni 1900. p. m.		Söul, den 2. Mai 1900.	
Memo	Abschrift II. 17196. mtg. 30. 6. Petersburg 496.		

A. 8197 pr. 29. Juni 1900. p. m.

Söul, den 2. Mai 1900.

№ 40.

An Seine Durchlaucht den Herrn Reichskanzler.

Mitte v. M. hatte Herr C. Wolter, der hiesige Leiter der Firma E. Meyer & Co. Gelegenheit dem russischen Vertreter gegenüber in meiner Gegenwart auf das Söul-Wönsan-Bahn-Projekt zurückzukommen, welches zuletzt den Gegenstand der konsularischen Berichte der unter № 35 vom 30. April und № 60 vom 22. Juli v. J. gebildet hat. Auf den Wolter'schen Vorschlag, daß russischerseits sein Gesuch um Conzession der Bahn bei der koreanischen Regierung unterstützt werden möge, erklärte Herr Pavlow sich bereit zu versuchen die Angelegenheit, die er bei seiner letzten Anwesenheit in St. Petersburg wegen seiner plötzlichen Abreise nicht habe erledigen können, durch eine telegraphische Anfrage bei seiner Regierung zur Klärung zu bringen. Voraussetzung sei jedoch, daß ihm zwecks Begründung des russischen Interesses an der Unterstützung des Unternehmens bestimmte Anhaltspunkte gegeben würden, beispielsweise durch das Versprechen, die Bahn nach einer gewissen Periode gegen volle Entschädigung in russische Hände übergehen zu lassen. Herr Wolter war mit der Übernahme dieser Verpflichtung einverstanden unter den schon in den Verhandlungen mit Herrn Matunin von ihm gestellten Bedingungen, daß deutsches Material verwendet würde, daß die Bahn den in der Nähe des Meyer'schen Bergwerks gelegenen Ort Kim tong berühre und daß die Firma die Agenturen in Söul und Wönsan erhalte. Auch den früher bereits gemachten Vorschlag des Herrn Wolter, die Bahn zusammen mit russischem Kapital zu bauen, wenn die russische Regierung eine mäßige Zinsgarantie übernehme, erbot sich Herr Pavlow zu übermitteln.

Der Bescheid, welcher vor einigen Tagen aus St. Petersburg eintraf, ging dahin, daß die Bemühungen der deutschen Firma um die Bahn weder zu fördern noch zu hindern seien. Die Betheiligung russischer Capitalisten bei dem Unternehmen scheine dem Finanzminister sehr unwahrscheinlich und die Übernahme einer Garantie seitens der russischen Regierung sei jedenfalls ausgeschlossen.

Diese Ablehnung dürfte ein neuer Beweis dafür sein, daß Rußland zur Zeit allen fremden Unternehmungen in Korea, selbst wenn sie dem russischen Interesse dienlich sein können, unsympathisch gegenübersteht. Herr Pavlow äußerte bei einer anderen Gelegenheit: „Je weniger hier geschieht, desto lieber ist es uns. Die koreanische Frage ist für uns eine Angelegenheit künftiger Jahrzehnte, vorläufig haben wir mit der Mandschurei genug zu thun." pp.

gez. Weipert.

Berlin, den 30. Juni 1900. A. 7939.

An

Staatssekretär des

Reichs-Marine-Amts.

J. № 5692.

E. E. beehre ich mich anbei Abschrift eines Berichts des Kais. Konsulatsverwesers in Söul vom 9. v. M., betreffend die russische Erwerbung in Masampo, nebst einer unter Rückerbittung beigefügten Anlage zur gefl. Kenntnißnahme und mit dem ergebensten Ersuchen zu übersenden, den Bericht, einen von Sr. Maj. ertheilten allerhöchsten, auch dem Admiralstabe mittheilen zu wollen.

N. S. E.

i. m.

Berlin, den 30. Juni 1900.   zu A. 8197.

An

die Botschaft in

St. Petersburg № 496.

Euerer pp. übersende ich anbei ergebenst Auszug
eines Berichts des Kais. Konsulatsverwalters in
Söul vom 2. v. Mts., betreffend die Söul-Wönsan-
Bahn

J. № 5729.

zu Ihrer gefl. vertrl. Information.

N. S. E.

i. m.

Artikel der „Rossija" über Masampo.

PAAA_RZ201-018929_082 f.

Empfänger	Fürst zu Hohenlohe - Schillingsfürst	Absender	H. S. Kartrte.
A. 8482 pr. 4. Juli 1900. a. m.		London, den 2. Juli 1900.	
Memo	ad. A. 6941.		

A. 8482 pr. 4. Juli 1900. a. m. 1 Anl.

London, den 2. Juli 1900.

№ 478.

An Seine Durchlaucht

den Herrn Reichskanzler

Fürsten zu Hohenlohe - Schillingsfürst.

Beifolgend beehre ich mich die Anlage des Berichts des Kaiserlichen Geschäftsträgers in St. Petersburg vom 2. Juni d. J.[18], einen Artikel der „Rossija" über Masampo betreffend, nach Kenntnißnahme gehorsamst zurückzureichen.

Im Auftrage.

H. S. Kartrte.

Inhalt: № 478. London, den 2. Juli 1900. Artikel der „Rossija" über Masampo.

---

18 6941 geh. beift.

Koreanische Grausamkeiten.

PAAA_RZ201-018929_084 ff.

Empfänger	Fürst zu Hohenlohe - Schillingsfürst	Absender	Wedel
A. 8684 pr. 6. Juli 1900. p. m.		Tokio, den 31. Mai 1900.	
Memo	mitg. 11. 7. Petersburg 520.		

A. 8684 pr. 6. Juli 1900. p. m.

Tokio, den 31. Mai 1900.

A. 64.

Seiner Durchlaucht

dem Herrn Reichskanzler

Fürsten zu Hohenlohe - Schillingsfürst.

Nach der Ermordung der Königin von Korea hatten einige der Betheiligung an diesem Verbrechen verdächtige Koreaner in Japan Zuflucht gesucht und gefunden. Einer derselben, An Kiöng Su, ein ehemaliger höherer Beamter, ist vor Kurzem nach Korea zurückgekehrt. Er glaubte sich dort außer Gefahr, nachdem der japanische Gesandte am dortigen Hofe, Herr Hayashi, vom Kaiser von Korea das Versprechen erlangt hatte, daß ihm kein Leid zugefügt werden solle.

Nachdem aber ein anderer der Betheiligung an dem erwähnten Verbrechen verdächtiger Flüchtling, Kuön Hiöng Chin, der sich vor einigen Wochen nach Korea zurückgewagt hatte, ergriffen und auf der Folterbank An Kiöng Su compromittirende Geständnisse abgelegt hatte, wurde der letztere verhaftet und in grausamster Weise gefoltert, um darauf mit seinem Leidensgefährten ohne ordnungsmäßige Verurtheilung durch Erhängen hingerichtet zu werden. Es wird behauptet, An Kiöng Su sei, wie japanische Ärzte durch Untersuchung der Leiche festgestellt haben sollen, bereits an den Folgen der Tortur gestorben, und die Koreaner hätten die scheinbare Hinrichtung in Scene gesetzt, um das Odium ihrer barbarischen Handlungsweise von sich abzuwälzen.

Als Herr Hayashi das Schicksal seines Schützlings erfuhr, hat er sogleich um eine Audienz beim Kaiser nachgesucht, soll aber bisher nicht vorgelassen sein.

Der Kaiser von Korea hat die Verantwortung von sich abzuwälzen gesucht und den Justizminister entlassen sowie den Polizeichef mit zehnjähriger Verbannung bestraft.

Der Vorfall erregt hier großes Aufsehen. Fast die gesammte japanische Presse läßt ihrer

Entrüstung über die Barbarei der Koreaner und über die „unverzeihliche Wortbrüchigkeit" des Kaisers gegenüber dem japanischen Gesandten freien Lauf und fordert die Regierung auf, in energischer Weise eine Genugthuung für diesen Treubruch durchzusetzen, welche in der Entlassung des gesammten koreanischen Ministeriums resultiren müsse.

Vicomte Aoki sagt mir, er habe sich für den ihm persönlich bekannten An Kiöng Su interessirt, während ihm Kuön Hiöng Chin gänzlich unbekannt sei. Es ist nicht unwahrscheinlich, daß dieses Interesse für An Kiöng Su, den der Minister als einen intelligenten, äußerst verwegenen Mann schildert, kein ganz uneigennütziges war, sondern die Hoffnung in sich barg, sich dieses Mannes, der Japan so viel Dank schuldig war, zu bedienen.

Herr Pavloff, meinte Vikomte Aoki, habe vielleicht von der Angelegenheit gewußt, darauf deute auch seine plötzliche Abreise nach Port Arthur, aber er glaube, daß nur der Kaiser von Korea und seine Minister für den Vorfall verantwortlich seien, denn der Kaiser habe einen unversöhnlichen Haß gegen die koreanischen Flüchtlinge, welche bei dem Verbrechen von 1895 die Hand im Spiele gehabt hätten.

Japan habe ein Interesse daran, Unruhen in Korea zu vermeiden. Die japanische Regierung werde daher sich damit begnügen, der koreanischen Vorstellungen über die vorgekommene Barbarei und den Wortbruch gegenüber dem japanischen Gesandten zu machen. Die Beseitigung des Justizministers und Verbannung des Polizeichefs wolle man als hinreichende Sühne gelten lassen, wenn auch anzunehmen sei, daß diese Bestrafungen nur scheinbar durchgeführt würden. Japan könne ja auch, schloß der Minister, wegen der Gefahr eines Conflictes mit Rußland nicht gut anders handeln.

Wedel.

Inhalt: Koreanische Grausamkeiten.

Rückkehr koreanischer Refugiés aus Japan.

	PAAA_RZ201-018929_091 ff.		
Empfänger	Fürst zu Hohenlohe - Schillingsfürst	Absender	Weipert
A. 8905 pr. 9. Juli 1900. p. m.		Söul, den 25. Mai 1900.	
Memo	cfr. A. 9415 J. № 488.		

A. 8905 pr. 9. Juli 1900. p. m.

Söul, den 25. Mai 1900.

№ 46.

An Seine Durchlaucht

den Herrn Reichskanzler

Fürsten zu Hohenlohe - Schillingsfürst.

Ein in Sommer v. J. der Theilhaberschaft an einem auf die Entthronung des Königs gerichteten Komplott beschuldigter Koreaner Namens An Kiöng Su, der sich nach Japan geflüchtet hatte, ist zu Anfang dieses Jahres, kurz nach dem Wiedereintreffen des japanischen Gesandten, der sich auf kurze Zeit nach Tokio begeben hatte, zurückgekehrt und hat sich den hiesigen Behörden zur Untersuchung gestellt. Herr Hayashi hat sich damals für ihn bei der koreanischen Regierung verwendet und insbesondere von der Anwendung der Tortur abgerathen, weil eine solche die Gefühle der Ausländer empfindlich verletzen würde, er stellt aber in Abrede, daß vorher von ihm selbst oder von seiner Regierung dem An Kiöng Su irgendwelche Hülfe zugesagt worden sei.

Zu diesem Fall, dessen Untersuchung noch schwebt, ist inzwischen ein zweiter ganz ähnlicher getreten. Ein Mann Namens Kuön Hiöng Chin, der zur Zeit der Ermordung der Königin dem König als Polizeipräsident aufgenöthigt wurde und dann wegen Verdachtes der Betheiligung an dem Attentat nach Japan hatte flüchten müssen, hat sich Mitte d. M. gleichfalls hier wieder eingestellt und der Regierung freiwillig überliefert. Da Niemand seine Erklärung, daß er für sein Vaterland zu sterben gekommen sei, ernst nehmen will, fragt man sich, auf wessen Beistand er rechnen könnte, und argwöhnt weitausschauende Pläne Japans. Man glaubt, daß beabsichtigt sei, auch die anderen noch in Japan befindlichen Flüchtlinge zurückzubringen, und in der That ist schon davon die Rede, daß ein dritter, Cho Hwi Yön, der Kriegsminister der erwähnten kritischen Zeit, im Begriff sei gleichfalls hierher zurückzukehren. Das Ziel soll dann angeblich sein, durch diese

Leute und ihren hiesigen Anhang Unruhen und möglicherweise eine Bewegung zu Gunsten des Prinzen Wi Hwa herbeizuführen, des Sohnes einer Nebenfrau des Königs, der seit langem von der japanisch gesinnten Reformpartei als Thronfolger statt des legitimen Kronprinzen gewünscht wird. Er wurde wegen des dieserhalb auf ihm lastenden Verdachtes nach der Ermordung der Königin im Jahre 1895 unter der Form der Ernennung zum Gesandten für Europa ins Ausland geschickt und hat sich seitdem mit einem Regierungsgehalt während eines Jahres etwa in Amerika und während der letzten zwei Jahre in Tokio aufgehalten.

Herr Hayashi äußerte sich mir gegenüber dahin, daß ihm und seiner Regierung die Rückkehr Kuön Hiöng Chin's sehr unangenehm, eine Verhinderung derselben aber nicht möglich gewesen sei, jedenfalls sei dem Manne keinerlei Zusage betreffs Verwendung bei der hiesigen Regierung gemacht worden.

Der russische Vertreter zeigt keine besondere Beunruhigung über die Vorgänge. Er sagte mir, er glaube eher an Machinationen japanischer Partheipolitiker, als an eine Betheiligung der japanischen Regierung, die auch ohne solche Intriguen Alles, was ohne Collision mit den Interessen anderer Mächte möglich sei, hier erreichen könne.

Japanische Politiker haben allerdings auch früher hier häufig auf eigene Faust operirt und würden an dem im koreanischen Eisenbahnamt angestellten Landsmann Omiwa, der seine Wirksamkeit keineswegs auf die Eisenbahnangelegenheiten beschränkt und zur Zeit sich eines erheblichen Einflusses am Hofe erfreuen soll, einen zu Intriguen stets bereiten Genossen haben.

Als auffallend muß es aber erscheinen wenn es richtig ist, was der amerikanische Rathgeber Herr Sands mir von dem König selbst gehört zu haben versichert, daß nämlich der japanische Gesandte vor wenigen Tagen dem König - allerdings vorsichtigerweise nicht direct, sondern durch einen koreanischen Vertrauensmann - den Rath ertheilt habe, den erwähnten Prinzen Wi Hwa zurückzuberufen, mit der Motivirung, daß die Lebensführung des Prinzen keine entsprechende sei.

Abschriften dieses gehorsamen Berichtes gehen an die Kaiserlichen Gesandtschaften in Tokio und in Peking.

Weipert.

Inhalt: Rückkehr koreanischer Refugiés aus Japan.

Französische Angestellte in Korea.

PAAA_RZ201-018929_099 ff.

Empfänger	Fürst zu Hohenlohe - Schillingsfürst	Absender	Weipert
A. 8906 pr. 9. Juli 1900. p. m.		Söul, den 19. Mai 1900.	
Memo	mitg. 11. 7. London 738, Paris 378, Petersb. 521. cfr A. 5520 de 01 J. № 475.		

A. 8906 pr. 9. Juli 1900. p. m.

Söul, den 19. Mai 1900.

№ 45.

An Seine Durchlaucht

den Herrn Reichskanzler

Fürsten zu Hohenlohe - Schillingsfürst.

Das Engagement eines französischen Rathgebers für das hiesige Justizministerium und den obersten Gerichtshof (cf. s. pl. Bericht № 87 vom 4. Dezember vorigen Jahres)[19] ist inzwischen zu Stande gekommen und Herr Crémazy hat seine Funktionen vor einigen Tagen angetreten. Er soll sich früher mit der Compilation des in Annam geltenden chinesischen Rechts beschäftigt haben und wird daher für die Herstellung einer koreanischen Codifikation, an die man angeblich hier denken soll, für besonders qualifizirt gehalten.

Eine weitere Vermehrung der hiesigen französischen Angestellten steht durch das Engagement eines Artillerie-Hauptmanns und eines Werkmeisters für das koreanische Arsenal in Söul in Aussicht. Man hat sich indeß bezüglich des Angebots, das von der hiesigen Regierung vor etwa 6 Monaten gemacht wurde, in Paris noch nicht definitiv entschieden. Zur Zeit ist an dem Arsenal ein russischer Werkmeister Namens Remnioff beschäftigt, der monatlich 250 Yen erhält.

Auch der zweite Werkmeister, sowie der mit der Oberleitung zu betrauende Artillerie-Offizier, für den monatlich 400 Yen ausgesetzt sind, sollten von Rußland gestellt werden. Als Letzteres aber begann vor der Empfindlichkeit Japans sich aus all diesen Gebieten hier zurückzuziehen, ließ es Frankreich in das Arrangement eintreten. Der Major

---

19 A. 1361 ehrerb. beigef.

Vidal, welcher außer bei der französischen Gesandtschaft in Peking auch bei der hiesigen als Militairattaché fungirt und sich gegenwärtig wieder für einige Zeit hier aufhält, hat bei seiner vorjährigen Anwesenheit in Söul einen Plan für die Einrichtung des Arsenals ausgearbeitet, welches zunächst nur der Gewehrreparatur und Pulverfabrikation dienen soll. Trotz dieser französischen Beziehungen soll dem Vernehmen nach für das Arsenal kürzlich einiges Maschinenmaterial zum Bohren von Gewehrläufen in Japan bestellt worden sein.

Abschriften dieses gehorsamen Berichts gehen an die Kaiserlichen Gesandtschaften in Tokio und Peking.

Weipert.

Inhalt: Französische Angestellte in Korea.

Berlin, den 11. Juli 1900.   zu A. 8684.

An

die Botschaft in

St. Petersburg № 520.

J. № 6233.

Euerer pp. übersende ich anbei ergebenst Abschrift eines Berichts des Kais. Geschäftsträgers in Tokio vom 31. Mai d. J., betreffend koreanische Grausamkeiten zu Ihrer gefl. vertr. Information.

N. S. E.

i. m.

Berlin, den 11. Juli 1900.   zu A. 8906.

An

die Botschaften in

1. London № 738.

2. Paris № 378

3. St. Petersburg № 521.

J. № 6234.

Euerer pp. übersende ich anbei ergebenst Abschrift eines Berichts des Kais. Konsulats-Verwesers in Söul vom 19. Mai d. J., betreffend Französische Angestellte in Korea zu Ihrer gefl. Information.

N. S. E.

i. m.

Der koreanische Zwischenfall.

PAAA_RZ201-018929_105 ff.			
Empfänger	Fürst zu Hohenlohe - Schillingsfürst	Absender	Wedel
A. 9011 pr. 11. Juli 1900. a. m.		Tokio, den 14. Juni 1900.	

A. 9011 pr. 11. Juli 1900. a. m.

Tokio, den 14. Juni 1900.

A. 68.

Seiner Durchlaucht

dem Herrn Reichskanzler

Fürsten zu Hohenlohe - Schillingsfürst.

Die mißglückte Verwendung für den koreanischen Flüchtling An Kiöng Su und das Zögern der japanischen Regierung, eine mehr als scheinbare Genugthuung für die Nichtinnehaltung des dem japanischen Gesandten gegebenen Kaiserlichen Versprechens durchzusetzen, hat der hiesigen Presse zu Angriffen in sehr scharfer Tonart auf den Minister des Äußern, Vicomte Aoki, Veranlassung gegeben.

Bei ihrem Selbstbewußtsein und ihrer historischen Verachtung der Koreaner fühlten sich die Japaner besonders durch die Thatsache verletzt, daß dem japanischen Vertreter eine Audienz beim Kaiser von Korea schroff abgeschlagen wurde, und die Koreanische Regierung sogar den Muth Fand, der Japanischen zu erklären, Herr Hayashi würde nicht in Audienz empfangen werden, solange die An Kiöng Su Affaire nicht erledigt sei. Dabei wurde angedeutet, daß unter „Erledigung" die Bestrafung der übrigen bei den Ereignissen von 1895 compromittirten koreanischen Flüchtlinge, die sich fast alle in Japan aufhalten, verstanden würde.

Vicomte Aoki, der die Angelegenheit ursprünglich als Lapalie angesehen haben wollte, hat der öffentlichen Meinung Rechnung tragend, die koreanische Regierung warnend darauf hingewiesen, daß eine fortgesetzte Audienzverweigerung gegenüber dem japanischen Gesandten nicht ohne Consequenzen bleiben könne. Der Minister hofft, daß diese Warnung genügen werde, um die Koreaner „zur Besinnung" zu bringen. Man scheine in Söul bereits nachgiebiger zu werden. Ein formelles Ultimatum, sagt der Minister, habe er nicht stellen und bestimmte Consequenzen nicht nennen wollen, da es nach wie vor sein Bestreben sei, einen Conflict mit Korea zu vermeiden.

Der Zwischenfall ist gegenwärtig noch nicht erledigt, aber durch die Ereignisse in China, welche die Aufmerksamkeit der politischen Welt Japans fast ganz in Anspruch nehmen, in den Hintergrund gedrängt, so daß die Presse seit einigen Tagen sich mit der koreanischen Angelegenheit nicht mehr beschäftigt hat.

Wedel.

Inhalt: Der koreanische Zwischenfall.

[   ]

PAAA_RZ201-018929_109

Empfänger	[o. A.]	Absender	[o. A.]
ad A. 9251. pr. 15. Juli 1900.		[o. A.]	

ad A. 9251. pr. 15. Juli 1900.

Notiz.

Ber. a. Brüssel v. 14. 7. № 124, betr. Äußerung der „Indépendance Belge", Rußland würde nie seine Zustimmung zur Okkupation Koreas durch japanische Truppen geben, befindet sich

i. a. China 24.

[   ]

PAAA_RZ201-018929_110

Empfänger	Auswärtiges Amt in Berlin	Absender	Weipert
A. 9370 pr. 17. Juli 1900. p. m.		Söul, den 13. Juli 1900.	
Memo	I) Tel. i. Z. mtg. 17. 7. S. M. 103. II) Umstellg mtg. 18. 7. Gen. Stab. Adm. Stab. III) Tel. i. Z. 20. 7. Tokio 24.		

A. 9370 pr. 17. Juli 1900. p. m.

Telegramm.

Söul, den 13. Juli 1900. 14. 7. 5 Uhr 30 Min. Vm.
Ankunft: 17. 7. 1 Uhr 20 Min. Nm.

Der K. Konsulatsverweser an Auswärtiges Amt.

Entzifferung.

№ 2.

Nach vertraulicher Mittheilung Pavlow's mobilisirt Japan 5 Divisionen.

Missionar in Wiju telegraphirt Boxermassen in Fongwong···ng Bewegung auch auf koreanische Grenze zu befürchten.

Weipert.

org. i. a. China 24

Hinrichtung zweier koreanischer Hochverräther. Japanisch-koreanische Komplikation.

PAAA_RZ201-018929_111 ff.			
Empfänger	Fürst zu Hohenlohe - Schillingsfürst	Absender	Weipert
A. 9415 pr. 18. Juli 1900. a. m.		Söul, den 2. Juni 1900.	
Memo	cfr. A. 10547 J. № 563.		

A. 9415 pr. 18. Juli 1900. a. m.

Söul, den 2. Juni 1900.

№ 50.

An Seine Durchlaucht

den Herrn Reichskanzler

Fürsten zu Hohenlohe - Schillingsfürst.

Das Verfahren gegen die beiden des Hochverraths beschuldigten koreanischen Réfugiés An Kiöng Su und Kuön Hiöng Chin, über welche ich unter dem 25. v. M[20]. Euerer Durchlaucht zu berichten die Ehre hatte, hat inzwischen durch die in der Nacht vom 27. zum 28. d. M. erfolgte Hinrichtung der beiden Angeklagten einen unerwartet schnellen Abschluß gefunden. Dem Urtheil war nur ein summarisches Verfahren vorausgegangen und die Vollstreckung war erfolgt ohne vorherige Einholung der - abgesehen von dem Falle der Fluchtgefahr - vorgeschriebenen Sanktion des Königs. In einer am 28. v. M. erlassenen Proklamation haben die Richter diese Gesetzwidrigkeit ihres Verfahrens offen eingestanden und damit motivirt, daß das von den Angeklagten freiwillig bekannte Verbrechen der Betheiligung am Mord der Königin ein zu furchtbares sei, als daß sie der Lehre des Confucius gemäß sich für berechtigt hätten halten können, auch nur einen Tag länger mit denselben unter einem Himmel zu leben. Gleichzeitig baten sie in einer Eingabe an den Thron um Bestrafung ihrer Pflichtwidrigkeit.   Der König seinerseits hatte am 26. v. M. eine auf schleunige Bestrafung der beiden Hochverräther dringende Eingabe sämmtlicher Minister und Staatsräthe mit der Verweisung auf die richterliche Entscheidung beantwortet. In Durchführung dieses offenbar die Abwälzung des Odiums auf die Richter

---

[20] A. 8905 ehrerb. beifgt.

bezweckenden Verfahrens wurde dann durch ein am 31. v. M. publizirtes königliches Decret wegen der voreiligen Vollstreckung des Urtheils gegen den Präsidenten des Gerichts Yi Yu In eine 10 jährige und gegen zwei der beisitzenden Richter Yi In Yŏng und Chang Pong Hoan eine 3 jährige Verbannungsstrafe ausgesprochen, während zwei weitere, bei der Urtheilsfällung, wie es scheint nicht direkt betheiligte Mitglieder des Gerichts nur mit 1 monatlicher Gehaltsentziehung bestraft und der Justizminister Kuŏn Chä Hiŏng seines Amtes entsetzt wurde. Bemerkenswerth ist es, daß der Präsident Yi Yu In erst vor 14 Tagen und die Beisitzer Yi In Yŏng, der zugleich bei der französischen Gesandtschaft als Interpret angestellt ist, und Chang Pong Hoan erst kurz nach An Kiŏng Su's Rückkehr ernannt worden sind. Der japanische Gesandte erklärte mir schon am 26. v. M., er habe Grund anzunehmen, daß An Kiŏng Su gefoltert worden sei und fürchte daher Schwierigkeiten mit der koreanischen Regierung. Er wiederholte dabei, daß er mit dem anderen Manne Kuŏn Hiŏng Chin nichts zu thun habe. Bezüglich des An Kiŏng Su dagegen gab er nun etwas ausführlicher an, derselbe habe, als er am 7. Februar d. J. in Chemulpo angekommen sei, die Absicht gehabt im japanischen Settlement in Chemulpo zu bleiben. Dies sei ihm, Herrn Hayashi, unangenehm gewesen und er habe daher in einer Audienz am 10. Februar dem König angeboten, den An Kiŏng Su zu bestimmen sich in Söul zu stellen, wenn der König ihm die Zusicherung gebe, daß ohne Folter und überhaupt in ordentlicher gesetzmäßiger Weise gegen ihn procedirt werden solle. Dieses Versprechen sei gegeben worden und er habe sogar den Eindruck, wenn auch nicht die ausdrückliche Zusage, erhalten, daß der König im Falle der Verurtheilung Gnade üben werde. Darauf hin habe er An Kiŏng Su, der schon nach Japan habe zurückkehren wollen, veranlaßt, nach Söul zu kommen und ihm dringend gerathen keine Mitschuldigen zu denunziiren. Um zu Gunsten An's einzugreifen hat dann Herr Hayashi am 27. d. M. eine Audienz gefordert. Dies Verlangen wurde wiederholt wegen Unpäßlichkeit des Königs abgelehnt und scheint die Katastrophe nur beschleunigt zu haben.

Am Tage nach der Hinrichtung forderte Herr Hayashi vom hiesigen Auswärtigen Amt die Erlaubniß die Leiche An Kiŏng Su's durch drei japanische Ärzte untersuchen zu lassen. Dies wurde zunächst mit dem Hinweis darauf abgelehnt, daß auf Ersuchen der koreanischen Regierung der in ihren Diensten und zugleich als Arzt der britischen Gesandtschaft angestellte Engländer Dr. Baldock die Leichen bereits untersucht und Folterspuren nicht gefunden habe. Auf wiederholtes Andringen erhielten die drei japanischen Ärzte dann doch die Erlaubniß zur Untersuchung und konstatirten ihrerseits das Vorhandensein von Spuren angewendeter Folter bei An Kiŏng Su. Demgegenüber hat dann wieder auf Ersuchen der koreanischen Regierung am 30. v. M. ein amerikanischer Arzt Dr. Shallock und der russische Gesandtschaftsarzt Dr. Pokrowsky Untersuchungen vorgenommen, die Spuren der fraglichen Art nicht ergeben haben sollen. Die Leichen wurden seit dem 28. v. M. von japanischen Polizisten bewacht, die erst gestern wieder entfernt wurden. Eine von japanischer sowohl wie von russischer Seite am 31. v. M. vorgeschlagene Untersuchung durch eine gemeinsame ärztliche Commission ist nicht zu Stande gekommen, vielmehr wurden die Leichen am 1. d. M. den Angehörigen ausgehändigt.

Während es nach all diesen Verhandlungen den Anschein hatte, als ob der japanische Gesandte auf die Frage der Folterung entscheidendes Gewicht lege, sagte er mir am 1. d. M., er werde zufrieden sein, wenn die koreanische Regierung ihm einräume, daß überhaupt Gesetzwidrigkeiten in dem Verfahren gegen An Kiöng Su vorgekommen und die Richter dieserhalb bestraft seien, eine Erklärung, die eigentlich in dem königlichen Decret vom 31. v. M. bereits enthalten sei. Die Verhandlungen hierüber, meinte Herr Hayashi, würden sich wohl noch etwas hinziehen, doch rechne er auf eine ruhige Lösung der Angelegenheit.

Der russische Geschäftsträger welcher sich am 25. v. M. auf dem Kanonenboot Zabiaka, angeblich um einem Ballfest des Gouverneurs beizuwohnen, nach Port Arthur begeben hatte und erst am 30. Abends zurückgekehrt ist, hat gleichfalls aus den Äußerungen des Herrn Hayashi den Eindruck gewonnen, daß die japanische Regierung sich mit einer Erklärung der angegebenen Art, die koreanischerseits nicht wohl verweigert werden könne, begnügen werde. Auch sieht Herr Pavlow es als ein beruhigendes Symptom an, daß der japanische Gesandte die jetzt abgelösten hiesigen zwei Compagnien seiner Schutztruppen am 31. v. M. sich hat einschiffen lassen, obwohl es ein Leichtes gewesen wäre, sie neben den neu Angekommenen unter einem Vorwand noch hier zu halten.

Sind die Absichten Japans in der That so maßvoll, als es danach den Anschein hat, so ist es doppelt begreiflich, wenn Herr Hayashi die Situation als eine für ihn und seine Regierung sehr unangenehme bezeichnet. Auch eine koreanischerseits zu gebende entschuldigende Erklärung dürfte kaum verhindern, daß Japan durch seine bisherige Behandlung der Angelegenheit nicht nur an Sympathie und Vertrauen bei seinen hiesigen Anhängern, sondern überhaupt an seinem Ansehen in Korea Einbuße erleidet, denn das hiesige Volk wird sich schwerlich davon überzeugen lassen, daß die Rückkehr der Flüchtlinge nicht mit dem Einverständniß der japanischen Regierung erfolgt sei. Auch soll, wie mir der französische Geschäftsträger mittheilte, An Kiöng Su im Verhör ausgesagt haben, daß er von Tokio erst nach eingeholter Erlaubniß der dortigen Regierung abgereist sei.

Die Annahme des Herrn Pavlow geht dahin, daß die japanische Regierung bei der

Sache kein bestimmtes Ziel verfolgt, sondern nur der Actionslust gewisser heimischer Parteigruppen bis zu einem gewissen Grade nachgegeben habe und sich nun in ihrem ungerechtfertigten Vertrauen auf koreanische Versprechungen getäuscht sehe. Er seinerseits bemühe sich jetzt zu verhüten, daß die koreanische Regierung die Situation irgend wie verschärfe. Eine Gefahr dieser Art glaubte er in einer gestern dem König vom Staatsrath vorgetragenen Bitte erblicken zu sollen, daß der in Japan lebende Prinz Yi Chung Yong, der Neffe des Königs und Enkel seines verstorbenen Vaters Tai Wön Kun, zurückberufen werden möge, der durch die vom Gerichtshof veröffentlichten angeblichen Geständnisse der beiden Hingerichteten als der Urheber ihrer Betheiligung an dem auf die Ermordung der Königin gerichteten Complott bezeichnet wird. Der König hat diesen Antrag mit dem Hinweis darauf abgelehnt, daß die Angeklagten offenbar nur versucht hätten, ihre Schuld auf den Angeklagten abzuwälzen.

Abschriften dieses gehorsamen Berichtes gehen an die Kaiserlichen Gesandtschaften in Tokio und Peking.

Weipert.

Inhalt: Hinrichtung zweier koreanischer Hochverräther.
Japanisch-koreanische Komplikation.

Die russische Abmachung wegen der koreanischen Insel Köje.

	PAAA_RZ201-018929_125 ff.		
Empfänger	Fürst zu Hohenlohe - Schillingsfürst	Absender	Weipert
A. 9743 pr. 24. Juli 1900. a. m.		Söul, den 5. Juni 1900.	
Memo	mtg. 26. 7. London 778, Petersburg 554, Washington A. 115. J. № 569.		

A. 9743 pr. 24. Juli 1900. a. m.

№ 52.

Söul, den 5. Juni 1900.

An Seine Durchlaucht

den Herrn Reichskanzler

Fürsten zu Hohenlohe - Schillingsfürst.

Die gegen Ende v. M. in japanischen Blättern aufgetauchte Behauptung, Japan und England hätten von der koreanischen Regierung eine Zusicherung erlangt, daß ihre Interessen durch das die Nichtveräußerung der Insel Köje betreffende russisch-koreanische Abkommen nicht berührt würden, gab mir Veranlassung, dem japanischen Gesandten gegenüber den Gegenstand gelegentlich zu berühren. Herr Hayashi erklärte, eine offizielle Mittheilung von diesem Abkommen sei ihm bisher von der koreanischen Regierung nicht gemacht worden. Anläßlich der gesprächsweisen Erwähnung desselben seitens des Präsidenten des hiesigen Auswärtigen Amtes aber habe er diesem gegenüber allerdings geäußert, daß Japan durch eine solche Abmachung der beiden Mächte nicht berührt werden könne. Er habe dabei vor allem den Umstand im Auge gehabt, daß bereits von seinem Amtsvorgänger Kato vor über Jahresfrist die Erlaubniß zur Anlegung japanischer Fischereistationen auf der Insel Köje begehrt worden und ein Zurückkommen auf diese noch nicht beantwortete Forderung nicht ausgeschlossen sei.

Von einer Verwahrung des englischen Geschäftsträgers gegenüber dem erwähnten Abkommen ist hier nichts bekannt geworden.

Abschriften dieses gehorsamen Berichtes sende ich an die Kaiserlichen Gesandtschaften in Peking und Tokio.

Weipert.

Inhalt: Die russische Abmachung wegen der koreanischen Insel Köje.

[   ]

PAAA_RZ201-018929_129

Empfänger	Auswärtiges Amt in Berlin	Absender	Weipert
A. 9789 pr. 25. Juli 1900. a. m.		Seoul, den 23. Juli 1900.	

A. 9789 pr. 25. Juli 1900. a. m.

Telegramm.

Seoul, den 23. Juli 1900.   9 Uhr 50 Min.   m.
Ankunft: 24. 7. 11 Uhr 43 Min Nm.

Der K. Konsulatsverweser an Auswärtiges Amt.

Entzifferung.

№ 3.

Dreimal wöchentlich russische Dampfer zwischen Chemulpo und Port Arthur eingerichtet.

Weipert.

org. i. a. China 20 № 1.

Berlin, den 26. Juli 1900.   zu A. 9743.

An
die Botschaften in
1. London № 778.
2. St. Petersburg № 534.
3. Washington № A. 115.

J. № 6840.

Euerer pp. übersende ich anbei ergebenst Abschrift
eines Berichts des Kais. Konsulatsverwesers in
Söul vom 5. v. Mts., betreffend die russische
Abmachung wegen der koreanischen Insel Köje zu
Ihrer gefl. Information.

N. S. E.

i. m.

Korea im Verhältniß zu der Lage in China.

PAAA_RZ201-018929_131 ff.			
Empfänger	Fürst zu Hohenlohe - Schillingsfürst	Absender	Weipert
A. 10405 pr. 4. August 1900. a. m.		Söul, den 26. Juni 1900.	
Memo	mtg. 10. 5. K. Marineamt. J. № 682.		

A. 10405 pr. 4. August 1900. a. m.

Söul, den 26. Juni 1900.

№ 62.

An Seine Durchlaucht

den Herrn Reichskanzler

Fürsten zu Hohenlohe - Schillingsfürst.

Korea ist bisher völlig ruhig und die Regierung sowohl wie das Volk, soweit sich die Stimmung des Letzteren beobachten läßt, nehmen eine den Mächten gegenüber durchaus sympathische Haltung ein.

In einer Audienz, zu der gestern der König alle fremden Vertreter - der chinesische Gesandte befindet sich jedoch zur Zeit auf einer Reise in Fusan - gebeten hatte, drückte uns derselbe sein tiefes Bedauern über die traurigen Vorgänge in China aus und erbat unsere Unterstützung für das Bestreben der koreanischen Regierung, zu vermeiden, daß Korea irgendwie in Mitleidenschaft gezogen werde oder ähnliche Fehler begehe wie China. Der japanische Gesandte, welcher in Namen Aller antwortete, hob hervor, daß die Mächte China gegenüber in voller Einmüthigkeit handelten und erklärte bezüglich des vom König geäußerten Wunsches daß wir selbstverständlich bereit seien, demselben nach Kräften zu entsprechen. Voraussetzung sei vor Allem, daß die koreanische Regierung ihrerseits Alles thue um völlige Ruhe und Ordnung in der hiesigen Bevölkerung aufrecht zu erhalten. Der König erklärte, daß er dem durchaus beipflichte. Eine Bemerkung Seiner Majestät, daß die Bewegung in China aus einem ursprünglich kleinen Anfang sich entwickelt zu haben scheine, gab dem russischen Geschäftsträger Veranlassung zu betonen, daß es in erster Linie die Begünstigung der Bewegung durch einen Theil der in sich uneinigen chinesischen Regierung sei, die den gegenwärtigen anarchischen Zustand habe entstehen lassen. Derartiges vor Allem müsse hier vermieden werden. Es müsse Frieden innerhalb der Kaiserlichen Familie herrschen und ein einheitlicher Kaiserlicher Wille für die Ordnung im Lande sorgen. Herr Pavlow hatte dabei die seit dem jüngsten Hochverrathsprozeß gegen An Kiöng Su und Kuön Hiong Chin zu Tage getretene Verfolgungssucht im Auge, vor deren immer neue Intriguen erzeugenden Consequenzen er sowohl wie der japanische Vertreter den König in letzter Zeit wiederholt gewarnt hat, namentlich seit verlautete, daß auch gegen den Bruder des Königs, den Vater des in Japan lebenden Prinzen Yi Chung Yong, Namens Yi Chä Myön, die Erhebung einer Hochverrathsanklage beabsichtigt werde.

Ein Vorschlag des amerikanischen Ministerresidenten, daß die 3 der koreanischen Regierung gehörigen Dampfer zu regelmäßigen Fahrten zwischen Chemulpo und Chefoo verwendet werden möchten um Nachrichten, die hier nur spärlich und spät eingehen, zu bringen und eventuell durch den Transport von Flüchtlingen und dergleichen zu nützen, wurde vom König beifällig aufgenommen. Für die nächste Zeit wird für einen solchen Dienst allerdings nur der Dampfer Changriong (402 Tonnen, 9 ½ Meilen Geschwindigkeit) in Betracht kommen, da die beiden anderen, Chow Chow Foo (796 Tonnen, 10 Meilen Geschwindigkeit) und Hyenik (444 Tonnen und 8 Meilen Geschwindigkeit) noch verchartert sind.

Abschriften dieses gehorsamen Berichtes sende ich an die Kaiserlichen Gesandtschaften in Tokio und Peking, an Letztere durch die Hand des Chefs des Kaiserlichen Kreuzergeschwaders.

Weipert.

Inhalt: Korea im Verhältniß zu der Lage in China.

[   ]

PAAA_RZ201-018929_138 f.

Empfänger	Fürst zu Hohenlohe - Schillingsfürst	Absender	Wedel
A. 10409 pr. 4. August 1900. a. m.		Tokio, den 20. Juni 1900.	

A. 10409 pr. 4. August 1900. a. m.

Tokio, den 20. Juni 1900.

A. 71.

Seiner Durchlaucht

dem Herrn Reichskanzler

Fürsten zu Hohenlohe - Schillingsfürst.

Der Kaiser von Korea hat den japanischen Gesandten in Söul in Audienz empfangen und soll nach den hiesigen Angaben Herrn Hayashi mitgetheilt haben, die „Reformatoren" An und Kyöng seien ohne Sein Wissen und Wollen hingerichtet worden. Die Verantwortung für die voreilige Vollstreckung des Urtheils treffe den Justizminister und den Gerichtspräsidenten, die, wie Herr Hayashi wisse, dieserhalb ihres Amtes enthoben seien.

Der japanisch-koreanische Zwischenfall dürfte damit seinen Abschluß gefunden haben; doch ist hier die Empfindung zurückgeblieben, da das Ansehen Japans in Korea durch die An-Affaire Einbuße erlitten hat.

Wedel.

Die japanisch-koreanische Verwickelung.

PAAA_RZ201-018929_140 ff.

Empfänger	Fürst zu Hohenlohe - Schillingsfürst	Absender	Weipert
A. 10547 pr. 6. August 1900. a. m.		Söul, den 16. Juni 1900.	
Memo	J. № 624.		

A. 10547 pr. 6. August 1900. a. m.

Söul, den 16. Juni 1900.

№ 56.

An Seine Durchlaucht

den Herrn Reichskanzler

Fürsten zu Hohenlohe - Schillingsfürst.

Der durch die Hinrichtung des Hochverräthers An Kiöng Su hervorgerufene japanisch-koreanische Zwischenfall hat nach längeren Verhandlungen nunmehr seine Erledigung gefunden. Die Schwierigkeiten, welche sich der Beilegung entgegenstellten, lagen vor Allem darin, daß der japanische Gesandte, zu spät die Unmöglichkeit erkannt hatte, den Beweis der koreanischerseits bestrittenen Anwendung der Folter bei dem Angeklagten zu erbringen. Weder die japanischen noch die von der koreanischen Regierung mit der Untersuchung beauftragten fremden Ärzte haben, darüber ist jetzt Alles einig, die Leiche so zeitig gesehen, daß das Resultat ihrer Besichtigung als ein unzweifelhaftes betrachtet werden könnte. Der japanische Vertreter Hayashi hatte aber, wie inzwischen bekannt geworden, in der ersten Erregung über die ihm zugetragenen Nachrichten, schon am Tage nach der Hinrichtung eine in sehr starken Ausdrücken gehaltene offizielle Note an den Präsidenten des koreanischen Auswärtigen Amts gerichtet, in der er die Thatsache der Folterung als erwiesen hinstellte, Aufklärung dieserhalb forderte und den König, von dem er sofort empfangen zu werden verlangte, unverhohlen der Wortbrüchigkeit beschuldigte. Den, ganz abgesehen von der Beweisfrage, in dieser Behandlung der Sache liegenden Formverstoß beutete die koreanische Regierung dadurch aus, daß sie durch ihren Gesandten in Tokio erklären ließ, Hayashi könne die wiederholt verlangte Audienz nicht eher erhalten, als bis die von ihm angeregte Frage wegen der Hinrichtung An Kiöng Su's erledigt sei. Hayashi hatte zwar inzwischen mildere Saiten aufgezogen und sich bereit gezeigt, auf die Frage der Folterung kein Gewicht mehr zu legen. Allein dies genügte nicht zur Lösung der Situation. Als Retter in dieser Verlegenheit soll der russische Vertreter zwar einerseits dem Herrn Hayashi die Andeutung nicht erspart haben, daß seine ganze Behandlung der Sache einer Einmischung in die inneren Angelegenheiten Koreas doch sehr nahe komme, andererseits aber sich den Dank des japanischen Gesandten dadurch verdient haben, daß er der koreanischen Regierung am 8. d. M. dringend rieth, um der Ruhe und des Friedens willen die Sache baldigst beizulegen. Die Einigung erfolgte darauf am 9. d. M. in der Weise, daß die erwähnte japanische Note beiderseits ignorirt wurde und Hayashi, welcher den Vorwurf der Folterung fallen ließ, sich durch das Zugeständniß der koreanischen Regierung, es seien Unregelmäßigkeiten bei dem Verfahren gegen An Kiöng Su vorgekommen und die Richter dieserhalb bestraft worden, für befriedigt erklärte. Bezüglich des koreanischen Schrittes in Tokio endlich wurde von der hiesigen Regierung die japanischerseits acceptirte Versicherung abgegeben, sie sei lediglich im Interesse des Herrn Hayashi erfolgt, um nicht den Anschein aufkommen zu lassen, als ob die Audienzverweigerung eine gegen ihn persönlich gerichtete Spitze habe.

Am 14. d. M. wurde dann Herr Hayashi in Audienz empfangen um den japanischen Konsul für Fusan vorzustellen. Er hat dabei, wie ich höre, die Frage An Kiöng Su's durch die Bemerkung berührt, daß Seine Majestät durch den Minister des Auswärtigen wohl über die Erledigung derselben unterrichtet sein dürfte.

Die schwache und ziellose Politik Japans in dieser Angelegenheit hat zur nächsten Folge gehabt, daß den japanfeindlichen, auf Rache an allen bei der Ermordung der Königin betheiligten Koreanern gerichteten Bestrebungen und Intriguen am Hofe Thür und Thor geöffnet wurde. Minister und Staatsräthe überboten sich in loyalen Denkschriften, in denen die Bestrafung der Schuldigen verlangt wurde. Der König hat darauf in einem am 8. d. M. publizirten Erlaß die Verhaftung nicht nur der fünf am schwersten Belasteten unter den noch in Japan lebenden Flüchtlingen, Cho Heui Yon, Yu Kil Chun, Yi Tu Hoang, Kuön Ton Chin und Cho Heui Mun, sondern auch - im Gegensatz zu seiner[21] gemeldeten ersten Entscheidung - des Prinzen Yi Chung Yong angeordnet. Es bleibt abzuwarten, ob man so weit gehen wird, die zur Durchführung dieser Maßregel nöthige Auslieferung bei der japanischen Regierung zu beantragen.

Abschriften dieses gehorsamen Berichtes gehen an die Kaiserlichen Gesandtschaften in Peking und Tokio.

Weipert.

Inhalt: Die japanisch-koreanische Verwickelung.

---

21 Bericht № 50 vom 2. d. M.

Schaffung eines koreanischen Polizei-Ministeriums.

PAAA_RZ201-018929_149 ff.

Empfänger	Fürst zu Hohenlohe - Schillingsfürst	Absender	Weipert
A. 10548 pr. 6. August 1900. a. m.		Söul, den 18. Juni 1900.	
Memo	cfr. A. 6341[02] J. № 629.		

A. 10548 pr. 6. August 1900. a. m.

Söul, den 18. Juni 1900.

№ 58.

An Seine Durchlaucht, den Herrn Reichskanzler,

Fürsten zu Hohenlohe - Schillingsfürst.

Die Leitung der koreanischen Polizeiverwaltung lag bisher in der Hand eines unter dem Minister des Inneren stehenden Polizeipräsidiums (Kiöng Mu Chöng). Durch einen am 12. d. M. veröffentlichten Königlichen Erlaß ist statt dessen ein mit den anderen Ministerien gleichstehendes Polizeiministerium (Kiöng Pu) geschaffen worden, welches nach einer Verordnung vom 13. d. M. zwei Abtheilungen, eine für Polizei-Angelegenheiten im engeren Sinne und eine für Generalia (Correspondenz und Rechnungswesen), enthalten soll. Etatsmäßige Stellen sind für einen Minister, einen Vice-Minister, zwei Abtheilungsdirektoren, 8 Sekretäre und die sonst nöthigen Unterbeamten vorgesehen.

Die Maßregel wird mit der stetig wachsenden Geschäftslast des Polizeipräsidiums motivirt, aber man wird kaum fehlgehen, wenn man sie mit der gegenwärtigen reactionären Strömung in Verbindung bringt, der eine selbstständigere Stellung der Executive erwünscht ist.

Der Finanzminister Cho Piöng Sik ist provisorisch mit der Wahrnehmung der Geschäfte des neuen Ministeriums beauftragt worden. Gerüchtweise verlautet, daß der bisherige Präsident des obersten Gerichtshofs Yi Yu In, welcher wegen des Urtheils gegen die Hochverräther An Kiöng Su und Kuön Hiöng Chin auf 10 Jahre verbannt ist, nach seiner Begnadigung die Stelle erhalten soll.

Weipert.

Inhalt: Schaffung eines koreanischen Polizei-Ministeriums.

[ ]

PAAA_RZ201-018929_153 f.

Empfänger	Auswärtiges Amt in Berlin	Absender	Wedel
A. 10657 pr. 8. August 1900. p. m.		Tokio, den -. August 1900.	
Memo	Berlin, 8. Aug. 1900. 1. An Seine Majestät Wilhelmshöhe № 140. Tel. i. Ziff. Ew. Maj. Gestr meldet aus Tokio von heute: Inser 2. Staatssekretär Norderney № 183. Tel. i. Ziff. Der K. Geschtr meldet aus Tokio: Inser An Seine Majestät gegeben. 3. Gf. Zachfeldt London № 269. Tel. i. Ziff. Der d. Geschäftstr in Tokio drahtet: Inser		

A. 10657 pr. 8. August 1900. p. m.

Telegramm.

Tokio, den -. August 1900. − Uhr − Min. − m.
Ankunft: 8. 8. 10 Uhr 50 Min. V m.

Der. K. Geschäftsträger an Auswärtiges Amt.

Entzifferung.

№ 55.

Vicomte Aoki erklärt mir vertraulich Iswolski und Pawlow hätten beide eine Verständigung zwischen Japan und Rußland wegen gemeinsamen oder getheilten Schutzes Koreas, Rußland den Norden, Japan den Süden, angeregt. Er habe Iswolski erwidert, japanische Regierung beabsichtigt vorläufig nicht, Truppen nach Korea zu schicken, sei aber im Falle dort entstehender Unruhen gern geneigt, russischen Einigungsvorschlägen näher zu treten.

Es herrscht hier namentlich in Regierungskreisen starke Verstimmung gegen England wegen Veröffentlichung im Blaubuch. Nach Vicomte Aoki's Darstellung hat England Japan vor etwa vier Wochen Kriegskostengarantie angeboten, japanische Regierung habe für Angebot gedankt, ohne darauf weiter einzugehen. Auf Anfrage Englands habe japanische Regierung ersucht, Angelegenheit nicht zu veröffentlichen, Englische Regierung habe sie dennoch veröffentlicht und zwar in einer Weise, die Japan in ein falsches Licht stellt.

Wedel.

zu A. 10657.

Berlin, den 8. August 1900. 3 Uhr 52 Min. p. m.
Ankunft: 5 Uhr 45 Min. p. m.

Der Gesandte von Derenthall an Seine Majestät den Kaiser und König.

Entzifferung.

№ 140.

Euerer Majestät Geschäftsträger meldet aus Tokio von heute:

„Es herrscht hier namentlich in Regierungskreisen starke Verstimmung gegen England wegen Veröffentlichung im Blaubuch. Nach Vicomte Aoki's Darstellung hat England Japan vor etwa 4 Wochen Kriegskosten-Garantie angeboten, Japanische Regierung habe für Angebot gedankt, ohne darauf weiter einzugehen, auf Anfrage Englands habe Japanische Regierung ersucht, Angelegenheit nicht zu veröffentlichen, englische Regierung habe das dennoch veröffentlicht und zwar in einer Weise, die Japan in ein falsches Licht setzt."

Derenthall.

PAAA_RZ201-018929_157 f.			
Empfänger	Graf Bülow Norderney	Absender	Derenthall
Zu A. 10657.		Berlin, den 8. August 1900.	
Memo	31. 8.		

Zu A. 10657.

Telegramm.

Berlin, den 8. August 1900. 3 Uhr 51 Min. Nm.
Ankunft: 5 Uhr 15 Min. Nm.

Der K. Gesandte von Derenthall an Staatsminister Graf Bülow Norderney.

Entzifferung.

№ 183.

Der Kaiserliche Geschäftsträger meldet aus Tokio:

„Es herrscht hier namentlich in Regierungskreisen starke Verstimmung gegen England wegen Veröffentlichung im Blaubuch. Nach Vicomte Aoki's Darstellung hat England Japan vor etwa vier Wochen Kriegskosten-Garantie angeboten, japanische Regierung habe für Angebot gedankt ohne darauf weiter einzugehen, auf . . . . . Englands habe japanische Regierung ersucht, Angelegenheit nicht zu veröffentlichen, englische Regierung habe sie dennoch veröffentlicht und zwar in einer Weise, die Japan in ein falsches Licht stellt.“

An Seine Majestät gegeben.

gez. Derenthall.

Berlin, den 10. August 1900.   A. 10405.

J. № 7473.

Die anliegende Abschrift eines Berichts des Kais. Konsulatsverwesers in Söul vom 26. Juni d. J., betreffend Korea im Verhältniß zu der Lage in China

wird auf allerhöchsten Befehl dem Herrn Staatssekretär des Reichsmarine-Amts ergebenst übersandt.

N. S. E. d. st. H. N. S.

i. m.

Die „Rossija" über die englisch-japanische Politik bezüglich Koreas.

PAAA_RZ201-018929_160 ff.			
Empfänger	Fürst zu Hohenlohe - Schillingsfürst	Absender	Radolin
A. 11299 pr. 17. August 1900. a. m.		St. Petersburg, den 14. August 1900.	
Memo	mtg. 20. 8. London 842 u. Mumm A. 11.		

A. 11299 pr. 17. August 1900. a. m.

St. Petersburg, den 14. August 1900.

№ 519.

An Seine Durchlaucht

den Herrn Reichskanzler

Fürsten zu Hohenlohe - Schillingsfürst.

Die aus Tokio gemeldete Nachricht, die koreanische Regierung habe Japan um die Entsendung von Schutztruppen nach Korea ersucht, erscheint der „Rossija" als ein „Widerhall der Vorgänge, die in Shanghai zum Ruhme Großbritanniens stattfinden." Gegen welche Zufälligkeiten sollten die Schutztruppen denn Verwendung finden! Und warum richte Korea sein Gesuch an Japan und nicht an Rußland, seinen nächsten Nachbar, der ebensowohl stark und mächtig wie Korea freundschaftlich gesinnt sei?

Diese Fragen bedürften dringend einer autoritativen Erläuterung, da sie für Rußland nicht weniger Wichtigkeit besäßen, als die Ereignisse in China.

„Korea ist ein Gebiet, das, vom Standpunkte der russischen Interessen, sagen wir sogar: der russischen Sicherheit, entweder völlig frei sein, oder unter russischem Einflusse stehen muß. Zweitens aber und dies ist besonders wichtig - muß Japan eine Inselmacht bleiben und darf auf dem Kontinente nicht einen Zollbreit eigenes Territorium besitzen. Wenn die Japaner in Korea oder in Nordchina, womöglich in unserer Nachbarschaft, festen Fuß fassen, so wird die ganze russische Politik in Ostasien, die uns ungeheure Opfer gekostet hat und noch kostet, erschüttert."

Der Vertrag von Simonoseki beweise, daß Rußland in dieser Frage sich auf die Solidarität mit Deutschland und Frankreich stützen könne. Sollte dies jedoch auch nicht der Fall sein, so erheischten die russischen Interessen dort nichtsdestoweniger ein energisches Handeln, nöthigenfalls auf eigene Faust.

Hoffentlich werde sich die Nachricht aus Tokio als ein englischer ballon d'essai erweisen. Sollte jedoch keine Widerlegung aus Söul erfolgen, so werde die ohnehin schon genug verwickelte Lage in Ostasien sich noch mehr kompliziren.

Radolin.

Inhalt: Die „Rossija" über die englisch-japanische Politik bezüglich Koreas.

Berlin, den 20. August 1900.   zu A. 11299.

An

1. die Botschaft in
   London № 842.

2. den tit. Mumm von
   Schwarzenstein № A. 11.

J. № 7935.

Euerer pp. übersende ich anbei ergebenst
Abschrift eines Berichts des Kais. Botschafters
in St. Petersburg vom 14. d. Mts, betreffend
einen Artikel der „Rossija" über Korea
zu Ihrer gefl. Information.

N. d. H. st. St. S.

i. m.

Die Stimmung der koreanischen Bevölkerung.

PAAA_RZ201-018929_165 ff.			
Empfänger	Fürst zu Hohenlohe - Schillingsfürst	Absender	Weipert
A. 11459 pr. 20. August 1900. a. m.		Söul, den 30. Juni 1900.	
Memo	J. № 702.		

A. 11459 pr. 20. August 1900. a. m.

Söul, den 30. Juni 1900.

№ 65.

An Seine Durchlaucht
den Herrn Reichskanzler
Fürsten zu Hohenlohe - Schillingsfürst.

Der Ministerresident der Vereinigten Staaten von Nordamerika hat gestern eine Note an den hiesigen Minister des Äußeren gerichtet, in der er ihn gemäß dem in der Audienz vom 25. v. M. von den Vertretern gegebenen Versprechen unterstützender Rathsertheilung ersucht zur Kenntniß des Königs zu bringen, daß nach Nachrichten die ihm von amerikanischen Missionaren im Inneren, besonders in der südlichen Provinz Chöllado zugegangen seien, in Folge von den Erpressungen Königlicher Emissäre große Unzufriedenheit unter der Bevölkerung herrsche und Unruhen zu befürchten seien. Herr Allen empfiehlt daher im Interesse der Erhaltung des Friedens im Lande die Zurückberufung dieser Beamten.

Der Mahnung wäre Erfolg zu wünschen, da die Entsendung derartiger Emissäre lediglich zu dem Zwecke geschieht um die Tasche ihres Königlichen Herrn mit willkürlichen Extrasteuern zu füllen und schon oft zu lokalen Schwierigkeiten geführt hat. Ein besorgnißerregender Charakter dürfte indeß der von Herrn Allen zur Sprache gebrachten Situation bisher nicht beizumessen sein. Dasselbe gilt von einigen in den letzten Tagen dem japanischen Gesandten aus dem Süden Koreas zugetragenen vagen Gerüchten über das Vorhandensein christenfeindlicher Stimmungen in der dortigen Bevölkerung.

Abschrift dieses ehrerbietigen Berichtes sende ich an die Kaiserlichen Gesandtschaften in Tokio und Peking, an Letztere durch die Hand des Chefs des Kaiserlichen Kreuzergeschwaders.

Weipert.

Inhalt: Die Stimmung der koreanischen Bevölkerung.

Bedrohung der koreanischen Grenze durch den chinesischen Aufruhr. Die koreanische Armee.

PAAA_RZ201-018929_169 ff.			
Empfänger	Fürst zu Hohenlohe - Schillingsfürst	Absender	Weipert
A. 11712 pr. 24. August 1900. a. m.		Söul, den 14. Juli 1900.	
Memo	cfr A. 10162 I) mtg. 28. 8. London 867, Petersbg. 633, Gen. Stab. II) mtg. 28. 8. Washington A. 137, Kopenhagen 69. J. № 806.		

A. 11712 pr. 24. August 1900. a. m. 1 Anl.

Söul, den 14. Juli 1900.

№ 71.

An Seine Durchlaucht

den Herrn Reichskanzler

Fürsten zu Hohenlohe - Schillingsfürst.

Am 12. d. M. telegraphirte aus dem koreanischen Grenzort Wiju ein dänischer Missionar, der sich vor Kurzem mit zwei Genossen und einer Anzahl chinesischer Christen aus Tong Wong Chin dorthin geflüchtet hatte, daß nach Mittheilung eines aus dem genannten, nur etwa 100 Km von der Grenze entfernten Ort geflüchteten Christen die Boxer daselbst in beträchtlicher Anzahl ihr Wesen treiben und Anhänger werben. Noch sei in den benachbarten Grenzorten Alles ruhig, aber man befürchte, daß die Bewegung, die in erster Linie wohl gegen Port Arthur gerichtet ist, binnen kurzem sich auch gegen die koreanische Grenze ausbreiten werde.

Aus Ping Yang, dem Hauptarbeitsfeld der amerikanischen Presbyterianischen Missionare, erhielt der amerikanische Minister Resident dieser Tage eine vom 3. d. M. datirte briefliche Mittheilung, daß die Bevölkerung durch Gerüchte über die bevorstehende Ankunft chinesischer Aufrührer, die eine Christenverfolgung anzetteln würden, sehr beunruhigt sei und durch ein offizielles Verbot der Verbreitung solchen Geredes in ihrer Erregung nur bestärkt werde. Zwar hat sich nach einer telegraphischen Mittheilung vom 14. d. M. die Stimmung in Ping Yang inzwischen wieder mehr beruhigt, aber es herrscht offenbar bereits eine große Nervosität unter der Bevölkerung, die zur Vorsicht mahnt. Amerikanischerseits ist man an diesen Vorgängen auch wegen der unweit Ping Yang in nördlicher Richtung gelegenen Unsan-Mine, in der sich etwa 60 Amerikaner befinden, lebhaft interessirt. Für das eine Tagereise südwestlich von Wönsan gelegene deutsche Bergwerk Tangkokä ist eine Gefahr vorläufig nicht zu erblicken.

Es scheint nicht, als ob die hiesige Regierung im Stande sei, energische Sicherheitsmaßregeln zu treffen. Eine Königliche Verordnung, welche die Bildung von 4 Bataillonen zu je 1 000 Mann in den beiden nördlichen Provinzen Ping An und Hang Kiöng anordnet, ist zwar am 3. d. M. bereits publizirt worden, aber bisher nicht zur Ausführung gelangt. Angeblich soll es an den nöthigen Geldmitteln (125 000 Yen jährlich) fehlen, der thatsächliche Grund scheint nach glaubwürdiger Mittheilung zu sein, daß die als Cadres von der hiesigen Garnison entsandten Offiziere und Unteroffiziere unter irgend welchen Ausflüchten es vermieden, ihren gefährlichen Bestimmungsort aufzusuchen. Die hiesige Regierung rechnet wohl im Stillen damit, daß im Nothfall Japan für die Aufrechterhaltung der Ruhe hier sorgen werde. Auch russischerseits scheint man dies anzunehmen, oder, richtiger gesagt, zu fürchten. Herr Pavlow sagte mir heute, Japan halte merkwürdigerweise seine Vorbereitungen geheim, aber er könne mir vertraulich mittheilen, daß es nach seinen Informationen 5 Divisionen mobilisire.

Eine Aufstellung der gegenwärtig angeblich vorhandenen koreanischen Streitkräfte, welche mir der hiesige russische Militärattaché mitgetheilt hat, beehre ich mich Euerer Durchlaucht in der Anlage gehorsamst zu überreichen, doch unterliegt es erheblichen Zweifeln, ob der effektive Bestand, namentlich in den Provinzen, den Angaben überall entspricht, und die Gefechtstüchtigkeit und Bewaffnung der Truppen soll eine äußerst mangelhafte sein. Der Infanterie stehen 3 500 bis 4 000 Gewehre verschiedener Modelle, mit etwa 1 ½ Millionen Patronen, die im hiesigen Arsenal gefertigt werden können, zur Verfügung. Auch für die 8 in Söul vorhandenen Mitrailleusen sind Patronen da, für 6 Krupp´sche Gebirgsgeschütze und 15 alte Bronze-Kanonen dagegen soll es an Munition völlig fehlen. Durch Vermittelung des Direktors der koreanischen Zölle Mc Leavy Brown sollen vor einigen Wochen 24 Schnellfeuergeschütze in England erst in Bestellung gegeben sein.

Abschriften dieses gehorsamen Berichtes sende ich an die Kaiserliche Gesandtschaft in Tokio und an den Chef des Kaiserlichen Kreuzergeschwaders.

Weipert.

Nachschrift vom 15. Juli 1900.

Nach heute eingegangener Nachricht haben die chinesischen Aufrührer die katholische Missionsstation in Andong-shien (nahe der koreanischen Grenze, etwa 12 Km von Wiju) zerstört. Über das Fortschreiten der Bewegung auf Port Arthur zu und die sonstigen Vorgänge auf der Halbinsel Liao tung liegen hier keine Nachrichten vor. Doch spricht der russische Militärattaché von der Möglichkeit, daß russische Truppen wieder nach Port Arthur zur Verstärkung der dortigen Besatzung zurückgeschafft werden würden.

Inhalt: Bedrohung der koreanischen Grenze durch den chinesischen Aufruhr. Die koreanische Armee. 1 Anlage.

Anlage zu Bericht № 71.

Bestand der koreanischen Armee.

I. In Söul.		Offiziere	Mannschaften
1. 2 Bataillone Garde-Infanterie, mit je 25 Offizieren und 998 Mann		50	1 996
2. 3 Bataillone Linien-Infanterie mit je 29 Offizieren und 820 Mann		87	2 460
3. 1 Compagnie Artillerie ca		5	200
4. 1 Escadron Kavallerie ca		5	200

II. In den Provinzen.

Garnison	Provinz		
1. Ping yang	Ping An	12	492
2. Anju	Ping An	3	105
3. Puk Chöng	Ham Kiöng		
4. Musan	Ham Kiöng	6	410
5. Kan Hoa	Kiöng Kui	5	300
6. Hä ju	Hoang Hä	3	200
7. Hoang ju	Hoang Hä	3	100
8. Won Ju	Kang Wön	3	100
9. Chun Chönn	Kang Wön	3	100
10. Kong ju	Chung Chong	3	100
188		6 763	

In den Provinzen

Offiziere Mannschaften

Garnison		Provinz			
			188		6 763
11. Kuang ju	··········	Chölla	··········	3 ··········	100
12. Chong ju	··········	Chölla	··········	5 ··········	314
13. Andong	··········	Kiöng Song	··········	3 ··········	100
14. Täku	··········	Kiöng Song	··········	6 ··········	400
15. Kosong	··········	Kiöng Song	··········	5 ··········	400
16. Chin ju	··········	Kiöng Song	··········	12 ··········	430
Im Ganzen	222			8 507	

Eventuelle japanische Schutzmaßregeln in Korea.

PAAA_RZ201-018929_179 ff.			
Empfänger	Fürst zu Hohenlohe - Schillingsfürst	Absender	Weipert
A. 11713 pr. 24. August 1900. a. m.		Söul, den 20. Juli 1900.	
Memo	mtg. 28. 8. London 867, Petersbg. 633, Gen. Stab. J. № 851.		

A. 11713 pr. 24. August 1900. a. m.

Söul, den 20. Juli 1900.

№ 74.

An Seine Durchlaucht

den Herrn Reichskanzler

Fürsten zu Hohenlohe - Schillingsfürst.

Wenn auch nach den letzten Nachrichten von der koreanischen Grenze eine Überschreitung derselben seitens der chinesischen Aufrührer bisher nicht vorzuliegen scheint, so hat die nahe gerückte Gefahr einer solchen doch den japanischen Gesandten veranlaßt, der hiesigen Regierung vor einigen Tagen den Rath zu ertheilen, daß sie für genügende Sicherheitsmaßregeln in dem Grenzgebiet Fürsorge treffen möge. Herr Hayashi hat, wie er mittheilte, hinzugefügt, daß Japan sich eventuell genöthigt sehen würde selbst für den Schutz seiner Staatsangehörigen zu sorgen, wenn Unruhen entstehen und die koreanischen Maßregeln sich als unzureichend erweisen sollten.

Herr Hayashi sagte mir, daß man russischerseits einem eventuellen derartigen Eingreifen Japans immer noch mit Argwohn gegenüberzustehen scheine, daß er aber versucht habe, Herrn Pavlow - wie auch nicht in Form einer offiziellen Erklärung - über die diesbezüglichen Absichten Japans völlig zu beruhigen.

Der russische Geschäftsträger sprach sich mir gegenüber dahin aus, daß seines Wissens die russische Regierung im Betreff etwaiger japanischer Schutzmaßregeln keinerlei Schwierigkeiten machen werde. Nur müsse sie in Gemäßheit der bestehenden Abmachungen von 1896 und 1898 auf eine vorherige Mittheilung bezüglich derselben halten.

Abschrift dieses gehorsamen Berichtes sende ich an die Kaiserlichen Gesandtschaften in Tokio und Peking, an Letztere durch die Hand des Chefs des Kaiserlichen Kreuzergeschwaders.

Weipert.

Inhalt: Eventuelle japanische Schutzmaßregeln in Korea.

Berlin, den 28. August 1900.

A. 11712 I. A. 11713.

An

die Missionen in

1. London № 867.
2. St. Petersburg № 633.

Ew. p. übersende ich anbei ergebenst Abschrift zweier Berichte des Kais. Konsulatsverwesers in Söul vom 14. und vom 20. v. Mts, betreffend die Bedrohung von Korea durch die chinesischen Aufrührer

zu Ihrer gefl. Information.

3. An den Herrn Chef des
General Stabes der Armee
Excellenz

Euerer Excellenz beehre ich mich anbei Abschrift zweier Berichte des

(wie oben)

zur gefl. Kenntnißnahme zu übersenden.

N. S. E. d. H. st. St. S.

J. № 8294.

i. m.

Berlin, den 28. August 1900.

zu A. 11712II

An

die Missionen in

1. Washington № A. 137.
2. Kopenhagen № 69.

Euerer pp. übersende ich anbei ergebenst Abschrift eines Berichts des Kais. Konsulatsverwesers in Söul vom 14. v. Mts, betreffend die Bedrohung von Korea durch die chinesischen Aufrührer zu Ihrer gefl. Information.

N. d. H. st. St. S.

J. № 8295.

i. m.

PAAA_RZ201-018929_185

Empfänger	Auswärtiges Amt in Berlin	Absender	Timm
A. 12045 pr. 29. August 1900. p. m.		Berlin, den 26. August 1900.	
Memo	Auf das Schreiben vom 30. 6. 00. № A. 7939 geh. beigefügt.		

A. 12045 pr. 29. August 1900. p. m. 1 Anl.

Berlin, den 26. August 1900.

A. 7745 Ie

An den Staatssekretär

des Auswärtigen Amts

hier.

Anliegend wird die Anlage zum Bericht des Kaiserlichen Konsulats-Verwesers in Söul vom 9. Mai 1900 nach Kenntnißnahme ergebenst zurückgesandt.

Dem Admiralstab der Marine hat der Bericht vorgelegen.

In Vertretung.

Timm.

Die Stellung des amerikanischen Berathers der koreanischen Regierung.

PAAA_RZ201-018929_186 ff.			
Empfänger	Fürst zu Hohenlohe - Schillingsfürst	Absender	Weipert
A. 12312 pr. 3. September 1900. a. m.		Söul, den 14. Juli 1900.	
Memo	J. № 804.		

A. 12312 pr. 3. September 1900. a. m.

Söul, den 14. Juli 1900.

№ 70.

An Seine Durchlaucht

den Herrn Reichskanzler

Fürsten zu Hohenlohe - Schillingsfürst.

In den japanischen Blättern finden sich gegen Ende vorigen Monats heftige Angriffe gegen den amerikanischen Berather der hiesigen Regierung Herrn Sands. Sie nehmen eine durch Indiskretion koreanischer Beamten kürzlich bekannt gewordene Denkschrift desselben vom Ende Mai d. J. zum Ausgangspunkt, in der Korea vor den gegen seine Selbstständigkeit gerichteten Absichten Rußlands sowohl, wie Japans mit großer Offenheit gewarnt und, abgesehen von der Anempfehlung einer besseren Verwaltung auf allen Gebieten, darauf hingewiesen wird, daß die Ertheilung von Conzessionen an die politisch hier interessirten Mächte möglichst zu vermeiden sei, ein Rath, der offensichtlich den hiesigen amerikanischen Unternehmungen zu Gute kommen sollte.

Die Hauptursache der japanischen Verstimmung gegen Herrn Sands, der auch Herr Hayashi der hiesigen Regierung gegenüber deutlichen Ausdruck gegeben haben soll, liegt jedoch darin, daß auf seine Rathschläge zum großen Theil die herausfordernde Haltung zurückgeführt wird, welche Korea Japan gegenüber in dem durch die Hinrichtung der Staatsverbrecher An und Kuön veranlaßten Zwischenfall eingenommen hat. Insbesondere soll er, wie der Minister des Äußeren Herrn Pavlow mitgetheilt hat, zu der Erklärung gegenüber der japanischen Regierung betreffend die Audienzverweigerung gerathen haben; der russische Geschäftsträger hatte sich dadurch veranlaßt gesehen, dem Minister zu sagen, daß man den Vorschlägen eines noch so jungen und unerfahrenen Mannes nicht immer ohne eigene Überlegung folgen dürfe. Auch der amerikanische Minister-Resident äußerte sich mir gegenüber sehr verstimmt über die übele Haltung seines Landsmannes, für die er alle Verantwortung ablehnt. Die Stellung des Herrn Sands am hiesigen Hofe scheint in Folge dieser Vorgänge erschüttert zu sein, aber es läßt sich zur Zeit noch nicht absehen, bis zu welchem Grade.

Abschrift dieses gehorsamen Berichtes sende ich an die Kaiserliche Gesandtschaft in Tokio.

Weipert.

Inhalt: Die Stellung des amerikanischen Berathers der koreanischen Regierung.

PAAA_RZ201-018929_190

Empfänger	Auswärtiges Amt in Berlin	Absender	Mumm
A. 12471 pr. 6. September 1900. p. m.		Shanghai, den 6. September 1900.	
Memo	Tel. i. Zf. mtg 6. 9. S. E. 301, London 323, Petersbg. 188.		

A. 12471 pr. 6. September 1900. p. m.

Telegramm.

Shanghai, den 6. September 1900. 6 Uhr 40 Min. p. m.

Ankunft: 4 Uhr 43 Min. p. m.

Der K. Gesandte an Auswärtiges Amt.

Entzifferung.

№ 42.

Vice-Konsulat Niutschuong meldet aus angeblich guter Quelle, daß Rußland den Japanern die Theilung Korea's vorgeschlagen habe.

Mumm.

orig. i. a. China 24

[　　]

PAAA_RZ201-018929_194 ff.

Empfänger	Herr Graf	Absender	Leyden
A. 12527 pr. 7. September 1900. p. m.		München, den 2. September 1900.	

Abschrift.

A. 12527 pr. 7. September 1900. p. m.

München, den 2. September 1900.

4 Prinz Regenten-Straße.

Verehrter Herr Graf,

Ich habe die Ehre, Euerer Excellenz zu melden, daß der japanische Gesandte, Herr Inouye, vor zwei Tagen mich telegraphisch ersucht hat, in einer dringenden Angelegenheit mit mir sprechen zu können.

Wir haben uns demnach auf heute, Sonntag, verabredet, und Herr Inouye war soeben hier und hat mir von Instruktionen Vicomte Aoki's an ihn Kenntniß gegeben, „mich aufzusuchen und mich zu ersuchen, wenn möglich, von Sr. Majestät dem Kaiser und König oder von Euerer Excellenz streng vertraulich eine Äußerung über die nachstehende Frage herbeizuführen, (: wobei aufs Peinlichste darauf Bedacht zu nehmen wäre, daß sonst Niemand von der Sache etwas erfahre:)" -

Zur Angelegenheit selbst übergehend, bemerkt Vicomte Aoki, daß "the questions relating to Corea and China are entirely distinct. The former being one in which Japan and Russia alone are concerned. It is however possible that in consequence of the Chinese troublesome settlement regarding Corea may be effected and in anticipation of that contingency it is very desirable to learn whether Germany will not raise any objection to Japan's placing Corea under here sphere of influence and whether in the event of any other Power opposing to the measure, Germany will observe at least benevolent neutrality."

Inouye wird ferner angewiesen, mir zu verstehen zu geben, daß Deutschland ev. u. im Falle eigener Aspirationen, darauf rechnen könne, "that Japan will be fully prepared to reciprocate in good will."

Wenn ich mich frage, was Vicomte Aoki veranlaßt hat, meine Dienste in der Sache in Anspruch zu nehmen, so drängt sich mir als natürlichster Grund vor, daß er dadurch glaubt, die Form der Anfrage zu mildern. Nebenbei habe ich mehrfach erfahren, daß er in seinen Berliner Gesandten kein großes Vertrauen setzt, und endlich gehört es zur Eigenart des japanischen Ministers der ausw. Angelegenheiten, solche Umwege einzuschlagen, wenn er über den Erfolg seiner Schritte selbst begründete Zweifel hegt.

Daß dieses letztere in der vorliegenden Frage der Fall ist, glaube ich aus früheren Äußerungen von ihm wohl entnehmen zu können. Andererseits ist die Hereinziehung Korea´s in die Interessensphäre Japan´s gewissermaßen seine Politik, um so mehr als er annehmen dürfte, daß die Festsetzung Rußlands in der Mandschurei eine unabänderliche Thatsache geworden ist, und daß er starke Angriffe zu gewärtigen haben würde, wenn er aus der späteren Abrechnung ohne wenigstens dieses Äquivalent hervorginge. Euerer Excellenz ist aus verschiedenen früheren Anlässen bekannt, daß der Vicomte derartige Anfragen auch in London zu stellen pflegt, und ich denke mir, daß dies auch dieses Mal geschehen sein dürfte, wobei er ja dort in Baron Hayashi einen Vertrauensmann zur Verfügung hat, und, ich möchte glauben, weniger Zweifel über die zu erwartende Antwort hegt.

Ich vermag nicht zu beurtheilen, in wie weit sich in Folge der jüngsten Ereignisse in Ostasien die gegenseitige Einschätzung zwischen Rußland und Japan modifizirt hat. Bisher konnte sich anscheinend keine dieser beiden Mächte klar darüber werden, welche von ihnen dort die stärkere sei. Es scheint mir daher wohl denkbar, daß der Widerstand Rußlands gegen die Etablirung Japan's in Korea Modifikationen erlitten haben könnte, daß folglich japanische Ansprüche dieser Art keinen casus belli mehr bilden würden. Hat dagegen eine solche Änderung in den russischen Anschauungen nicht stattgefunden, so wird nach der militärischen Kraftprobe, die Japan abgelegt hat, der diplomatische Widerstand an der Newa nur noch stärker zu Tage treten, während, wie Herr Inouye mir sagt, die öffentliche Meinung in Japan Seitens der Opposition jetzt mit allen Mitteln bearbeitet wird, damit die kriegerische Participation in China keinen Abbruch erleide.

Was die Anfrage selbst betrifft, so hatte ich einen Augenblick gedacht, mit dem Abendzuge nach Berlin zu fahren und sie Euerer Excellenz persönlich vorzutragen. Meine weitere Überlegung führte mich aber dahin, daß Inouye dann glauben könnte, ich messe diesen Schritten übermäßige aktuelle Bedeutung bei, und ich hielt dies nicht für nützlich.

Ich habe mich daher darauf beschränkt, meinem japanischen Kollegen zu versprechen, daß ich dem Wunsche seines Ministers willfahren würde. Rein persönlich und ohne jede weitere Verantwortung bemerkte ich ihm, daß es mir zum Mindesten verfrüht schiene, wenn jetzt mit territorialen Ansprüchen hervorgetreten würde, die Aktion der Mächte und ihr fruchtbares Zusammenwirken hätten ja bisher der Wiederherstellung geordneter Zustände in China gegolten, und ich hätte mich persönlich gefreut, die japanische Armee dabei einen so ehrenvollen Rang einnehmen zu sehen. Ich würde daher persönlich auch bedauern, wenn etwa ein Abschwenken Japans von dieser bewährten Bahn einen üblen Eindruck erzeugen könnte.

Ich schmeichle mir nicht, Herrn Inouye überzeugt zu haben, er benutzt aber diese Wendung des Gesprächs, um die Absichten seines Landes auf Amoy in Abrede zu stellen und sein Bedauern auszusprechen, daß die europäische Presse die ganz erfundene Entsendung von 12 000 Mann aus Formosa nach Amoy für baare Münze genommen hätte.

Ich bitte, verehrter Herr Graf, das Format dieses Papiers geneigtest entschuldigen zu wohlen, es ist Sonntag, ich habe bei Monts Niemanden getroffen und konnte mir in der Eile kein anderes verschaffen.

Indem ich bitte, mich der Frau Gräfin in Erinnerung bringen zu wollen, verbleibe ich mit ausgezeichnetster Hochachtung

Ihr gehorsamster Diener,

gez: Leyden.

PAAA_RZ201-018929_203 ff.

Empfänger	Auswärtiges Amt in Berlin	Absender	Bülow
A. 12652 pr. 10. September 1900. a. m.		Norderney, den 9. September 1900.	
Memo	I Entwurf f. Jap. Ges. II Tel. i. Ziff. 14. 9. Tokio 68. III mtg. m. schr. S. E. 21. 9.		

A. 12652 pr. 10. September 1900. a. m.

Telegramm.

Norderney, den 9. September 1900. 4 Uhr 5 Min. pm.
Ankunft: 5 Uhr 17 Min. pm.

Der K. Staatssekretär an Auswärtiges Amt.

Entzifferung.

№ 74.

Für den Herrn Unterstaatssekretär.

Welchen Eindruck machte Ihnen die Leyden´sche Mittheilung über die geheime Eröffnung von Graf Inouyé? In den Zeitungen sehe ich, daß sich die Japaner vor einer Erneuerung des ostasiatischen Dreibunds von 1895 zu fürchten scheinen. Wenn in Japan wirklich eine solche Besorgniß bestehen sollte, so könnte das die Japaner auf den Gedanken bringen, sich à tout prix mit Rußland zu verständigen und hierbei auch auf die Räumung von Peking einzugehen.

Wäre es Ihres Erachtens indicirt, dieser für uns höchst unerwünschten Eventualität dadurch vorzubeugen, daß wir den Japanern keinen Zweifel darüber lassen, wie wir jetzt nicht daran denken, irgend eine gegen Japan gerichtete Gruppirung herbeizuführen oder einer solchen beizutreten? In diesem Fall müßten Sie dem japanischen Gesandten bald möglichst ruhig und freundlich etwa Folgendes sagen: Die japanische Presse scheine zu besorgen, daß wir, wie 1895, plötzlich gegen Japan Partei nehmen könnten. Diese

Annahme sei völlig haltlos und unbegründet. Wir hätten weder Interessen noch Verbindlichkeiten, welche uns veranlassen könnten, hinsichtlich Korea's für oder gegen irgend wen Partei zu nehmen. Diese Richtschnur würde für unsere Haltung maßgebend bleiben. Wie andere Mächte zur Koreanischen Frage ständen, sei uns nicht bekannt. Wir hätten unseren Geschäftsträger in Tokio bereits neulich beauftragt, die Aufmerksamkeit des Vicomte Aoki auf die Nützlichkeit einer Sondirung in Washington zu lenken. - Gelichzeitig könnte in demselben Sinne an Herrn von Wedell telegraphirt werden, unter Bezugnahme auf die ihm kürzlich ertheilten Direktiven und mit dem Ersuchen, sich in Tokio ebenso zu äußern wie Sie gegenüber Graf Inouyé.

Bülow.

---

ad A 12652.

Abschrift. Geheim.

Ober-Ammergau, den 8. September 1900.

Verehrter Herr Graf,

Ich hatte am letzten Sonntag die Ehre, Euerer Excellenz über einen Auftrag Bericht zu erstatten, dessen sich der japanische Gesandte mir gegenüber entledigt hat.

Die persönlichen Bemerkungen, welche ich damals Herrn Inouye machte, scheinen Anlaß zu dem von ihm seither erhaltenen Telegramm gegeben zu haben, welches ich anliegend Euerer Excellenz gehorsamst vorlegen darf.

In einem Briefe an mich vom selben Tage (:dem 6.:) betont Inouye, der Inhalt dieses Telegramms enthalte die erneute Versicherung seiner Regierung, daß dieselbe weder eine Ausbeutung des Standes der chinesischen Frage im eigenen Interesse beabsichtige noch daß sie aus dem bisherigen Einvernehmen der Mächte ausscheiden wolle. Er bezeichnet dies als: "The sincere and frank intentions of my Government in the matter" und fügt zu meiner Information hinzu, daß Deutschland die einzige Macht sei, welche bisher befragt worden sei.

Wenn sich die letztere Äußerung im Widerspruch mit meiner früher geäußerten Annahme befindet, daß England ebenfalls befragt worden sei, so scheint mir dieser Widerspruch unwesentlich, weil Japan sich der bezüglichen Anschauungen in London vermuthlich schon früher versichert hat, eventuell schon vor Jahren.

Vicomte Aoki vertritt aber in seinem Telegramm vom 6. d. Mts. zum zweiten Mal den Standpunkt, daß die koreanische Frage eine ganz isolirte sei, und, so bestimmt er sich auch hinsichtlich dieses Punktes ausspricht, so sehr dürfte er darüber im Zweifel sein, daß dieser Standpunkt allgemein anerkannt wird. Meines unmaßgeblichen Erachtens möchte sich Japan jetzt nur auf diesen Standpunkt vorbereiten, für den Fall, daß Rußland erklären sollte, die Frage der Mandschurei sei eine isolirt russisch-chinesische. Damit würde aber die Behauptung Aoki's hinfällig, daß die chinesische Frage von ihm als eine separate behandelt werden soll. Sogar angenommen, daß er den denkbar besten Willen hätte dies zu thun, so schiene es mir ein tour de force ersten Ranges zu sein und im Widerspruch mit allen geschichtlichen Vorgängen, denn Korea war der Zankapfel zwischen China und Japan, ehe es Streitobject zwischen Japan und Rußland wurde.

Vielleicht ist die Ausdrucksweise Aoki's nur eine unglücklich gewählte und möchte er wissen, ob er im Falle des Anschneidens der koreanischen Frage einer Kombination von Mächten gegenüberstehen würde, und welcher? Davon abgesehen, könnte die Anfrage den Anschein erwecken, als ob der Muth Japans gegenüber dem nordischen Nachbar in letzter Zeit zugenommen hätte. Denn ich glaube nicht, daß Aoki diesen Schritt ohne Vorwissen des Marquis Ito übernommen haben würde, der im Falle eines Kabinetswechsels im November wohl sein Nachfolger wäre.

Ich habe Herrn Inouye, der mich um baldige Antwort gebeten hat, mit dieser Post den Empfang seines Briefes angezeigt.

Mit der ausgezeichnetsten Hochachtung habe ich die Ehre zu sein

Euerer Excellenz

gehorsamer Diener

gez. Leyden.

Abschrift.

Kaiserlich Japanische Gesandtschaft.

Telegram from Viscount Aoki to Mr. Inouyé.

Strictly confidential.

You are hereby instructed to inform Count von Leyden once more that in dealing with China, Japan has not the least intention of departing from the concert of the Powers, nor of taking any advantage of the present trouble in that Empire, and further that the Chinese question is entirely separate and in no way related to the Corean question in which Japan and Russia are alone concerned to the exclusion of any other power. You will endeavor to obtain an answer as soon as possible.

September 6. 1900.

PAAA_RZ201-018929_211 ff.

Empfänger	Fürst zu Hohenlohe - Schillingsfürst	Absender	Wedel
A. 12761 pr. 12. September 1900. p. m.		Tokio, den 16. August 1900.	
Memo	mtg. 22. 9. London 947 Petersbg. 694.		

A. 12761 pr. 12. September 1900. p. m.

Tokio, den 16. August 1900.

A. 91.

Seiner Durchlaucht

dem Herrn Reichskanzler

Fürsten zu Hohenlohe - Schillingsfürst.

Die Veröffentlichungen im englischen Blaubuch haben den Stolz der Japaner tief verletzt, da sie den Eindruck hervorrufen, daß die Aktion Japans in China quasi von England erkauft ist.

Die hiesige unabhängige Presse bringt die Äußerungen des Blaubuchs mit bittern Bemerkungen, während die Regierungspresse abzuschwächen sucht und meint, die Veröffentlichung sei aus innerpolitischen Gründen geschehen, sei also eine interne Angelegenheit, die man am besten stillschweigend übergehe.

Nichtsdestoweniger ist die japanische Regierung sehr enttäuscht über die von dem befreundeten England begangene Indiskretion. Nach Darstellung des Ministers des Äußern hat England am 8. Juli, also wenige Tage, nachdem der Beschluß der Entsendung einer japanischen Division nach Taku bekannt gegeben sei, die hiesige Regierung aufgefordert, mehr Truppen nach China zu schicken und zugleich die Garantie der Kriegskosten angeboten. Das englische Angebot habe also die Haltung und Pläne Japans nicht im Geringsten beeinflußt. Die japanische Regierung habe für das Angebot gedankt und erwidert, Japan werde, wenn eine Anleihe erforderlich sein sollte, sich an England wenden, einen weitergehenden Gebrauch aber von dem Angebot nicht machen.

Die Verstimmung gegen England hat alsdann durch seine Haltung im Yangtse-Gebiet zugenommen. Die Presse vergleicht damit Rußlands Vorgehen in der Mandschurei und findet dasselbe erklärlich und natürlich, während die drohende Haltung der Engländer im Yangtse-Gebiet unmotivirt sei. Vicomte Aoki sagte mir, England habe Japan zu großen

Truppensendungen nach der Provinz Chihli hart gedrängt und kühn erklärt, Japan trage andernfalls die Verantwortung für das, was sich ereignen werde und nun ziehe England selbst seine Schiffe und Marinesoldaten zum großen Theil vom Kriegsschauplatz zurück, um sie nach dem Yangtse zu schicken, wo nach seinen Nachrichten gar keine Gefahr bestehe. Von den angeblich nach Taku bestimmten indischen Truppen sei etwa die Hälfte in Hong kong zurückgehalten, so daß das indische Contingent in der Provinz Chihli nur ungefähr 6 000 Combattanten zähle. Es sei geradezu naiv, mit welcher Offenheit England den Japanern zumuthe, die Kastanien aus dem Feuer zu holen. Aber trotzdem, fügte der Minister vertraulich hinzu, dürfe Japan nur in vorsichtiger und gemäßigter Weise sein Mißfallen zu erkennen geben, denn die Freundschaft Englands sei für Japan unentbehrlich und dürfe nicht gefährdet werden.

Fast gleichzeitig mit dieser Verstimmung gegen England scheint sich eine Annäherung an Rußland anzubahnen. Herr Iswolski sagte mir neulich, er müsse anerkennen, daß die japanische Regierung sich bisher klug und korrekt benommen habe. Er habe den Eindruck gewonnen, daß sie keine Sonderinteressen im Auge habe, sondern ernstlich beabsichtige, mit den Mächten in bescheidener, seiner Stellung entsprechender Weise Hand in Hand zu gehen. Er habe diesem Eindruck auch in seinen Berichten nach St. Petersburg Ausdruck gegeben.

Auf der andern Seite rühmte mir Vicomte Aoki die friedlichen Tendenzen des neuen russischen Gesandten. Herr Iswolski sei sichtlich bestrebt, Conflikte zu vermeiden und gute Beziehungen zwischen Rußland und Japan zu fördern, so habe er kürzlich - ebenso wie Herr Pavlow gegenüber dem japanischen Vertreter in Söul, angeregt, daß sich Rußland und Japan vielleicht in den Schutz Koreas theilen könnten, so daß eventuell Rußland den Norden und Japan den Süden der Halbinsel zu sichern übernähme.

Die Veränderung der Stimmung gegenüber Rußland dürfte aber meines Erachtens hauptsächlich auf ein Abnehmen der Furcht vor der nordischen Großmacht zurückzuführen sein. Man hat erkannt, daß die militärische Lage Rußlands in Ostasien nicht so stark ist, wie bisher angenommen wurde, und hat vor Allem den Eindruck gewonnen, daß Rußland selbst sich vor einem Conflikt mit Japan scheut und einen solchen sorgfältig zu vermeiden bestrebt ist.

gez. Wedel.

orig. i. a. China 24

Japan und Korea.

PAAA_RZ201-018929_216 ff.

Empfänger	Fürst zu Hohenlohe - Schillingsfürst	Absender	Wedel
A. 12762 pr. 12. September 1900. p. m.		Tokio, den 11. August 1900.	
Memo	mtg. 17. 9. Petersburg 683.		

A. 12762 pr. 12. September 1900. p. m.

Tokio, den 11. August 1900.

A. 92.

Seiner Durchlaucht

dem Herrn Reichskanzler

Fürsten zu Hohenlohe - Schillingsfürst.

Seitdem die Gemüther sich über das Schicksal der in Peking eingeschlossenen diplomatischen Vertreter und sonstigen Fremden etwas beruhigt haben, hat die japanische Presse sich wieder mit großer Aufmerksamkeit der koreanischen Frage zugewandt. Die Regierungsorgane allerdings haben sich seit dem in meinem gehorsamsten Bericht A. 85 vom 25. v. M. besprochenen, die Möglichkeit einer Annäherung an Rußland ins Auge fassenden Leitartikel der offiziösen „Nichi Nichi Shimbun" in tiefes Schweigen gehüllt. Um so lebhafter aber wird die Frage der zukünftigen Gestaltung der Dinge in Korea in den von der Regierung unabhängigen Zeitungen erörtert. In bemerkenswerter Einhelligkeit betonen dieselben, daß die Frage der „Unabhängigkeit" Koreas für Japan eine Existenzfrage sei. Abgesehen davon, daß Japan sich beständig bedroht fühlen müsse, wenn ein anderer mächtiger Staat ihm durch Annexion Koreas oder auch nur durch Gewinnung überwältigenden politischen Einflusses daselbst zu dicht auf den Leib rücke, sei Korea das Land, mit dem Japan durch seine ältesten Handelsbeziehungen verknüpft sei, das Land, in dem es das wichtigste Absatzgebiet für seine Erzeugnisse, das nächste und klimatisch geeignetste Ziel für seine Auswanderung und die günstigst gelegene Kornkammer für die nahe bevorstehende Zeit erblicken müsse, wo Japan sich für die Ernährung seiner stetig zunehmenden Bevölkerung als völlig unzulänglich erweisen würde. Japan habe kein Interesse daran, sich Korea einzuverleiben. Dadurch würde es nur die undankbare Aufgabe übernehmen, eine widerstrebende Bevölkerung zu regieren und sich den Neid und Haß anderer Mächte zuziehen, während ein selbstständiges Korea als Pufferstaat zwischen

Japan und seinen mächtigen Nachbarn, China und Rußland, wirken würde. Aber um wirklich unabhängig zu werden, bedürfe Korea bis zur Erlangung seiner politischen Großjährigkeit einer zielbewußten Bevormundung. Historische Entwickelung, Interessen-, Racen- und Sittengemeinschaft wiesen darauf hin, daß diese vormundschaftliche Stellung unzweifelhaft Japan zufalle, und seine Staatsmänner müßten die augenblickliche für diesen Zweck günstige Lage der Dinge im Orient benutzen, um diesen seinen Ansprüchen allgemeine Anerkennung zu verschaffen. Wenn Japan heute resolut auf die Seite derjenigen Mächte trete, welche sich einer Zerstückelung China´s à tout prix widersetzten, so sollte es nicht schwer fallen, von diesen Mächten als Gegendienst die moralische Unterstützung seiner Ansprüche in Korea zu erlangen. Als Gegner der japanischen Wünsche käme gegenwärtig nur Rußland in Betracht. Es sei zu hoffen, daß Rußland sich damit begnügen würde, daß man bereit sei, ihm in der Mandschurei freie Hand zu lassen.

Sollte Rußland aber, wie aus manchen Indizien leider zu schließen sei, ein Attentat auf die Unabhängigkeit Koreas vorhaben, so müsse es sich mit dem Gedanken vertraut machen, daß Japan, welches den Krieg gegen China nur zum Schutze dieser Unabhängigkeit unternommen habe, ohne Zögern wieder zu den Waffen greifen würde, wenn Koreas Unabhängigkeit aufs Neue bedroht würde.

Vicomte Aoki, mit dem ich neulich an einem schönen Sommerabend ein paar Stunden in seinem Garten verplauderte, hat sich bei dieser intimen Gelegenheit über Japans Stellung zu Korea mir gegenüber mit ungewohnter Offenheit ausgesprochen. Er sagte etwa:

„Korea müssen wir haben. Wir haben eine alte Liebe dafür und betrachten es schon jetzt gewissermaßen als einen Theil von uns. Überall sonst in der Welt, wo unsere Auswanderer hingegangen sind, haben sie mit schlechten klimatischen oder wirtschaftlichen Verhältnissen zu kämpfen gehabt, ganz abgesehen von den bekannten Rasseschwierigkeiten. Auch wenn wir Fokien hätten, so würde uns das nicht viel nützen, unsere Auswanderer gingen ebensowenig dorthin wie nach Formosa. In Korea hingegen sind sie unter ihresgleichen, es geht ihnen gesundheitlich gut, sie fühlen sich wohl und prosperiren. Ihre Prosperität aber kommt Japan und seinen Beziehungen zu Korea direkt zu Gute. Das Beste wäre natürlich, wenn Rußland zu bewegen wäre, Japan in Korea Platz zu machen, aber wenn das nicht geht, so muß es schließlich einmal mit Rußland ausgefochten werden.

Vorläufig steht Japan auf dem Boden der Nishi-Rosen-Convention, aber es liegt doch auf der Hand, daß auf die Dauer die von zwei Großmächten begehrte Halbinsel nicht unabhängig bleiben kann, sondern es sich entscheiden muß, ob sie Rußland oder Japan zufallen soll.“

In manchen japanischen Kreisen scheint man im Hinblick darauf, daß Rußland gegenwärtig in der Mandschurei sehr in Anspruch genommen ist, sich der Hoffnung hinzugeben, daß der Moment zu einer Interessentheilung zwischen Rußland und Japan gekommen ist. Man glaubt, daß Rußland, wenn Japan sich verpflichtet, keinen Einspruch gegen eine Annexion der Mandschurei zu erheben, sich möglicherweise bereit finden könnte, den Japanern freie Hand in Korea zu lassen.

Ich kann mich dem Eindruck nicht verschließen, daß auch Vicomte Aoki vielleicht beeinflußt durch die hier augenblicklich gegen England herrschende Verstimmung den von Herrn Pavloff in Korea und Herrn Iswolski hier gemachten russischen Annäherungsversuchen eine größere Bedeutung beimißt, als ihnen thatsächlich innewohnt.

Die russische Politik dürfte ein Jahrzehnte lang stetig erstrebtes Ziel in letzter Stunde nicht anders als gezwungen aufgeben.

Abschrift dieses gehorsamsten Berichtes lasse ich dem Kaiserlichen Konsul in Söul zugehen.

Wedel.

Inhalt: Japan und Korea.

Japan und Korea.

PAAA_RZ201-018929_227 ff.			
Empfänger	Fürst zu Hohenlohe - Schillingsfürst	Absender	Wedel
A. 12763 pr. 12. September 1900. p. m.		Tokio, den 16. August 1900.	
Memo	mtg. 15. 9. London 921, Petersbg. 678. Ges. Shanghai A. 21.		

A. 12763 pr. 12. September 1900. p. m. 1 Anl.

Tokio, den 16. August 1900.

A. 93.

An Seine Durchlaucht, den Herrn Reichskanzler,

Fürsten zu Hohenlohe - Schillingsfürst.

Im Anschluß an meinen gehorsamsten Bericht № A. 92 vom 11. d. M. beehre ich mich Euerer Durchlaucht anliegend im Ausschnitt einen [Leitartikel der offiziösen „Japan Times" vom 14. d. M.] zu überreichen.

Wie aus einem [*sic*.] zu ersehen, hat sich in der Auffassung der japanischen Partheien über die koreanische Frage neuerdings eine Nüancirung eingestellt, indem das Organ der Fortschrittsparthei, die „Yomiuri Shimbun" für eine Neutralisirung Koreas eintritt, während das Organ der liberalen Parthei die „Jimmin" die Maske fallen läßt und offen Korea für Japan in Anspruch nimmt.

Daß die „Japan Times" rückhaltlos ihre Sympathien mit der Auffassung der „Jimmin" der Welt verkündet, dürfte nach den im Bericht № A. 92 wiedergegebenen Äußerungen des Vicomte Aoki nicht weiter befremden. Besondere Bedeutung aber gewinnt die Auslassung, wenn man bedenkt, daß die große politische Parthei, deren Begründung Marquis Ito seit langer Zeit in´s Auge gefaßt, jetzt aber, allem Anschein nach, der Verwirklichung nahe gebracht hat, aus der bisherigen liberalen Parthei ihre Kerntruppen rekrutiren dürfte. Man wird daher kaum fehlgreifen, wenn man annimmt, daß eine Regelung der koreanischen Frage im Sinne der Ausführungen der „Jimmin" auch bei einem eventuellen Kabinetswechsel im auswärtigen Programm der Japanischen Regierung Aufnahme finden wird.

Wedel.

Inhalt: Japan und Korea. 1 Anlage.

Zu A. 93. de Tokio.

The Japan Times.

TOKYO, TUESDAY, AUG. 14TH. 1900.

THE KOREAN QUESTION:

We are surprised to find the *Yomiuri* so behind the time as to advocate the placing of Korea under the joint guaranty of the leading Powers, a solution which has long since been rejected by the bulk of the intelligent public as being perfectly useless and impracticable. The same obsolete programme was, as our readers may remember—for we noticed it at the time in these columns—, propounded at some length in a recent issue of the *Taiyo* by a well-known politician belonging to the same party to which the *Yomiuri* belongs. Can it be that this belated idea still finds favour among a section of the Progressive party? We cannot, however, believe that it is endorsed by the influential portion of a party including men like Mr. Inukai, Mr. Ozaki, and Mr. Oishi.

Of a totally different character is the *Jimmin's* remarkable article on the same subject. It is remarkable in many respects, and especially so in its tone of ruthless outspokenness. With characteristic insight into the Korean situation, our contemporary is absolutely opposed to any scheme having for its object the continuance of Korea as a buffer state between Japan and Russia. That policy failed when our immediate opponent was China with whom there were perpetual conflicts finally ending in an unfortunate war. That policy has no better chance of success now that China's place has been taken by Russia. "We cannot understand," says the Liberal organ why Japan and Russia should regard each other with suspicion and ill-will. But all the world seem almost to take it for granted that an armed collision between the two countries is unavoidable, and what is more remarkable still, the same idea seems to be shared by a large section of both the Russians and Japanese. How is this? The only explanation is found in that perpetual source of trouble in the Far East, namely the Korean peninsula. The further continuance of this source of international friction is unendurable for Japanese statesmen, and it is presumable that the Russian diplomatists are also profoundly sensible of the dangers attending the continuance of the present state of things." How, then, to solve this knotty problem? The only possible solution, in the eyes of the *Jimmin*, consists in bringing the whole peninsula once and for all under the sole protection and guidance of Japan. Japan, says our contemporary, has done much to help Korea in her efforts to walk alone, even going to the length of waging war with China for that purpose. The creation of an independent, prosperous and strong Korea has been the keynote of Japan's policy during the past twenty years. But our contemporary regrets to observe that, notwithstanding all that has been done by this country to help and guide her, Korea has not been able to vindicate her claim to the possession of the qualities essential for an independent nationality. The same important reasons which induced Japan to devote so much energy to the establishment of an independent Korea impel her to adopt such steps as are required by the altered circumstances of the case now that it has been found impossible to carry out the above mentioned policy. In any case, the continuance of Korea in her present anomalous position would be a permanent menace to the friendly relations between Japan and Russia. Japan is therefore urged to take Korea under her protection, for which a better opportunity cannot be found than the present moment when the European Governments are beginning to feel the necessity of remodelling their policy in the Far East. As to the possible objection which the proposed line of action may meet with from Russia, the *Jimmin* believes that Russia will have enough to occupy her attention in Manchuria without finding any leisure for interfering with us in Korea. Even if she had leisure to do so, she would soon discover the futility of such interference. As to Russia's presence in Manchuria, our contemporary observes that Japan will welcome the civilizing effects of her influence there. The definite determination of their respective spheres of interest and power on the basis thus far indicated, ought, in our contemporary's opinion, to be satisfactory to both parties concerned, for they will be both equally gainers by it, even apart from the great benefit which will accrue to them and the rest of the world from the removal of a perpetual menace to peace in the Far East. Such briefly is the substance of the remarkably powerful article in Monday's issue of the *Jinmin*. We refrain from offering any comments on the important points touched by our contemporary, contenting ourselves for the present with the observation that public opinion on this side of the water is beginning to demand with increasing force the solution of the Korean problem in a permanent and fundamental way.

PAAA_RZ201-018929_233 ff.

Empfänger	Fürst zu Hohenlohe - Schillingsfürst	Absender	Wedel
A. 12764 pr. 12. September 1900. p. m.		Tokio, den 16. August 1900.	
Memo	mtg. 17. 9. Petersburg 683.		

Abschrift.

A. 12764 pr. 12. September 1900. p. m.

Tokio, den 16. August 1900.

A. 94.

An Seine Durchlaucht, den Herrn Reichskanzler,

Fürsten zu Hohenlohe - Schillingsfürst.

Die hiesige fortschrittliche Presse, welche es liebt, die äußere Politik der gegenwärtigen Regierung zu discreditiren, wirft die Frage auf, was werden solle, wenn der Widerstand der Rebellen in China gebrochen sei, und führt aus, die europäischen Kontingente würden alsdann zur Sicherung der wiederhergestellten Ordnung wahrscheinlich vorläufig im Lande bleiben, da ja jede Macht ihren Stützpunkt habe, während man den Amerikanern und Japanern zumuthen würde, sogleich in ihre Heimath zurückzukehren. Dahin würde, führt der betreffende Artikel aus, die Politik des Cabinets Yamakata führen.

Vicomte Aoki berührte mir gegenüber dieses Thema und sprach sich etwa folgendermaßen darüber aus:

„Die Mächte haben sämmtlich erklärt, daß sie eine Theilung Chinas nicht beabsichtigen, sondern den status quo wiederherstellen wollen, aber in welcher Weise soll das durchgeführt werden?

Rußland wird voraussichtlich den größten Theil der in die Mandschurei eingerückten Truppen dort zum Schutze seiner Eisenbahnen belassen wollen, was ihm auch gar nicht verdacht werden kann. Damit aber wird Rußland thatsächlich Herr der Mandschurei sein und blieben.

Frankreich dürfte seine Truppen in Indo-China an der Grenze aufstellen, um die Provinz Yünnan zu beobachten.

England zeigt schon jetzt deutlich seine Absichten im Jangtse-Gebiet und wird seine Streitmacht zur Sicherung seiner dortigen Interessen am Platze oder doch in der Nähe behalten.

Deutschland wird vielleicht wenigstens einen Theil seiner Truppen einstweilen in Kiautchou stationiren und abwarten ob die Neuordnung der Dinge in China sich bewährt.

Wo aber sollen alsdann die japanischen Truppen bleiben? Sollen sie allein mit den Amerikanern vor den europäischen den asiatischen Continent verlassen?

Ein solches Verlangen würde eine so große Unzufriedenheit im Lande wachrufen, daß es der Regierung schwer werden würde, dieselbe zu zügeln. Wenn dagegen die Mächte die Integrität des chinesischen Reiches garantirten und thatsächlich durchführten so würde auch das Zurückziehen der japanischen Truppen ohne Schwierigkeiten von Statten gehen. Japan will nichts vor den anderen betheiligten Mächten voraushaben, es möchte aber auch nicht zurückstehen.

Der Minister bat mich diese seine Sorgen zur Kenntniß Euerer Durchlaucht zu bringen und meinte, wenn auch Deutschland vor Japan den Stützpunkt Kiautchou voraushabe, so würde es sich doch nach Beendigung des Feldzugs in einer ähnlichen Lage wie Japan befinden, was ihn veranlasse, seine Hoffnungen auf Deutschland zu setzen. Er werde wegen seiner deutschfreundlichen Gesinnungen namentlich von Parlamentsmitgliedern häufig angegriffen, da seine Landsleute die Liaotung Intervention nicht vergessen könnten und vielfach annähmen, daß der ostasiatische Dreibund - Deutschland, Rußland, Frankreich - noch fortlebe. Er mache aber aus seinen Gesinnungen kein Hehl, gebe seine Bewunderung für Deutschland offen zu erkennen und betone, daß er es für die richtige Politik Japan's halte, mit Deutschland Fühlung zu haben. Marschall Yamagata theile seine Ansichten.

Er wisse ja sehr wohl, fuhr der Minister fort, daß Deutschland in der ostasiatischen Politik mit Rußland gehe, aber er sei überzeugt, daß Deutschland die Wünsche Rußlands über eine gewisse Grenze hinaus nicht unterstützen würde. Er hoffe vielmehr, daß Deutschland den Russischen Nachbarn von Schritten zurückhalten werde, die Japan nicht hinnehmen könne. Die Rolle des Vermittlers zwischen Rußland und Japan sei es, die er von Deutschland erhoffe, um zwischen beiden Reichen den Frieden und gute Beziehungen zu erhalten.

Wenn aber das letztere nicht mehr möglich sein sollte, wenn der Zusammenstoß erfolgen müsse, dann hoffe er, werde Deutschland neutral bleiben und Japan sein Wohlwollen nicht entziehen.

gez: Wedel.

orig. i. a. China 24

Abberufung des koreanischen Gesandten von Tokio.

Empfänger	Fürst zu Hohenlohe - Schillingsfürst	Absender	Weipert
A. 12780 pr. 12. September 1900. p. m.		Söul, den 25. Juli 1900.	
Memo	J. № 879.		

A. 12780 pr. 12. September 1900. p. m.

Söul, den 25. Juli 1900.

№ 78.

An Seine Durchlaucht, den Herrn Reichskanzler,
Fürsten zu Hohenlohe - Schillingsfürst.

Der koreanische Gesandte in Tokio, Herr Yi Ha Yöng, ist zurückberufen und soll sich bereits auf der Reise hierher befinden. Nach der wenig angenehmen Rolle, welche derselbe in der Angelegenheit des hingerichteten An Kiöng Su dort zu spielen hatte und nachdem er gegen Ende v. M. auch noch den fruchtlosen Versuch hatte unternehmen müssen, von der japanischen Regierung die Auslieferung des Prinzen Yi Chung Yong zu erwirken, hielt man wohl einen Wechsel in der Person des Vertreters für angezeigt, umsomehr, als angesichts der veränderten Lage in Ostasien die zuversichtliche Stimmung der hiesigen Regierung Japan gegenüber einen entschiedenen Umschwung erfahren zu haben scheint. Während man noch am 28. v. M. kein Bedenken trug einen Kaiserlichen Erlaß zu publiciren, durch welchen die wegen der Ungesetzlichkeit der Hinrichtung der beiden Hochverräther mit Verbannung bezw. Amtsentsetzung bestraften Beamten begnadigt wurden, möchte man jetzt unter dem Eindruck der hervorragenden Rolle, welche Japan dem chinesischen Aufruhr gegenüber zu spielen berufen scheint, die ganze Angelegenheit möglichst in Vergessenheit gerathen lassen.

Abschrift dieses gehorsamen Berichtes sende ich an die Kaiserliche Gesandtschaft in Tokio.

Weipert.

Inhalt: Abberufung des koreanischen Gesandten von Tokio.

Der russische Landankauf in Masampo.

PAAA_RZ201-018929_242 ff.

Empfänger	Fürst zu Hohenlohe - Schillingsfürst	Absender	Weipert
A. 12781 pr. 12. September 1900. p. m.		Söul, den 25. Juli 1900.	
Memo	mtg. 14. 9. London 918 Petersburg 677, Peking A. 20, K. Mar. Amt. J. № 889.		

A. 12781 pr. 12. September 1900. p. m. 1 Anl.

Söul, den 25. Juli 1900.

№ 79.

An Seine Durchlaucht

den Herrn Reichskanzler

Fürsten zu Hohenlohe - Schillingsfürst.

In Betreff des russischen Landerwerbs in Masampo beehre ich mich Euerer Durchlaucht in der Anlage eine Wiedergabe des zwischen dem russischen Vicekonsul Sokoff und dem koreanischen Abtheilungsdirektor im Auswärtigen Amt, Tiöng Tui Yu am 4. v. M. zu Masampo geschlossenen Kaufvertrages gehorsamst zu überreichen. Dieselbe beruht auf einer vom Linguisten des Kaiserlichen Konsulates angefertigten englischen Übersetzung des vom hiesigen Auswärtigen Amt zur Verfügung gestellten koreanischen Textes.

Das Terrain, dessen Größe 988 320 qm beträgt, ist danach ausdrücklich für die Einrichtung einer Kohlenniederlage und eines Hospitals für den Gebrauch der russischen Kriegsschiffe des Stillen Oceans bestimmt. Der Kaufpreis beläuft sich auf 39 023 Yen 24 Sen, der jährliche Steuerbetrag auf 1 959 Yen 64 Sen. Die Übergabe des Landes, sowie der Besitztitel ist bereits erfolgt. Von dem am 14. d. M. fälligen Kaufpreis dagegen wurde bisher nur der auf die privaten Grundstücke entfallende Theil mit 12 365 Yen bezahlt. Bezüglich des Restes von 26 658 Yen 24 Sen, dem keine baare Auslage der hiesigen Regierung entspricht, hat der russische Geschäftsträger die koreanische Regierung durch Geltendmachung eines Zurückbehaltungsrechts überrascht, indem er verlangt, daß dieselbe sich zunächst bezüglich zweier Fälle von Übergriffen der koreanischen Zollbehörde in Wönsan mit den dadurch geschädigten russischen Unterthanen auseinandersetzen möge. In dem einen dieser Fälle, welcher bereits 3 Jahre etwa zurückliegt, hatte der russische Dampfer „Wladimir" Passagiere und Güter in dem damals noch ungeöffneten Hafen von

Songchin gelandet und war zu einer Strafe im doppelten Betrage der Güter mit 4 000 Yen herangezogen worden, deren Höhe russischerseits bestritten wird. In dem anderen Falle hatte nach koreanischer Angabe vor 1 ½ Jahren etwa ein Walfischfangs-Dampfer des erst 6 Monate später für seinen Betrieb an der koreanischen Küste konzessionirten Grafen Kayserling einen nicht geöffneten Küstenplatz in der Nähe von Wönsan zur Aufbereitung von Walfischen angelaufen. Das Boot war von den Zollbehörden nach Wönsan geschleppt und 1 Woche etwa festgehalten worden. Graf Kayserling soll hierfür unter Bestreiten der Vertragswidrigkeit seiner Handlungsweise einen Schadenersatz von etwa 35 000 Yen verlangen, während man koreanischerseits eine Zollhinterziehungsstrafe von über 100 000 Yen beansprucht. Der russische Geschäftsträger hat, wie er mir sagte, zahlenmäßige Forderungen bisher nicht formulirt und die Verhandlungen über die Angelegenheit dürften sich noch längere Zeit hinziehen.

Weipert.

Inhalt: Der russische Landankauf in Masampo.

Anlage zu Bericht № 79.
Übersetzung.
A. 12781.

Nachdem der Minister der Auswärtigen Angelegenheiten und der russische Geschäftsträger das unter dem 12. April 1900 (30. März russischen Kalenders) zwischen dem Russischen Vicekonsul Herrn Sokoff und dem Direktor der Handelsabtheilung im Ministerium der Auswärtigen Angelegenheiten Herrn Tiöng Tai Yu in Masampo zur Unterzeichnung gelangte Protokoll bestätigt haben, wonach ein der Russischen Regierung zwecks Einrichtung einer Kohlenniederlage und eines Hospitals für den Gebrauch der Russischen Kriegsschiffe des Stillen Oceans zu verkaufendes Terrain entsprechend den bestehenden Vorschriften über Miethe und Kauf von Grundstücken innerhalb der Zone von 10 Li von der Allgemeinen Fremdenniederlassung von Masampo ausgewählt werden sollte, ist dieses Terrain nunmehr westlich von der Pig Insel in den Riul kumi und Kapo genannten Örtlichkeiten ausgewählt und bestimmt worden. Das Terrain ist an der Küste 2 641 M lang, in der Mitte 861 m breit und auf der Landseite 735 m lang. Der Flächeninhalt beträgt insgesammt 988 320 qm von denen 888 608 qm im staatlichen und 55 770 qm im privaten Eigenthum von Koreanern stehen, während 35 442 qm Wüstland sind und 8 500 qm japanischen Eigenthümern gehören. Auf dem Grundstück befinden sich keine Gebäude, wohl aber 331 Grabstätten welche von den Eigenthümern zu entfernen sind wie des Näheren zwischen dem Russischen Vicekonsul und dem Direktor der Handels-Abtheilung des Ministeriums der Auswärtigen Angelegenheiten am 19. April d. J. vereinbart wurde.

Der Kaufpreis des von der Regierung aufgekauften Privatlandes, der Kaufpreis des Regierungslandes und die Kosten der Verlegung der Gräber sind wie folgt berechnet worden:

Für das Reisland wird bezahlt

a. für die Stücke I. Classe in der Gesammtgröße von 32 Maß Besäung 75 Yen für jedes Maß

b. für die Stücke II. Classe in der Gesammtgröße von 54 Maß Besäung 55 Yen für jedes Maß

c. für die Stücke III. Classe in der Gesammtgröße von 44 Maß Besäung 40 Yen für jedes Maß

Für das Wüstland in der Gesammtgröße von 179 Maß möglicher Besäung werden 20 Yen für jedes Maß bezahlt.

Für Regierungsland werden 3 Yen für je 100 qm bezahlt.

Für die Verlegung jedes Grabes werden 5 Yen bezahlt.

Die jährliche Steuer beträgt 0,20 Yen für 100 qm.

Die russische Regierung hat danach der koreanischen Regierung folgende Beträge zu zahlen:

26 658, 24 Yen für das Regierungsland,

10 710, 00 Yen für das Privatland,

 1 655, 00 Yen für die Verlegung der Gräber

39 023, 24 Yen im Ganzen.

Diese Summe von 39 023, 24 Yen soll seitens der russischen Regierung an die koreanische Regierung durch den russischen Geschäftsträger in Söul am 14. Juli 1900 bezahlt werden, zugleich mit dem diesjährigen siebenmonatlichen Steuerbetrag von 1 143, 02 Yen, während künftig die jährlichen Steuern im Betrag von 1 959, 64 Yen am 14. Januar jedes Jahres zu zahlen sind.

Am Tage der Unterzeichnung dieses Vertrages wird der Handelsinspector (Kamni) in Masampo die Besitztitel ausstellen und dem russischen Vicekonsul daselbst aushändigen.

Die Verlegung der Gräber soll binnen zwei Monaten von der Unterzeichnung dieses Vertrages an bewirkt werden.

404 Gräber, welche keine Eigenthümer haben, sind bei Aufstellung der Kosten der Verlegung der Gräber nicht mitgerechnet worden. Die Verlegung derselben soll russischerseits bewirkt werden, wenn später Häuser oder Straßen in deren Nähe angelegt werden.

Ein Plan der Grundstücke ist diesem Vertrage angeheftet und von dem russischen Vicekonsul sowohl, wie von dem Direktor der Handelsabtheilung des Ministeriums der Auswärtigen Angelegenheiten unterzeichnet worden.

Eine koreanische Übersetzung wird dem russischen Text beigefügt werden, der Letztere soll jedoch im Zweifelsfalle maßgebend sein.

Masampo, den 4. Juni 1900.

gez. Tiöng Tai Yu.

Direktor der Handelsabtheilung im Ministerium der Auswärtigen Angelegenheiten.

gez. Sokoff.

Russischer Vicekonsul für Masampo.

Die innere Lage in Korea.

Empfänger	Fürst zu Hohenlohe - Schillingsfürst	Absender	Weipert
A. 12782 pr. 12. September 1900. p. m.		Söul, den 28. Juli 1900.	
Memo	J. № 896.		

A. 12782 pr. 12. September 1900. p. m.

Söul, den 28. Juli 1900.

№ 80.

An Seine Durchlaucht

den Herrn Reichskanzler

Fürsten zu Hohenlohe - Schillingsfürst.

Veranlaßt durch den in Betreff der Steuererpressungen in den Provinzen seitens des amerikanischen Vertreters ertheilten Rath, über welchen ich unter dem 30. v. M. (№ 65.) Euerer Durchlaucht zu berichten die Ehre hatte, erschien am 21. d. M. ein Kaiserliches Dekret, welches die sämmtlichen Steuer-Emissäre zurückberief, die Erhebung aller nicht durch Gesetz festgelegten Steuern verbot und sogar die Rückzahlung der zu Unrecht erpreßten Beträge anordnete. Kenner der hiesigen Verhältnisse nehmen indeß an, daß an eine ehrliche Durchführung dieser Maßregel nicht zu denken sei.

Von einem gegen Mitte d. M. geplanten völligen Wechsel in der Person der Minister und Staatsräthe hat man, vermuthlich in der Erkenntniß, daß ein solcher Schritt eher zur Erregung der Bevölkerung, als zu ihrer Beruhigung beitragen werde, Abstand genommen und sich auf einige unwesentliche Personalveränderungen im Staatsrath beschränkt. Dagegen sind von den 13 Provinzialgouverneuren am 24. d. M. 8 wegen Mißwirthschaft entlassen und durch angeblich weniger habgierige Beamte ersetzt worden.

Indessen läßt sich zur Zeit nicht sagen, daß die Stimmung der Bevölkerung irgend welche bedrohlichen Symptome aufweise. Gerüchtweise verlautet zwar, daß einige dem gegenwärtigen Regime feindliche Mitglieder der Reformpartei Agitatoren in die Provinzen geschickt hätten, um eine Bewegung, ähnlich der der Tonghak's im Jahre 1894, hervorzurufen. Da aber eine Unterstützung und Förderung einer solchen Bewegung durch eine ausländische Macht angesichts der gegenwärtigen Lage ausgeschlossen sein dürfte, so glaubt man nicht an einen Erfolg dieser Bestrebungen.

Abschrift dieses gehorsamen Berichtes geht an die Kaiserliche Gesandtschaft in Tokio.

Weipert.

Inhalt: Die innere Lage in Korea.

PAAA_RZ201-018929_258 f.			
Empfänger	Fürst zu Hohenlohe - Schillingsfürst	Absender	Weipert
A. 12793 pr. 12. September 1900. p. m.		Söul, den 6. August 1900.	
Memo	Erl. i. Zf. 21. 9. Söul A. 4.		

A. 12793 pr. 12. September 1900. p. m.

Söul, den 6. August 1900.

№ 86.

Seiner Durchlaucht

dem Herrn Reichskanzler

Fürsten zu Hohenlohe - Schillingsfürst.

Entzifferung.

Nach Empfang der hohen telegraphischen Weisung № 3 vom 15. v. Mts., in welcher der hiesige Souverain als „Kaiser" bezeichnet ist, habe ich geglaubt, auch in meiner gehorsamsten Berichterstattung mit dieser Bezeichnung mich in Einklang setzen zu sollen. Dagegen habe ich im deutschen Text der Noten an das Koreanische Auswärtige Amt und im Verkehr mit den Vertretern der anderen Mächte nach wie vor die Anwendung der Ausdrücke „Kaiser" und „Kaiserliche" in Gemäßheit des hohen Erlasses vom 7. März 1898 vermieden. Euere Durchlaucht bitte ich ehrerbietigst um hochgeneigte Weisung, ob dies Verfahren auch fernerhin beizubehalten ist.

Weipert.

orig. i. a. China 24

Berlin, den 14. September 1900.   A. 12652 II.

Geschäftsträger   Tel. in Ziff.
Tokio № 60   Bitte Hrn. Aoki umgehend Folgendes mündlich
                                und ganz vertraulich mitzutheilen:

cf. A. 13061   Wir hätten den Eindruck, daß öffentliche
                                Meinung Japans besorge, wir könnten, wie 1895
                                plötzlich gegen Japan Parthei nehmen. Diese
J. № 8913.   Besorgniß sei völlig grundlos. Wir hätten weder
                                Interessen noch Verbindlichkeiten, welche uns
                                veranlassen könnten hinsichtlich Koreas für oder
                                gegen irgend wen Parthei zu nehmen. Diese
                                Richtschnur würde für unsere Haltung maßgebend
                                bleiben. Wie andr. Mächte zur koreanischen Frage
                                stünden, sei uns nicht bekannt.

                                Bitte, daher an unser in Ihrem Tel. № 75
                                berichteten Stück wegen Amerikas zu erinnern.

                                Drahtbericht!

                                        N. d. H. st. St. S

Berlin, 14. September 1900.   zu A. 12781.

Missionen   Den nebst Anlage abschriftlich beigefügten Bericht
1. London № 918.   des Ksl. Konsulatsverwesers in Söul vom 25. Juli
2. St. Petersburg № 677.   d. J., den russischen Landerwerb in Masampo
3. Peking № A. 20.   betreffend, beehre ich mich Ew. pp zur gefl.
4. Staatssekretär K. M. A.   Kenntnißnahme erg. zu übersenden.

                                        N. d. H. st. St. S

                                              i. m.

Berlin, den 15. September 1900.   zu A. 12763.

An

die Botschaften in

1. London № 921

2. St. Petersburg № 678

3. Gesandten von Munn

   № A. 21

Euerer pp. übersende ich anbei ergebenst Abschrift
eines Berichts des Kais. Geschäftsträgers in Tokio
vom 16. v. Mts, betreffend Japan und Korea
zu Ihrer gefl. Information.

N. d. H. st. St. S

i. m.

Berlin, den 17. September 1900.   zu A. 12762. A 12764.

An

die Botschaft in

St. Petersburg № 683.

J. № 9032.

Euerer pp. übersende ich anbei ergebenst Abschrift
zweier Berichte des Kais. Geschäftsträgers in Tokio
vom 11. u. 16. v. Mts, betreffend die Lage in
Ost-Asien
zu Ihrer gefl. Information.

N. d. H. st. St. S

i. m.

PAAA_RZ201-018929_266			
Empfänger	Auswärtiges Amt in Berlin	Absender	Wedel
A. 13061 pr. 17. September 1900. a. m.		Tokio, den 16. September 1900.	

A. 13061 pr. 17. September 1900. a. m.

Telegramm.

Tokio, den 16. September 1900. 11 Uhr 50 Min. p. m.
Ankunft: 17. 9. 2 Uhr 40 Min. a. m.

Der K. Geschäftsträger an Auswärtiges Amt.

Entzifferung.

№ 82.

Antwort auf Telegramm № 60.[22]

Auftrag heute ausgeführt. Vicomte Aoki bittet mich den Dank der japanischen Regierung für Erklärung zu übermitteln. Man werde dieselbe streng vertraulich behandeln. In Washington werde er nunmehr sondiren, bisher habe er dort keine Schritte gethan. Es habe Zeit gehabt, denn man sei noch nicht so weit.

Ich habe Eindruck gewonnen, daß Unternehmen in Korea ein schöner Traum Japans ist, zu dessen Verwirklichung der genügende Muth noch nicht ganz vorhanden.

Wedel.

---

22 A. 12652 ehrerbiet. beigef.

[   ]

PAAA_RZ201-018929_267 f.

Empfänger	Baron Richthofen	Absender	H. Inouye
A. 13101 pr. 17. September p. m.		Berlin, 16 September 1900.	

A. 13101 pr. 17. September p. m.

Berlin, 16 September 1900.

My dear Baron Richthofen,

In reference to our confidential conversation of yesterday I herewith take the liberty to enclose for your perusal a copy of the telegram which I have just sent to Lieutenant Aoki on the matter and hope that I have understood your remarkes correctly.

With my renewed assurance of my highest esteem,

I remain

Yours Sincerely

H. Inouye.

[   ]

PAAA_RZ201-018929_272 ff.

Empfänger	Graf Leyden	Absender	N. d. H. st. St. S.
A. 13142 pr. 18. September 1900. p. m.		Berlin, den 19. September 1900.	
Memo	Prinz Regentenstr. 4. Eingeschrieben! Eigenhändig! J. № 9110.		

A. 13142 pr. 18. September 1900. p. m.

Berlin, den 19. September 1900.

An den (tit) Graf Leyden

Hochgeboren

München.

Mein verehrter Graf!

Graf Bülow hat mir von Ihren beiden interessanten Briefen über die japanischen Schmerzen Kenntniß gegeben. Auf Weisung des Staatssekretärs habe ich Herrn Inouyé mündlich beruhigende Versicherungen ertheilt. Ebenso hat sich Graf Wedel in Tokio ausgesprochen. Er meldet, daß Aoki sich sehr bedankt und hinzugefügt hat, er werde nunmehr in Washington sondiren lassen. Graf Bülow hat, allerdings noch ohne Kenntniß der Aoki'schen Rückäußerung, in Anregung gebracht, ob nicht auch Sie Ihrerseits unsere vorstehend geschilderten Bemühungen bei Aoki und Inouyé fördern könnten.

Ich wollte nicht unterlassen, Ihnen dies mitzutheilen, möchte aber annehmen, daß es eines Weiteren Ihrerseits hiernach vorläufig nicht noch bedarf.

N. d. H. st. St. S.

Abschrift.

Berlin, den 21. September 1900.

A. 12793.

An

Konsul Söul. A. № 4.

J. № 9169.

Auf Bericht vom 6. v. M. (№ 86)

Ew. El. ersuche ich erg., im Allgemeinen das bisher von Ihnen bezüglich der Anwendung der neuen von dem Koreanischen Herrscher angenommenen Titulaturen nach Maßgabe des Erlasses vom 7. März d. J. (A. № 2) beobachtete Verfahren auch fernerhin beizubehalten.

Falls Ihre Russischen und Japanischen Kollegen jedoch darin weiter gehen sollten, so wollen Sie sich, wenn dieselben sich dabei in Übereinstimmung befinden, ihnen anschließen; wenn sich dagegen zwischen denselben eine Divergenz ergeben sollte, ersuche ich Ew. pp. ergebenst nochmals zu berichten.

gz. Frhr. v. Richthofen.

orig. i. a. China 24

Berlin, den 21. September 1900.

zu A. 12652 III., 13061, 13101.

An
Staatssekretär Graf Bülow
Klein Flotthek № 27.

Sicher!

J. № 9201.

E. E. beehre ich mich die anliegenden 3 Abschriften, welche die Erledigung des mir durch das Telegramm № 74 gewordenen Auftrags darthun, zu übersenden, und zwar 1) eines an den Kais. Geschäftsträger in Tokio ergangenen telegraphischen Erlasses vom 14. d. Mts.; 2) eines Telegramms, welches Herr Inouyé in Folge einer zwischen uns am 15. d. Mts. stattgefundenen Unterredung an Vicomte Aoki abgesandt hat; und 3) der tel. Antwort des Grafen Wedel vom 16. d. Mts. Den zurückerbetenen Brief des Grafen Leyden vom 8. d. M. füge ich gehorsamst bei.

N. d. H. st. St. S
i. m.

Berlin, den 21. September 1900.

№ 27.

3 Anlagen.

Seiner Excellenz

dem Staatssekretär des Auswärtigen

Amts, Staatsminister

Herrn Grafen von Bülow.

Euerer Excellenz beehre ich mich die anliegenden 3 Abschriften, welche die Erledigung des mir durch das Telegramm № 74 gewordenen Auftrags darthun, zu übersenden, und zwar 1. eines an den Kaiserlichen Geschäftsträger in Tokio ergangenen telegraphischen Erlasses vom 14. d. M., 2. eines Telegramms, welches Herr Inouyé infolge einer zwischen uns am 15. d. M. stattgefundenen Unterredung an Vicomte Aoki abgesandt hat, und 3. der telegraphischen Antwort des Grafen Wedel vom 16. d. M. Den zurückerbetenen Brief des Grafen Leyden vom 8. d. M. füge ich gehorsamst bei.

Richthofen.

PN. H. Inouyé war abwesend u. telegrafirte ich deshalb an Gf. Wedel. Tags darauf kam Herr Inouyé u. hatte ich die Unterredung mit diesem.

Abschrift.

Berlin, den 14. September 1900.

A. 12652 II.

Geschäftsträger
Tokio № 60.

J. № 8913.

Tel. in Ziff.

Bitte Herrn Aoki umgehend Folgendes mündlich und ganz vertraulich mitzutheilen:

Wir hätten den Eindruck, daß öffentliche Meinung Japans besorge, wir könnten wie 1895 plötzlich gegen Japan Partei nehmen. Diese Besorgniß sei völlig grundlos. Wir hätten weder Interessen noch Verbindlichkeiten, welche uns veranlassen, hinsichtlich Koreas für oder gegen irgendwen Partei zu nehmen. Diese Richtschnur würde für unsere Haltung maßgebend bleiben. Wie andere Mächte zur koreanischen Frage ständen, sei uns nicht bekannt.

Bitte, dabei an unseren in Ihrem Tel. № 75 berichteten Wink wegen Amerikas zu erinnern. Drahtbericht!

gez. Richthofen.

Abschrift.

ad A. 13101.

Confidential.

Copy of telegram to Viscount Aoki. Baron von Richthofen told me that His Excellency Count von Bülow has given a careful consideration to your inquiry regarding the Corean question, and that Count von Bülow was under the impression that Japan might have been led to take this step for fear of recurrence of a similar intervention as happened at the close of the Japano-Chinese war, and asked me if such was not the case. I explained to him the vital interests of Japan in Corea and benefits to accrue to the cause of general peace from placing Corea under Japan's sphere of influence as well as the necessity of effecting a settlement of the Corean question in view of possible conflict of interests sooner or later in that peninsula. Baron von Richthofen thought it advisable that Japan should approach the United States of America as that country seems to be specially interested in the affairs of Corea. I replied that as Japan greatly values the friendship of Germany, she naturally wished to consult Germany first although she may have later the occasion to approach the United States also. Whereupon Baron von Richthofen said that Germany's interests in Corea being only commercial, she does not like to interfere in any manner in complications between Japan and any other power in respect of that peninsula and has no intention to take side with either of them, adding that Germany will observe absolute neutralty and not only wishes to stand aloof of all complications arising out of the Corean question but also desires to secure harmony and concert with all powers regarding the Chinese question. Baron von Richthofen remarked incidentally that there is no foundation regarding the rumour of the existence of a secret understanding between Germany and Russia on the question of China. Finally Baron von Richthofen expressed the hope that Japan will show good will towards Germany as the case may require for the furtherence of Germany's interests in Far-East and I replied that he may be sure of Japan's readiness to reciprocate as already expressed in a telegram handed to Count Leyden.

sign. Inouyé.

[   ]

PAAA_RZ201-018929_285

Empfänger	Auswärtiges Amt in Berlin	Absender	Wedel
A. 13061 pr. 17. September 1900. a. m.		Tokio, den 17. September 1900.	

Abschrift.

A. 13061 pr. 17. September 1900. a. m.

Tokio, den 17. September 1900.

Telegramm.

An das Auswärtige Amt.

Antwort auf Telegramm № 60.

Auftrag heute ausgeführt. Vicomte Aoki bittet mich den Dank der japanischen Regierung für Erklärung zu übermitteln. Man werde dieselbe streng vertraulich behandeln. In Washington werde er nunmehr sondiren, bisher habe er dort keine Schritte gethan. Es habe Zeit gehabt, denn man sei noch nicht so weit.

Ich habe Eindruck gewonnen, daß Unternehmen in Korea ein schöner Traum Japans ist, zu dessen Verwirklichung der genügende Muth noch nicht ganz vorhanden.

gez. Wedel.

PAAA_RZ201-018929_286

Empfänger	Auswärtiges Amt in Berlin	Absender	Bülow
A. 13341 pr. 21. September 1900. p. m.		Kleinflotthek, den 21. September 1900.	

Abschrift.

A. 13341 pr. 21. September 1900. p. m.

Telegramm.

Kleinflotthek, den 21. September 1900. 3 Uhr 45 Min. p. m.

Ankunft: 5 Uhr 13 Min. p. m.

Der K. Staatssekretär an Auswärtiges Amt.

Entzifferung.

№ 109.

Für Herrn Unterstaatssekretär.

Fürst Münster schreibt mir privatim und ganz vertraulich:

„Habe ich Herrn Witte richtig durchschaut, so möchte er am liebsten mit China und Japan sich verbinden und ist jetzt vielleicht noch der einzige Russe, der den Japanern Korea geben würde, er arbeitet aber im Stillen in dem Sinne. Das wäre für uns das Schlechteste, was uns passiren könnte."

gez: Bülow.

orig. i. a. China 24

	PAAA_RZ201-018929_287 f.		
Empfänger	Auswärtiges Amt in Berlin	Absender	Wedel
A. 13396 pr. 22. September 1900. p. m.		Tokio, den September 1900.	
Memo	mtg. 25. 9. i. Zf. Petersbg. 702.		

A. 13396 pr. 22. September 1900. p. m.

Telegramm.

Tokio, den September 1900. Uhr Min. m.
Ankunft: 22. 9. 5 Uhr 16 Min. p. m.
Der K. Geschäftsträger an Auswärtiges Amt.

Entzifferung.

№ 84.

Herr Iswolski äußerte sich mir gegenüber sehr besorgt über etwaige Absichten Japans auf Korea, wofür Anzeichen vorhanden seien und worin er große Gefahr für den Weltfrieden erblickt. Zur Sicherung dagegen halte er für zweckmäßig······.[23] Japan zur Ablenkung Besetzung Provinz Fukien freizugeben. Herr Iswolski fragt mich, wie Deutschland über Korea und Provinz Fukien denkt. Ich habe erwidert, ich sei über die Auffassungen der Kaiserlichen Regierung in diesen Fragen nicht informirt.

Trotz Hinweisung auf Gefahr für Weltfrieden schien Herr Iswolski, wie ich aus seinen Äußerungen entnehmen konnte, an eventuellen bewaffneten Widerstand Rußlands kaum zu denken.

Wedel.
orig. i. a. China 24

---

23 Gruppe unverständlich.

	PAAA_RZ201-018929_296 f.		
Empfänger	Fürst zu Hohenlohe - Schillingsfürst	Absender	Radolin
A. 13861 pr. 1. Oktober 1900. a. m.		St. Petersburg, den 28. September 1900.	

A. 13861 pr. 1. Oktober 1900. a. m.

№ 626.

St. Petersburg, den 28. September 1900.

Sr. Durchlaucht

dem Herrn Reichskanzler

Fürsten zu Hohenlohe - Schillingsfürst.

Die „Birshewyja Wjedomosti" nehmen von der Nachricht englischer Blätter Notiz, daß Japan Rußland seine Hülfe in allem, was die Mandschurei betreffe, angeboten und dafür Concessionen betreffs Korea verlangt habe. Die „Birshewyja Wjedomosti" sagen, daß die Unsinnigkeit dieser Nachricht am besten von denen eingesehen werde, die sie verbreiteten, und führen aus, daß Rußland in der Mandschurei keiner Unterstützung bedürfe; was dagegen Korea anlange, so sei im russisch-japanischen Vertrage von 1898 klar gesagt, daß Rußland und Japan sich verpflichteten, die politische Selbstständigkeit Korea zu wahren, für die Ruhe auf der Halbinsel zu sorgen und außer der politischen Unabhängigkeit des Königreiches auch seine innere Ordnung zu schützen. Von Korea als von dem Gegenstande neuer Abmachungen zwischen Rußland und Japan sprechen könnten nur die Londoner Offiziösen, die stets von Japan voraussetzen, daß es bereit sei, seine Armee und Flotte herzugeben, um britischen Interessen zu dienen. Das Blatt sieht in dieser Nachricht einen Versuch der englischen Diplomatie, dem Kabinet in Tokio eine neue aktive Rolle aufzuhalten. Bereits zu Beginn der chinesischen Krisis habe Großbritannien einen solchen Versuch gemacht, als es Japan bewegen wollte, allein den Vormarsch nach Peking anzutreten und die Gesandten zu befreien. In Japan sei man aber nicht geneigt, die englischen Wünsche zu erfüllen.

gez. Radolin.

orig. i. a. China 24

Die Unruhen in Songchin.

PAAA_RZ201-018929_298 ff.			
Empfänger	Fürst zu Hohenlohe - Schillingsfürst	Absender	Weipert
A. 13956 pr. 3. Oktober 1900. a. m.		Söul, den 30. August 1900.	
Memo	cfr. A. 15652, cfr. A. 7700[03] J. № 1042.		

A. 13956 pr. 3. Oktober 1900. a. m.

Söul, den 30. August 1900.

№ 98.

An Seine Durchlaucht

den Herrn Reichskanzler

Fürsten zu Hohenlohe - Schillingsfürst.

Der japanische Konsulatsverweser in Songchin, welcher sich vor den dortigen Aufrührern am 19. d. M. mit dem koreanischen Handelssuperintendenten nach Wönsan geflüchtet hatte, ist auf Weisung seines Gesandten am 23. wieder an seinen Amtssitz zurückgekehrt um über die Sachlage zu berichten. Auch der koreanische Beamte hat sich wieder dorthin begeben. Ein von der japanischen Regierung entsandter Kreuzer, der „Suma-Kan", welcher am 25. in Wönsan eintraf, brachte bereits am 27. die Nachricht von Songchin nach Wönsan zurück, daß dort wieder Ruhe herrsche und die Aufrührer sich in der Richtung nach Kilchu zurückgezogen hätten ohne weiteren, als den bereits gemeldeten Schaden angerichtet zu haben. Insbesondere ist japanisches Eigenthum nicht beschädigt worden. Der „Suma-Kan" hat daher die dortige Gegend wieder verlassen und hält sich auf der Rückfahrt nach Japan zur Zeit in Fusan auf.

Abschrift dieses gehorsamen Berichts sende ich an die Kaiserliche Gesandtschaft in Tokio.

Weipert.

Inhalt: Die Unruhen in Songchin.

Veränderungen im diplomatischen Corps.

PAAA_RZ201-018929_302 ff.			
Empfänger	Fürst zu Hohenlohe - Schillingsfürst	Absender	Wedel
A. 13963 pr. 3. Oktober 1900. a. m.		Tokio, den 5. September 1900.	
Memo	mtg. 6. 10. London 972, Petersburg 714.		

A. 13963 pr. 3. Oktober 1900. a. m.

Tokio, den 5. September 1900.

A. 98.

Seiner Durchlaucht

dem Herrn Reichskanzler

Fürsten zu Hohenlohe - Schillingsfürst.

Nachdem vor einiger Zeit die Japanische Ministerresidentur im Haag zum Range einer Gesandtschaft erhoben ist, ist nunmehr auch der hiesige bisherige Ministerresident der Niederlande, Jonkheer de Testa, zum Gesandten ernannt worden.

Der neuernannte Koreanische Gesandte, Herr Cho Pyöng Sik, welcher mit größerem Gefolge vor einigen Tagen hier ankam, ist heute von Seiner Majestät dem Kaiser in Antrittsaudienz empfangen worden.

Nach einer Mittheilung des Kaiserlichen Konsuls in Söul soll Cho Pyong Sik den Auftrag oder vielleicht richtiger die Absicht haben, ein Protektorat der Mächte über Korea herbeizuführen, vorher aber zu sondiren, wie man sich in Japan hierzu stellen würde.

Vikomte Aoki, den ich über diese angebliche Mission des Herrn Cho Pyöng Sik befragte, sagte mir, er habe von alledem nichts gehört, wisse nur, daß der neue Gesandte kein großer Freund der Japaner sei.

Wedel.

Inhalt: Veränderungen im diplomatischen Corps.

Berlin, den 6. Oktober 1900.

zu A. 13963.

An

die Botschaften in

1. London № 972.

2. St. Petersburg № 714.

J. № 9688.

Euerer pp. übersende ich anbei ergebenst Abschrift eines Berichts des Kais. Geschäftsträgers in Tokio vom 5. v. Mts., betreffend den neuen koreanischen Gesandten daselbst zu Ihrer gefl. Information.

N. S. E.

i. m.

Japanischer Admiral in Chemulpo.

PAAA_RZ201-018929_307 ff.			
Empfänger	Fürst zu Hohenlohe - Schillingsfürst	Absender	Weipert
A. 14292 pr. 9. Oktober 1900. a. m.		Söul, den 14. August 1900.	
Memo	J. № 984.		

A. 14292 pr. 9. Oktober 1900. a. m.

№ 90.

Söul, den 14. August 1900.

An Seine Durchlaucht

den Herrn Reichskanzler

Fürsten zu Hohenlohe - Schillingsfürst.

Am 7. d. M. traf der japanische Vice-Admiral Togo mit den Kreuzern Tokiwa und Takasage von Chefoo kommend in Chemulpo ein. Er wurde am 10. d. M. mit den beiden Kommandanten und 9 anderen seiner Offiziere zusammen mit dem japanischen Gesandten und einigen Mitgliedern der Gesandtschaft hier in Audienz empfangen und hat gestern Chemulpo mit seinen Schiffen wieder verlassen, um sich angeblich über Fusan nach dem Kriegshafen Kure in Japan zu begeben. Der Admiral sagte mir, daß er Taku habe verlassen können, da die Anwesenheit einer starken Flotte dort zur Zeit nicht nöthig sei. Man wird annehmen dürfen, daß japanischerseits die erste Gelegenheit den Koreanern die Flagge der Aufgehenden Sonne wieder einmal vor Augen zu führen um so lieber ergriffen wurde, als nicht nur ein Besuch des russischen Admirals Hildebrandt im März d. J., sondern auch später noch bis in die letzte Zeit ein ziemlich lebhafter Verkehr russischer Schiffe im Hafen von Chemulpo stattgefunden hat.

Abschrift dieses gehorsamen Berichtes sende ich an die Kaiserlichen Gesandtschaften in Tokio und Peking, an Letztere durch die Hand des Kommandos des Kaiserlichen Kreuzergeschwaders.

Weipert.

Inhalt: Japanischer Admiral in Chemulpo.

Ernennung eines neuen koreanischen Gesandten für Japan.

PAAA_RZ201-018929_311 ff.			
Empfänger	Fürst zu Hohenlohe - Schillingsfürst	Absender	Weipert
A. 14293 pr. 9. Oktober 1900. a. m.		Söul, den 18. August 1900.	
Memo	mtg. 15. X. Petersbg. 732. J. № 1005.		

A. 14293 pr. 9. Oktober 1900. a. m.

Söul, den 18. August 1900.

№ 91.

An Seine Durchlaucht

den Herrn Reichskanzler

Fürsten zu Hohenlohe - Schillingsfürst.

An Stelle des vor Kurzem abberufenen Herrn Yi Ha Yŏng wurde am 11. d. M. der bisherige Finanzminister Cho Pyŏng Sik zum Gesandten für Japan ernannt. Er begiebt sich heute bereits in Begleitung von einem Sekretär, zwei Attachés und zwei Kanzleibeamten auf seinen Posten.

Herr Cho ist ein Mann von 69 Jahren, dem große Schlauheit und Skrupellosigkeit nachgesagt wird. Als eine der Hauptstützen der reaktionären russenfreundlichen Partei hat er in der Zeit des Aufenthalts des Hofes in der russischen Gesandtschaft die verschiedensten Ministerportefeuilles innegehabt und in den darauf folgenden Schwierigkeiten mit dem „Unabhängigkeits-Club" eine hervorragende Rolle gespielt bis ihn sein mißlungener Versuch der Herbeiführung eines russischen Protectorats im Jahre 1898 für eine Zeit lang unmöglich machte. Seit vorigem Jahre functionirt er indeß wieder als Finanzminister und man sagt, daß er das besondere Vertrauen seines Souveräns genieße. Der letztere Umstand scheint bei der gegenwärtigen Entsendung ausschlaggebend gewesen zu sein, denn an sich kann Herr Cho nicht als eine besondere persona grata in Japan gelten. Er war es, der als Gouverneur der Provinz Hamkiöng das Bohnen-Ausfuhrverbot erließ, welches zu dem heftigen Protest des japanischen Gesandten Oishi einige Zeit vor dem Ausbruch des japanisch-chinesischen Krieges führte. Auch soll er die Seele der jüngsten Bestrebungen gewesen sein, die in Japan befindlichen koreanischen Flüchtlinge hierher zurück und zur Bestrafung zu bringen. Die Ernennung Cho Pyŏng Sik's macht hier einiges Aufsehen und man glaubt nicht, daß sich seine besonderen Aufgaben, wie angegeben wird, darauf beschränken, den Bau einer koreanischen Gesandtschaft in Tokio zu betreiben und die Überreichung der koreanischen Orden für den Kaiser und den Kronprinzen von Japan zu bewirken, die schon gelegentlich der Vermählung des Letzteren angekündigt wurde, bisher aber aus hier nicht bekannt gewordenen Gründen unterblieben ist.

Nach den Informationen des hiesigen amerikanischen Vertreters soll der Entsendung des Herrn Cho die Idee zu Grunde liegen, daß er, durch seinen Rang und seine Persönlichkeit unterstützt, mit der japanischen Regierung nicht nur, sondern auch mit den dortigen Vertretern der anderen Mächte möglichste Fühlung nehmen und auf eine Garantie der Unabhängigkeit Koreas durch die Mächte, eventuell aber wenigstens auf eine erneute Anerkennung dieser Unabhängigkeit durch eine russisch-japanische Abmachung hinarbeiten solle.

Durch ein Protectorat der Mächte dem Lande eine behagliche Existenz zu schaffen, ist schon lange das hiesige Ideal. Der Gedanke entspricht auch den oft geäußerten Ansichten des amerikanischen Beraters, Herrn Sands, dem es gelungen zu sein scheint, die kürzlich gemeldete Erschütterung seiner Stellung wieder zu überwinden. Nach Mittheilung des Dr. Allen soll indeß das gegenwärtige Auftauchen des Planes auf japanische Initiative zurückzuführen sein. Diese Version findet eine gewisse Bekräftigung darin, daß der japanische Legationssekretär Yamaza in Folge plötzlichen Auftrages sich gleichzeitig mit dem neuen koreanischen Gesandten vorübergehend nach Tokio begiebt, nachdem er am 14. d. M. in einer langen und völlig geheim behandelten Audienz empfangen worden ist.

Der hiesige russische Geschäftsträger erklärte mir, es fehle ihm an positiven Informationen über die Mission Cho Piöng Sik´s, er halte es aber für wahrscheinlich, daß eine Abmachung zwischen Japan und Korea im Werke sei, wodurch Ersteres dem Letzteren für den Fall von Unruhen oder Gefährdung seines Territoriums oder seiner Selbständigkeit Schutz durch Entsendung von Truppen zusichere. Ob Japan davon schon in Bälde Gebrauch zu machen gedenke, sei eine andere Frage, aber jedenfalls liege die Annahme nahe, daß Herr Hayashi - vielleicht im Anschluß an den kürzlichen Besuch des Vice-Admirals Togo - versucht habe die hiesige Regierung durch den Hinweis auf die Gebundenheit Rußlands durch die Operationen in der Mandschurei davon zu überzeugen, daß das Heil für Korea gegenwärtig nur in einem engeren Anschluß an Japan zu finden sei.

Eine größere Hinneigung zu Japan ist hier zur Zeit allerdings unverkennbar. Äußerungen der Enttäuschung seitens koreanischer Beamter über die ungenügende militärische Stärke Rußlands in Ostasien sind häufig zu hören. Als Symptom darf ferner die am 17. d. M. plötzlich erfolgte Gewährung der Concession zum Betrieb des Goldbergwerks in Chiksan an einen Japaner gelten, um welche sich Herr Hayashi bisher seit Monaten vergeblich bemüht hatte. Auch verlautet, daß ein weiterer japanischer Lehrer für die hiesige Mittelschule engagirt werden soll und es wird mir von sonst gut unterrichteter Seite versichert, daß der hiesige Hof vor 10 Tagen etwa dem Marquis Ito eine Anzahl Geschenke übersandt habe.

Angesichts des traditionellen Schwankens des hiesigen Souveräns zwischen den beiden Mächten dürfte es indeß, falls er wirklich Japan jetzt um eventuellen Schutz ersucht hat, nicht ausgeschlossen sein, daß er dieselbe Bitte gleichzeitig auch an Rußland gerichtet hat.

Abschrift dieses gehorsamen Berichtes sende ich an die Kaiserliche Gesandtschaft in Tokio.

Weipert.

Inhalt: Ernennung eines neuen koreanischen Gesandten für Japan.

Rangerhöhung koreanischer Prinzen.

PAAA_RZ201-018929_322 ff.			
Empfänger	Fürst zu Hohenlohe - Schillingsfürst	Absender	Weipert
A. 14295 pr. 9. Oktober 1900. a. m.		Söul, den 22. August 1900.	
Memo	cfr. A. 16177/01 J. № 1017.		

A. 14295 pr. 9. Oktober 1900. a. m.

Söul, den 22. August 1900.

№ 95.

An Seine Durchlaucht

den Herrn Reichskanzler

Fürsten zu Hohenlohe - Schillingsfürst.

Durch Dekret vom 9. d. M. wurde dem Prinzen Wi Wha, der seinen Studienaufenthalt seit der zweiten Hälfte Juli von Japan nach den Vereinigten Staaten von Nordamerika verlegt hat, sowie seinem 3 jährigen Stiefbruder Yöng, dem dritten Sohn des koreanischen Souveräns, der Titel Chin Wang, d. h. Prinz von Geblüt, (entsprechend dem in Japan den Kaiserlichen Prinzen beigelegten Titel Shimo) verliehen. Auf die Hebung des Letzteren, von der sog. „Lady Om", der gegenwärtigen Lieblingsnebenfrau, stammenden Sprößlings scheint es dabei besonders abgesehen gewesen zu sein, denn dieser ehrgeizigen Dame wurde Anfangs d. M. gleichfalls eine Rangerhöhung zu Theil, indem ihr der Titel Sung Pin, d. h. Nebenfrau ersten Grades, beigelegt wurde. Vermuthlich soll dies eine Abschlagszahlung auf ihre unausgesetzten, auf Erhöhung zur legitimen Gemahlin gerichteten Bestrebungen sein, welchen, außer ihrer niedrigen Herkunft zur Zeit jedenfalls, wie es heißt, der lebhafte Widerspruch des Kronprinzen entgegensteht.

Abschrift dieses gehorsamen Berichtes sende ich an die Kaiserliche Gesandtschaft in Tokio.

Weipert.

Inhalt: Rangerhöhung koreanischer Prinzen.

Ruhestörung in Söngchin in Korea.

PAAA_RZ201-018929_326 ff.

Empfänger	Fürst zu Hohenlohe - Schillingsfürst	Absender	Weipert
A. 14296 pr. 9. Oktober 1900. a. m.		Söul, den 22. August 1900.	
Memo	cfr. A. 7700/03 J. № 1021.		

A. 14296 pr. 9. Oktober 1900. a. m.

Söul, den 22. August 1900.

№ 96.

An Seine Durchlaucht

den Herrn Reichskanzler

Fürsten zu Hohenlohe - Schillingsfürst.

Nach Meldungen, die vorgestern aus Wönsan bei der hiesigen Regierung sowohl, wie bei dem japanischen Gesandten eintrafen, ist am 19. d. M. in dem im vorigen Jahr neueröffneten Hafenplatz Söngchin nördlich von Wönsan ein Aufruhr ausgebrochen, der indeß bisher rein lokal und nicht auf fremdenfeindliche Bestrebungen zurückzuführen ist, wenn auch die dort ansässigen Japaner (die einzigen Fremden) schließlich in Mitleidenschaft gezogen wurden. Es scheint, daß früher Söngchin von der etwa 40 Km nördlich gelegenen Stadt Kilchu aus verwaltet wurde. Nach der Eröffnung des Hafens von Söngchin wurde Letzterer zu einem besonderen Verwaltungsbezirk gemacht, wodurch sich die stellenhungrigen Literaten Kilchu's von den Ämtern in dem entwicklungsfähigen Ort Söngchin ausgeschlossen sahen. Die von ihnen dagegen seit Monaten bereits betriebene Agitation führte zu immer größerer Feindseligkeit zwischen den Einwohnern der Orte und schließlich zur Verhaftung einiger Wortführer in Kilchu. Daraufhin rottete sich eine Menge von etwa 1 000 Unzufriedenen aus dem letztgenannten Ort zusammen und zerstörte am 19. d. M. das Amtsgebäude des Handelssuperintendenten (Kamni) in Söngchin, sowie verschiedene andere Regierungs- und Privatgebäude. Auch soll dabei ein japanischer Polizist von den Aufrührern angegriffen, jedoch nicht verletzt worden sein. Der Handelssuperintendent, welcher kaum mit dem Leben davon kam, seine Polizisten, der japanische Konsul und die neun anderen dort ansässigen Japaner benutzten einen zufällig anwesenden Dampfer zur Flucht nach Wönsan.

Die koreanische Regierung hat eine Abtheilung Truppen aus der ungefähr 120 Km südlich von Söngchin gelegenen Garnison Puk Chöng abgeschickt um den Aufstand zu unterdrücken. Von einer Absicht Japans durch Entsendung eines Kriegsschiffes etwa in Söngchin einzugreifen, verlautet bisher nichts.

Abschrift dieses gehorsamen Berichtes sende ich an die Kaiserliche Gesandtschaft in Tokio.

Weipert.

Inhalt: Ruhestörung in Söngchin in Korea.

Die Zustände an der koreanisch-chinesischen Grenze.

PAAA_RZ201-018929_330 ff.			
Empfänger	Fürst zu Hohenlohe - Schillingsfürst	Absender	Weipert
A. 14357 pr. 10. Oktober 1900. p. m.		Söul, den 1. September 1900.	
Memo	J. № 1046.		

A. 14357 pr. 10. Oktober 1900. p. m.

Söul, den 1. September 1900.

№ 101.

An Seine Durchlaucht, den Herrn Reichskanzler,
Fürsten zu Hohenlohe - Schillingsfürst.

Nach Meldungen, welche der hiesige russische Militärattaché vor einigen Tagen aus dem Grenzort Wiju erhalten hat, befinden sich in dem westlich davon liegenden chinesischen Grenzdistrikt, etwa 10 Km von Andongshien, 2 000 Mann chinesischer Truppen. In dem letztgenannten Ort soll man mit dem Einexerciren von 400 Mann beschäftigt sein; auch will man am 20. d. M. Geschützfeuer daselbst aus südwestlicher Richtung gehört haben. Ruhestörungen diesseits der Grenze haben indeß dort bisher nicht stattgefunden. Dagegen scheint es nach koreanischen Berichten aus der Nordost-Spitze von Korea, daß, in Folge der russisch-chinesischen Kämpfe in dem anstoßenden chinesischen Gebiet von Hutschun, die koreanische Bevölkerung mehr als sonst dort üblich durch marodirende Banden übergetretener Chinesen belästigt wird.

In der japanischen Presse erfahren die Zustände an der koreanischen Grenze in letzter Zeit häufig eine sensationelle Darstellung, die beweist, wie erwünscht den dortigen Chauvinisten ein Anlaß zum Eingreifen wäre.

Abschrift dieses gehorsamen Berichtes sende ich an die Kaiserlichen Gesandtschaften in Tokio und Peking, an Letztere durch die Hand des Kaiserlichen Kommandos des Kreuzergeschwaders.

Weipert.

Inhalt: Die Zustände an der koreanisch-chinesischen Grenze.

[   ]

PAAA_RZ201-018929_334 f.

Empfänger	Fürst zu Hohenlohe - Schillingsfürst	Absender	Weipert
A. 14358 pr. 10. Oktober 1900. p. m.		Söul, den 5. September 1900.	
Memo	mtg. 12. 10. Petersburg 727.		

Abschrift

A. 14358 pr. 10. Oktober 1900. p. m.

Söul, den 5. September 1900.

№ 103.

An Seine Durchlaucht

den Herrn Reichskanzler

Fürsten zu Hohenlohe - Schillingsfürst.

Seitens der hiesigen amerikanischen Gesandtschaft behauptet man, aus zuverlässiger koreanischer Quelle zu wissen, daß der japanische Gesandte dem Souverän von Korea gegenüber nicht lange vor Ernennung des neuen Gesandten für Japan um die Mitte v. M. an einer Audienz die bestimmte Erklärung abgegeben habe, Japan werde eine Besitzergreifung der Mandschurei seitens Rußlands nicht zulassen. Da bei den Audienzen des japanischen sowohl wie des russischen Vertreters außer dem eigenen Dolmetscher derselben kein Dritter zugegen zu sein pflegt, sind derartige Nachrichten schwer zu verificiren. Aber auch angenommen, sie sei richtig, so würde sie doch keinen Schluß auf die wahren Absichten des Kabinets in Tokio zulassen, vielmehr nur einen weiteren Beweis für das derzeitige Bestreben Japans liefern, Korea von seiner gegenwärtigen Macht und Bedeutung zu überzeugen und hierdurch auf seine Seite zu ziehen.

Abschriften dieses gehorsamen Berichtes sende ich an die Kaiserlichen Gesandtschaften in Tokio und Shanghai.

gez: Weipert.

orig. i. a. China 24.

[   ]

PAAA_RZ201-018929_336

Empfänger	[o. A.]	Absender	Klehmet
A. 14381 pr. 11. Oktober 1900. p. m.		[o. A.]	
Memo	Wolff´s Telegraphisches Bureau. Nachtrag zu der Depesche, New York, Interview mit Marquis Ito:		

Abschrift

A. 14381 pr. 11. Oktober 1900. p. m.

Marquis Ito erklärte ferner, die Beziehungen Japans zu Rußland seien höchst freundliche; es bestehe keinerlei Reibung wegen Koreas oder der Mandschurei, denn keiner der beiden Staaten begehre die Souveränität über diese Länder.

gez. Klehmet. 11. 10.

orig. i. a. China 24

Berlin, den 15. Oktober 1900.

zu A. 14293.

An

die Botschaft in

1. St. Petersburg № 732.

J. № 9987.

Euerer pp. übersende ich anbei ergebenst Abschrift eines Berichts des Kais. Konsulatsverwesers in Söul vom 18. August d. J., betreffend Ernennung eines neuen koreanischen Gesandten für Japan zu Ihrer gefl. Information.

N. S. E.

i. m.

PAAA_RZ201-018929_338 ff.

Empfänger	Grafen von Bülow	Absender	H. C. Eduard Meyer
A. 14875 pr. 20. Oktober 1900. p. m.		Hamburg, den 18. Oktober 1900.	
Memo	Schrb. 24. 10. Senat Hambg.		

A. 14875 pr. 20. Oktober 1900. p. m.

Hamburg, den 18. Oktober 1900.

Sr. Excellenz

dem Grafen von Bülow

Kanzler des Deutschen Reiches

zu Berlin.

Euer Excellenz

gestatte ich mir, ergebenst mitzuteilen, daß meine Firma E. Meyer & Co., Chemulpo, Korea, auf Empfehlung des kaiserlichen Consuls in Seoul, Herrn Dr. Weipert, und auf Wunsch des technischen Leiters der deutschen Mine auf Korea, Herrn L. Bauer mich in Anbetracht der unruhigen Zeiten um Hinaussendung von 25 Stück Mauser-Repetiergewehren nebst ausreichender Munition ersucht hat, um eine gleichmäßige Bewaffnung der europäischen Angestellten in Tangkogae herzustellen.

Ich darf hinzufügen, daß nach den vorliegenden, brieflichen Mitteilungen zur Zeit durchaus keine Befürchtungen für die Sicherheit der dortigen, deutschen Unterthanen bestehen, und die Bewaffnung der Europäer nur als Vorsichtmaßregel dienen soll.

Indem ich mir nun ergebenst anzufragen gestatte, ob gegen die Ausfuhr dieser Waffensendung irgend welche Bedenken bestehen, und ob ich zur Anschaffung derselben schreiben kann, verharre ich,

Euer Excellenz

ganz ergebener

H. C. Eduard Meyer.

Angeblicher russischer Vorschlag wegen Theilung Koreas.

PAAA_RZ201-018929_341 ff.			
Empfänger	Fürst zu Hohenlohe - Schillingsfürst	Absender	Weipert
A. 14953 pr. 21. Oktober 1900. p. m.		Söul, den 3. September 1900.	
Memo	J. № 1088.		

A. 14953 pr. 21. Oktober 1900. p. m.

Söul, den 3. September 1900.

№ 102.

An Seine Durchlaucht, den Herrn Reichskanzler,
Fürsten zu Hohenlohe - Schillingsfürst.

Euerer Durchlaucht hatte ich die Ehre unter dem 21. v. M. (Bericht № 94[24]) über ein in der hiesigen Presse ventilirtes Gerücht gehorsamst zu berichten, welches Herrn Pavlow beschuldigte dem japanischen Gesandten Vorschläge wegen Theilung Koreas gemacht zu haben, und zu einer durch englisch-japanische Demarchen abgewendeten Verfolgung des betreffenden koreanischen Redacteurs führte. Wie ich jetzt von dem französischen Geschäftsträger höre, glaubt man russischerseits, bei dieser Preßnotiz es mit einer japanischen Intrigue zu thun zu haben. Thatsächlich sei es der japanische Militärattaché, Oberst Nozu, gewesen, welcher Mitte Juli etwa dem russischen Militärattaché, Oberst Strelbitzky gegenüber gesprächsweise geäußert habe, ob nicht die Gelegenheit jetzt günstig sei, eine Regelung der koreanischen Frage, etwa durch Theilung Koreas anzubahnen. Diese Äußerung sei Herrn Pavlow berichtet worden und Letzterer habe sich darauf bei dem japanischen Gesandten über die unberufene Einmischung des Attachés in derartige politische Fragen delikatester Natur beklagt. Kurz nachher sei in japanischen Blättern die von der hiesigen Zeitung übernommene Notiz erschienen, welche den Vorschlag Herrn Pavlow imputirte.

Abschrift dieses gehorsamen Berichts sende ich an die Kaiserliche Gesandtschaft in Tokio.

Weipert.

Inhalt: Angeblicher russischer Vorschlag wegen Theilung Koreas.

---

[24] noch nicht eingegangen 21. 10.

Berlin, 24. Oktober 1900.

zu A. 14875.

Senat

Hamburg

J. № 10417.

Der dortselbst ansässige Chef der Firma E. Meyer & Co. in Chemulpo, Hr. H. C. Eduard Meyer hat angefragt, ob gegen die - angeblich von dem Ksl. Konsul in Söul angeregte - Heraussendung von 25 für das Geschäftspersonal des Genannten in Korea bestimmten Mausergewehren nebst Munition Bedenken zu erheben seien.

Den pp. darf ich erg. bitten, den Fragsteller gefl. benachrichtigen lassen zu wollen, daß diesseits kein Anlaß vorläge, um der Anregung des Konsuls entgegenzutreten.

N. d. H. st. St. S.

Die Söul-Fusan-Bahn.

PAAA_RZ201-018929_346 ff.

Empfänger	Fürst zu Hohenlohe - Schillingsfürst	Absender	Weipert
A. 15352 pr. 28. Oktober 1900. p. m.		Söul, den 10. September 1900.	
Memo	J. № 1116.		

A. 15352 pr. 28. Oktober 1900. p. m. 1 Anl.

Söul, den 10. September 1900.

№ 106.

An Seine Durchlaucht

den Herrn Reichskanzler

Fürsten zu Hohenlohe - Schillingsfürst.

Euer Durchlaucht beehre ich mich anliegend eine von der hiesigen Commission der Konzessionäre der Söul-Fusan-Bahn mir zu Verfügung gestellten Karte der projectirten Linie dieser Bahn gehorsamst zu überreichen. Die Linie wird 294 englische Meilen lang sein und etwa 40, auf der Karte durch kleine Kreise bezeichnete Stationen haben. Sie wendet sich von Söul aus unter Benutzung der Anfang v. M. fertiggestellten Brücke der Söul-Chemulpo-Bahn über den Han-Fluß nach Süden durch die Provinz Chung Chong, wo sie den Bezirk des japanischen Bergwerks von Chiksan ziemlich nahe berührt, bis zu einem Orte Ma Hoan Piöng. Von hier aus ist eine Nebenlinie nach dem offenen Hafenplatz Kunsan geplant, während die Hauptlinie sich östlich über zwei Bergketten hinweg in die Provinz Kyöng Sang wendet, wo sie unter Berührung der großen Stadt Taiku im Allgeminen dem Lauf des Nak dong Flusses bis Fusan folgt.

Bezüglich der Kosten des Baues der Linie ist man, wie ich höre, auch nach den erwähnten Detailvermessungen bei dem Voranschlag von 25 Millionen Yen geblieben. Man macht sich aber auch bei einer Zinsgarantie seitens der japanischen Regierung, deren Gewährung durch Kaiserliche Verordnung in Bälde erwartet wird, wenig Hoffnung darauf, diese Summe auf einmal beschaffen zu können. Es wird daher beabsichtigt, die betreffende Gesellschaft zunächst mit einem Capital von 5 Millionen Yen zu gründen und weitere ähnliche Raten später je nach Fortschritt der Arbeiten aufzunehmen. Daß man dabei auf Betheiligung fremden Capitals rechnet, scheint daraus hervorzugehen, daß der japanische Gesandte sich, wie ich höre, zur Zeit bemüht, eine Änderung des Artikel 15 des Konzessionsvertrags vom 8. September 1898 herbeizuführen, welcher die Actieninhaberschaft auf Japaner und Koreaner beschränkt. Herr Oye Taku, das leitende Mitglied der Eingangs erwähnten Commission, sagte mir, daß bereits zahlreiche Offerten für Capitalbetheiligung und damit verbundene Materiallieferung von deutscher, amerikanischer, englischer, und belgischer Seite in Tokio vorlägen; da aber England zu langsam liefere und die belgischen Werke in Japan zu wenig bekannt seien, so würde die Concurrenz, wie er glaube, lediglich zwischen den deutschen und amerikanischen Angeboten liegen.

Abschrift dieses gehorsamsten Berichts sende ich an die Kaiserliche Gesandtschaft in Tokio.

Weipert.

Inhalt: Die Söul-Fusan-Bahn. 1 Anlage.

Japan und der Vorschlag der Neutralisirung Koreas.

PAAA_RZ201-018929_352 ff.

Empfänger	Fürst zu Hohenlohe - Schillingsfürst	Absender	Weipert
A. 15402 pr. 29. Oktober 1900. a. m.		Söul, den 7. September 1900.	
Memo	mtg. 10. 11. London 1064, Petersb. 775. cfr. A. 15634 J. № 1102.		

A. 15402 pr. 29. Oktober 1900. a. m.

Söul, den 7. September 1900.

№ 105.

An Seine Durchlaucht

den Herrn Reichskanzler

Fürsten zu Hohenlohe - Schillingsfürst.

Der koreanische Gesandte in Tokio hat, wie hier verlautet, bei der dortigen Regierung den Wunsch zum Ausdruck gebracht, daß Japan die Neutralisirung Koreas und die Garantie seiner Unabhängigkeit seitens der Mächte anregen möchte, bisher aber von dem Vicomte Aoki nur eine ausweichende Antwort erhalten. Nach vertraulicher Mittheilung des amerikanischen Ministerresidenten, dessen Informationen in dieser Angelegenheit sich bisher als richtig erwiesen haben, hätte Japan sein Wirken für den Plan von der Bedingung abhängig gemacht, daß Korea zwecks Aufrechterhaltung der Ordnung im Lande eine Armee von 50 000 Mann schaffe und unterhalte, indem es sich bereit erklärt habe, die Geldmittel dazuzuleihen und für Instrukteure und Offiziere durch zu naturalisirende Japaner zu sorgen.

Sollte diese Information richtig sein, so ist es doch schwer zu glauben, daß Japan ernstlich auf eine Realisirung seiner Bedingung rechnen sollte. Wenn es trotzdem wie es scheint, den koreanischen Vorschlag seinerseits herbeigeführt hat, so bleibt nur die Vermuthung, daß es ihm dabei lediglich darauf ankommt, seine Rolle als Beschützer Koreas von Letzterem aufs Neue in einer prägnanten Weise anerkannt und vor der Welt dokumentirt zu sehen. Der Übergang zu einer Bitte Koreas um Schutz und Beistand, welche der russische Geschäftsträger voraussehen zu sollen glaubt, würde dann erwünschten Falles leicht zu finden sein, während in der Zwischenzeit die vermehrte

Intimität zur Erlangung weiterer hiesiger Konzessionen nutzbar gemacht werden könnte.

Der japanische Gesandte erklärt, er sei ohne Informationen über die Verhandlungen in Tokio, glaube aber nicht, daß seine Regierung den koreanischen Vorschlag ernst nehmen werde. Auch der englische Geschäftsträger, dessen Haltung namentlich in letzter Zeit ausgesprochener japanfreundlich ist, als die seines Vorgängers, vermeidet den Anschein, als ob er der Sache irgendwelche Bedeutung beimesse.

Was die Ausnutzung der gegenwärtigen Situation seitens Japans anbetrifft, so höre ich, daß Herr Hayashi sich bereits bemüht, eine Ausdehnung der zu Anfang d. J. bewilligten Konzession zum Walfischfang an der Küste der beiden südlichen Provinzen auf die ganze koreanische Küste zu erlangen.

Abschriften dieses gehorsamsten Berichts sende ich an die Kaiserlichen Gesandtschaften in Japan und China.

Weipert.

Inhalt: Japan und der Vorschlag der Neutralisirung Koreas.

[   ]

PAAA_RZ201-018929_358

Empfänger	[o. A.]	Absender	[o. A.]
A. 15425 pr. 29. Oktober 1900. p. m.		[o. A.]	

A. 15425 pr. 29. Oktober 1900. p. m.

Wiener Politische Correspondenz.

29. 10. 00.

Korea.

O. M. Einem uns aus Y o k o h a m a zugehenden Berichte vom 23. September entnehmen wir, dass der neue koreanische Gesandte in Tokio, C h o P i u n g S i k, bald nach seiner Ankunft in Tokio der japanischen Regierung das Ersuchen seines Herrschers übermittelt hat, Japan möge einer Neutralisirung Koreas, etwa nach belgischem Muster, seine Geneigtheit und Unterstützung leihen. Die Stellungnahme der japanischen Presse zu dieser ruchbar gewordenen Angelegenheit zeigte sofort, dass die japanische Regierung nicht gesonnen ist, diesem Wunsche zu entsprechen. Es bestätigte sich denn auch bald, dass das erwähnte Anliegen seitens Japans eine entschiedene Ablehnung erfahren hat.

Auswärtiges Amt
Abth. A.

Politisches Archiv d. Auswärt. Amts

Acta

Betreffend

Korea

Vom 01. November 1900
Bis 28. Februar 1901

Vol.: 30
conf. Vol.: 31

Politisches Archiv des Auswärtigen Amts
R 18930

KOREA. № 1.

Desgl. v. 26. 9. № 112. Vermehrung der ständigen Koreanischen Armee, wahrscheinlich damit Japan veranlaßt werde, seine zum Schutz in Korea stationierten Truppen, zurückzuziehen.	15635. 2. 11.
Ber. a. Söul v. 9. 10. № 120. Voraussichtliche Stellung der Vereinigten Staaten zur Frage der Neutralisierung Korea's.	16970. 26. 11.
Desgl. v. 13. 10. № 123. Wenn die Koreanische Regierung die Neutralisierung des Landes wünscht, so ist der bezügliche Antrag in Washington anzubringen.	16971. 26. 11.
Ber. a. Söul v. 18. 10. № 126: Befürchtungen wegen des Uebertrittes chinesischer Truppen auf Koreanisches Gebiet.	17257. 30. 11.
Desgl. v. 22. 10. № 127: Die Söul-Fusan Eisenbahn. Gewährung einer staatlichen Zinsgarantie.	18116. 15. 12.
Desgl. v. 1. 11. № 129: Beendigung der Mission Cho Pyong Sik nach Japan zum Zweck der Regelung der Flüchtlingsfrage u. der Neutralisierung Koreas. Russische Gegen-Demarche gegen diese Mission.	18117. 15. 12.
Tel. a. Tokio v. 20. 12. № 132: Verhandlungen des russischen Gesandten in Tokio mit dem japanischen Minister des Äußern über Korea (?).	18960. 30. 12.
Ber. a. Söul v. 21. 9. № 111: Ausdehnung der den Japanern vertragsmäßig zustehenden Fischereiberechtigung in Korea.	15634. 2. 11.
Ber. a. Tokio v. 15. 10 A. 118: Wunsch der Koreanischen Regierung bei der japanischen Ersten Bank eine Anleiche von 5 Millionen aufzunehmen.	16410. 16. 11.
Ber. a. Söul v. 14. 10. № 124. Ausdehnung der japanischen Fischereiberechtigung in Korea, ferner hat Japan das Monopol für Ginseng (ein Arzneimittel) erhalten.	16872. 26. 11.
Ber. a. Tokio v. 24. 10. A. 124. Rückreise des Koreanischen Gesandten Cho, Geschäftsträger Pak Yong Wha.	17245. 30. 10.

Desgl. v. 16. 11. A. 139: Verstimmung des russischen Gesandten in Tokio über die in Japan hinsichtlich Koreas empfangenen Eindrücke. Danach verlange das japanische Volk nach dem Besitz Koreas und die Chancen für Rußland im Kriegsfall mit Japan sind ungünstige.	18690. 24. 12.
Ber. a. Söul v. 2. 10. № 115: Ingenieur Collbran plant die Gründung einer Koreanischen Bank und den Bau einer Wasserleitung für Söul.	16394. 16. 11.
Desgl. v. 9. 11. № 134: Ordensaustausch zwischen der Königin v. England und dem König von Korea.	15835. 25. 12.
1901.	
Ber. a. Tokio v. 14. 12. 00 A. 152: Befürchtungen der japanischen Kolonie in Chinampo wegen des Ausbruchs von Unruhen.	1088. 21. 1.
Ber. a. Söul v. 3. 12. 00 № 141: Die Titulatur des Kaisers von Korea seitens der fremden Vertreter, die neue Bezeichnung für „Korea".!	1107. 21. 1.
Tel. a. Tokio v. 21. 1. № 6: Interpellation im japanischen Landtag über die Mandschurei.	1137. 22. 1.
Schr. des Generalstabs v. 22. 1.: Nach Mitteilung des Prz. Engalitscheff an Gf. Waldersee hat sich Rußland mit Japan über Korea durch Begrenzung der Interessengebiete geeinigt.	1158. 22. 1.
Tel. a. Tokio v. 22. 1. № 7: Scheitern von russisch-japanischen Verhandlungen wegen einer zweiten Konvention betr. Korea.	1188. 23. 1.
Ber. a. Söul v. 4. 12. № 143: Fremdenfeindliche Kundgebungen in Korea.	1200. 23. 1.
Tel. a. Peking v. 22. 1. № 51: Eine Bestätigung der vom Prinzen Engalitscheff dem Gf. Waldersee gemachten Mittheilung vom Abschlusse einer russisch-japanischen Abmachung über Korea ist nicht zu erlangen gewesen.	1228. 23. 1.

Tel. a. London v. 30. 1. № 101: Der japanische Gesandte fragt, ob seit 1895 zwischen Rußland u. Deutschland ein Vertag über Korea bestände, wonach Deutschland Rußlands Koreanische Politik unterstützen werde. Weitere Frage, welche Haltung England bei einem russisch-japanischen Konflikt einnehmen werde.	1637. 31. 1.
Tel. a. Tokio v. 8. 2. № 10: Interpellation im japanischen Parlament über Japans Haltung in der Mandschureifrage.	2121. 9. 2.
Tel. a. Tokio v. 10. 2. № 11: Antwort der japanischen Regierung über die Mandschureifrage.	2204. 10. 2.
Ber. a. Söul v. 23. 11. 00 № 139: Christen- und fremdenfeindliche Symptome in Korea.	365. 7. 1.
Desgl. v. 20. 12. 00 № 152: Schutzmaßregeln für die japanischen Ansiedelungen in Chinnampo und Pyöng-yang.	2025. 7. 2.
Ber. a. Tokio v. 15. 1. A. 7: Angebliche Note des russischen Gesandten an die Koreanische Regierung, wonach Rußland nicht die nöthige Unterstützung seiner Interessen in Korea gefunden habe. Wunsch der Koreanischen Regierung, Japan möge die dort lebenden Koreanischen Verschwörer „in unwirthliche Gegenden" verbannen.	2614. 18. 2.
Desgl. v. 18. 1. A. 9: Vicomte Aoki erklärt als Hauptziel der japanischen Politik die Aufrechthaltung seines traditionellen und begründeten Anspruches auf Korea an.	2930. 24. 2.
Ber. a. Petersburg v. 3. 3. № 154: Rußland soll angeblich bei Japan die Neutralisierung Koreas angeregt haben.	in Bd. 31
Ber. a. Söul v. 9. 1. № 9: Protest Japans gegen die Wiederanstellung der wegen gesetzwidriger Urtheilsvollstreckung gegen 2 Hochverräther, s. Z. mit Verbannung bestraften, Koreanischen Richter. Min Sang Ho zum Vicepräsidenten des Ceremonien-Amts ernannt. Absetzung des Hausministers Min Chong Muk wegen des Verdachts von Entgegenkommen gegen Japan.	3008. 26. 2.
Tel. a. London v. 1. 2. № 108: Ablehnung des russischen Vorschlags der Neutralisirung Koreas Seitens Japans.	1804. 2. 2.

Ber. a. Calcutta v. 4. 1. № 10: Ernennung des Königs von Korea zum Ehren-Großkomthur des Ordens des Indischen Reiches. Englischerseits wird der Herrscher von Korea als „Emperor" bezeichnet.	1479. 28. 1.
Tel. a. London v. 30. 1. № 1000 Rußland hat der japanischen Regierung die Neutralisirung Koreas vorgeschlagen, diese hat den Vorschlag rundweg abgelehnt.	1624. 30. 1.
Tel. des Gesandten Gf. Meternich im Allerh. Gefolge a. Windsor v. 3. 2. № 29: Freiherr v. Eckardtstein hat Sr. Majestät gemeldet, Japan habe in London und Berlin Mittheilung von der Ablehnung des russischen Vorschlages der Neutralisirung Koreas gemacht, auch sei in Berlin die Zusicherung wohlwollender Neutralität im Falle eines russischen-japanischen Konfliktes wegen Koreas gegeben. Se. Majestät hat dem König von England gesagt, wir würden unsere Politik zu Japan in Bezug auf Korea analog der englischen einrichten.	1871. 4. 2.
Bericht aus Söul v. 7. 1. -№ 7: Russ, Geschäftsträger zum Gesandten ernannt. Engagement mehrerer Franzosen für Koreanische Dienste.	2819. 22. 2.
Bericht aus Tokio v. 24. 9. A. 106. Besorgniß des russ. Gesandten Iswolski über das in Japan. Militärkreisen immer mehr Platz greifende Verlangen; sich in den Besitz Koreas zu setzen. Rußland würde die Japaner niemals auf der Halbinsel dulden. Man solle den Japanern die Besetzung Fukien's freigeben. Instruction v. 9. 11. nach Tokio. Für Deutschland hat das Vorgehen Japans auf Korea kein Bedenken. Von der Besetzung Fukien's abrathen. Jede Erregung von Mißtrauen auf japanischer Seite gegen uns ist zu vermeiden.	15643. 2. 11. 9. 11.
Desgl. v. 19. 11. A. 142 Ernennung Söng-ki-oun's zum Koreanischen Gesandten in Tokio.	18692. 24. 12.
Desgl. v. 23. 10. A. 123 Mikado über Neutralitätserklärung Deutschlands sehr erfreut.	18686. 24. 12.
Bericht aus Tokio v. 26. 12. A. 156 Antrittsaudienz des neuen Koreanischen Gesandten.	1295. 25. 1.

Bericht aus London v. 16. 2. № 44. Nach Ausssprach des japan. Gesandten dürfte sich Japan zu einem sehr energischen Vorgehen gegen russische Ausdehnungsgelüste in Korea und Nord-China entschließen. (orig. i. a. China 24 № 6.)	A. S. 278. 18. 2.
Desgl. aus Söul v. 19. 12. - 151 - Besuch des Russ. Geschwaderchefs Admiral Krydloff mit 4 Schiffen in Masampo. Das dort zu erbauende Russ. Marine-Lazareth. orig. br. m. spr. K Mar Amt; zus. mit	4517. 25. 3. in Band 31
Desgl. aus Tokio v. 12. 1. - A. 3 - G. Komura über die Haltung Japan´s bezüglich Korea´s. Bemühungen des jap. Ges. in Korea, Hayashi, bei Marquis Ito für die koreanischen Anleihepläne. Russisch-japanische Beziehungen wegen Korea. Haltung des Russ. Ges. Iswolsky.	2609. 18. 2.
Ber. a. Söul v. 9. 12. 00 № 149: Angebliche Koreanische Anleihe von 5.000.000 Yen bei der japanischen „Ersten Bank", von denen 4 Millionen für die Bahn Söul-Fusan Verwendung finden. Als Sicherheit dienen die Zoll-Einkünfte. Der russische Gesandte hat angeblich beim König von Korea versucht, den Zoll-Direktor Brown zu verhindern, die Zolleinkünfte für diese Anleihe zu verpfänden.	1564. 30. 1.

Ruhestörungen in Korea.

PAAA_RZ201-018930_015 ff.

Empfänger	Fürst zu Hohenlohe - Schillingsfürst	Absender	Weipert
A. 15632 pr. 2. November 1900. p. m.		Söul, den 17. September 1900.	
Memo	cfr. A. 17257 J. № 1180.		

A. 15632 pr. 2. November 1900. p. m.

Söul, den 17. September 1900.

№ 109.

An Seine Durchlaucht

den Herrn Reichskanzler

Fürsten zu Hohenlohe - Schillingsfürst.

In dem offenen Hafenplatz Songchin nördlich von Wönsan (cf. c. pl. Bericht № 98. vom 30. v. M.[25]) ist bisher keine neue Störung vorgekommen. Jedoch befürchtet man, daß die inzwischen dort eingetroffenen 25 Mann Koreanischer Truppen nicht genügend seien um die Aufrührer in Kilchu von einem wiederholten Angriff abzuhalten. Herr Hayashi hat daher die hiesige Regierung ersucht, die Truppen mindestens zu verdoppeln.

Etwas bedenklichere Nachrichten kommen seit Kurzem aus dem zur Gährung von jeher besonders geneigten südlichsten Theil von Korea. In den Distrikten dicht bei Fusan haben sich Banden zusammengerottet, die sich als „Armen-Unterstützungs-Parthei" (Hwal-Pin Tang) bezeichnen und diesem Programm gemäß die Beute ihrer Räubereien und Erpressungen in der That zum großen Theil unter den Armen und Nothleidenden vertheilen, so daß sie sich bei der untersten Bevölkerungsschicht einer großen Beliebtheit erfreuen sollen. Die hiesigen japanischen Blätter behaupten, daß die Bewegung sich bereits in den sämtlichen drei südlichen Provinzen Kinng Söng, Chölla und Chung Chöng verbreitet habe. Fremden- oder christenfeindliche Tendenzen treten dabei bisher in keiner Weise hervor. Dagegen verdient es Beachtung, daß Viele der Tumultuanten mit Flinten bewaffnet sind, die ihnen höchst wahrscheinlich von Japanern zugeschmuggelt werden. Man hört daher vielfach die Befürchtung aussprechen, daß die Erhebung, ähnlich wie die

---

25 A. 13956 ehrerb. beigefügt.

der Tonghak-Parthei vor dem japanisch-chinesischen Krieg, seitens der im Lande zerstreuten unruhigen japanischen Elemente befördert werde. Der japanische Gesandte andererseits äußert die Vermuthung, daß die in Japan befindlichen Koreanischen Refugie's ihre Hand im Spiele hätten.

Die hiesige Regierung ist indeß sehr zuversichtlich. Sie erklärt, einige der Hauptführer seien nach den neuesten Meldungen bereits seitens der von der Garnison Ko Söng aus entsandten Truppen gefangen worden und sie rechne auf eine baldige Unterdrückung der Bewegung.

Abschriften dieses gehorsamsten Berichts sende ich an die Kaiserlichen Gesandten in Tokio und Shanghai.

Weipert.

Inhalt: Ruhestörungen in Korea.

Die Mission des Koreanischen Gesandten in Tokio.

PAAA_RZ201-018930_019 ff.			
Empfänger	Fürst zu Hohenlohe - Schillingsfürst	Absender	Weipert
A. 15633 pr. 2. November 1900. p. m.		Söul, den 20. September 1900.	
Memo	mtg. 10. 11. London 1064, Peterb. 775. J. № 1186.		

A. 15633 pr. 2. November 1900. p. m.

Söul, den 20. September 1900.

№ 110.

An Seine Durchlaucht

den Herrn Reichskanzler

Fürsten zu Hohenlohe - Schillingsfürst.

Nach Mittheilung des russischen Geschäftsträgers hat der Koreanische Gesandte in Tokio dem dortigen russischen Gesandten bestimmt erklärt, der Vorschlag betreffend die Neutralisirung Koreas sei von Korea auf Anregung Japans hin erfolgt. Aber es sei möglich, daß Korea den Rath nicht ganz so befolgt habe, wie er gemeint gewesen sei. Der japanische Wunsch sei dahin gegangen, daß Korea zunächst nur Japan um Garantie seiner Neutralität ersuchen möchte, während Korea den Antrag von vorneherein auf die Gewährung der guten Dienste Japans bei allen Vertragsmächten gerichtet habe.

Herr Pavlow ist nach seinen Informationen der Ansicht, daß Japan bei seiner Ablehnung allerdings erwähnt habe, Korea müsse erst eine ordentliche Armee von etwa 50,000 Mann haben, daß aber die weiteren Zusätze betreffs einer von Japan zu gewährenden Anleihe und zu naturalisirender japanischer Offiziere vermuthlich Suggestionen des Herrn Cho Piöng Sik selber seien.

Es scheint, daß der genannte Gesandte auch einen neuen vergeblichen Versuch gemacht hat, die Auslieferung der politischen Flüchtlinge zu erlangen, eine Angelegenheit, die den hiesigen Souverän unausgesetzt mehr beschäftigt, als alles Andere.

Abschrift dieses gehorsamsten Berichtes sende ich an die Kaiserlichen Gesandten in Tokio und Shanghai.

Weipert.

Inhalt: Die Mission des Koreanischen Gesandten in Tokio.

Ausdehnung der japanischen Fischereiberechtigung in Korea.

PAAA_RZ201-018930_023 ff.

Empfänger	Fürst zu Hohenlohe - Schillingsfürst	Absender	Weipert
A. 15634 pr. 2. November 1900. p. m.		Söul, den 21. September 1900.	
Memo	cfr. A. 16972 J. № 1190.		

A. 15634 pr. 2. November 1900. p. m.

Söul, den 21. September 1900.

№ 111.

An Seine Durchlaucht

den Herrn Reichskanzler

Fürsten zu Hohenlohe - Schillingsfürst.

Wie ich von dem hiesigen japanischen Gesandten höre, hat derselbe die am Schluß des gehorsamen Berichts № 105. vom 7. d. M.[26] erwähnte Demarche nicht auf eine Erweiterung der im Anfang d. J. verlangten Walfischfangs- Konzession, sondern nur darauf gerichtet, eine Ausdehnung der den Japanern nach Art. XLI der koreanisch-japanischen Handelsregulationen vom 25. Juli 1883 für die Küsten der südlichen und östlichen Provinzen Chölla, Kiöng Sang, Kang Wön und Ham Kiöng gewährten Fischereiberechtigung auf die westliche Provinz Kinng Kui zu erlangen. Die Vergünstigung sei zuvor im Prinzip mündlich bereits zugestanden, erklärt Herr Hayashi, harre jedoch noch der schriftlichen Festlegung durch Notenwechsel. Eine Gegenleistung durch Ausdehnung der koreanischen Fischereiberechtigung an der japanischen Küste, die ja doch nur eine imaginäre Bedeutung habe, sei nicht verlangt worden. Was den Werth dieser Erweiterung des japanischen Fischereigebietes anlangt, so besteht derselbe nach Herrn Hayashi´s Äußerung hauptsächlich darin, daß künftig die Boote den Hafen von Chemulpo anlaufen können. Thatsächlich fischen die Japaner von südlichen Häfen aus schon jetzt in der Höhe der Küste von Kinng Kui, halten sich dabei aber wie überhaupt meist, außerhalb der durch die Fischerei-Konvention vom 12. November 1889 normirten Zone von 3 Seemeilen.

---

26 A. 15402 ehrerb. beigefügt.

Abschrift dieses gehorsamsten Berichts sende ich an die Kaiserliche Gesandtschaft in Tokio.

Weipert.

Inhalt: Ausdehnung der japanischen Fischereiberechtigung in Korea.

PAAA_RZ201-018930_027 ff.

Empfänger	Fürst zu Hohenlohe - Schillingsfürst	Absender	Weipert
A. 15635 pr. 2. November 1900. p. m.		Söul, den 26. September 1900.	
Memo	J. № 1241.		

A. 15635 pr. 2. November 1900. p. m.

№ 112.

Söul, den 26. September 1900.

An Seine Durchlaucht

den Herrn Reichskanzler

Fürsten zu Hohenlohe - Schillingsfürst.

Durch Koreanische Verordnung vom 20. d. M. ist die Bildung eines neuen „Regiments", oder nach unserer Ausdrucksweise richtiger Bataillons von 1000 Mann (einschließlich der Offiziere) mit dem Garnisonsort Pyöng Yang bestimmt worden, für welches ein jährlicher Etat von 125 254 Yen ausgeworfen ist. Gleichzeitig sind die bisher in Piöng Yang stationirten Truppen, welche hier den Ruf besonderer Tapferkeit und Loyalität genießen, mit etwa 500 Mann nach Söul übergeführt worden, und es soll dem Vernehmen nach die Absicht bestehen, die Garnison von Söul noch um weitere drei Gardebataillone von je 1000 Mann und ein Gensdarmerie-Coups von 200 Mann zu verstärken. Die vorläufige Entblößung Piöng Yang's von den bisher dort zum Schutz der Grenzdistrikte für nöthig gehaltenen Truppen wird dadurch erleichtert, daß die neuesten Nachrichten aus den benachbarten Gebieten der Mandschurei wesentlich beruhigender lauten. Die dortigen Boxer sollen sich, nachdem die chinesischen Behörden sich gegen sie erklärt und zahlreiche Verhaftungen vorgenommen haben, aufgelöst und zerstreut haben.

Wie ich von dem russischen Geschäftsträger höre, hat der koreanische Gesandte in Tokio vor Kurzem den etwas naiven Antrag gestellt, Japan möge die hiesigen Schutztruppen zurückziehen, wurde aber, wie zu erwarten war, darauf verwiesen, daß die koreanische Regierung noch nicht im Stande sei selbst für die Aufrechterhaltung von Ruhe und Ordnung zu garantiren. Vielleicht bezweckt man mit der geplanten Truppenvermehrung diesem Einwand zu begegnen und einen Anfang zur Erfüllung der von Japan angeblich gestellten Bedingung einer Armee von 50,000 Mann zu machen. Jedenfalls dürfte es der an der Kreirung neuer Stellen interessirten Umgebung des hiesigen Souveräns nicht schwer gefallen sein, ihn von der Nothwendigkeit der Maßregel zu überzeugen, da derselbe ohnehin sich in steter Besorgniß vor inneren oder äußeren Komplikationen befindet und Alles zu thun geneigt ist, was zu seiner persönlichen Sicherheit dienen kann.

Abschriften dieses gehorsamsten Berichts sende ich an die Kaiserlichen Gesandten in Tokio und Shanghai.

Weipert.

Herr Iswolski über die koreanische Frage.

PAAA_RZ201-018930_031 ff.

Empfänger	Fürst zu Hohenlohe - Schillingsfürst	Absender	Wedel
A. 15643 pr. 2. November 1900. p. m.		Tokio, den 24. September 1900.	
Memo	I) Tel. i. z. 9. 11. Tokio 84. II) Tel. i. z. 31. 1. 01 London 78. III) Tel. i. z. 25. 6. 01 Tokio 32.		

A. 15643 pr. 2. November 1900. p. m.

Tokio, den 24. September 1900.

A. 106.

An Seine Durchlaucht

den Herrn Reichskanzler

Fürsten zu Hohenlohe - Schillingsfürst.

Gelegentlich eines Besuchtes, den ich dem russischen Gesandten, Herrn Iswolski, abstattete, lenkte derselbe das Gespräch auf die koreanische Frage, um mich, wie er sagte, auf „drohende Gefahren" aufmerksam zu machen. Der Gesandte äußerte sich sehr beunruhigt über das in Japan, insbesondere in Militärkreisen mehr und mehr Platz greifende Verlangen, die gegenwärtige Lage zu einem „Coup" in Korea zu benutzen. Auch der einflußreiche Kriegsminister, Vicomte Katsura, schiene nach seinen Nachrichten eifrig für eine solche Aktion zu wirken. Er halte zwar, fuhr Herr Iswolski fort, Marschall Yamagata und Vicomte Aoki für zu vorsichtig und besonnen, um so riskante Wünsche zu fördern, doch könnten sie gegen ihren Willen von dem wachsenden Strom der öffentlichen Meinung fortgerissen werden. Ein kühnes Unternehmen Japans, um sich Korea zu sichern, würde eine große Gefahr für den Weltfrieden mit sich bringen.

Daher hätten alle Mächte ein Interesse daran, Japan von derartigen gefährlichen Manövern abzulenken. Das beste Mittel sei seines Erachtens den Japanern die Besetzung Fukien's freizugeben, um ihren Unternehmungsdrang zufrieden zu stellen.

Herr Iswolski suchte mich alsdann darüber zu sondiren, wie die Kaiserlich deutsche Regierung über diese Frage denke. Ich erwiderte dem Gesandten in höflichster Form, ich sei zu meinem Bedauern außer Stande ihm Auskunft zu ertheilen, da ich über die bezüglichen Auffassungen der Regierung Seiner Majestät nicht informirt sei. Da aber

Deutschland sich für die Intergrität China´s und die Politik der offenen Thür erklärt habe, so wolle es mir zweifelhaft erscheinen, ob eine japanische Occupation Fukien´s gern gesehen würde.

Herr Iswolski erklärte mir schließlich, Rußland könne die Japaner unter keinen Umständen in Korea dulden. „Und wenn wir unsere halbe Armee nach Sibirien verlegen müßten, wir würden nicht ruhen, bis wir die Japaner aus Korea verdrängt hätten."

Danach scheint Herr Iswolski an einen eventuellen sofortigen Zusammenstoß zwischen Rußland und Japan kaum zu glauben, sondern es für wahrscheinlicher zu halten, daß sich Rußland in den nächsten Jahren rüstet, um erst dann den Kampf mit Japan zu wagen.

Ich möchte bei dieser Gelegenheit nicht unerwähnt lassen, daß Herr Iswolski sich mir gegenüber stets sehr deutschfreundlich giebt, vielleicht etwas mehr, als er es thatsächlich ist. Doch glaube ich wahrgenommen zu haben, daß ihm und seiner liebenswürdigen Gemahlin deutsche Sympathien bis zu einem gewissen Grade nicht abzusprechen sind. Mit Vorliebe giebt sich Herr Iswolski den Anschein, als glaube er an eine Verständigung zwischen Deutschland und Rußland in der ostasiatischen Politik.

Wedel.

Inhalt: Herr Iswolski über die koreanische Frage.

Die Mission des koreanischen Gesandten.

PAAA_RZ201-018930_037 ff.			
Empfänger	Fürst zu Hohenlohe - Schillingsfürst	Absender	Wedel
A. 15648 pr. 2. November 1900. p. m.		Tokio, den 25. September 1900.	
Memo	mtg. 10. 11. London 1063, Petersb. 774 cfr. A. 3429. 01.		

A. 15648 pr. 2. November 1900. p. m. 1 Anl.

Tokio, den 25. September 1900.

A. 111.

Seiner Durchlaucht

dem Herrn Reichskanzler

Fürsten zu Hohenlohe - Schillingsfürst.

Der vor Kurzem hier eingetroffene koreanische Gesandte, Herr Cho Pyöng Sik, hat der japanischen Regierung den Wunsch seiner Regierung unterbreitet, Japan möge für Korea die von den Mächten garantirte Unabhängigkeit der Halbinsel auszuwirken suchen. Korea wünsche, so habe Herr Cho sich ausgedrückt, eine der Situation Belgien´s und der Schweiz ähnliche garantirte Neutralität zu erlangen.

Vicomte Aoki sprach sich über die „lächerliche Anmaßung" Korea´s in ziemlich schroffer Tonart aus. Er habe es aber zu vermeiden gesucht, seine Gefühle zu zeigen und das Ansuchen des koreanischen Gesandten direkt abzulehnen. Er habe den bejahrten koreanischen Diplomaten auf´s Glatteis geführt und ihn durch Fragen über Belgien und die Schweiz in Verlegenheit gesetzt, wobei es sich herausgestellt habe, daß dem alten Herrn von beiden Ländern zwar die Namen, sonst aber auch nichts bekannt sei.

Herr Cho werde nach dieser kühlen Aufnahme seiner Wünsche wohl nicht darauf zurückkommen, jedenfalls werde er, Vicomte Aoki, sich auf das Thema nicht einlassen, da er wohl wisse, daß jedes seiner Worte von Herrn Cho sofort der russischen Gesandtschaft berichtet werde. Er könne überhaupt das koreanische Ansuchen nicht ernst nehmen, es sei wohl von russischer Seite - vielleicht von Herrn Pavlow - inspirirt, um Japan zu zwingen, Farbe zu bekennen; dafür spreche auch die Wahl des russenfreundlichen Herrn Cho, welcher zugleich der erbittertste Feind Japans in ganz Korea sei.

Ganz im Gegensatz dazu glaubt Herr Iswolski die Mission des Herrn Cho von dem japanischen Gesandten in Söul, Herrn Hayashi, in Scene gesetzt, um die koreanische Frage anzuschneiden.

Es ist aber nicht einzusehen, welches Interesse Japan daran haben könnte, Korea zu veranlassen, in diesem Augenblick eine von den Mächten garantirte Unabhängigkeit anzustreben. Wenn es nur darauf ankäme, die koreanische Frage anzuschneiden, so dürften der japanischen Diplomatie bessere Mittel zur Verfügung stehen als dieses. Auch ist es eine selbst von Herrn Iswolski zugestandene Thatsache, daß Herr Cho kein Freund der Japaner ist, während die Annahme des Vicomte Aoki, daß Herr Cho in guten Beziehungen zur russischen Gesandtschaft steht, mir durch Herrn Iswolski´s eigene Mittheilungen bestätigt wird, wonach sich Herr Cho rathsuchend an ihn gewandt habe.

Einen Ausschnitt aus der „Japan Times" vom 15. d. M., betreffend die Mission des koreanischen Gesandten, beehre ich mich Euerer Durchlaucht in der Anlage gehorsamst vorzulegen. Der Artikel ist characteristisch für die geringschätzende Denkart der Japaner über Korea und ihre Neigung, die koreanischen Nachbarn von oben herunter zu behandeln.

Wedel.

Inhalt: Die Mission des koreanischen Gesandten.

Zu A. 111.

The Japan Times

Tokyo, Saturday, Sept, 15TH, 1900.

Korea.

In sending a man of Mr. Cho Pyongchik's standing to Japan as her Minister, Korea had of course a good reason although it was not at first evident exactly what that reason was. It has now transpired, however, that Korea's object was to enlist Japan's sympathy and support for her dream of neutralization under an international guaranty after the fashion of Switzerland and Belgium. The Koreans are of course free to indulge in the momentary pleasure of such a dream, but it would be well for them not to entertain any hope of its realization. They cannot awake too soon to the reality of things. The situation is very aptly described by the Japan Mail, when it says that "to provide an international guarantee for a country so ill-governed as Korea, would be like drawing a ring-fence round a pest-stricken community and leaving them to perish gradually." Even as we write, reports are circulated of a state of no inconsiderable disorder in the southern provinces of the Peninsula, where that gang of pseudo-socialists, the Kwalpin-tong, notwithstanding the arrest of their leader, are said to be increasing both in numbers and in-law-breaking activity. Heaven helps those alone who help themselves, and there is no salvation for any people save in their own self-renovating vitality. This nation is filled with genuine friendship and sympathy for the Koreans; it has done what was in its power to help them to stand on their own legs, and is willing to afford them all reasonable help in the future. No nation on earth could be more solicitous for Korea's independence and strength than Japan, for the very good reason that no nation is more vitally interested in her independence and prosperity. It is, therefore, a source of sincere disappointment for us to observe that the Koreans have not yet succeeded in grasping even the faintest idea of how matters stand with them; otherwise they would not have presumed to bother Japan with a proposal so preposterous as the one in question - a proposal which has deservedly met with a polite but significant refusal.

Japans „koreanische Pläne"

PAAA_RZ201-018930_044 ff.

Empfänger	Fürst zu Hohenlohe - Schillingsfürst	Absender	Wedel
A. 15649 pr. 2. November 1900. p. m.		Tokio, den 25. September 1900.	
Memo	Vertraulich. mtg. 6. 11. London 1035.		

A. 15649 pr. 2. November 1900. p. m.

Tokio, den 25. September 1900.

A. 112.

Seiner Durchlaucht

dem Herrn Reichskanzler

Fürsten zu Hohenlohe - Schillingsfürst.

Ich hatte kürzlich Gelegenheit, Vicomte Aoki über etwaige „koreanische Pläne" der japanischen Regierung zu sondiren.

Der Minister sprach sich mir gegenüber vertraulich ziemlich offen aus. Aus seinen Äußerungen ging ferner, daß die japanische Regierung in dieser Richtung einen bestimmten Plan noch nicht verfolgt, sich aber einstweilen vorbereitet, um im geeigneten Moment zum Handeln fertig zu sein.

Auf die Vorbereitungen selbst ging der Minister nicht ein, doch dürfte zu denselben die in aller Stille erfolgende Einberufung der Reserven der halben Armee zu zählen sein, welche ich Euerer Durchlaucht anderweitig zu melden die Ehre hatte. Vielleicht ist dahin auch das von einigen Zeitungen gemeldete Eintreffen leerer Transportdampfer auf der Einschiffungsstation Ujina an der Inlandsee zu rechnen, welche „zum Transport von Munition und Proviant für die Truppen in China" bereit gehalten werden sollen.

Vicomte Aoki sagte mir, er werde darauf bedacht sein, die koreanische Frage von der chinesischen zu trennen. Es seien ja in letzter Zeit Grenzverletzungen von Seiten der Chinesen und innere boxerähnliche Bewegungen in Korea vorgekommen. Solche Unruhen würden sich voraussichtlich wiederholen und der japanischen Regierung, sobald diese zum Handeln entschlossen sei, Veranlassung geben, den Koreanern die Unterstützung Japan´s zum Schutz der Sicherheit und Ordnung anzubieten. Die japanische Regierung werde aber nichts überstürzen oder brüskiren.

Bezüglich der Stellung Amerika´s zu dieser Frage scheint Vicomte Aoki noch nicht orientirt zu sein.

Wedel.

Inhalt: Japans „koreanische Pläne"

Die Zustände an der koreanisch-chinesischen Grenze.

PAAA_RZ201-018930_048 ff.

Empfänger	Fürst zu Hohenlohe - Schillingsfürst	Absender	Weipert
A. 15771. pr. 4. November 1900. [o. A.]		Söul, den 15. September 1900.	
Memo	J. № 1165.		

A. 15771. pr. 4. November 1900.

Söul, den 15. September 1900.

№ 108.

An Seine Durchlaucht

dem Herrn Reichskanzler

Fürsten zu Hohenlohe - Schillingsfürst.

Die hiesige Regierung hat kürzlich Nachricht von dem Magistrat in Cha Söng, einem Ort nahe dem mittleren Theil der chinesischen Grenze, erhalten, wonach in der letzten Hälfte v. M. in der etwa 60 Km von der Grenze entfernten chinesischen Stadt Tung Hoa (ungefähr 41° 35′ nördlicher Breite und 126° 16′ östlicher Länge) außer vielen chinesischen etwa 100 koreanische Christen und 2 Japaner von der aufrührerischen Bevölkerung ermordet worden sind.

Dagegen scheint die am 9. d. M. chinesischerseits erfolgte Wiedereröffnung des Telegraphendienstes zwischen Wiju und Mukden auf Herstellung größerer Ruhe in diesem Gebiet zu deuten.

Was die Zustände diesseits der Grenze anlangt, so klagen neuerdings Berichte amerikanischer Missionare in Ping Yang an den hiesigen Ministerresidenten der Vereinigten Staaten über Thätlichkeiten und Bedrohungen gegen koreanische Christen, die von diesen aus den Distrikten in der Nähe von Wiju gemeldet würden. In einem Orte Yong Chön, etwa 30 Km südlich von Wiju, soll danach auch eine Kirche theilweise zerstört worden sein, und die Haltung der koreanischen Beamten soll viel zu wünschen übrig lassen. Da jedoch derartige Berichte der einheimischen Christen oft an Uebertreibung leiden, hat sich Dr. Allen bisher darauf beschränkt, den Minister des Aeußeren um Anstellung von Ermittelungen zu ersuchen.

Abschriften dieses gehorsamen Berichts sende ich an die Kaiserlichen Gesandten in Tokio und Shanghai.

Weipert.

Inhalt: Die Zustände an der koreanisch-chinesischen Grenze.

Berlin, den 6. November 1900.

zu A. 15649.

An

die Botschaft in

London № 1035.

J. № 10837.

Euerer pp. übersende ich anbei ergebenst Abschrift eines Berichts des Kais. Geschäftsträgers in Tokio vom 25. September d. J., betreffend Japans „koreanische Pläne"

zu Ihrer gefl. vertrl. Information.

N. d. H. St. S.

i. m.

Berlin, den 9. November. 1900.   ad A. 15643 I.

Geschtrgr.
Tokio № 84.

cfr. A. 16384

Antw. auf Bericht 106
vom 24. Sept.

J. № 10983.

Für Deutschland würde, wie ich vertraulich für Ew. bemerke, das Vorgehen von Japan in Korea nicht bedenklich, das Vorgehen in Fukien aber höchst unerwünscht sein. Daß Deutschland mit Bezug auf Korea weder für Interessen noch für übernommene Verbindlichkeiten eingetreten hat, daß wir überhaupt mit Rußland keinen einzigen politischen Vertrag irgendwelcher Art haben, sind Thatsachen, welche Ew. in einem psychologischen Moment, d. h. wenn Graf Ito oder H. Kato das Thema anregen und sich bemüht zeigen, diese Punkte aufzuklären, unbefangen werden konstatiren können. Eine Anregung des Themas von Ihrer Seite könnte die mißtrauischen Japaner zu dem Verdachte bringen, daß wir sie gegen Rußland hetzen wollen.

Sollte von japanischer Seite die Frage der Festsetzung in Fukien angeregt werden, so wollen Sie entsprechend früheren deutschen Erklärungen sagen, daß Deutschland dort keine eigenen Zwecke verfolgt, daß aber die Lage Japans durch das Vorgehen gegen Fukien gefährdet werden könnte, weil Japan dadurch die Interessen dritter Mächte beeinträchtigen und sich neue Feindschaft zuziehen würde, ohne die alte Feindschaft zu versöhnen, kurz, daß Japan riskiren würde, in Fukien mehrere Mächte sich gegenüber zu sehen. Falls dann etwa von japanischer Seite die Frage gestellt wird, ob das gleiche Bedenken nicht auch in Korea vorliege, wollen Ew. mit der Gegenfrage antworten, wer dann da in Betracht kommen könne? Für Amerika, dessen Interessen weiter südlich lägen, sei Korea keinen Krieg werth, u. daß Frankreich sich im fernen Osten auf ein Unternehmen einlassen sollte, welches seine Seestreitkräfte ganz u. außerdem noch einen Theil seiner Landarmee in Anspruch nehmen würde, sei angesichts der europäischen Lage von vornherein ausgeschlossen.

Wie gesagt, wollen Ew. die Gefahr, daß die Japaner gegen die von Ihnen vertretenen Absichten mißtrauisch werden, immer vor Augen haben, u. deshalb nur die an Sie gerichteten Fragen, diese aber ruhig u. bestimmt, beantworten.

Mit H. Iswolski wollen Ew. gute Beziehungen unterhalten, auf die von ihm angeregten Themata eingehen, aber ihm keinen Anlaß zu dem Verdacht geben, daß Sie ihn ausforschen wollen. Wahrscheinlich werden Sie dann nur um so eher von ihm etwas Berichtenswerthes erfahren.

N. S.

Berlin, den 10. November 1900

zu A. 15402.　zu A. 15633.

An

die Botschaften in

1. London № 1064.

2. St. Petersburg № 775.

J. № 10992.

E. E. beehre ich mich im Anschluß an meinen Erlaß vom 10. d. Mts. - A. 15648. -

ad 1: № 1063.

ad 2: № 774.

anbei Abschrift zweier Berichte des Kais. Konsuls in Söul vom 7. und 20. September d. J. betreffend Japan und Korea

zur gefl. Information zu übersenden.

N. d. H. St. S.

i. m.

Berlin, den 10. November 1900.

zu A. 15648.

An

die Botschaften in

1. London № 1063.

2. Petersburg № 774.

J. № 10991.

Euerer pp. übersende ich anbei ergebenst Abschrift eines Berichts des Kais. Geschäftsträgers in Tokio vom 25. September d. J., betreffend die Mission des koreanischen Gesandten

zu Ihrer gefl. Information.

N. d. H. St. S.

i. m.

PAAA_RZ201-018930_062 ff.

Empfänger	Auswärtiges Amt in Berlin	Absender	Wedel
A. 16354 pr. 16. November 1900. a. m.		[o. A.]	

A. 16354 pr. 16. November 1900. a. m.

Telegramm.

Tokio, den - November 1900. 3 Uhr 45 Min. p. m.
Ankunft: den 15. November 8 Uhr 7 Min. p. m.

Der K. Geschäftsträger an Auswärtiges Amt

Entzifferung.

№ 111.

Ich hatte Gelegenheit in einem Gespräch mit Vicomte Aoki, der mit Herrn Kato sehr befreundet ist, Euerer Excellenz Telegramm № 84 zu verwerthen. Vicomte Aoki erzählte mir, Kato, der Manches mit ihm bespreche, habe sich über Deutschlands Stellung zur koreanischen Frage eingehend informirt.

Kato sei für ein Unternehmen in Korea, habe ihm aber gesagt, solange Marquis Ito Ministerpräsident sei, sei keine Aussicht auf Verwirklichung solcher Gedanken vorhanden. Der Marquis sei mit Entschiedenheit gegen jegliche Unternehmungen, er wolle Komplikationen mit allen Mächten besonders mit Rußland sorgfältig vermeiden.

Unter diesen Umständen habe er, Kato, Herrn Iswolski's direkte Frage, ob die Regierung gesonnen sei bezüglich Korea's an der Nissi-Rosen-Convention festzuhalten, mit gutem Gewissen bejahend beantworten können.

Wedel.

[   ]

Empfänger	Fürst zu Hohenlohe - Schillingsfürst	Absender	Weipert
A. 16394 pr. 16. November 1900. a. m.		Söul, den 2. Oktober 1900.	
Memo	mtg 23. 11. London 1104.		

PAAA_RZ201-018930_066 f.

A. 16394 pr. 16. November 1900. a. m.

Söul, den 2. Oktober 1900.

№ 115.

Seiner Durchlaucht, dem Herrn Reichskanzler, Fürsten zu Hohenlohe - Schillingsfürst.

pp.

Die neueste Idee des Herrn Collbran, des rührigen Leiters der von ihm für koreanische Rechnung betriebenen elektrischen Anlagen, ist nämlich die Gründung einer koreanischen Bank, deren Kapital die hiesige Regierung von einem amerikanischen Consortium gegen Verpfändung der Seezölle entleihen soll. Herr Collbran will dann die Bank für koreanische Rechnung betreiben. Auf ähnlicher Basis hat sich der genannte Ingenieur erboten, die für die Stadt Söul geplante Wasserleitung zu bauen, eine Anlage, deren Kosten wegen der Schwierigkeiten des Terrains auf 1 1/2 bis 2 Millionen Yen geschätzt werden. Bezüglich beider Projekte sind, wie ich höre, gewisse vage Versprechungen gegeben, aber noch keine Kontrakte gezeichnet worden. Die Frage der Rentabilität derartiger auf fremde Rechnung betriebener Anlagen wird durch das Beispiel der hiesigen elektrischen Straßenbahn illustrirt. Dieselbe arbeitet wegen des theuren amerikanischen Betriebs mit einer Unterbilanz, die auf monatlich 400 bis 800 Yen angegeben und im Wesentlichen von dem hiesigen Souverän, als dem Hauptaktionär, getragen wird.

pp.

gez. Weipert.

Orig. i. a. Korea 4.

PAAA_RZ201-018930_068 ff.

Empfänger	Fürst zu Hohenlohe - Schillingsfürst	Absender	Wedel
A. 16410 pr. 16. November 1900. a. m.		Tokio, den 15. Oktober 1900.	
Memo	mtg. 23. 11. London 1107.		

A. 16410 pr. 16. November 1900. a. m.

Tokio, den 15. Oktober 1900.

A № 118.

Seiner Durchlaucht

Dem Reichskanzler

Fürsten zu Hohenlohe - Schillingsfürst.

Nach einer in sämmtlichen hiesigen Zeitungen veröffentlichen Nachricht ist die Lösung der augenblicklich schwebenden Kabinetskrisis dadurch hinausgeschoben worden, daß Marquis Ito von dem scheidenden Ministerium die Erledigung einer „gewissen Angelegenheit" verlangte, ehe er die Bildung des neuen Kabinets übernehmen könnte.

Vicomte Aoki, den ich über die Bedeutung dieser Nachricht befragte, theilte mir vertraulich mit, es hätten mit der koreanischen Regierung Verhandlungen über die Gewährung eines Darlehns von 5 Millionen Yen durch die der Regierung nahestehende Daiichi Ginko (Erste Bank) stattgefunden. Marquis Ito habe diese Frage, die man eigentlich nur als eine Privatangelegenheit der unter der Leitung des Barons Shibusawa stehenden Bank auffassen könne, ganz unnöthig aufgebauscht, weil ihm die Uebernahme des Ministerpräsidiums aus andern Gründen augenblicklich noch nicht passe. Die hiesige Miyako Shimbun, welche offenbar gut informirt ist, bringt folgende Darstellung des Vorfalls:

Gelegentlich der Aufklärungen, die Marquis Ito von dem scheidenden Kabinet über die politische Lage sich geben ließ, kam es zu Tage, daß die japanische Regierung der Koreanischen ein Darlehn von 5 Millionen Yen gegen Verpfändung der koreanischen Seezölle versprochen hat. Marquis Ito hatte in diesem Versprechen eine Maßregel zu erblicken vorgegeben, welche geeignet erscheine, russische Gefühle zu verletzen u. hat verlangt, daß das Yamagata-Kabinet dieses Versprechen aus der Welt schaffen möge, da er weder gesonnen sei, es zu halten noch es zu brechen. Vicomte Aoki hat nun zu Ito's großem Kummer erklärt, diesem Wunsche könne sofort willfahren werden u. hat den Japanischen Gesandten in Söul, Herrn Hayashi, telegraphisch angewiesen, der koreanischen Regierung zu erklären, Japan sehe sich gezwungen, sein Versprechen zurückzuziehen. Diese Darstellung der Miyako Shimbun erscheint um so glaubwürdiger, als nach dem an Euere Durchlaucht gerichteten mir abschriftlich zugegangenen Bericht № 55. des Kais. Konsuls in Söul vom 1. Oktober d. J. die koreanische Regierung auf Betreiben des russischen Geschäftsträgers in Söul offenbar schon ihrerseits Versuche gemacht haben muß, von der verabredeten Anleihe wieder loszukommen. Hierdurch würde die Bereitwilligkeit Aoki´s, dem Ansinnen des Marquis Ito zu entsprechen, eine sehr einfache Erklärung finden.

Der ganze Zwischenfall ist nur insofern von einiger Bedeutung, als in den letzten Jahren finanzielle Liebenswürdigkeiten der koreanischen Regierung gegenüber sowohl von Seiten Rußlands wie von Seiten Japans immer die Einleitung einer mit Bezug auf die Halbinsel zu entfaltenden erhöhten politischen Aktivität zu bilden pflegten.

Umgekehrt dürfte die Haltung des Marquis Ito den Schluß zulassen, daß seine ausw. Politik eine Erhöhung des japanischen Einflusses in Korea nicht zum Ziele haben u. daß er der Auseinandersetzung mit Rußland, die das Yamagata-Kabinet zu forciren bereit zu sein schien, sehr vorsichtig aus dem Wege zu gehen bemüht sein wird.

gez. Wedel.

Orig. i. a. Korea 4

[   ]

PAAA_RZ201-018930_071 ff.			
Empfänger	Auswärtiges Amt in Berlin	Absender	Wedel
A. 16828 pr. 23. November 1900. p. m.		[o. A.]	
Memo	I Tel. i. Z. mtg 24. 11. London 518. II Tel. i. Z. 25. 11. Tokio. 93. B., 24. 11. 00. Botschafter London № 518. Vertraulich.		

A. 16828 pr. 23. November 1900. p. m.

Telegramm.

Tokio, den . November 1900. Uhr   Min. m.
Ankunft: den 23. November 3 Uhr 18 Min. p. m.

Der K. Geschäftsträger an Auswärtiges Amt.
Entzifferung.

№ 123.[27]

Aus guter Quelle erfahre ich, daß England japanischer Regierung eine Aktion in Korea nahegelegt hat. Mein Gewährsmann fügt hinzu, die Aufforderung sei nicht ganz ohne Eindruck geblieben und würde die zahlreichen Freunde dieses Gedankens anspornen, in diesem Sinne thätig zu sein.

Es läßt das auf einen wachsenden Gegensatz zwischen Herrn Kato und Marquis Ito schließen, was bei den guten Beziehungen Kato's zu Okuma nicht überraschen kann.

Wedel.

---

27 [Randbemerkungen] Vorstehende Mittheilung u. andererseits die heute an Ew. mitgetheilte Äußerung der Zeitung des Marquis Ito lassen annehmen, daß gerade jetzt in Japan die russische und die englische Strömung scharf aufeinander prallen. Vielleicht ist die ebenbesprochene englische Anregung wegen Korea veranlaßt durch Ew. neuliche Unterredungen. Offenbar gewinnt die englische Strömung an Stärke, im Verhältniß zu dem vermehrten Interesse, welches man in London für ostasiatische Angelegenheiten und japanische Interessen zeigt. N. S.

[   ]

PAAA_RZ201-018930_075 f.			
Empfänger	Auswärtiges Amt	Absender	Hatzfeldt
A. 16916 pr. 25 November 1900. a. m.		[o. A.]	
Memo	Tel. i. Z. v. 25. 11. Tokio 93. Unter Bezugnahme auf Telegramm № 518.[28]		

A. 16916 pr. 25 November 1900. a. m.

Telegramm.

London, den 24. November 1900. 6 Uhr 55 Min. p. m.

Ankunft: 9 Uhr 10 Min. p. m.

Der K. Botschafter an Auswärtiges Amt.

Entzifferung.

№ 787.

Ich habe guten Grund zu der Annahme, daß die vom Kaiserlichen Geschäftsträger in Tokio gemeldete englische Demarsche daselbst thatsächlich stattgefunden hat. Auf die Gefahr einer dauernden japanisch-russischen Annäherung hatte ich nicht nur Lord Lansdown sondern auch verschiedenen anderen Kabinetsmitgliedern gegenüber gesprächsweise hingewiesen. Einer dieser Minister, mit welchem ich gestern wieder zusammentraf, sagte mir im strengsten Vertrauen, daß er und seine Kollegen dafür Sorge getragen hätten den England stets wohlgesinnten Herrn Kato zu einer energischen Haltung in der koreanischen Frage Rußland gegenüber zu veranlassen.

Hatzfeldt.

---

28 A. 16828 ehrerb. beigeft.

Berlin, den 25. November 1900.   A. 16828 II, 16916.

Geschäftsträger   Geheim. Selbst entziffern.

Tokio № 93   In London besteht die Ansicht, daß Hr. Kato

                                   persönlich in koreanischer Frage zu energischer

Antwort auf Tel 123.   Politik gegen Rußland neigt.

J. № 11503.   St. S.

Amerika und die Frage der Neutralisirung Koreas.

PAAA_RZ201-018930_082 ff.			
Empfänger	Fürst zu Hohenlohe - Schillingsfürst	Absender	Weipert
A. 16970 pr. 26. November 1900. a. m.		Söul, den 9. Oktober 1900.	
Memo	mtg. 25. 11. London 1123, Petersburg 878, Washington A. 187. J. № 1343.		

A. 16970 pr. 26. November 1900. a. m.

Söul, den 9. Oktober 1900.

№ 120.

An Seine Durchlaucht

den Herrn Reichskanzler

Fürsten zu Hohenlohe - Schillingsfürst.

Der koreanische Gesandte in Tokio hat, wie ich höre von zuverlässiger Seite, vor Kurzem an seine Regierung in dem Sinne telegraphisch berichtet, der dortige amerikanische Gesandte habe ihm zugesagt, daß er in Washington, wohin er sich in einigen Wochen urlaubsweise begebe, für den Gedanken der Neutralisirung Koreas wirken wolle. Der hiesige russische Geschäftsträger hat zwar, wie er mir sagte, von dem russischen Gesandten in Tokio erfahren, daß Colonel Buck diesem gegenüber bestimmt verneint habe, dem koreanischen Gesandten irgendwelche Versprechungen gegeben zu haben. Trotzdem scheint Herr Pavlow von dem Gedanken, daß Amerika die Frage aufnehmen und dadurch die ostasiatische Situation noch mehr kompliziren könnte, etwas beunruhigt gewesen zu sein. Indeß höre ich von ihm, daß ihm der hiesige amerikanische Vertreter gestern erklärt hat, er halte es zwar nicht für ausgeschlossen, daß Colonel Buck in seiner großen Gutmüthigkeit sich zu gewissen Versprechungen habe bewegen lassen, glaube aber bestimmt, daß man sich in Washington auf nichts einlassen werde. Er habe schon bei einem früheren Auftauchen des Projekts an seine Regierung eingehend über die Schwierigkeit der Ausführung desselben berichtet, die, wie auf der Hand liegt, vor Allem in der Frage bestehe, auf welche Weise für die Aufrechterhaltung der Ordnung in dem unruhigen und schlecht regierten Lande gesorgt werden solle.

Abschrift dieses ehrerbietigen Berichts sende ich an die Kaiserlichen Gesandten in Tokio und Shanghai.

Weipert.

Inhalt: Amerika und die Frage der Neutralisirung Koreas.

PAAA_RZ201-018930_086 f.

Empfänger	Fürst zu Hohenlohe - Schillingsfürst	Absender	Weipert
A. 16971 pr. 26. November 1900. a. m.		Söul, den 13. Oktober 1900.	
Memo	mtg. 28. 11. London 1124, Peterb. 819, Washi. A. 190. J. № 1356.		

A. 16971 pr. 26. November 1900. a. m.

Söul, den 13. Oktober 1900.

№ 123.

An Seine Durchlaucht

den Herrn Reichskanzler

Fürsten zu Hohenlohe - Schillingsfürst.

Im Anschluß an den Bericht № 120.[29] vom 9. dieses Monats verfehle ich nicht Euerer Durchlaucht gehorsamst zu melden, daß inzwischen der hiesige amerikanische Vertreter von dem Colonel Buck eine Mittheilung erhalten hat, wonach Letzterer sich dem koreanischen Gesandten in Tokio gegenüber auf die Erklärung beschränkt hat, seine Regierung müsse ihre Anträge durch ihren Gesandten in Washington anbringen.

Weipert.

---

29 Mit heutiger Post.

Ausdehnung der japanischen Fischereiberechtigung in Korea.

PAAA_RZ201-018930_088 ff.			
Empfänger	Fürst zu Hohenlohe - Schillingsfürst	Absender	Weipert
A. 16972 pr. 26. November 1900. a. m.		Söul, den 14. Oktober 1900.	
Memo	J. № 1361.		

A. 16972 pr. 26. November 1900. a. m.

Söul, den 14. Oktober 1900.

№ 124.

An Seine Durchlaucht

den Herrn Reichskanzler

Fürsten zu Hohenlohe - Schillingsfürst.

Die Ausdehnung der japanischen Fischereiberechtigung auf die Küste der Provinz Kiung-Kui (cf. c. pl. Bericht № 111.[30] vom 21. v. M.) ist durch Notenwechsel vom 3. d. M. zu Stande gekommen, allerdings nicht so einfach und bedingungslos wie Herr Hayashi es in Aussicht stellte. Die Zusage ist nur auf 20 Jahre ertheilt und gegen das - freilich nicht sehr riskante - Versprechen, daß Korea eine ähnliche Erweiterung der ihm zustehenden Berechtigung an der japanischen Küste erhalten werde, wenn es dies in Zukunft wünschen sollte. Ferner aber hat Korea im Zusammenhang mit dieser Frage japanischerseits das Zugeständniß der Anerkennung des Königlichen Monopols des hier produzirten und in China als Arzneimittel sehr geschätzten sogenannten rothen oder zubereiteten Ginseng erhalten. In den Verträgen hat dieses von jeher bestandene Monopol, welches im letzten Jahre einen Brutto-Ertrag von über einer Million Yen abwarf nur dadurch Ausdruck gefunden, daß der Export des rothen Ginseng verboten bzw. im japanischen Vertrag an besondere Erlaubniß geknüpft ist. Die Japaner haben daher bisher den Anspruch erhoben, daß ihnen der Ankauf von Ginseng, angeblich zum Vertrieb im Inland, freistehe. Die von den Produzenten erworbene Waare wurde dann von den japanischen Händlern heimlich zubereitet und im Wege des Schmuggels ins Ausland gebracht. Der Ankauf wurde, wegen der den Produzenten drohenden Hinterziehungsstrafe, meist durch Vorschiebung fingirter Verkäufer bewirkt und führte in den letzten Jahren zu

---

30 A. 15634.

förmlichen Raubzügen in das Produktionsgebiet von Song do und zu Gewaltthätigkeiten gegen die koreanischen Schutzmannschaften, ohne daß diesem Unwesen seitens der japanischen Gesandtschaft gesteuert worden wäre. Jetzt hat der hiesige japanische Konsul eine Bekanntmachung erlassen, nach welcher das koreanische Verbot des privaten Ginsenghandels vom japanischen Gesandten anerkannt worden ist. Dem Vernehmen nach soll dieses ganze Arrangement des Austauschs von Zugeständnissen seitens des japanischen Rathgebers des hiesigen Eisenbahnamts, Omiwa Chobei, dem für dieses Jahr auch die Beaufsichtigung der Ginseng-Einnahmen übertragen ist, zu Stande gebracht sein und zwar, wie es heißt, mit dem zu Grunde liegenden Zweck, die auf diese Weise mehr geschützten Monopol-Einkünfte demnächst als Sicherheit für eine von der Söul-Fusan Eisenbahn-Gesellschaft eventuell zu gebende Anleihe zu verwenden, welche der koreanischen Regierung die Mittel liefern soll, um die in dem Konzessionsvertrag übernommene Verpflichtung der Gewährung des Bahnterrains zu erfüllen.

Abschrift dieses ehrerbietigen Berichts sende ich an die Kaiserliche Gesandtschaft in Tokio.

Weipert.

Inhalt: Ausdehnung der japanischen Fischereiberechtigung in Korea.

PAAA_RZ201-018930_094 ff.			
Empfänger	Auswärtiges Amt in Berlin	Absender	Wedel
A. 17045 pr. 27. November 1900. p. m.			
Memo	Tel. mtg. i: Z 27. 11. London 527. J. № 11547.		

A. 17045 pr. 27. November 1900. p. m.

Telegramm.

Tokio, den November 1900. 3 Uhr 55 Min. p. m.
Ankunft: 27. 11. 6 Uhr 8 Min. p. m.

Der K. Geschäftsträger an Auswärtiges Amt.
Entzifferung.

№ 124.

B. 27. Nov. 1900.
Botschafter London № 527.

Im koreanischen Hafenplatz Chinampo ansässige Japaner haben hiesige Regierung um Entsendung einer Schutztruppe dorthin gebeten, da Wiederausbruch der sogenannten Pedlar (Val)-Bewegung zu befürchten sei.

Während Japan Times kurz erklärt, Regierung werde wohl nicht in der Lage sein, dem Gesuch zu entsprechen, empfiehlt Chuo, Organ der imperialistischen Gruppe der neuen Ito-Partei Berücksichtigung der Bitte, die mit Nissi-Rosen-Konvention nicht kollidire.

Wedel.

Berlin, den 28. November 1900.   zu A. 16970.

An

die Botschaften in

1. London № 1123.

2. St. Petersburg № 818.

3. Washington № A. 189.

J. № 11588.

Euerer pp. übersende ich anbei ergebenst
Abschrift eines Berichts des Kais. Konsuls in
Söul vom 9. v. Mts., betreffend Amerika und
die Frage der Neutralisirung Koreas.

zu Ihrer gefl. Information.

N. d. H. St. S.

i. m.

Berlin, den 28. November 1900.   zu A. 16971.

An

die Botschaften in

1. London № 1124.

2. St. Petersburg № 819.

3. Washington № A. 190.

J. № 11589.

Euerer pp. übersende ich anbei ergebenst
Abschrift eines Berichts des Kais. Konsuls in
Söul vom 13. v. Mts., betreffend Amerika und
die Frage der Neutralisirung Koreas

zu Ihrer gefl. Information.

N. d. H. St. S.

i. m.

Urlaub des koreanischen Gesandten.

PAAA_RZ201-018930_102 ff.			
Empfänger	Bülow	Absender	Wedel
A. 17245 pr. 30. November 1900. p. m.		Tokio, den 24. Oktober 1900.	

A. 17245 pr. 30. November 1900. p. m.

Tokio, den 24. Oktober 1900.

A. 124.

Seiner Excellenz

dem Herrn Reichskanzler

Grafen von Bülow

Der Koreanische Gesandte Cho pyöng sik ist am 17. d. M. angeblich, weil ihm das Klima in Japan nicht zusagte, mit seinem gesammten ungewöhnlich zahlreichen Gefolge nach Korea „auf Urlaub" gegangen.

Seine Mission darf als völlig gescheitert angesehen werden.

Während seiner Abwesenheit vertritt ihn der erste Sekretär Herr Pak yong wha, welcher schon verschiedentlich hier als Geschäftsträger fungirt hat.

Wedel.

Inhalt: Urlaub des koreanischen Gesandten.

Die Lage an der koreanisch-chinesischen Grenze.

PAAA_RZ201-018930_105 ff.

Empfänger	Fürst zu Hohenlohe - Schillingsfürst	Absender	Weipert
A. 17257 pr. 30. November 1900. p. m.		Söul, den 18. Oktober 1900.	
Memo	mtg. 9. 12. London 1173, Peterb. 848. J. № 1373.		

A. 17257 pr. 30. November 1900. p. m.

Söul, den 18. Oktober 1900.

№ 126.

An Seine Durchlaucht

den Herrn Reichskanzler

Fürsten zu Hohenlohe - Schillingsfürst.

Nach Berichten, welche die hiesige Regierung von dem Magistrat in Wiju erhalten hat, sollen sich seit Kurzem in dem benachbarten chinesischen Ort Andong chien und dem etwa 140 Km von der Grenze gelegenen Shinyang größere chinesische Truppenmengen befinden, die sich nach ihrer Niederlage in den jüngsten Kämpfen bei Liao yang dorthin zurückgezogen hätten. Zur Zeit, heißt es, sei an der Grenze Alles ruhig, aber man fürchte Belästigung, wenn das in Bälde zu erwartende Zufrieren des Yalu-Flusses den Uebertritt größerer Massen erleichtert haben werde. Ähnliche Besorgnisse scheinen die japanischen Ansiedler in Chinnampo und Pyöng-yang veranlaßt zu haben, einen Vertrauensmann mit einer Petition abzuschicken, der bei dem hiesigen Gesandten und der Regierung in Tokio für die Entsendung japanischer Schutztruppen in die dortige im Winter sehr isolirte Gegend wirken soll. Herr Hayashi erklärte mir indessen, daß er einen solchen Schritt, der durch die Situation nicht gerechtfertigt sei und nur unnöthige Beunruhigungen und Komplikationen schaffen werde, entschieden widerrathen würde. Diese Auffassung der Sachlage dürfte jedenfalls der allen derartigen Gelegenheiten der letzten Zeit gegenüber beobachteten vorsichtigen und zurückhaltenden Politik Japans entsprechen.

Die hiesige Regierung hält den Schutz der angeblich jetzt in dem dortigen Grenzgebiet in der Bildung begriffenen Jägertruppen für ausreichend.

Am 11. d. M. wurden einige amerikanische Missionare auf der Reise von Fusan nach dem nördlich davon gelegenen Taiku von Räubern, die zu der in dem gehorsamen Bericht

№ 109.[31] vom 17. v. M. geschilderten „Armenunterstützungsparthei" gehören sollen, ausgeplündert. Mit Fremdenhaß hat dies ebensowenig etwas zuthun, wie ein ähnlicher Ueberfall gegen zwei Japaner in der Nähe der japanischen Mine von Chiksan und ein im August d. J. in der amerikanischen Mine bei Pyöng yang an einem Engländer verübter Raubmord.

Weipert

Inhalt: Die Lage an der koreanisch-chinesischen Grenze.

---

[31] A. 15632 ehrerb. beigefügt.

Berlin, den 9. Dezember 1900.

zu A. 17257.

An

die Botschaften in

1. London № 1173.
2. St. Petersburg № 848.

J. № 11991.

Euerer pp. übersende ich anbei ergebenst Abschrift eines Berichts des Kais. Konsuls in Söul vom 18. Oktober d. J., betreffend die Lage an der koreanisch-chinesischen Grenze.

zu Ihrer gefl. Information.

St. S.

i. m.

Die Söul-Fusan-Bahn.

PAAA_RZ201-018930_111 ff.			
Empfänger	Fürst zu Hohenlohe - Schillingsfürst	Absender	Weipert
A. 18116 pr. 15. Dezember 1900. a. m.		Söul, den 22. Oktober 1900.	
Memo	mtg. 22. 12. London 1236, Petersbg. 891. J. № 1404.		

A. 18116 pr. 15. Dezember 1900. a. m. 1 Anl.

Söul, den 22. Oktober 1900.

№ 127.

An Seine Durchlaucht

den Herrn Reichskanzler

Fürsten zu Hohenlohe - Schillingsfürst.

Euerer Durchlaucht beehre ich mich geh. zu melden, daß die japanische Regierung durch Erlaß vom 27. v. M. die Gewährung der von dem Gründungskonsortium der Söul-Fusan-Eisenbahn-Aktiengesellschaft beantragten staatlichen Zinsgarantie unter genauer Festlegung der Bedingungen dieser Unterstützung verfügt hat, der Regierung ist in dem Erlasse ein weitgehendes Aufsichtsrecht gesichert. Die Zinsgarantie wird danach - vorbehaltlich der Genehmigung des Landtages -[32] im Höhe von 6% jährlich für ein Kapital im Maximalbetrag von 25 Millionen Yen gewährt, jedoch nur auf 15 Jahre, vermuthlich weil nach Ablauf dieser Zeit der koreanischen Regierung im Konzessionsvertrag das Recht die Bahn anzukaufen vorbehalten ist. Es scheint, daß unter diesen Umständen bei dem für Japan ohnehin geringen Zinsfuß dort wenig Aussicht ist, auch nur die zunächst beabsichtigte Rate von 5 Millionen aufzubringen.

Andererseits hat, wie ich höre, der japanische Gesandte mit seinem Antrag auf Zulassung fremder Aktionäre bei der koreanischen Regierung Schwierigkeiten gefunden, auf die, wie es nach Äußerungen des Herrn Pavlow scheint, russischer Rath nicht ohne Einfluß gewesen ist. Sie verlangt nämlich, daß die Gesellschaft dafür auf das Recht die Linie zu verpfänden, welches ihr bei Beschränkung auf die Zeit bis zu einem etwaigen

---

[32] Anm. Dieselbe at hat jedoch angesichts der in der letzten Landtagssession ertheilten Vollmacht nur noch eine formelle Bedeutung.

Ankauf durch die hiesige Regierung nach dem Konzessionsvertrag zustehen dürfte, Verzicht leisten solle. Damit würde die Möglichkeit wegfallen, für das Kapital künftiger Anleihen eine genügende Sicherheit zu bieten. Nach Bildung der Gesellschaft, welche zufolge Artikel III der Anlage von der Zeichnung von 20% der ersten Kapitalsrate abhängig ist, soll, wie es heißt, eine Fusion derselben mit der Söul-Chemulpo-Eisenbahngesellschaft beabsichtigt sein, hauptsächlich wohl wegen der damit ermöglichten Ersparnisse in der Verwaltung. Die letztgenannte Gesellschaft behauptet im verflossenen Halbjahr einen Reingewinn von etwa 3% gemacht zu haben, jedoch ohne Rücksicht auf irgend welche Abschreibung oder Amortisation.

Nach russischen Nachrichten aus Tokio wäre das Yamagata-Kabinet geneigt gewesen, die Kapitalnoth der Fusan-Bahn insgeheim noch über die Zinsgarantie hinaus zu erleichtern, und die Frage der Behandlung des dieserhalb getroffenen Arrangements hätte einen der Gründe für die Verzögerung der Übernahme des Kabinets durch den Marquis Ito gebildet, der bei einer auch nur indirekten Kapitalbetheiligung der japanischen Regierung russischen Einspruch gewärtige. Eine Äußerung des Herrn Hayashi bestätigt dies insoweit, als danach Marquis Ito, der die Inangriffnahme der Bahn noch für verfrüht halte, an der von dem Yamagata-Kabinet noch in aller Eile vor der Demission bewirkten Genehmigung der Zinsgarantie Anstoß genommen haben soll.

Weipert.

Inhalt: Die Söul-Fusan-Bahn. 1 Anlage.

Anlage zu Bericht № 127.

Übersetzung aus der Kanjo-Shimbun von 12. Oktober 1900.

Wortlaut des von den Ministern des Verkehrs, der Finanzen und des Äußeren am 27. September d. J. dem Gründungskonsortium der Söul-Fusan-Bahn bestehend aus Baron Shibusawa und 6 Anderen zugefertigten Genehmigungs-Erlasses.

In Bezug auf die im September dieses Jahres beantragte staatliche Unterstützung für die Söul-Fusan-Bahn-Aktiengesellschaft wird Nachstehendes verfügt.

Artikel I.

Der Zweck der Gesellschaft ist, auf Grund der unter dem 8. September 1898 von der koreanischen Regierung erlangten Genehmigung zum Bau einer Eisenbahn zwischen Söul und Fusan, diese Bahn zu bauen und zu betreiben.

Die Bahn soll sich in oder in der Nähe von Söul an die Söul-Chemulpo-Bahn anschließen und in Fusan bis an die Küste gehen, woselbst für die nöthigen Einrichtungen zur Verbindung des See- und Landverkehrs, sowie für eine Station mit der erforderlichen Unterkunft und Verpflegung für Reisende zu sorgen ist.

Artikel II.

Das Gesammtkapital der Gesellschaft beträgt 25 Millionen Yen.

III.

Das Gründungskonsortium hat mindestens 20% des Aktienbetrages der ersten Kapitalsaufnahmerate zu übernehmen.

IV.

Für die Dauer von 15 Jahren vom Tage der Begründung der Gesellschaft an gewährt die japanische Regierung für die Zeit vor der Betriebseröffnung für den eingezahlten Aktienbetrag, soweit er nicht den festgesetzten Kapitalbetrag überschreitet, jährlich 6% Zinsen und für die Zeit nach der Betriebseröffnung auch nur eines Theils der Strecke ergänzt sie den Reingewinn der Gesellschaft bis zu jährlich 6%, wenn derselbe diese Höhe nicht erreicht.

Unter allen Umständen ist die Zinsbeihülfe auf jährlich 6% des eingezahlten Aktienbetrages, soweit er sich innerhalb des festgesetzten Kapitalbetrages hält, beschränkt.

Artikel V.

Die Zinsbeihülfe wird für den vor der Gründung der Gesellschaft eingezahlten Aktienbetrag von dem Tag der Begründung an und für die späteren Einzahlungen von deren Datum an gewährt.

VI.

Bei Berechnung des Reingewinns der Gesellschaft in Gemäßheit des Art. IV. wird der gesetzliche Reservefond vorabgezogen und die Zinsen der Gesellschaftsschulden werden in die Betriebskosten nicht eingesetzt.

Artikel VII.

Wenn die Gesellschaft eine Anleihe aufgenommen hat, so wird von dem auf die Einzahlung derselben folgenden Monat an, ein deren Zinsbetrag entsprechender Betrag der staatlichen Zinsbeihülfe gewährt, jedoch höchstens bis zur Höhe von jährlich 6% des Nominalbetrags der thatsächlichen Gesellschaftsschuld.

Die zum Genusse der Zinsbeihülfe berechtigten Anleihen sind beschränkt auf die bis zur Beendigung des Bahnbaues gemachten, abgesehen vom Fall der Konsolidationsanleihe. Die Dauer der Zinsbeihülfe beträgt 15 Jahre vom Tage des Beginns der Zahlung der Gesellschaftsanleihe. Im Fall der im vorigen Absatz erwähnten konsolidirten Schuld jedoch, werden die 15 Jahre unter Einrechnung der Zeit der für die ursprüngliche Gesellschaftsschuld bereits gewährten Zinsbeihülfe gezählt.

Artikel VIII.

Der Aktienbetrag und die Gesellschaftsschulden, für welche staatliche Zinsbeihülfe zu gewähren ist, dürfen zusammen nicht mehr als 25 Millionen Yen betragen.

IX.

Wenn der Reingewinn von dem eingezahlten Aktienbetrag, soweit der Letztere sich innerhalb des Nominalbetrages hält, 6% jährlich übersteigt, so ist der Ueberschuß auf die Zinsen der Gesellschaftsschulden zu verwenden. In diesem Fall ist eine nach Art. VII. zu gewährende staatliche Beihülfe um den so verwendeten Ueberschuß zu vermindern.

X.

Die Gesellschaft hat jährlich den Etat des einzuzahlenden Aktienbetrags und der zu kontrahirenden Anleihen, den Betrag der auszugebenden Schuldscheine und deren Minimalbetrag, sowie den Zinsfuß der Gesellschaftsschulden festzustellen und dafür die Genehmigung der Regierung einzuholen.

Artikel XI.

Wenn nach Art. IX der Reingewinn auf die Zinsen der Gesellschaftsschulden verwendet und infolge dessen die im Art. VIII. erwähnte Zinsbeihülfe unnöthig wird, so ist, wenn noch ein weiterer Gewinnüberschuß vorhanden ist, dieser nach Abzug von 2% des eingezahlten, den Nennwerth nicht übersteigenden Aktienbetrags zur Hälfte bis zum Abtrag der bereits gewährten staatlichen Zinsbeihülfe an die Regierung einzuzahlen.

Sind Gesellschaftsschulden nicht aufgenommen, so wird ebenso verfahren, wenn der Reingewinn jährlich 8% des Aktienkapitals, welches die staatliche Zinsbeihülfe zu erhalten hat, übersteigt.

Artikel XII.

Die Gesellschaft hat für die Rechnungsabschlüsse, für die das Rechnungswesen betreffenden Vorschriften und die Betriebsreglements, sowie für alle Aenderungen derselben die Genehmigung der Regierung einzuholen.

XIII.

Die Gesellschaft hat für den Etat der Betriebskosten und Betriebseinnahmen und -ausgaben für jedes Geschäftsjahr, sowie für jede Abänderung derselben vorher die Genehmigung der Regierung einzuholen.

XIV.

Die Gesellschaft hat monatlich einen Bericht über die Baukosten und die Betriebseinnahmen und -ausgaben des verflossenen Monats und jährlich die Abrechnung über die Baukosten und die Betriebseinnahmen und -ausgaben des betreffenden

Geschäftsjahres, sowie einen Bericht über die allgemeine Geschäftslage der Regierung einzureichen.

Artikel XV.

Für die Anstellung der wichtigeren Beamten der Gesellschaft ist die Genehmigung der Regierung einzuholen.

XVI.

Ohne Genehmigung der Regierung darf die Gesellschaft weder das Recht zum Bau oder Betrieb der Bahn auf einen Anderen übertragen, noch mit der Betriebsverwaltung einen Anderen beauftragen, noch die Bahn oder zu derselben gehörige Gegenstände veräußern, verleihen oder vermiethen oder für ihre Schulden verpfänden.

Artikel XVII.

Die Gesellschaft hat im Fall von Unruhen alle Flüchtlinge und die zu ihrem Schutz nothwendigen Personen, sowie im Fall einer Hungersnoth die bezüglichen Provisionen und Nahrungsmittel wenn nöthig vor jeder anderen Fracht zu befördern.

Für derartige Transporte sowie für die Beförderung von Auswanderern und Arbeitertransporten sind besondere ermäßigte Tarifsätze zu erlassen.

XVIII.

Wenn die Regierung es für erforderlich erachtet, kann sie die für die Staats- und Privatbahnen in Japan geltenden gesetzlichen Bestimmungen zur entsprechenden Anwendung bringen, hat in diesem Falle jedoch der Gesellschaft die zur Anwendung zu bringenden Bestimmungen vorher mitzutheilen.

Artikel XIX.

Wenn die Gesellschaft den Vorschriften dieses Erlasses zuwider handelt, kann die staatliche Zinsbeihülfe zeitweilig oder gänzlich eingestellt werden.

XX.

Die in diesem Erlaß enthaltenen Bestimmungen bezüglich der Zinsbeihülfe bedürfen der Genehmigung des Landtages.

Den 27. September 1900.
Der Verkehrsminister:
Vicomte Yoshikawa Akimata
Der Finanzminister:
Graf Matsukata Masayoshi
Der Minister des Aeußern:
Vicomte Aoki Chiuzo.

Beendigung der Mission des koreanischen Gesandten Cho Pyong Sik. Russische Gegendemarche.

PAAA_RZ201-018930_128 ff.			
Empfänger	Fürst zu Hohenlohe - Schillingsfürst	Absender	Weipert
A. 18117 pr. 15. Dezember 1900. a. m.		Söul, den 1. November 1900.	
Memo	mtg. 22. 12. London 1238, Petersburg 892. J. № 1424.		

A. 18117 pr. 15. Dezember 1900. a. m.

Söul, den 1. November 1900.

№ 129.

An Seine Durchlaucht

den Herrn Reichskanzler

Fürsten zu Hohenlohe - Schillingsfürst.

Der im August d. J. für Japan neuernannte koreanische Gesandte Cho Pyong Sik ist am 23. v. M. von Tokio hierher zurückgekehrt, ohne daß seine Mission, soweit hier bekannt geworden, ein positives Resultat erzielt hätte. Er soll sich hier sehr enttäuscht darüber ausgesprochen haben, daß man ihn unter dem Versprechen der Beihülfe zur Rückkehr der politischen Flüchtlinge und zu dem Projekt der Neutralisirung Koreas nach Tokio gelockt habe, dort aber plötzlich mit der unmöglichen Bedingung der Bitte um japanischen Schutz und der Schaffung einer großen Armee hervorgetreten sei. Da sich indeß Korea, soweit hier bekannt, auf keinerlei Anträge eingelassen hat, die Japan gegenüber Rußland oder den anderen Mächten benutzen könnte, so dürften andererseits auch diejenigen Vortheile ausgeblieben sein, auf welche das Yamagata-Kabinet bei seiner Demarche etwa gerechnet haben könnte. Das neue Kabinet scheint zu hiesiger Aktivität zur Zeit weniger geneigt zu sein. Wenigstens behauptet Herr Pavlow von dem japanischen Gesandten die Mittheilung erhalten zu haben, daß er instruirt sei, alle Verhandlungen wegen des Projekts einer japanischen Anleihe von 10 Millionen Yen zu unterlassen. Dagegen verlautet, daß eine kleinere, rein private Anleihe von etwa 1 Million Yen, welche die hiesige japanische „Erste Bank" (Dai ichi Ginko) gegen Verpfändung der Seezölle geben soll, auch russischerseits keinen Widerstand finden und bald zu Stande kommen werde.

Nachdem die Abreise des Gesandten Cho Pyong Sik von Tokio bekannt geworden war, scheint der hiesige russische Geschäftsträger die Zeit für gekommen erachtet zu haben, seinem Mißfallen über die ganze Mission und ihre Zwecke Ausdruck zu verleihen. Nach seiner Angabe hat er in einer Audienz am 19. v. M. geäußert, Korea hätte besser gethan, wenn es vor einem solch ernsten Schritt sich erst an Rußland gewendet hätte, das ihm wegen seines hervorragenden Interesses an der Unabhängigkeit Koreas sicher den besten Rath hätte geben können.

Koreanischerseits behauptet man nach amerikanischen und japanischen Informationen, daß Herr Pavlow sehr viel weit gegangen sei und in kategorischer Form Einholung russischen Rathes in allen wichtigern Angelegenheiten namentlich auch bei Anleihen, Unternehmungen, Konzessionen, Waffenbestellungen u. s. w. verlangt, nachher aber, als seine Billigung eines über die Audienz aufgesetzten Resumé′s gewünscht worden sei, unter der Bemerkung, daß ein Mißverständniß des Interpreters vorliege, seine Erklärung auf das obige Maß reduzirt habe.

Auf japanischer Seite war man über die Demarche anfänglich sehr erregt, hat sich aber, nach den Aeußerungen des Herrn Hayashi zu urtheilen, angesichts der nachträglichen Abschwächung inzwischen wieder beruhigt.

Weipert.

Inhalt: Beendigung der Mission des koreanischen Gesandten Cho Pyong Sik. Russische Gegendemarche.

Berlin, den 22. Dezember 1900.

zu A. 18116.

Botschaft
1. London № 1236.
2. St. Petersburg № 891.

J. № 12626.

Den abschriftlich beigeschlossenen Bericht des Ksl. Konsuls in Söul vom 22. Oktober d. J., betfr. die japanische Staatsgarantie für die Söul-Fusan Eisenbahn, übersende ich Ew. pp. z. g. K. erg.

(St. S)

i. m.

Berlin, den 22. Dezember 1900.

zu A. 18117.

Botschaft
1. London № 1238.
2. St. Petersburg № 892.

Sicher!

J. № 12654.

Den abschriftlich beigefügten Bericht des Ksl. Konsuls in Söul vom 1. v. M., betfd. den Verlauf der Mission des Gesandten Cho Pyöng Sik in Tokio u. ihre Rückwirkung auf die Haltung des russischen Vertreters in Söul, lasse ich Ew. pp. z. g. K. erg. zugehen.

(St. S)

i. m.

Deutschlands vertrauliche Neutralitätserklärung.

PAAA_RZ201-018930_136 ff.			
Empfänger	Bülow	Absender	Wedel
A. 18686 pr. 24. Dezember 1900. a. m.		Tokio, den 23. Oktober 1900.	
Memo	Vertraulich.		

A. 18686 pr. 24. Dezember 1900. a. m.

Tokio, den 23. Oktober 1900.

A. 123.

Seiner Excellenz

dem Herrn Reichskanzler

Grafen von Bülow

Nachdem Vicomte Aoki´s Entlassungsgesuch angenommen und Herr Kato zum Minister des Äußern ernannt worden war, habe ich dem scheidenden Minister die Frage vorgelegt, ob seinem Nachfolger die kürzlich vertraulich ausgesprochene Neutralitätserklärung Deutschlands bekannt wäre.

Vicomte Aoki erwiederte nur, er habe seiner Zeit nur dem Kaiser und Marquis Yamakata Meldung erstattet, doch sei schon damals Marquis Ito ins Vertrauen gezogen worden, was in der außergewöhnlichen Stellung des Marquis seine Erklärung finde.

Bei dieser Gelegenheit erzählte mir Vicomte Aoki vertraulich, daß der Kaiser sehr erfreut über die deutsche Erklärung gewesen sei und ihm in gnädigster Weise seine Zufriedenheit darüber ausgesprochen habe, daß er dazu beigetragen habe, die Beziehungen zwischen Deutschland und Japan so freundschaftlich zu gestalten. Er habe darauf dem Mikado in einem eingehenden Vortrag auseinander gesetzt, daß für Japan der Augenblick gekommen sei, sich zum Herrn der Situation in China zu machen.

Der Kaiser sei ganz für den Gedanken gewonnen gewesen und bedaure es sehr, daß in Folge des unerwarteten Kabinetswechsels die ins Auge gefaßte Unternehmung in Korea in Frage gestellt sei. Bei jeder Audienz seit dem Beginn der Ministerkrisis habe ihm der Kaiser gesagt: „Sie müssen aber bleiben". Nachdem Er aber selbst die Überzeugung gewonnen habe, daß Aoki in einem Ministerium Ito seinem Vaterlande kaum nützen könne, seine eigene Zukunft aber aufs Spiel setze, habe Er sein Entlassungsgesuch mit den gnädigsten Worden angenommen.

Vicomte Aoki hat mir früher oft gesagt, es sei sein Lieblingsgedanke, seine Karriere in Europa zu beschließen. Jetzt scheint der Vicomte jedoch hier abwarten zu wollen, bis er von seinem kaiserlichen Herrn wieder gerufen wird.

Wedel.

Inhalt: Deutschlands vertrauliche Neutralitätserklärung.

PAAA_RZ201-018930_140 ff.			
Empfänger	Bülow	Absender	Wedel
A. 18690 pr. 24. Dezember 1900. a. m.		Tokio, den 16. November 1900.	

A. 18690 pr. 24. Dezember 1900. a. m.

Tokio, den 16. November 1900.

A. 139.

Seiner Excellenz

dem Reichskanzler

Herrn Grafen von Bülow.

pp Herr Iswolsky macht seit einiger Zeit einen gedrückten Eindruck. Vielleicht ist diese Stimmung großentheils darauf zurückzuführen, daß ihm und seiner Gemahlin der Aufenthalt in Japan, nachdem der Reiz der Neuheit vorüber ist, nicht gefällt; außerdem dürfte ihm aber seine hiesige Aufgabe Sorgen bereiten; wenigstens erzählte mir einer seiner Sekretäre in unbefangenster Weise, Herr Iswolsky sähe die Lage doch sehr viel ernster an, als es Baron Rosen gethan.

Herr Iswolsky habe sich davon überzeugt, wie stark im japanischen Volk das Verlangen nach dem Besitz Korea's sei. Er fürchte, daß man in Petersburg die Gefahr nicht genügend anerkenne, zumal Baron Rosen die Japaner als ziemlich ungefährlich geschildert und immer betont habe, wenn man sie nicht herausfordere, würden sie einen Conflikt mit Rußland nicht wagen. Momentan sei ja keine Gefahr vorhanden, aber Marquis Ito's Friedenskabinet könne rasch zusammenbrechen.

Baron Rosen hatte wohl nicht Unrecht, wenn er damals die Japaner als ziemlich ungefährlich schilderte. Zu seiner Zeit hätte kein Japaner es für möglich gehalten, daß Korea ohne Krieg mit Rußland für Japan erreichbar sei, und ein solcher Krieg wurde selbst von den unternehmendsten Geistern als ein großes Wagniß angesehen. Seitdem haben sich die Ansichten geändert. Japans Muth ist durch die guten Leistungen seiner Truppen in China gewachsen. Vor Allem aber ist man zu der Erkenntniß gekommen, daß Rußlands militärische Lage in Ostasien hier sehr überschätzt wurde. In Armeekreisen scheint jetzt vielfach die Ueberzeugung zu bestehen, daß Rußland es auf einen Krieg mit Japan nicht ankommen lassen könnte. Für den Fall, daß man sich in dieser Beziehung täuscht, dürfte man jedenfalls in der Armee und Marine einem solchen Kampf mit zuversichtlichem Vertrauen entgegensehen.

gez. Wedel.

orig. i. a. Rußland 94

Ernennung eines neuen koreanischen Gesandten.

PAAA_RZ201-018930_143 ff.			
Empfänger	Bülow	Absender	Wedel
A. 18692 pr. 24. Dezember 1900. a. m.		Tokio, den 19. November 1900.	
Memo	cfr. A. 1295		

A. 18692 pr. 24. Dezember 1900. a. m.

Tokio, den 19. November 1900.

A. 142.

Seiner Excellenz

dem Herrn Reichskanzler

Grafen von Bülow.

An Stelle des abberufenen bisherigen koreanischen Gesandten Cho-pyöng-sik ist ein gewisser Herr Söng-ki-oun zum koreanischen Gesandten in Tokio ernannt worden. Die hiesigen Zeitungen wollen wissen, daß der neuernannte Gesandte zwar in Söul ein höheres Hofamt bekleidet habe, daß er aber politisch einflußlos und seiner Ernennung daher irgend eine Bedeutung nicht beizumessen sei.

Wedel.

Inhalt: Ernennung eines neuen koreanischen Gesandten.

[   ]

PAAA_RZ201-018930_146

Empfänger	Fürst zu Hohenlohe - Schillingsfürst	Absender	Weipert
A. 18835 pr. 28. Dezember 1900. a. m.		Söul, den 9. November 1900.	

A. 18835 pr. 28. Dezember 1900. a. m.

Söul, den 9. November 1900.

№ 134.

Seiner Durchlaucht

dem Herrn Reichskanzler

Fürsten zu Hohenlohe - Schillingsfürst.

Euerer Durchlaucht beehre ich mich gehorsamst zu berichten, daß der hiesige englische Geschäftsträger am 6. d. Mts. dem König von der Annahme des koreanischen Ordens des goldenen Maßstabes seitens Ihrer Majestät der Königin von Großbritannien und Irland sowie gleichzeitig von dem Wunsch Ihrer Majestät Mittheilung gemacht hat, den König zum Groß-Comthur (:Knight Grand Commander:) des Ordens des Indischen Reiches zu ernennen. Der König hat sich zur Annahme dieser Dekorirung bereit erklärt, und die Insignien des goldenen Maßstabs wurden Herrn Gubbins zur Übermittelung nach London übergeben.

gez. Weipert.

orig. i. a. Engld. 81 № 1.

PAAA_RZ201-018930_147			
Empfänger	Auswärtiges Amt in Berlin	Absender	Wedel
A. 18960 pr. 30. Dezember 1900. p. m.		Tokio, den 30. Dezember 1900.	
Memo	Tel. v. 30. 12. London 590.		

A. 18960 pr. 30. Dezember 1900. p. m.

Telegramm.

Tokio, den 30. Dezember 1900. 2 Uhr 25 Min. p. m.

Ankunft: 2 Uhr 6 Min. p. m.

Der K. Geschäftsträger an Auswärtiges Amt.

Entzifferung.

№ 132.

Es fällt hier auf, daß Iswolski in letzter Zeit sehr viel mit Herrn Kato verhandelt. Ich vermute, daß Rußland die bekannte russophile Tendenz des Marquis Ito zu benutzen sucht, um eine Verständigung über Mandschurei und Korea anzubahnen.

Sicheres konnte bisher nicht erfahren.

Wedel.

org. i. a. Rußland 94.

Christen- und fremdenfeindliche Symptome in Korea.

PAAA_RZ201-018930_149 ff.			
Empfänger	Fürst zu Hohenlohe - Schillingsfürst	Absender	Weipert
A. 365 pr. 7. Januar 1901. p. m.		Söul, den 23. November 1900.	
Memo	cfr. A. 1200. 01 J. № 1511.		

A. 365 pr. 7. Januar 1901. p. m.

Söul, den 23. November 1900.

№ 139.

An Seine Durchlaucht

den Herrn Reichskanzler

Fürsten zu Hohenlohe - Schillingsfürst.

Am 19. dieses Monats erhielt der amerikanische Ministerresident Berichte von Missionaren aus den nordwestlichen Provinzen von Piöng An und Hoang Hai, welche über christenfeindliche Haltung der Beamten in den dortigen Gegenden klagen und ernste Besorgniß größerer Ausschreitungen, insbesondere mit Rücksicht auf Proklamationen, aussprechen, welche von angeblich autoritativer Seite den Provinzial-Beamten vor einigen Wochen zugegangen seien, und den Befehl enthielten, daß die eingeborenen Christen sowohl wie die Ausländer am 10. Dezember d. J. getödtet werden sollten. Der Minister des Aeußern erklärte auf Befragen dem Dr. Allen, sowie nachher auch anderen Vertretern und mir daß die Regierung von der Existenz derartiger Schreiben Kenntniß erhalten, denselben aber keine genügende Bedeutung beigemessen habe, um durch eine Mittheilung darüber die Vertreter in Unruhe zu versetzen. Es handle sich um Mystifikationen zu Zwecken persönlicher Intriguen, deren Urheber man zur Zeit ausfindig zu machen bestrebt sei. In der That scheint es nach russischen und japanischen Informationen, daß die in Rede stehenden Schreiben, welche auf ein angebliches Königliches Edikt Bezug nehmen und mit den Namen zweier zur Zeit einflußreicher Beamter, des Bergwerks- und Eisenbahnamtsdirektors Yi Yong Ik und des Gerichtspräsidenten und interimistischen Justizministers Kim Yöng Chun als Unterschrift versehen sein sollen, von Feinden dieser beiden Personen zu dem Zwecke abgefaßt wurden, um die Letzteren zu discreditiren und zu beseitigen. Merkwürdigerweise sollen nach Behauptung des Herrn Hayashi die Urheber der Fälschung gerade in den Reihen der sogenannten amerikanischen Parthei der koreanischen Beamten zu suchen sein, die sich durch die Genannten in ihren Plänen gehemmt sieht.

Daß jedoch ein Spiel mit derartigen Mitteln leicht unkontrolirbare Folgen nach sich ziehen kann, liegt auf der Hand. Wenn auch Furcht und Indolenz den Fremdenhaß der hiesigen Bevölkerung meist latent bleiben lassen, so ist er doch kein ganz zu ignorirender Faktor, und es darf als sicher gelten, daß die geringe Kenntniß, die man im Innern Koreas von den Vorgängen in China hat, eine durchaus chinesische Färbung trägt.

Dr. Allen, welcher mit Rücksicht auf die zahlreichen amerikanischen Missionare in den Eingangs genannten Provinzen und das nördlich von Pyöng yang gelegene amerikanische Bergwerk in erster Linie interessirt ist, hat daher nicht gezögert, dem Minister des Aeußern nicht nur, sondern auch dem König direkt eindringliche Vorstellungen zu machen und energische Maßregeln zu verlangen.

Da der König sofort erklärt hat Alles in seinen Kräften Stehende thun zu wollen, um etwaige Wirkungen der gefälschten Edikte zu unterdrücken, und strenge dies bezügliche Weisungen auf telegraphischem Wege an die Provinzialbehörden bereits erlassen worden sind, so dürfte augenblicklich ein Grund zur Besorgniß nicht mehr vorhanden sein. Auch lauten Berichte, welche Herr Hayashi von dem japanischen Konsul in Pyöng yang erhalten hat, beruhigend und Dr. Allen, welcher sich am 20. d. M. bereits veranlaßt gesehen hat, seine Regierung auf die eventuelle Requisition eines Kriegsschiffs telegraphisch vorzubereiten, hält nunmehr die Gefahr für beseitigt.

Abschriften dieses gehorsamsten Berichts sende ich an die Kaiserlichen Gesandtschaften in Peking und Tokio.

Weipert.

Inhalt: Christen- und fremdenfeindliche Symptome in Korea.

Gesuch der japanischen Kolonie in Chinampo.

		PAAA_RZ201-018930_157 ff.	
Empfänger	Bülow	Absender	Wedel
A. 1088 pr. 21. Januar 1901. a. m.		Tokio, den 14. Dezember 1900.	
Memo	mtg. 24. 1. London 76.		

A. 1088 pr. 21. Januar 1901. a. m.

Tokio, den 14. Dezember 1900.

A. 152.

Seiner Excellenz

dem Reichskanzler

Herrn Grafen von Bülow.

Die japanische Kolonie in Chinampo, dem bekannten Hafenplatz im nördlichen Korea, hat, wie ich Euerer Excellenz bereits anderweitig zu melden die Ehre hatte, die hiesige Regierung, da der Wiederausbruch der sogenannten Pedlar-Bewegung zu befürchten sei, um Entsendung einer Schutztruppe nach dem genannten Ort gebeten und zugleich ein angesehenes Mitglied der dortigen Kolonie zur Unterstützung des Gesuches nach Tokio gesandt.

Obgleich anfänglich in Regierungskreisen Neigung vorhanden zu sein schien dem Wunsche der Kolonie zu entsprechen, soll Marquis Ito, der sich in seinem Organ der „Japan Times", sogleich dagegen ausspricht, nunmehr definitiv beschlossen haben, das Ansuchen der Chinampo-Japaner abzulehnen.

Wedel.

Inhalt: Gesuch der japanischen Kolonie in Chinampo.

PAAA_RZ201-018930_160 ff.

Empfänger	Fürst zu Hohenlohe - Schillingsfürst	Absender	Weipert
A. 1107. pr. 21. Januar 1901. p. m.		Söul, den 3. Dezember 1900.	

A. 1107. pr. 21. Januar 1901. p. m.

Söul, den 3. Dezember 1900.

№ 141.

Seiner Durchlaucht

dem Herrn Reichskanzler

Fürsten zu Hohenlohe - Schillingsfürst.

Entzifferung.

Euerer Durchlaucht beehre ich mich in Befolgung des hohen Erlasses vom 21. September d. J.-A. № 4.- gehorsamst zu berichten, daß in den amtlichen Schreiben des russischen und japanischen Vertreters an die Koreanischen Behörden bezüglich der neuen Titulatur des hiesigen Souverains insofern eine Divergenz besteht, als der russische Geschäftsträger den letzteren mit „Imperator", dem russischen Ausdruck für Kaiser, bezeichnet, während der japanische Gesandte in seinen Noten, welche japanisch abgefaßt und von einer chinesischen Uebersetzung nicht begleitet sind, ebenso wie der Chinesische Gesandte den Titel mit denselben chinesischen Zeichen „Tai- (:=groß:) Hoang-Chei" schreibt, welche dazu von der Koreanischen Regierung und in den begleitenden Uebersetzungen der Schreiben der anderen Vertreter benutzt werden. Die Zeichen für „Hoang-Chei", japanisch „Ko-Tei", dienen in den neuen Verträgen Japans mit den Mächten zur Bezeichnung des Kaiser-Titels einschließlich des Japanischen nicht nur, sondern auch des Königs-Titels. Dagegen hält Korea an dem Sprachgebrauch seiner Verträge mit den Mächten fest, „Tai-Hoang-Chei" nur für Kaiser, und „Tai-Kun-Shi" für König anzuwenden, und faßt daher auch den Uebergang Japans von der Bezeichnung „Tai-Kun-Shi" zu der Bezeichnung „Tai-Hoang-Chei" für den hiesigen Souverän in diesem Sinne auf. In englischen Unterhaltungen braucht der Japanische Gesandte übrigens stets das Wort „Emperor".

In den amtlichen Schreiben des Englischen und Amerikanischen Vertreters an die hiesigen Behörden wird „Emperor", in denen des Französischen Geschäftsträgers

„Empereur" angewendet.

Die neue Bezeichnung „Tai-Han" für Korea wird nur beim Gebrauch chinesischer Zeichen, also in den Schreiben des Japanischen und Chinesischen Gesandten und den begleitenden Uebersetzungen der anderen Vertreter benutzt.

Weipert.

orig. i. a. China 24

PAAA_RZ201-018930_164

Empfänger	Auswärtiges Amt in Berlin	Absender	Wedel
A. 1137 pr. 22. Januar 1901. a. m.		Tokio, den 21. Januar 1901.	
Memo	cfr. A. 2121 J. № 715. B. 22. Jan. Botschafter London № 52. I) Tel. i. Z. mtg. 22. 1. London 52. II) Tel. i. Z. 23. 1. Tokio 5.		

A. 1137 pr. 22. Januar 1901. a. m.

Telegramm.

Tokio, den 21. Januar 1901. 1 Uhr - Min. p. m.
Ankunft: den 22. Januar 8 Uhr 43 Min. a. m.

Der K. Geschäftsträger an Auswärtiges Amt.

Entzifferung.

№ 6.

Im Anschluß an Telegramm № 4.[33]

Oppositionsparteien bereiten parlamentarische Interpellation über Mandschurei-Frage vor.

Wedel.

---

33 A. 950 ehrerbietigst beigefügt.

[   ]

PAAA_RZ201-018930_165

Empfänger	Auswärtiges Amt in Berlin	Absender	Schanmann
A. 1158 pr. 22. Januar 1901. p. m.		Berlin, N. W. 40, den 22. Januar 1901.	
Memo	Woltkestraße № 8. cfr. A. 1137 II 1188 II cfr. A. 1228 A. 1188. gef. beigefügt. 24. 1.		

A. 1158 pr. 22. Januar 1901. p. m. 1 Anl.

Berlin, N. W. 40, den 22. Januar 1901.

№ 74.

An das Auswärtige Amt.

Dem Auswärtigen Amt beehre ich mich anliegend Abschrift von einem Telegramm des General-Feldmarschalls Grafen v. Waldersee aus Peking vom 20. d. Mts. ganz ergebenst zu übersenden.

A. B.

von Schanmann

Oberleutnant,

aggregirt dem Generalstabe der Armee.

PAAA_RZ201-018930_166

Empfänger	Auswärtiges Amt in Berlin	Absender	Waldersee
[o. A.]		Peking, den 20. Januar 1901.	

Abschrift.

Telegramm

ab Peking 20. 1. 1901.

Majestät. Berlin.

№ 110.

Prinz Engalitscheff erzählte, Russland und Japan hätten sich über Korea durch territoriale Begrenzung der Interessengebiete geeinigt (1 Wort verstümmelt) jetzt bestes Einverständniss herrschte, dagegen (1 Wort verstümmelt) französischer Gesandte, dass Nachricht vom Bestehen eines Vertrages zwischen Russland und China über Mandschurei in Japan stark verstimmt habe.

General Chaffee plant Unterbringung amerikanischer Truppen nach Räumung Pekings bei Shanhaikwan, falls seine Regierung nicht völligen Abzug befiehlt.

General Voyren hält erwünscht auch nach der Rückkehr des Kaisers Umgebung von Peking (1 Wort verstümmelt) besetzt zu halten.

Dies sind nicht offiziell (1 Wort verstümmelt) sondern nur (1 Wort verstümmelt) private Aeusserungen.

gez. Waldersee.

PAAA_RZ201-018930_168			
Empfänger	Auswärtiges Amt in Berlin	Absender	Wedel
A. 1188 pr. 23. Januar 1901. a. m.		Tokio, den 22. Januar 1901.	
Memo	I) Tel. i. Z. 23. 1. London 53. II) Tel. i. Z. 23. 1. Tokio 5.		

A. 1188 pr. 23. Januar 1901. a. m.

Telegramm.

Tokio, den 22. Januar 1901. - Uhr - Min. m.
Ankunft: den 23. Januar 12 Ur 4 Min. a. m.

Der K. Geschäftsträger an Auswärtiges Amt.

Entzifferung.

№ 7.

Im Anschluß an Tel. № 132.[34] vom 30. Dezember.

Ich erfahre aus sicherer Quelle, daß Herr Iswolski im Dezember versucht hat, eine zweite Convention zwischen Rußland und Japan über Korea zu Stande zu bringen und daß dieser Versuch nach längeren Verhandlungen gescheitert ist.

Wedel.

---

34 A. 18960.

Berlin, den 23. Januar 1901.

A 1137 II

1188 II

Geschäftsträger
Tokio № 5.

Tel. in Ziff.

Antwort auf Tel. № 6. u. 7.

cfr. A. 5360

J. № 777.

Prinz Engalitscheff erzählte erst neuerdings in Peking, Rußland und Japan hätten sich über Korea durch territoriale Abgrenzung der Interessengebiete geeinigt und es herrsche jetzt zwischen beiden Staaten bestes Einverständniß.

Ew. pp. wird es möglich sein, Vicomte Aoki durch Erwähnung dieser Erzählung des russischen Offiziers zum Sprechen darüber zu bringen, um womöglich Näheres festzustellen.

(St. S.)

i. m.

Fremdenfeindliche Kundgebungen in Korea.

Empfänger	Fürst zu Hohenlohe - Schillingsfürst	Absender	Weipert
A. 1200 pr. 23. Januar 1901. a. m.		Söul, den 4. Dezember 1900.	
Memo	J. № 1581.		

A. 1200 pr. 23. Januar 1901. a. m. 2 Anlagen.

Söul, den 4. Dezember 1900.

№ 143.

An Seine Durchlaucht

den Herrn Reichskanzler

Fürsten zu Hohenlohe - Schillingsfürst.

Euerer Durchlaucht beehre ich mich im Anschluß an den Bericht № 139 vom 23. v. M.[35] den Wortlaut des daselbst erwähnten fremdenfeindlichen Edicts oder Zirkulars in englischer Uebersetzung anliegend gehorsamst vorzulegen. Dasselbe ist dem amerikanischen Ministerresidenten durch den freundlich gesinnten Handelssuperintendenten in Chinnampo mitgetheilt worden und wird durch ein dem japanischen Gesandten zugänglich gewordenes Exemplar bestätigt.

Ähnliche Schreiben, alle mit Benutzung billigen, nicht amtlichen Papiers angefertigt, sollen mit dem Poststempel Söul, den 28. Oktober, an die Lokalbehörden der meisten Provinzen gelangt sein.

Die Schreiben richten sich gegen Japaner sowohl wie gegen andere Ausländer und eingeborene Christen. Zur Tödtung der Letzteren wird ausdrücklich aufgefordert.

Als Datum der Ausführung wird hier der 6. Dezember angegeben, während eine andere Version den 10. nennt.

Die Urheber hat man noch nicht ermittelt. Ein Grund, die Behauptung der Regierung in Frage zu stellen, daß die Schreiben auf Fälschung beruhen, ist nicht hervorgetreten und einer der angeblichen Unterzeichner, Yi Yong Ik, wurde vor einigen Tagen erst zum Viceminister der Finanzen ernannt. Der König hat unter dem 21. v. M., angeblich mit Rücksicht auf den Vorfall das in Uebersetzung anliegend gehorsamst beigefügte Edict

---

[35] A. 365. ehrerbietigst beigefügt.

erlassen, welches sich freilich in wenig bestimmten Ausdrücken nur gegen Gesetzwidrigkeit und hochverrätherische Umtriebe im Allgemeinen richtet. Auf Grund desselben soll beabsichtigt sein in Kürze eine Art Landfriedensgesetz zu publiziren. Aus Anlaß von Mittheilungen koreanischer Christen sind letzthin Zweifel aufgetaucht, ob die Regierung wirklich, wie sie versichert, an alle in Frage kommenden Provinzialbehörden entsprechende Weisungen Zwecks Unterdrückung etwaiger Wirkungen der Zirkulare habe ergehen lassen, und es nicht angezeigt sei, die bisher von den Vertretern einzeln und mündlich gemachten warnenden Vorstellungen gemeinsam und schriftlich zu wiederholen. Gelegentlich einer gestern stattgehabten Sitzung des diplomatischen Corps wurde die Sache vom englischen Geschäftsträger zur Sprache gebracht, da jedoch der japanische und amerikanische Vertreter erklärten, daß sie aus Chinnampo bezw. Piöng Yang und Haichu Nachrichten über Eintreffen strikter Regierungsweisungen hätten und besorgnißerregende Folgeerscheinungen der Zirkulare bisher nicht gemeldet seien, so adoptirte man deren Ansicht, daß ein Anlaß zu weiteren Demarchen zur Zeit nicht vorliege. Bestärkend wirkte in dieser Richtung, daß dem französischen Geschäftsträger, dem neben den Vertretern Japans und Amerikas durch die zahlreichen französischen Missionsstationen die besten Informationsquellen zur Verfügung stehen, überhaupt keinerlei beunruhigende Mittheilungen zugegangen waren.

Herr Pavlow war nicht anwesend, doch war bekannt, daß er der Sache keine große Bedeutung beilegt.

Abschriften dieses gehorsamen Berichtes sende ich an die Kaiserlichen Gesandtschaften in Tokio und Peking.

Weipert.

Inhalt: Fremdenfeindliche Kundgebungen in Korea. 2 Anlagen.

Anlage 2 zu Bericht № 143.

Uebersetzung aus dem Koreanischen
Staatsanzeiger (Kwampo) vom 23. November 1900.

Königliches Edikt
vom 21. November 1900.

Beobachtung der Gesetze ist das erste Erforderniß für die Regierung eines Landes. Noch Keinem ist es je gelungen ohne Beobachtung der Gesetze für die Erhaltung eines Landes zu sorgen. In jüngster Zeit aber ist Prinziplosigkeit und Verwirrung eingerissen, und hochverrätherische Unternehmungen haben sich seit dem Jahre 1894 häufig ereignet, ohne daß es der landesherrlichen Gewalt völlig gelungen wäre, dieselben zu ahnden. Viele ihrer Partheigänger halten sich noch im Lande verborgen und warten mit arglistigen Herzen auf eine günstige Gelegenheit. Daß ihre Unterdrückung noch nicht bewerkstelligt ist, liegt an der mangelhaften Handhabung der Gesetze. Fürwahr, gerade gegen die nahe und hoch Stehenden muß mit der Anwendung der Gesetze begonnen werden. Mögen von nun an die Minister ihre Sorgfalt in der Ausübung der Justiz verdoppeln. Wenn Jemand gegen die Gesetze verstößt, so möge er ohne persönliche Rücksichten sofort den Umständen des Falles gemäß in gerechter Weise abgeurtheilt werden.

Sollte eine den Zeitverhältnissen entsprechende Gesetzesänderung nothwendig sein, so soll diese vorbereitet und dem Thron vorgelegt werden.

Dieses Edikt ist an das Justiz- und Polizeiministerium gerichtet.

[   ]

PAAA_RZ201-018930_184 f.

Empfänger	Auswärtiges Amt in Berlin	Absender	Mumm
A. 1228 pr. 23. Januar 1901. p. m.		Peking, den 22. Januar 1901.	

A. 1228 pr. 23. Januar 1901. p. m.

Telegramm.

Peking, den 22. Januar 1901. 6 Uhr 30 Min.   m.
Ankunft: 23. 7. 7 Uhr 36 Min. p. m.

Der K. Gesandte an Auswärtiges Amt.
Entzifferung.

№ 51.

Weder mir noch dem englischen Gesandten ist es bisher gelungen eine Bestätigung der vom Feldmarschall gemeldeten Äußerung des Prinzen Engalitscheff über eine Einigung zwischen Rußland und Japan bezüglich Koreas zu erhalten. Herr von Giers bestreitet jede Kenntniß und erklärt, höchstens könne Regelung irgend eines nebensächlichen Streitpunkts erfolgt sein.

Sollte gleichwohl das Gerücht sich bewahrheiten so würde dies meines Erachtens ein Beweis sein daß Rußland in Mandschurei mit weitaus größeren Schwierigkeiten zu kämpfen hat als bisher bekannt war.

Daß seit Ausbruch der derzeitigen Wirren Japans Bestreben gegenüber Rußlands Okkupation der Mandschurei auf eine Kompensation in Korea gerichtet ist erscheint mir zweifellos, eine dauernde Einigung beider Mächte auf diesem Gebiet jedoch höchst unwahrscheinlich.

Mumm.

Verleihung eines indischen Ordens.

PAAA_RZ201-018930_187 ff.

Empfänger	Bülow	Absender	Waldthausen
A. 1479 pr. 28. Januar 1901. p. m.		Calcutta, den 4. Januar 1901.	

A. 1479 pr. 28. Januar 1901. p. m.

Calcutta, den 4. Januar 1901.

№ 10.

An Seine Excellenz

den Reichskanzler

Herrn Grafen von Bülow.

Die Indische Regierung hat in der „Gazette of India" amtlich bekannt gemacht, daß Seine Majestät der König von Corea zum Ehren-Großkomthur (Honorary Knight Grand Commander) des Ordens des Indischen Reichs ernannt worden ist. Wie ich auf dem hiesigen Auswärtigen Amte erfahren habe, ist dies die Erwiderung auf einen Orden, den der König I Höng Ihrer Majestät der Königin-Kaiserin Victoria verliehen hat.

In der Bekanntmachung in der „Gazette of India" wird der König als „His Imperial Majesty the Emperor of Korea" bezeichnet. Der Gothaische Hofkalender für das Deutsche Reich für das Jahr 1900, sowie das im Mai 1900 herausgegebene amtliche Verzeichniß der Kaiserlich Deutschen Konsulate von einem „Königreich" Corea. „The Statesman's Yearbook" für das Jahr 1900 und „Whitaker's Almanak" für das Jahr 1901 nennen den Herrscher von Corea „Emperor".

v. Waldthausen.

Inhalt: Verleihung eines indischen Ordens.

Berlin, den 24. Januar 1901.

zu A. 1088.

An

die Botschaft in

London № 76.

J. № 815.

Euerer pp. übersende ich anbei ergebenst Abschrift eines Berichts des Kais. Geschäftsträgers in Tokio vom 14. v. Mts., betreffend die abschlägige Bescheidung eines Gesuchs der japanischen Kolonie in Chinampo um Entsendung einer japanischen Schutztruppe,

zu Ihrer gef. Information.

St. S.

i. m.

Eintreffen des neuen koreanischen Gesandten.

PAAA_RZ201-018930_191 ff.			
Empfänger	Bülow	Absender	Wedel
A. 1295 pr. 25. Januar 1901. a. m.		Tokio, den 26. Dezember 1900.	
Memo	Im Anschluß an Bericht A. 142. vom 19. November d. J.		

A. 1295 pr. 25. Januar 1901. a. m.

Tokio, den 26. Dezember 1900.

A. 156.

Seiner Excellenz

dem Reichskanzler

Herrn Grafen von Bülow.

Der neuernannte koreanische Gesandte, Herr Söng-Ki-oun, ist vor einigen Tagen hier eingetroffen und hat am 24. d. M. in feierlicher Audienz dem Kaiser sein Beglaubigungsschreiben und das Abberufungsschreiben seines Vorgängers überreicht.

Wedel.

Inhalt: Eintreffen des neuen koreanischen Gesandten.

PAAA_RZ201-018930_194 ff.			
Empfänger	Bülow	Absender	Weipert
A. 1564 pr. 30. Januar 1901. a. m.		Söul, den 9. Dezember 1900.	
Memo	mtg. 5. 2. London 129.		

A. 1564 pr. 30. Januar 1901. a. m.

Söul, den 9. Dezember 1900.

№ 149.

An Seine Excellenz

den Reichskanzler

Herrn Grafen von Bülow.

Man durfte erwarten, daß die Anwesenheit des Baron Shibusawa in Söul im vorigen Monat unter Anderem auch dazu benutzt werden würde, um das bereits seit einiger Zeit schwebende Projekt einer koreanischen Anleihe bei der von ihm geleiteten japanischen „Ersten Bank" zu fördern. Wie verlautet, sind einschlägige Verhandlungen zwischen ihm und dem hiesigen Generalzolldirektor Mc. Leavy Brown gepflogen worden. Der Letztere soll dabei bisher ohne jegliche Fühlung mit der hiesigen Regierung gehandelt haben, indem er sich auf eine ihn zur Aufnahme einer Anleihe von 5 Millionen Yen autorisirende königliche Vollmacht von 23. Oktober v. J. stützt, auf Grund deren er bereits vor Jahresfrist den vergeblichen Versuch gemacht haben soll, den genannten Betrag von der Hongkong + Shanghai Banking Corporation zu erhalten.

Nach Informationen, die Herr Pavlow zu haben behauptet, hätte das Projekt nunmehr eine Gestalt angenommen, welche gleichzeitig auch das Kapitalbedürfniß der Söul-Fusan-Bahn vorläufig zu befriedigen und den hiesigen Interessen Englands zu dienen geeignet wäre. Die „Erste Bank" soll danach die Operation gemeinsam mit der Hongkong+Shanghai Banking Corporation vornehmen wollen, indem Erstere 1 Million und Letztere 4 Millionen Yen zu der durch die Zolleinkünfte zu sichernden Anleihe hergeben soll. 1 Million würde die koreanische Regierung zur freien Verfügung erhalten, die übrigen 4 Millionen dagegen hätte sie in Aktien der Söul-Fusan-Bahn anzulegen, wofür sie die 6%ige Zinsgarantie der japanischen Regierung genießen würde. Da Letztere nur auf 15 Jahre läuft, soll angeblich außer einer Zinsrate von 6% eine Amortisationsquote von 6% in Aussicht genommen sein, so daß die aus den Zolleinnahmen von 800,000-900,000 Yen zu deckende jährliche Summe sich auf 12% von 1 Million und 6% von 4 Millionen, also auf 360,000 Yen belaufen würde.

Materiallieferungen englischer Firmen für die Söul-Fusan-Bahn, welche im Zusammenhang mit dieser Finanzoperation in Aussicht genommen wären, sollen die Bereitwilligkeit der Hongkong+Shanghai Banking Corporation zur Betheiligung erklären. Außerdem soll nach Behauptung des amerikanischen Ministerresidenten, der aus naheliegenden Gründen dem Projekt nicht wieder feindlich gegenübersteht wie Herr Pavlow, Herr Mc Leavy Brown autorisirt sein, eine Bestellung von Waffen, Munition und Arsenalmaschinen für die koreanische Regierung im Betrage von 700,000 Yen zu bewirken, die er vermuthlich aus der Anleihe bestreiten und in England placiren würde.

In wieweit alle diese Annahmen einen thatsächlichen Untergrund haben und ob es sich insbesondere bezüglich des Anleiheprojektes um mehr als vorläufige Beredungen handelt, deren Genehmigung Herr Mc Leavy Brown erst gegenüber den verschiedenen gegensätzlichen Strömungen bei der hiesigen Regierung durchzusetzen haben, ist zur Zeit nicht festzustellen. Der japanische Gesandte erklärte mir sogar, er halte es für sehr unwahrscheinlich, daß in Japan oder bei der Hongkong+Shanghai Banking Corporation gegenwärtig derartige Beträge zu erlangen sein würden. Indessen hat Herr Pavlow, der vermuthet, daß die japanische Regierung hinter der „Ersten Bank" stehe, die Sache für positiv genug gehalten, um, wie er mir sagte, in einer Audienz am 27. v. M. dem König den dringenden Rath zu ertheilen, er solle darauf bestehen, daß Herr Mc Leavy Brown nicht ohne spezielle königliche Genehmigung über die Zolleinkünfte zu Gunsten einer Anleihe verfügen dürfe. Der König habe darauf erklärt, daß er eine solche, im Wesentlichen der japanischen Bahn zu Gute kommende Anleihe, zu der der Generalzolldirektor nicht autorisirt sei, durchaus nicht wünsche und den Letzteren zum Bericht, sowie zur Rechnungslegung über die Zolleinkünfte, die seit Jahren aussteht, anhalten werde. Wie ich höre, sind seitdem Schritte in dieser Richtung seitens der koreanischen Regierung geschehen. Jedoch soll Herr Mc Leavy Brown jede Auskunft verweigern und sich dabei auf eine ihm vom König während dessen Aufenthalts in der russischen Gesandtschaft im Jahre 1897 ertheilte Zusicherung berufen, daß er bis zum Abtrag der japanischen 3 Millionen-Anleihe von 1895, von der zur Zeit immer noch 250000 Yen restiren, in der Verwaltung der Zolleinkünfte völlig freie Hand habe und keinerlei Einmischung zu dulden brauche.

Abschriften dieses gehorsamsten Berichts sende ich an die Kais. Gesandtschaften in Tokio und Peking.

gez. Weipert.

Orig i. a. Korea 1

[   ]

Empfänger	Auswärtiges Amt in Berlin	Absender	Hatzfeldt
A. 1624 pr. 30. Januar 1901. p. m.		London, den 30. Januar 1901.	
Memo	T. z. mtg. 31. 1. Tokio 7. cfr. A. 5360, cfr. A. 1804 Unter Bezugnahme auf Telegramm № 53. J. № 1055.		

PAAA_RZ201-018930_198

A. 1624 pr. 30. Januar 1901. p. m.

Telegramm.

London, den 30. Januar 1901. 6 Uhr 40 Min. p. m.

Ankunft: 8 Uhr 40 Min. p. m.

K. Botschafter an Auswärtiges Amt.

Entzifferung

№ 100.

Der Unterstaatssekretär sagte mir gestern, daß einer aus Tokio eingegangenen Meldung zufolge Rußland der japanischen Regierung die Neutralisation Koreas vorgeschlagen habe. Letztere habe Vorschlag jedoch rundweg abgelehnt. Hiesiger japanischer Gesandter hat ihm die Richtigkeit dieser Nachricht bestätigt.

Hatzfeldt.

PAAA_RZ201-018930_200 ff.			
Empfänger	Auswärtiges Amt in Berlin	Absender	Hatzfeldt
A. 1637 pr. 30. Januar 1901. a. m.		London, den 30. Januar 1901.	
Memo	I. Tel. i. Z. 31. 1. London 78. II. Tel. i. Z. 4. 2. S. M. 6. Antw. auf Tel. 101.[36]		

J. № 1049.

A. 1637 pr. 30. Januar 1901. a. m.

Telegramm.

London, den 30. Januar 1901. 7 Uhr 25 Min. p. m.

Ankunft: 9 Uhr 47 Min. p. m.

Der K. Botschafter an Auswärtiges Amt.

Entzifferung.

№ 101.

Hiesiger japanischer Vertreter fragte mich vor einigen Tagen gesprächsweise ob es wahr sei, daß seit dem Jahre 1895 ein geheimer Vertrag zwischen Rußland und Deutschland bezüglich Koreas bestände, wonach Deutschland sich verpflichtet habe, Rußland in seiner koreanischen Politik im Ernstfalle zu unterstützen. Ich erwiderte demselben, daß dieses Gerücht, gleichviel von welcher Seite es verbreitet worden sei, auf absoluter Erfindung beruhe. Die deutsche Politik nehme sehr wenig Interesse an der koreanischen Frage und es bestände meines Wissens deutscherseits nicht die geringste Absicht, sich irgendwie in

---

36 [Randbemerkungen] Ew können dem japanischen Vertreter sagen, Sie hätten seine Frage gemeldet u. die Antwort erhalten, es bestehe zwischen Deutschland und Rußland überhaupt kein politisches Abkommen, auch nicht wegen Ostasien und insbesondere Korea. Der deutsche Vertreter in Tokio sei hierüber längst informirt, wir hätten aber keinen Anlaß gehabt, die Frage anzuregen, da Korea den deutschen Interessenkreisen fern läge.

dieselbe einzumischen. Auf die Frage des Japaners, welche Stellung England meiner Ansicht nach im Falle eines russisch-japanischen Konflikts einnehmen werde, erwiderte ich demselben, daß dasselbe meinen persönlichen Beobachtungen zufolge zum Mindesten eine für Japan wohlwollende Neutralität bewahren werde. Der Japaner bemerkte zum Schluß, daß seine Regierung nicht die geringste Absicht habe, die koreanische Frage in Fluß zu bringen, sondern vielmehr Alles daran setze, den status quo zu erhalten. Sollte jedoch irgend eine Macht sich in Korea festzusetzen versuchen, so werde Japan nicht ruhig zusehen können.

Hatzfeldt.

PAAA_RZ201-018930_208 f.

Empfänger	Auswärtiges Amt in Berlin	Absender	Hatzfeldt
A. 1804 pr. 2. Februar 1901. p. m.		London, den 1. Februar 1901.	
Memo	cfr. A 3413 Unter Bezugnahme auf Telegramm № 78.[37]		

und № 100.[38]

A. 1804 pr. 2. Februar 1901. p. m.

Telegramm.

London, den 1. Februar 1901. Aufgegeben am 2. 2. 2 Uhr 22 Min. p. m.

Ankunft: 2. 2. 4 Uhr 29 Min. p. m.

Der K. Botschafter an Auswärtiges Amt.

Entzifferung.

№ 108.[39]

Der erste Sekretär der hiesigen japanischen Gesandtschaft bestätigte mir gestern die Meldung, betreffend den russischen Vorschlag einer Neutralisirung Koreas sowie die direkte Ablehnung desselben seitens seiner Regierung. Er bemerkte dabei, daß man in Tokio nicht verstehe, warum Rußland gerade den jetzigen Moment zu einem derartigen Vorschlage gewählt habe. Ich treffe voraussichtlich morgen mit dem japanischen Gesandten gelegentlich zusammen und werde Telegramm № 78. in dem mir von Euerer Excellenz vorgeschriebenen Sinne verwerthen.

Hatzfeldt.

---

37 A. 1637[01] 15643[00]

38 A. 1624 ehrerbietigst beigefügt.

39 [Randbemerkungen] In Erwartung der nach dem Schlußsatz in Aussicht stehenden weiteren Meldung vorläufig.

[   ]

PAAA_RZ201-018930_210 ff.

Empfänger	Auswärtiges Amt in Berlin	Absender	Metternich
A. 1871 pr. 4. Februar 1901. a. m.		Windsor, den 3. Februar 1901.	
Memo	Habe Telegramm № 25.[40]		

Seiner Majestät vorgetragen.

A. 1871 pr. 4. Februar 1901. a. m.

Telegramm.

Windsor, den 3. Februar 1901.   9 Uhr 10 Min. p. m.

Ankunft: 4. 2. 12 Uhr 33 Min. p. m.

Der K. Gesandte an Auswärtiges Amt.

Entzifferung.

№ 29.

Ich soll Euerer Excellenz melden, daß die Nachrichten in den Zeitungen jedenfalls von russischer Seite herrührten, da die russischen Agenten in London, wie Freiherr von Eckhardsstein Ihm mittheile, stark gegen uns intriguirten, Graf Waldersee zu verdächtigen suchten und ihnen der Allerhöchste Besuch in England ein Dorn im Auge sei.

Freiherr von Eckhardsstein hat Seiner Majestät, wie mir Allerhöchst derselbe sagt, auch über eine japanische Demarche in London und Berlin (?) gemeldet, wonach Japan einen russischen Vorschlag der Neutralitätserklärung Koreas zurückgewiesen und die englische Regierung und, wenn ich recht verstanden habe, auch die unserige, Japan zum Mindesten Wohlwollen hierüber im Falle eines Zerwürfnisses zwischen Japan und Rußland über Korea versprochen habe.

Seine Majestät der Kaiser billigt es, daß wir Japans Vertrauen gewinnen, und hat Seiner Majestät dem König von England gesagt, daß wir unsere Politik gegenüber Japan

---

40 A. 1663 ehrerbietigst beigefügt.

analog der englischen einrichten würden. (Ob nur in Bezug auf Korea oder im Allgemeinen kann ich nicht mit Bestimmtheit sagen, auch mögen einige Unrichtigkeiten in der vorstehenden Darstellung hinsichtlich Japans unterlaufen sein, da ich Seine Majestät nur flüchtig über diesen Gegenstand habe sprechen können. Euere Excellenz werden aber wissen, um was es sich handelt, und stelle ich eine Meldung Ihrerseits für Seine Majestät gehorsamst anheim).

Metternich.

Berlin, den 4. Februar 1901.

A. 1871.

1637.II

Seiner Majestät

Windsor № 6.

Tel. i. Ziff.

J. № 1182.

Euerer K. u. K. Majestät Allergnädigster Kenntnißnahme wage ich nachstehend 1) ein Telegramm E. M. Botschafters in London, betr. eine japanische Sondirung wegen Koreas sowie 2) die von hier uns darauf ertheilte Antwort zu unterbreiten:

1) „[ins. aus A. 1637]"

2) „[ins. aus Tel. № 78. nach London - ang. z. A. 1637]"

Allerunterthänigst.

(R. K.)

Bevorstehender Besuch russischer Kriegsschiffe in Masampo.

PAAA_RZ201-018930_214 f.

Empfänger	Bülow	Absender	Weipert
A. 2024. pr. 7. Februar 1901. a. m.		Söul, den 19. Dezember 1900.	
Memo	J. № 1635.		

A. 2024. pr. 7. Februar 1901. a. m.

Söul, den 19. Dezember 1900.

№ 151.

An Seine Excellenz

den Reichskanzler

Herrn Grafen von Bülow.

Nach Mittheilung des hiesigen russischen Geschäftsträgers begiebt sich in diesen Tagen der russische Admiral Skoydloff mit 4 Kriegsschiffen von Port Arthur auf dem Wege nach Nagasaki zunächst nach Masampo um während eines etwa 14 tägigen Aufenthalts die Lage des daselbst zu erbauenden Marine-Lazareths festzustellen. Mit Letzterem soll wegen des vorzüglichen Klimas, dessen sich der Ort erfreut, auch ein Sanatorium verbunden werden, das zugleich den Bedürfnissen Wladivostock´s dienen soll.

Abschrift dieses gehorsamsten Berichts sende ich an die Kaiserliche Gesandtschaft in Peking und Tokio.

Weipert.

Inhalt: Bevorstehender Besuch russischer Kriegsschiffe in Masampo.

Schutzmaßregeln für die japanischen Ansiedlungen in Chinnampo und
Pyöng-Yang.

Empfänger	Bülow	Absender	Weipert
A. 2025. pr. 7. Februar 1901. a. m.		Söul, den 20. Dezember 1900.	
Memo	mtg. 12. 2. London 159, Peterbg. 132. J. № 1637.		

PAAA_RZ201-018930_216 ff.

A. 2025. pr. 7. Februar 1901. a. m.

Söul, den 20. Dezember 1900.

№ 152.

An Seine Excellenz

den Reichskanzler

Herrn Grafen von Bülow.

Das bereits aus dem Anfang Oktober dieses Jahres stammende Ersuchen der
japanischen Ansiedelungen in Chinnampo und Pyöng-Yang um Gewährung militärischen
Schutzes ist durch deren Abgesandten erst vor Kurzem bei der Regierung in Tokio
angebracht worden. Nach Mittheilung des interimistischen Geschäftsträgers Yamaza - Herr
Hayashi hat sich am 17. d. M. auf einen vierwöchigen Urlaub nach Japan begeben - hat
man sich, zum Theil unter dem Einfluß der Nachrichten von den hier vor Kurzem
verbreiteten fremdenfeindlichen Zirkularen, veranlaßt gesehen, zur Beruhigung der
Antragsteller wenigstens 4 japanische Polizisten für den Winter von Söul nach den im
Eingang genannten beiden Oertlichkeiten zu entsenden. Weitergehende Schutzmaßregeln
sollen indessen nicht beabsichtigt sein.

Weipert.

Inhalt: Schutzmaßregeln für die japanischen Ansiedlungen in Chinnampo und
Pyöng-Yang.

PAAA_RZ201-018930_222 f.

Empfänger	Auswärtiges Amt in Berlin	Absender	Wedel
A. 2121 pr. 9. Februar 1901. a. m.		Tokio, den 8. Februar 1901.	
Memo	Im Anschluß an Telegramm № 6.[41]		

J. № 1325.

A. 2121 pr. 9. Februar 1901. a. m.

Telegramm.

Tokio, den 8. Februar 1901. 8 Uhr 30 Min. p. m.

Ankunft. 10 Uhr 51 Min. p. m.

Der K. Geschäftsträger an Auswärtiges Amt

Entzifferung.

№ 10.

Die von den Oppositionsparteien im japanischen Parlament geplante Interpellation von 6 Punkten ist gestern gestellt, darunter wichtiger Punkt 5: warum hat Regierung nicht rechtzeitig, gestützt auf numerisches Uebergewicht japanischer Truppen in China, friedliche Lösung der Mandschureifrage versucht ? Punkt 6: hält Regierung mit Bezug auf Mandschureilage Zeitpunkt nicht für gekommen, Principien des deutsch-englischen Abkommens anzuwenden ? Heutige Japan Times empfielt offene Beantwortung der Interpellation durch Regierung was auf sich vorbereitende Schwenkung im Sinne einer festeren auswärtigen Politik schließen lassen dürfte.

Wedel.

---

41 A. 1137.

[   ]

PAAA_RZ201-018930_224 f.

Empfänger	Auswärtiges Amt in Berlin	Absender	Wedel
A. 2204 pr. 10. Februar 1901. p. m.		Tokio, den 10. Februar 1901.	
Memo	Im Anschluß an Telegramm № 10.[42]		

A. 2204 pr. 10. Februar 1901. p. m.

Telegramm.

Tokio, den 10. Februar 1901. 2 Uhr 40 Min. p. m.

Ankunft: 6 Uhr 10 Min. p. m.

Der K. Geschäftsträger an Auswärtiges Amt.

Entzifferung.

№ 11.

Regierung beantwortet Punkt 5 und 6 der Interpellation: Japan verläßt sich auf Rußlands Erklärung September, daß Besetzung der Mandschurei nur vorübergehende Maßregel sei und auf Bedeutung, welche Mächte der Erhaltung der Integrität Chinas beilegen.

In Parlamentsrede über Japans Politik in China betont Herr Kato das Festhalten an Politik der Einigkeit der Mächte und hofft, daß keine Veranlassung zur Anwendung Artikels 3 des deutsch-englischen Abkommens eintreten werde.

Über Ratifikation des Mandschurei-Abkommens sei Regierung nichts bekannt.

Wedel.

---

42 A. 2121.

Berlin, den 12. Februar 1901.

zu A. 2025.

An

die Botschaften in

1. London № 159.
2. St. Petersburg № 132.

J. № 1417.

Euerer pp. übersende ich anbei ergebenst Abschrift eines Berichts des K. Konsuls in Söul vom 20. Dez. v. J., betreffend Schutzmaßregeln für die japanischen Ansiedlungen in Chinampo und Pyöng-yang.

Zu Ihrer gef. Information.

N. d. St. S.

Nachrichten aus Korea.

PAAA_RZ201-018930_229 ff.

Empfänger	Bülow	Absender	Weipert
A. 2614 pr. 18. Februar 1901. a. m.		Tokio, den 15. Januar 1901.	
Memo	mitg. 20. 2. London 201, Peterbg. 162, Peking A. 16.		

A. 2614 pr. 18. Februar 1901. a. m.

Tokio, den 15. Januar 1901.

A. 7.

Seiner Excellenz

dem Reichskanzler

Herrn Grafen von Bülow.

Der russische Vertreter in Söul, der rastlose Herr Pavlow, scheint sich durch Marquis Ito´s russophile Politik zu neuer Aktivität ermuthigt zu fühlen.

Zeitungsnachrichten zufolge hat Herr Pavlow der koreanischen Regierung zum Jahresschluß eine Note überreicht in welcher er auszuführen sucht, daß Rußland in Korea bisher nicht die Unterstützung seiner Interessen gefunden habe, die das Zarenreich glaube beanspruchen zu können. Ich vermag nicht zu beurtheilen, ob diese Nachricht auf Wahrheit beruht, doch pflegen solche Korea betreffenden Mittheilungen der hiesigen Presse in der Regel nicht ganz der Begründung zu entbehren.

Das Söuler Kabinet hat der japanischen Regierung nahegelegt, die in Japan lebenden koreanischen Flüchtlinge entweder auszuliefern oder doch wenigstens auszuweisen oder, wenn auch das nicht möglich sei, in eine „unwirthliche Gegend" zu verbannen.

Dieses Ansuchen dürfte vielleicht auch auf Herrn Pavlow´s Anregung zurückzuführen sein, der Spannungen zwischen Japan und Korea herbeizuführen liebt.

Selbstverständlich hat die japanische Regierung das Gesuch unberücksichtigt gelassen. Die „Japan Times" erklärt in einem längern Leitartikel, Japan sei als ein civilisirtes Land außer Stande, dem Wunsch der koreanischen Nachbarn Rechnung zu tragen.

Die koreanischen Flüchtlinge leben zumeist sehr zurückgezogen in Tokio und sind vor der Verbannung in eine „unwirthliche Gegend" um so sicherer, als es solche Gegenden in dem anmuthigen Lande der aufgehenden Sonne garnicht giebt.

Wedel.

Inhalt: Nachrichten aus Korea.

PAAA_RZ201-018930_233 ff.

Empfänger	Bülow	Absender	Eckardstein
A S. 278 pr. 16. Februar 1901. p. m.		London, den 16. Februar 1901.	
Memo	Geheim.		

A S. 278 pr. 16. Februar 1901. p. m.

London, den 16. Februar 1901.

№ 44.

Seiner Excellenz

dem Reichskanzler

Herrn Grafen von Bülow.

Aus einer längeren Unterredung, welche ich vor einigen Tagen mit dem hiesigen japanischen Gesandten hatte, glaube ich den bestimmten Eindruck gewonnen zu haben, daß sich die japanische Regierung, ermuthigt durch die Unterstützung, welche sie in Bezug auf ihren letzten, chinesische Sonderverträge betreffenden, Vorschlag sowohl seitens Englands als auch in einem gewissen Grade seitens der Ksl. Regierung erhalten hat, zu einem sehr energischen Vorgehen gegen russische Ausdehnungsgelüste in Korea und Nordchina im Allgemeinen entschließen wird.

Was Korea betrifft, so würde die japanische Regierung nach Ansicht Baron Hayashi's im Falle eines russischen Versuchs, sich dort festzusetzen, sofort zum Äußersten schreiten, wenn sie davon überzeugt sei, daß sowohl England als auch Deutschland strikt neutral bleiben würden. Was jedoch das russische Vorgehen in der Mandschurei und besonders in der Liaotung-Halbinsel beträfe, so würde man japanischerseits nur dann zu kriegerischem Vorgehen schreiten, wenn man in Tokio auf die thatsächliche Unterstützung Englands rechnen könne und einer wohlwollenden Neutralität Deutschlands sicher sei. Zu Lande, bemerkte der Gesandte, werden wir mit Rußland sehr leicht fertig werden. Zur See sind unsere Rüstungen jedoch zur Zeit noch nicht ganz beendet.

Obgleich Baron Hayashi nichts Direktes sagte, so glaube ich doch aus ferneren Äußerungen desselben entnehmen zu können, daß seine Regierung mit einem noch weiter gehenden Vorschlag als dem letzten an England bezw. Deutschland heranzutreten gedenkt, und zwar glaube ich, dass dieser Vorschlag darauf hinausgehen wird, England und

Deutschland aufzufordern, den Chinesen für den Fall, daß die Russen nicht zurückweichen, thatsächliche Hülfe zu versprechen.

Ich selbst verhielt mich dem Gesandten gegenüber bei seinen Ausführungen sehr zurückhaltend und betonte nur, daß die in Tokio obwaltende Idee, als bestehe zwischen Deutschland und Rußland ein geheimes Abkommen bezüglich Korea´s, völlig unbegründet, und daß überhaupt kein Vertrag über Ostasien zwischen beiden Mächten vorhanden sei. Im Übrigen interessire sich Deutschland sehr wenig für die koreanische Frage, da sie ihm viel zu fern läge.

Der Gesandte erwiderte darauf daß, wenn die erwähnte Idee nicht so lange in Tokio bestanden und die Russen selbst das japanische Kabinet nicht fortgesetzt darin bestärkt hätten, Japan bereits längst Rußland gegenüber eine energischere Haltung eingenommen haben würde.

gez. Eckardstein.

orig. i. a. China 24 № 6.

Marquis Ito´s koreanische Politik.

PAAA_RZ201-018930_236 ff.			
Empfänger	Bülow	Absender	Wedel
A. 2609 pr. 18. Februar 1901. a. m.		Tokio, den 12. Januar 1901.	
Memo	mtg. 25. 2., London 224.		

A. 2609 pr. 18. Februar 1901. a. m.

Tokio, den 12. Januar 1901.

A. 3.

Seiner Excellenz

dem Reichskanzler

Herrn Grafen von Bülow.

Vicomte Aoki erzählte mir, Herr Komura, Japan´s neuer Gesandter in China, der gegenwärtig bereits in Peking angekommen ist, habe ihn neulich während seines kurzen Aufenthaltes in Tokio besucht und ihm sein Bedauern darüber ausgesprochen, daß Japan die durch die Lage in China gebotene treffliche Gelegenheit, in Korea einen Schritt vorwärts zu machen, unbenutzt vorüber gehen lasse. Abgesehen davon, daß Rußland in militärischer Beziehung in Ostasien Japan jetzt noch nicht gewachsen sei, würde nach Herrn Komura´s Überzeugung Rußland vor allem wegen seiner Finanzlage einen Krieg mit Japan sehr zu vermeiden suchen. Der Gesandte habe sich auch Marquis Ito gegenüber in demselben Sinne ausgesprochen, sei aber zu der von Vicomte Aoki getheilten Überzeugung gekommen, daß mit dem Premierminister in dieser Richtung „nichts anzufangen sei.“

Gegenwärtig ist der japanische Gesandte in Korea, Herr Hayashi, auf Urlaub hier anwesend. Derselbe hat sich kürzlich nach dem nahen Seebade Oiso begeben, woselbst Marquis Ito, seitdem er Ministerpräsident ist, fast ununterbrochen „seine Gesundheit pflegt.“ Nach hiesigen Zeitungsnachrichten hatte der Besuch den Zweck, den Premierminister für die koreanischen Anleihe-Pläne (vgl. Bericht A. 138 von 16. November v. J.)[43] des Baron Shibusawa zu interessiren. Vicomte Aoki hatte im September v. J. diese Pläne unterstützt, mußte aber auf Ito´s Verlangen die in dieser Richtung bereits gethanen Schritte rückgängig machen. Hiernach ist kaum anzunehmen, daß Herrn Hayashi´s Wünsche bei dem

---

43 A. 18689 ehrerbietigst beigefügt.

Ministerpräsidenten ein williges Ohr gefunden haben.

Es ist schwer zu übersehen, aus welchem Grunde Marquis Ito, dessen politischer Scharfblick und staatsmännische Fähigkeiten nicht bezweifelt werden können, der Sehnsucht ganz Japan's nach einer stärkeren Betonung des japanischen Einflusses in Korea beharrlich Widerstand leistet. Ich kann es mir nicht anders erklären, als daß der Marquis auf die Möglichkeit einer Verständigung mit Rußland hofft, etwa auf der Basis, daß sich Japan verpflichtet, Rußland's Politik in der Mandschurei zu unterstützen, wenn Rußland dagegen Japan Garantien bezüglich Korea's giebt. Die Interessen Japan's in der Mandschurei sind gering und die Japaner würden diese chinesische Provinz Rußland voraussichtlich gern gönnen, wenn sie dagegen freie Hand in Korea oder doch wenigstens die Zusicherung erhielten, daß Rußland auf ein Vordringen über die koreanische Grenze hinaus verzichtet.

Da das Verlangen der Japaner nach Korea Herrn Iswolsky so sorgenschwere Stunden bereitet (vgl. Bericht A. 139 vom 16.[44] November v. J.), so dürfte es nicht ausgeschlossen erscheinen, daß er in St. Petersburg gerathen hat, den Japanern einstweilen einige scheinbare Zugeständnisse zu machen, um auf diese Weise Zeit zu gewinnen.

Wie ich Euerer Excellenz anderweitig zu melden die Ehre hatte, ist es hier aufgefallen, daß der russische Gesandte vor einigen Wochen sehr viel mit Herrn Kato verhandelt hat. In derselben Zeit hat (wie ich von Mitgliedern der russischen Gesandtschaft erfuhr), ein lebhafter Telegrammwechsel zwischen St. Petersburg und der Gesandtschaft stattgefunden. Näheres konnte ich bisher nicht erfahren. Auch Vicomte Aoki wollte über den Zweck der häufigen Besuche Iswolsky's bei Herrn Kato nicht informirt sein.

Gestern äußerte sich Herr Iswolsky mir gegenüber sehr ungnädig über Herrn Kato, der anmaßend und hochfahrend sei und keine Ahnung („pas la moindre idée") von Diplomatie habe. Wenn auch diese Ansicht über den gegenwärtigen Minister des Äußern, der trotz unbestreitbarer politischer Fähigkeiten wohl kaum ein gewandter Diplomat genannt zu werden verdient, innerhalb des diplomatischen Corps vielfach getheilt wird, so ist vielleicht in der scharfen Äußerung Herrn Iswolsky's ein Symptom dafür zu erblicken, daß die gepflogenen Verhandlungen bisher nicht den gewünschten Erfolg gehabt haben.

Wedel.

Inhalt: Marquis Ito's koreanische Politik.

---

[44] A. 18690 ehrerbietigst beigefügt.

Berlin, den 20. Februar 1901.

zu A. 2614.

An

die Missionen in

1. London № 201.

2. St. Petersburg № 162.

3. Peking A. № 16.

J. № 1653.

Euerer pp. übersende ich anbei ergebenst Abschrift
eines Berichts des Kais. Geschäftsträgers in Tokio
vom 15. v. Mts., betreffend Nachrichten aus Korea
zu Ihrer gef. Information.

N. d. St. S.

i. m.

PAAA_RZ201-018930_244 ff.			
Empfänger	Bülow	Absender	Weipert
A. 2819 pr. 22. Februar 1901. a. m.		Söul, den 7. Januar 1901.	
Memo	mtg. 27. 2. London 229.		

A. 2819 pr. 22. Februar 1901. a. m.

Söul, den 7. Januar 1901.

№ 7.

An Seine Excellenz

den Reichskanzler

Herrn Grafen von Bülow.

Der französische interimistische Geschäftsträger theilte mir vor einigen Tagen gesprächsweise mit, daß der Titular des hiesigen Postens, Herr Collin de Plancy, der sich zur Zeit auf Urlaub in Frankreich befindet, zum Gesandten ernannt worden sei und vermuthlich in dieser Eigenschaft in Kürze hierher zurückkehren werde. Eine offizielle Ankündigung dieserhalb ist indeß noch nicht erfolgt. Herr de Plancy hat, wie ich höre, während seines Hierseins eine sehr eifrige Thätigkeit entfaltet und die meisten Fortschritte, welche Frankreich bis letzthin in Korea gemacht hat, beruhen auf Abmachungen, die er vor seiner Heimreise im November 1899 getroffen hat. Dies gilt sowohl von dem Engagement eines Artillerie-Hauptmanns und Werkmeisters für das hiesige Arsenal (cf. s. pl. Bericht № 45. vom 19. Mai. v. J.), welche Beide nach definitiver Regelung der Bedingungen Anfang Dezember v. J. von Frankreich abgereist sind und in Bälde hier erwartet werden, als auch von einem neuerdings bekannt gewordenen Plan, 4 französische Vorarbeiter, unter Anderem für die Schmiede-, Tischler- und Ziegelei-Technik bei einer her ins Leben zu rufenden Industrieschule als Lehrer anzustellen. Über letzteres Engagement wird noch verhandelt, da man französischerseits die dafür ausgeworfene Summe von 6000 Yen jährlich für zu gering hält.

Herrn Collin de Plancy würde in seiner neuen Eigenschaft auch das hiesige Doyennat zugänglich werden, welches gegenwärtig von dem japanischen und chinesischen Gesandten monopolisirt wird. Es ist nicht unmöglich, daß die Rücksicht hierauf bei seiner Ernennung mitbestimmend gewirkt hat. Wenigstens höre ich, daß derselbe bereits im Herbst 1899 bei seinen hiesigen Kollegen und in Paris die Unzuträglichkeiten zur Sprache gebracht hat, welche das Doyennat speziell des chinesischen Gesandten bei dessen geringer Bekanntschaft mit europäischen Sprachen und Anschauungen mit sich führe. Vermuthlich auf eine Anregung aus Paris hin hat im Frühjahr v. J. der hiesige englische Vertreter eine Weisung seiner Regierung erhalten, sich über diese Frage zu äußern. Indeß sah weder Herr Gubbins noch einer der übrigen hiesigen Vertreter, mit denen er die Sache besprach, eine Möglichkeit den chinesischen Gesandten von dem Doyennat auszuschließen, so berechtigt auch an sich der darauf gerichtete Wunsch sein möchte. Neue Nahrung erhielt letzterer durch die jüngste Neujahrsaudienz, bei der Herr Hsü, der sich übrigens seit den Verwicklungen in China größter Zurückhaltung befleißigt, in Abwesenheit des japanischen Gesandten in wenig effektvoller Weise als Sprecher fungirte.

gez. Weipert.

orig. i. a. Korea 7

[   ]

PAAA_RZ201-018930_248

Empfänger	Bülow	Absender	Wedel
A. 2930 pr. 24. Februar 1901. a. m.		Tokio, den 18. Januar 1901.	

Abschrift

A. 2930 pr. 24. Februar 1901. a. m.

Tokio, den 18. Januar 1901.

A. 9.

Seiner Excellenz

dem Reichskanzler

Herrn Grafen von Bülow.

Euer Excellenz beehre ich mich ein an mich adressirtes Schreiben des Marine-Attachés, Korvetten-Kapitän Gühler, betreffend eine Unterhaltung mit Vikomte Aoki über deutsch-japanische Interessengemeinschaft anliegend gehorsamst vorzulegen.

gez. Wedel.

orig. i. a. China 24

Abschrift.

ad A. 2930.

Tokio, den 17. Januar 1901.

B. № 28.

An den Kaiserlichen Geschäftsträger
Herrn Grafen v. Wedel.
Hochgeboren.

Betrifft: Unterhaltung mit Vicomte Aoki.

Ich hatte heut Gelegenheit mich längere Zeit mit Vicomte Aoki unter vier Augen zu unterhalten. Er kam dabei auf politische Verhältnisse zu sprechen und erörterte des Näheren die nachstehenden Punkte. - Mit Rücksicht auf die politische Bedeutung des Vicomte Aoki beehre ich mich Ew. Hochgeboren davon in Kenntniß zu setzen.

Nach Übernahme Kiautschous durch das Deutsche Reich habe sich der Japaner, wie bekannt, die größte Aufregung bemächtigt, die große Mehrzahl seiner Landsleute sei über den Schritt beunruhigt, ja empört gewesen, da sie darin eine direkte Bedrohung japanischer Interessen erblickt hätte. - Er habe immer von Neuem Gelegenheit genommen die Hitzköpfe auf das Haltlose ihrer Anschauung hinzuweisen und habe auseinandergesetzt, wie ein Festsetzen Deutschlands in China für Japan nur von Vortheil sein könne, insofern als dadurch dem russischen Nachbarn ein thatsächlich in's Gewicht fallender Widerpart erwüchse. Am deutschen Interessengebiet würde das russische Ausbreitungsgelüst seine Schranken finden. Deutschland und Japan seien somit durch gleiche Interessen einander nahe gerückt. Rußland aber würde genöthigt sein, auf diese deutsch-japanische Interessengemeinschaft mehr Rücksicht zu nehmen, als auf die Interessengemeinschaft zwischen Japan und England, welche in Folge der geographischen Entfernung Indiens weniger fest gegründet sei. -

Auf die Frage, ob denn Deutschland auch wirklich in China bleiben werde, - die ihm anfänglich oft entgegengehalten sei - habe er mit der festen Versicherung geantwortet, was Deutschland habe, halte es fest, darüber lasse die zielbewußte Politik keinen Zweifel. Deshalb sehe er auch voraus, daß über kurz oder lang Deutschland zur Ausbreitung seines Besitzes oder seiner Interessphäre schreiten würde oder müsse; ob dies nur Shantung sei oder darüber hinaus sich nach der Provinz Chili erstrecke, sei für Japan ganz gleichgültig - Für Japan komme es allein auf die Aufrechterhaltung seines Rechts, seines traditionellen und begründeten Anspruchs auf Korea an. Und daß dort Japan's Ansprüche die älteren, seine Interessen die größeren seien, als die jeder anderen Macht, sei doch wohl unbestreitbar. - Wenn er nur die Sicherheit hätte, daß das jetzige Kabinet von mehrjähriger Dauer wäre, so würde er mit Freuden nach Deutschland gehen, um diesen Gedanken Seiner Majestät dem Kaiser gegenüber auszuspinnen. Auf die Zwischenfrage, ob er es wünsche oder die Aussicht habe, jetzt den Gesandtenposten in Berlin oder London zu erhalten, entgegnete Vicomte Aoki, so lange Zeit bedürfe er für seine Zwecke nicht und ging nicht näher darauf ein.

Einen besonderen Werth legte Vikomte Aoki auf die Frage, welchen Weg Sr. Excellenz der Herr Generalfeldmarschall Graf Waldersee für die spätere Heimreise wählen würde. Im Interesse des Wärmerwerdens der guten Beziehungen zwischen Deutschland und Japan würde er es mit der größten Freude begrüßen, wenn der Generalfeldmarschall Japan berührte, wobei dann eine Audienz beim Kaiser selbstverständlich sei.

Ich habe, wie ich die Auslassungen des Vikomte Aoki hier ohne Kommentar wiedergebe, sie ihm gegenüber ohne Erwiderung gelassen und nur im Allgemeinen, bei seinem lebhaften Betonen der japanischen Interessen in Korea, eingeworfen, daß im heutigen Leitartikel der Japan Times zum ersten Male seit langer Zeit wieder etwas gegen die russische Politik, - den noch der Bestätigung bedürfenden Vertrag Rußlands bezüglich der Mandschurei - gesagt sei. Vicomte Aoki kannte den Artikel noch nicht, äußerte jedoch darauf hin, der Ministerpräsident Ito sei ein durchaus friedliebender Mann, sodaß die weiteren Konsequenzen aus jenen Überlegungen kaum gezogen werden dürften.

gez. Gühler.
Korvetten-Kapitän.

Berlin, den 25. Februar 1901.   zu A. 2609.

An

die Botschaft in

London № 224.

J. № 1809.

Euerer pp. übersende ich anbei ergebenst Abschrift
eines Berichts des Kais. Geschäftsträgers in Tokio
vom 12. v. Mts., betreffend Marquis Itos koreanische
Politik

zu Ihrer gef. Information.

N. d. St. S.

i. m.

PAAA_RZ201-018930_255 ff.			
Empfänger	Bülow	Absender	Weipert
A. 3008 pr. 26. Februar 1901. a. m.		Söul, den 9. Januar 1901.	
Memo	J. № 45.		

A. 3008 pr. 26. Februar 1901. a. m.

Söul, den 9. Januar 1901.

№ 9.

An Seine Excellenz

den Reichskanzler

Herrn Grafen von Bülow.

Als die wegen ihrer gesetzwidrigen Urtheilsvollstreckung gegenüber den beiden Hochverräthern An Kiöng Su und Kuön Hiöng Chin im Anfang Juni v. J. mit Verbannung bestraften Richter bereits wenige Wochen nachher begnadigt wurden, ließ Japan, vielleicht weil seine Aufmerksamkeit auf die chinesischen Verwicklungen konzentrirt war, diese Verletzung seiner Empfindlichkeit unbeachtet. Neuerdings wollte man weiter gehen und zwei der Begnadigten wieder in wichtige Aemter einsetzen. Der damalige Präsident des Gerichts sollte Direktor des im Wesentlichen für den Bau der Söul-Wiju-Bahn begründeten Eisenbahnamtes des Hausministeriums an Stelle von Yi Yong Ik werden, und einer der beisitzenden Richter war zum Vizepräsidenten eines am 24. v. M. beim Hofe neugebildeten Zeremonien-Amtes ausersehen. Letzteres hat eine über seinen Titel hinausgehende Bedeutung, da es außer einer Abtheilung für Uebersetzung auch eine solche für Auswärtige Angelegenheiten enthält, welche das hier herrschende Verhältniß zum Ausdruck bringt, daß alle wichtigen Entschließungen auch in dieser Richtung vom König selbst gefaßt werden, während dem Auswärtigen Amt nur deren formelle Erledigung anheimfällt. Gegen diese beabsichtigten Ernennungen wurde nun seitens der japanischen Vertretung im Laufe des v. M. mehrfach protestirt, und die koreanische Regierung gab diesem Einspruch nach. Die Neubesetzung des genannten Eisenbahnamtes unterblieb überhaupt und der Vizepräsident des Zeremonienamtes wurde im Nebenamt der Direktor des Verkehrswesens Min Sang Ho, der ebenso wie der Präsident des Zeremonienamtes Min Yöng Hwan der sogenannten amerikanischen Parthei angehört. Auch wurde der amerikanische Berather Sands dem Amt besonders als Beirath zugetheilt.

Wie bei diesem Zwischenfall, so trat die Thatsache, daß die koreanisch-japanischen Beziehungen immer noch in hohem Grade von der durch die Ermordung der Königin geschaffenen Unterströmung von Empfindungen beherrscht werden, kürzlich bei einer anderen Gelegenheit zu Tage. Seit längerer Zeit schon haben sich die Priester eines japanischen buddhistischen Tempels in Söul bei dem hiesigen Hof vergebens um die Erlaubniß bemüht, ein Bild der Königin zwecks Darbringung von Todtenopfern in ihrem Tempel aufzustellen. Vor einigen Tagen wurde der bisherige Hausminister Min Chong Muk beim König denunziirt, daß er bezüglich dieses Gesuchs ein gewisses Entgegenkommen gezeigt habe, und dies genügte um seine sofortige Entlassung herbeizuführen.

Abschriften dieses gehorsamsten Berichtes gehen an die Kaiserlichen Gesandtschaften in Tokio und Peking.

Weipert.

연구 참여자

[연구책임자]　김재혁 : 출판위원장·독일어권문화연구소장·고려대학교 독어독문학과 교수

[공동연구원]　김용현 : 출판위원·고려대학교 독어독문학과 교수
　　　　　　　Kneider, H.-A. : 출판위원·한국외국어대학교 독일어학과&통번역대학원 교수
　　　　　　　이도길 : 출판위원·고려대학교 민족문화연구원 HK 교수
　　　　　　　배항섭 : 출판위원·성균관대학교 동아시아학술원 교수
　　　　　　　유진영 : 출판위원·고려대학교 독일어권문화연구소 연구교수

[전임연구원]　한승훈 : 고려대학교 독일어권문화연구소 연구교수
　　　　　　　이정린 : 고려대학교 독일어권문화연구소 연구교수

[번역]　　　　한상민 : 한국외국어대학교 독일학과 전임연구원 (R18928, R18929)
　　　　　　　김인순 : 고려대학교 독일어권문화연구소 연구원 (R18930)

[보조연구원]　김형근 : 고려대학교 대학원 한국사학과 박사수료
　　　　　　　박진홍 : 고려대학교 대학원 한국사학과 박사수료
　　　　　　　박진우 : 고려대학교 대학원 독어독문학과 석사과정
　　　　　　　서진세 : 고려대학교 대학원 독어독문학과 석사과정
　　　　　　　이홍균 : 고려대학교 독어독문학과 학사과정
　　　　　　　정지원 : 고려대학교 독어독문학과 학사과정
　　　　　　　박지수 : 고려대학교 독어독문학과 학사과정
　　　　　　　박성수 : 고려대학교 한국사학과 학사과정
　　　　　　　이원준 : 고려대학교 한국사학과 학사과정

[탈초·교정]　Seifener, Ch. : 고려대학교 독어독문학과 부교수
　　　　　　　Wagenschütz, S. : 동덕여자대학교 독일어과 외국인 교수
　　　　　　　Kelpin, M. : 고려대학교 독어독문학과 외국인 교수

1874~1910
독일외교문서 한국편 9

2020년 4월 29일 초판 1쇄 펴냄

옮긴이 고려대학교 독일어권문화연구소
발행인 김흥국
발행처 보고사

책임편집 황효은
표지디자인 손정자

등록 1990년 12월 13일 제6-0429호
주소 경기도 파주시 회동길 337-15 보고사 2층
전화 031-955-9797(대표), 02-922-5120~1(편집), 02-922-2246(영업)
팩스 02-922-6990
메일 kanapub3@naver.com / bogosabooks@naver.com
http://www.bogosabooks.co.kr

ISBN 979-11-5516-998-8   94340
      979-11-5516-904-9   (세트)
ⓒ 고려대학교 독일어권문화연구소, 2020

정가 50,000원